XINXI JISHU JIAOYU YANJIU JINZHAN(2013)

ZHONGGUO JIAOYU JISHU XIEHUI XINXI JISHU JIAOYU ZHUANYE WEIYUANHUI
DIJIUJIE XUESHU NIANHUI LUNWENJI

解月光　李兆君　主编

信息技术教育研究进展 (2013)

中国教育技术协会信息技术教育专业委员会
第九届学术年会论文集

教育科学出版社
·北　京·

出 版 人　所广一
责任编辑　马明辉
版式设计　郝晓红
责任校对　贾静芳
责任印制　曲凤玲

图书在版编目（CIP）数据

信息技术教育研究进展. 2013，中国教育技术协会信息技术教育专业委员会第九届学术年会论文集/解月光，李兆君主编. —北京：教育科学出版社，2014.5

ISBN 978-7-5041-8469-6

Ⅰ.①信…　Ⅱ.①解…　②李…　Ⅲ.①信息技术—应用—教育工作—中国—学术会议—文集　Ⅳ.①G52-53

中国版本图书馆CIP数据核字（2014）第079591号

信息技术教育研究进展（2013）——中国教育技术协会信息技术教育专业委员会第九届学术年会论文集

XINXI JISHU JIAOYU YANJIU JINZHAN（2013）——ZHONGGUO JIAOYU JISHU XIEHUI XINXI JISHU JIAOYU ZHUANYE WEIYUANHUI DIJIUJIE XUESHU NIANHUI LUNWENJI

出版发行	教育科学出版社		
社　址	北京·朝阳区安慧北里安园甲9号	市场部电话	010-64989009
邮　编	100101	编辑部电话	010-64989521
传　真	010-64891796	网　址	http://www.esph.com.cn
经　销	各地新华书店		
制　作	北京金奥都图文制作中心		
印　刷	北京中科印刷有限公司	版　次	2014年5月第1版
开　本	210毫米×297毫米　16开	印　次	2014年5月第1次印刷
印　张	22.5	印　数	1-3000册
字　数	580千	定　价	59.00元

继承与创新

（代序）

早上还未起床，耳畔就传来一阵阵猛烈的爆竹声，我恍然记起今天是元宵节。

电脑屏幕上呈现的是专委会第九届学术年会论文集书稿。浏览着目录，一些熟悉的，还有一些不熟悉的作者姓名映入眼帘，思绪不禁回到2013年暑期沈阳年会的热烈场景。

专委会是学术发展平台。

此处所谓“专委会”，是中国教育技术协会信息技术教育专业委员会的简称。我们专委会是2005年由中国教育技术协会批准成立、国家民政部正式注册的全国性学术组织。第五届常务理事共计74位，其成员不仅有全国高校教育技术学研究者，而且有中小学优秀信息技术教师以及地方教育管理者、教研员等。这一届常务理事单位覆盖了除江西省以外的30个省（自治区、直辖市）。

一个人的学术发展是一项具有创造性的工作，也极具挑战性。纵观学术发展历史，其有效路径之一便是向他人（包括导师、前人、同辈甚至后辈）请教、借鉴以及接受批评。而学术组织无疑是一个奏效的学术发展平台——这就是十年前李艺教授和我策划筹建专委会的初衷。专委会主要负责人严格按照章程届满卸任，但推进学术组织发展之责任薪火相传。

专委会的追求是创建一个优质学习与发展共同体。从学习环境到学习生态，关于学习的理解不断变迁。学习不再是一个人的孤立事件，也不是学术围观，而是更多的志同道合者的集体参与。专委会成立以来，通过学术年会、协作组、课题研究、专题研讨会、赛事以及社会服务等多种形式开展工作——毫不松懈地坚持着我们的追求。

专委会年会是学术交流平台。

年会基本上由特邀报告、大会报告、专题研讨（Workshop）以及论文发表等板块构成。其中，特邀报告的嘉宾一般为两位，一位是国内外专业领袖（非专委会成员），另一位是承办年会所属地的省（自治区、直辖市）教育信息化行政主管；大会报告人均为专委会成员，原则上常务理事每两年至少报告一次；专题研讨的数量不定，有连续组织的，也有一次性的；论文发表者包括高校教师、研究生、中小学一线教师等。通过这些主要形式，专委会全体成员均有资格和机会发表自己的学术研究成果，同时也能够获知最新的专业研究动态和进展，与会者每每谈及参会感想时，经常说的是，“这是一次学术盛宴”。

年会每年均依据专委会成员的研究情形和我国教育改革的实践确定年会主题。从第一届到第九届的会议主题依次为：促进信息技术课程发展，信息技术教育与西部教育发展，促进信息技术教师专业发展，信息技术课程实施与信息技术教师成长，信息技术教育与学校文化变革，深化信息技术教育发展，教育改革背景下的信息技术教育，国家中长期教育改革和发展规划背景下的信息技术教育，中小学信息技术课程：过去、现在与未来。

按照章程规定，常务理事单位有责任申请承办学术年会。事实上，每届年会承办权的确定都是上一届学术年会同期召开的常务理事会的主要议题，而获得承办年会单位的代表发言往往成为上一届年会闭幕式的亮点和期待。从第一届到第九届年会的承办单位（召集人）依次为：东北师范大学（董玉琦、解月光）、西南大学（涂涛）、内蒙古师范大学（田振清）、曲阜师范大学（李兴保）、东北师范大学（董玉琦、解月光）、陕西师范大学（傅钢善）、浙江师范大学（张立新、张剑平）、新疆师范大学（王炜）、沈阳师范大学（李兆君）。今年的第十届学术年会将由贵州师范大学承办，刘军教授任召集人。

年会通过论坛等方式追求更加开放的，甚至是国际性的学术交流。如本次的沈阳年会还同期举办了“中小学信息技术课程发展国际论坛”，会议邀请了来自美国的 Joi L. Moore 教授、日本的 Horita Tatsuya 教授和英国的 Ian R. Lynch 先生。他们分别报告了美国、日本和英国的中小学信息技术课程的发展历史与最新动态。第一届长春年会还同期举办了“基础教育信息化发展战略论坛”，会议邀请了时任日本教育工学会会长的东京工业大学 Akahori Kanji 教授。第五届长春年会是与第三届中日教育技术学研究与发展论坛并行举办的，著名教育技术专家、第三任日本教育工学会会长 Sakamoto Takashi（坂元 昂）教授等出席会议。在第六届西安年会上，台湾师范大学的吴正己教授、香港教育学院的江绍祥教授、英国的 Bill Olivier 先生和 Dai Griffiths 先生应邀到会报告。

专委会年会论文集是学术展示平台。

论文发表每年都是年会上的一部重头戏。之所以这样讲，一是发表者远远大于其他板块的人数，这是一个大众的舞台；二是发表者身份以及发表内容多样化，以适合不同与会者的需求；三是发表后的论文不仅可以获奖，还有机会免费正式出版。

专委会不仅关注年会论文数量，更在意年会论文的质量。随着年会品牌效应的不断增强，论文的投稿数、报告数以及出版录用篇数趋于稳定，同时论文质量有所提升。其中第四届的日照年会投稿数最多，达到 257 篇。为了提升论文水平和鼓励论文作者到会交流，从第七届的金华年会开始做出了这样变动：不在会前正式出版论文集，而是从到会发表的论文中遴选较高质量的论文并由年会学术委员会委员指导修改后结集出版。

年会论文集的出版展示了我们专委会的研究成果与最新进展。东北师范大学解月光教授一直承担年会论文的征集、遴选和出版等具体工作，付出了诸多精力和智慧。年会学术委员会委员为论文评比、指导修改等做了大量工作。吉林教育出版社、教育科学出版社为论文集的出版提供了不少便利和支持。

不知不觉中，办公室窗外传来一阵阵隐约的爆竹声。侧头望去，暮色中今冬不多见的雪花悠然飘下，果真是应景的“正月十五雪打灯”吗？网上讲，预计今天南京夫子庙元宵灯会将涌入 50 万游客。当然元宵灯会不仅是南京夫子庙，全国各地异彩纷呈——继承优秀传统文化的价值毋庸置疑。

学术组织的发展也是如此，创新是必然的，但继承是基础。专委会 2004 年年底酝酿，算起来走过了近 10 年历程，初创期基本完成。未来 10 年，将是专委会的成熟期，让我们拭目以待。

遵照专委会主任委员解月光教授的盛意，谨以此文代为专委会年会论文集《信息技术教育研究进展（2013）》之序。

董玉琦

甲午马年元宵，长春

目 录

信息技术教育国际比较研究

信息技术教师专业发展研究

教育游戏研究

教育技术研究新理念、新技术、新方法

面向教育信息化的教师专业发展

数字化学习资源与学习过程的设计、开发研究

数字化学习环境研究

一、大会报告部分

信息技术支持下的教学新模式：理论与设计*

张义兵

（南京师范大学教育技术系，江苏　南京　210097）

摘　要： 随着平板电脑、电子书包、移动学习等新概念的出现，新一轮的信息技术又开始进入教学领域。这些新技术的发展，带来了新的教学模式。教学环境网络化、终端设备多元化、学习时空移动化成为新模式的关键词，其意义在于推进技术支持下的知识创新学习。本文结合国内外对新技术的运用，理论结合实际，分析了当前几种技术支持下的新型教学模式。

关键词： 信息技术　教学模式　教学改革

如何培养学生的创新能力是新课程改革以来的教育热点问题，也是全球化教育改革的核心问题之一。近年来，平板电脑、智能手机等多种终端的使用，以及电子书包、开源平台等多种教学系统的应用，为教学新模式的产生带来了新的思路。比较有代表性的有：基于网络的知识建构学习模式、基于电子书包的翻转课堂教学、基于开源平台的项目化学习以及运用新型的智慧教室进行的创新学习等。显然，这些教学模式的应用不是非此即彼的，更不是简单的软硬件的一一对应，而是在以某一种模式为主的前提下，吸收其他教学模式的思想，是一种综合应用。技术支持下的教学新模式的提出，源于倡导知识创新学习的建构主义。因此，在突破课程体系的制约、课堂教学时空的限制、师生活动方式的控制、教学评价方式的单一等方面，这些教学新模式将是有益的尝试。

一、基于 Knowledge Forum（知识论坛）的知识建构模式

（一）背景

知识建构（Knowledge Building）理论是 20 世纪 80 年代初加拿大多伦多大学教授 Marlene Scardamalia 和 Carl Bereiter 提出的一种新建构主义思想。该思想认为，新知识是在与同伴一起从事问题解决的过程中建构的，由此开始关注个体之间的交流和互动能力。该理论自提出二十多年来，波及了数十个国家和地区，跨越了语言、文化、历史等不同的社会背景，涉及了基础教育、高等教育、职业教育等不同教育层次，覆盖了科学、数学、社会、历史、技术、医学等不同领域。该理论提出 12 条原则，其核心可以概括为：（1）从传授知识、发现学习转向以“探究”为核心的知识创新学习；（2）从以活动为中心的“做中学”转向以“观点”形成与发展为中心的知识建构；（3）从基于过程的教学模式转向基于“原则”的教学设计；（4）从以个人知识形成为核心转化为以形成班级“社区”知识为教学目标。

知识建构的技术环境是数据库支持下的知识论坛“CSILE/Knowledge Forum”（简称 KF）。KF 的目的是基于 12 条原则，通过信息技术的介入为学生的意向性学习和知识建构提供外部支持，帮助组织（例如学校、医院、公司企业）从原来的任务导向社群转变为知识建构社群，促进学习者的学习过程逐步转向专家化，即像专家一样思

* 本文得到国家社科基金十二五教育科学规划课题《运用知识建构理论解决学生“减负”问题的实证研究》（课题批准号 BCA110021）和 2013 年度江苏省社科基金项目《信息化时代学习方式变革研究》（课题批准号 13JYB004）资助。

考、解决问题。KF 技术能帮助克服一些实践上的困难，如“观点的可视化”。KF 技术会影响个人行为和认知，如“帮助学生养成协同认知责任”。KF 技术还是一种研究工具，可以分析学习者的贡献量和参与度、社会网络分析、词汇量增长、写作分析、语义分析等。

（二）教学的一般流程

知识建构就是在学生学习、谈论、阅读权威资料、动手做实验、短途旅行、与专家交谈等一系列活动中，逐步变化并最终形成社区知识的过程。知识建构理论强调基于原则的教学，而反对形成“教学模式”。

1. 知识建构准备期。

首先是思想上的准备，如通过讲座、讨论等形式帮助教师和学生了解新的学习与传统学习不一样的地方；其次是物质上的准备，要给学生建构一个“安全的”、舒适的学习环境，准备好专用的笔记本，创设无线上网条件等，还要帮助学生完成知识论坛（Knowledge Forum）的注册并使其学会使用；再次是制度上的准备，如学校课程体制、教师配备、过程性评价的支持等；最后就是与学生共同制订知识建构社区规则，如清晰地表达自己，不打断别人的发言，做好的聆听者，不说攻击性的话，如“他不对”。

2. 形成问题情境。

知识建构教学真正的开始源于问题情境的形成，只有在问题情境中学生才能找到自己感兴趣的问题，才能引发知识建构活动；才能找到每个学生的“最近发展区”，进而引发深度的建构活动。形成问题情境的教学策略有很多，比如：将主题与学生生活相联系，给学生提供到教室外面去亲身观察自然现象的机会，提供引导性的动手体验等。形成问题情境的目的在于从真实的问题出发，选择具有可扩展性的 Big Idea。

3. 引发学生提出观点。

知识建构是以观点及其发展为中心的，因此需要引导每个学生自己提出在问题情境中感受到或者认识到的正确或错误、合适或不合适的各种观点。教学策略上需要考虑如下几点。第一，是运用“支架”，譬如在笔记本上或知识论坛中写出“我的问题是:”“我的观点是:”“我还想知道的是:”。第二，是个别指导，教师根据学生的最近发展区，个别指导，如“你注意到了什么?”“如果……你认为会发生什么?”“什么让你感到惊奇?”“你为什么认为会发生这样的现象?”第三，鼓励学生以多样化的方式表达观点，如使用不同介质的口头语言、书面语言、图片、绘画、模型、视频、音频表述基本原理、事实、词汇、定义、细节、联系等。第四，强调“关联”，在学生提出观点后，教师应思考这些观点之间是否有关联，有哪些关联。

4. 持续改进观点。

在技术支持下，观点被可视化表达出来后就有了“生命”，这些观点需要不断生长。教学策略包括：第一，浏览他人的观点，知道学习社区中同伴的想法，展开辩论与对比；第二，为自己的观点寻找依据，向同伴解释自己的观点，为自己的观点辩护；第三，加入知识建构圈，在课堂上展开个体、小组、班级等多个层面的知识建构性讨论，学生可以彼此聆听他人的观点和问题，并及时把修改好的观点记录下来；第四，引发进一步教学活动，如实验，可以帮助学生修正他们的理论或给他们做下一步实验的启发；第五，逐步引入权威资源，如已筛选过的相关网站、专业图书馆、相关领域的专家。

5. 逐步形成理论性的社区知识。

从理论上说，知识建构可以一直持续下去，其近期目标是达成课程标准所描述的弹性标准，其远期目标是培养学生成为信息时代的合格公民。因此，在一个知识建构学习社区中，阶段性的学习以逐步形成“理论”或“作品”为导向。这些理论应该是具有“复杂性”的，比如让学生细致地画出银河系中更多的星体在太空的位置；这些理论应该是综合化的，比如对光合作用的理解，班级中形成十多种不同的解释；这些理论应该是走向规律化的，比如对于每天、每年气温变化的认识，在不断观察、实验、讨论中学生自己得出季节变化的规律。当然，这些理论可以是个人化的，班级社区知识的形成也不是教师灌输的，而是社区自然形成的。

6. 知识建构的教学评价。

教师评价学生进展是一个贯串于整个学年的连续的过程。应收集和使用大量信息对学生的学习进行有根据的、综合的评价。一些可靠的评价资料来源包括学生的问题、探究记录册、文件夹、视觉作品、知识论坛中的观点量、点评量及增建量等。

（三）案例

树叶为什么会变黄？

进入秋天，教师让学生观察树木。每个学生每年都能发现树叶变色和落下的现象。活动最初，教师在课堂上搜集学生关于树木的观点，记录下每个学生向群体提供的知识。问题同样被记录下来，包括“为什么树叶会掉落？”该问题作为学生学习树木相关知识的第一个关注点。几天后，教师提议收集几种不同的树叶，做一张海报把所收集的树叶按某种方式分类，如按品种或形状分类。教师必须强调每个学生都要完成此项任务的重要性，因为班上的每个人都需要从自身经历中获益。这是一个有效地体现集体责任原则的方式。教师要告诉学生他们自己在认知方面的努力对团体十分有用，因为这有助于达到共享目标。同时，教师也要告诉那些没有完成分配任务的学生，他们的行为消极影响了整个社区知识的进展。

初始的个别工作以及每个学生对树叶分类的原认知反思帮助他们形成了他们自己最初的观点。学生讨论树叶为什么落下，为什么变色，为什么干枯。每个学生都要针对小组讨论的主题表达自己的观点。在确保每个学生观点都能被听到和理解的基础上，教师可以要求学生积极合作，使彼此的知识相互发展。教师对学生的知识作出持续不断的反馈。因此，每个学生的观点都得到持续改进，知识也不断加深。

从表面看，知识建构的结果是学生自己建构出了自己的理论体系，或者是产生了新的个人、小组、班级的作品。实质上，不管是学生个人还是社区知识量的扩展都会远远超出课程标准及教材的“限制”。知识建构型学习活动，应该是一种有目标的意向性活动，学生与科学家一样都在朝着理论化、系统化的知识建构迈进。知识建构学习会超越个体知识，形成社区的公共知识。

二、基于 Tablet（平板电脑）的翻转课堂模式

（一）背景

翻转课堂（the flipped classroom）的历史可以追溯到 1990 年，哈佛大学的 Eric Mazur 教授提出“同侪教学（Peer Instruction）”，他发现计算机的支持有助于对学生的指导而不是讲授。10 年后，一篇题为《倒置课堂：走向创建一个包容性的学习环境之路》的文章，介绍了在迈阿密大学的一门经济学课程中如何使用翻转教学促进不同学习风格的学生的学习活动。另外一篇文章《课堂的翻转：运用 Web 课程管理工具转变为边上的指导者》，提出教师要把自己从原先的“讲台上的无所不知者”转变为“边上的指导者”，提出了“翻转课堂”的教学模式：运用在线的 Web 工具开发网络课程作为学生的“家庭作业”，而在课堂上用更多的时间进行深度的积极的学习活动。2004 年 Salman Khan 在表妹要求下开始录制教学视频，因为她认为在观看教学视频时，遇到已经掌握的内容就可以跳过，而有困难的部分则可以反复播放。这种教学模式由此为一对一的个别化教学提供了基础，后来这种模式逐步流行起来，成为翻转课堂的主要教学策略。此后，Jeremy Strayer 的博士论文《翻转课堂对学习环境的影响：传统课堂学习行为与使用智能导师系统的翻转课堂的比较研究》提出，大多数学生在课前视频自学中会变得更积极，并且能够带入新的信息，在毕博平台交互系统的帮助下，学生能够更深入地融入课堂的项目学习。翻转课堂在中小学的使用，比较早的是美国科罗拉多州落基山的“林地公园”高中。2007 年春，该校化学教师乔纳森·伯尔曼和亚伦·萨姆斯开始使用录屏软件录制 PowerPoint 演示文稿的播放和讲课声音，并将视频上传到网络，学生在家看教学视频，在课

堂上完成作业、讨论、辅导等。在接下来的5年中，北美各地学校对这一模式进行广泛实践，效果十分显著。

（二）教学的一般流程

“翻转课堂”，是一种“混合学习”，在信息技术支持下，颠倒传统教学活动课内与课外的过程，其最大的特点是缩短讲授时间而使得教师与学生有更多的交互活动，翻转课堂也称为反向课堂、颠倒教学。翻转课堂中教师的教学设计是随学生的学习情况而动态调节的，而不是跟着教材的顺序机械地推进。

1. 教师运用录屏软件开发微课程。

翻转课堂教学所需的教学资源主要有教学用的PPT、教学视频以及针对性的练习题。教师在录制视频之前应进行详细的教学设计，针对教学目标和教学内容选择恰当的表现形式进行讲解。录制教学视频时应注意以下几点：教学视频的内容讲解应简练精致，通俗易懂；教学视频应短小精悍，时长一般是7—12分钟；从视觉效果来说，视频中应只有音频和板书，不出现教师的形象，这样重点更突出，有利集中学生注意力；针对性的练习题是基于学生“最近发展区”进行设计的，应能够很好地起到巩固知识和发现问题的作用。

2. 学生观看教学视频，要完成针对性练习。

学生在家或利用课余时间观看相关教学视频，从而完成对基本知识点的学习和掌握。看完视频后，学生应完成相应的针对性练习，从而加强对学习内容的巩固并发现自己的疑难之处。同时，通过网络交流工具与同学、老师进行互动沟通，了解彼此的收获与疑问，同学之间进行互动解答。教学系统会自动批改学生的测验题答案，并会自动统计每个学生的学习状况，这些实时的反馈信息会给教师以参考，使教师对每个学生的学习进展都有所掌握。学生还要对本节学的重点内容进行整理，并提出自己的疑问，记录到平台上以准备在课堂上进行讨论和解决。

3. 课堂多种形式的人际交互，形成知识内化。

翻转课堂的学习活动是从学生提出问题开始的。学生将自己在看视频时记录下的疑惑和问题提出来，以期通过课堂活动得到解决。根据提出的问题将学生分成若干个讨论组，进行生生互助，在此期间，根据问题的特点和性质可让学生进行多种方式的探究，如实验、调查等，教师可根据教学平台反馈的每个学生的课前学习情况适时地提供个别指导。学生可以将自己组的研究成果以多种方式进行展示，展览会、比赛、报告会等。当然，也可以根据不同科目的属性设置小测验来测评学生的学习情况。

（三）案例

四年级英语的翻转课堂教学。

薛老师选择四年级3班作为翻转课堂的试点班级，主要的教学策略：首先是在教学内容上重新处理教材，基于回归课程标准的思想，对现有的牛津版英语教材进行整合，形成主题式的教学系列；其次是教学软硬件上合理组合平板电脑与电子书包，澔奇教学平台（iWonder）实现了知识的数字化管理以及学生学习情况的实时评价与反馈。

教学前，教师及其助手用录屏软件提前录制好视频讲授内容，要求学生在家自主学习。本课的主要内容是：（1）主要句型：What are these/those? They're...; What do you like? I like (some)...; What about you?（2）名词单复数的变化规则；（3）可数名词和不可数名词的区分规则。经过开学来的几次试用，学生已经逐渐适应这样的课前学习，因为简短的视频可以让学生快速了解本课的重点内容，网上下载后，每个学生可以自己安排学习的节奏，特别是对自己薄弱的地方可进行重复学习；电子书包平台也提供了针对性的练习，并可以及时反馈，对于学生出错的题目，系统也会给出详解。

课堂上，课堂学习始于家庭作业的疑问。教师已在上课之前通过澔奇平台看到了学生的练习情况，因此，在学生小组讨论的时候，教师能够有针对性地进行个别化的指导，平板与教学平台的结合能够使学生和教师都获得即时的反馈，从而更好地安排教学。针对学生的共同问题，教师运用电子书包教学互动系统（IRS）为学生派发夹档题目，给出一些学过的食物图片，要求学生针对图片运用本课所学重点句型［What are these/those? They're …；What do you like? I like (some)…；What about you?］来讨论自己喜欢的食物，同时两人一组将对话进行录音，并上传到平台。教师可选择几个小组的录音全班播放并进行点评。

在课堂的结尾时间，教师进一步推进小组合作学习，深度内化知识深入分类，请学生思考：哪些食物是应该多吃的，哪些食物是应该少吃的，哪些食物是最好不吃的？学生以问答的形式呈现讨论结果，并将对话录音进行小组汇报，组间互相补充。用到的句型：We should eat/drink a lot of/some…；We don't eat/drink… 课后的作业是学生每人在自己的平板电脑上运用写生簿软件制作一份宣传海报来宣传自己的健康饮食理念，作品完成后上传到平台，学生互相欣赏作品并投票，最后选出同学们心目中的优秀作品。作品要求：标题突出，理念清晰，色彩鲜艳，尽量使用英文表述。

三、基于 Moodle（魔灯平台）的项目化学习模式

（一）背景

基于项目的学习（PBL）于 20 世纪 90 年代诞生于布克教育学院，从真实世界中的基本问题出发，通过组织学习小组演绎完整的项目活动过程，从项目形成、项目计划、投标、实施、评价等多个环节完成学生力所能及的实质性工作。学生在活动中需要扮演特定的社会角色（如科学家、工程师），并借助多种资源（如网络、电子图书馆等）开展探究活动；项目化学习并非是漫无边际的，在教学设计中需要强调结合学科的基本概念和原理，进行有目的的学习活动；项目化学习是有一定的时空限制的，需要学生在一定的时间内解决一系列相互关联的问题；虽然学生不太可能有多么巨大的成果，但是项目化学习强调要有产出，学生的学习活动结果以作品或产品的形式表现出来。

项目化学习的实质是通过复杂任务的完成，使得学生在非结构化问题的解决中得到发展，问题解决、决策、调研技巧得到发展，进而可以在未来的学习、生活与工作中迁移这些能力。由于项目化学习具有实践性，这样的学习能够有效地激发学生学习的内在动力，使学生真正感受到学以致用；学生在项目完成过程中一方面能够获得与实践相关的成功经验，另一方面能够发展学生之间的合作与交流能力，促进学生的全面发展。

（二）教学的一般流程

基于项目的学习强调跨学科的、以学生为中心的、长期的（如一个月、一个学期）持续性的指向目标的研究过程。因此，基于项目的学习需要多种技术的支持，在专业领域，不同类型的项目管理软件是量身定制的应用软件。对于中小学学生来说，一些通用的项目管理软件，可以尝试使用；但从学习历程的多种需求来说，一个教学平台将会给项目化学习以有效支持，如魔灯平台。基于教学平台的项目化学习的一般流程包括以下几点。

1. 项目准备期。

显然，技术准备要先行，作为基于项目的学习的设计者……教师首先要熟悉魔灯平台，安装好服务器，逐步调试好平台。其次，分配好参与项目的学生与教师账户，作好项目管理的早期准备；最后，设计项目界面，构思项目引入的情境，为下一步的项目计划作准备。

2. 项目选择。

项目要来源于学生日常学习、生活的实际，因此，从空间看所要做的项目可以是校园内的，也可以是校园周边、社区附近的；若条件允许的话，也可以是具有时空可行性的动物园、农场、博物馆等。从时间上看，要保证能够完成一个项目，小的项目也许 1 个月中每周 2—3 次即可，长的项目也许一个学期，甚至更长。从学科角度看，基于项目的学习多数可以是跨学科的综合活动，如中小学的综合实践，也可以是单学科的，如《科学》里的某个单元。项目的选择需要在魔

灯平台里展示出来，学生可以通过预定的规则选择自己要参加的项目，并且可以在自己的魔灯账户中开始自己的项目研究。

3. 项目计划。

教师可以作为项目经理（或者魔灯平台管理员）计划与组织项目活动，包括在平台上根据学生的申请或者学生的兴趣进行分组，帮助学生制订个人、小组、班级的项目研究进程表，所有的资料都需要发布在平台上，教师、学生都可以参与到每个人、每个小组的面对面与在线的各种讨论中。学生个人需要向小组汇报自己的项目进展、小组需要向全班报告本小组成员的进展情况，提出相互帮助的策略与计划的调整。

4. 项目实施。

项目实施是整个基于项目学习的核心部分。学生在实施过程中需要按照既定目标完成各项个人、小组的任务，通过后期的整合完成全班的任务。每项任务都需要具体设计与规划，比如观察植物的生长，需要做好观察记录表；每次外出都需要准备好相应的工具，比如数码相机、平板电脑等。在项目实施过程中，阶段性的成果、资源等都需要发布在平台个人、小组、班级空间相应的位置，既是为了便于个人的知识管理，又是为了学习社区的交流。

5. 项目评价。

学生的研究成果可以通过多种形式表现出来，比如研究论文、调查报告、设计方案、多媒体作品等。通过魔灯平台，不同个体、小组的成果都可以展示出来，教师可以制订，也可以与学生讨论后制订出个体、小组、班级的评价量规，学生可以进行相应的自评、互评。

基于项目的学习可以是一个不断循环的过程，过程性的评价与项目计划的调整可以伴随着研究的进程，对于中小学学生来说，可以根据课程标准的要求使用相对简单的项目活动。

（三）案例

某小学是小班化教学的实验学校，二年级3班的濮老师打算在春季学期开展“平台花园的设计与实施”项目学习。主要目的是通过基于项目的学习，让学生在收集资料、亲身体验、交流互动、归纳概括等学习活动中提高口头、书面表达的能力。开学前，濮老师就在信息技术教师的支持下，设计好了魔灯平台，并且帮助28个学生都申请好了学习账户。

开学后，通过课堂的口头介绍、魔灯平台的文字说明，学生在第一周就明白了本学期将要开展设计与建设一个平台花园的项目。学校里教学楼的3楼平台有很大的空地，学校每年都有不同的班级来这里进行项目化学习活动。此后的2—3周，二年级3班的学生在教师组织下，测量了划给他们班级的园地面积、观察了土壤与供水等条件，回到教室后，学生分组提出了花园的几种设计方案，分小组发布在魔灯平台上，经过数次讨论，大家表决采用了其中一个方案的修订稿。在开学第一个月的月末，学生按照计划播下了几种花卉的种子，移来了几种外面花市育好的苗。在这个过程中每个学生结合自己的兴趣，制订自己的研究目标与观察计划，发布在自己的学习记录中。在此后持续2个月的观察与记录中，学生运用多种移动终端，如数码相机、平板电脑、手机等进行查找资料、获取图片等多种活动，学生按照时间顺序上传这些资源。在项目推进过程中，每周两次的观察都需要记录，学生的描述从只有短短的一句话，逐步发展到能够写出一篇小短文。教师在阶段性的班级讨论中，结合观察日记的写法、案例的推荐等引发学生的讨论，学生也在网络上把自己对观察日记写法的思考描述出来，形成了班级社区的讨论。

经过近三个月的施肥、浇水等维护工作，二年级3班的小花园初见成效。总体来说，每个学生都完成了自己的既定目标，有的小组的花已经盛开到可以与花店里的花相媲美。在班级的评比中，学生提出了自己的评价指标，选出了种植最好的小组。教师也通过与学生的讨论，制订出了对学生个体的评价指标，包括观察日记的写作篇数、文字量、被他人关注量、给别人提出评论量等，结合花的种植效果，给每个学生打出了本学期的“分数”。学生对这种新的学习非常感兴趣，希望下个学期还能有这样的项目化学习。

四、基于 Smart Classroom（智能教室）的知识创新学习模式

（一）背景

教室是教学活动的主要场所，人类自从产生教育就有了有关教室的选择问题，如中国古代的“庠”。按照教室的设备发展，可以把教室分为五代：第一代是“场所型”教室，也就是只是个遮风避雨的场所，与一般的建筑场所并无大的区别。第二代是“基本型”教室，可以界定为文字、印刷等技术产生后，或者说是前“电化教育”时代的教室，典型的设备是黑板、粉笔。第三代教室是“电子”教室，这是随着工业革命的发展，伴随着电的广泛使用，电灯、传统幻灯、电视、电影等进入了课堂。第四代教室是“多媒体”教室，这是随着信息时代的到来，以电子计算机、网络为代表的现代信息技术进入课堂，形成了集文字、图片、声音、视频等于教学活动的新型教室。第五代教室是“智能”教室，其特点主要是具有智能性，“就是一个能够方便对教室所装备的视听、计算机、投影、交互白板等声、光、电设备进行控制和操作，有利于师生无缝地接入资源及从事教与学活动，并能适应包括远程教学在内的多种学习方式，以自然的人机交互为特征的，依靠智能空间技术实现的增强型教室。”

从网络“多媒体”教室到“智能”教室，乃至未来可能更多的“虚拟”教室，反映了人类对教学空间的不断拓展。这个过程本身就是一种创新过程，更主要的是智慧教室的建设与应用不仅仅是技术层面上的创新，而且突出地表现出教学方法、教学思想上的创新。云技术、无线网络、多种媒体并不代表着教学的创新，真正的创新是如何由传统的知识接受式学习走向探究学习、由个别化学习走向合作学习、由被动学习转向主动学习。

（二）教学的一般流程

1. 确立探究主题，初步完成个人的知识准备。

教师根据单元或学习模块的教学目标和学习内容，回归学生的日常生活，提炼出学习主题，引导学生开始实地观察、记录、初步讨论形成个人、小组与班级的问题。运用多种手段查阅资料，如电子图书馆、权威网站、各种书籍、询问家长及专家等。当然，使用“智慧”教室前，需要先熟悉硬件与网络环境。

2. 分组讨论，提出初步的设计方案。

“智慧”教室的魅力在于帮助个体突破时空的限制，运用多种软硬件开展信息化的设计。更主要的是，“智慧”教室可以帮助小组的合作学习活动；特别是在设计问题解决方案、制作小组作品、建构理论体系方面作用更大。在多样化的互动环境中，更可以激发小组成员思维的积极性，信息技术可以起到传统黑板、笔记本所起不到的支持作用。

3. 组内协作，共同分析解决问题。

各小组及小组成员利用“智慧”教室所提供的学习资源及丰富的网络资源解决问题，同时教师对此过程进行监控、组织和指导，以保证每个小组都能顺利完成任务。在此过程中，小组成员之间的交流合作不仅仅局限于此，还可通过各种方式进行交流，如网络聊天室、小组会议等，这样更有利于小组成员之间的协作与交流。

4. 全班交流，加深对不同设计的理解，共同建构解决方案。

每个小组根据教师及同学们给出的意见与建议去完善本小组的方案，并在触摸电脑上提交最终方案。教师通过大屏幕调用各个小组的材料，各小组分别向全班介绍自己小组的作品，其他组的同学则提出意见与建议，发言组的同学要认真倾听其他组同学的观点，适当回应与解释，及时记录不同的观点。全班性的交流结束后，各组同学回归小组，然后汇总讨论意见，进一步改进自己小组的设计。

5. 总结反思，建构性评价。

教师综合各个小组在解决问题过程中的表现、成果汇报的情况、各个小组的最终方案以及学生的心得体会，帮助学生反思相互建构过程与自己设计过程中的得失，提出下一步的工作方向。

（三）案例

某个班级的《综合实践》课研究主题是“交通”，在前一阶段的教学中，学生通过调查走访、查找资料、听讲座、采访交警等活动，了解了一些交通工具、交通设施、交通法规、交通陋习、交通堵塞等方面的问题，对发生在自己身边的“交通拥挤”情况进行了调查，并根据调查结果提出了自己的建议。

课堂上，教师通过总结上一阶段的活动，引出本次课的主要任务。教师先在“智慧”教室的主屏上播放“《交通研究》第一阶段活动花絮”，归纳出几个小组的不同问题，指出各组在接下来的研究中需要进一步建构、完善自己小组的设计方案、作品、理论体系等。

紧接着，全班分为6个小组，每组4—5人，每个小组使用一台安装在墙上的大屏幕触摸电脑，学生运用无线网络及所需要的软件，开始小组建构活动。小组活动的要求是：每个成员都要发布意见，所有成员合作完成自己的设计；可以畅所欲言，但是提倡言之有理，言之有据；倡导运用最简短准确的语言表述自己的观点，仔细倾听别人的观点；及时把讨论的观点记录在笔记本或电脑上。

最后的环节是教师帮助学生运用最大屏幕的主频电脑，调阅小组电脑里的内容。每个小组到台前来叙述自己小组的讨论方案，其他同学一起围坐在大屏幕前参与全班讨论。展示组的同学要有不同的分工，至少要有一个同学记录下其他同学的意见，因为各个小组最后要汇总班级意见，最好用建构图的形式把别人有益的意见结合到自己小组的设计中来。

多种软硬件的使用是促成教学模式改革的外在因素，教学思想的转变才是信息技术支持下的教学模式变革的核心。从本文所述的四种教学模式看，深层次的变化不是技术上的，而是表现在如下几个方面：突破传统课程观，走向生成性课程；改变传统师生关系，进行对等的知识建构学习；超越单纯的以知识技能训练为核心的应试教学，转向培养学生沟通与交流、探究与合作等的多元智能培训。

参考文献

[1] Scardamalia, M. & Bereiter, C. Knowledge Building Environments: Extending the Limits of the Possible in Education and Knowledge Work [M] //A. DiStefano, K. E. Rudestam, & R. Silverman. Encyclopedia of Distributed Learning. Thousand Oaks, CA: Sage Publications, 2003.

[2] 宋述强，曾小牧．“目的性学习”与“知识建构社群”——加拿大多伦多大学“CSILE/Knowledge Building”项目述评[J]．中国电化教育，2005（7）．

[3] Maureen Lage, Glenn Platt, Michael Treglia. Inverting the Classroom: A Gateway to Creating an Inclusive Learning Environment[J]. Journal of Economic Education, 2000, 31 (1).

[4] J. Wesley Baker. The Classroom Flip: Using Web Course Management Tools to Become the Guide by the Side[C] //Selected Papers from the 11th International Conference on College Teaching and Learning.

[5] 师庆良，徐晓雄，尚琼．Moodle环境下基于项目学习的校本课程实施策略研究[J]．中国教育信息化，2009（10）．

[6] 陈卫东，叶新东，张际平．智能教室研究现状与未来展望[J]．远程教育杂志，2011（4）．

美国中小学信息技术教育目标比较研究

李 锋 王吉庆

（华东师范大学 全国中小学计算机教育研究中心，上海 200062）

摘 要：美国是中小学信息技术教育开展最早的国家之一，也是教育目标取向多样化的国家之一。计算机教育、教育技术、信息素养都反映出不同的技术教育取向。计算机教育强调计算思维，教育技术突显创造与革新，信息素养关注信息能力。三者虽有融合交叉，但关注点各不相同。从结构模型、目标内容和表现特征的视角考察三种教育目标，可以较好地理解美国信息技术教育的现实性、优越性，以及存在的偏差，避免借鉴其经验时掉入“拿来主义”的陷阱。

关键词：计算机教育 教育技术 信息素养

一、K—12 年级计算机科学教育目标分析

（一）K—12 年级计算机科学教育目标的结构模型

2011 年美国计算机教师协会（CSTA）和计算机协会（ACM）在全美中小学进行了计算机教育全面调研，分析了美国中小学计算机教育的现实问题，明确指出“在中小学开展计算思维教育，提高学生计算机实践应用能力”是提高国际竞争力的一项重要措施。计算机教师协会在此基础上研制了“K—12 年级计算机科学教育标准”，从“计算思维”“合作”“计算机实践与编程”“计算机和交流设备”“社区、全球化和伦理影响”等五个方面制订了各学段学生需要达到的计算机学习标准，并建议以核心课程的方式在中小学开设计算机科学教育。其结构模型如图 1 所示。

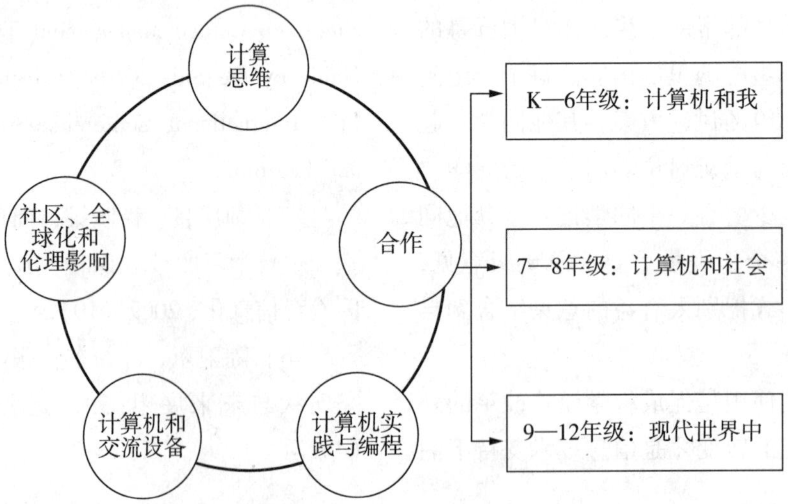

图 1 计算机科学教育目标结构模型

（二）K—12 年级计算机科学教育目标的内容概述

K—12 年级计算机科学教育标准在目标结构框架的基础上提出了各个学习阶段学生必须掌握

的计算机科学知识和技能，以使他们在全球信息经济中更好地发展，设定了一系列学习标准，提出了实施步骤和建议。希望通过这些标准，学校可以向所有的学生（无论他是去工作还是去上大学）教授计算机科学的原理和方法。相关的目标内容是：（1）K—5 年级学段。通过整合计算思维简单观点和基本的技术技能，让学生了解计算机科学基本的概念，激发、鼓励和帮助学生将计算（computing）理解为他们生活学习中的一部分。相关学习经验的设计要关注学生的活动学习、创造学习和探究学习，将此嵌入社会科学、语言艺术、数学和科学等课程中。（2）6—8 年级学段。初中学生学习计算机课程后要能够使用计算思维，以此作为问题解决的工具，逐步意识计算的普遍存在，感受计算机科学使得大众的交流与合作变得更容易。在教学过程中，教师要引领学生运用计算思维讨论现实世界中的相关问题，依据标准设计与学生学习经验相适合的学习情境，拓宽学生解决问题的视野。（3）9—12 年级学段。该年龄段的学生学习后能应用相关的概念，创设解决问题的方案。该阶段分为三个具体课程，每一个课程分别关注计算机科学的不同方面。通过这些课程，学生能够掌握最先进的计算机科学的概念和应用这些方案开发具体作品。例如，计算机科学概念和实践课程就是对计算机科学以及相关学科的深入学习，其中包括算法问题解决和相关的活动。学习完这门课程后，学生要清楚地理解计算思维对解决现实问题的作用。

（三）K—12 年级计算机科学教育目标特征

K—12 年级计算机科学教育目标按照学科特征、社会需求、学生学习心理等特征从五个方面设计了学生的学习结果，体现出计算思维、计算机知识与技能、社会伦理道德等方面的特征，主要表现为以下几点。（1）计算思维是核心观念。计算思维（Computational Thinking）是指人们运用计算机科学的基本方法进行问题求解、系统设计以及人类行为发展的一系列思维活动。数据抽象、模型建构和自动化处理是计算思维的内在本质。近年来随着计算机应用的普及，人们已经生活在一个“程序设计的世界”里，为了更好地感知、理解和生存，其社会成员就有必要具有同“读、写、算”能力一样的计算思维能力。例如，课程标准中对 3—5 年级学生的“计算思维”能力的要求：理解利用算法解决问题的基本步骤（如问题陈述和探究、样本检测、设计、实施和测试）；通过“非计算机练习”（computer-free exercise，不使用计算机）来理解算法的基本概念等。显然，随着以“结构分析、嵌入模型、转化和仿真”为特征的计算方法渗透到人们生活与学习的方方面面，计算机教育也就超越了一般的基本知识与技能的学习，发展学生计算思维、设计利用计算机解决问题的方案、通过计算机验证与修订方案也就显得十分重要。（2）计算机知识与技能是内容体系。计算机科学作为一门学术（Academic）学科，具备固有的知识技能体系，理解计算机科学特有的概念和技能就成为发展学生计算思维的前提和基础。课程标准以“计算机实践与编程”和“计算机和交流设备”两个模块对知识与技能的学习做了系统化的要求。（3）计算机与社会伦理道德是文化内涵。计算机技术的广泛应用加强了计算机社会文化的形成。网络安全、软件版权、技术行为都对传统的社会道德和法律秩序产生了巨大的冲击。帮助学生理解计算机与个人、社会的关系，养成正确使用计算机的良好习惯也是繁荣计算机文化、推动和维护良好社会秩序的一种有效手段。课程标准通过“社区、全球化和伦理影响”模块设计了计算机伦理道德的教育目标，反映了计算机、人、社会三者相互作用产生的社会文化，以及这种文化对人类生存发展的影响。

二、面向学生的教育技术目标分析

（一）教育技术目标的结构模型

20 世纪 90 年代信息技术的快速发展推动了信息技术与课程的整合，很多学者认识到技术对教育改革和学生学习的潜在力量，呼吁学校强化教育技术的开展。1998 年，国际教育技术协会（ISTE）制订了“面向学生的教育技术标准”，该协会对此标准进行了完善和修订，从创造与革新、交流与合作、研究与通晓、批判性思维、数字化公民、技术操作六个方面制订了学生的学习目标，凸显“技术创新与研究”的新理念，希望通过数字化教学环境发展学生的创造性、批判性思维和合作精神，其结构模型如图2所示。

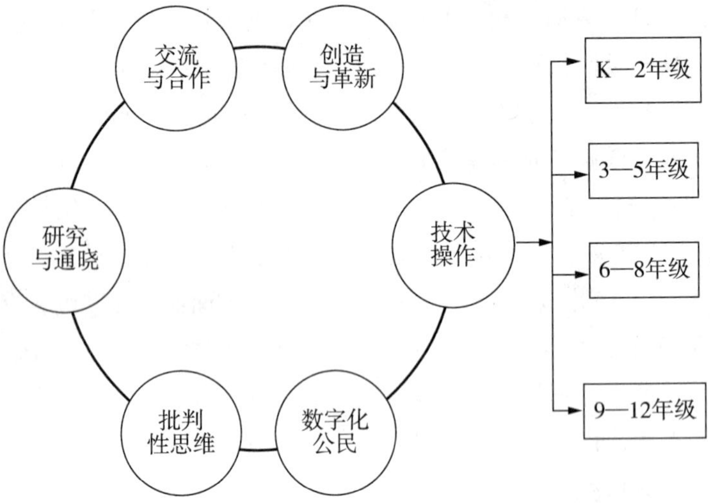

图2　面向学生的教育技术目标结构模型

（二）面向学生的教育技术目标的内容概述

面向学生的教育技术标准的研制和发展促进了美国学校信息技术与课程整合的规范化和制度化，确保了“每一间教室都能连上信息高速公路，所有学生都能在课堂中应用现代信息开展学习”，其中目标的主要内容为以下几点。（1）创造与革新。学生要具有创新思维能力，能使用技术工具建构知识、开发新的产品与过程。例如，学生要能够运用已有知识产生新思想、新产品或新过程、能够把创作原创性作品视为自我和团体的一种表达方式等。（2）交流与合作。学生能够使用多种媒体与数字化环境与他人交流协作（包括远程协作）促进相互之间的学习；能够应用多种数字化环境和媒体与同龄人、专家或其他人进行交互、协作与发表作品。（3）研究与通晓。学生应具备使用数字化工具搜集、评价和使用信息的能力；能够设计相应策略指导问题探究、能够应用多种媒体从多种信息源中查找、组织、分析、评价、综合和符合道德规范地使用信息等。（4）批判性思维。学生能够运用批判性思维技能与恰当的数字化工具与资源进行研究的设计实施、项目管理、问题解决，并做出合理的决策。（5）数字化公民。学生能够理解与技术有关的人文与社会问题，其行为要合乎法律和伦理道德规范；倡导人们安全、合法与负责任地使用信息与技术，并能付诸实践。（6）技术操作。学生能够表现出对技术的概念、系统和操作的充分理解；能够理解与使用技术系统；能够有效、高效地选择和使用应用软件；能够对技术系统与应用软件进行检修与维护；能够迁移已有知识学习新技术。显然，上述内容标准的设计为中小学信息技术与课程整合的实施提供了指导依据。

（三）面向学生的教育技术目标的特征

美国“面向学生的教育技术标准”的实施进一步推动了学校数字化学习环境的建设，在保持必要的信息技术知识与技能的同时，凸显了技术创新与批判性思维的重要性。技术创新、数字化环境、技能与概念成为教育技术标准的关键词。技术创造与革新是关键内容。技术创造与革新是指学生通过教育技术获取信息，综合思考、建构知识、开发作品的过程。“创造是信息分解和新观念碰撞的过程，革新是内容过滤与知识形成的过程，创造与革新的往复循环是新知识产生和社会发展的内在动力”。可见，从知识转化过程来看，“知识”并不能简单地等同于“信息”，信息收集也不能等同于知识的形成。学习过程中学生不仅要利用教育技术获取信息，还要利用教育技术分析信息、创新知识。2008 年版的“面向学生的教育技术标准”将“创造与革新”放在突出位置，为了更好地实现创新标准，教育技术协会还设计了不同年龄段学生“创造和革新”的表现性指标。例如，在 3—5 年级学生要表现出“能够利用数字图片技术创造艺术作品，进行展示”，9—12 年级学生要“能够设计、开发和测试与其他课程内容相关的学习游戏；设计符合要求的资源网站”等。现代教育技术的发展彻底改变了传统的学习系统，数字化工具融入教学的设计、开发、利用、管理和评价的各个环节，全新的学习环境对学生的技术素养提出全新的挑战。“面向学生的教育技术标准”从“交流与合作”“研究与信息通晓”“技术操作与概念”三个方面强调了技术知识与应用。“交流与合作”要求学生能够应用数字化媒体和环境（包括远程学习环境）进行合作与交流，支持个人学习和帮助他人学习。在具体表现方面，一些州在“国家教育技术标准”的基础上制订了具体的表现性指标。例如，亚利桑那州教育技术标准要求 8 年级学生能够“应用信息搜索策略、定位和分析信息，正确评价和使用权威（authoritative）信息以及二次处理（secondary）信息”；“解释技术系统整合信息的过程，包括输入、输出和网络设备，定义和应用相关的技术术语知识”等。“技术环境与数字公民”是教育导向。尼葛洛庞蒂（Nicholas Negroponte）认为信息时代是一个数字化的世界，技术的普及化与大众化使得每一个公民都不可避免地被裹胁于数字化洪流中。在这种形势下，理解数字化环境，批判性地认识信息时代中的各种现象也就成为教育技术的重要导向。“面向学生的教育技术标准”也充分注意到“技术环境与数字公民”的意义，建议学生在“数字化学习环境中批判性地开展学习研究，管理项目、解决问题，深入理解人、技术、社会的关系，安全、守法、负责任地使用信息与技术”。

三、信息素养的目标分析

（一）信息素养教育目标结构模型

在美国，信息素养（Information Literacy，IL）这一概念从图书馆检索技能发展和演变而来。1998 年，美国图书馆协会（ALA）和教育传播与技术协会（AECT）联合发布了 K—12 年级信息素养标准，该标准从“信息素养”“独立学习”和“社会责任”三方面制订了学生的九类学习目标，丰富了信息素养的技能、态度、品德等方面的内涵。艾森堡（Mike Eisenber）和博克奥兹（Bob Berkowits）博士提出的“Big 6 技能标准”（The Big 6 Library Skills）也得以广泛推广，调研报告显示“六项技能已被美国上千所中小学所采用，在学校课堂和图书馆教学中得以有效实施”。2008 年，美国学校图书管理员协会（AASL）对此标准进行了拓展与重构，新版“21 世纪学习者标准”对技术应用、资源处理和工具选择等教育目标提出了新的要求，其模型如图 3 所示。

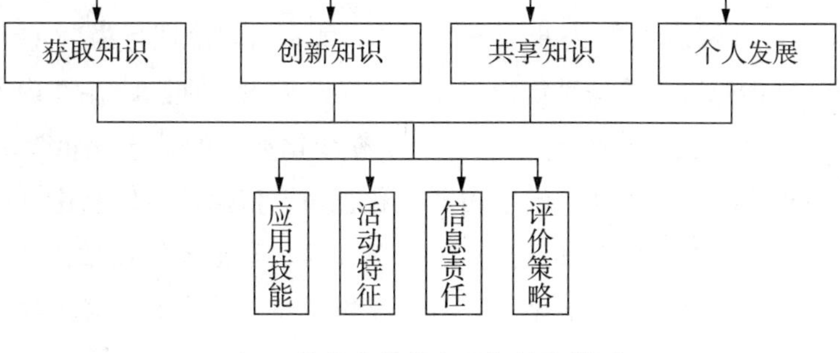

图 3　信息素养教育目标结构模型

（二）信息素养教育目标的内容概述

“21世纪学习者标准”拓展了信息素养的内涵，从传统的“信息获取”转向学生的“知识建构”，要求学生能够利用资源、使用技巧和工具获取知识、创新知识、共享知识，最终促进个人和集体的发展。目标内容主要有以下几点。（1）探究、批判性思考并获得知识。包括尊重创作者与生产者知识产权、从多维视角理解和评价获取的信息、与同伴共享信息、负责任地使用信息等。（2）在真实情境中运用知识、创造知识。包括在真实世界中理解问题、利用有效信息合理地推断，做出符合伦理的决定。（3）与他人分享知识、成为民主社会中的合格成员。尊重他人的不同经验和利益，理解各种不同观点，利用信息知识与技能进行公众对话，针对共同关切的话题进行讨论等。（4）追求个人发展。在信息化环境下，能安全、合理、负责地使用信息，追求个人的自我现实。分析上述内容又可看出，上述每个维度的目标分别强调了学习者的技能、行为倾向、责任与自我评价四个方面。可见，学生信息素养的发展已不再是单纯的技术应用，传统的信息技能学习已被信息化情境下的知识建构、创造、共享所超越，并以促进学生的个人发展为最终目标。

（三）信息素养教育目标的特征

“21世纪学习者标准”将信息获取与知识建构有机地结合起来，要求学生在掌握必要的信息技能时，更关注学生信息应用策略、问题解决能力和信息道德的发展。信息素养的教育目标主要表现为信息能力、信息工具、信息责任三个方面。（1）信息能力是关键内容。信息能力是指学习者应用技术工具获取、分析、重构、发布、评价信息的方法与策略，它以解决问题为主要任务。艾森堡博士在Big6技能标准中将这种能力贯串于“任务确定、策略分析、信息检索与获取、信息应用、信息生成、过程与结果评价”的学习过程中。认为“信息能力不同于技术工具的操作技能。事实上，如果缺少了应用方法与策略的学习，这些特定的技能也不能为学生提供不同情形下的技能应用迁移，也无法实现问题的解决”。“21世纪学习者标准”对学生信息能力的发展也提出了显著的要求，标准拓宽了学生信息能力的批判性思维和学习技能，将数字资源、信息技能和技术工具等多种素养（Multiple literacies）融入信息素养之中，确保信息应用的合理性和高效性。正如美国信息素养教育专家格瑞斯安（Esther S. Grassian）所言，“帮助学生利用技术工具处理信息，掌握多元信息应用的方法和策略，提高信息的应用效率，解决现实问题才是信息素养教育的核心所在”。（2）信息工具是技术载体。信息技术的快速发展创造了多样的信息处理方式，掌握必要的信息知识与技能是提升学生信息素养的必要条件。“21世纪学习者标准”也认为信息知识与技能影响着学生现在与将来的学习与工作，学习过程中应将信息工具与解决的问题结合起来。在技能（Skill）指标中它要求学生：要熟练掌握获取信息和探究问题的信息工具；要能应用信息分析与信息组织工具；要能使用知识组织和发布的信息工具；要能使用收集与共享信息的社会网络和信息工具。这些学习指标的要求虽然提出了相应的信息知识与技能，但并没有构建完整的信息技术知识与技能体系，相反，更注重信息工具的实用性和有效性，要求学生根据信息处理的现实需要掌握必要的信息知识与技能，反映出信息工具处理问题的载体功能。（3）信息责任是教育导向。信息技术渗透到社会环境的各个层面，它不仅改变着人们处理问题的方式，也塑造着全新的社会生态环境。因此，理解该环境中各个要素的相互关系、遵守信息社会的法律法规、表现出良好的信息道德是每位社会成员的基本责任。“21世纪学习者标准”的研制团队将“信息应用的伦理行为”（ethical behavior）作为一项重要设计理念，在“内容标准”中明确指出“在变化莫测的信息化世界中，学生要有多元文化视角，依据社会信息伦理收集和处理信息，负责任地、安全地使用信息工具”。例如，2010年马里兰州“学校图书馆教育标准”规定8年级学生要能“遵循技术应用规定和文件拷贝的法律、正确引用他人资源，将‘引用说明’作为个人作品中的重要组成部分，为学习团队贡献个人力量”等信息责任。可见，为了维护信息化社会秩序，建立良好的数字化环境，培养学生的信息责任同样是必不可少的导向性目标。

四、三种教育目标的比较与分析

计算机科学、教育技术、信息素养分别从不同的视角诠释了学校信息技术的内涵。虽然三者都强调以计算机与网络技术为代表的数字化技术对学生发展的作用，但侧重点却各不相同。从知识本体来看：计算机科学将计算机系统作为该课程的学习对象，计算机知识技能是该系统的显性内容；教育技术强调通过技术达成学生学习的预期结果，信息技术与课程整合是其研究的主体内容；信息素养关注的是利用技术处理不同形式的信息，信息系统是信息素养的本体对象。从能力发展来看：计算机科学以发展学生独特的“计算思维”为己任；教育技术凸显以协同合作、互动交流、批判性思考为代表的学习问题解决能力；信息素养强调“信息的定位、获取、分析、评价、发布的能力”。从情感方面来看：三者都强调了技术、人与社会的关系，培养合格的信息化社会公民是它们共同的教育导向。表1是三者教育目标取向的分析与比较。

综上可以看出，当前美国中小学信息技术教育是一个目标取向多样的教育领域。各行业、各州可以根据现实需要制订和采纳相应的教育标准，设置不同的教学组织方式。这在一定程度上增强了地方课程设置的灵活性，有利于促进社会多样性人才的培养。但这也容易产生区域性技术教学差异，甚至出现数字化“鸿沟”（gap）问题。因此，在借鉴美国信息技术教育经验时，就需要从其历史、地方特色的角度来考虑各个标准的现实性、可行性和优越性，以及存在的教育偏差，避免片面理解和盲目跟从，掉进“拿来主义”的陷阱。

表1　计算机科学、教育技术、信息素养教育目标取向比较

目标取向	知识本体	能力发展	情感态度
计算机科学	计算机系统	计算思维包括数据抽象、模型建构和技术实现等	理解“技术、人、社会的关系”，形成良好的技术伦理与道德行为
教育技术	整合系统	问题解决能力包括协同合作、互动交流、知识创新等	
信息素养	信息系统	信息处理与应用能力包括信息的定位、获取、分析、评价、发布等	

参考文献

[1] Jeannette M. Wing. Computational Thinking[J]. Communications of the ACM, 2006(49).

[2] Computer Science Teachers Association. CSTA K—12 Computer Science Standards[S]. 2011.

[3] David Gurteen. Knowledge, Creativity and Innovation[J]. Journal of Knowledge Management, 1998, 2(1).

[4] Esther S. Grassian. Information Literacy Instruction: Theory and Practice [M]. Neal-schuman, New York: 2009.

[5] ACM & CSTA. Running On Empty: The Failure to Teach K—12 Computer Science in the Digital Age [EB/OL]. http://www.acm.org/runningonempty.

情感计算在构建和谐人机交互的网络远程教育系统中应用的研究报告

李勇帆　李里程

（湖南第一师范学院　信息科学与工程系，湖南　长沙　410205）

摘　要：在简要介绍情感计算构建和谐人机交互的网络远程教育系统中的应用研究及国内外研究现状综述的基础上，详细给出了情感计算在构建和谐人机交互的网络远程教育系统中的应用研究方法与设计，并分析了情感计算应用于网络远程教育系统中的有效作用及情感计算在构建和谐人机交互的网络远程教育系统中应用必须解决的关键问题；提出和谐人机交互的网络远程教育系统的多模情感信息融合机制及师生自然和谐的人机情感交互技术；为开发和谐人机交互的网络远程教育系统提供新的理论与方法。

关键词：情感计算　网络远程教育系统　和谐人机交互　人脸表情识别　语音情感识别

一、问题的提出

党的“十七大”明确要求“发展远程教育和继续教育，建设全民学习、终身学习的学习型社会”，但是，由于时空分离，网络远程教育在师生情感交流和人机双向交互等方面存在严重不足与缺陷。我们通过已完成的全国教育科学规划课题及省级和校级立项课题的前期研究发现：将情感计算（Affective computing）应用于网络远程教育系统中，能有效地解决这一难题。情感计算是和谐人机交互与人工智能领域中新的研究方向，也是生理学、心理学、教育技术学、信息科学以及数学等多学科交叉的新结合点，是建立自然和谐的人机环境的基础理论与技术之一。在网络远程教育系统中，情感计算理论的应用可以进一步优化网络教学的功能，帮助教师监测远程学习者的情感变化，调整教学方式和方法，实时给予情感反馈，使教学质量达到最佳。

本项目从对师生面部表情和语音等情感特征的分析入手，深入研究网络远程教育中师生情感的生理与心理特征及人机情感交互机理，构建和谐人机交互的网络远程教育系统的理论模型，提出其中的多模情感信息融合算法，构建和谐人机交互的网络远程教育系统的理论框架及其原型系统实现的技术方案，为开发网络远程教育中具有自然和谐的人机交互系统提供新的理论与方法。因此，本项目不仅具有重要的理论意义，而且具有巨大的应用价值。本项目不仅能有效地解决目前网络远程教育系统中严重的情感缺失、教学过程中不能有效地实现师生情感交流的关键难题，而且其研究成果还可以推广应用到教育部着力推行的基础教育“中小学校校通工程”，高等教育“智能计算机辅助教学系统”（HICAIS）“网络虚实验系统”，远程医疗“计算机专家诊断系统”，交通行业“司机疲劳驾驶监控系统”，数字化教育产业“儿童益智玩具”“网络三维卡通、动画、游戏”，以及社会公益服务体系“信息咨询系统”“公益自动服务系统”等社会公益系统。同时，本项目有利于拓宽教育学、心理学及信息学的学科领域和视野，加强教育学、心理学和信息学的学科建设；有利于增强信息时代全民学习、终身学习的学习型社会建设实效，推动和谐社会和公平社会的建设进程。

二、国内外研究现状

美国 MIT（Massachusetts Institute of Technology）媒体实验室 Minsky 和 R. Picard 教授领导的研究小组在20世纪80年代中期就开始了“计算机与情感问题”的研究，“情感计算”的名称与定义是美国 MIT 媒体实验室的 R. Picard 教授在1997年提出的。情感计算一提出就受到心理学、信息学及教育技术学等多学科研究领域的广泛关注，相关的交叉学科研究纷纷立项，其中涉及“教育应用方面的情感计算研究”成果有：R. Picard小组采用“声压、脉压、皮肤电流、汗液及肌电流等传感器”设计了一个“智能情感计算教学系统”，其中的“情感助理”程序可识别学习者的情感状态并进行相应调整：如果发现学习者对电视讲座的一段内容表现出困惑，“情感助理”会重放该片段或给予解释。日本文部省“IF研究小组”采用“可穿戴设备”开发出了“情感机器人小 IF”：可觉察对方声音中微妙的感情变化，并在对话中通过自己表情的变化表达喜怒哀乐，迎合对方的性格和癖好。IBM 公司的“阿曼顿研究中心”通过“红外线侦测”和“热感应芯片”等传感器研制出了“情感鼠标”，可以通过检测使用者的脉搏（通过红外线侦测）、体温（通过热感应芯片量取）、皮肤流电反应等方面的变化得知用户的情绪变化，将其用于网络远程教育时，能检测出学员的精神状态，在学员过度疲惫的情况下发出提示，使教学实现人性化管理。我国对情感计算的研究始于20世纪90年代，其中“情感计算在网络教学中的应用研究”成果主要有：薛为民等采用隐马尔可夫（HMM）数学模型，设计了“基于 Agent 的人机情感交互系统”；马希荣等利用个性情感的和谐人机交互系统的思想方法、体系模型和技术手段，设计了“远程教育中和谐人机情感交互模型”；罗奇等利用表情识别和语音情感识别以及姿态识别等技术构建了“基于情感计算的 E-Learning 系统模型”；李哲等采用 Multi-Agent 技术，以人脸表情、语音以及姿态等多种情感表现作为反馈信息，运用情感调节策略为学习者提供情感支持，构建了“基于 Multi-Agent 的情感交互教学系统”；刘景福等通过“普适计算技术”，设计了普适计算支持的远程教育人机情感交互模型；张石清利用语音情感识别技术获取和识别学习者的学习情感状态，设计了“基于语音情感识别技术的新型 E-Learning 教学系统模型”；李玉娟在情绪分类与维度空间理论的指导下，根据网络远程学习过程中学习者情感动态变化的特性，构建了“远程学习者情感信息档案袋的设计方法和模型”；付彦飞等根据简化了的 OCC（Ortony Clore Collins）情感模型，构建了“个性化的智能情感 E-Learning 教学系统”。

综上所述，近年来国内外在“情感计算”基础理论方面的研究虽然取得了一定成果，但“情感计算”是融多学科为一体的交叉学科，因此，现有研究成果缺乏智能化理论体系。目前，国内外情感计算在教育方面的应用还处于起步与探索阶段，现有研究成果中基于情感计算的网络教育模型或系统等存在如下问题：对网络教育系统中师生情感生理、心理特征、多模情感信息融合机制及网络虚拟机情感交互特性等考虑不足，不能真正有效地理解师生在远程教学中的情感状态，缺乏自然和谐、亲切生动的情感交互，教学效果不理想，系统原型中情感合成与表达及和谐人机情感交互实现上存在着很大的难度等（即使上述国外已实现的原型系统也是需要采用复杂昂贵的可穿戴硬件设备），很难推广到实际应用中。为了能真正有效地解决远程教育中的情感缺失和教学过程中未能实现的师生情感交流和人机双向交互的关键难题，本项目在充分吸收现有教育技术学、心理学、认知科学及生物情感生理、计算机图形处理、人工智能、人工心理（Artificial Psychology）等交叉学科中相关的研究成果，在综合考虑网络远程教育系统中师生情感生理与心理特征、多模情感信息融合机制及网络和谐人机情感交互特性等多角度因素的基础上，研究基于师生面部表情和语音等情感的和谐人机交互的网络远程教育系统的基本理论、人机情感交互机制及其实现的技术方案。

三、研究目标与内容

（一）研究目标

针对现有网络远程教育系统存在的师生情感

缺失和人机情感交互不足，从师生面部表情和语音等情感特征分析入手，深入研究和谐人机交互的网络远程教育系统中师生情感的生理与心理特征及人机情感交互机理，构建和谐人机交互的网络远程教育系统的师生情感获取与数学量化的理论模型，提出和谐人机交互的网络远程教育系统的多模情感信息融合算法，构建和谐人机交互的网络远程教育系统的理论框架与原型实现的技术方案，为开发和谐人机交互的网络远程教育系统提供新的理论与方法。

（二）研究内容

本项目在研究远程教育系统中师生情感生理和心理特征、多模情感信息融合机制及网络人机情感交互特性等多角度因素的基础上，从师生面部表情和语音等情感特征分析入手，研究在和谐人机交互的网络远程教育系统的构建中如何提取师生的情感信息、提取师生情感信息的何种特征、多模情感信息如何融合、师生人机情感交互与反馈机制如何设定、师生和谐人机情感交互如何实现等情感计算应用的基础理论。

1. 研究和谐人机交互的网络远程教育系统中师生面部表情、语音等情感机理与情感特征的识别和提取的基础理论。

2. 研究和谐人机交互的网络远程教育系统中师生面部表情、语音等多模情感信息的融合算法。

3. 研究和谐人机交互的网络远程教育系统中师生自然和谐的人机情感交互与反馈机制及技术方案。

4. 研究基于情感计算的和谐人机交互网络远程教育系统原型的结构模型及实现的关键技术。

四、研究方法与设计

（一）研究方法

人机情感交互系统中的核心主体是人，要实现自然和谐、亲切生动的人机情感交互，就应考虑人类情感的规律和特性。众所周知，人类情感系统的情感信息处理与表现能力远远超过目前任何一种人机情感处理系统，因此，从方法论上借鉴人类情感系统的情感规律和特性与表现的基本生理机制和心理机制，构建统一的情感结构与表示模型及其相应的情感计算方法，研究自然和谐、亲切生动的智能人机情感交互的理论与方法，就成为本项目的基本出发点和依据。由于本项目涉及生理学、心理学、教育技术学、信息科学、智能科学、神经科学等多学科领域，属交叉研究方向的应用研究。理论上主要吸收现有的心理学、认知科学、教育技术学以及生物情感生理、计算机图形处理、人工智能、人工心理等交叉学科中相关的研究成果，采用理论分析、模型构建、提出关键算法、建立原型系统、设计技术方案、实验仿真、系统验证相结合的研究方法。具体采用文献研究法、数学建模法及行动研究法等研究方法，通过理论与实践相结合的方式进行研究和探索。

1. 文献研究法：广泛查阅（含网上查阅）各种文献资料，充分了解国内外“网络远程教育系统”“情感计算技术”的最新理论与技术；研究国内外情感计算应用技术支持的网络远程教育系统等相关理论和技术文献；重点关注情感计算支持下的网络远程教育系统研究现状及存在的问题，为本项目的研究提供理论依据。

2. 数学建模法：与情感计算相融合，通过数学建模提出新的方法，构建网络远程教育系统中的情感获取与调控的理论模型，以及新型网络远程教育系统中虚拟学习情境创建的理论模型。

3. 行动研究法：通过对网络远程教育系统中基于情感计算的虚学习环境的设计、开发和应用研究，边实践，边总结，边研究，从实践中发现问题并解决问题，探索新理论、新技术策略及应用模式。

（二）研究设计

本项目组按照“理论研究→建模研究→关键技术研究→新型模式构建”的技术路线开展了系列研究工作。

1. 理论研究：采用文献研究法，研究国内外情感计算应用技术支持的网络远程教育系统等相关的理论和技术文献，重点关注情感计算支持下的网络远程教育系统研究现状及存在的问题。

2. 建模研究：与情感计算相融合，采用数学建模和实验仿真相结合的方法，设计并构建网络远程教育系统中的情感获取与调控的理论模型，以及新型网络远程教育系统中虚拟学习环境创建的理论模型。

3. 关键技术研究：主要包括基于情感计算的网络远程教育系统中虚拟学习环境的设计与开发策略及实现的关键技术研究。

4. 新型网络远程教育系统构建：采用行动研究法，将上述系列研究成果应用于学习者的网络远程教育系统实践中，构建基于情感计算的、有利于师生双向情感交流和进行知识意义建构的、和谐的人机交互的新型网络远程教育系统。

（三）研究思路

1. 师生面部表情情感机理和情感特征的识别与提取研究。师生面部表情的分析与识别主要针对基本表情，主要包括高兴、害怕、生气、厌恶、悲伤、吃惊（joy、fear、anger、disgust、sadness、surprise）。本项目主要结合粒计算理论、集成学习理论和粗糙集理论，采用动态图像序列的识别方法，充分考虑师生表情图像的运动信息，把表情变化的时间和空间信息结合起来，注重面部表情变化的过程，利用摄像头捕捉师生脸表情，采用特征点跟踪技术，对眼角、嘴角、鼻孔等人脸特征点进行跟踪。采用刚体补偿技术对特征点的位置进行补偿，然后把这些位置信息通过人脸动作编码系统进行编码，形成一组离散的特征向量。同时，借鉴综合维度论和基本情绪理论的情感数值化分类描述方法，先建立一个情感的数值化空间，采用个性、心境、需要等情感成分的数值化描述方法和需要的动态处理方法，建立面部表情各情感特征成分之间的映射关系，提取师生人脸的特征点位移信息、人脸器官轮廓信息及特定区域灰度信息等特征信息，获得表征面部表情运动信息的特征流。首先计算面部特征部件区域的速度场和特征流，刻画出表情运动的本质，再根据已有视觉生理与视觉心理研究成果，利用HMM（Hidden Markov Model）分析方法进行面部表情识别：先从计算仿真的角度研究相应的师生表情信息处理计算结构，建立相应的面部表情运动视觉信息表示，然后从功能模的角度，采用统计学习从表情中学习与运动视觉相对应的运动视觉信息表示基本粒子结构，进而建立面部表情运动视觉感知计算模型和计算方法。

2. 师生语音情感机理和情感特征的识别与提取研究。与师生的面部表情情感类似，师生的语音情感也是一个离散的实体，存在“赞同（Acceptance）、期盼（Anticipation）、生气（Anger）、高兴（Happiness）、伤心（Sadness）、害怕（Fear）、厌恶（Disgust）及惊奇（surprise）”等八种基本情感，每种情感都由特定生理模式以及面部表情和声音表达，其他的各种情感都是这些“基本”情感的不同程度的修改与组合。因此，从师生语音中自动识别说话的情感状态，必须先研究不同的情感对语音产生什么样的影响，对哪些特征产生了影响，之后再寻求可以用于情感识别的语音特征，语音中情感的表达涉及很多特征，其中基音包络（如电平、范围、形状和基音轮廓的时间构造等）是区别各种基本情感的重要特征，而音质参数则有利于区别各种二次情感。据此，本项目主要根据心理学和韵律学的研究结果，采用将韵律特征与语音特征相结合的多模式识别方法。由于语音的韵律特征是受情感影响最明显的特征，师生说话的情感在语音中最直观的表现就是韵律特征和语音质量的变化，如音调、音强和音质等的变化。因此，从师生语音的韵律特征和音质特征开始，将其中的韵律特征作为师生最主要的语音情感特征，包括基音、强度、语速等韵律特征和音质特征，同时兼顾师生具体的语言、句子结构及其个体特征，以及受噪声的影响等因素，从师生语音声学特征部分优化提取若干基于频谱、基音和能量的统计特征参数，再利用支持向量机SVM（Support vector machine）、人工神经网络ANN（Artificial Neural Networks）和Nicholson的ONOC（One-Class-in-One）网络拓扑结构等方法，为每一种情感训练一个子网络，利用各个子网络的输出进行决策得出情感识别结果。

3. 师生多模情感信息融合算法研究。多模情感信息融合是将多种不同性质和不同来源的情感特征进行融合，实现多模态识别，从而提高系统的识别率。本项目根据处理表情和语音情感的表征层不同，师生多模情感信息融合算法采用特征级融合算法。首先将师生视频图像信息中情感特征和语音情感参数放在一起，形成一个合成的特征向量，然后利用模式识别的算法加以分类。据此，本项目首先通过各通道独立提取适合师生面部表情和语音等情感的特征参数，然后将提取的特征进行融合。由于特征融合的关键是对这些原始的情感特征进行优化选取，使得面部表情和语音情感双模态数据高效组合。因此，本项研究中，用于情感识别的原始面部表情特征包括面部特征部件区域的速度场和特征流等，原始语音特征包括韵律特征和音质特征等，为了提高特征与情感的相关程度，本项目利用 HMM 融合方法与技术，将来自两个通道的大量情感特征通过特征选择算法进行优化选取，使用分类器对由师生面部表情情感数据与语音情感数据共同构成的最佳特征组进行分类识别与融合。

4. 师生自然和谐的人性化和智能化的人机情感交互与反馈机制及技术方案研究。本项目采用 RBF（Radial basis function）模型调整算法，利用 RBF 径向基函数内插来调整模型非特征点，使师生面部表情情感成分之间能有效组织与协调，实现由外部环境、情绪状态到情感行为的映射。同时，利用上述研究成果，由 PAD 将师生面部表情情感量化结果与人机系统中由高精度摄像头获取的人机交互的行为动作轨迹参数进行对比建模，建立 PAD 三维情感数据和智能人机行为交互动作参数之间的关联模型，实现师生面部表情和语音等情感的多模情感信息融合与智能人机行为交互。

5. 基于情感计算的和谐人机交互的网络远程教育系统原型的结构模型及实现方案研究。系统原型分别由情感捕捉、情感识别、综合分析、情感理解、情感建模和系统输出及反馈与控制等单元组成，各单元构成一个能实现有效反馈与自我调控的闭合回路。采用 Web 3D、AR（Augmented Reality）和 VR（virtual reality）技术，对基于情感计算的和谐人机交互的网络远程教育系统的内容、场景、交互操作方式等进行设计，采用软件工程和实验仿真相结合的方法，构建系统中的三维场景中的交互方案，搭建具有自主知识产权的基于情感计算的和谐人机交互的网络远程教育系统原型。

（四）技术路线

1. 理论准备。采用文献调研法，广泛收集并研究国内外“网络远程教育系统”的研究现状，情感计算技术的前沿资料，确定课题研究的重点、难点和关键内容。

2. 设计开发。以元认知理论、自主学习理论和建构主义学习理论为指导，深入分析当前网络远程教育系统中存在的师生情感交流缺失和人机双向交互匮乏等问题，与情感计算有机地结合起来，分别完成“技术路线”中“建模研究”“关键技术研究”“虚拟学习环境研发”等系列研究工作，研发系列基于情感计算的网络远程教育系统的虚拟学习环境，发表系列研究论文。

3. 网络远程教育系统构建研究和应用。采用行动研究法，将设计开发阶段的研究成果应用于学习者网络远程教育系统实践中，构建一个基于情感计算的、利于师生情感交流和进行知识意义建构的、和谐的人机交互的新型网络远程教育系统，并根据实际应用效果进行改进与完善。

五、研究结论

本项目组历经三年的深入研究，主要发现与结论包括五个方面：一是明确了情感计算在网络远程教育系统中的有效作用；二是研究了构建基于情感计算的网络远程教育系统的理论依据；三是探索了情感计算在构建和谐人机交互的网络远程教育系统中应用需要解决的关键问题；四是设计了网络远程在线教育的情感识别系统；五是构建了和谐人机情感交互的网络远程教育系统的结构模型。这一系列研究成果相继发表在《现代远程教育研究》（CSSCI 来源期刊）2013 年第 2 期、《电化教育研究》（CSSCI 来源期刊）2013 年第 6

期、《现代教育技术》（CSSCI 来源期刊）2013 年第 1 期、《实验技术与管理》2013 年第 6 期、《中国现代教育装备》2013 年第 5 期、《中国教育信息化》2013 年第 6 期及《Neuroscience》（《神经系统科学》，SCI 来源期刊）2013 年 3 月等专业期刊，因篇幅关系，详细内容请参考上述专业期刊，这里不再赘述。

六、总结与展望

情感能力是人类智能的重要标志。情感的缺失会影响网络远程教育系统的学习质量、降低学习者的学习效率，甚至影响学习者心理健康的发展和健全人格的培养。因此，利用情感计算理论实施情感补偿，与情感计算相结合构建具有自然和谐的师生情感交互的网络远程教育系统，对于保障网络远程教育系统的学习质量，提高学习者的学习兴趣和网络远程教育系统的效率，以及促进学习者健全人格的形成，都有显而易见的现实意义与实用价值。

本项目的研究不仅能有效地解决目前网络远程教育系统中严重的情感缺失、教学过程中不能有效地实现师生情感交流的关键难题，而且其中的师生面部表情和语音情感特征信号的准确识别与提取的理论与方法，以及师生多模情感信息融合模型和自然和谐的人机情感交互技术等研究成果还可以推广应用到教育部着力推行的基础教育“中小学校校通工程”，高等教育“智能计算机辅助教学系统”（HICAIS）、“网络虚拟实验系统”，数字化教育产业“儿童益智玩具”“网络三维卡通、动画、游戏”等领域。

显而易见，随着情感计算理论应用研究的深入和技术的不断突破，将情感计算的理论与技术应用于网络远程教育系统中，必将使其学习方式产生巨大变革，其课程内容和学习者的学习形式等将更加丰富而有效，师生情感交互方式将更加自然和谐。

参考文献

[1] 王国江．人机情感交互的方法与技术的研究［D］．北京：北京科技大学，2007.

[2] Marvin Minsky. The Society of Mind[M]. New York: Simon & Schuster,1985.

[3] R. Picard R. W. Affective Computing[M]. London:MIT Press,1997.

[4] Hyungilia,R. ,Picard R. W. Affective Cognitive Learning and Decision Making:A Motivational Reward Famework for Affective Agents[C]. The 1st International Conference on Affective Computing & Intelligent Interaction. Beijing: 2005.

[5]傅小兰. 情感计算与人机交互的情感特征[N]. 中国社会科学院报,2009,6(2).

[6]薛为民,石志国,谷学静. 基于 Agent 的人机情感交互系统[J]. 计算机工程与应用,2002(19).

[7]马希荣,王志良. 远程教育中和谐人机情感交互模型的研究[J]. 计算机科学,2005(6).

[8] 罗奇,万力勇,吴彦文. 情感计算在 E-Learning系统中的应用探索[J]. 开放教育研究,2006(3).

[9] 李哲,马青玉,杨欢. 基于 Multi-Agent 的情感交互教学系统[J]. 电脑知识与技术,2009(5).

[10]刘景福,陈松生. 普适计算环境下远程教育情感交互的设计模型[J]. 现代教育技术,2009(4).

[11]张石清. 基于语音情感识别技术的新型 E-Learning 教学系统模型[J]. 现代教育技术,2009(12).

[12]李玉娟. 远程学习者情感信息档案袋的设计方法和模型[D]. 济南:山东师范大学,2010.

[13]付彦飞,牛秦洲,陶小梅. 基于情感计算的个性化 E-Learning 系统的研究[J]. 微计算机信息,2010(12－13).

老子“无为而治”思想对中小学程序教学的启示

曹雪丽

（佛山市禅城区教育局　教育教学研究室，广东　佛山　528000）

摘　要：在明确课程问题梯度的前提下，用老子的“无为”智慧指导中小学程序教学，把学习当作一种玩，创造审美的学习环境，学生生成了兴趣，生成了问题（奇思妙想），生成了想法（解决方案）。这样，既达到了突出课程特点、升华课程目标的目的，又是成功的教育教学过程。

关键词：无为　游戏　程序教学　问题意识

一、“无为而治”思想的启示

“无为而无所不为”是老子治政的核心思想。姚淦铭老师在百家讲坛中对此话解读时，列举了著名微分几何之父陈省身教授的故事：“1982 年，陈省身在美国加州大学建立起美国数学研究所，对如何管理这个研究所，他的理念是把有能力的数学家找到一起，找来之后就不管了，让他们自己去搞。”让每个数学家自由地去研究，这种做法正是老子所说的“无为”。

而当他谈及“有为”时，则引用了陈先生的另一个故事。那是电视台记者在采访 93 岁高龄的陈老先生时的一个片段，当记者问起他在数学上的成功之道时，没想到这位数学家竟然这样说：“数学好玩，几何好玩，数学很美，很好玩。”

这是多么好的学习、研究的心理驱动力啊！这不就是古人说的“学之不如好之，好之不如乐之”吗？

第一次听北大附中李冬梅老师的程序设计课，我也有相同的感触。李老师的课没有显性的教学目标，有的是能激发学生探知欲的层层设问、恰到好处的示弱与深深吸引学生的游戏案例。从学生下课后久久不肯离去的情景可以想见，此刻的学生可能找到了比进游戏厅更好“玩”的感觉了！如果我们也能在学生学习程序设计的入门阶段，以“无为”思想做指导，依托学生爱“玩”的心理，巧妙地设计教学策略、合理地选择编程语言和教学案例、智慧地处理师生关系、前瞻性地评价学生的学习表现，从而引导中小学生像陈先生一样在“好玩”并欣赏美的状态下学习。在程序设计的学习中产生这种美妙的情感体验，定是解开程序设计教学枯燥、难教的金钥匙。

二、程序设计教学中“无为”情境的创设策略

（一）系列学案：由教学向教育潜移默化的转变

1. 我的第一个学案：在我的课堂上要求学生准备一个笔记本（学案），其作用是在听老师讲案例时，任意地记录随时产生的想法。“你是怎么想的，你怎么做会突破老师的案例？”是我讲案例时常说的话。这个学案构建了收敛性思维与发散性思维的统一性。其收敛的意义在于，看老师的问题是怎么提出的、解决的方法是什么、有哪些知识点。此环节类似于背景色的作用，是发散性思维的原动点，而其发散点在“你”是怎么想的、“你”怎么超越老师。这就是课堂的前景色，是浓墨重彩的部分，是创新力的勃发点。例如，在制作案例《一年四季》时，我在精讲了 image1 控件的 picture 及 visible 属性后，以实物演示的形式呈现第一种解决方案：先把四个装好图片的“镜框”（imgae 控件）叠放在一起，需要展示哪一幅就将它放置到最前面（显示的效果），其余三幅遮蔽在后面（这就是

不显示的效果)。再配合代码的表述完成任务,这个过程凸显了程序的算法设计。当学生沉浸在新奇状态中时,提问:"你有什么方法能达到同样的效果?"让学生分组讨论并将自己的想法记在学案上,学生很快找到了诸如"用一个图像框,四个按钮,然后点一个按钮就加一幅图片"(《一年四季》2.0版);再如"用一个图像框一个按钮,点一下按钮出一幅图片"(《一年四季》3.0版)。此环节既为完成第一个学案的习惯性养成打下基础,又为培养学生解决问题的能力做好了心理铺垫。

2. 我的第二个学案:一张从问题描述为起点,包含分析问题(使用什么对象、有没有变量、已知什么、求得什么效果)、设计算法、编写程序、调试程序(截图保存问题状态、分析原因)的表格。课程的例题部分这个学案是有答案的,意图是在不经意间产生思维沉淀,达到旁敲侧击的效果,将计算机程序解决问题的过程与方法用沉淀法显现出来,创意作业就是一个需要完成的学案,这张特殊的表格隐含着的是程序设计教学的一个教学难点。

3. 我的第三个学案(也可称为学习资源):通常是同一案例的其他解决方案的实例演示或相关拓展知识点介绍。其表现形式依据不同课例的侧重点不同,如《一年四季》这节课,在本学案中尽显了四个版本的形式,以各个版本的不同表现手段,达到拓展学生思维的目的,是发散性思维的实训场。

设计系列学案的意图是搭建程序设计的课程主线,让学生在观看、记录、联想、思考、实操的过程中促成主动学习的发生,达到"无为而治"的境界。

(二)游戏案例:让学习目标成为不露痕迹的预设

教材在程序设计部分的呈现形式多为介绍语法格式,再用数学问题举例阐明用法。这从教材的角度审视似乎无可非议,但作为课程的实施者,教师要懂得思考课程的问题梯度,这是达成课程目标的关键。若用优先权级别表述问题梯度,可由高到低依次描述为:一级梯度考虑如何保持中小学生对程序设计的兴趣,二级梯度考虑如何凸显计算机程序的问题意识(问题从哪来)、解决问题的思路搭建(分析问题的具体内容包括什么、如何设计算法、算法多样性意识等),三级梯度考虑如何用语言实现算法的表达与严格的思维习惯养成(如何实现程序设计与调试)。如何保持在中小学阶段对程序设计学习的兴趣呢?用游戏案例去承载学习目标是不错的选择。

案例1:兔子跑步。

分支结构是中小学程序教学中的一个重要内容,应用性很强。选择什么样的例题能激发学生兴趣呢?结合中小学生的特点,我选择了动画制作这个切入点,设计了案例"会跑的兔子"(如图1所示)及升级版"兔子运动会"(如图2所示)。

图1　会跑的兔子

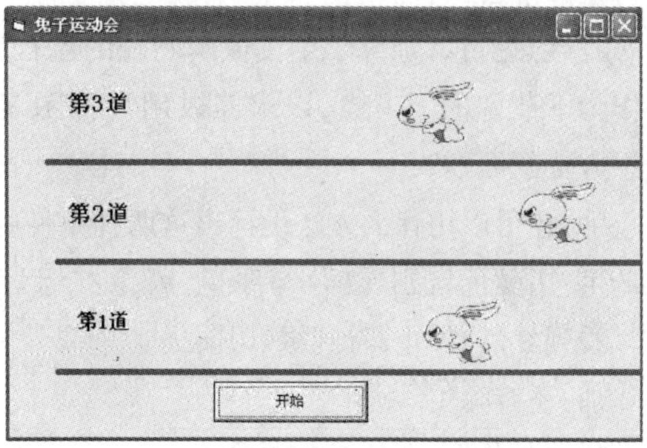

图2　兔子运动会

师:在小兔子的运动会上,猴子记者拍下了两张小兔子跑步的动作照片,听说同学们学会了编写程序,于是,动物们决定请同学们用程序设计的方法做出会跑的兔子并发布到网上去。它们的要求是:第一,小兔子得会原地跑;第二,小兔子会从右边向左边跑。第三,窗体显示标题为会跑的兔子,并能控制兔子跑的开始与停止。你能完成任务吗？

这里类似数学的应用题表述，让学生习惯从这里找到起点，为分析问题做好准备，逐步形成问题意识。接下来，我以提问的形式引导学生分析此案例的关键点：小兔子如何动、如何跑。

师：小兔子“动”的效果是如何实现的？（一边提示在 Flash 课上已做过，一边快速点击两张图片，以呈现动态效果。）

生：让图片轮流显示就可以了。

师：如何轮流显示这两张图片？

学生七嘴八舌。

师：一会儿显示第一张，一会儿显示第二张，对不对？

生：对。

师：那么怎么制造出“一会儿”和“一会儿”这种条件呢？

我举起了手中的一张纸板（正面写着 0，反面写着 1），提示说：如果看到写 0 的这面，就显示第一张图片，看到写“1”的这面，就显示第二张图片，这样说可以吗？

生：可以。

师：请看这张图表示的意思是什么？请同学们讨论并准备回答。

我趁热打铁，训练学生读懂本问题的流程图，并作为下节课的复习点，以求养成用流程图表达思想方法的习惯。

师：还可以用什么方法设计出这两种条件呢？

生：用颜色区别，红色与绿色，就像红绿灯一样。看到红灯，停止；看到绿灯，前进。

师：还有吗？

师：“如果”的英文单词是什么？

生：if。

师：让我们一起来对照流程图写这段程序……

这样一节课，从兴趣中开始，在交流中强调多种视角解决问题的思维，让算法自然现形。然后通过代码的动态“写过程”达到强化理解的效果。本课的难点是用 a = Not a 产生判断语句的另一个条件，可用告知的方式结合语句的使用做到初步理解就可以了。从学生注意听、忙着做笔记、急着开始实战操作的课堂表现上判断，他们进入角色了，学习重点在润物细无声的状态下沉淀在学生的脑海中。

案例 2：弹球动画。

在兔子动画案例之后设计的案例是弹球动画。其目的是巩固分支结构，并增加了 VB 中坐标的概念。程序运行后的界面如图 3 和图 4 所示。

图 3　程序运行界面（一）

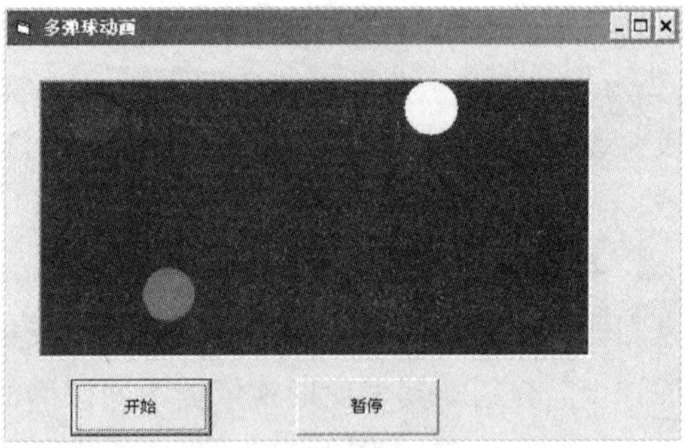

图 4　程序运行界面（二）

问题描述：编程实现弹性小球自动直线运动。当遇到边界时向反方向移动，类似于四面碰壁的效果。要求：（1）窗体的标题属性为“弹性小球”；（2）自动导入图片。

师：请观察 image1 的 left、top 属性值（移动至四个边，分别观察其变化值的规律）。

师生共同找出四个边的条件。

最左边：image1. left = 0；

最右边：image1. left = picture1. width-image1. width；

最上边：image1. top = 0；

最下边：image1. top = picture1. height-image1. height

问题分析环节的处理策略：程序设计强调问

题分析，从哪里开始分析是关键点，所以解决策略应为找到下手点。用任务完成的方法将表 1 所示表格填写好可以解决此难点。这就是学案 2 的表现形式，学生从具体项目入手积累经验，逐步深化对问题的分析和对内涵的理解。

(1)使用对象有什么？(装载图片的对象 image1，场地的对象 picture1 等，为界面的设计作准备)；(2)涉及的变量是什么类型的？

接下来，只要注意课堂中疑问的生成，从而创设出解决问题的情境，学生的热情就会不断被激发出来。如先写出 image1. left = image1. left image1. top = image1. top + Y，小球会动了，但跑出了“场地”，怎么办？加边界控制条件，此时让读流程与写程序成为复习点是适合学生需要的。

表 1

控件及变量的使用 / 设计步骤		属性	事件	方法
分析问题	一、使用什么对象			
	form 1	. caption = “弹性小球”	load( )	
	image 1	. picture = loadpicture(app. path&” pic\ball. gif)		
	picture 1	. backcolor = &H00FFFFFF&		
	timer1	. enabled = true	timer( )	
	timer1	. interval = 200		
	二、变量的设计	类型	定义方式	参见教材
	x，y	integer	dim	
	三、已知什么？	图片		
	四、求得什么？	小球图片在框内直线运动		

总之，只要处理好各种游戏中学习目标的承载点，就能够实现让学生“在玩中学，在玩中创生”的想法，从而生成用程序设计实现信息加工与表达的习惯。再如案例《下落的小块》主要突出的是寻找规律，用数学表达式表述规律的内容，数学的魅力在此刻的彰显真是绝好不过了，这也正是数学案例即将登场的前奏曲；而案例《五彩泡泡》则包含了循环语句与 circle 方法的学习点；《婚礼上的谎言》包括的是经典算法思维。如此种种游戏案例的设计的确是保持中小学生学习程序设计兴趣的很好方法。

三、懂得“示弱”：创生自主课堂的立意点

新课程理念强调教师的主导与学生的主体，简称双主课堂。怎样做才能充分地体现这一点呢？正如一部优秀的影视作品一样，导演的主导作用往往体现在高度上，他要把握剧本的中心立意，要把握演员的个体立意。在课堂上的高度其实指的是能够站在课程的角度去思考问题。如能站在课程的角度去设计学习目标，确定重难点，选择案例及设计活动的形式，去关注学习内容与学习方式的联系，而这一切的功夫都在教师的课前构思与准备上，到课堂上教师应该懂得“示弱”，让教师在课堂上没有精彩的表现，但学生却在课堂上有真切的感觉，这种对方法思维与探索经历的重视就是方法立意，这会在看似普通的课堂中造就不普通的学生。例如，进行控件属性与方法的学习时，初学者会感觉知识点散乱，不知所措，但掌握了方法与规律后这个难点会巧妙生成动力点。因此，在属性学习的课堂上，我经常会问：老师不知道这是什么属性，哪位同学能告诉我？再如，在《我的 Excel 表格》例子中谈到了 Text1 (1). SetFocus 方法，我会问：Text 1 这个控件还有什么方法呢？同学们请看学案 3 (学习资源) 或者到网上查一下，然后记得告诉我哟！

我深切地感受到，教师的“示弱”，会让学生在课堂平实、有效的进展中，自然地浸润在丰富的内容中，从而自己去学习，自己去创造，自己去陶醉，自己去显形。

四、关注学生生成了什么，而不是学到了什么

孙子兵法曰：“善出于奇者，无穷如天地，不竭如江河。”程序设计教学在关注解决问题的同时，更应注重发现问题、创生问题的能力培养。教学中我采用了例题、练习题、创意作品三个环节贯穿课程。例题意在抛砖引玉，“抛出”的是问题，是解决方案（算法）。“你准备超越例题什么?”这就是创意的萌发点。接下来的练习题就是实现超越的实战场。最后到了创意作业设计时，就类似于自命题作文了。学生依托学案的指引，从问题的设计入手，历经用计算机程序解决问题的过程，创作出表达自己想法的作品。值得注意的是在创意作品时教师提出要求尽量粗线条，留足空间让学生去创作，让学生从以往的案例学习中寻找创作灵感，这是培养学生发散性思维、创新思维与培养个性的绝好机会。

参考文献

［1］张丰．站在学生身后的教师［J］．人民教育，2013（6）．

［2］高春艳．学通 Visual Basic 的 24 堂课［M］．北京：清华大学出版社，2011．

高中信息技术教学活动的设计

曹红霞

（黑龙江省实验中学，黑龙江　哈尔滨　150001）

摘　要：有效教学是教师永恒的课题。高中信息技术有效教学应该能够实现认知活动与技术活动的内在统一，促进学生认识技术的价值、理解技术的思想方法，并能够正确运用信息技术解决学习和生活中的实际问题，在“做中学”“学中做”的过程中提升他们的信息素养。教学活动是学校教学工作的基本形式，是课堂教学的主要途径。为了保证教学的有效性，高中信息技术教学活动应遵循承载内容、体现价值、统筹全局、渗透方法、符合实际的原则，具有目的性、驱动性和操作性。《视频短片创作》主题活动是基于上述认识设计的，力求将视频采集、加工的基本技术和方法融入其中，引导学生在创作视频短片的过程中引发技术需求，再从需求出发学习视频采集加工的技术方法，复习巩固图像、音频的采集和加工技术，学会综合运用不同多媒体技术解决现实问题，促进学生在“做中学”“学中做”的过程中学习技术，掌握视频采集和加工的基本思想与方法，体会技术运用的实际价值。

关键词：信息技术　有效教学　教学活动

教学活动是学校教学工作的基本形式，是课堂教学的主要途径。如何设计教学活动，有效落实课程理念，实现课程目标，是教师面临的重大课题。

一、高中信息技术教学活动的基本要求

教学活动是教师在一定教学环境中，通过合适的教学内容和恰当的教学方法对学生进行教学，从而达成教学目标的过程。教学活动的构成要素：教师、学生、教学内容、教学目的、教学方法、教学环境。各要素之间相互关联、相互制约。教学目的是教学活动的出发点，也是教学活动的落脚点，影响着教学内容的选择；教师和学生是教学活动的主体；教学目的、教学内容、教情和学情在一定程度上决定了教学方法的选择和运用；教学环境制约着教学活动的实施，同时又是教学活动设计的组成部分。

技术课程标准规定：高中信息技术课程的总目标是提升学生的信息素养。学生的信息素养表现在：对信息的获取、加工、管理、表达与交流的能力；对信息及信息活动的过程、方法、结果进行评价的能力；发表观点、交流思想、开展合作与解决学习和生活中实际问题的能力；遵守相关的伦理道德与法律法规，形成与信息社会相适应的价值观和责任感。由此可见，高中信息技术课程强调信息技术与社会实践的相互作用，注重原理、方法的理解与技能的形成，关注技术能力与人文素养的双重建构。因此，高中信息技术有效教学应该能够实现认知活动与技术活动的内在统一，促进学生认识技术的价值、学会技术的思想方法，并能够正确运用信息技术解决学习和生活中的实际问题，在“做中学”“学中做”的过程中提升他们的信息素养。

基于高中信息技术有效教学的上述要求，综观教学活动的六个要素，为了保证教学的有效性，高中信息技术教学活动应具有目的性、驱动性和操作性。

（一）目的性

教学活动是为教学服务的，其最终目的是使

学生从中学会知识和技术方法，达成教学目标。因此，教学活动应该能够承载一定的课程内容，有形式无内容的教学活动是不可取的。

（二）驱动性

驱动有用动力推动、带动、发动之意。所谓驱动性，就是能够激发学生的学习动机，促使学生参与到活动中来，学习相关知识和技术方法，逐步达成学习目标。

（三）操作性

教学活动必须符合教师、学生和教学环境的实际情况，能够满足学生的学习需求，具有可操作性。

二、高中信息技术教学活动的设计原则

设计教学活动需要综合考虑其六个构成要素，从教学目的出发，根据学生情况、教学内容特点和环境条件选择恰当的教学方法，同时考虑教师自身的特点，创建有利于活动实施的教学环境。为了保证教学的有效性，信息技术教学活动设计应遵循以下原则。

（一）承载内容

教学活动是为教学服务的，应有利于教学目标的达成，因此，教学活动应该能够承载学习内容。信息技术教学活动承载的内容主要包括以下三类。

1. 信息知识。如什么是信息、信息的基本特征、什么是信息技术、信息技术的应用、各种媒体信息的基本知识、采集、加工和存储的原理……信息技术是一门新兴学科，而且处于不断发展变化之中，其内容更新极快，很少有像数学、物理那样有几百年不变的定理、公理，很多概念只是描述性的。信息技术的应用更是日新月异，计算机软硬件在不断更新换代。因此，针对信息知识的教学活动内容要与时俱进，让学生了解学科领域的最新研究成果和学科知识的特点。

2. 信息技术。技术类内容在目前高中信息技术课程中占了相当大的比重，可以说是课程内容的主体。李艺教授在《我们需要的是内容充实价值丰富的信息技术课程》一文中有这样的论述："就技术类内容而言，它应该包括：动手的技术；如何做的技术，即设计与规划的技术；为何做的技术，即技术的思想与价值。"

为何做的技术、如何做的技术、动手的技术，构成了信息技术课程中的技术类内容。这三类技术并非独立存在的，而是相互关联、相辅相成的。以动画技术为例：动画不受时间、地点、对象等客观条件的限制，能将实物难以表达、摄像机捕捉不到的内容生动形象、具体地演示出来，能将人们在现实生活中难以亲眼看见的事物及其变化过程模拟出来。正因为动画在呈现信息、表达意图方面有这样的特点，动画广泛应用于动画片、广告特技、教学演示、模拟实验等领域。这是动画技术的价值，是我们学习动画技术、应用动画技术的原动力，是为何做的技术。创作动画作品要分析表达意图、构思设计动画、撰写文字脚本。这是设计与规划的技术，是如何做的技术，是后续动画制作的基础。完成了前期的规划设计，接下来要选择工具软件，应用所学的技术和方法，制作动画。这是动手的技术，是动画构思与设计的具体实现，是动画技术价值的现实体现。

针对技术类内容的教学活动应改变以往将信息技术等同于计算机操作的错误认识，摒弃就技术学技术、就软件教软件的错误方法，努力关注技术的多层面内涵。

3. 信息伦理。信息伦理包括与信息社会相适应的责任感、信息伦理道德、信息活动礼仪、信息安全与防护……这部分内容是教学中最容易被忽视的，却是信息课程要承担的重要的教育内容。信息技术的广泛应用，给我们带来方便快捷的同时也引发了一系列问题，如学生要上网，不可避免要涉及网络安全的问题；要在网上与人交流，就自然而然地涉及网络规则和网络礼仪的问题；要参与网络活动，就涉及知识产权以及相关的法律、规范和道德问题……所以我们需要教育学生辩证地认识信息技术，自觉遵守信息社会的法律、规范和道德，尊重他人的知识产权，遵守网络规则和礼仪。

信息伦理教育一般会融入其他内容的学习中，渗透在教学活动中，也可以针对学生特点，设计多种形式的活动，如辩论赛、主题研究、案例分析。

（二）体现价值

霍顿说："除非一个成人乐意学习并看到学习对自己生活所具有的意义，否则教育者将无能为力。"我想学生也是如此。学生是学习的主人，只有学生想学了，教师才有施展的空间。而学生只有了解了学习内容的价值，觉得学了有用，才会有兴趣学，才会付出努力去学。因此，教学活动要尽量体现学习内容的价值，激发学生的学习需求，增强他们的学习动力。

任何技术都是有价值的，如文件夹是对文件信息的一种管理，通过文件夹分类管理有助于方便、快速地查找、提取信息；操作系统是软硬件之间的桥梁，应用软件是在某种操作系统之上运行的；背景音乐可以烘托气氛，激发受众的情绪和情感，增强作品的感染力。

体现技术价值的方式多种多样，如通过在众多文件中查找指定文件，体现信息资源管理的价值；通过对比凌乱的文档与排版后美观的文档，体现文本信息加工的价值。但不管采用何种方式，总要与生活实际联系起来，因为信息技术的价值在于应用，信息技术课堂教学的活力来源于应用。因此，教学活动设计要遵循真实性原则，密切联系现实生活，尽量挖掘现实生活中的技术需求，引导学生从需求出发学习技术、应用技术解决问题。

（三）统筹全局

信息素养的提升不是一朝一夕的事，教学的有效性是循序渐进的。教学活动设计不能只着眼于一节课，而应立足信息技术课程或某一个模块、某一个学习单元，从教学目标出发，整体规划、统筹安排，保证学习内容的连贯一致、知识技能建构的连续性和完整性。

以"多媒体技术应用"模块的教学为例：图片、声音、动画、视频都是常用的媒体形式，它们各有特色，相对独立，但又有着千丝万缕的联系，图片和声音是动画的主要构成元素，视频可以集文字、声音、图片、动画于一体。教学活动设计时要处理好它们之间的内在联系，首先从整体上对教学内容进行把握并加以统筹安排，然后再具体研究每一节课的教学目标、教学内容，确保前一节内容是后一节内容的基础与铺垫，后一节内容是前一节内容的继续、延伸与拓展，从而实现对教学目标、教学内容的整体与局部的双重把握，确保学生学习的循序渐进。

除了注意模块内各章节的联系外，还要考虑不同模块间内容的联系，根据教学实际，合理调整和重组教学内容，创造性地使用教材。例如，图片、声音、视频、动画等媒体信息的加工与表达是"信息技术基础"和"多媒体技术应用"模块共同的教学内容，只是侧重点不同，要求掌握的程度不同。如果将"信息技术基础"与"多媒体技术应用"模块的相关内容加以整合、统筹安排，做专题式学习，更有利于学生充分体验和实践，保证学习内容的完整、学生学习的连贯和深入，而且在一定程度上解决了课时不足的问题。

（四）渗透方法

信息技术并非一种简单的技能技巧，它蕴含着深刻的技术思想和方法。技术的思想方法可以从两个层面来理解：一是技术本身所含有的思想方法；二是利用技术解决问题过程中的思想方法。例如，获取信息可以使用多种工具和技术手段，如因特网、报纸、书籍、数码相机、扫描仪、录像机、键盘录入、声音输入、字符识别……每种工具的使用、每项技术手段的运用，都有其思想和方法，如利用搜索引擎检索信息的方法、下载信息的方法、用数码相机照相的方法、用扫描仪扫描的方法、OCR 识别的方法、录音录像的方法……这都是技术本身所含有的思想方法。而我们在利用这些工具、应用技术解决问题的过程也存在一定的思想方法，如：我们要根据需求选择使用什么工具、采用什么手段，选择获取的途径、获取的方法……这是利用技术解决问题过程中的思想方法。

信息技术教学活动不能停留在技术层面，而应注重具体技术运用基础上的总结和提升，关注技术背后的思想和方法。例如，在多媒体作品创作的教学活动中让学生亲历“需求分析—规划设计—素材收集—作品制作—测试发布”的全过程，体会软件工程开发的思想和方法；在程序设计的教学活动中遵循“分析问题—设计算法—编写程序—调试运行”的一般流程，渗透编程解决问题的思想和方法。

（五）符合实际

为了保证活动的有效开展，教学活动必须具有可操作性。因此，教学活动设计要考虑活动实施的具体条件，符合学生、教师、教学环境的实际情况。

1. 要考虑学生的认知能力和生活体验，从学生的实际认知能力和承受心理出发，合理设计活动。同时，要考虑学生的学习方式、学习风格、学习习惯、兴趣爱好、学习经验、学习能力的差异，尽量满足更多学生的需要。

2. 要考虑教师自身的特点、教学风格、课堂组织和调控能力等。

3. 要考虑实际教学环境，哪些能做，哪些不能做，能做到什么程度。

4. 教学活动的要求明确、具体，让学生有法可依、有的放矢。

三、高中信息技术教学活动实例

（一）活动名称

视频短片创作

（二）活动简介

《视频短片创作》是在学习了视频的基础知识之后，为了学习视频的采集和加工技术组织开展的一次主题活动，要求学生以小组为单位，自选主题，灵活运用图片、音频、视频、动画技术，制作一个视频短片。整个活动历时 4 学时，包括作品的规划、素材的获取、作品的加工合成、展示与评价等。

（三）设计意图

通过这样一个活动，将视频采集、加工的基本技术和方法融入其中，引导学生在创作视频短片的过程中引发技术需求，再从需求出发学习视频采集加工的技术方法，复习巩固图像、音频的采集和加工技术，学会综合运用各种多媒体技术解决现实问题。为了完成视频短片的制作，学生首先要规划和设计作品，如作品的主题是什么、有哪些内容、怎样呈现。其次要获取相关素材，如伴奏音乐、图片等。当获取的素材不能完全满足需要时，还要进行相应的加工和处理。最后要合成作品，合成作品的过程中也会遇到这样或那样的问题。我希望通过这些实际需求，激发学生学习的欲望，促进他们在“做中学”“学中做”的过程中学习相关的技术，掌握视频采集和加工的基本思想与方法，体会技术运用的实际价值。

（四）实施过程

1. 提出任务，明确要求。教师展示并说明活动任务与要求、活动建议等。

2. 示例分析，启发思路。展示示例作品《毕业了》，师生共同分析其创作思路、表现方法等。

3. 小组协作，创作作品。以小组为单位，学生策划作品、收集加工素材、合成作品。

随着活动的推进，需求不断出现，如如何剪辑视频和音频、如何插入字幕、如何实现声画同步。学生根据需求，阅读资料、探索实践、交流合作，学习相应的技术和方法，解决实践中遇到的问题，遇到学生自己解决不了的问题，教师做适当的提示或讲解。

4. 成果展示，交流评价。小组派代表展示本组的视频作品，说明作品主题、创作意图、呈现手段和方法，并对本组的作品进行自评，交流活动体会等。其他同学倾听欣赏，并对他人的成果及学习过程进行评价，提出改进建议。

5. 归纳总结，修改完善。在交流评价的基础上，归纳总结作品创作的技术方法及注意事项，修改完善小组的作品，整理小组活动文件夹，进一步强化活动成果。

参考文献

［1］应吉康．信息技术基础［M］．上海：上海科技教育出版社，2008.

［2］应吉康．多媒体技术应用［M］．上海：上海科技教育出版社，2008.

简谈信息技术课程思想

李 艺

（南京师范大学 教育科学学院，江苏 南京 210097）

摘 要：本文旨在通过论述，梳理信息技术课程思想，明晰对信息技术学科本质的认识。通过具体例证，阐释信息技术课程思想的价值、结构形态及功用。

关键词：信息技术课程 课程思想

一、课程思想的价值：蒙起原初意义，昭示课程本质

（一）本质与原初

数学课程思想是对数学知识的本质认识，是从某些具体的数学内容和对数学认识的过程中提炼上升的数学观点，是建立数学和用数学解决问题的指导思想。化学学科思想是人们在认识化学活动中运用科学方法的思想意识，是对化学的本质、特征、价值的基本认识。数学课程思想和化学课程思想既分别来源于数学思想和化学思想，又应该在基础教育的特定词汇中描述，即我们所说的“原初”的意义。这一点可以从已有研究成果中得到佐证，譬如，化学学科思想为学生的学习提供了明确的指向和目标，使学生把握化学学习的关键，为学生理解和掌握化学的本质提供了优化的途径。数学思想则被看作是数学的内在形式，是学生获得数学知识、发展思维能力的动力。

（二）拓展既有说法认识本质与原初

以操作系统为例，我们要问：操作系统的本质是什么？操作系统中或操作系统平台上的文件管理和一般工具软件应用有何共通之处？使用何种方法将一些内容纳入同一个思想体系之中？这个体系的起点和描述词汇是否符合“原初”的要求？

以“文件管理”概念为例，倘若我们重新定义“文件管理”，让其包含单个文件的管理及多个文件的管理，再使其单个文件的管理包含属性管理和运行管理，多个文件的管理包含存放与查找，甚至囊括面向www的文件管理及搜索技术。此时，操作系统无非就是实现文件管理的工具。此时的“文件管理”就上升到新的高度，借助它，我们可以抓住操作系统的本质，且可以超越具体的某个或某类操作系统，甚至可以进一步延伸到面向www的文件管理及搜索技术。我们还注意到，与成年人的想象不同，小学生在Windows与Linux操作系统间进行转换毫不费力。且所有人都熟知，学生对所有智能或非智能手机的操作似乎会无师自通。这说明，“文件管理”是贴合学生既有经验的，是容易被学习者掌握的。一旦文件管理的要义把握住了，所有操作系统的使用就都不在话下。因此，我们说“文件管理”，既蕴含了所追求的本质，又符合我们关于“原初”的预期。

（三）超越既有观点认识本质与原初

以往对程序设计精髓的理解是：在算法思想指导下，经历“分析问题—设计方案—编程实现”的过程，期间以合适的方式引入各种编程语言。在这种思路下，“程序”是低于“算法”的概念，是具象的，被看作是具体语言环境下的东西，是由给定语言环境中的一条条代码组成的代码群；而“算法”则是高于“程序”的，是相对抽象的，是超越具体语言的，指导“程序”实现的指导思想。就此而言，“算法”更加贴近程

序设计的本质，它似乎更应该是信息技术课程中程序设计部分的课程思想的起点。

但是，“算法”概念并不是最贴近学生生活经验的内容，学生对“算法”概念感觉生涩，对“算法”的认知依然有许多困顿。显然，基于“算法”概念走进程序设计，不能算得上是一条令人满意的道路。

程序设计的本质是什么？站在更高的层面上观察，程序设计无非是使用一组预设功能的指令集去完成特定的任务，所谓的“一组预设功能的指令集”，是为了实现人机对话，实现特定功能的人机对话，而给出的一套人工语言。在“人机对话”这个意义上，“指令—程序—任务执行”才更能昭示程序设计的本质。需要注意的是，这里的所谓“程序”已非前述“程序”，前“程序”指的是一组代码，此“程序”指的是解决问题的过程。

在此观点中，“算法”变成位于“程序”之下的概念，属于方法层面，而“程序”在层次上则反超“算法”。将“程序”放至高位，其原因在于，较之“算法”，“程序”更加贴近程序设计的本质，有利于揭示程序设计的内涵；更贴近生活，不需要译码，因而更贴近学生经验及学生的认知起点，更有利于引领启发学生的学习。

进一步看，建立在“指令—程序—任务”概念之上的程序设计，不仅具有在狭义的程序设计上帮助学生把握程序设计本质的意义，更有广义的面向生活管理和设计的程序设计意义，实现了课程价值的进一步延伸。即基于“指令—程序—任务”的新程序及程序执行的思想超越了既有的算法思想之说，既是关于程序设计部分课程思想的高度概括，又是学生处理生活和学习事务的程序思想与方法的来源。这也正是以往程序设计教学中曾努力追求但未曾实现的。此时重读“程序设计是第二文化”这句话，应能体会到更多的精彩。

二、课程思想的结构形态

（一）课程思想树是一类特定的知识树

学科课程的思想方法是学科知识结构的组织线索和转换依据。同其他学科思想一样，信息技术课程思想在知识的组织上，也会起着核心的统领作用。以课程思想作为灵魂脉络，可以将“游离”状态的知识点凝结成特定的知识结构。以文件管理思想为例，文件管理分为多个文件的管理与单个文件的管理。其中，多个文件的管理涉及文件存放与检索，单个文件管理则包含属性管理与运行管理等。其中存放、检索部分可以延伸到www和搜索引擎技术。课程思想树实际上是一类特定的最能把握课程本质的知识树。

（二）课程思想具有“思想—方法—技巧”结构

文件管理思想、搜索思想、图层思想，一般在描述时都称为“思想”。仔细分析，几个概念不属于同一层面，显然课程思想具有层次性。

根据课程思想的影响范畴，数学课程思想分为四个层次：第一层是构成一个数学学科基础的重大数学思想，它体现在哲学范畴的数量关系方面；第二层是一般科学方法在数学中的应用；第三层是数学学科本身独有的思想，如消元法、降维法等；第四层是中学数学解题方法思想，包括“平面几何证题法”“奥数竞赛解题法”等。由此分类，数学课程思想的层次性结构可以概括为：思想—方法—技巧。这种分层方法的特点是清晰易读，对教学的指导意义更直接。我们认为，“思想—方法—技巧”的课程思想层次结构在信息技术课程中同样适用。

三、课程思想的功用

（一）课程思想起点是学习的高速公路入口

发生在印度的“墙上的洞”的故事反映出，在穷人街上玩耍的孩子是在没有教师、又不懂语言的情况下自我摸索学会了使用电脑上网，其成功是“墙上的洞”实际充当了“高速公路入口”的作用，孩子们由此进入才得以领略网络世界的无限风光。孩子们具有学习的天性，只要为其提供支持性的环境和条件，知识建构就能够顺利发生。所以，需要为学生铺筑高速公路并将其带到入口处。课程思想的意义正在于此。

（二）课程思想可以遍及课程本质的所有细节

在高速公路上行走的过程中，是不断寻找正确的道路分支的过程。课程思想树就是这样一个具有许多分支的高速公路系统，而在这个系统上行走，可以轻松通达并遍及课程本质的每个角落。实际上，高速公路中的各级分支，某种意义上也同样是新的入口，每个新的入口，表示着不同的目的地，而课程思想高速公路上的分支，则进一步揭示着更加深入或再细分后的细节。

现实与虚拟学习环境融合及利用的探索*

张剑平

（浙江大学　教育技术研究所，浙江　杭州　310009）

摘　要： 随着信息技术的快速发展以及社会对于创新人才需求的不断增加，在传统课堂或实验室的纯“现实”环境下学习，或网络和多媒体的纯“虚拟”环境下学习，都暴露出各自的局限性。本文梳理了目前国内外对于“虚实融合”学习环境的研究与应用，提出对虚实融合环境下适应性学习的相关问题进行研究的价值和意义。

关键词： 虚实融合环境　适应性学习　适应性教学

当前的学习环境包括两大类：基于学校课堂内、外的“现实世界”和基于网络、多媒体的“虚拟世界”。随着信息技术的快速发展以及社会对创新人才需求的不断增加，在传统课堂或实验室的纯“现实”环境下学习，或者在网络和多媒体的纯“虚拟”环境下学习都暴露出各自的局限性。随着物联网技术的发展，人们通过传感器将现实世界与虚拟世界无缝相连，逐步出现了“虚实融合”的学习环境。这时，针对学习者的个体差异，根据其学习风格和认知状态动态选择合适的学习策略与内容，即在虚实融合的学习环境下开展适应性学习，已经成为一类十分重要的研究课题。

对于“虚实融合”学习环境的研究与应用，目前国内外尚处于实践探索阶段。对于适应性学习的相关研究，国外已经逐渐重视而国内则刚刚起步，所发表的论文主要涉及：对宏观适应性教学、微观适应性教学的研究，例如，智能教学系统（ITS）通过学习过程中的诊断，根据需求向学习者提供学习处方；对适应性超媒体的研究，例如，关注微观适应性系统与超媒体系统的结合及其分析；对适应性模型的研究，例如，在能力倾向—处理交互（ATI）适应性模型中，可根据学习者个体特征和能力倾向调整学习过程或策略；对基于特定教学法的适应性系统的研究，例如，协作学习系统、应需教学系统、基于动机的系统；等等。在国内，“网络学习机制及其在适应性学习支持系统中的应用”研究是近年来的典型成果之一，该成果在构建网络学习影响因素模型、基于认知状态和学习风格的学生模型的基础上，提出了相应的适应性学习支持系统的体系结构。

对虚实融合环境下适应性学习的相关问题进行研究的价值与意义有以下两点。

一方面，虚实融合环境将现实世界中的真实情景融入虚拟环境，真实数据的不可预设性可以强化学习者的真实感受与动手能力，而虚拟环境中的海量资源与技术工具的使用，又可大大提升学习者的创新思维。本课题对虚实融合学习环境的概念、特征与理论架构进行深入研究，有助于虚实融合环境实际系统的建设和应用，这将有力促进学生理论素质的培养和实践能力的提高。

另一方面，在虚实融合环境下开展的适应性

* 浙江省哲学社会科学规划课题研究成果：基于虚实融合环境的适应性学习研究（编号：13NDJC065YB），2013—2015.

学习具有融合性、个性化、开放性、智能性、生态性的特点，可以更好地实现因材施教、个性发展的现代人才培养理念。本研究在课题组已有成果的基础上，对虚实融合学习环境中的适应性模型和方法开展研究并进行实践，是对新时期数字化学习研究与实践的创新和拓展。

参考文献

[1] 张剑平，许玮，李红美，杨进中．虚实融合学习环境：概念、特征与应用[J]．远程教育杂志，2013（3）．

[2] 李红美，许玮，张剑平．虚实融合环境下的学习活动及其设计[J]．中国电化教育，2013（1）．

势在必行：从信息技术教育走向信息教育

董玉琦

（东北师范大学　信息技术教育研究所，吉林　长春　130024）

摘　要：本文从相关概念（理论）出发，通过国际比较、理论分析以及现实考量等视角，明确指出当前我国中小学从信息技术教育走向信息教育已经势在必行，并对中小学信息教育课程设计的基本思路进行分析，即信息素养是信息社会个体生存的需要，国家信息化建设的核心和关键是人的信息化。因此，以培养信息素养为主要目的的中小学信息课程是实施国家信息化建设战略的重要途径。

关键词：中小学信息课程　信息技术教育　信息教育

一、社会转型与课程发展

通过对社会转型进行分析，我们认为信息作为基本战略资源在人类进入信息社会后作用愈发重要，基础教育课程随之发展，应体现出并不断增加与信息相关的学习素材来反映信息文明。同时，中小学信息技术教育是实现国家现代化的重要组成部分，要实现国家现代化，教育要优先发展。而教育要优先发展，课程改革必须先行，信息教育要领先。信息是数据、信息、知识向智慧递进、转化过程的要素与条件，中小学信息技术课程正是进行以信息为核心的素养教育的主阵地。

二、国际比较

通过对 Computing 与 Informatics 之间的关系进行词源学方面及其历史应用的考察，我们认为两词之间联系密切。我们常说的“Informatics”是指利用计算机和统计学技术来管理信息的学科，更具体些，它是以及时保有和在空间传输知识为目的，对被看作知识媒体的数据与信息进行系统处理的学科和技术的总称。英国中小学 ICT 课程的最新 Computing 转向、俄罗斯中小学“信息学”的传统以及日本信息课程的最新动态实际上说明了其发展与 Informatics 的方向更为接近。归纳概括英、俄、日三国中小学信息技术课程的目标与内容的共同特征，中小学信息技术课程发展的 STS（Science、Technology、Society）是大势所趋。

三、理论分析

从“社会、学生和学科”三个影响课程的要素进行理论分析。

“社会”要素包括国际社会、国家和国民素质三个社会基本层面。

“学生”要素指学生的个体发展。信息教育由于促进了适应信息社会的学习的改善，所以具有其他学科不具备的特质价值。主要体现在学习内容和学习方式的变化以及学习内涵的拓展。因此，信息教育对学生的终身发展意义重大。

“学科”要素指从信息学科（产业）发展的角度来说明信息教育的重要性。人才培养需要信息教育体系支撑，学科课程体系是由学科（产业）背景决定的，信息课程需要信息学科群作为课程背后的支撑，由此说明信息教育也是与信息学科（产业）发展相互促进的。

四、现实考量

一方面，高中信息技术课程技能化倾向必须改进；另一方面，义务教育阶段信息技术课程政策不明确带来诸多问题。基于我国信息技术课程发展的历程以及当前问题，从信息技术教育走向信息教育势在必行。

五、信息教育课程设计建议

1. 课程性质（定位）：中小学信息教育课程具有基础性、学科性和综合性。

2. 基本理念：(1) 应对社会转型趋势，培养国际社会公民；(2) 服务国家发展需要，促进信息社会建设；(3) 满足学生终身学习，全面改善国民素质。

3. 课程目标：培养、提升学生的信息素养。信息素养包括数字公民、改善学习、社会责任等主要方面。

4. 基本内容：以信息科学、信息技术和信息社会学为基点并充分融合。

5. 学年设置：小学、初中、高中一贯设置，从小学三年级开始设置。

师范生教育技术能力发展：目标层次与培养路径

杨　宁

（福建师范大学　教育学院，福建　福州　350117）

摘　要：对在职中小学教师“亡羊补牢”型的培训遭遇了来自教师习惯的巨大阻力，这不禁使我们开始重新思考教师教育模式。为防止“回炉再造”式的、职前与在职割裂的教师教育带来教师专业发展上的损耗，对未来教师实施“未雨绸缪”型的教育技术能力培养成为新阶段教师教育的重点之一。

关键词：师范生　教育技术能力　培养路径

一、构筑框架：教师教育技术能力重构

教师教育技术能力不只是“运用技术优化教学”的能力，教师的教育技术能力体现在教师使用技术的过程中，体现在教师应用技术进行教学整合和教学创新的过程中，也体现在教师的教育技术应用研究的过程中，它是教师的技术学习力、技术整合力、技术创新力和技术领导力四位一体的综合能力的体现。

二、提出要求：师范生教育技术能力发展目标层次

师范生的教育技术能力发展目标以教师教育技术能力发展框架为基础，从未来终身学习与发展的角度看，师范生应在理论知识储备维度上达到“教师作为领导者”阶段，在实践应用经验维度上则以“教师作为教导者”阶段为底线，鼓励师范生向“教师作为协作者”阶段过渡。

在教师教育一体化的理念下，师范生的教育技术能力发展目标必然以这个目标的二维框架为“母体”，只是发展层次与在职教师有所区别。师范生的教育技术能力发展一方面需要丰富理论知识，另一方面需要提高实践技能。在发展的道路上，理论知识和实践技能是不同步的，师范生培养阶段理论知识需先于实践技能的发展，以开阔思路、提升意识为主。因此，师范生的教育技术能力发展定位于“开阔视野，提升意识，强化基本技能”，做到多方面接触技术融入的学科教学问题、案例，并以问题、案例为中心，丰富教育技术理论知识、探索问题解决方案，并有步调地初步展开教育技术实践问题的研究。

三、路径探索：师范生教育技术能力发展的课程体系构建

本研究针对四所学校2191名师范生进行问卷调查，因素分析结果是得到师范生教育技术能力的六因素模型。六因素再经过路径分析，结果表明，师范生的技术融入的学科教学整合、创新与建模能力以师范生的一般信息素养、技术融入的一般教学设计能力和师范生对学科与技术互动融合的关系理解为前提。师范生的教育技术能力培养需要立体和系统的课程体系构建，师范生需要以信息素养为基础，在对学科与技术互动关系的理解后，融入一般教学设计过程与方法的学习，才能最终提高技术融入的学科教学整合、创新和建模能力。《现代教育技术》课程作为提升师范生技术融入的一般教学设计能力的主要途径，只是师范生教育技术能力发展过程中的一个中间环节，而非全部。在构建师范生教育技术能力发展的系列课程时，需要以“《信息文化基础》—《学科信息素养》—《现代教育技术》”的课程序列分别提升师范生的一般信息素养、学科信息素养和技术融入的一般教学设计能力。

高阶思维培养与数字化学习环境研究
——对团队研究工作的梳理

解月光

（东北师范大学　信息与软件工程学院，吉林　长春　130117）

摘　要：本文是对研究团队有关高阶思维培养与数字化学习环境研究工作的梳理，主要从研究背景、研究前提、核心概念辨析、研究主要进展以及发现与思考等五个方面进行展开。

关键词：高阶思维培养　数字化学习环境　学科教学

一、研究背景：教育信息化发展的现实问题

对基础教育信息化深入发展的反思涉及四方面的现实问题：第一，信息技术与课程教学深度融合的“深度”应在哪里？第二，如何使信息技术对学生的正式学习产生“变革性”影响？变革性的根本是什么？第三，如何构建帮助每个学生达到他可能达到的最高水平的学习环境？它是什么样的？技术如何利用？第四，对以技术的方式更有效地解决高阶思维培养问题的研究不足，缺少精心和系统的关注。

二、研究前提：观念与理论

指导本研究的主要观念与理论包括以下几点。

人的发展观：人的发展关键在于能力，能力的核心在于思维。

人的思维观：思维是认知的过程或活动，思维过程总是要通过分析和综合来实现，并以此为基础，产生抽象和概括、比较和分类、系统化和具体化等一系列高级的、复杂的、在大脑内进行的思维操作能力。

教学观：教学的根本任务在于培养人才特别是创造性人才，人才的基础是人的心理的质的发展。教学的实质在于认识与活动的统一，着重点应该是促使学生心理的质的发展，即智力与能力的发展，核心在于发展学生的思维与提升思维的品质。

教育技术观：教育技术是通过“优化”和“变革”的思想理念与方式方法，为学校教育过程培养学生的高阶思维、创新能力，有效提升学生智慧所需要的支持和帮助。

思维与智力、能力的关系：思维是智力与能力的核心，智力与能力同属个性的范畴，是成功地解决某种问题（或完成某项任务）所表现出的具有良好适应性的个性心理特征。智力更侧重于认识，它着重解决知与不知的问题，是保证有效地认识客观事物的、稳固的心理特征的综合；能力偏于活动，它着重解决会与不会的问题，是保证顺利进行实际活动的、稳固的心理特征的综合。

三、核心概念辨析

（一）高阶思维的概念界定

高阶思维是对思维过程的层次或水平的一种表征，指发生在高层次的、复杂的认知过程中的心智活动。这一概念是以布卢姆的认知目标分类为基础提出的，体现为学生进行布卢姆认知目标分类中分析、评价、创造等活动的智力与能力。学者们认为创造的复杂程度更高，是最高层级的思维过程。高阶思维的发展决定了完成复杂任务、解决劣构问题的重要能力——即高阶能力的发展。

（二）学习环境及其构成要素

学习环境是支持学习活动的条件，是学习活

动开展和学习目标实现的保障，无论是什么样的学习环境，在援助和保障学习这一本质上应该是相同的，而区别主要在于构建的价值取向不同而体现出不同的环境特征。通过技术融入让学习环境拥有支持数字化学习模式的环境特征，结果就成为数字化学习环境。数字化学习环境是“用技术学习”的环境，是能够有效支持建构性学习的环境。而建构性学习具有积极的、建构性的、目标指引的以及诊断性与反思性的特征，最符合学习的本质，有利于发展高阶思维和提升思维品质。教学论视角的学习环境构成包括学习资源、学习设施、学习工具、学习策略、学习共同体和学习氛围六大要素，如图 1 所示。

（三）高阶思维与知识的发展价值

知识的价值不是知识的固有属性。从学生角度看，知识的价值可分为认知价值、发展价值、工具价值。知识的认知价值在于知识使学习者从无知变为有知，提升学习者理解世界的能力；知识的发展价值在于学习知识的过程中包含着对思维的训练、智力与能力的发展、情操的陶冶；知识的工具价值在于知识能够帮助学习者完成与外部环境的交互，提升学习者改造世界的能力。在学科教学中重视知识的发展价值，根本是在于重视高阶思维的培养和思维品质的提升。

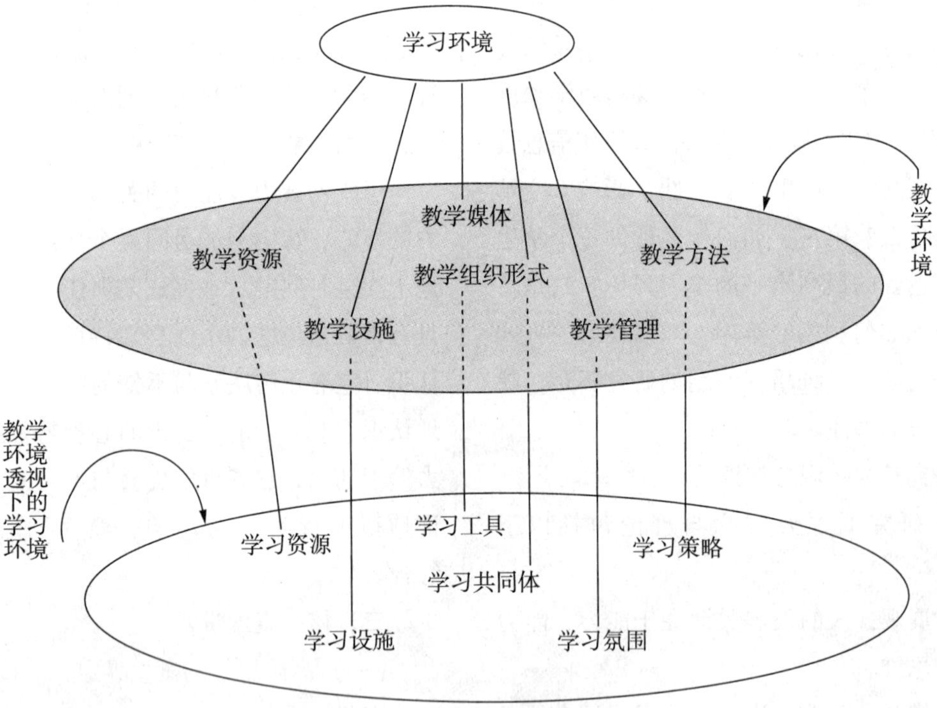

图 1　学习环境构成要素

四、研究主要进展

本研究范围可以描述为：从信息技术的角度研究和探讨发生在学习环境中的教学现象，基于高阶思维培养的价值视角，考察教学过程、教学内容、教学方法、教学模式和学习者等对信息技术融入的制约、控制和需求，把握技术与学科课程教与学之间的相互关系，探索数字化学习环境设计、开发、应用和评价等理论与实践问题。

（一）目前的研究主要涉及以下一些内容。

1. 基本理论与方法方面。高阶思维发展的条件与环境；学科的高阶思维表征；数字化学习环境的理论模型；技术如何在学科学习中有效支持高阶思维发展；高阶思维取向的数字化学习环境设计的模式与方法。

2. 评价方面。高阶思维内在及外在表现评价；高阶思维外延表现评价；学生对数字化学习环境的感知；建构性学习的评价。

（二）目前的研究进展

1. 提出了教学论视角的学习环境构成模型。

2. 提出了学习环境新诉求的观点，即数字化学习环境应与建构性学习相适应，构建“用技术学习”的数字化环境以有效支援和保障建构性学习的开展。

3. 提出了“促进高阶思维的发展”是数字化学习环境设计的价值标准的观点。

4. 提出了“技术驱动设计”为核心思想的数字化学习环境设计的模式。

5. 初步探索了学科（写作活动）高阶思维水平测量工具。

6. 初步探索了基于学科的建构性学习环境的设计方法，包括学科内容分析方法，学科的高阶思维分析与表征的方法（课程目标映射分析、知识的类型与特征映射分析），利用思维导图的学习支架设计方法。

7. 初步探索了基于学科的建构性学习的评价指标体系。

8. 以写作课为载体初步探索了高阶思维培养取向的技术促进学习的设计方法，包括数字化学习环境的目标设计方法、数字化学习环境各要素的设计方法、数字化学习环境的实施方法、数字化学习环境中的学习评价方法。

五、发现与思考

1. 在支持高阶思维发展数字化学习环境中，学习者更愿意学、更能够学、更善于学。对学习环境的良好感知更好地支持了学习者高阶思维的发展。

2. 从技术促进学习的机制方面看，技术彰显了一种给养高阶学习的环境力。技术对学习的促进的实质，是建构性学习环境对思维发展的支撑；信息技术对学习者的影响是通过环境力改变其思维方式而实现的。

3. 基于思维导图的学习支架设计，可以构建系统学科知识，能够有效增强数字化学习环境对高阶思维发展的促进力或给养力。

4. 高阶思维对数字化学习环境设计的意义可有如下三个角度的理解。

从设计学的角度说，支持高阶思维培养是数字化学习环境设计的一种价值取向，一种目标，一种宗旨，一种功能。

从技术学产品的角度说，支持高阶思维培养是数字化学习环境的一种特征，一种品质，一种样态。

从学习者的角度说，能够有效支持高阶思维的发展是对数字化学习环境的一种诉求。

5. 以“高阶思维 + 关系智慧”培养、提升为价值取向的数字化学习环境研究的课题可能涉及以下几方面。

学习网络层面的设计问题；个人学习空间的设计问题；数字化学习环境的信息资源层面的设计问题；数字化学习环境应用的方法和效果的问题；基于技术环境的思维活动的载体设计问题（包括感知材料与结果材料等认知加工材料的质量、对思维过程的设计和控制）。这些基本的也是需要精致设计的内容，关系到数字化学习环境支持高阶思维培养和提升关系智慧的有效性，这些设计必须重视学生的思维状态、思维起点、思维过程和思维终点等。

参考文献

［1］林崇德. 学习与发展——中小学生心理能力发展与培养［M］. 北京：北京师范大学出版社，2011.

［2］简婕. 支持高阶思维发展的数字化学习环境构建及其实证研究——基于小学五年级写作教学［D］. 长春：东北师范大学，2011.

从技术·教育与人的关系审视教育领域的技术观

颜士刚

（沈阳师范大学　教育技术学院，辽宁　沈阳　110034）

摘　要： 技术界定的“总和说”将技术置于人之外，割裂了技术与人的天然的固有联系。本文拟从人类学视野重新梳理“技术与人”的关系，并考察“教育与人”的关系，试图打破技术认识的樊篱，从本体论上解决技术的认识问题，以重新阐释教育领域的技术观。

关键词： 技术观　人类学　现代信息技术

技术界定的“总和说”是学术界对技术的一般认识，在教育领域中也多持该观点。但这种认识显然不能全面阐释现代信息技术对教育的变革作用，尤其是“技术应用”的逻辑不能全面厘清技术对教育的深刻内涵。我们认为，“总和说”的困难在于它始终将技术置于人之外，而使技术成为“人之外”的存在割裂了技术与人天然的固有联系。本文拟从人类学视野重新梳理“技术与人”的关系，并考察“教育与人”的关系，试图打破技术认识的樊篱，从本体论上解决技术的认识问题，以重新阐释教育领域的技术观。

考察人类的进化史与技术发展的关系，我们可以看出，人类的进化和发展，技术推动是主因，人类需求是动力，技术在其中起了举足轻重、不可替代的作用。可以说，没有技术就没有人类的进化，也就没有人类的今天。并且，从人类的进化过程看，技术与人在逻辑上可分，但在形式上是不可分的，二者终处于“你中有我、我中有你”的状态。如此可知，技术并非“人之外”的存在，而是一直处于“人之中”。将技术置于“人之外”的认识方法存在先天不足。我们认为这种认识上的不足是造成当下教育技术理论和实践困境的重要原因之一。通过对教育与人关系的考察，我们发现，个体意义上，关注社会人的形成，教育能够使人成为“人”，也就是使“自然人”成长为“社会人”，使他们掌握在社会中生活应该具备的基本知识和技能，以及基本的礼仪和综合素质。社会主体意义上，教育一方面是社会主体的机能和任务，也是保障自身健康有序发展的前提和基础；另一方面，教育还能为社会主体指引方向，为必要的价值选择和判断提供理论依据。再结合技术对社会发展的影响，可以看到“人的技术化”与“社会的技术化”，从实质上讲，这是人类社会发展的必由之路，是必然选择。

因此，“技术化”不应该成为被批判的对象，应在理性看待“技术化”的背景下，重新梳理和设计人类社会的应然状态、人的发展的应然状态，才是当下有担当的学人应该思考的问题。由此，我们需要重新审视教育领域中的技术观。从教育的存在方式来说，它是被“技术化”了的，其目的、内容、组织形式、方法等方面均有浓郁的技术印迹。因而，我们可以说，技术已经成为教育存在的基本架构，是教育的存在方式。在现代信息技术介入教育领域之前，教育的所谓“无技术”状态，其实并非无技术，而是技术已经完全融入教育之中，只不过未被察觉。现代信息技术介入教育领域初期，确实是一种辅助和补充，可以看作可有可无的工具，但当计算机网络已经将整个地球变成“平的”，变成“地球村”，人类的教育资源已经在世界范围内统整，教育的方式、学习的方式也随着信息技术的影响而呈现多元化的趋势，仍然将技术作为一种工具，显然不符合事实。而只有“技术是教育的存在方式”这种认识才能阐释现代信息技术对教育变革产生的深刻影响。

二、论文发表部分

中小学信息技术课程研究

小学信息技术课程中 Scratch 程序设计学习的价值探索

金炳尧　朱丽彬　许　素

（浙江师范大学　教师教育学院，浙江　金华　321004）

摘　要： 近年来，由于对信息素养的重视，人们开始注重程序设计在信息技术教育中扮演的角色，Scratch 是麻省理工学院针对儿童设计开发的积木式程序编写语言与环境，目的是让儿童在创作体验中学习编程、表达自己的想法，以它为载体的小学生程序设计的学习成为现今的热门话题，正确认识与理解 Scratch 程序设计教学的教育价值显得尤为重要，通过对相关文献的梳理和深入教学现场的实证研究，在界定了价值的概念和整体把握程序设计在信息技术课程中的历史脉络的基础上，初步形成 Scratch 的价值体系和实现机制，以期为小学信息技术课程选择合适的载体作为小学生程序设计的学习工具提供一些建议。

关键词： Scratch　程序设计学习　信息技术

随着信息技术在教育领域中的影响日益深入，新的教与学的方式为教育的发展提供了新的机遇和挑战，同时也出现了运用现代信息技术制约师生双方主体性发挥的异化现象，树立符合社会需求和人的发展为目的的价值观是教育领域面临的现实问题。结合信息技术时代对教育的要求以及后现代技术的特点，信息技术课程走向技术人文化，关注个别差异化和实践的回归。作为“数字原住民”的儿童对信息技术的使用十分熟练，不过在我们看来，真正的技术流畅性不仅仅是聊天、浏览网页、媒体互动，更重要的是拥有设计、创造、发明新媒体的能力。2012 年 5 月，中国教育技术协会信息技术教育专业委员会颁布了《基础教育信息技术课程标准（2012 版）》，该标准对模块内容做了重大调整，小学、初中和高中三个学段均设置了“算法与程序设计”模块。新课程标准要求在小学阶段学生应能借助积木式程序设计语言，理解生活中的算法问题，并与程序语言表达的算法形成关联；能设计算法并通过拖曳图标等方式编写程序解决生活中的简单问题，初步体验程序设计的过程和算法概念。新课标的基本价值取向是不以代码编写训练为要义，而以程序设计方法和算法思想的体验为旨归。Scratch 作为一种高度视觉化的程序设计工具走进小学生的课堂，不同于传统的程序设计学习工具，其能否胜任信息技术课程程序设计的学习工具成为当下值得探讨的话题，本文将就价值的概念界定、程序设计学习工具的历史演变及基于 Scratch 的程序设计学习的教育价值展开讨论。

一、价值与教育价值

“价值”（value）一词最初来自梵文和拉丁文，具有“对人掩护、保护、维持的作用”等意思。后来演化为“可珍惜、令人重视、可尊重”的词义。从这个词的原始意义来看，其主要意思所涉及的事实景象是人的生命安全、健康之类的活动。它既不单指某物的属性，也不是关于人的主观感受，而是在发生了人与物之间的相互作用的关系时，人将其本身的一种需求归于或赋予某物。在整个价值哲学体系中对价值的界定大致分为客体价值论、主体价值论和关系价值论三种观点。客体价值论主张价值就是客体，指客体的某方面属性或功能，强调价值的客观性。主体价值论认为价值产生取决于人，指出“价值是人追求的目的物，而这个目的物也就是人的自身本质”，强调价值的主观性。无论是客体价值论还是主体价值论都片面地强调了主体或客体，因此，更多学者提出关系价值论，指出应该从主客体的关系出发界定价值。

“寻常对于价值的讨论，乃是集中于考虑课程里面各科所成之结果。这种讨论是要指出学习了这些科目对于人生有紧要的贡献，因此证明这些科目应该学习。”一般所说的教育主要指课程里面各科所要求的价值，即某一种知识领域为受教育者的生活提供的功能和作用。立足文化教育学派的斯普朗格认为课程的价值可以分为“形式陶冶价值”和“实质陶冶价值”，“形式陶冶价值”专指教师教授锻炼心力的部分，“实质陶冶价值”指教师传授知识技能方面。本文根据斯普朗格对课程价值的分类维度，从满足学生个人发展需要的角度出发，在微观层面分析 Scratch 程序设计学习的价值。

二、小学程序设计学习工具的历史演变

信息技术课程中的程序设计模块经历了“计算机文化论”下的兴起、“计算机工具论”下的淡化和“计算机素养论”下的复兴三个阶段。在不同的阶段，应用在小学程序设计教学的程序设计工具也不尽相同。1981 年，在瑞士的第三届世界计算机教育应用大会上，尹尔肖夫在《程序设计是第二文化》中提出了“阅读和编写计算机程序设计的能力是第二文化”。由此，“计算机文化论”形成，程序设计也得以确立其在计算机教育中的重要地位。按照尹尔肖夫的倡导，这一时期对学生的内在品性的要求可以看作是“计算机素养”，其核心是程序设计能力，强调逻辑思维能力，强调利用算法解决问题的能力。尹尔肖夫“计算机文化论”理想的结果应当是学生可以通过程序设计的学习学会利用算法来解决生活中的实际问题。然而中学计算机教育起步的十多年中，算法与程序设计（以程序设计语言如 Basic、Logo 为主要学习载体）是中学计算机课程的主要内容，对该教学内容的教学目标的定位则主要是基于对学生程序设计能力的培养。

从 20 世纪 80 年代中后期开始，计算机科学开始进入飞速发展阶段。1985 年第四届世界计算机教育大会上，英国专家就明确提出应当把计算机当作一种工具来应用。这一观点得到了普遍的认同，“计算机工具论”自此形成。1994 年的《中小学计算机课程指导纲要（试行）》中对程序设计语言的要求，包括 Basic 语言程序设计基础和 Logo 语言等。

从 20 世纪末开始，我国中学计算机教育开始向信息技术教育转变，从 20 世纪末到现在，信息技术教育领域的一个热点就是“信息素养”。2000 年，教育部出台了《中小学信息技术课程指导纲要（试行）》，纲要中首次出现了“信息素养培养”，对程序设计的语言没有明确的规定，中小学的程序设计课堂上多采用 Vb、Pascal 语言作为学习编程的语言。2012 年 5 月，中国教育技术协会信息技术教育专业委员会颁布了《基础教育信息技术课程标准（2012 版）》，该标准对模块内容做了重大调整，小学、初中和高中三个学段均设置了“算法与程序设计”模块，重新开始重视程序设计在信息技术教育中的重要作用。对小学阶段的要求是熟悉一种积木式程序设计工具的图形化编程环境，能够结合实例使用积木式程序设计工具，体验程序设计作为一种特殊的信息加工处理方式的特点和优势。目前，小学程序设计教学中通常使用的积木式程序设计工具就是 Scratch，Scratch 作为一种高度视觉化的程序设计工具走进小学生的课堂，它不同于以往教学中使用的 Basic、Logo、Vb、Pascal 等语言，以形象直观的积木指令代替了枯燥、易出错的复杂程序代码，有利于帮助学生在创作体验中学习编程、表达自己的想法。

三、Scratch 概述

Scratch 是美国麻省理工学院（MIT）媒体实验室的幼儿园研究组开发的一套图形化编程语言，包括角色区、指令区、脚本区与舞台区四大区块。Scratch 不需要记忆代码，而是采用积木的方式搭建程序脚本，通过拖曳定义好的编程模块，快速地实现程序的编写，适合8岁以上的儿童使用。Scratch语言创建的初衷是希望学生可以通过Scratch表达自己，帮助他们发展逻辑推理能力，培养创造性思维，学习合作，希望对学生其他学科的学习和日常生活中问题的解决有所帮助。这与我国基础教育中“算法与程序设计”模块内容标准十分相似，因此Scratch可以作为小学生编程语言学习的辅助工具，用于激发学生的学习动机，培养小学生利用算法思维方式去解决实际问题的能力。

Scratch于2007年5月首度公开，目前的版本为2.0。Scratch拥有众多的使用者，从2007年至今约有100万名注册会员、30万名专案上传会员，并且累积了200万个上传专案，使用者分布于世界各地，主要集中在北美洲与欧洲，使用者的年龄段为5—70岁，主要集中于11—18岁的年龄段。我国部分地区已经展开了Scratch的试点教学，一定程度上解决了传统程序设计教学中普遍存在的学习兴趣不浓、动手编程能力低下、实际应用能力不强等问题。目前，国内外对Scratch的研究对象多为8—12岁的儿童，小学四年级以上居多，研究主题主要包括研究设计文化、信息素养促进与程序设计教学三个主题，但尚未从宏观上形成Scratch程序设计课程的价值研究。

四、Scratch程序设计学习的价值探索

2012年4月，在金华师范附属小学程序设计社团班上，研究者深入Scratch程序设计教学现场，研究者根据学生的课堂表现、教师的访谈观察、学习成果展示等，结合“程序设计基础测验”“威廉斯创造性思考活动”“逻辑推理能力测验”等研究工具对社团班上的30名四年级学生进行测试，前后测试相隔近两个月，各项测验的结果表明对学生的编程能力、创造力、逻辑思维能力、解决问题的能力和协作能力有正向的影响，研究者依据国内外的相关研究成果，结合自身实践验证结果，将Scratch程序设计课程的价值按照斯普朗格的课程价值分类体系分析如下。

（一）Scratch程序设计学习的“实质陶冶价值”

根据斯普朗格的课程价值，“实质陶冶价值”指教师传授知识技能方面，在Scratch程序设计课程中体现为提升小学生的编程能力。Scratch软件的设计初衷主要是为了增进青少年的技术流畅性，这较之前定义的计算机素养更强调对于信息科技的了解与掌握，并且有效地应用于信息处理、沟通与问题解决的能力。Peppler与Kafai跟踪了一位在阅读和写作方面存在不足的女生，经过一年半的Scratch学习，她能够逐步深化程序设计的掌握程度，并建立自己的编程风格，在与同伴合作的过程中担任主导角色。Scratch的研究团队，以课后计算机俱乐部为研究环境，以市中心经济贫困的青少年作为研究对象，研究结果表明，Scratch软件的学习有助于青少年的技术流畅性。

（二）Scratch程序设计学习的“形式陶冶价值”

“形式陶冶价值”专指教师教授锻炼心力的部分，在Scratch程序设计课程中体现为对小学生能力的培养，主要有创造力、逻辑思维能力、解决问题的能力和分享协作能力等。

1. 创造力。幻想是孩子的天性，“他常常想到星月以上的境界，想到地面上的情形，想到花卉的用处，想到昆虫的语言；他想飞入天空，他想潜入蚁穴……”Scratch正是给学生提供了这样一个平台，可以用简单的积木搭建一个幻想的世界。在Scratch的课堂上，学生学会基本技巧后，往往对自己的作品会提出更高的要求，例如，在学会《猴子接香蕉》后，有的同学创作了能够计数的《卡比拯救地球》（如图1所示），有的则创作了能够砍伐木头的《海上大作战》（如图2所示），学生丰富的想象力常常让研究者和教师感到惊喜。

研究者将“威廉斯创造性思考活动”作为研究工具，对社团班进行前后测。“威廉斯创造性思考活动”包括流畅力、开放性、变通力、独创力、精细度及标题，所以得到六种子量表和总分，再用SPSS软件对各项能力及总分的前后测成绩进行成对样本t检验，以此了解学生接受Scratch程序设计教学后，创造力是否得以提升。

研究结果表明，学生在“威廉斯创造性思考活动”中的流畅力、变通力和独创性的后测成绩均高于前测成绩，尤其是变通力方面达到显著差异。

图1　卡比拯救地球

图2　海上大作战

2. 逻辑思维能力。小学生的思维特点是以具体形象思维为主要形式，逐步向抽象逻辑思维过渡。这种过渡性是指儿童能对具体事物的变化进行抽象推理，并揭露其本质特点，但是儿童不能脱离具体事物的感知进行判断推理。

蔡孟宪对五年级学生学习自编的 Scratch 课程后分析学生在几何能力、逻辑推理能力、学习成就及学习态度方面的影响，结果表明，在逻辑推理能力方面无显著提升，而在几何概念方面有显著提升。艾青小学社团班的研究则表明学生的逻辑推理能力在前后测中有显著提升，由于目前的研究结果不一致，有待进行更多的相关研究资料。

3. 问题解决能力。当角色按自己设计的脚本动起来时，学生会产生成就感，从而增强了他们的自信心，为进一步的学习提供了巨大动力，Scratch 的程序设计学习就是一个不断发现问题、解决问题的过程，因此 Scratch 的程序设计学习还可培养学生独立思考和解决问题的能力和不断进取的精神。

4. 分享协作能力。Scratch 具有深厚的分享特性，在 Scratch 的官方网站 http：//Scratch. mit. edu 上面可以下载 Scratch 语言，也能够分享交流自己的作品。Kaifai 在他的《Collaborative Agency in Youth Online and Offline Creative Production in Scratch》中详细描述了在网络环境下青少年如何组建自己的合作小组，重点聚焦在线上的合作机制。在社团班上，研究者发现，学生喜爱在 FTP 上展示自己的作品，并且会把其他同学的作品下载下来，加以改进，他们彼此学习，乐此不疲。

5. Scratch 程序设计学习价值实现机制。在 Scratch 程序设计学习过程如图 3 所示，Scratch 程序设计的学习就是，主体不断地想象，创作出个性化的作品，表达自己的想法，最终自我实现的过程。

五、结语

目前，以 Scratch 为载体的小学生程序设计教学实践的开展时间还很短，探索和挖掘其教育价值，并通过教学来实现价值将有利于改善小学生程序设计的教学，优选小学生程序设计教学的内容，有利于厘清信息技术课程的价值取向。

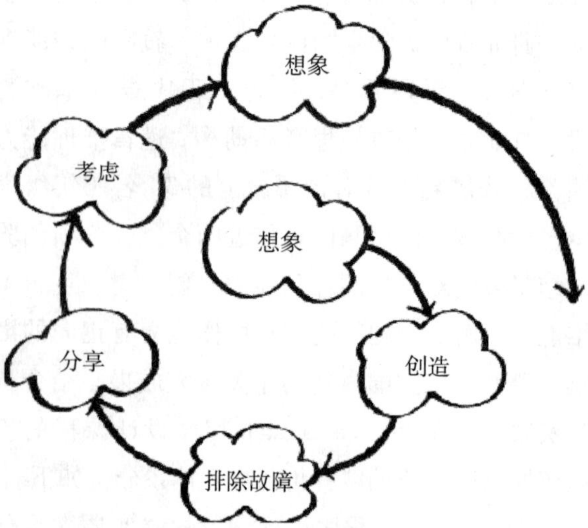

图3　设计流程

参考文献

[1] Marc Prensky，胡智标，王凯．数字土著数字移民[J]．远程教育杂志，2009（2）．

[2] 颜士刚．技术的教育价值论[M]．北京：教育科学出版社，2010.

[3] 高清梅．价值与人[J]．哲学动态，1996（1）．

[4] 杜威．民主主义与教育[M]．王承绪，译．北京：人民教育出版社，2006.

[5] 吕华．计算机课程研究[M]．石家庄：河北教育出版社，2001（11）．

[6] 朱彩兰．文化视野下的信息技术课程构建[D]．南京：南京师范大学，2005.

[7] 杨璐．算法与程序设计在中学的教学设计与实践[D]．上海：上海师范大学，2008.

[8] 刘向永．信息技术课程价值研究[D]．长春：东北师范大学，2010.

[9] Malan，D.，Leitner，H. Scratch for Budding Computer Scientists [C]. Proceedings of SIGCSE Conference，2007.

[10] 许惠美．Scratch 于中小学信息技术教育之应用与研究[J]．佛光大学，2012（3）．

[11] Peppler K. A.，Kafai Y. B. Collaboration，Computation，and Creativity：Media Arts Practices in Urban Youth Culture [C]. Paper presented at the CSCL'07 Proceedings of the 8th International Conference on Computer Supported Collaborative Learning，2007.

[12] 鲁迅．鲁迅全集[M]．北京：人民文学出版社，1959.

[13] 朱丽彬，金炳尧．Scratch 程序设计课教学实践研究——基于体验学习圈的视角[J]．现代教育技术，2013（7）．

[14] 蔡孟宪．Scratch 程序设计对五年级学生几何概念及逻辑推理能力的影响[D]．台北：台北市立教育大学，2010.

[15] Kafai. Collaborative Agency in Youth Online and Offline Creative Production in Scratch [J]. Research and Practice in Technology Enhanced Learning，2012（2）．

网络应用系统在高中信息技术课程中的设置探讨

朱从娜

（人民教育出版社　信息技术编辑室，北京　100081）

摘　要： 2012 年 5 月中国教育技术协会信息技术教育专业委员会公布的《基础教育信息技术课程标准（2012 版）》中首次在高中信息技术课程中引入“网络应用系统”的概念，加入“网络应用系统的设计与开发”的相关内容。本文在对网络应用系统和动态网站概念辨析的基础上，进一步分析了高中生学习网络应用系统的困难，建议高中阶段应降低知识难度，以“动态网站的设计和开发”引入相关内容，然后详细分析了相关知识点和高中生可以达到的目标，并对内容设置和教学安排提出了实用性建议。

关键词： 网络应用系统　动态网站　信息技术课程　高中生　网络技术应用

2012 年 5 月，中国教育技术协会信息技术教育专业委员会公布的《基础教育信息技术课程标准（2012 版）》中，将高中“网络技术应用”模块调整为“网络通信原理”和“网络应用系统设计与开发”两个单元。其中，“网络应用系统设计与开发”单元涉及静态网站和动态网站的设计、制作，并涉及动态网站及后台数据库的设计和实现。这与现行的高中信息技术课程标准有很大的不同，也是首次在高中信息技术课程中提出“网络应用系统”的概念，提出高中生要学习“网络应用系统的设计和开发”。那么，到底什么是网络应用系统？与人们常说的动态网站一样吗？高中生学习“网络应用系统的设计与开发”的难度有多大？应学习到什么程度？在高中信息技术课程中应该如何安排这些内容？笔者在本文进行了深入的探讨，建议降低知识难度，在高中阶段以“动态网站的设计和开发”引入相关内容，并分析了相关知识点和目标，同时给出了实用性建议。

一、对高中生学习网络应用系统的思考

（一）网络应用系统和动态网站的概念辨析

笔者以“网络应用系统”为关键词，在“维基百科”和“百度百科”中进行搜索，都显示没有收录该词条。笔者进入中国知网进行文献查询，有文章指出“网络应用系统一般包括电子政务网站、电子商务网站、商业网站及教育网站四大类，它融合了信息采集、存储、传输、处理和利用等一切先进信息技术，是具有新质和新功能的新系统。一个完整的网络应用系统是由数据资源、程序资源、网络资源三大部分构成。数据资源由数据库系统进行统一的管理，程序资源是应用系统的应用程序部分，它是实现应用系统的核心，网络资源在应用系统中包括网络系统及各种网上设备。”其他论文多介绍某种网络应用系统的具体实现，如基于 ASP. NET 技术的网站访问统计功能的实现，基于 J2EE 的森林资源信息管理系统的研建，基于 Java/MVC 的三层 Web 政务信息系统的实现，等等。

以“动态网站”为关键词在“百度百科”中找到了该词条：“动态网站并不是指具有动画功能的网站，而是指网站内容可根据不同情况动态变更的网站，一般情况下动态网站通过数据库进行架构。动态网站除了要设计网页外，还要通过数据库和编程来使网站具有更多自动的和高级

的功能。”这些自动和高级的功能体现在它有很强的交互性，服务器端可以根据用户的要求和选择，实时生成页面，再传递到用户浏览器上。

笔者在中国知网分别以“网络应用系统”和“动态网站”进行文献查询，各搜索出434和287篇论文，说明二者在学术界都有较高的认同度。对比相关的文章，会发现网络应用系统在前期规划、技术实现上都要难于动态网站。而设计和制作一个动态网站，一般来说，只需要构建一个数据库，然后利用动态网页技术（如ASP）实现对数据库的存取和读写，动态生成HTML页面，以网页的形式在IE浏览器中展现出来。因此，笔者认为动态网站是一种简单的网络应用系统，无论在功能设计上，还是技术实现上，都要相对简单一些。

（二）高中生学习网络应用系统的困难所在

大家都知道，网络应用系统的设计和开发是一个系统而复杂的过程，在实际开发网络应用系统时，一般要经过以下阶段。

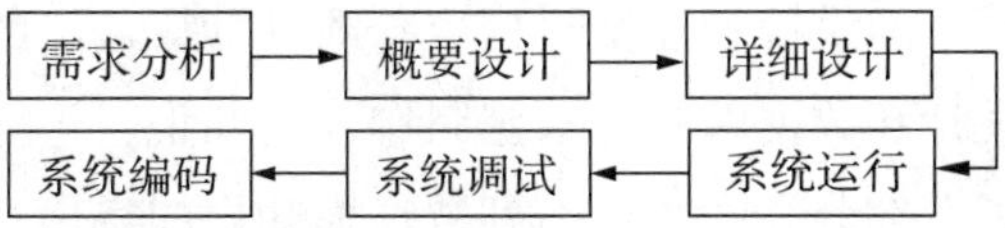

其中，需求分析阶段包括对应用功能的需求分析和对数据的需求分析，主要内容是提取核心、主要、急迫的业务，明晰业务流程和功能、数据要求；概要设计即确立系统结构（功能结构、数据结构）；详细设计即功能模块设计、数据库设计；系统编码，一方面是功能的编码实现，另一方面则是数据库的建立；系统调试完成对系统功能实现的测试和系统性能的测试，随后系统交予用户进行使用，即系统运行。

在具体实现时，对开发者的前期综合策划能力，包括功能模块设计、数据库设计，以及采用具体的编程语言进行技术实现方面都有非常高的要求。高中生由于认知水平、时间和精力等因素，而且知识结构不完善（没有系统学习过数据库设计等相关课程），学习起来存在相当大的难度。如果这部分内容设置过难，不符合高中生的年龄特征，学生会感到太吃力，望尘莫及，产生严重的畏难情绪，会直接影响对该门课程的学习。

与此同时，笔者调查了几所高校的计算机专业课程的设置，并查找了一些相关文献，了解到《动态网页设计》《计算机网络技术设计》《数据库技术与应用》以及具体的编程语言，如Visual C++、Java、Delphi等，是大学生尤其是计算机和信息类专业的大学生必选的课程。这些内容有相当的难度，是计算机和信息专业类大学生的必选课程，一般非计算机专业的大学生都不要求掌握，那么，高中生是否真的有必要学习这些内容？如果学习，应讲到什么程度，高中生才能够接受？这些都是高中课标修订者和教材编写者应该慎重考虑的问题。

表1　某高校计算机网络技术课程

模块	包含课程
程序设计模块	网络通信编程技术
应用技术模块	网络互联技术
基础理论模块	计算机网络原理，现代通信技术，无线网络技术，网络安全技术

（三）以“动态网站”代替“网络应用系统”介绍相关内容，更贴合高中生的认知水平

“动态网站”这一说法，是相对于传统的HTML页面内容固定不变的静态网站而提出的。动态网站和静态网站最大的区别在于网页在服务器端是否需要执行代码。学生在义务教育阶段学习过静态网站的设计和开发，静态网站的核心是用表格进行页面布局，学生对相关知识和技术已经非常熟悉和熟练。到高中阶段，如果接触的是“动态网站的设计和开发”，学生可以在前面的基础上着重学习数据库的相关知识，再初步掌握一种编程语言，就可以掌握该部分的内容了。

笔者咨询了几位信息技术的高中教师，他们也都觉得“网络应用系统的设计和开发”涉及的内容比较系统和复杂，高中生所能接受的也不过冰山一角，很容易被绕晕在其复杂的开发流程中，无法展开学习。那么，倒不如回避这一复杂的概念，以“动态网站的设计和开发”来导入该

部分内容，无论在内容设置还是教材编写上，都可以根据实际需要来把握内容的深浅程度，教师在备课和开展教学时也会相对轻松一些。

二、高中生学习动态网站的必要性

（一）信息社会发展的需要

《普通高中技术课程标准（实验）》中提道："普通高中技术课程是一门立足实践的课程，要立足于学生的直接经验和亲身经历。"目前，随着互联网的普及和网络技术的快速发展，人们每天都会登录各种各样的网站浏览新闻、听音乐、玩游戏、购物、与好友即时通信等。可以说，目前互联网上运行的绝大部分网站都是动态网站，如新浪、搜狐、网易等门户网站，当当、卓越、淘宝、阿里巴巴等商务网站，人人网、开心网等网络社区，各个技术论坛、学校论坛、网校，等等。因此，作为信息社会中的高中生，了解和学习"动态网站的设计和开发"相关知识和技术，有一定的必要性。高中生在日常生活中接触了各种各样的动态网站，在"亲历情境、亲身体验"的基础上，能亲手设计和制作一个动态网站，通过实际问题的解决，"知其然并且知其所以然"，其创造力、实践能力会得到较大的提升。

（二）积极探寻高中阶段网络模块着力点的需要

众所周知，在目前的高中信息技术课程中，存在着很多和义务教育阶段知识内容重叠的现象，在《网络技术应用》课程中重叠现象也非常突出。很多教师抱怨，学生在义务教育阶段学习了网络的具体应用，包括信息获取和信息交流，到了高中阶段，又在重复学习！那么，怎么与义务教育阶段的内容相衔接，并确定高中阶段网络课程的着力点，一直是信息技术同行们积极探讨的一个问题。笔者查阅了现有的5套信息技术课标教材，其中有3套教材中都或多或少地介绍了一些"动态网页"的知识，但都只是简单地介绍了动态网页的原理，以及服务器端和编程语言ASP的简单知识，都没有涉及数据库的设计和实现。

《基础教育信息技术课程标准（2012版）》给出了一个方向：高中阶段网络教学的着力点，应该放在网络技术原理和应用系统设计上。"让学生怎么用网络"是义务教育阶段解决的问题，在高中阶段网络教学中，重要的是让学生知道怎么实现简单的网络应用。那么，了解"动态网站的设计与开发"的基础知识，掌握简单的动态网站的技术实现过程，在高中阶段网络课程中应该占有一席之地。

（三）整合"数据管理技术"选修模块的需要

数据库在信息技术中的应用非常普遍，基本上所有的应用系统和动态网站都需要一个强大的数据库支撑。而根据我们几年来的跟踪调研和访谈，在高中阶段，绝大部分学校选修的是《多媒体技术应用》和《网络技术应用》课程，选修《数据管理技术》课程的学校非常少。而正是因为有数据库的选修模块，目前现有的5套有关网络课标教材中都没有过多涉及数据库设计的知识内容。如果在《网络技术应用》课程中加入"动态网站的设计和开发"内容，则可以整合"数据库设计和数据库应用系统制作"的知识，正好填补了大部分高中生学不到数据库知识的空白，从而起到了一箭双雕（同时学习网络技术和数据库知识）的作用。

三、"动态网站的设计和开发"的知识点分析

根据《普通高中技术课程标准（实验）》中提出的三维目标，结合高中生的实际，笔者对高中生可以掌握的"动态网站的设计和开发"的具体目标进行了进一步的细化，如表2所示。

我们都知道，《普通高中技术课程标准（实验）》中把知识性目标从低到高依次分为了解、理解和迁移应用水平，技能性目标从低到高依次分为模仿、独立操作和熟练操作水平，情感性目标从低到高依次为感受、反应和领悟水平。而从表2中可以看出，28个知识点中有11个要求高中生达到"了解"水平，5个要求达到"模仿"水平，仅仅有4个要求学生达到"独立操作"水平（主要原因是学生在义务教育阶段学习过网页

设计和静态网站的制作)，除此之外，基本上没有特别高层次的目标要求。这样的目标要求，在教学时进行合理的安排，高中生在课时紧张的情况下是可以完成的，符合高中生的认知水平。

表2 “动态网站的设计和开发”相关知识点和目标

知识点	要达到的目标		
	知识性	技能性	情感性
动态网站的基本概念和原理	了解		
动态网站开发的方法和一般过程			
动态网站的广泛应用	了解		感受
动态网站体系结构（B/S、C/S）的概念和特点			
安装 IIS	了解	模仿	
动态网页技术			
一种编程语言，如 ASP	了解	模仿	
需求分析，确定动态网站的主题			
结构和栏目设计	迁移应用		
功能模块设计	迁移应用		
站点的含义	迁移应用		
用可视化方式表达站点的层次结构	理解	独立操作	
使用网页设计工具进行简单的网页设计		独立操作	
简单的表单设计方法		独立操作	
HTML 基本元素			
界面设计高级工具（如 CSS 和 Java Script）的使用方法	了解		
在规划设计的基础上使用网页设计工具制作简单的动态网站界面	了解	独立操作	
数据库和关系数据库的基本概念和意义			
几种常见关系型数据库管理系统的名称及基本特点，如 Access、MySQL、SQL Server 和 Oracle	了解		
关系型数据库中关于库、表、字段、记录、字段类型和表间关系等基本概念	理解		
选择查询、更新查询、追加查询、删除查询和生成表查询的创建方法		模仿	
基本的 SQL 数据操作与查询语句（Select、Update、Insert、Delete）的基本格式	迁移应用		
使用简单的 SQL 语句操纵数据		模仿	
根据动态网站开发需求设计和管理后台数据库		模仿	
服务器端动态网页技术的基本原理，如 ASP 工作流程	了解		
通过编程实现前台到后台数据存取的一般过程	了解		
最新网络编程语言的发展现状，如 ASP. NET、JSP、Python 或 PHP 等，及其在常见智能终端的网络应用	了解		
使用评价指标或工具，对常见动态网站的建设质量与运行状况进行评价			感受

四、教学建议

（一）以“生活中的实际应用＋现成的案例”，引导学生在体验的过程中学习动态网站的相关知识和技能

案例教学法是指在传统讲授式教学法中引入案例，师生之间、生生之间围绕案例进行互动和讨论，从而使学生掌握教学内容，并使自身能力得到有效发展。“动态网站的设计和开发”内容中涉及相当多的原理概念知识和操作技能，通过案例教学法的运用，使学生深入理解这些原理和概念，其效果显然好过死记硬背。同时，具体而生动的案例也降低了学生对技能性内容的恐惧感，增强了学生探究的愿望和积极性。针对知识性的内容，不能仅是枯燥的理论陈述，要注意结合生活中的实际应用，安排相关的体验内容，让学生在体验中真正地了解动态网站的原理知识。如在介绍“动态网站与静态网站的区别”时，可以结合具体的静态网站和动态网站案例，静态网站可以采用在义务教育阶段制作的网站案例，动态网站案例则可以选用高中生日常生活中常用的网校、当当、淘宝等网站，让学生登录这些网站，输入关键词进行搜索，真实地感受到二者的区别。在介绍“动态网站的特点”时，让学生注意观察输入关键词后出现的网址是否是以“.asp”“.aspx”“.jsp”“.php”等为后缀，是否含有符号“?”。这是辨认动态网站的一个重要标准。

针对技能性的内容，以现成的案例为剖析对象，让学生在模仿的基础上达到独立操作的水平。数据库设计和动态网站的技术实现是本部分的重点和难点。这部分内容有相当大的难度，高中生掌握起来，需要一定的时间、精力和领悟力。在具体编写时，可以提供一个现成的动态网站案例，让学生在安装IIS后发布这个网站，在完成操作获得成就感的同时，初步了解动态网站的原理。在此基础上，再安排学生试着设计和制作一个简单的动态网站。

（二）以“小组协作＋任务驱动”的方式展开教学，使学生共同经历一个完整的网站设计和开发过程

如果仅仅是了解动态网站的原理和开发过程，不亲手实践做出一个完整的网站作品，学生的印象不会太深。而“动态网站的设计和开发”涉及网站的开发，一个人单独完成，耗时会比较长，不易有成就感，也很难完成。因此，建议本部分的学习采用小组协作的方式，在前期策划时，小组成员群策群力，共同确定主题，设计功能模块和数据库。在后面的技术实现环节，互帮互助，共同探讨动态网站的奥秘，理解动态网页技术的原理，掌握一种具体编程语言，并实现动态网站的基本交互功能，最后通过作品交流来分享技术和成果。

由于高中生的年龄特征，他们还处于典型的感性认知水平。而任务驱动是以任务为载体，通过问题解决使学习者达到掌握知识、形成学习能力的一种教学方法。这种教学方法非常适合高中生。同时，网络技术应用是一门以实践为主的学科，采用任务驱动的教学方法，可以大大提高学生的实践能力。其中，任务情境是建构主义学习环境的核心，通过一个个具体任务，能够引导高中生主动学习，积极探索，将原理知识融会贯通。可以给学生设计两类学习任务。一类是技术实现性任务。教师给出实现后的效果，即通过编程后所具备的功能，要求学生进行具体实现。与任务同时提供给学生的还有完成任务的主要困难及解决办法的提示和参考资源。这类任务比较适合于初级学习者。另一类任务是设计性质的。在高中生已经掌握一定的基础知识后，要求他们能够根据不同的需求设计网站所应达到的功能，并为此进行编程设计。这是较高层次的任务，需要小组协作共同去完成。

五、结语

目前，关于高中信息技术课程标准的意见和想法很多，也有诸多不同的声音。笔者仅就2012年5月中国教育技术协会信息技术教育专业委员会公布的《基础教育信息技术课程标准（2012版）》中针对《网络技术应用》课程的变化，抓

住“网络应用系统的设计和开发”这一内容进行了较深入的挖掘，探讨网络应用系统在高中网络课程中设置的必要性和困难所在，分析了高中生可接受的相关知识点，并针对课程内容提出了一些思考和建议。高中信息技术课程标准还没有开始修订，在修订过程中，什么样的情况都有可能出现：也许根本不会加入“网络应用系统的设计与开发”的内容，也许会删除《网络技术应用》这门课程，将部分内容重构在必修模块中……这些都不是不可能的事情。我们期待信息技术课程的设置越来越成熟。

参考文献

[1] 耿妍，汪诗林. 基于主题资源的网络应用系统的研究与实现[J]. 长沙理工大学学报：自然科学版，2004（11）.

[2] 王淑芳，范翠香. 基于建构主义的《计算机网络技术与应用》教学改革探析[J]. 高校讲坛，2009（5）.

[3] 中华人民共和国教育部. 普通高中技术课程标准（实验）[S]. 北京：人民教育出版社，2003.

[4] 李维明. 高中网络技术应用模块解读[J]. 中国电化教育，2012（11）.

高中信息技术课程实施中的问题与实践改进

蔡福民

（黑龙江省佳木斯市第一中学，黑龙江　佳木斯　154003）

摘　要： 长期以来，信息技术课程的教学实施一直沿用其他学科的教学组织形式，这造成信息技术课程特色和魅力的缺失，课程育人功能淡化，因此需要构建全新的课堂教学实施环境和教学组织形式。全新的课堂教学实施环境既要凸显信息技术学科的魅力，又要贴近学生的兴趣热点。全新的课堂教学组织形式既要彰显信息技术学科的特色，又要遵循技术学习特点。“三研六导四促学”网络课堂教学组织形式以“老菜鸟驿站”网络平台为实施载体，落实了“做中学”的教学理念，形成了课堂学习互动机制、教学导向机制、动机促进机制，创新了信息技术课的教学方式、学习方式、评价方式，营造了有利于学生主动参与、乐于探究、勤于动手的信息化学习环境。

关键词： 信息技术课程　教学环境　教学组织形式　学生学习方式　学习评价

自 2000 年信息技术成为高中必修课程以来，信息技术课程一直受到其他学科教学模式、教学方法和现行考试评价体制的影响，课程实施过于强调接受学习、死记硬背和机械训练，从而淡化了课程的育人功能，失去了信息技术的特色和魅力，使得师生普遍感到教学无味，学习无趣。为了营造有利于学生主动创新的信息技术学习环境，改变传统的教学内容的呈现方式、学生的学习方式、教师的教学方式和师生互动方式，提升课程的育人作用，近年来，我通过认真反思课程实施过程中的若干问题，提出了应对策略。

一、课程实施存在的问题

学生善于掌握新技术和新产品，熟知游戏攻略、网上购物、贴吧聊天、空间管理。但对信息技术课的内容，则索然无味。因此，信息技术的课堂上，经常出现“学生高兴而来，败兴而去”“教师热情满腔，冷遇满怀”的“凄惨”景象。信息技术课堂之所以出现上述现象，既有当前教育评价体制所制约的客观原因，也有信息技术教师本身缺乏教育热情和创新动力所引发的主观原因。具体体现在如下几个方面。

（一）“应试本位”的教学观

信息技术学科，虽然没有高考的压力，但受学业评价考试的制约，其教学一直沿用“应试”的模式。日常教学围绕“提高通过率”，考什么，就教什么；怎么考，就怎么教，由此束缚教师的教学设计难以创新，也导致学生对学习内容感到无聊，最终阻碍了学科的建设与发展。

（二）“知识本位”的教材观

受传统教育观念的束缚和其他学科教学模式的影响，多数的信息技术课堂仍然以教材和教师为中心，过于强调技术学习的同步性，忽视学有特长学生的需求，教师演示、学生观看，教师讲授、学生操练的现象仍然十分普遍。学生长期处于被动地接受知识和简单技能操练的学习环境，学习的主动性、积极性被压抑，学习兴趣和创新意识逐渐消失，甚至出现呆坐机房、懒于动手的现象。

（三）“技术本位”的课堂观

信息技术课程是由相对独立的功能模块组成的一门实践性课程。从小学到高中，信息技术课多以技术单元的形式出现，如 Word 文字处理单元、Excel 表格数据处理单元、Photoshop 图像处理单元。教学实践中，教师在后续的课程中很少提及前面学过的内容，导致信息技术课堂过于注重动作思维的训练，忽视多种思维方式的融合；过于追求软件功能的细枝末节，忽视技术方法的综合应用。

（四）“分数本位”的评价观

按照新课程提出的评价要求，评价指标项目多，操作烦琐，实施有难度。信息技术教师多是采用其他学科标准化考试的评价方式，利用分数呈现学生对技术掌握程度。这种评价方式，虽然实施简单，成本低廉，但评价主体单一，内容片面，既难以客观、全面地反映学生的信息技术素养，又容易导致课堂出现机械训练，违背技术学习特点和规律的现象。

（五）“依赖本位”的环境观

信息科技的进步对传统的课堂管理模式带来了巨大的冲击，各个学科都在寻求信息技术与课堂教学的有效融合。对于信息技术学科而言，充分利用信息技术手段优化课堂教学实施环境，提高课堂管理效率有着得天独厚的优势。但与信息技术课自身整合的优秀案例并不多见。在教学管理中，教师依靠现成的多媒体教学系统组织教学，管理课堂；在知识传授中，多数信息技术教师仅采用 PPT 进行简单演示。由于教师不能积极主动地构建良好的信息技术学习氛围，从而导致信息技术课堂枯燥无趣，难以激发学生的学习动机。

二、课程实施的实践改进

技术的更新给人们的生活带来便利和乐趣，却没有给信息技术课堂带来实质性的变化。很多教师把信息技术教育按照学习一门学科的老办法去讲、去学、去考。为了解决上述问题，一方面，我依托信息技术优势，构建了集教学、评价、管理于一体的信息技术网络学习平台，营造了学生主动参与、乐于探究、勤于动手的学习环境，突出了信息技术课程的实践性和创造性；另一方面，我提出了“三研六导四促学”的网络课堂教学组织形式，促进了信息技术课的教学方式、学习方式和评价方式的转变。

（一）针对学生兴趣热点，构建凸显信息技术魅力的教学实施环境

学生对网络的痴迷启发我利用网络技术构建了融入游戏元素的虚拟网络学习平台——“老菜鸟驿站”。围绕课堂教学的评价与管理，“老菜鸟驿站”网络学习平台着重营造贴近学生兴趣热点的网络学习环境。

1. 自主与引导相结合的趣味学习环境。

为了改变学生被动学习的状态，“老菜鸟驿站”利用“驿站任务”“在线测试”“有奖竞猜”等活动给学生提供了经验和铜钱的奖励，进而激发学生的学习兴趣。学生通过“在线测试”可以检测近期或本节课学习内容的掌握情况，在“有奖竞猜”中可以了解自己对信息技术必修和选修等相关知识的掌握情况。当遇到不会的问题，可以在“驿站资源”或教材中寻找答案。

图 1　“老菜鸟驿站”封页

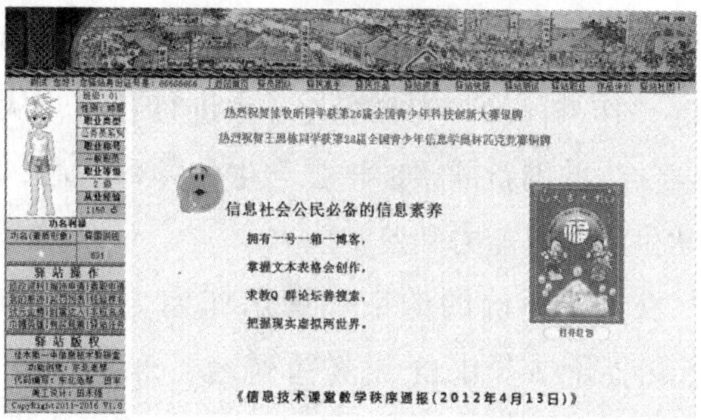

图 2　“老菜鸟驿站”首页

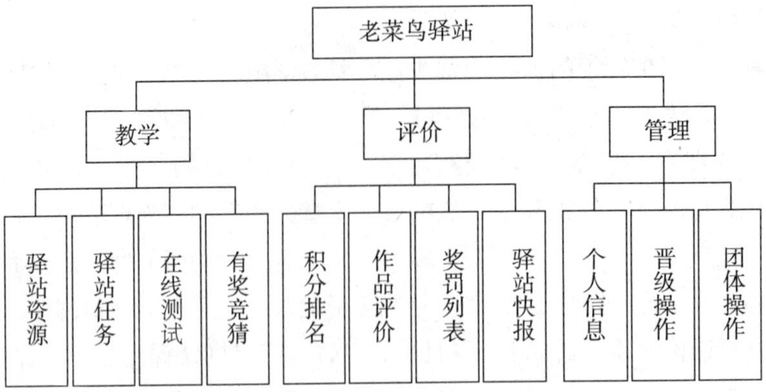

图3　“老菜鸟驿站”功能和结构

“驿站资源”为学生提供了知识拓展、操作要点、程序范例等学习资源。这些资源与教材内容形成呼应互补，既避免了教材搬家，丰富了学生的知识储备，又为学生独立完成任务提供依靠，促进了学生对知识的掌握。

在这样的环境中，学习不再枯燥无趣，学生为了获得相应的奖励，学习的主动性明显增强。教师通过设置趣味性较强的“驿站任务”、针对性的“在线测试”和“有奖竞猜”，引导学生关注相应的学习内容，教师的主导作用得以有效落实。

2. 激励与约束相结合的趣味评价环境。

为了充分发挥评价的激励、导向作用，一方面我根据学生的自选职业角色，分别按经验、等级等类别进行排名，并分类显示状元、榜眼、探花、奥运五福娃、班级名流等内容，以此激发学生的学习兴趣，保持学生的学习热情；另一方面我根据学习内容的特点，经常布置一些开放性、自创性的作品创作任务，并通过“老菜鸟驿站”中的“作品评价”专栏引导学生进行互评，从而激发学生的创新欲望，增强学生的学习信心，提高学生的学习能力和鉴赏能力。

在发挥评价的约束和警示作用方面，通过“老菜鸟驿站”中的“奖罚列表”和“驿站快报”等专栏反馈学生每次任务的完成情况和课堂表现情况，以此督促学生反思自己的学习行为。

3. 个人与团队相结合的趣味管理环境。

传统课堂的管理主要是以教师为主导的管理，重点是查出勤、管纪律，全班同学处在被管理状态。学生除了完成教师布置的学习任务外，无其他事可做，自主性难以发挥。为了变被动管理为主动管理，我在“老菜鸟驿站”中设置了“信息修改”“晋职申请”“服饰申请”等自主升级、自选服饰活动。由此将“粗暴”的课堂行为准则巧妙地融入愉悦和谐的学习环境中，有效地唤起了学生的学习内驱力和强烈的学习动机。

目前，功利性因素在调动学生学习积极性方面所起的作用越来越小，来自同伴的建议在学生成长中的作用越来越大。为了发挥“同伴效应”，增强学生的团队意识，我在“老菜鸟驿站”中设置了“驿站团队”专栏，由先达到一定等级的同学组建团队，吸收“志同道合”的同学加入。这种形式，变教师“一人评价”为团队“多人共管”，改善了师生关系、生生关系，提高了学生的人际交往能力、自我认识的能力，促进了学生情感、兴趣、个性等方面的发展。

（二）遵循技术学习特点，构建彰显信息技术特色的教学组织形式

回顾以往的信息技术课堂教学，过于注重技术单元的学习，教学处于讲技术、练技术的低水平重复状态，教学内容缺少各种技术手段的综合性应用和对技术功能的理性思考。课堂上，教师顾及知识逻辑体系的介绍，讲解占据着课堂上绝大多数时间；学生只顾软件功能的学习，体验操作占据学习的大部分时间。这种教学方式，既不符合学生学习技术的特点，也不利于培养学生适

应信息技术迅猛发展所应具备的自主学习能力。信息技术课程，不能过于注重知识和技能的训练，应注重培养学生用技术解决问题的思想、方法和对本专业的浓厚兴趣。因此，在我的课堂上，积极倡导“用技术”“重体验”“善创新”，并提出了“三研六导四促学”的网络课堂教学组织形式。

1. 健全课堂教与学互动机制，转变学生学习方式。

通过师生研习、同伴研讨、自主研修等“三研”学习活动，实现从教师过度把持课堂的“单向型教学”向多主体有效互动的“多向型教学”转变。

师生研习：旨在改进教师传统的教学形式。在教学内容的选择上，我通常精选有利于学生终身学习必备的基础知识和技能，课堂上针对新知主干和共性问题集中讲解、个性问题单独解惑，避免一言堂和满堂灌。通过“教师少讲，学生多问”，促进教师由课堂的主宰者向学生学习的引导者、促进者和帮助者转变。

同学研讨：旨在培养学生开展小组学习的能力。每个单元学习结束，我都布置具有合作性的学习任务，引导学生通过相互交流与研讨解决学习中的问题。如在“信息的发布与交流”单元，我要求学生制作一份多媒体作品。为了培养学生合作学习、团队学习的意识和能力，我让学生自由组成若干小组，由组长分配制作工作任务，并对工作完成情况进行评价。

自主研修：旨在养成学生自主学习的良好习惯。每节课我都布置开放性的创作任务，要求学生不能和教师演示的内容完全一样，鼓励学生利用本节所学技能自主创新，借助已有信息化资源解决未知的问题，提升学生自主探究和自主学习的能力。

2. 建立课堂教学导向机制，转变教师的教学方式和课堂互动方式。

通过温故导忆、问题导思、体验导学、互动导知、应用导悟、赏析导评等“六导”教学活动，实现从死记硬背的“封闭式”教学向问题解决的“开放式”教学转变。

温故导忆。课下，学生很少预习或复习信息技术内容，加之平时很难有应用的机会，几节课过后，学生对以前学习过的内容遗忘了很多。为了唤起学生的知识记忆，巩固强化已学知识，为后续教学活动铺垫，我通常在课前安排必要的复习内容。以往的课前复习，只是问题的机械呈现和简单问答，无法调动学生学习的热情。为此，我将复习分为知识性和操作性两方面。对于知识性内容，我在“老菜鸟驿站”网络学习平台中设计了“驿站测试”专栏，为每名学生随机呈现与本节相关的问题。对于操作性内容，我通常设置一些小任务，让学生动手完成。然后打开“幸运之星”程序，随机点名到教师机示范并给予一定的奖励。这种复习方式，改变了学生以往不愿操作示范的想法，使他们热切地盼望自己能成为幸运的人。由于学生积极参与，热情关注，从而达到了复习的效果，为后续学习做好必要准备。

问题导思。问题是促进思考和学习的最有效手段，通过创设能引导学生主动参与、积极思考的问题情境，有效地激发学生解决问题的欲望，培养学生的探索精神，提高学生运用知识解决问题的能力。比如，在学习“冒泡排序法”内容时，我发现学生在生活中接触到的排队形、排名次、比轻重等排序活动通常是看得见、摸得着的，通过眼睛和原有认知能力“想当然”就可以解决。但计算机与人不同，它看不见、摸不着这些数据，所以不可能像人一样来完成任务。为了帮助学生深刻理解冒泡排序算法的思想，我设计了一个趣味问题——“训狮员的难题”，引发学生思考：某动物园有 6 只长相一样的狮子，分别关在位置相邻的 6 个铁笼里，相邻笼子间有一个供狮子出入的通道，训狮员想将这些狮子按体重由重到轻的顺序，重新将它们分配到 1 至 6 号的笼子里，目前，训狮员只有一个跷跷板可用，请你帮助训狮员设计一个排序方案。此问题，学生根据以往的排序经验，难以快速找到恰当的解决方案，造成学生认知冲突，激发了学生解决问题的欲望，为学生深刻理解冒泡排序法创设了良好的开端。

体验导学。操作体验是学好信息技术的基础。在教学实践过程中，我积极落实“先学后教”和“做中学”的教学指导思想，为学生提供必要的学习体验时间。学生通过自主学习网络中的学习资源，并尝试用所掌握的技能探索和寻找解决问题的思路和办法的过程，符合学生学习技术的特点和规律，有利于培养学生形成自主学习和终身学习的能力。

互动导知。学生通过实践体验掌握的知识往往停留在浅层次，具有片面性。在学生操作体验的基础上，我通常设置相应的问题引导学生质疑、探究，通过师生之间、生生之间、学生与学习资源之间的积极互动，帮助学生提高认识，增长知识，掌握技能，达到“知道”的目标。

应用导悟。以往信息技术的教学仅停留在看技术、听技术和练技术的层面，忽视了利用信息技术工具解决日常学习和生活中的问题。而应用掌握的工具和方法，创作出自己满意的作品，才是信息技术学习的最高境界，也是强化学生学习内驱力的最有效途径之一。为此，在每节课我都安排拓展性任务，鼓励学生进行作品创作，从而提高学生信息技术素养，培养学生创新意识和创新能力。

赏析导评。通过作品赏析活动，提高学生的鉴赏能力，增强学生的成就感。对于学生提交的作品，要及时给学生以反馈，让学生感受到自己始终是受关注的、受重视的。在赏析评价学生的作品时，我坚持“五对”原则，即对学生的付出要肯定、对学生的努力要表扬、对学生的兴趣要保护、对学生的成果要重视、对学生的创意要张扬，从而使学生在获得基础知识与基本技能的基础上形成正确的价值观，形成积极健康的审美情趣。

3. 形成学习动力促进机制，转变课堂学习的评价方式。

通过角色促学、兴趣促学、激励促学、督导促学等“四促”评价手段，实现从“由知识走向学生”向“由学生走向知识”的转变。

角色促学。在当前调动学生的功利性因素所起的作用越来越小的情况下，我抓住高中生的“兴趣”“好奇”的心理和“角色意识”，利用“老菜鸟驿站”虚拟网络社区为学生提供多个候选的网络角色，满足学生自我展示的欲望，培养学生的主动参与意识。在学生自主提升网络角色等级的活动中渗透知识的学习和技能的训练，变被动学习为主动学习。

兴趣促学。兴趣和爱好是最好的老师。这一点对于学习信息技术学科尤其重要。通过创设饶有趣味、富有挑战、贴近生活的学习任务，让学生对学习内容感兴趣、对学习过程有兴趣、对学习结果生兴趣，实现了趣中学，学中乐，乐中知。

激励促学。俗话说，“好话一句三春暖”。对学生而言，一句简单的称赞，也会给他们带来莫大的鼓舞，起着意想不到的作用。作为教师，在课堂上要看到学生的成长与进步，我经常采用即兴表扬或随机竞赛等激励性评价手段，让学生看到自身不断增长的智慧和力量，鼓舞学生树立迎接挑战的信心和勇气。

督导促学。在学习评价中，只有表扬和鼓励的评价是不完整的。在课堂学习行为管理方面，我积极争取学年支持，每周将学生在信息技术课堂的表现，作为德育综合素质评价的一项内容，以“信息技术课堂教学情况通报”的形式反馈给班主任进行量化考核，从而与“表扬和鼓励”形成互补，完善了学习评价的内容。

实践证明，“老菜鸟驿站”为学生搭建了具有信息技术魅力的、自主互动的学习平台。在此环境中，学习和成长变成了学生自己的事情，学生不再无事可做，而是有“事”要做，为“事”而做，从而改变了学生被动学习的状态，促进了学生能力的发展。“三研六导四促学”网络课堂教学组织形式，以“老菜鸟驿站”为实施载体，落实了以学生发展为本的教学理念，减少了教师过度把持课堂的时间，彰显了信息技术的特色和魅力。采用“三研六导四促学”网络课堂教学组织形式开展教学以来，课堂中的“本位”现象有所缓解，学生兴趣不断提高，创新意识逐渐增强，学生作品异彩纷呈，信息技术课堂效益和课程育人价值得以提升。

参考文献

［1］高慎英，刘华良．有效教学论［M］．广州：广东教育出版社，2004.

［2］万伟，秦德林，吴永军．新课程教学评价方法与设计［M］．北京：教育科学出版社，2004.

［3］衷克定．在线学习与发展［M］．北京：高等教育出版社，2011.

［4］中华人民共和国教育部基础教育司，中华人民共和国教育部师范教育司．新课程的教学实施［M］．北京：高等教育出版社，2004.

［5］中华人民共和国教育部．普通高中技术课程标准（实验）［S］．北京：人民教育出版社，2003.

Moodle课堂中应用方案设计与定制开发

李俊章

（广东省深圳市南山区　蛇口学校，广东　深圳　518060）

摘　要：当前中小学信息技术课堂教学过程中存在着一些由信息技术学科特点和课程设计等方面给教学带来的一些困境。借助网络技术手段，采用教学支持平台可以有效地解决这些问题。在目前国内还缺乏较好的中小学信息技术课堂教学专用的教学支持平台情况下，很多教师选用了Moodle平台。但是Moodle平台的功能与教学需求不完全一致。为了使该平台更好地发挥作用，有必要对Moodle平台进行定制开发、设定教学应用方案。本文通过对Moodle在课堂教学中的教学实践以及对Moodle应用现状进行充分调查，提出相应的策略以解决Moodle运行的问题。从一线教师应用Moodle平台提高课堂效率的角度，研究Moodle定制开发的方法。根据课堂教学的需求对Moodle平台进行定制开发，通过对Moodle模块的灵活应用设计应用方案以满足课堂教学的需求。

关键词：Moodle　信息技术　应用方案　定制开发

一、中小学信息技术课堂中Moodle的定制开发

（一）开发路线与配置实验

1. 开发路线。Moodle平台是基于Linux操作系统下的Apache服务器、PHP脚本引擎、MySQL开发的源代码开放的课程管理系统，也被称为学习管理系统或者虚拟学习环境。考虑到Moodle的实际应用情况，本研究采用Windows Service 2003网络操作系统 + Apache + PHP + MySQL的开发路线。在修改Moodle源代码时用写字板进行修改，在保存代码时用UTF-8的编码方式。

2. 配置实验。Moodle平台在课题教学应用的过程中由于硬件的支持不够和环境软件的选择配置问题使得平台运行不稳定。本课题组进行了硬件配置和运行环境软件的选择与配置实验，其过程及结果如下。

（1）硬件配置。

①512M内存只能支持30多位同学同时访问。

②1G内存可以满足50人同时访问，当户数多于200人时响应变慢。8G内存可以满足100人同时访问，当总用户数多于800人时响应时间开始变慢。

实验表明服务器内存是网站响应速度的决定性因素。官方网站的基本要求是同时访问数据库的用户数量 = RAM（Gb）＊50，其浏览网站用户数量 = RAM（Gb）＊50＊5。

（2）环境软件选择、配置。

课题研究对当前几种构建Moodle平台运行环境的方式XAMPP、APMServ、EasyPHP做了比较研究，如表1所示。比较等级依次是最好、次好、好、一般、差。

在Moodle版本不断更新、对Web服务器和PHP、MySQL版本要求不断变化的情况下，综合上面五个因素进行XAMPP式的适合中小学信息技术教师现状的选择。

表1

构建方式	稳定性	反应时间	升级	搭建复杂度	界面
Linux + Apache + MySQL + PHP	最好	最好	一般	差	差

续表

构建方式	稳定性	反应时间	升级	搭建复杂度	界面
Windows + Apache + MySQL + PHP	次好	次好	一般	差	差
XAMPP	好	次好	最好	最好	次好
APMServ	好	次好	差	次好	最好
EasyPHP	差	差	差	最好	一般

（二）用户管理班级模式功能定制开发

由于国外小班教学模式以及语言习惯、教学理念的不同使得 Moodle 在用于课堂教学过程中对用户管理存在诸多不便。课题研究通过修改代码的方式使平台的管理方式修改为国内以年级、班级为管理单元的模式，其功能模块对照图如图1、图 2 所示。

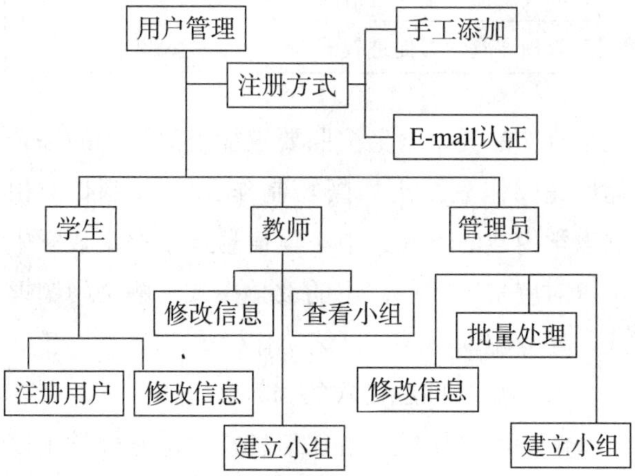

图 1　定制修改前

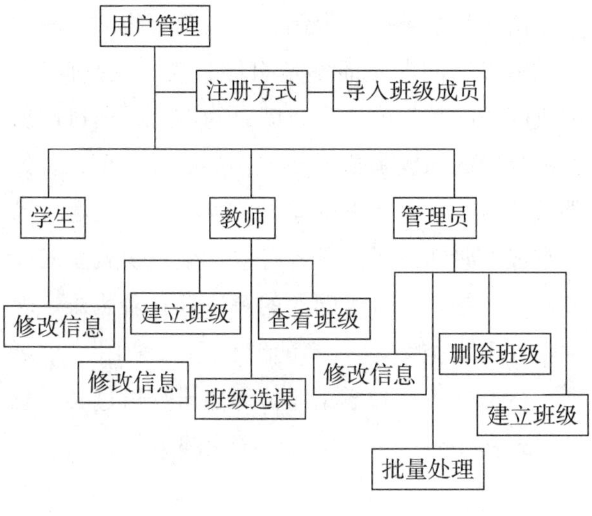

图 2　定制修改后

（三）Moodle 代码文档结构及定制、开发模式

本课题研究对 Moodle 代码文档按照其文档结构进行详细的分析，并根据教学需求实例进行探讨。归纳总结出教师可以从以下四个方面根据自己的教学需求对 Moodle 进行开发定制。

1. 利用 block 中的 html 板块。对于一些简单不用调用数据库的教学需求可以用 html 编辑的方式实现课程的开发。如在课程中加入一些系统平台不支持的媒体资源。

2. 修改维护语言包。因为教学模式及习惯的不同，Moodle 不是按照某类用户需求开发，在教学过程中会缺少相应的功能。但是可以通过 Moodle 的一些功能进行组合来实现。比较简单的方法是通过修改语言包来重新组合这些功能，而无须去修改核心代码。

3. mod 模块开发。mod 模块包括 Moodle 平台中课程的资源发布和教学活动两个部分。区别与 block，mod 一般要对数据库进行操作。编程技术比较高的读者可以从 Moodle 官方网站阅读 mod 的开发指南。

4. block 模块开发。block 模块在 Moodle 平台中用于开发网站管理辅助工具和教学辅助工具。在 Moodle 代码文档 blocks 文件夹中 moodleblock.class.php 列出了 block 的接口并对其做了注释说明。更详细的方法可以通过阅读 Moodle 官方网站开发指南获取。

二、中小学信息技术课堂中 Moodle 的应用方案

（一）Moodle 课程设计应用方案

本课题详细研究了课程开发过程中发布资源的方法、创建教学网络情景的技术手段、教学过程中的互动方式、利用平台进行学情反馈的工具、如何利用现有手段进行教学评价、整体学习过程以及网站管理等。在信息中心教师的支持下本课题教师共进行了六次 Moodle 课例探讨与应用技术案例探究，总结了 Moodle 课程开发过程中上述六个维度的应用方案。由于篇幅问题另有文章进行表述。通过总结制定如下量表（如表 2 所示）以考察一个 Moodle 课程的开发。

表 2

项目	Moodle 课程设计细节量表	等级
资源维度	任务要求明确具体，要点突出，设定多层次水平任务目标	
	教学资源与层级任务目标一致，层次分明，能有效支撑 学生根据能力选定目标进行探究学习	
	导航清晰合理，符合学习者的年龄特征和学科特点 资源安排布局合理直观有序，形成合理，简洁明了	
	根据学生特点、任务特点，既有预设资源，又有相关资源、泛在资源	
情境维度	能呈现丰富、完整的学习任务情境且与教学目标相一致	
	能利用有效技术手段营造学生协作探究学习的氛围	
	没有无效信息或无关内容，没有不当的表现手段	
互动维度	充分利用技术手段进行师生互动，生生互动。互动形式结果有效	
工具维度	对 Moodle 模块插件的运用有效，能充分为教学服务	
	能充分体现技术优势，综合多种媒体的优势	
评价维度	评价方式简捷有效，能促进教学的进行，真实反馈学生学习情况	
管理维度	能利用平台活动报告监控学生学习情况，管理课堂学习促进教学	

（二）基于 Moodle 平台的中小学信息技术课堂教学模式

课题研究最后对 Moodle 应用课堂模式进行归纳总结。课堂模式的归类从学生学习结果出发进行研究。以深圳市中小学信息技术课程为例，主要包含以下几方面内容。

1. Windows 系统基础知识，包含文件管理、查找等。

2. Office 办公软件的使用主要是 Word、PowerPoint、Excel 的基本应用。

3. 图片处理软件有金山画王、PhotoShop、Windows 自动画图软件。

4. 网页制作、Flash 制作。

5. 编程基础包括 PC Logo、VB、机器人课程。从学习成果来看，这些教学内容可以分为三类。一是解决问题的基础技能知识类，学生懂得如何处理某一问题，比如会用 Windows 的查找功能查找文件。二是有标准结果的作品类，学生按照规定的动作完成规定的作品，比如用 PC Logo 编程画五角星、用 Excel 中的表格数据处理。三是综合作品类，学生按照要求加上对技术的综合运用完成作品，比如网页制作、Flash 制作。根据教学内容的不同，中小学信息技术课堂教学中可以对应采用三种常用的教学模式：解决问题模式、任务驱动模式、网络协作模式。

（1）解决问题模式的 Moodle 应用。

解决问题模式是指在信息技术课堂教学中以解决明确的问题，掌握具体的技能为目的的教学模式。这种思路源于基于问题解决的教学模式。只是由于教学条件的限制，在教学实施的过程中由教师提出问题，而不是引导学生去发现问题。解决问题的教学模式是以问题为核心，通过解决教师提出的问题来获得知识技能的教学模式。另外就是由于学生水平的差异，存在着一些学生已经掌握这些知识了，或者有些学生很快就完成任务，而有些学生对于问题的解决存在着困难。教师在处理这类教学内容的时候可以采用“小老师”的方式进行教学组织。课题研究通过实践总结模式在 Moodle 中的应用，如图 3 所示。

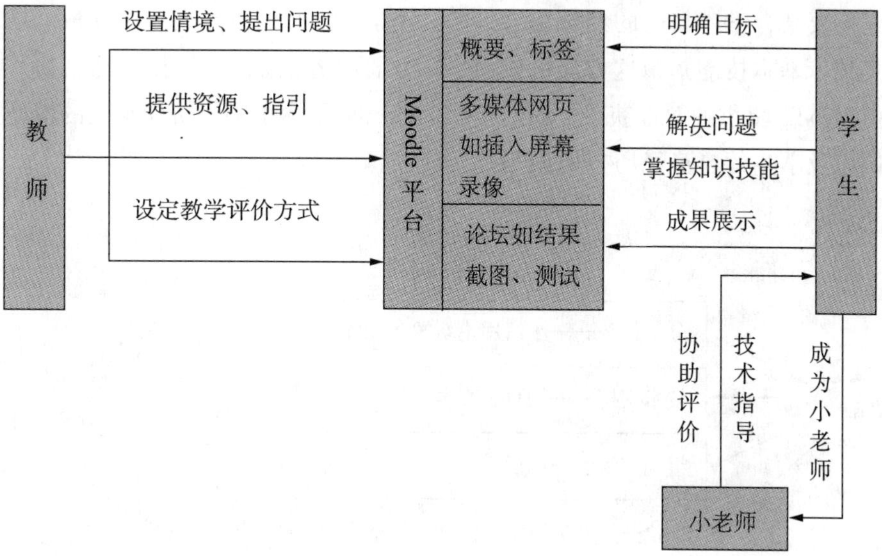

图3

（2）任务驱动模式的Moodle应用。

任务驱动是一种建立在建构主义学习理论基础上的教学方法，它将以往以传授知识为主的传统教学理念，转变为完成任务为主的多维、互动式的教学理念，使学生处于积极的学习状态，每一位学生都能根据自己对当前任务的理解，运用知识完成任务。在完成有标准结果的作品时采用这种教学方式让学生更多地独立思考、自主探究。区别于综合运用知识结合学生自身特有经历的综合作品类所采用的网络协作模式在于，这种模式更加强调独立思考而不是学生间的互相交流。比如，用PC Logo画五角星，所有学生的实现方法都是一样的。这个时候学生间的交流就变成抄袭而不是学习了。考虑到学生间的能力差异，任务应该设定多个层级的目标，让学生根据自己的水平完成不同的任务。综合考虑各种因素，任务驱动模式在Moodle应用方式如图4所示。

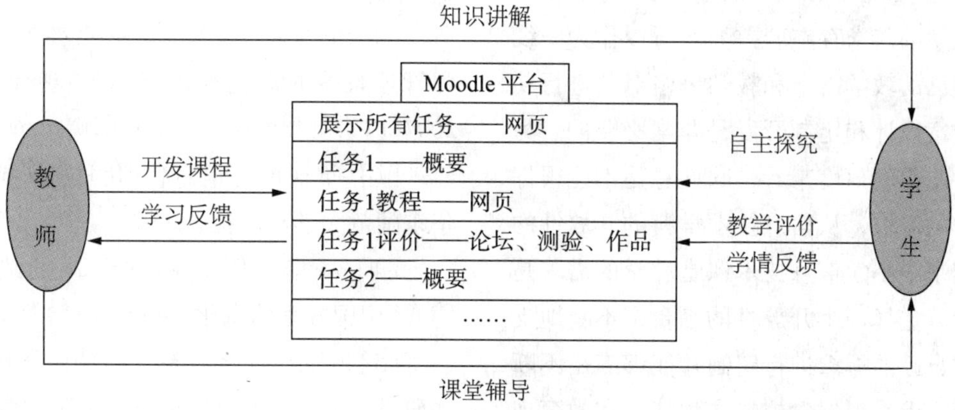

图4

（3）网络协作模式的Moodle应用。

网络协作学习（Web-Based Collaborative Learning，WBCL）是指利用计算机网络以及多媒体等相关技术，由多个学习者针对同一学习内容彼此交互协作，以达到对教学内容比较深刻地理解与掌握的目的。

在网页制作或者Flash制作这类内容的教学过程中，完成作品的时候除了要掌握信息技术基本技能知识，还需要结合学生自己的经历综合运用知识。在信息技术基本技能知识这方面可以由教师讲解或者由 Moodle 提供的教程获得，而对于知识的综合运用以及学生的自身经历方面则只能由学生之间的协作交流来获取。这就是为什么这方面内容的教学要采取网络协作模式的原因。Moodle 平台中网络协作模式的模型如图 5 所示。

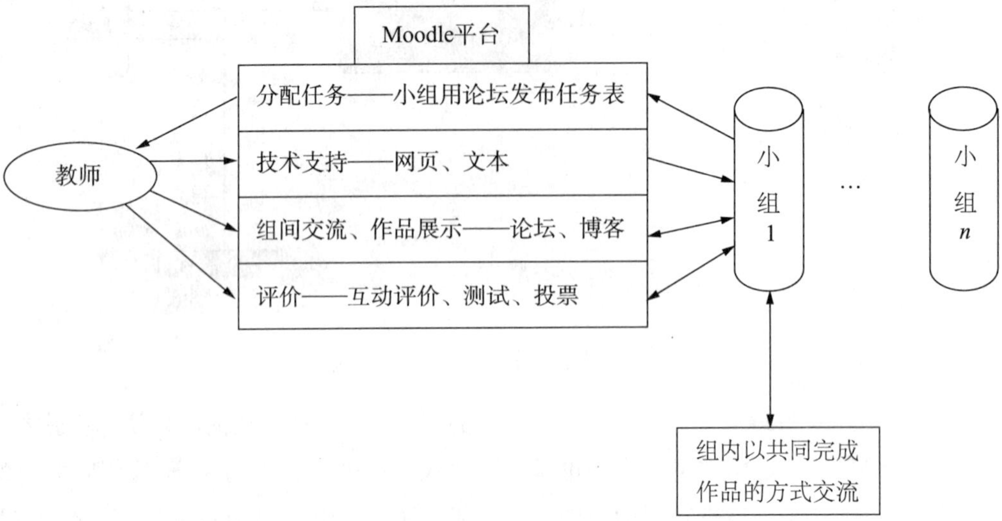

图 5

三、结论

从 Moodle 平台应用现状来看，Moodle 平台更适合用于社会培训辅导机构提供网络课程资源。但是由于目前国内中小学信息技术课堂缺乏较好的教学支持系统，选择 Moodle 平台是目前较好的选择。由于 Moodle 的开发定位与中小学信息技术课堂教学的需求存在着差异，所以作为一线教师根据自己的教学需求和教学风格对其进行功能组合的方案设计和定制开发是非常必要的。另外，从软件工程的角度来看，软件总是不能很好地符合用户的需求，从信息技术学科的开放性的角度也决定了中小学信息技术课堂教学的需求是不断变化的。选择一个开放性的平台，不断地支持用户根据自己的需求进行定制才能够满足不断变化的平台需求。根据学校的文化特色和教育现状定制开发 Moodle 平台设定应用方案是必需的且能较大程度地加强中小学信息技术教学效果。

参考文献

［1］牛琦．中小学《信息技术》课教学现状及对策研究［J］．福建电脑，2009（4）．

［2］王秀荣，刘敏斯，孙良林．四款开源学习管理系统的对比与探究［J］．现代教育技术，2007（7）．

［3］黎加厚．信息化课程设计［M］．上海：华东师范大学出版社，2007．

［4］王鹃，代永平．Moodle 的缺陷与改进［J］．中国教育信息化，2009（11）．

［5］吴雅琴．Moodle 支持的网络环境下教学法研究［D］．上海：华东师范大学，2007．

知识视角下中小学信息技术课程的建构

赵春声

（江苏省镇江市教育局　教学研究室，江苏　镇江　212001）

摘　要：随着科技的发展，技术作为一种知识体系的认识，越来越受到各国技术教育工作者的认同。本文从“技术是知识体系”的视角，以现代认知心理学的学习分类理论为指导，对信息技术课程学习内容进行了分类和建构，希望能够为中小学信息技术课程内容建设提供一种思路和框架。

关键词：知识体系　现代认知心理学　学习分类　信息技术课程

我国中小学信息技术课程在经过40多年的发展后，今天又走到了一个新的十字路口。人们发现，工具论也好，文化论也罢，人们都是在根据自己的经验和需要来构建课程内容，信息技术课程同学校的其他学科课程相比，还缺少系统性、严密性和科学性。产生该现象的原因之一，与人们对“什么是信息技术”这一根本问题的认识不无关系。随着科技的发展，技术作为一种知识体系的认识，越来越受到各国技术教育工作者的认同。本文从“技术是知识体系”的视角，以现代认知心理学的学习分类理论为指导，对信息技术课程学习内容进行了分类和建构，希望能够为中小学信息技术课程内容建设提供一种思路和框架。

一、信息技术与技术

尽管现代认知心理学得到信息加工、计算机科学的启发，但将现代认知心理学运用在信息技术课程的学习与教学的研究中要晚于其他学科。客观上，技术课程，特别是信息技术课程在世界各国开设的时间不长，主观上是人们对“技术”理解的偏颇，导致对信息技术课程的教学目标和内容的性质认识不足。

什么是信息技术，这是一个仁者见仁、智者见智的命题，至今没有统一的答案。信息技术其中心概念是“技术”，对技术的认识影响到人们对信息技术的认识，进而影响到信息技术课程的教学目标、教学内容和教与学的行为。人们对技术的认识大致可以分为三类，即技术是指技艺、技术是指物质手段、技术是指系统性行动知识。笔者从一些有代表性的专著中，列出以下几点关于信息技术的论述。

“信息技术包括了用于在各种形式下（商业数据、语言谈话形式和图像、动作图片、多媒体显示以及其他还处于构想阶段的形式）创建、存储、交换和使用的所有技术形式……也是我们常说的‘信息革命’的一种技术。”

“信息技术是借助于以微电子学为基础的计算机技术和电信技术的结合而形成的手段，对声音的、图像的、文字的、数字的和各种传感信号的信息进行采集、加工、处理、存储、传播和使用的能动技术。信息技术是管理、开发和利用信息资源的有关方法、手段与操作程序的总称。信息技术是能够延长或扩展人的信息能力的技术”。

以上对信息技术的论述，共同的特点是从“技术是指物质的手段”来阐述信息技术的概念。从物质的手段来认识信息技术，导致信息技术课程的教学目标和教学内容是以计算机为物，学会使用计算机是信息技术课程的主要内容。我国早期的计算机、信息技术课程就是这种技术理念下以技能训练为主要内容的一门技术取向的课程。

例如，人们曾经批评信息技术教育成为“微软培训”，它的特点就是教材以软件说明书的形式出现，教师教的就是软件的使用方法和技巧。

这种“物质手段说”有其合理性，但“手段”只是技术可见的标志，而技术的本质是已经内化到机器、设备等工具中的人的本质力量，如创造力、智慧等。随着现代信息技术的迅速发展，大批操作简单、使用方便的人性化的信息技术产品进入大众的日常生活，以“技能”为唯一目标的信息技术课程内容已不能胜任信息化社会对人的要求。这就要求我们反思什么是技术、什么是信息技术以及与之相适应的信息技术课程和教学目标和教学内容是什么。

技术是个历史性概念，其内涵和外延随着时间的推移在不断地发生变化，技术是一个“多面体”，认识技术的角度当然也是多样的。早在1990年，美国一个技术教育研究小组，出版了一份权威文件《技术教育的概念框架》（A Conceptual Framework for Technology Education）。在这份文件中，“技术”概念是这样定义的：“技术是一种知识体系，是对资源的利用，以产生能满足人类愿望和需要的结果。”这个界定不仅指出了技术是一种知识形式，而且进一步认为它是一种利用资源的知识形式。当遇到需要解决的问题时，技术知识可以系统地操控有关知识、工具、设备、规则和概念，最终实现问题解决。把对技术的认识向知识维度集中，使人们对技术的认识不再局限于人造物、技能和技艺，这是一个很大的认识飞跃。

从当代信息技术发展来看，信息技术已超出了技艺的概念水平，也不能再简单地看作是与信息相关的机器、设备等这些物的东西。在信息社会，信息已成为一种资源，这已成为现代人的共识，信息技术是对信息资源利用的知识体系，其目的就是利用信息资源实现问题解决。将信息技术定义为一种技术知识，突破了传统信息技术是人的信息器官延伸的技术的樊篱，在这样一种认识下，以问题解决为目的的信息活动的各个环节建立知识体系，揭示技术、人与社会的关系成为信息技术课程的主要内容，提高学生利用信息资源解决问题的能力，以适应信息化社会的需要成为信息技术课程的教学目标。

二、以问题解决为核心的信息技术课程内容的分类与建构

长期以来，知识只是在哲学和教育学研究中被涉及，现代认知心理学兴起以后，知识成了认知心理学的一个重要概念。对知识进行分类，是现代认知心理学的一个重要方面。其中具有代表性且影响较广的有布鲁姆的教育目标分类和加涅的学习结果的分类。在他们的分类体系中，尽管在表述上有一些差异，但都是将学习的结果分为动作领域、认知领域和情感态度领域。在信息技术课程中，动作领域的学习不是主要的学习内容，情感态度领域的学习应贯穿于其他领域的学习之中，这样知识的学习即认知领域的学习就成为信息技术课程的主要内容了。布鲁姆教育目标分类学（2001年修订版）将知识分为事实性知识、概念性知识、程序性知识和元认知知识；将这些知识习得的目标分为记忆、理解、运用、分析、评价和创造。加涅将认知领域的学习结果分为：言语信息、智慧技能和认知策略，其中智慧技能又分为五个小类，分别是辨别、具体概念、定义性概念、规则和高级规则（即问题解决）。这两种分类的侧重点不同，布鲁姆的教育目标分类属于教学论的范畴，是为了解决教育测量中的知识与能力问题；加涅的学习结果的分类属于学习论的范畴，是为了解决如何教授知识与能力的问题，但它们又是相通的，都是为了达到预期的学习效果。

布鲁姆和加涅对知识分类是一般分类，不针对任何一门课程，具有普遍性，为不同学科的知识学习分类提供一种思路和框架。不同课程的知识具有不同的特点，因而应有不同的分类。笔者认为，将信息技术看成是利用信息资源解决问题的知识体系，可以将其概括为事实性知识、技术思想与方法、问题解决策略、情感态度与价值观四个方面。从这四个方面来构建中小学信息技术课程的内容，可以形成一个较为完整和科学的课

程体系。

（一）事实性知识——培养问题解决的意识

"事实性知识"是对事物实际情况的一种陈述，其内容是事物的实际，具有客观性；其形式是一种陈述或判断，具有主观性。学习信息技术的事实性知识主要是培养学生利用信息资源解决问题的意识。信息技术的事实性知识主要包括与信息技术相关的常识、信息技术发展与演进的重要历史事件等。李艺教授指出：信息技术发展的实例、史实的恰当运用能够促进学生对相关知识的理解，激发学习兴趣、引发思考、加深印象等。我们生活在一个信息化社会，信息技术已成为人们日常生活中不可或缺的工具，它对社会关系、社会思想、社会风尚和社会习惯有着深刻的影响。学习信息技术的事实性知识，目的是让学生了解信息技术的基本常识，培养学生利用信息技术解决问题的意识。如果一个人缺少对某一技术的基本了解，也就不可能对它产生意识，而当人没有相应意识的时候，即使某个很重要的事物出现了，也往往不能引起他的注意，更不要说对用它来解决问题的价值的认识。

（二）技术思想与方法——获得问题解决的理论知识和实践经验

信息技术的思想与方法是指蕴含在信息技术中的概念、科学原理和实践经验。当代技术的发展是理论与实践相结合的产物。世界各国都将信息技术相关的原理知识作为信息素养的重要内容。美国国家研究院的计算机科学与电信委员会（CSTB）早在1999年发布的一份研究报告《务必畅通信息技术》（Being Fluent with Information Technology）中就提出，现代人的信息技术能力应该包含三方面内容：（1）当前技能（Contemporary Skills）——使用目前信息技术的技能；（2）基本概念（Fundamental Concepts）——有关信息技术的原理与思想；（3）理智能力（Intellectual Capabilities）——在复杂情景下有效应用信息技术解决问题的能力。2003年我国颁布的《普通高中技术课程标准（实验）》中对知识与技能提出的目标是"理解信息及信息技术的概念与特征，了解利用信息技术获取、加工、管理、呈现与交流信息的基本工作原理，了解信息技术的发展趋势。"

信息技术中的概念是构成技术原理和解决技术问题的基础。例如，我们要建立一个局域网，就要知道工作站、服务器、传输介质、网络操作系统等相关硬件、软件的概念；要了解网络中数据是如何传输的，就必须知道数据交换的三种方式、开放系统互联参考模型等概念。了解了这些概念以及与之相关的技术原理后，一旦网络中出现故障，我们就可以运用已有的知识去排除故障、解决问题。

信息技术不但包括传统的信息技术部分（例如计算机设备、外围设备、操作环境、应用软件），而且也包括蕴藏在技术中的科学原理。法国科学家艾尔伯—费尔和德国科学家皮特—克鲁伯格发现巨磁电阻效应，而巨磁电阻效应的发现，导致我们今天的硬盘越来越小，而存储的数据量却越来越大，因而荣获2007年诺贝尔物理学奖。因此，信息技术的发展说明一个道理，即早期的技术是经验同天然物结合的结果，人们可以通过某种经验的积累和摸索形成一定的技术，那么当今世界通过这种方式产生的技术已经很少了，今天绝大多数的技术是科学理论的具体化，技术中科学知识的因素在增长。技术是理论与设备的统一，同时也正是技术将科学的理论和应用设备联系起来，使科学理论得以发挥巨大的社会生产力作用。所以，20世纪90年代以来，世界课程改革的一个重要动向就是重视技术课程，并谋求技术课程与科学课程的融合。

尽管在信息技术中，科学理论知识的地位在提高，但是经验因素并没有失去它应有的地位。经验知识和科学理论知识仍然是形成技术原理的基本来源，在技术的形成和发展应用期间，两者都是不可或缺的。例如，美国计算机科学家道格拉斯·恩格尔巴特（Douglas Engelbart）曾经担任过舰艇雷达技术员，当他在斯坦福研究所工作时，根据操作雷达的经验，他想让电脑也能像雷达一样显示图形，并能用操纵杆操纵，于是就发明了鼠标。经验不但可以产生技术思想，同时也可以帮助人们理解技术原理。例如，在因特网上有大批协议几乎与因特网同步问世，确保了网络的畅通，最著名是“TCP/IP”协议。在高中信息技术课程中并不需要学生知道具体网络协议的代码，研究这些代码是如何发挥作用的，但是我们可借助在高速公路中行驶的车辆必须遵守事先公布的交通法规才能保证高速公路畅通无阻这一事实，理解协议的功能和意义，从而理解网络工作的基本原理，只有了解了网络工作的基本原理，才能正确判断和解决网络中的故障和问题。经验知识是现代信息技术加工的重要内容之一，在利用信息资源解决问题的过程中，信息的存储、转换、传递和加工等在很大程度上是在处理经验知识。例如，人们利用信息资源解决问题时，常常需要利用搜索引擎搜集相关的信息，人们根据自己的经验提取需要的关键字，然后将关键字输入到搜索引擎中让计算机进行处理，人们可以根据自己的经验不断地进行这样的尝试，信息技术能够快速、高效、无损、低成本地为人们的尝试提供支持；人工智能研究中所谓的专家系统，就是把许多专家的知识（理论知识和经验知识）用“如果……那么……”的形式汇集到电脑中并使之条理化，以供解决问题时咨询和利用。信息技术为经验知识的积累和继承提供了全新的方式，也为经验知识发挥更大的作用创造了条件。所以，信息技术的学习过程，既是师生之间经验相互交流的过程，也是学生通过实践操作获得问题解决的经验知识的过程。

（三）问题解决的策略——掌握问题解决的思路与方法

学习信息技术最根本的目的是利用信息技术解决问题。信息技术课程的学习过程与利用信息资源解决问题是息息相关的，离开了问题的解决，信息技术将失去意义，离开了信息技术，产生于信息时代的问题也难以解决。

利用信息技术解决问题离不开信息技术的硬件与软件。信息技术的硬件是人们根据科学的原理将有形的物质原材料加工后产生的物理产品，软件是人们为了获取、管理、加工、利用信息资源，包括硬件、软件资源而制定的代码。运用作为硬件的设备按照人们的需要和客观的规律去影响相应的过程是技术运用的实质所在，没有硬件设备，该过程就无法完成，技术也不可能产生存在，但要完成一种技术过程，仅有硬件是不够的，还必须有涉及技术过程的方法、程序、规则等软件。计算机处理信息的本质是处理“0”和“1”，所以人们制定的计算机软件代码实际是一组规则。我们处理、表达信息时，用信息技术解决问题时，必须按照有关工具软件的规则去执行。例如，我们要用电子表格来处理数据，就必须按照电子表格的规则来输入公式，尽管这种表达方式与我们平时学习数学时的表达不完全一致，否则我们就无法使用电子表格来加工信息解决问题。根据现代认知心理学的学习分类理论，问题解决实质是高级规则运用，即若干个基本规则组合起来解决问题。

心理学认为，每一个问题都是由三个成分构成的，即起点（问题情境的描述）、终点（问题解决后要达到的目标）和改变起点状态使之向目标转化的手段（问题解决的方法或策略），根据问题的起点、目标和允许操作的方法，可将问题分为结构良好问题和结构不良问题。结构良好问题与结构不良问题的解决策略是不同的。一般来说，可以将问题解决的策略分为算法求解策略和启发式求解策略。算法求解策略是保证解决某一特定问题的一种方法或程序。启发式求解策略是一种通用的、适应面较广的问题解决策略，被较多地运用于复杂的定义和不完善问题的求解中。在信息技术课程中，不同的学习内容有着不同的特点，适宜于培养学生不同类型问题的解决能力。“算法与程序设计”模块主要培养学生运用算法求解策略和高级语言设计程序来解决结构良好问题的初步能力，“人工智能初步”模块主要培养学生运用启发式策略、人工智能语言或工具软件来解决结构不良问题的初步能力。日常生活中我们在对文本信息的加工、多媒体技术对信息的加工等过程中遇到的问题大多是结构不良问题。

任何技术从本质上说都是人操作的结果。而作为技术的操作必然是一个过程，要使这个过程能顺利完成，并达到预期的结果，就必须使其按照相应的步骤和程序进行，以符合技术过程的客观规律和行为规范。让学生经历信息技术问题解决的过程，掌握利用信息资源解决问题过程中的有关规划、设计与创作的基本思想与方法是利用信息技术解决问题的核心所在。

（四）情感、态度与价值观——调控问题解决中的行为

现代学习心理学十分重视情感态度领域的学习，20 世纪 50 年代，美国教育心理学家布鲁姆提出情感领域的学习，20 世纪 70 年代加涅提出态度是学习的结果之一。目前，认知因素与情感因素相互作用的研究，即所谓的“热认知”的研究成为国际心理学研究的趋向。人的情感不可能是独立的，而总是与个人对他人、对事、对物的态度相联系并表现出来的。价值观是人们在认识各种具体事物价值的基础上，形成的对事物价值总的看法和根本观点。技术总是与各种意志、动机、渴望、意向和选择联系在一起，没有人的意志、动机、渴望和意向，就不会产生技术这一现象。情感、态度与价值观的学习，其根本目的是让学生能负责任地、安全地、健康地使用信息技术来解决问题。形成正确的信息技术的情感、态度与价值观需要技术文化引领和法律法规约束。

从文化的视角来看待信息技术，可以使学生认识和理解信息技术所取得的成就和局限，从而发展学生对信息技术的态度。一种技术，当它在社会中得到普遍的认可和运用，并且普及成为人们日常生活的一种行为方式时，就会形成一种文化。信息技术是技术与文化的综合，传授技术与体验文化不是二元对立的非此即彼的关系，技术过程必然会携带某些信息文化的要素，信息文化必须依托信息技术来体现，二者不可分割。信息技术课程只有建立在真实社会生活的基础上，挖掘信息社会中所携带的文化价值，学生才能形成积极主动地学习与使用信息技术的情感、态度与价值观；人的行为与其文化积淀不可分离，学生只有经历了信息文化的积淀，才能在日常生活和学习中碰到问题时，自觉地以已经内化的个体文化做出相应的判断与抉择，从而引发正确的信息行为。

情感、态度与价值观的学习需要信息文化的引领，同时也离不开与信息技术相关的法律法规的约束。“技术为人类的行为创造了新的可能性，但也使得对这些可能性的处置处于一种不确定的状态。技术产生什么影响，服务于什么目的，这些都不是技术本身所固有的，而取决于人用技术来做什么。”信息技术已渗透到人们生活的方方面面，在给人们解决问题带来高效、便利的同时，也给人们带来了许多负面的影响，有的还产生了新的社会问题。与信息技术相应的法律法规对人们能用信息技术做什么和不能做什么做出了明确的界定，在人们不能以正确的情感、态度与价值观指导人的行为时，对其行为是一种约束和警示，能够促使人们按照法律法规去规范自己的行为。许多事实已证明，在当今信息技术已成为大众化技术的情况下，不了解与信息技术相关的法律法规是产生不良信息技术行为的根源之一。因此，在信息技术课程的学习中了解与信息活动相关的法律法规显得特别重要。

三、结语

长期以来，我国信息技术课程缺少一个较为完备的体系。课程改革前，大家围绕各种应用工具软件来组织课程内容，课程改革后，人们在反思以往的信息技术课程内容的结构时，提出了以信息的获取、加工、发布等信息活动的过程来组织课程内容，在信息加工、发布等环节，又不得不回到工具软件的应用上。其实，这两种方式都是基于人们的经验来建构信息技术课程内容的。随着科学的发展与进步，人类对“知识”的认识也在不断地深化，现代认知心理学在更广义的范畴上来理解知识，开创了这一领域研究的新视野。学习总是在一定的情境脉络中发生的，本质上是注意、回忆、动机、决策等多种内部心智活动参与外部环境交互的结果，“涉及知识、技能、

策略、信仰、态度、行为的获得与改变”。将信息技术看成是利用信息资源解决问题的知识体系，以事实性知识、技术思想与方法、问题解决的策略、情感态度与价值观来构建信息技术课程内容，这些内容在问题解决方面有不同的功能与作用（如图1所示），构成具有一定的完整性和科学性的信息技术课程内容体系，将对信息技术课程的内容建设和教学实践产生积极的影响。

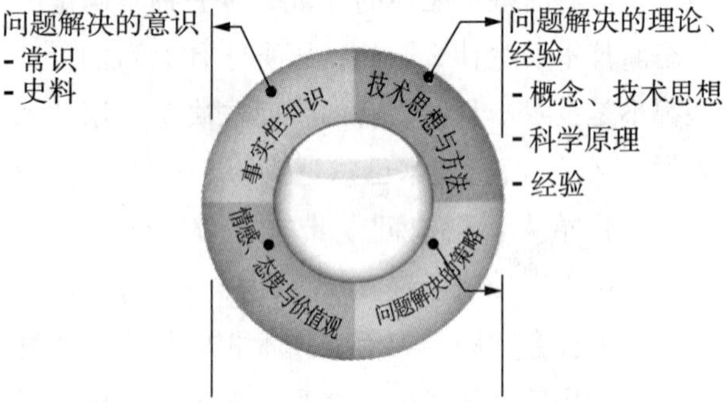

图1　以知识为核心的信息技术课程内容的分类与建构

参考文献

［1］Whatis. Com. 信息技术术语词典［M］. 王崧，韩志远，查宗祥，等，译．北京：电子工业出版社，2003.

［2］孟广均，霍国庆，罗曼．信息资源管理导论［M］．2版．北京：科学出版社，2003.

［3］马开剑．国际视野中的高中技术教育——基于课程与史实的研究［M］．北京：科学出版社，2010.

［4］李艺．信息技术课程与教学［M］．北京：高等教育出版社，2005.

［5］祝智庭．信息技术学科教师高级研修教程［M］．上海：华东师范大学出版社，2007.

［6］中华人民共和国教育部．普通高中技术课程标准（实验）［S］．北京：人民教育出版社，2003.

［7］杨玉辉．现代科学技术哲学［M］．北京：人民出版社，2010.

［8］远德玉．过程论视野中的技术［M］．沈阳：东北大学出版社，2008.

［9］杨玉辉．现代科学技术哲学［M］．北京：人民出版社，2010.

［10］杨心德，蔡维静．社会学科学习与教学设计［M］．上海：上海教育出版社，2005.

［11］杨玉辉．现代科学技术哲学［M］．北京：人民出版社，2010.

［12］张景生，徐恩芹，李娟．信息技术价值观研究［M］．北京：科学出版社，2010.

［13］舒红跃．技术与生活世界［M］．北京：中国社会科学出版社，2006.

［14］沈阳．论信息技术文化［J］．云南师范大学学报，1999（3）.

［15］颜士刚．技术的教育价值论［M］．北京：教育科学出版社，2010.

［16］杨南晶．学习科学视域中的设计研究［M］．北京：教育科学出版社，2010.

高中信息技术课堂提问技巧的思考

李剑欣

（北京市通州区教师研修中心，北京　101100）

摘　要：新课程要求课堂教学中教师应该充分发挥引导者和组织者的功能，学生是课堂的主体，所以提问环节在课堂中发挥着重要的作用。提问技能是检查学习、促进思维、巩固知识、运用知识、师生相互作用的一种方式。信息技术课堂教学中，教师应该适度提问、恰当提问、合理提问，引导学生主动探索，鼓励他们大胆猜测、动手实践。本文分析了高中信息技术课堂提问的现状，并从两个方面提出了课堂提问的策略、设计问题的策略和提出问题的策略，研究合理的课堂提问能充分发挥学生的主体作用，培养学生解决问题的能力。在信息技术课堂提问中，一定要注意把握提问的策略，尽可能地挖掘学生的潜能。

关键词：信息技术　提问技能　新课程　策略

一、综述

课堂提问技能是检查学习、促进思维、巩固知识、运用知识、师生相互作用的一种方式。它是心智技能和动作技能的相互配合、共同作用的一种教师教学基本技能。教师能够根据教学目标、教学内容和学生情况设计不同层次、类型的问题，能够根据学生对问题的回答进行正确的反馈和引导。教师在课堂上提出问题时的语气、表情、停顿、手势、走动、选择的提问时机、回答问题的对象和方式等行为，其目的是激发学习动机，提示、解决矛盾、认识事物，新旧知识之间建立联系，培养学生的语言表达能力，获得反馈信息。

高中信息技术学科不仅仅要求学生掌握理论知识，还要求学生具备一定的动手能力和创新精神，并能形成良好的信息素养，利用信息技术这个平台为终身学习服务。教师是课堂教学的组织者和引导者，学生是教学活动的参与者和实践者。信息技术课堂教学中，教师应该适度提问、恰当提问、合理提问，引导学生主动探索，鼓励他们大胆猜测、动手实践。

二、高中信息技术课堂提问的现状分析

高中信息技术课堂教学中，教师的教学方法多样化，采用任务驱动、合作学习、小组探究等课堂形式，能引起学生的学习兴趣，激发他们的求知欲。课堂教学中适度的提问可以更好地引导学生围绕教学目标进行有效的学习。目前，课堂教学提问的现状可以概括为以下几个方面。

（一）提问的频率高

有的教师在课堂中一味追求提问次数，或选择问，或填空问，或自问自答，平均每节课提问次数多达30余次，学生则或习惯性地举手，仓促地回答问题，或置之不理，保持沉默。而对于学生的回答，教师也只简单地肯定、否定，或不置可否，然后自己补充讲解，再提出问题……这种“满堂问”的教学，表面看去，学生似乎是在主动学习，但其实质仍然是以教师为中心，教师预设好结论，然后千方百计引导学生猜测，并以预先设定好的答案为最终目标，以此锁定学生的思维。这与新课程中平等对话的理念是相违背的。

（二）提出的问题不能落实

信息技术教师在引入课堂教学内容时，往往

是抛出一个个问题，让学生带着疑问和好奇，进入新课的学习。刚开始学生还能把握教师上课的脉络，自己很清楚这节课的内容和任务，随着教师的讲解和知识点的细化，他们渐渐忽略了这堂课的主要任务。教师如果不善于提醒或者总结，学生就根本不知道有什么问题需要解决。

“编制计算机程序解决问题”的内容是用计算机进行信息处理的一种基本方法——编制计算机程序解决问题，学生对这部分内容兴趣很高。教师在开始上课时提出问题：“同学们，什么是计算机程序？我们如何利用程序解决问题?”接着展开课堂教学，教师发送课前准备好的相关游戏程序，让学生去体验。学生对于游戏程序非常感兴趣，运行一个个程序，忙得不亦乐乎，教师也忙于指导学生如何使用这些程序，解决学生操作中的一些具体问题。下课铃声响后，学生还沉浸在趣味程序中，根本没有时间去总结何为计算机程序。对于这样的教学内容，如果教师控制不好课堂节奏，不能及时对所提出的问题进行探讨和总结，这样的问题就没有办法落到实处，没有办法让学生真正去理解和掌握知识。

（三）提问脱离学生实际

教师提问不符合学生的实际水平，教与学极易出现分离。虽有提问而未精心设计、阶段不妥或方式不当，就会阻碍学生思维的发展。问题太难学生无法回答不愿思考，问题太易学生则会因轻易回答懒于思考，提问达不到预期效果。

在实际的信息技术课堂教学中，教师为了增加课堂的互动，往往给学生提出一些只关注学科知识，而忽略学生的最近发展区的问题，而且这些问题也是比较空洞的问题。这对于高中生而言，没有挑战性，影响了课堂的效率，使得很多学生的思维陷入迷茫，从而丧失了听课的兴趣和参与的积极性。

（四）不给学生思考时间

教师提问后不留给学生思考的余地或者只有较少的思考时间。先叫学生的名字，再提问题，或者提出问题，立即回答，会使学生因没有时间思考而回答不了问题，导致学生紧张与焦虑，很多学生会以“我不知道”“没想好呢”等回答应付教师，从而影响提问的效果。

三、高中信息技术课堂提问的策略

（一）设计问题的策略

1. 创设问题情境。

问题最好的载体是情境，新课程大力提倡通过创设问题情境来展开教学。普通高中信息技术课程标准中指出：“中学信息技术课程强调结合高中学生的生活和学习实际来设计问题，让学生在活动过程中掌握应用信息技术解决问题的思想和方法；鼓励学生将所学的信息技术积极地应用到生产、生活乃至信息技术革新等各项实践活动中去，在实践中创新，在创新中实践”。因此，设计问题的时候，要根据教学目标、教学内容和学生的认知水平，把问题与学生的生活经验、悬念、矛盾等情境结合起来创设生动、富有情趣的问题情境，这样才能够更好地激发学生的兴趣，促进学生思维。

例如，在“用穷举法设计程序”一课中，首先明确本课的目标是要求学生了解穷举法的基本思路。如何使学生掌握这一点呢？我想到学生经常询问如何防止自己 QQ 密码被盗的方法，我觉得围绕密码主题展开教学会很容易满足学生的好奇心，于是设计了一个解旅行箱密码锁的情境问题，让学生利用人工和计算机两种方法破解密码，在解决问题的过程中使学生了解穷举思路，即列举和判断，从而顺利达成教学目标。

2. 循序渐进，难易适度。

提问设计要遵循由浅入深、由简到繁、循序渐进的原则。根据美国心理学家布鲁姆的教学目标分类法，在认知领域的教育目标可分成：知道、领会、应用、分析、综合、评价。依据教学目标的分类对设计问题的启发，所提的问题应该根据教学目标从简单到复杂，分层次提出。

教学目标是学生要达成的最低要求，因此，教师要考虑对于每个目标，不同程度的学生该怎样来达到这些目标？需要通过几个教学活动来实现？每个教学活动的目标又是什么？这些教学活动目标要求学生进行哪个层次的认知思维？根据对教学内容和学生特征的分析，教师要确定每个教学活动的核心问题：设计每个核心问题之前，要问自己，“我的目的是什么？解决什么教学问题?”

例如，在“用智能工具处理信息”一课，我设计了一个问题链。知道性问题：什么是生物识别技术？在你身边哪些生活实例应用了生物识别技术？领会性问题：生物识别技术属于人工智能的哪个研究领域？我们可以对人的哪些生物特征进行识别？应用性问题：能举例说明生物识别技术的应用价值吗？分析性问题：指纹识别技术的工作原理是什么？能总结一下生物识别技术的优缺点吗？综合性问题：如何利用生物识别技术来建设我们未来的数字校园？评价性问题：生物识别技术的发展方向是什么？如何应用才能发挥其最大价值?

3. 问题的量要适度。

问题的量，包括数量和容量两个方面。容量是指教师提问的问题要有一定的思维价值，所涉及的方面要尽可能宽广，要把握适当的教学时机提出带有分析、评价、创新性的问题，这样才有利于激发学生的学习兴趣，培养学生的思维积极性。

对于数量，一般认为，抽象理论内容的课提问宜少，授新课时提问宜少；具体知识内容的课宜少，复习课、巩固课、讨论课提问可多些。但不能绝对化，可视具体情况而定。不能让一节课中都是提问，这样教师就成了提问的机器。所以，我们要学会在对教材的重点、难点以及知识训练项目了然于心的基础上，对问题精心设计，运用归纳和合并，使问题成为“少而精”的提点。

（二）提出问题的策略

问题设计得好，还要在课堂上问得好，才能抛砖引玉，引发学生的思维，与学生开展有效的“对话”，从而促进学生高级认知能力的发展。

1. 营造良好的课堂气氛。

信息技术课堂教学环境比较特殊，教师应该关注屏幕后面的每一张脸庞，让学生体会到自己是学习的主人，缩短师生之间的心理距离，建立朋友式的师生关系。真正的教育只能建立在尊重与信任的基础上，建立在宽容和乐观的期待上。真正的教育存在于人与人心灵距离最短的时刻，存在于无言的感动之中。教师课堂提问时应该走近学生，持支持和鼓励的态度。采用“你能……”“可以告诉……”这样委婉的语气来消除学生的自卑和紧张，不能用居高临下的口吻或咄咄逼人的追问。教师应该注意观察学生的表情和体态，掌握学生对知识的理解程度。高中生有很强的自尊心，在提问一些有挑战性的问题时，教师应该及时观察并给予鼓励，化解学生的尴尬。

新课程改革要求教学要以学生为主体，教师为主导，应当始终服从和服务于学生。课堂提问是课堂教学的主要手段，尤其应当体现这一精神。教师要适时地引导学生提出问题，学生提出问题能够增强学生的主体性，培养积极思考的习惯。学生的提问，是从学生个体的实际需要出发，有利于发挥学生的主动性和创造性。

2. 把握提问的时机。

首先，根据学生在学习过程中显示出的心理状态来提出问题。如当学生思维无法突破时，当学生无法顺利实现知识迁移时，当学生疑惑不解、一筹莫展时，当学生有所感悟、心情振奋、跃跃欲试时，提出问题。

其次，结合教学内容，创设恰当的提问情境，在教学内容的关键处、疑难处、精华处、矛盾处提出问题。

最后，根据教学进程中的具体情况，如复习旧知识、导入新知识、由浅入深、由理性认识上升到感性认识、师生互动等过程中灵活选择提问的时机。

例如，“想唱就唱——用 PPT 制作点歌系统”一课，这是信息技术必修模块中“多媒体信息的加工与表达”的教学内容，在讲授作品集成中实现试听功能的环节中，按照学生制作思路，学生会将所有高潮声音插进选歌 PPT。教师提问：“发现什么问题了吗？声音能正常播放吗?”学生回答：“所有插入的声音混合播放了。”师生一起解决问题，教师讲授利用按钮控制某一个声音的播放。按照学生制作思路，学生会直接将声音添加进按钮，同样放手让学生去做，学生又遇到了新的问题，教师提问："又发现什么问题了？能将声音添加进按钮吗？"学生回答："添加声音时声音文件不显示或者弹出警告窗口。"师生一起解决问题，按钮只能控制 wav 格式的声音播放，可以利用 GoldWave 转换声音格式。

这样按照学生刚开始的认识误区设置问题陷阱使学生产生认知冲突，再通过提问引导学生思维通向正确的方向，不但有效突破了教学难点，还训练了学生的思维，提高了思维品质。

3. 提问方式灵活多样。

教师在课堂上可以采取灵活多样的提问方式，活跃课堂气氛，驾驭学生思维，丰富课堂教学内容，使提问不呆板，不落俗套，激发学生的学习兴趣和学习热情。例如，适时适度地利用追问的方法。追问是在学生回答了教师提出的问题后，教师根据学生的回答，有针对性地进一步的深入提问。在课堂教学中，教师常常采用追问的策略。追问可以激发学生的兴趣，放大学生对问题的思考过程；教师也能够更加关注学生，启迪学生的思维。

在学生回答问题的时候可以引导追问，"你们下面想研究什么？""你们能提出什么问题？""你这个想法是怎么产生的？""你是怎么知道这个事情的？"如果问题本身表述得不清楚，进行追问，"能不能把你的问题表述得更加明确一些呢？"问题提得太大、太空泛了，进行追问，"能不能把你的问题表述得更加明确一些呢？"厘清解决问题的思路时，问题本身还存在没有解决的要点或需要深入探讨时，要进行追问，"先要解决什么问题？"应该厘清问题的前后顺序，进行追问，"如果要研究这个问题的话，那么着重要解决什么问题？"问题明确之后，进行追问，"你打算怎样去思考？我们学过哪些类似的问题？那些问题是怎样解决的？那些问题的解决过程，对你有帮助吗？"解决问题的过程中，提示可能存在的影响因素。"这个问题除了受……因素影响外，还有其他影响因素吗？"在解决问题的过程中，针对学生没有考虑的某些因素的影响可能会出现的一些特殊情况，进行追问，"怎样算问题解决了？"在明确了问题是什么、怎么解决之后，进行追问，"达到什么目标就算把问题解决了呢？""你准备怎样表述问题解决的结果？"

恰当地设计追问的问题和把握追问的时机，于闪光点处追问，发现学生的回答有独特的视角，可以顺着学生的思路问为什么这样想。于深入点处追问，发现学生的回答有待深入的、很好的想法或视角，可以继续追问。于欠思考处追问，学生由于这种或者那种原因，在思考问题时，借鉴别人的较多，缺乏自己的见解，可以继续进行启发式提问。于歧义处追问，教师要善于发现学生对一个问题产生的歧义，巧妙地引发他们之间的争论，引导他们在争论中求真知。

四、结语

美国心理学家布鲁纳指出："教学过程是一种提出问题与解决问题的持续不断的活动。"课堂提问意味着师生互动，意味着学生主体参与和知识的建构。柳斌曾经说过："在一堂课的新旧过渡、直观演示、分析归纳、课堂练习、总结谈话等活动中，都离不开教师的提问。出色的提问能够引导学生探索所要达到目标的途径，获得知识和智慧，养成善于思考的习惯和能力。"

在高中信息技术课堂教学中，适度的课堂提问，能够集中学生的注意力，促使他们完成课堂的学习任务；恰当的课堂提问可以调节课堂气氛，使学生积极主动地参与课堂教学活动；合理的课堂提问能充分发挥学生的主体作用，培养学生解决问题的能力。在信息技术课堂的提问中，我们要注意把握提问的策略，尽可能地挖掘学生的潜能。

参考文献

[1] 刘然．唤醒教育的诗情——追踪吴正宪的课堂[J]．人民教育，2004（17）．

[2] 张民选．直面教师职业困惑[J]．教育文摘周报，2004（2）．

[3] 何少君．教师课堂提问策略[J]．广西教育，2004（1）．

[4] 陈大伟．教师怎样解决课堂教学问题[M]．北京：中国文史出版社，2007．

中小学信息技术教学与评价研究

通用技术课程虚拟技术试验设计与应用研究

孙宏志[1]　解月光[2]　徐志勇[1]

（1. 长春中医药大学　现代教育技术中心，吉林　长春　130117；

2. 东北师范大学　信息与软件工程学院，吉林　长春　130117）

摘　要：本文以普通高中通用技术课程中虚拟技术试验的设计与应用为研究对象，运用文献阅读和理论分析的方法，定位通用技术的课程价值和技术试验的价值，选择相关的学习理论和教学理论作为研究的理论基础，采用系统的方法对虚拟技术试验软件进行设计与开发，并设计出虚拟技术试验在教学中应用的模式和教学案例，最后采用实证研究的方法，将虚拟技术试验应用于通用技术课堂教学，获取真实的数据并进行统计分析，对虚拟技术试验的应用效果做出评价，从而得出虚拟技术试验类教学资源的设计策略以及对教师如何利用虚拟技术试验类教学资源的建议等研究结论。在此基础上，对如何开展数字化教学资源设计与利用方面的研究进行了思考和展望，以期为数字化教学资源设计与利用的研究提供一种思路与方法。

关键词：通用技术　虚拟技术试验　设计策略　应用研究　数字化教学资源

一、引言

（一）研究背景

技术试验是贯穿通用技术课程始终的内容，是技术与设计所重点强调的部分，对培养学生的技术素养和良好品质，培养学生的创新精神和实践能力，具有不可替代的作用。目前，我国通用技术试验室建设不完备、仪器设备不充足，技术试验的教学活动多在普通教室进行，学习方式多为教师讲授、学生记忆，课程目标无法得到良好实现。针对这一现状，国内已有一些关于通用技术教学资源建设和设计方面的研究，涉及的内容包括通用技术专用教室设计的研究，通用技术虚拟试验的教学设计与应用研究、虚拟现实技术在通用技术教学中的应用研究等，有研究者指出虚拟技术试验在技术教育中具有重要价值，但是目前还没有专门针对技术试验教学的虚拟技术试验设计、开发和应用方面的研究。国外虚拟试验技术发展比较成熟，虚拟试验软件已经实现了产品化，并应用到各学科的教学中，对如何运用虚拟试验支持学生学习目标的实现，并参与高阶思维技能，如解释、分析、评估、综合和解决复杂问题方面的发展也有深入研究。

在相关研究的启发下，笔者认为：利用多媒体技术使通用技术课程中的技术试验在虚拟环境中实现，可以解决缺少技术试验室、技术试验活动无法进行的问题，还可以实现真实环境中难以实现或存在危险的技术试验，可以帮助学生获得技术知识和技能，培养并提升技术素养；在虚拟技术试验设计并实现后，设计如何在教学中合理利用虚拟技术试验开展教学活动，可以促进教学目标的达成、学生各方面能力的提升、学习方式的转变，从而促进课程实施层面通用技术课程价值的实现。基于此，笔者提出了通用技术课程虚拟技术试验设计与应用这一研究问题。

（二）研究目标与意义

研究目标有以下几点。

1. 验证虚拟技术试验应用于通用技术教学对满足学生学习需求和促进学生能力发展具有怎样的作用。

2. 提出通用技术课程虚拟技术试验设计的策略、建议。

3. 探索教师在通用技术教学中有效利用虚拟技术试验的方式。

理论价值及现实意义有以下几点。

1. 总结出虚拟技术试验设计的策略和建议，为通用技术课程虚拟技术试验类教学资源的设计提供可借鉴的理论依据。

2. 探讨虚拟技术试验在通用技术教学中如何用能发挥其最大优势，探求通用技术课程技术试验教学新的教学方法或模式。

3. 为通用技术课程技术试验教学的顺利实施提供资源保障。

4. 为虚拟技术试验类教学资源在教学中的有效应用提供借鉴。

（三）研究内容与方法

研究内容有以下几点。

1. 通用技术课程虚拟技术试验的设计与开发。

2. 虚拟技术试验在通用技术教学中应用模式与案例设计。

3. 虚拟技术试验在通用技术教学中的应用与效果评价。

研究方法有以下几点。

1. 文献研究法。通过对相关文献的收集与整理、分析与思考，总结研究现状，提出研究问题，界定基本概念，建立理论基础。

2. 系统研究法。虚拟技术试验设计采用系统研究方法，将虚拟技术试验软件作为整体，分析各个组成部分的功能，最后将各个部分有机组合，形成软件的主要特点和功能。

3. 实证研究法。虚拟技术试验的教学采用实证研究的方法，将应用虚拟技术试验的教学模式和案例应用于教学实践，并采用课堂观察、访谈、问卷调查等方法，考察虚拟技术试验教学应用的效果。

二、理论依据

（一）概念界定

1. 技术试验。

技术试验和科学实验一样，也是人类的一种具有探究意义的实践活动，两者既有联系，又有很大区别。科学实验是人类认识自然、发现客观规律的一种重要方法。技术试验是运用一定的知识、原理、经验和技能，进行技术上的尝试、验证、发明、创造，从而满足人们需求的一种方法。

2. 虚拟技术试验。

虚拟的意思是指虽然不是真的，但是在功能或者效果上可以视为真的，活动的全部或者部分借助计算机软件来完成，活动所取得的效果等价于甚至优于在真实环境中所取得的效果。结合虚拟与技术试验的含义，本研究将虚拟技术试验的概念定义为：以相关学习理论为基础，借助于多媒体、仿真和虚拟现实等技术，在计算机系统中构建可替代真实技术试验各操作环节的虚拟环境，试验者可以像在真实的环境中一样进行技术上的尝试、验证、发明、创造，完成各种试验活动，或者为进行真正的试验做准备。

（二）技术试验的价值定位

在我国《普通高中技术课程标准（实验）》中，通用技术课程设置的基本理念所体现出的价值内涵主要包括提高技术素养、开发创造潜能、培养实践能力、联系生活实际、倡导学习方式多样化五个方面。技术试验对于培养学生的技术素养和良好品质，对于培养学生的创新精神和实践能力，具有不可替代的作用。技术试验本身具有探索性，技术试验对学生参与动手实践、培养不断探究的精神、体验解决技术问题的艰辛和感受获得成功的愉悦、养成百折不挠的意志品质、培养实事求是和精益求精的态度具有广泛的教育价值。技术试验的思想方法也是技术素养的重要组成部分。

《普通高中技术课程标准（实验）》的课程目标中对技术试验的要求包括：具有初步的技术试验的操作技能，能进行基本的技术测试和技术指标测量，会写简单的技术测试和技术试验报告；经历观察、设想、安装、测试、调试、测量等简单的技术试验过程，学会简单的技术试验方法，理解技术试验在技术发明、技术革新中的作用，形成初步的技术能力。

（三）建构主义学习理论对本研究的指导作用

技术领域的问题尤其是技术设计问题多属于非良构问题，目前大量研究表明：良构问题的教学设计根植于信息加工理论，而非良构问题的教学设计则是基于建构主义和情境认知的观点。里卡德·斯坦凯维奇（Rikard Stankiewicz）指出，技术的问题求解是一个建构的活动，这告诉了一种方法，通过它技术知识是积累性的和结构化的。对于通用技术课程的教学尤其是技术试验的教学，建构主义学习理论具有非常重要的指导意义，本研究充分关注建构主义学习理论的情境、建构、专注、能力、共同体五个关键要素，并在建构主义的学习隐喻和教学隐喻下，进行虚拟技术试验的教学设计及其教学应用模式的设计。

（四）情境认知理论对本研究的指导作用

情境认知理论的精髓是：知识在现实生活中怎样应用，就应当怎样去学。在真实的学习环境中所获得的知识才可能是活性知识，才具有迁移力和生存力，而不像在去情境化中所学的知识是惰性的，缺乏迁移力的。基础教育和大学教育中所学习的大部分知识，之所以不能有效地为现实生活、问题解决所利用，是因为知识获取的方法忽视了情境和认知之间的相互依赖性。当学习和情境相互分离时，学习者就会把知识本身看作是学习的最终结果，而不是灵活运用于问题解决的一种工具。情境认知理论对于通用技术课程内容的学习是高度契合的。通用技术课程要求学生理解技术文化，获得运用技术原理解决实际问题的能力，具备初步的技术能力和一定的职业规划能力，为迎接未来社会挑战、提高生活质量、实现终身发展奠定基础。技术的学习是为了处理真实情境中的问题，解决实际问题，将所学的知识和技能迁移到实际生活中，为现实生活服务。这正是情境认知理论所追求和倡导的理念，同时情境认知理论中的“情境”可以是物理的、真实的、虚拟的、基于课堂或生活的，因此在进行虚拟技术试验的设计时就应当关注如何创设虚拟的情境，在应用时就应当关注如何创设基于课堂的真实的情境，从而促进知识和技能的迁移。

三、虚拟技术试验的设计与实现

（一）虚拟技术试验的设计

依据教学内容和教学目标，确定具体试验内容，分析学习者特征，设计软件的教学策略，在此基础上，对软件结构与教学功能进行设计，软件的系统结构与功能如图 1 所示。虚拟技术试验包含三大模块——技术试验模块、技术原理模块和技术应用模块。其中技术试验模块是主要模块，包含试验目的要求、试验材料展示、设计方案选择、试验操作实施四个部分，每一部分具有随时查看试验目的、试验准备、步骤提示以及进行试验记录和试验总结的功能。技术原理模块主要是对技术试验过程和试验现象进行解释，并对所涉及的原理进行详细讲解，包括试验过程讲解和试验原理讲解两部分。技术应用模块则是将该技术试验的内容和原理迁移到实际生产和生活中，列举出应用实例并加以详细分析，包括应用实例展示和应用实例分析两部分。

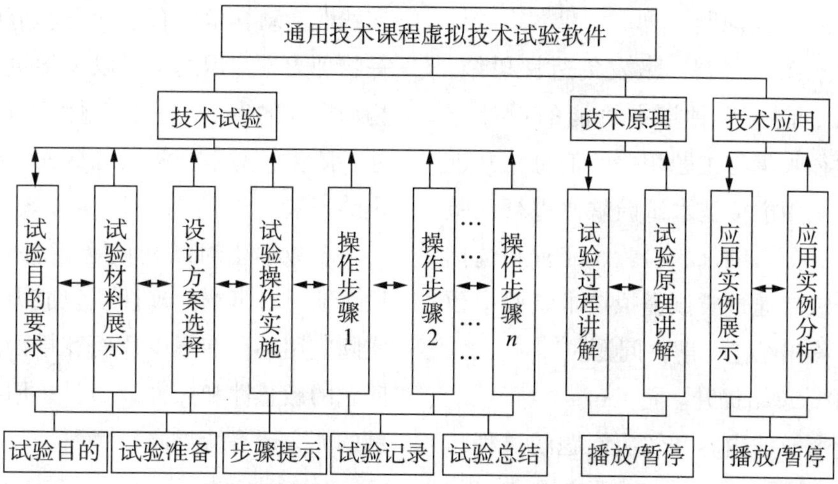

图1　虚拟技术试验系统结构与功能

（二）虚拟技术试验的实现

本研究选择 Flash 技术作为虚拟技术试验的主要开发技术。按照元件库制作、场景制作、交互操作过程制作、处理声音与视频、测试与发布的步骤，开发出虚拟技术试验软件，软件的部分场景如图 2、图 3 所示。

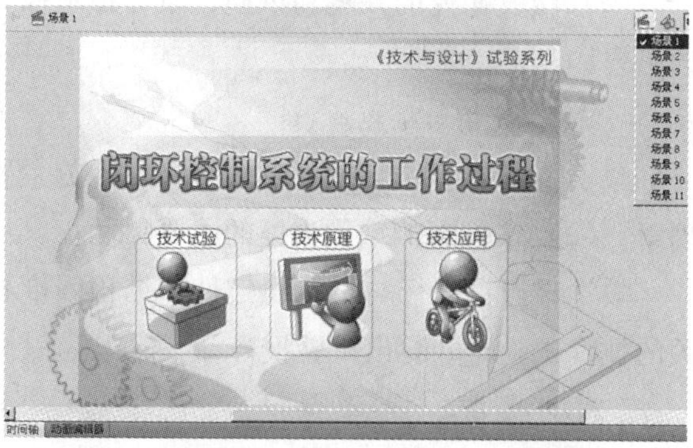

图2　主界面场景

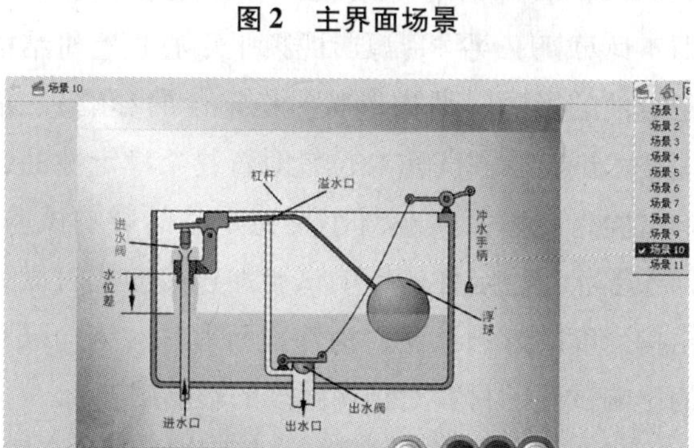

图3　技术应用模块场景

四、虚拟技术试验教学应用模式与案例设计

（一）问题解决教学模式设计

问题解决模式强调将技术的学习设置在真实的、有意义的问题情境中，学生以解决真实的技术问题为目标，设计解决问题的方案，通过试验去检验、完善和选择最优方案，找出解决问题的方案和方法。经历这样的过程后，学生可以学到隐含在问题背后的技术知识和技术原理，掌握技术设计的过程与方法，形成技术探究、运用技术原理解决实际问题的能力，培养技术创新精神、合作精神与团队精神。问题解决模式主要包括以下五个环节。

1. 创设问题情境。

教师充分利用信息技术创设与学习主题相关的，贴近真实生活的问题情境。情境要与学生的日常生活密切相关，能够激发学生进行探索的兴趣；情境要突出问题性，能够引导学生提出问题，明确学习的重心和焦点；情境中所包含的问题要有一定的复杂性，能够为学生的思考和探究提供丰富的空间。

2. 提出问题，明确目标。

引导学生对呈现的问题情境仔细思考，进行分析，提出问题；在此基础上分析问题的实质，必要时将问题进一步细化成多个子问题；清晰地阐述所要解决的问题，设定学习的目标，使学生有清晰、明确的目标指向。

3. 自主探究，解决问题。

小组成员进行头脑风暴，激发创造性思维，提出猜想或假设，制订多种潜在可能的设计方案；通过各种途径收集与主题相关的信息，并进行整理和分析；利用虚拟技术试验软件进行试验操作，记录数据，分析结果，检验、完善和选择最佳设计方案，或者通过尝试虚拟技术试验中预设的多种方案，得出结论，解决问题。

4. 交流经验，总结提升。

组织学生就所学的内容和解决问题的过程与方法做出总结与回顾，或者提出新的观点与问题，大家交流讨论，研究解决。通过交流经验和总结反思，使得学生在经验积累和知识技能水平方面得到提升。

5. 实际应用，拓展迁移。

问题得到解决之后，要帮助学生将新获得的技术知识与原理、技术思想和方法迁移到新情境中，解决实际问题，并了解该技术在生活和生产中还有哪些更广泛的应用。这个过程可以提供案例与练习，让学生开展小组合作学习，进行交流与协商、讨论与分析、设计与创作、自评与互评，或者引导学生利用虚拟技术试验软件的技术应用模块，通过自主学习来实现。

（二）教学案例设计——“稳固结构的探析”

以《技术与设计 2》第一单元第二节的内容“稳固结构的探析”为例，进行应用虚拟技术试验软件的教学案例设计。

1. 设计思路。

改变教材中将知识内容直接呈现给学生的形式，让学生自主探究，进行试验，动手实践，自己得出结论，在真实的情境中进行知识的建构。采用问题解决的教学模式，按照“创设问题情境—提出问题，明确目标—自主探究，解决问题—交流经验，总结提升—实际应用，拓展迁移”的思路进行教学活动的设计。

2. 学情分析。

通过第一节“认识结构”的学习，学生了解了结构的概念、结构与力、结构的分类和设计与实践的活动，学生有了学习本节内容的基础。高一物理力学知识的学习以及学生日常生活中对结构稳定性的生活经验和感性认识，使学生对结构并不陌生，对系统深入地探究结构的知识有了一定的兴趣。

多数学生对结构的了解停留在感性认识阶段，缺乏对事物的理性认识能力，对结构知识的实际应用还存在不少片面和错误的认识，对技术问题的敏感性和探究欲望、运用技术解决实际问题的能力还有待提高。

3. 教学目标。

（1）理解结构的稳定性的含义。

（2）理解结构的强度的含义。

（3）能通过技术试验分析影响结构的稳定性的因素，并写出试验报告。

（4）能通过技术试验分析影响结构的强度的因素，并写出试验报告。

（5）会用结构稳定性与结构强度的知识来解释一些日常现象和问题。

（6）激发探究的兴趣和欲望，培养技术探究的思想和意识。

4. 教学重点与难点。

教学重点：（1）掌握影响结构稳定性的主要因素；（2）掌握影响结构强度的主要因素。

教学难点：进行与结构稳定性和结构强度相关的技术试验，并写出试验报告。

5. 教学资源。

（1）教师占有的资源。教科书、教学参考书、计算机、网络资源、视频（重心位置对结构稳定性的影响、结构形状对稳定性的影响）、虚拟技术试验软件（重心位置对置物架稳定性的影响试验、支撑面大小对小桌稳定性的影响试验、梯子形状对稳定性的影响试验、连接方式对横梁结构强度的影响试验、构件截面形状对结构强度的影响试验、材料对结构强度的影响试验）。

（2）学生占有的资源。计算机、网络资源、视频（重心位置对结构稳定性的影响、结构形状对稳定性的影响）、虚拟技术试验软件（重心位置对置物架稳定性的影响试验、支撑面大小对小桌稳定性的影响试验、梯子形状对稳定性的影响试验、连接方式对横梁结构强度的影响试验、构件截面形状对结构强度的影响试验、材料对结构强度的影响试验)。

6. 学习方式与教学组织形式。

学习方式有以下几种。

(1) 自主学习：利用虚拟技术试验软件，展开自主学习。

(2) 探究学习：利用网络资源和虚拟技术试验软件，进行自主探究。

(3) 合作学习：建立小组，分工协作，展开小组合作学习。

教学组织形式：个人学习与分组学习相结合。

7. 教学过程（略)。

五、虚拟技术试验教学应用的实证研究

将虚拟技术试验软件应用到通用技术课堂教学中，目的有两个：一是检验预期的效果是否达到，二是促进反思、改进与完善，从而得出虚拟技术试验设计与应用的一些策略和建议。

(一) 样本选取

为了较全面地了解虚拟技术试验的应用效果，笔者选取辽宁省实验中学、辽宁省实验中学北校两所学校开展实证研究，这两所学校的通用技术课程实施条件及课程实施现状有所差异，具有较好的代表性。辽宁省实验中学自 2006 年 9 月开设通用技术课程，该校通用技术课程基础设施、设备建设比较完善，拥有 3 个通用技术教学专用教室，目前在高一年级每周开设 2 课时的通用技术课，平时多在通用技术实验室上课；辽宁省实验中学北校自 2007 年 9 月开设通用技术课程，该校仅有一个通用技术实验室，目前高一年级只开设信息技术课，没有开设通用技术课，只有高二年级每周开设 1 课时通用技术课，平时多在普通教室上课。本研究分别选择辽宁省实验中学一年级 12 班、一年级 16 班以及辽宁省实验中学北校二年级 18 班三个班级共 150 名学生作为样本，三位不同的通用技术教师为这三个班级讲授相同内容、相同课时数的通用技术课程，具体情况如表 1 所示。

选取的三位通用技术教师在专业背景、教龄、职称等方面各异，具体情况如表 2 所示。

表 1　样本所在学校基本情况、学生分布情况及课程实施计划

学　校	辽宁省实验中学		辽宁省实验中学北校
学校设备设施情况	有 3 个通用技术教学专用教室，设施设备较完善		有一个通用技术专用教室，设施设备不够完善
平时上课基本情况	平时每周上 2 课时通用技术课，上课地点多在通用技术实验室		每周上 1 课时通用技术课，地点多在普通教室
班　级	高一年级 12 班	高一年级 16 班	高二年级 18 班
学生人数	48 人	54 人	48 人
任课教师	唐老师	孙老师	孙老师
教学地点	机房	机房	机房
教学内容	稳固结构的探析（2 课时）；控制系统的工作过程与方式（2 课时）	稳固结构的探析（2 课时）；控制系统的工作过程与方式（2 课时）	稳固结构的探析（2 课时）；控制系统的工作过程与方式（2 课时）
教学模式	问题解决模式	问题解决模式	问题解决模式

表2　样本教师基本情况

学　校	辽宁省实验中学		辽宁省实验中学北校
教　师	唐老师	孙老师	孙老师
性　别	男	女	男
专业背景	物理	教育学	计算机
职　称	高级	中级	中级
教　龄	24年	15年	8年
任通用技术教师时间	6年	4年	5年

（二）研究工具

考察虚拟技术试验的应用是否促进通用技术课程价值的实现，具体包括虚拟技术试验是否对学生的学习有帮助，虚拟技术试验在提升学生技术素养、开发创造潜能、培养实践能力、联系生活实际和改变学习方式等方面起到了怎样的作用，虚拟技术试验是否帮助学生达到技术试验所要求的目标，如技术试验的操作技能、试验数据的处理与分析、试验报告的撰写等方面，学生对虚拟技术试验的总体感受和态度如何。这些信息主要通过课程实施过程中对学生学习行为、态度的观察以及课程实施后对学生进行问卷调查的方式来获取。

考察虚拟技术试验教学应用的模式是否能够较好地促进学生的学习和教师的教学，探索如何利用虚拟技术试验才能更好地促进教学，这些信息主要通过课程实施前后对教师的访谈获取。

虚拟技术试验软件本身的设计对其应用效果会产生很大的影响，软件是否方便易用，功能是否全面，操作交互是否良好，界面风格是否美观，软件存在哪些问题等是具体要考察的内容，通过对学生和教师进行问卷调查与访谈获取相关信息和改进建议。

据此笔者编制了虚拟技术试验教学应用课堂观察记录量表，虚拟技术试验教学应用学生调查问卷，虚拟技术试验教学应用教师访谈提纲。其中课堂观察记录量表主要从学生的学习态度与行为、教师的教学行为、观察者感受三个方面进行设计。学生调查问卷的编制也是一个科学研究的过程，首先根据前文所述的考察内容列出所需调查问题的纲要，然后将其分别细化为多个具体而简明的问题，并设计具体的项目，在征询了通用技术教师和专业指导教师的意见之后，对问卷题目和选项做了数次修改，用初步形成的问卷进行了小样本试测后，对项目内容、排列方式等作了进一步的改进，最终形成了包含10道选择题、4道开放作答题的学生调查问卷。教师访谈的题目均设置为开放性问题，给访谈对象提供充足的指示，并为访谈对象留下了大量可解释的余地。

（三）实施过程

在2012年10月10日至2012年10月31日期间，笔者到上述两所学校开展了实证研究。由三位通用技术教师分别在三个班级开展了通用技术课堂教学活动，教学地点均为计算机教室（机房），教学内容为“稳固结构的探析”和“控制系统的工作过程与方式”，采用问题解决模式，在三个班级分别实施了4课时的教学活动。笔者对这12节课的教学过程做了详细的观察和记录。

（四）结果与分析

本研究共发放学生问卷150份，回收150份，有效143份，回收率100%，有效率95.3%。访谈3位教师，对访谈过程进行了录音，并将录音内容转为文本。主要从学生问卷调查、教师访谈两个方面对调查的结果加以分析。部分研究结果如图4、图5所示。

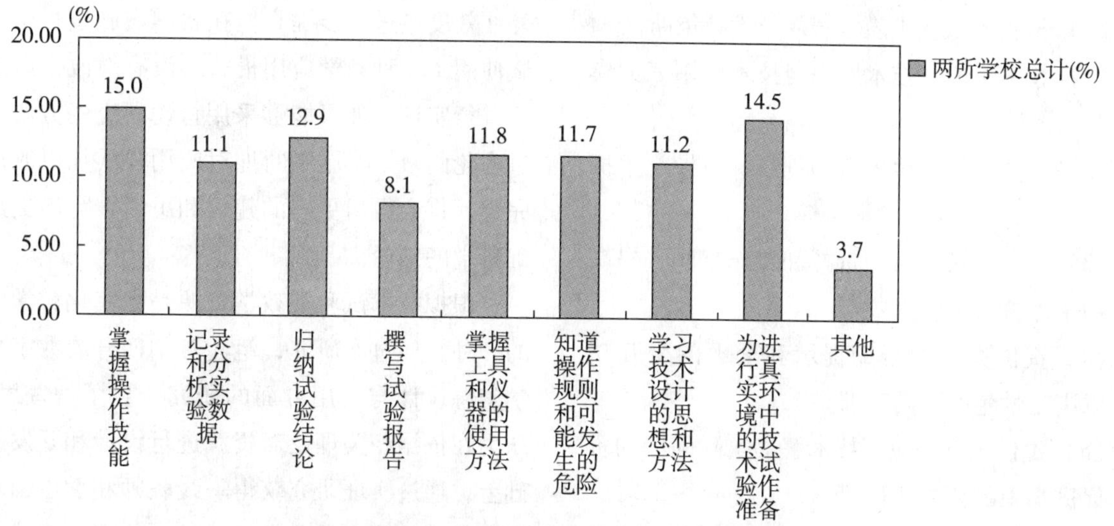

图4　虚拟技术试验促进技术试验教学目标达成的情况

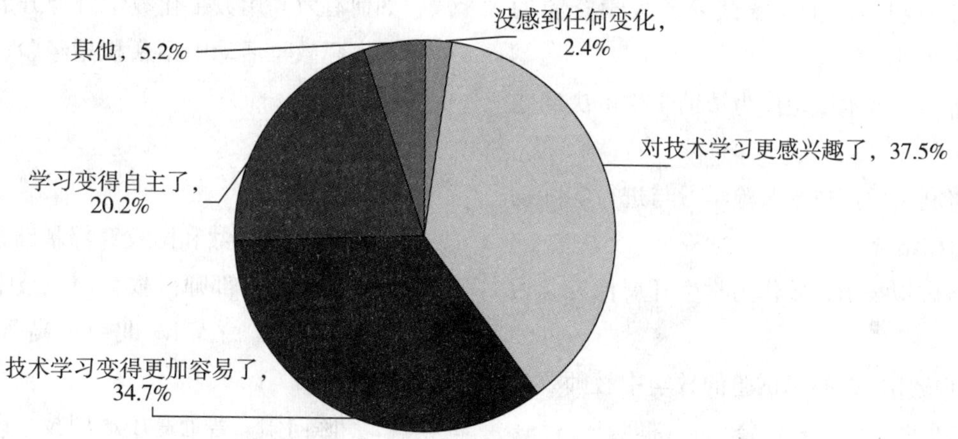

图5　虚拟技术试验为学生学习带来的变化

（五）应用效果评价

在对调查数据进行统计分析的基础上，对虚拟技术试验的应用效果做出全面、客观、具体的评价，进行深入的反思，总结实证研究发现的同时思考如何改进和完善，并对虚拟技术试验教学应用模式做进一步的探讨。

六、结论与展望

（一）研究结论

本研究从现状需要与理性思考中来，再回到教学实践中去，将理论与实践紧密结合，经历了通用技术课程虚拟技术试验设计、虚拟技术试验教学应用模式设计、开展虚拟技术试验应用实证研究的过程，验证了虚拟技术试验对促进通用技术课程价值实现的作用，总结出了通用技术课程虚拟技术试验设计的策略，并对虚拟技术试验应用的模式进行了探讨，最终得出以下研究结论。

1. 虚拟技术试验类教学资源能够促进通用技术课程价值的实现。

无论是在通用技术试验室建设完备的学校，还是在基础设备设施建设不完善的学校，虚拟技术试验类教学资源都对实施层面通用技术课程价值的实现具有促进作用。丰富了通用技术课程实施所需的教学资源，为学生的学习和教师的教学提供了帮助和支持。在提高学生技术素养、促进技术试验教学目标达成、帮助学生理解技术知识与技术原理、启发学生思考和创新、改变学生学习方式、激发学生对技术学习的兴趣愿望、促进学生联系生活实际等方面具有一定作用。

2. 虚拟技术试验类教学资源的设计策略。

（1）技术试验、技术原理与技术应用三大模块共存的设计。

（2）注重启发学生思考和创新、引导学生探究和解决问题。

（3）提供足够的自由选择和操作空间，提高学生的主体参与程度。

（4）提供充分的帮助提示和全面的交互功能，以满足学生的不同需求。

（5）提供丰富的应用技术解决实际问题的资料，促进知识的拓展迁移。

（6）增强虚拟场景和物品的仿真程度，给学生强烈的现实感。

3. 对如何利用虚拟技术试验类教学资源的建议。

（1）将虚拟技术试验作为帮助学生解决问题的学习资源。

（2）将利用虚拟技术试验学习与进行实际动手操作活动相结合。

（3）将虚拟技术试验作为学生开展探究学习的工具。

（4）在应用虚拟技术试验的教学中教师要加强对学生的帮助、引导和监督。

（5）加强对教师利用虚拟技术试验类教学资源的培训。

（二）反思与展望

本研究在实证的过程中，选择样本的数量较小，教学实施的时间较短，对于某些方面的效果在短时间内难以做出准确、科学的评价，研究的外在效度应进一步提高。在教学实施过程中只尝试使用了一种教学应用模式，没有对改进后的模式进行实证，如果能够采用行动研究的方法，通过多轮的教学实施不断地对应用模式加以改进和完善，将会得出更多的建议和思考，得出更加准确科学的结论。

虚拟技术试验类教学资源是数字化教学资源的一种，通过本研究，笔者对如何开展数字化教学资源设计与利用方面的研究产生了一些思考，认为在依据相关理论对资源进行设计和开发的基础上，通过实证研究获得一线教师和学生的真实体验及反馈信息是非常重要的，依据这些信息对资源进行完善和再设计，是一种较为有效的方法，如何有效利用数字化教学资源开展教学也是一个在实际教学活动中不断积累经验、不断探索完善的过程。

参考文献

［1］中华人民共和国教育部基础教育司，中华人民共和国教育部师范教育司．技术课程标准研修（通用技术）[M]．北京：高等教育出版社，2004.

［2］陈向阳．普通高中通用技术课教学设计研究[D]．南京：南京师范大学，2007.

［3］约翰·齐曼．技术创新进化论[M]．孙喜杰，等，译．上海：上海科技教育出版社，2002.

［4］钟志贤．信息化教学模式[M]．北京：教育科学出版社，2005.

农村中小学信息技术教育问题与对策研究*

——以本溪、辽中六所学校为例

毕　宁[1]　荆永君[1]　解月光[2]　杨　雪[1]

（1. 沈阳师范大学　教育技术学院，辽宁　沈阳　110034；

2. 东北师范大学　信息与软件工程学院，吉林　长春　130117）

摘　要：随着教育信息化进程的推进，农村中小学信息技术教育的教学设施、教学条件等方面有了很大的改变，农村中小学信息技术教育还处于刚刚起步的阶段，虽取得了一些成绩，但与城市及经济发达地区相比，还存在着许多问题。为此，本文对辽宁省本溪、辽中六所学校的校长、信息化管理者、学生和教师进行问卷调查，获得辽宁省农村中小学信息技术教育现状的真实数据。通过分析研究，发现农村中小学信息技术教育在专业师资、课时、岗位职责、计算机设备和多媒体资源、教学方式、人文关怀教育等方面存在一些问题。本文从学校、教师、学生三方面给出了解决问题的对策，以期提高农村中小学信息技术教育水平。

关键词：农村中小学　信息技术教育　问卷调查　问题　对策

随着信息化社会的发展以及我国基础教育课程改革的推进，人们对信息技术课程的要求越来越高。近几年国家对农村基础教育投入不断加大，农村中小学的软硬件设施得到改善。但长期以来，我国各地区之间经济、教育发展不平衡，信息技术课程的实施情况在我国的城乡间存在较大差距。为缩小城乡之间信息技术教育的差距，相关部门和专家学者对农村地区的信息技术教育特别是中小学信息技术教育以及信息素养等相关问题进行了许多有益的探索和研究，从各个角度如信息化现状、课程发展方向与设计、教师信息素养、绩效评估体系、有效性等方面给出了很多建设性建议。基于对农村地区的信息技术教育实施细节的研究，为了全面了解辽宁省农村中小学信息技术教育的现状，笔者到辽宁省本溪、辽中地区农村中小学进行调查。

一、调查概况

（一）调查内容及方法

本次调研旨在全面获取信息技术课的开展状况和学生的学习情况、各科教师使用信息技术的现状以及学校信息化设备的配置与使用情况，了解辽宁省农村信息技术教育的现状。调查主要采用问卷调查法，辅以个别访谈法、实地观察法等，强调数据的客观性、准确性。问卷分为校长问卷、信息化管理者问卷、学生问卷和教师问卷，其中教师问卷又分为信息技术教师问卷和普通学科教师问卷，学生问卷分为中学生问卷和小学生问卷。问卷的问题以封闭性问题为主，兼有少量开放性问题。访谈和实地观察的内容作为调查问卷中难以调查内容的补充，使得获得的信息更加具体、完整。

（二）调查对象

本次调研的调查范围是辽宁省农村地区中小学，主要调查对象选取了本溪、辽中地区六所学

* 辽宁省社科联2012年度辽宁经济社会发展立项课题、农村学校教师培训后续支持服务研究（2012lslktzijyx－32）。

校，其中校长5名、信息化管理者6名、信息技术教师9名、普通学科教师150名、学生380名。

（三）问卷的发放、回收及处理

共发放问卷550份，回收541份，回收率98%，其中有效问卷503份，有效率93%。问卷发放回收情况如表1所示。

表1　问卷发放及回收情况统计

	学生	普通学科教师	信息技术教师	信息化管理者	校长	合计
发放	380	150	9	6	5	550
回收	373	148	9	6	5	541
回收率(%)	98	99	100	100	100	98
有效率(%)	97	96	100	100	100	93

问卷分析采用定量统计和定性分析的方法，使用的统计工具是Excel，最后和其他的材料进行汇总整理和分析，通过分析数据总结出农村中小学信息技术教育课程开展的情况。

二、调查结果分析

中小学信息技术课程是以培养学生的信息素养为主要目标，旨在帮助学生掌握适应信息时代生存与发展所必需的信息技术基础知识和基本技能，逐步形成在日常生活与学习中应用信息技术解决问题的能力，形成与信息社会相适应的信息技术人文素养、辩证的信息技术价值观、良好的信息技术使用习惯和社会责任的必修课程。然而，本次调查问卷的统计结果显示，信息技术教育在农村基础教育中至今仍没有一席之地，缺乏应有的重视，以致产生了一系列的问题，使信息技术课程没有完全积极有效地开展。

（一）专业师资力量薄弱，教学质量难以保证

在调查和访谈中发现，所调查的六所学校中，信息技术教师只有9名，其中3名是兼职信息技术教师。从目前的调查结果来看，首先，信息技术教师的数量不能满足需求；其次，教师的专业性不足。仅这两方面就让信息技术课程的正常开展难以维持，更难说信息技术教育的教学质量。信息技术教师的匮乏与专业性不足，满足不了农村中小学信息技术教育的需要。

（二）课时不足，信息技术课难以规范开展

调查结果显示，学生从来没上过信息技术课的比例占37%，一周上1—2节的情况占29%，如图1所示。根据教育部《中小学信息技术课程指导纲要（试行）》的规定："小学阶段信息技术课程，一般不少于68学时；初中阶段信息技术课程，一般不少于68学时。上机课时不应少于总学时的70%。"学校即使每周安排1—2节信息技术课，也与教育部规定的课时相去甚远。针对此问题，我们做了相应的访谈，访谈中发现：多数课时被语文、数学等课程占用，甚至直接没有安排信息技术课程的课时。这种情况严重影响了信息技术课程的开展，是不容忽视的现状。

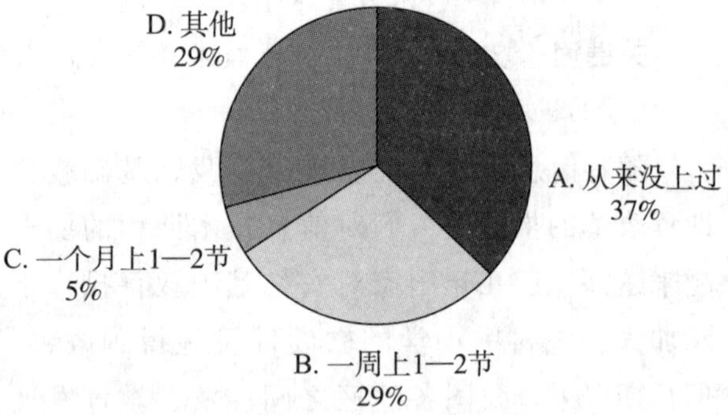

图1　学生上信息技术课的频率

（三）信息技术教师岗位职责多，被边缘化

信息技术教师在学校处于弱势地位，不仅得不到应有的重视，还有较大的工作量。在专业教师数量不足的情况下，多数信息技术教师不仅要负责较多班级的信息技术课，还要负责管理机房、维护全校网络等。信息技术教师不仅脱离自己的教师本位，又因为处于非主科地位晋升职称相当缓慢和困难。信息技术教师被边缘化，既没有得到与其他教师相同的待遇，又实现不了自己的社会价值，极大地挫伤了信息技术教师的积极性。

（四）计算机设备不足，多媒体资源更新缓慢

尽管随着教育信息化的推进，农村中小学计

算机设备已基本配备，但还是存在学生用不上电脑的情况。在被调查地区，仍有22%的学生在信息技术课上不能单独使用一台电脑学习，这影响了学生对学科学习的积极性。学生不喜欢上信息技术课的原因中设备的不足及落后占重要部分，除了上述情况外，还有其他情况使信息技术的发展受到制约，如图2所示。在学科教师问卷中硬件设备的不足以及多媒体资源的缺乏是信息技术不能在课堂中广泛应用的主要原因，如图3所示。

信息时代计算机更新换代的速度相对较快，学校的设备更新也面临严重挑战。设备的不及时升级换代使学生的学习与社会发展脱节，影响学生的学习兴趣。同时，学校领导也比较轻视软件建设，一般在初始投入部分资金购置光盘等资源后，不再注重多媒体资源的经常性更新，使得学校多媒体资源落后，不能达到最佳教学效果。

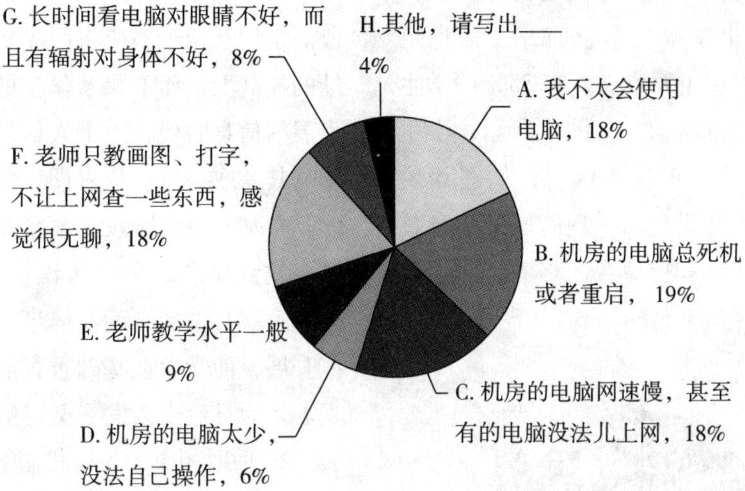

图2 学生不喜欢上信息技术课的原因

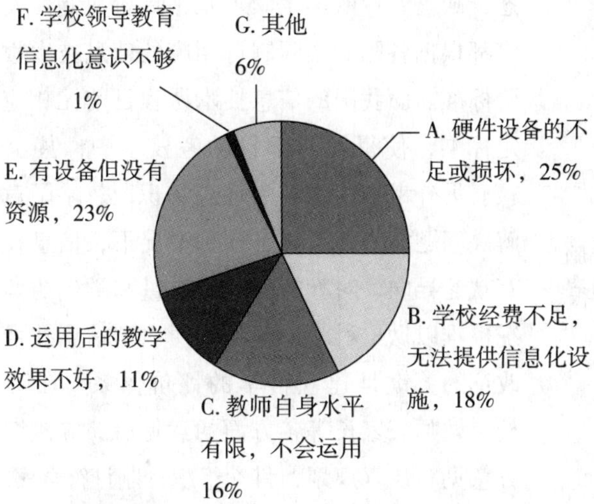

图3 学科教师认为影响信息技术在课堂中有效应用的原因

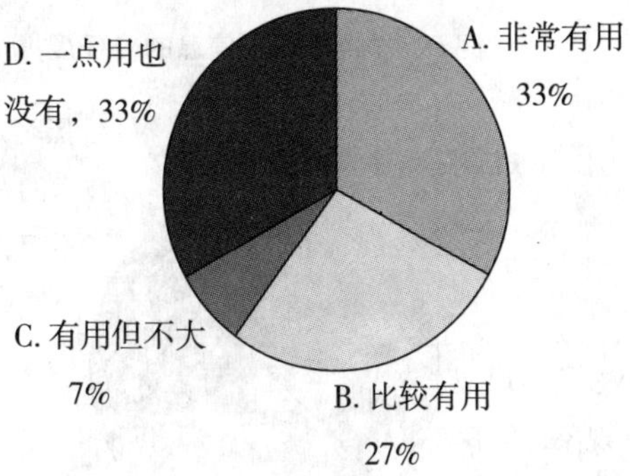

图4 学生认为信息技术课对自己的用处

（五）学生基础差异较大，教学方式落后

根据实际调查发现，农村地区的中小学生信息技术能力基础差异较大，而教师还是笼统地以传统教学方式进行教学，使部分学生无法对教授的知识产生兴趣，如图4所示。部分学生对某部分知识早已熟悉，而另一部分学生由于没有较好的基础知识而无法理解应用这部分知识，这样产生的课堂矛盾影响了学生的学习。

（六）缺乏相应的网络人文关怀教育

2000年11月教育部下发的《中小学信息技

术课程指导纲要（试行）》，将中小学信息技术的教育目标规定为培养中小学生的信息素养，信息素养包括信息意识、信息常识、信息能力、信息道德四个方面。而现阶段的信息技术课程以教授学生计算机基础知识以及基本操作技能为主，对于涉及信息科学知识教育方面的知识是残缺的。这就使农村中小学信息技术教育存在着目标虚化的现象。这主要是对于信息技术教育认识不足导致的。信息技术课程除培养学生的信息能力、信息常识外，培养学生正确的信息意识、信息道德，对于中小学生具有重要意义。有55%的学生对网上信息缺乏正确的辨识，如图5所示；学生对黑客等网络人物缺乏正确的认识，如图6所示。从以上两条调查结果显示，现阶段的信息技术教育忽略了学生情感和价值观的培养，对信息意识、信息道德培养是不足的。

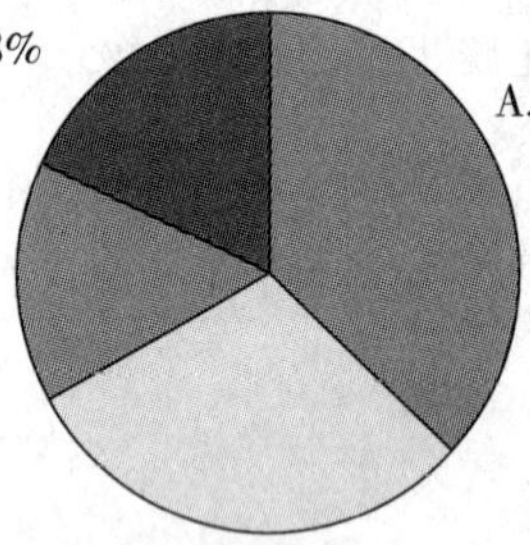

图5　学生对网上信息的信任度

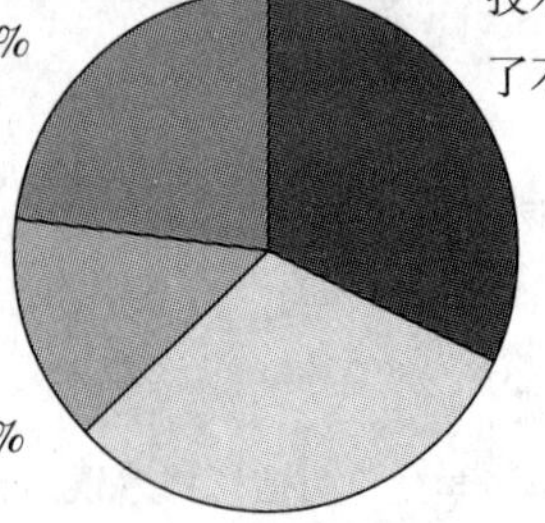

图6　学生对“黑客”的看法

三、对策及建议

（一）学校方面

1. 加强重视，规范地开展信息技术课程。

首先，信息技术课程的规范开展主要受学校领导及教师观念的影响，转变传统教育观念，将信息技术课程放在重要位置，认识到信息技术课程的学习不仅关系学生的升学，教师、学生的学习方式及交流方式，而且也将给传统教学方式的变革带来新的契机，使学校的教学进入新的阶段。学校及家长不应将眼光狭隘地只放在目前成绩的提高上，而不顾及学生的终身发展。在高速发展的信息时代，一个人信息素养的高度将严重影响其获取信息、依靠网络解决问题的能力。因此，在基础教育阶段，学校及社会各个方面应该转变教育观念，充分认识信息技术课程的重要性，重视其发展，确保信息技术课程在学校的规范开展，使学生在基础教育阶段培养良好的信息素养，为日后个人发展奠定良好的基础。

2. 采取相应的评价机制，强化观念。

长期以来，对于信息技术教育的水平考核处于缺失状态，使得信息技术课程处于自由开展状态，缺乏专业的学生学习水平评价机制。发达国家都根据各国的实际制订相应的信息技术教育评价标准。而我国的信息技术课程目前无相应的评定标准，使得各所学校的考核不一，甚至无考核。另外考核内容多为理论知识，忽略了对学生解决问题能力的考查，这种情况下，信息技术教育缺乏导向，对教师的教学质量和学生的学习情况也难以做出科学的评价。所以，信息技术教育改革的关键是建立科学的评价体系。在听取学校、教师、家长等各方面的意见后，应该综合各方意见，认真规划，科学组织，制订符合实际的、科学的、促进教师和学生发展的评价体系。此评价体系与学校整体评价体系统一，使信息技术教师的薪资增长也可与其他学科教师统一。这一评价体系标准的产生，不仅可以明确信息技术教师的发展方向，大大提高信息技术教师的积极性；同时，能够巩固信息技术课程的地位，使学生、教师、家长等明确定位，不再忽视信息技术课程。

3. 加强设备资源建设，提高学校信息化水平。

在国家硬件投入的基础上，学校应该拓宽筹集资金的渠道，加大资金投入，定期升级学校的软硬件资源，使学校的信息化水平与社会的信息化接轨。资金拓宽的渠道，不要局限于国家的拨款，还应该寻求企业的赞助、社区贡献等社会各界的援助方式。另外，在硬件升级的同时，软件资源的建设，也不应落下，学校应定期更新多媒体资源，供信息技术及各课程使用，而不是一次建成就结束。在软件建设方面，可建成多媒体资源库，从因特网下载、兄弟学校共建共享、企业购买等渠道丰富软件资源库，方便教师的使用，提高资源的利用率，提高学校的信息化教学水平。

4. 开放计算机教室，方便教师和学生使用。

在此次访谈中，多数学校对计算机教室的管理非常严格，非上课时间都处于关闭状态。当然这有利于设备的维护，但是计算机教室的利用率大大降低了。开放计算机教室，为教师和学生提供空间和设备资源，可以方便教师在同一空间内共同教研交流，另外也可让学生在课余时间丰富自己的课余活动，激发对信息技术的兴趣、提高学习能力，更好地培养学生的信息素养。

（二）教师方面

1. 加强师资队伍建设，培养信息技术人才。

信息技术师资队伍，从数量上看，信息技术教师处于匮乏状态，学校及教育部门应招聘足量的教师来满足信息技术课程的需求；另外从专业上看，多数信息技术教师的非专业性影响了信息技术课程的发展，教育部门应采取政策引进高校教育技术学专业毕业生到学校工作，提高信息技术教师的专业性。信息技术专业型人才的引进不仅能加快信息技术课程的推广发展，也将推动学校学科教学与信息技术有效融合，加快学校的信息化进程。除了引入专业型人才，提高现有信息技术教师队伍的整体能力也是一项重要措施，信息技术教师需要加强继续教育，对教师的定期培训是提高师资水平的重要途径，培训内容应与现代教学接轨，有效地提高教师的教学能力。

2. 术业专攻，明确信息技术教师分工。

教师分工不明，兼职较多是信息技术教师的普遍状况。这一情况使信息技术教师无法明确自己的未来发展方向及自身职业重要性，严重打击了信息技术教师的积极性。信息技术教师是学校整体设备系统运行的保障者，同时也是信息技术课程的传授者，引领各学科与信息技术融合，职责重大，关系学校信息化教学进程的推进，应受到足够的重视。因此，信息技术教师应该明确分工，确定职责所在，大力提拔能力、贡献突出的信息技术教师，发挥信息技术教师的积极性，积极探索实践，为信息技术发展带来新的突破。

3. 改变教学模式，发挥学生的积极主动性。

信息技术教育应该从传统的教学模式中向外拓展，准确把握课程标准，掌握课程重点，在此基础上，充分考虑学生的差异性，不只是基础知识差异，还要考虑个性差异。在新课程标准要求下，教师可以采用分层教学方式，在原有班级的基础上，分小组教学，每个层次的小组，采用不同的教学要求和教学进度，使每个层次的学生的能力都能在现有基础上得到较快提高。同时，此种方式，不需要迁就教学，使各个层次的学生兴趣都能得到有效激发，增强了课堂趣味性。

（三）学生方面

1. 组织兴趣小组，交流培养技能。

丰富传统教学模式之余，通过各种课余活动调动学生的积极性，组织兴趣小组，共同完成作品，在完成作品的过程中，学生之间互相交流探索，不仅强化了课堂所学技能，而且自主发展了自己的特长。兴趣小组的组织，是学生课后实践、技能培养的最佳方式，也是提高信息技术素养的最佳途径。

2. 开展信息技术作品竞赛，提高重视程度。

为更好地激发学生的学习热情，增强学生对信息技术学习的重视，学校可以开展信息技术作品竞赛活动，学生在竞赛活动中更能提高探索动手能力，增强求知欲；同时纠正教师、学生、家长等社会各界的认识，奠定信息技术课程的地位，为信息技术课程的蓬勃发展开拓道路。

3. 培养正确的价值观、人生观，端正对网络的态度。

中小学信息技术教育要在教授学生科学技能的同时，完善学生对网络使用的伦理道德和法制方面的了解，完善学生的价值观、人生观，端正态度，使学生对网络的使用，持有安全健康的态度。严谨客观地认识到虽然网络能帮我们解决很多难题，但滥用网络可能会带来恶果，强化健全学生的道德法制意识，自觉地正确使用网络，抵制恶意行为。

四、总结

综上，推进农村地区中小学的信息技术教育是一项复杂的工程，需要面临更新观念、资金投入、师资培训、资源整合等诸多方面的挑战。因此，为使农村地区中小学信息技术教育蓬勃发展，应该结合农村地区实际情况，推出合理有效的措施，全面配合，积极探索，不断改进，开拓出一条适合的道路，使农村地区中小学信息技术教育步入一个新阶段，为以后更好的发展奠定基础，全面培养学生的信息技术素养。

参考文献

［1］张超．浅析中小学信息技术课教学中信息素养培养目标的落实［J］．教学与管理，2012（3）．

［2］章鸿，张凯．中学信息技术课程边缘化的原因及解决对策［J］．高等函授学报：自然科学版，2011（4）．

［3］孙艳，解月光，曾水兵．农村中小学信息技术教育目标的反思与重构——基于城乡差异视角的分析［J］．中国电化教育，2007（10）．

［4］黄辉，蔡冠群．农村中小学信息技术教育中存在的问题及对策［J］．软件导刊·教育技术，2011（8）．

［5］肖映铭，谢景政．信息技术课堂中的差异教学策略［J］．中国电化教育，2005（8）．

中等职业学校服务新农村社区建设教育培训研究

周 杰 熊才平 汪学均 海 欣

（华中师范大学 教育信息技术学院 国家数字化学习工程技术研究中心，湖北 武汉 430079）

摘 要：推动信息技术与教育的双向深度融合是当代教育的深刻命题，也是从事职业教育培训中等职业学校的核心使命。从服务时间的互补性、服务内容的相似性以及利益的同一化三方面深入剖析了中等职业学校服务新农村社区教育培训的可行性，构建了中等职业学校服务新农村社区教育培训的立体模型，并分别从服务维度、时间维度和空间维度探讨了开展各种教育培训方式。最后，阐述了利用中等职业学校开展教育培训活动服务新农村农民的作用，不仅有利于提高新农村农民的整体素质，而且也能促进中等职业学校自身的发展，开辟一条切实可行的双向互利共赢的道路。

关键词：中等职业学校 社会服务 新农村社区 教育培训

一、问题的提出

我国正大力发展新农村建设，而新农村建设离不开高素质农民。温家宝同志指出，我国农村全面建设小康社会的根本在于提高农民素质。当前，我国人口压力较大，尤其是农村人口比重高，而且农民的知识文化水平、劳动技能等整体素质普遍偏低，农村人力资源的匮乏是制约新农村建设的瓶颈。因此，只有坚持教育优先发展，才能实现人力资源的先行开发，把沉重的人口压力转化为人力资源优势。

2013年中央一号文件明确提出了："大力培育新型农民和农村实用人才，着力加强职业培训"。如何为广大农民提供必要的职业培训成为当前新农村建设的一个关键问题。

从目前国家职业教育培训来看，职业学校关注的重点还是集中在全日制学生的职业培训上，对于具有广大应用与推广市场的农村职业教育的关注仍然不够，农民职业培训问题仍是职业教育培训的薄弱环节，职业教育与社区教育之间缺乏衔接沟通。

重新建设农村职业教育培训机构，则需要投入大量的人力和物力，还可能存在不能贴近广大农民培训需求等问题。大力发展农村职业教育，利用现有职业教育体系为农民提供职业培训服务可以满足广大农民的职业培训需求，有利于缓解现有职业培训的各种挑战，也有利于推进新农村社区建设。以中等职业学校为依托进行农民职业培训，能够有效促进新农村农民整体素质的提高，为新农村建设培养高素质劳动者，并且有利于加强中等职业学校和新农村社区教育两者之间的互动。

二、中等职业学校服务新农村社区建设教育培训可行性分析

（一）服务时间互补性

中等职业学校与新农村农民教育培训在培训的时间上具有互补性，这保证了中等职业学校服务新农村农民职业培训的时间可行性。与中等职业学校的教学时间集中在上班时间不同，农村劳动力的职业技能培训和文化教育的时间主要集中在晚上、周末和假期等业余时间，它们之间形成了良好的互补关系。农村人口在上班时间需要参加劳动或工作，通常难以脱产参加各种学习活动，只能在晚上或者周末来参加业余学习；还有些人由于工作的需要，平时没有机会参与职业教

育，只能在春节、寒假等假期参加职业技能培训。正是由于农村教育培训与中等职业技术教育的学习时间不同，中等职业学校参与新农村农民教育培训工作不会影响学校原有的教学活动，他们之间的时间互补性决定了利用中等职业学校服务新农村农民教育在时间上的可行性。

（二）服务内容类似性

中等职业学校的教学内容与农村教育培训的内容具有一定的类似性，这使得中等职业学校成为新农村农民职业技能培训和文化教育的最优主体。在我国，中等职业学校不仅分布广泛，而且其教学内容集中在基础职业技能培训上，而农村职业技能培训的重点恰好就是基础职业技能，其教学内容正好能够满足新农村农民教育培训的需求。由于中等职业学校的学生培养常常与当地的工业结构相关，因此其培训内容更能够满足农村劳动力参与当地企业的需要。农村文化教育与中等职业学校的学习内容也具有一定的相关性，利用中等职业学校的各种教育资源可以较好地满足新农村农民的精神文化素养需求，同时，当地的民俗也将成为中等职业学校文化教育的最好素材，二者可以相互促进，共同发展。

（三）利益的同一化

中等职业技术教育与新农村社区教育培训具有共同的利益。新农村社区教育培训需要一定的教育资源，中等职业学校的优质教育资源为农村教育培训提供了绝佳的职业培训指导和文化教育环境，有利于农村教育培训的顺利进行。中等职业学校需要一定的教育市场，参与农村教育培训有利于中等职业技术学校开拓自己的教育市场，获取更加充分的教育投资来完善自身的教学设施，建设更好的教学环境，提高教师的工资待遇。教育部门与相关政府主管部门需要一定的教育机构来完成农村教育培训工作，通过中等职业学校进行农村教育培训可以降低教育投资和管理成本，提高投资与管理效益。在中等职业学校参与农村教育培训的过程中，学校、农村人口和政府部门之间是一种多赢的关系，这保证了各方参与的积极性。

三、中等职业学校服务新农村社区建设教育培训的立体模型

中等职业学校通过职业技能培训和社区文化教育来促进新农村建设，从服务、时间和空间三个维度来进行描述，提出中等职业学校服务新农村社区教育培训的立体模型，如图 1 所示。通过利用中等职业学校闲置的人力资源、物力资源、时间资源以及空间资源为新农村建设过程中的农村人口提供生产劳动技能培训与科学文化知识为核心的文化服务，以此来提高中等职业学校教育资源的利用率，进而提升农村人口的整体素质，从而达到中等职业学校和新农村社区建设双向互利共赢的局面。

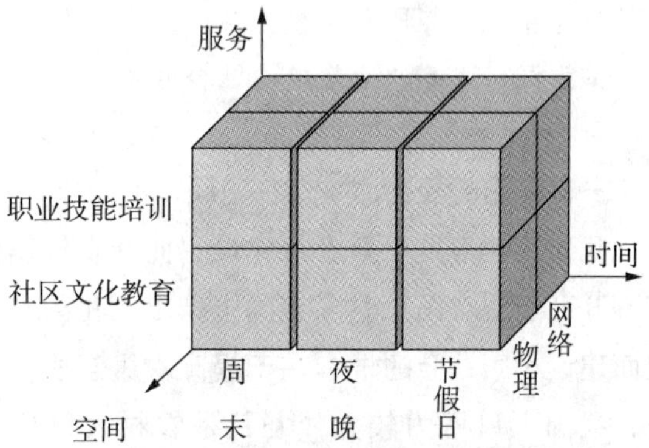

图 1　中等职业学校服务新农村社区教育培训的立体模型

（一）服务维度的分析

在服务维度上，中等职业学校为新农村社区农民教育培训的服务包括职业技能培训和社区文化教育。中等职业学校可以发挥学校的职业教育功能，在学校内开展具有针对性的职业技能培训，以此来提高农民的知识文化水平和劳动技能水平，从而增加劳动就业机会，提高农民的经济收入和生活质量。

中等职业学校在不影响正常教学的情况下，利用学校拥有的人力资源、信息资源和教学设施，为新农村农民提供职业技能培训，培养农民的工作技能与知识水平。如利用中等职业学校现有的教师资源和管理人员对农民进行职业技能培训，避免再招聘新教师造成资源浪费现象，同时也可间接提高教师的工资待遇。另外，学校所拥有的教育信息资源可以充分供农村受培训人员使

用，这并不会影响在校师生的教学和学习活动。此外，学校所拥有的教室、实验设备和其他教学设施也可以提供给培训学员使用。由于农村教育培训与学校教学的时间互补，这些资源的共享并不影响学校正常的教学活动。

新农村社区教育是一种开放式的教育，利用中等职业学校的教育资源服务于新农村社区农民，可以切实提升新农村社区农民的精神文化和生活质量，使得本地区农民学有所得、学有所乐，促进新农村社区农民整体素质全面发展。中等职业学校可以利用素质教育课程中的教师资源为新农村文化教育服务，为农民提供文化素养教育服务。同时，还可以充分利用学校的离退休人员来开展社区文化活动。由于学校离退休人员在文化素养上具有一定的优势，利用学校离退休教师来带动社区文化活动，不仅可以丰富社区文化生活，而且将新农村社区农民的闲暇娱乐活动与学校的闲暇娱乐活动相结合，实现新农村社区文化的繁荣与发展，提高农民的生活品质。

（二）时间维度的分析

在时间维度上，中等职业学校服务新农村社区农民教育培训可以利用周末、晚上和节假日三个时段开展灵活的职业培训，如基于周末和晚上的长期职业培训、基于节假日的短期职业培训。在这些时段，中等职业学校正常的教学工作和农村教育培训之间相互分离，互不影响，保证了中等职业学校服务新农村教育培训的正常实施。

利用中等职业学校周末时间段对新农村劳动力进行长期的职业培训和文化教育。将中等职业学校作为新农村劳动力业余学习的主要场所，在农村劳动者工作之余对其进行长期的培养与教育工作，培养农村劳动者的科学文化知识和职业技能培训。这种培训方式主要针对那些具有稳定的业余时间，能够长期坚持学习的农村劳动者，所学习的内容可以是系统的科学文化知识和职业技能培训。

中等职业学校利用晚上时段对新农村农民的文化与娱乐进行引导和教育，或者组织农民开展各种健康的娱乐活动，能够满足新农村农民日益增长的精神文化生活的需要。在活动的开展过程中，学习者可以是退休人员，也可以是一般的农民群众；活动内容可以是具体的教学活动，也可以是一般性的农民群众活动。

基于节假日开展的短期职业培训，是针对在平时没有办法坚持长期学习的新农村社区农民，在节假日期间进行一些短期的专题职业技能培训活动。由于培训的时间常常十分有限，这些培训活动内容更加具体，活动目的更加明确，通常体现在一些具体的职业技能的掌握与强化上。

（三）空间维度的分析

在空间维度上，中等职业学校参与农村教育培训活动可以利用物理空间，在学校内开展各种培训活动。中等职业学校的农村教育培训活动可以充分利用学校功能完备的多媒体教室、储藏丰富资源的图书馆、器材齐全的实验室等。这些硬件基础设施服务可以为学校的培训工作提供非常理想的场地，同时由于职业技术学校与家庭之间的距离有限，使培训活动非常方便，也有利于学习者进行各种操作与实验训练。但是由于学习时间和地点固定，培训活动对学员的时间和空间的同步要求较高，当学习者无法在规定的时间到达规定的地点时，教学活动将难以继续。

同时，中等职业学校也可以利用虚拟空间参与农村教育培训活动，在网络中开展各种教育培训活动。利用网络新媒体，可以克服传统培训过程中对时间和空间的束缚。利用网络媒体访问学习内容，学习者可以在自己方便的时候参与到学习活动中来。虽然通过网络进行培训活动难以进行操作类型的学习，但是在提供丰富的教学素材的基础上，加上定期的学校操作实践活动，依然可以取得较好的培训效果。

四、中等职业学校服务新农村社区建设教育培训的效果分析

（一）有利于新农村农民的发展

利用中等职业学校的教育资源可以快速提升农村劳动力的职业技能。农村劳动力的职业技能的提高不仅是产业结构调整的需要，同时也是农村人口提高自身劳动力价值的基本途径。我国的产业结构必然会从目前的粗放式发展转化为集约型发展，从劳动密集型产业转向知识密集型产业，同时对于劳动技能与知识水平提出了更高的要求。提高农村劳动者的职业技术水平不仅可以满足新农村农民的生产方式转型的需要，为农村产业发展培养大量的优秀劳动力，让农村劳动者逐渐从繁重的体力劳动中解脱出来，并进一步提高农村劳动者劳动的附加价值，还可以真正提高农村劳动力的收入水平。对农村劳动者进行职业技能培训，让他们能够获取更多的就业机会，并提高他们的收入水平。利用中等职业学校对农村劳动力进行培训，有利于提高农村劳动力的技能水平，促进农村产业结构调整，提高农村人口的收入水平。

利用中等职业学校进行培训的同时还有利于提高新农村农民的文化生活。文化生活建设也是新农村建设的一项重要内容。当前，城镇与农村之间在文化生活上存在较大的差异，城镇人口受教育水平远远高于农村人口；在书籍、计算机等文化耐用品的拥有量上，城镇家庭拥有的客观化状态的文化资本远远优于农村家庭，城市居民家庭的文化耐用品（如钢琴和计算机）拥有量远远多于农村；城镇居民的互联网普及率也远远高于农村。因此与城镇人们的生活相比，农村人口的文化生活相对更加简单。随着社会经济的发展，农村人口也需要有相应的文化生活，但是他们却缺少获取相应文化的基础和条件。中等职业学校教师在知识水平和文化生活上具有一定的优势，在新农村建设的过程中利用中等职业学校资源将现代科技与文化带下乡，有利于满足新农村农民的精神文化消费的需要，也有利于推动新农村建设的过程，丰富农村人口的日常生活。

（二）有利于减轻教育主管部门压力

在新农村建设的过程中，无论是对农村人口进行现代职业技能培训，还是丰富农村人口的精神文化生活，都需要相关教育主管部门进行投资，在实施的过程中需要进行相应的管理。前期投资和后期管理都需要消耗一定的成本，对于教育主管部门来讲，需要控制这些成本才能够实现对农村劳动力的职业技能培训和文化素养培养。只有在政府的引导和支持下，对农村人口的培训与指导工作才有可能进行下去。与重新建立一套农村教育培训机构相比，利用中等职业学校来实施农村培训工作，可以节约教育投资，简化教育管理压力，从而在根本上减轻教育主管部门的工作压力。

利用中等职业学校进行培训可以节省资源。农村人口不可能放弃工作来进行学习活动，只能通过周末、夜晚和节假日等时间来进行培训工作，农村教育培训与中等职业学校教育具有较好的互补性。建立一套专门的教育培训体系需要投入大量的资金进行设备与场所的购置，以及培训与管理人员的聘请，同时由于学习者只是在业余时间进行学习，所有投资会存在较大范围的闲置。中等职业学校的教学时间与农村人口培训时间之间互不重叠，利用中等职业学校来完成对农村人口的职业技能培训和文化生活的培训工作，不需要重建一套系统，只需要在现有的中等职业技术教育体系中填补一些内容和设施，可以充分利用中等职业学校闲置的人力资源与设备资源，节约教育投资，进而增加投资的相对效益。

利用中等职业学校进行培训可以简化维护与管理工作。在建立了一套农村人口职业技能与文化生活的培训体系后，还需要对这套体系进行维护与管理，例如，聘请相应的教师进行教学工作，对于学员的学习过程和教师的教学过程进行管理与评价。中等职业学校具有完整的管理体系，利用中等职业学校进行管理工作，可以充分利用学校现有的管理系统，教育主管部门只需要定期对培训工作进行考察，这样教育主管部门的维护与管理压力就更小，管理起来也更加方便。

（三）有利于中等职业学校的发展

中等职业学校在进行农村人口职业技能培训和文化生活培训的过程中可以获取更多的教育投资。中等职业学校需要积极地获取各方面的投资来满足自身的发展需求，通过对农村人口的培训工作，中等职业学校可以获取来源更加多元化的教育投资，将教育投资的来源从教育局扩展到劳动局和文化局等单位，在进行农村人口培训的过程中获得相应的教育投资，完善自身的教育基础设施。中等职业学校可以通过定向职业技能培训来获得劳动主管部门和企业的资金支持，通过农村文化生活培训来获取文化主管部门的资金支持，从而获得更加广泛的资金来源。而对于企业、劳动主管部门和文化主管部门来说，通过中等职业学校进行新农村社区农民培训，可以减少自己相应的教育投资活动，以较小的代价来满足自身和社会的需要。

中等职业学校进行农村人口培训可以充分利用现有教育资源。中等职业学校所获得的各方投资一方面可以用于农村人口培训投资，另一方面还可以用于改善自身的教学条件。对于中等职业学校来说，农村劳动力的职业技能培训可以与自身的职业技术教育相结合，农村的文化生活教育也可以充分利用自己已有的文化教育体系。因此，在进行农村教育培训的过程中，所进行的投资既可以用于农村教育培训，也可以用于在校学生的教育与培训工作，两者之间以共赢的方式来进行。中等职业学校进行农村教育培训不会影响自身的教学活动，还可以通过农村教育培训来改善自己的教学条件，增加本校教师的待遇，实现教育资源的共享。中等职业学校进行农村人口培训有利于其自身定位。中等职业学校的定位决定了其需要为当地的生产与生活服务、培养社区与企业所需要的各种人才。美国社区教育的成长过程中，为当地社区服务、培养社区所需要的人才就是其中的一条重要的原因。

企业对于技术工人的需求是不断变化的，中等职业学校需要跟上企业需求的这种变化，才能正确定位，培养出符合企业要求的专门人才。中等职业学校参与农村劳动力的职业技能培训的过程，学校在农村劳动力进行职业技能培训的过程中，将学校与学生的工作单位联系在一起，有利于学校明确社会对学生职业技能的要求，把握新农村建设对劳动力的需求与发展方向，从而对学生培养形成更加明确的定位，调整学生的培养方案，培养出符合新农村建设需要的专门人才。

参考文献

［1］国家统计局人口和社会科技统计司．中国人口统计年鉴［M］．北京：中国统计出版社，2002.

［2］俎媛媛．我国教育的城乡差异研究——一种文化再生产的视角［J］．教育理论与实践，2006（19）.

以表征体系四边形深度剖析点读技术中的人机关系

莫永华　张　静　李丽萍　覃翠华

（广西师范学院　计算机与信息工程学院，广西　南宁　530023）

摘　要： 随着信息技术的不断发展以及教育信息化的不断深入，对人、技术与学习之间关系的深度把握愈发重要。笔者以点读技术为例，首先对点读技术在中小学英语学习中的作用进行了简要概述，随后结合表征体系四边形从构成要素（教师、学生、家长、点读技术等）和要素之间的关系两个视角入手，深度剖析了技术与学习的关系，以期技术有效促进学习，最终实现人与技术的有效融合。

关键词： 点读技术　表征体系四边形　人机关系　中小学生　英语学习

一、引言

进入21世纪以来，新兴信息技术不断发展，如智能手机、平板电脑、点读技术等产品相继来到人们身边。这些新兴技术产品的出现，受到了社会的普遍追捧，特别是点读技术（本文中“技术”等同于“机”）。一份北京等城市的中小学生群体消费习惯调查数据显示，40人左右的班级，将近75%的学生拥有点读机。在各大商场和超市，随处可见关于点读技术的广告词。正如某点读产品广告所言“爸爸妈妈再也不用担心我的学习了”。但是，学生拥有了点读产品，学习水平就真能提高了吗？

关于技术与学习的关系是教育技术专家面临的永恒难题。一方面，任何创新成果似乎都提供了无限的潜力，它可能使教育变得更好，或者能解决一些特殊的问题；另一方面，滥用、误用和忽视新技术潜力的现象亦有悠久的历史。尽管这本应该成为大家吸取的教训，但技术支持者仍在继续描述技术如何带来积极的变化，却很少关注它们的缺点；而批评者则继续指出技术的缺点（包括真实的和想象的），却忽视了技术所取得的成就。在AECT 2004年教育技术新定义中，明确采用“促进学习”这一术语来强调学习是由学习者自身控制和主宰的，该定义还强调了技术性干预与学习者能力变化之间存在着紧密的联系。

为了更深层次地厘清技术与学习的关系，笔者拟以点读技术为例，结合表征体系四边形从构成要素、要素之间的关系两个视角入手，深度剖析技术与学习的关系，以期技术有效促进学习，最终实现人与技术的有效融合。

二、表征体系四边形：能指、所指、生产者和观看者

文化研究学者W. J. 米歇尔（W. J. T. MitChell）认为，“一个表征体系为一个四边形，中间通过两条斜线作为轴线连接起来，一条斜线连接能指（sign）和所指（object），另外一条斜线则把表征的生产者（maker）和观看者（viewer）连接起来。连接能指和所指之间的轴线叫作表征轴，而连接表征生产者和观看者之间的轴线叫作交流轴。”（图1是笔者在米歇尔原意基础上拓展所绘）相对于索绪尔（Saussure）的二因素模式“能指（signifier）—所指（signified）”以及皮尔斯（Peirce）的三因素模式“符号（sign）—对象（object）—解释者（interpretant）”，米歇尔模式的优点在于，它不仅包括传统的表征，且强调了交流。该模式适于深度剖析人机关系。

三、点读技术与中小学英语学习关系剖析

在我国，英语科目的增加主要是应对全球

化、国际化。而中小学正处于打基础的阶段，那么英语学习便成为中小学学习任务的重中之重。教师的教学方式、学生的学习方式、家长的辅导方式都不能很好地提高英语学习水平，而点读机弥补了这些方式的不足，受到了极大的重视。虽然点读技术的发展时间不长，但在中小学英语学习应用中，已被学生、家长及教师认为是提高英语学习水平的最佳辅助工具之一。

笔者把表征体系四边形借鉴到点读技术与中小学英语学习关系的分析中，从构成要素、要素之间的关系两个视角，深度剖析技术与学习的关系。

（一）构成要素分析

从构成要素看，表征体系由生产者、观看者、能指、所指等要素所构成。其中，能指可以看作是点读技术；所指可以看作是英语学科本体知识（含符合学科特点的方法）；生产者可以看作是产品开发商；观看者可以看作是学生。此外，还有教师和家长这两个要素。

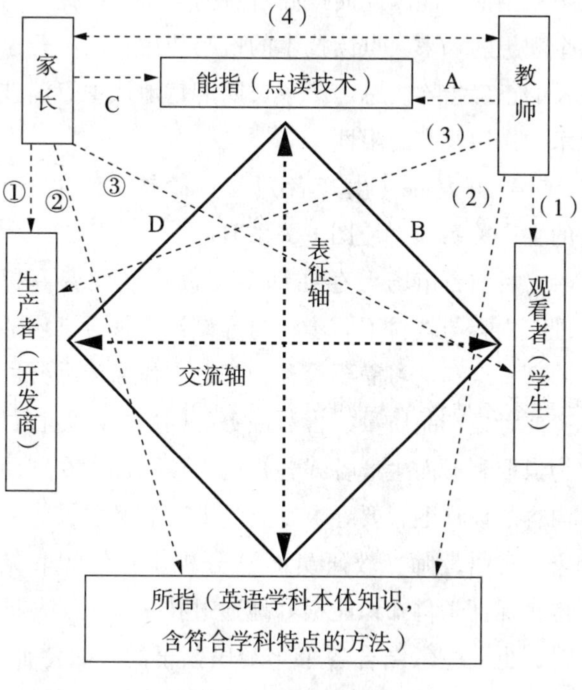

图1　表征体系四边形

A：辅助关系；B：盲学关系；C：盲从关系；D：生产关系；(1) 指导关系；(2) 熟练关系；(3) 指导关系；(4) 沟通关系；①：需求关系；②：缺乏关系；③：辅助关系。另，家长与教师这两个要素为笔者所加

在我国，英语学习成为中小学学习任务的重中之重，教师的教学方式、学生的学习方式、家长的辅导方式有时都达不到预期的效果。从表面上看，点读技术的产生，打破了这种“心有余而力不足”的学习烦恼。但从图1可知，提高英语学习水平，不能单靠点读技术这一个要素，而是通过各个要素的相互结合与作用。

（二）要素间关系分析

从要素间的关系看，教师与能指（点读技术）之间为辅助关系；观看者（学生）与能指（点读技术）之间为盲学关系；家长与能指（点读技术）之间为盲从关系；生产者（开发商）与能指（点读技术）之间为生产关系。

笔者认为教师这一要素处于核心指导地位，除了与能指的关系外，还有与观看者（学生）之间为指导关系；与所指（英语学科本体知识，含符合学科特点的方法）之间为熟练关系，即教师具有丰富的学科教学经验；与生产者（开发商）之间为指导关系，指导产品的设计与开发使产品更符合学科特点与规律；与家长之间为沟通关系，构建家校合作的教育环境。可见，作为教师，不仅要熟悉学科本体知识、评判产品好坏，还要与家长沟通、指导生产者。另外，家长这一角色也起到举足轻重的作用。作为家长不仅要清楚地认识点读技术的利弊，还应经常与教师、学生沟通，了解一定的学科知识和关注孩子的学习特点，不要盲目地为孩子提供一些无用的学习产品。

总之，通过表征体系四边形，我们可以知道在生产、利用点读产品时，人人交互和人机有效交互尤为重要。通过图1可以看出，点读技术是教师教学、家长指导、学生学习的辅助工具。但是，如果不把各个要素有效地结合起来，则无论点读产品的外形、设置多么新颖，功能多么强大，最终都逃脱不了“人机互动”潜在的一些负面影响。

1. 教师运用点读技术（能指）来辅助教学工作（对应图1关系A）。

新课标提出了“以学生为主体”的教学模

式。当点读技术进入课堂，为实现“以学生为主体”的教学模式提供了条件和便利。学生在课堂上有一定的时间利用点读技术自主学习，作为课堂教学的一个环节，可以在一定程度上改变教师教的方式，还时间给孩子。学生不再仅仅从书本或教师那里接受知识，更重要的是，他们在大量的语言实践活动中建构知识，发展语言能力。在此过程中，教师履行“主导”的作用，做好教学的设计者、学生学习过程的指导者、帮促者，营造良好的学习环境。就中小学英语教学而言，教师应尽可能地让学生通过视听、听读等方式，多给学生可理解的语言输入。充分利用点读技术的各种教学资源，采用听、说、做、演、唱、玩的方式，鼓励学生积极参与，大胆表达，这对提高中小学生对语言的感受力和培养他们初步用英语进行听、说、唱、演的能力起到积极的推动作用。同时，让学生利用点读机自己去查阅一些生词、新句型，设置明确的学习主题或解决问题的任务来激励并促进学生的学习。

由于点读技术的发展时间不长，有效的课堂应用模式还需要长时间的探索和实践，特别是在如何体现人机有效交互方面。

2. 学生（观看者）利用点读技术（能指）的学习（对应图1关系B）。

当前中小学生承受很大的课业压力，主要体现在作业量大、有难无助等方面。特别是在英语学习方面，一遇到学习上的困难，家长也爱莫能助。点读技术的出现犹如一位形影不离的教师，帮助学生不断克服学习中的困难，利用其辅导功能进行课前预习、课后复习，同时融入一定的娱乐成分，促进学生的自主学习，这不仅改变了传统的英语学习方式，提高了学习效率，缩短了自主作业时间，缓解了课业压力。点读技术的使用，把声音加进去，教材成了图、文、音的英语学习环境，这种结合使教材接近于玩具，中小学生很容易接受，打消学习英语的畏难情绪，易于激发学习兴趣，减小学习难度。

即使点读技术提供了大量的信息资源，但还是存在许多不足，比如：学生容易点读迷航而使教学不能达到预期的目标；把点读技术应用到英语学习上面看似简单，学生想听什么就点什么，想选哪个单元就选哪个单元，但学生容易沉浸在一些娱乐游戏中，忘记自己的学习目标。同时对大多数学生而言，对点读技术的兴趣程度会随时间而减退，当接触时间长了，新鲜度便会较低。所以当人机交互过程中出现一定的偏离，这些都是需要考虑的问题。

3. 家长对点读技术（能指）作用的认识（对应图1关系C）。

每一位学生家长都存有“望子成龙、望女成凤”的心理，在孩子的学习上，家长可以付出任何代价来辅助孩子。点读技术的出现，让家长多了一位能更好地辅助孩子学习的帮手。点读技术不仅具备了学习辅导功能，还能让学生体味学习的乐趣。而作为家长，应考虑如何引导孩子去恰当地利用点读机有效地辅助英语的学习，而不是一味地相信孩子通过这么一个产品能比别人更轻松地获得进入重点中学或者名牌大学的门票，甚至希望他们能因此而提高自身的竞争力，拥有一个理想的未来。点读技术的恰当使用，离不开家长的正确指导。总之，家长要清楚地认识点读技术的作用及其局限性。

4. 开发商（生产者）与点读技术（能指）的生产关系（对应图1关系D）。

目前，市场上存在许多点读产品发音不标准、内容与教材不同步、内容设计不符合学生的心理特点和学习需要等种种问题。作为产品开发商要考虑产品质量、售后服务等问题，不能盲目为谋取利益而生产各式各样的点读产品。在产品内容的设计上，要寻求专业人士（如教学设计专家、英语教师、教研员等）分析学科知识和结构，保证学科知识能很好地通过技术来展示。同时，也要注意结合各个年龄段孩子的学习特征，有针对性地的生产点读产品。要知道，点读产品的质量问题直接关系学生的学习效果。

四、结语

技术进步对学习方式转变的影响，最终还是聚焦在人身上，尤其是满足学习者的需要上。笔者结合表征体系四边形，通过英语学习与点读技术为例，从更深层次阐述了技术与学习的关系：技术的真正作用在于充当学习者在学习过程中的辅助工具，而人（即学习者）才是学习过程的主体。面对点读技术，教师应巧指导、学生应不盲学、家长应不盲从、开发商应不盲目。在学习过程中应是“人为主、技术为辅”。无论是教师、家长还是学生，在技术与学习之间都应该把学习放在主体位置，合理地使用技术作为辅助工具来促进学生的学习。只有树立了这样的思想，才能做技术的利用者，而不是做技术的跟随者。

参考文献

[1] 黄旭，郎朗．有了点读机学习没烦恼?[N]．经理日报，2009（B01）．

[2] James E. Gall. Book Reviews[J]. Educational Technology Research and Development, 2008 (56).

[3] 莫永华．论教育技术的乌托邦[J]．教育评论，2011（1）．

[4] 艾伦·贾纳斯泽乌斯基，迈克尔·莫伦达．教育技术：定义与评析[M]．北京：北京大学出版社，2010.

[5] Keith Kenney. Representation Theory [C] //Ken Smith, Sandra Moriarty, Gretchen Barbatsis, Keith Kenney. Handbook of Visual Communication: Theory, methods, and media. London: Lawrence Erlbaum Associates, 2005.

[6] Mo Yong-hua, Wei Wen-zhan. A Framework of the Layered Grammar for Visualization [C] // 15th Global Chinese Conference on Computers in Education. New York: the Institute of Electrical and Electronics Engineers, Inc., 2011.

[7] 季晓华，李高明．点读技术进入小学英语课堂后的思考[J]．基础教育研究，2010（B）．

[8] 刘敬雯，陈玉卿．点读技术支持下的中小学英语教学[J]．大连教育学院学报，2012（3）．

[9] 盛群力，马兰．现代教学原理、策略与设计[M]．杭州：浙江教育出版社，2006.

课程与技术从“疏离”走向“真正融合”

——日本中小学课程教学中有效利用ICT的理论与实践及思考与启示

王保中

（枣庄学院　心理与教育科学学院，山东　枣庄　277160）

摘　要：日本中小学课程教学中有效利用ICT的理论与实践表明，不再单纯热衷于日新月异的ICT的利用以及强迫并牵引教师、学生和学校做出被动改变，而是接受教育信息化发展迟滞的合理性，将“ICT在教学指导和学习指导中的利用”的重点聚焦于当前学校教育中教师的教学和学生的学习上，突出了课程教学的现实性以及教师的主体性作用，通过细致的实证研究，逐步推进ICT在教学指导和学习指导中的有效利用。由于我国信息技术与课程整合的实证研究相对薄弱，一线教师的主体意识淡薄，信息技术与课程整合的实效性难以保证，这一点需要引起我们的高度重视。

关键词：ICT　教科指导　实证性研究

如何在课程教学中有效利用ICT（我国专家学者多称为信息技术与课程整合），是教育信息化的核心课题。作为崇尚科技立国和教育立国的发达国家，日本的教育信息化（当然包括课程教学中有效利用ICT的课题）难言处于世界领先水平，日本国内的很多专家和学者也并不隐讳教育信息化的迟滞，而日本教育信息化的迟滞，似乎存在着一些自身的合理性和必然性。在此，对日本中小学课程教学中有效利用ICT的代表性理论观点以及实践研究进行评述，并努力做出客观性的分析，以期在教训和经验方面得到可以攻玉的他山之石。

一、日本中小学课程教学中有效利用ICT的代表性理论

在日本全社会信息化及教育信息化的很多政策措施中，都论及在课程教学中如何有效利用ICT的问题。例如，1995年公布的《面向高度信息通信社会的基本方针》中，强调指出：“教育领域的信息化，以培养全面人格为目标的教育活动，应对高度信息通信社会的发展，通过有效利用计算机等信息机器以及网络、数据库等工具和资源，充实重视学生个性的学习，培养和提升学生的创造力、思考力和表现力，推进远程教育的开展，扩大受教育的机会，改善教育教学方法。”换句话说，就是通过在教学指导和学习指导中有效利用计算机和因特网等工具，充实学习，提高学生的创造力、思考力和表现力，力求充实和改善教育教学方法。

在1999年公布的新千年计划的《教育信息化规划》中，寄予教育信息化以很高的期望，甚至可以说，把教育信息化的目标定位在对传统教育教学的颠覆性革命，这是当时在全球信息化热潮中，日本政治家和教育专家学者们对教育信息化倾注无比高涨的热情，对教育信息化的发展蓝图给予热望的自然表现。那就是通过教育信息化的推进，达到“改变学生（的学习）”“改变教学”“改变学校”的目的。涉及ICT在教学指导和学习指导中利用的目标指向，就是通过ICT在教学指导和学习指导中的有效利用，努力实现改变学生的学习方式，改变学校的运营方式，改善乃至改变教师的教学指导和学习指导方式的理想和目标。

进入21世纪以来，日本政府进一步加强信息化的全面推进，出台并实施了很多相关政策、措施。2001年开始施行《高度信息通信网络社会形成基本法》，根据该法设置了《高度信息通信

网络社会推进本部》，旨在宏观规划和指导日本全社会信息化发展规划。《高度信息通信网络社会推进本部》成立以来，几乎每年都公布实施推进日本全社会信息化发展的政策、措施和规划，其中理所当然包含关于教育信息化及ICT在教学指导和学习指导中利用方面的政策、措施和规划。对教育信息化及ICT在教学指导和学习指导中有效利用的权威、全面地理论阐述，是日本文部科学省在2010年10月发表的《教育信息化指南》中完成的。

（一）在教科指导（包含学习指导）中有效利用ICT的含义

《教育信息化指南》中，对教育信息化及ICT在教学指导和学习指导中的有效利用做出如下阐述。

“在教科指导（包含学习指导）中有效利用ICT，是指教师和学生为了达成课程教学（教科）目标而有效利用ICT。包括三个方面，即教师在课程教学准备和评价中有效利用ICT；教师在课堂教学中ICT的有效利用；学生对ICT的有效利用。”

（二）在教科指导（包含学习指导）中有效利用ICT的注意事项

如上所述，在教科指导（包含学习指导）中有效利用ICT，分为教师对ICT的使用和学生对ICT的使用两种情况。下面主要说明教师利用ICT需要注意的问题。

首先，为了优化和改善教科指导（学习指导）的效果，教师必须合理认识和处理ICT与教师自身所具备的课程教学技能与方法之间的关系。最终左右学习效果的不是ICT，而是教师自身的课程教学技能与方法，要认识到单纯的ICT的使用，并不一定能改善课程教学质量、优化学习效果。教师必须明确使用ICT的场合、时机、目的以及ICT的种类，能否合理整合上述要素，设计出有创意的课程教学，与教师自身的课程教学的能力、艺术乃至方法紧密相关。例如，利用计算机和实物投影仪扩大影像资料，需要教师明确把握学习指导的目标，了解学生的身心发展特点和知识技能的实际状态，能够结合课程教学内容精心选择相关素材和影像资料，在演示影像资料的同时，在合适的时机进行提问、指示和说明，等等。其中很重要的一点是，ICT的演示不能完全替代黑板等传统手段和工具。教师应该把课程教学的关键点和重点等在黑板上加以提示，并指导学生作好学习内容的相关笔记。

其次，使用ICT与传统课程教学方法有机整合，最终目的是促进学生学习活动的有效开展。以在教学中使用ICT的演示为例说明。在课堂教学中，学生一边观察ICT演示的信息和资料，一边听取教师的指示和说明，从而开展有效的学习活动。这里ICT演示的根本作用就是使教师的讲解和说明更易于学生的理解。至于ICT演示所采用的手段和工具是CD－ROM、实物投影仪还是因特网，并不是关键所在。

最后，在课程教学中，应该一贯地重视和突出教师和学生的互动交流。ICT的使用成为课程教学过程中的重要因素，从互动和交流的角度来说，ICT的交互功能增强课程教学中的交流和互动，但是，不要误解为高级ICT手段和工具的强大的交互功能，可以代替教师和学生之间的互动和交流，相反，高级ICT手段和工具的强大的交互功能是为了增强教师和学生之间的互动和交流，也就是说，ICT的使用及其交互是为了保障师生之间更好更有效地交互。

总之，ICT高级与否，技术高难与否，功能丰富与否等，并不一定直接影响教师的课程教学质量和学生的学习效果。

二、日本中小学课程教学中有效利用ICT的实践

在这里，主要分析日本的几个具有典型意义的中小学课程教学中有效利用ICT的实证研究，并介绍两个最新的教育信息化研究课题项目。

（一）关于在教科指导和学习指导中利用ICT的有效性的综合性调查研究

1. 清水康敬等人开展的调查研究。

2005年到2006年的两年间，在日本著名教育技术专家清水康敬的指导下，日本计算机教育开发中心，接受日本文部科学省的委托，对中小学课程教学中利用ICT提升学生学力的有效性开展了综合性调查研究。两年间，将相关实验学校的班级分为实验班（在教学中使用ICT）和对照班（教学中不使用ICT），委托中小学教师实施了752次教学实验，并通过问卷调查、教师评价和客观性测试等方式对实验结果进行了综合性调查分析，其调查分析结果如下。

（1）实验教师的综合评价结果。

教学实验结束之后，采用四段评价法（即非常有效、有效、不太有效、完全无效）要求实验教师对ICT的利用效果进行评价，从评价结果可以得知：97.3%的实验教师认为利用ICT能够提高学生的学力水平，相对于初中和高中教师，小学教师认为利用ICT的教学效果明显。

（2）评价观测点（标准）及实验教学结果的评价。

在实施实验教学之前，设计出评价观测点（标准），实验教学完成之后，要求实验教师根据评价观测点（标准），采用四段评价法，报告评价结果，从报告结果可以得知：以“关心·积极动机（意欲）·态度”作为评价观测点（标准）的实验教学件数最多，为499件，占总量的66.4%，其次依次是：“知识·理解”为397件，“思考·判断”为364件，“表现·技能·处理”为335件。下面主要分析实验教师对上述评价观测点的评价报告，从实验教师报告的评价结果来看，对于评价观测点（标准）“关心·积极动机（意欲）·态度”，利用ICT的效果明显，认为非常有效和有效的教师比例达到98.0%；而最少的评价观测点（标准）“表现·技能·处理”也达到了89.2%。

（3）不同使用主体对ICT利用效果的差异。

在课程教学中，ICT的使用主体包括教师和学生，在本次实验研究中，将ICT的使用主体分为“教师中心的使用”“学生中心的使用”和“教师学生的共同使用”三种情形，要求实验教师对不同情形的ICT的利用效果，做出评价报告。因为该项没有得到全部实验教师的报告，所以只对做出评价报告的结果进行分析，做出评价的报告的实验教学件数总共为537件，从评价结果可以看出，ICT的不同使用主体之间的ICT利用效果存在差异，显著性水平为0.01，教师中心的ICT使用和教师与学生共同的ICT使用的效果均高于学生中心的ICT使用的效果。

在评价观测点（标准）“关心·积极动机（意欲）·态度”方面，教师中心的ICT利用效果、教师和学生共同使用的ICT利用效果都高于学生中心的ICT利用效果，差异的显著性水平为0.05。在其他的评价观测点（标准）“知识·理解”“思考·判断”“表现·技能·处理”方面，也显示出同样的调查结果。

（4）在教学中的不同环节（场合）ICT利用效果的差异。

一般的教学过程可以分为导入阶段、展开阶段和总结阶段、该调查研究分析了在教学的不同环节和阶段利用ICT效果的差异。由于并不是所有实验教师都很清楚地说明了不同环节ICT的利用情况，所以分析的结果没有涵盖所有实验教学。从分析结果可以得知，导入阶段和导入加总结阶段的ICT使用效果最好，展开阶段ICT的使用效果最差，差异的显著性水平为0.01。

（5）对学生的意识调查结果。

实验教学完成之后，关于ICT的利用效果，针对学生进行了两次意识调查，并进行了因子分析。第一次调查结果表明，在“学习积极性”“学习热情和动机”“学习达成度”三个因子上，利用ICT的教学效果均高于未利用ICT的教学效果。同样，第二次调查结果表明，在“思考力·表现力”“知识·理解”“关心·积极动机（意欲）”三个因子上，利用ICT的教学效果均高于未利用ICT的教学效果。

（6）关于客观性测试结果的分析。

在第二次实验教学完成之后，要求实验教师以“知识·理解”“技能·表现”为评价观测点（标准），实施了客观性测试，调查研究人员对测试结果进行了分析，从分析结果可以看出，所调查的教科的客观性测试分数，利用ICT的都高于未利用ICT的，差异的显著性水平是0.01。

2. 丰田充崇等人开展的调查研究。

在2006年和2007年的各半年期间，日本和歌山大学教育学部丰田充崇等人，以××小学5年级和××小学6年级为实验研究对象，对课堂教学中利用ICT的效果进行了调查研究。为便于理解和解释，将前者称为事例1，后者称为事例2。事例1和事例2中的ICT设备和环境是相同的，担任教学的实验教师存在差异，事例1中的实验教师，是ICT使用新手，但是教学经验丰富，教龄为27年的女性教师；事例2中的实验教师，能够比较熟练地使用ICT，但是缺乏教学经验，是教龄不足2年的年轻男性教师。

在实验研究中，对“学力”和“ICT课堂教学”进行了界定。在该研究中，学力主要是指能够作数值分析的各教科测试结果。具体做法：对同一班级的测试成绩进行前后学期之间的比较，同时将实验研究中的测试结果与国家统一的学力调查结果进行比较；ICT课堂教学特指在普通教学（集中的课堂教学）中，教师利用ICT进行演示的教学方式和教学活动。

通过实验研究，我们得出了很多富有启示的结果和结论。

（1）不同教科的测试结果不同。

经过实验研究，发现不同教科的测试结果不同。算术和理科的测试成绩有明显的上升。算术在“知识·理解”“表现·处理”和“数学的思考方法”三个评价观测点（标准）上，测试的正确率高。理科在评价观测点（标准）“技能·表现”上，测试正确率高。而且都表现出明显差异，差异显著性水平为0.01。而语文和社会的测试成绩呈现下降趋势。语文在评价观测点（标准）“言语”上，社会在“知识·理解”“技能·表现”“思考·判断”三个评价观测点（标准）上，测试正确率低，表现出明显差异，差异显著性水平为0.01。

从这个结果来看，教学效果的影响因素，不单单是ICT的使用与否，还与教科的性质和内容等其他因素密切相关。例如，社会科的内容到了6年级后期难度增加幅度很大，学生的学习兴趣下降。

（2）教师的教学设计和能力与ICT使用之间的关系。

在该实验研究的算术和理科的教学中，实验教师把ICT作为辅助手段，对课堂教学做了富有创意的设计，教学过程的节奏感和艺术性很强。而在语文和社会的教学中，以数字化教材为中心的ICT的使用成为教学活动的主体，教学过程变成简单的ICT演示。加之不少担任语文和社会的教师，认为语文和社会的教学难度大，教学过程中过多地依赖数字化教材的应用，只是随着数字化教材的演示和展开进行简单的说明。例如，在社会科的教学中，资料和照片等资料的展示过多，传统的提问、板书、教学卡片等教学方式方法没有很好地进行设计和应用，更没有认真考虑ICT和传统教学方式方法之间的有机结合。

（二）“未来学校推进事业”“学习革命事业”的实施

为了加快建设适应信息化的未来学校，探索新型教学和学习方式、方法，2010年，日本总务省发起实施“未来学校推进事业”。该项目的主要目的是从硬件和技术层面上调查分析中小学整备信息技术通信环境需要认真解决的主要课题。2011年，为了配合“未来学校推进事业”的开展，日本文部科学省发起实施了“学习革命事业”，其主要目的是从软件和教育学习层面上，指向未来教学和学习，探索形成新型主动自主的“个性化学习”和互教互学的“协动学习（合作学习）”方式，对信息通信技术在教学和学习中应用的主要课题进行实证性调查研究。两个事业联合推进，最典型的特色就是实验学校的每一个学生都配备一台小型便携式电脑，展开探索新型教育教学和学习的方式、方法的实验研究。

通过日本总务省开展的“未来学校推进事业”实证性调查研究，2011年度、2012年度和2013年度分别发表了“推进在教育领域有效利用ICT的有关信息通信技术配备应用指南”，从硬件和技术层面上对中小学配备和应用信息通信技术提供了很多具体详细的建议和指导。两项事业联合推进，得到的教育教学和学习方面最重要的启示，如日本教育信息化专家堀田龙也所说：“在学校教育中学生使用小型便携式电脑，可能会形成个性化学习和协动学习（合作学习）等新型的教育教学和学习方式，但是，绝不是说用个性化学习和协动学习完全代替传统的一齐教学

（集体教学），而是要思考如何将传统的一齐教学与个性化学习、协动学习有机整合在一起，发挥各自的长处，教师没有必要，也不应该从 0 开始，而应该从自身条件和特点出发，在传统的一齐教学的基础上，思考三者的合理组合问题。”

三、思考和启示

日本政府在 1999 年公布的新千年计划的《教育信息化规划》中，寄予教育信息化（包括 ICT 在教学指导和学习指导中的利用问题）很高的期望，即通过教育信息化的推进，达到“改变学生（的学习）”“改变教学”“改变学校”的宏伟目标。日本的一些有关专家学者认为本国的教育信息化与先进国家相比，出现了不小的差距，热情呼吁加快教育信息化的步伐，这些似乎是乐观的技术决定论的思想表现。但是，通过对“ICT 在教学指导和学习指导中的利用问题”的理论分析和实证研究，教育信息化的热情冷却了很多，并不再单纯热衷于日新月异的 ICT 的利用以及强迫并牵引教师、学生和学校做出被动改变，而是接受教育信息化发展迟滞的合理性，将“ICT 在教学指导和学习指导中的利用”的重点聚焦于当前学校教育中的教师的教学和学生的学习上，通过细致的实证研究，促进 ICT 在教学指导和学习指导中的有效利用。例如，强调 ICT 与教师自身课程教学能力和方法有机结合的重要性，通过实证性研究，证明教育教学效果的改善和学力的提高，更多地受到“教学技能”等教师自身因素的影响。引人关注的一点是，在教学指导和学习指导中以教师为中心的 ICT 利用，其教学效果高于以学生为中心的 ICT 利用，说明教师的主导或者主体作用的重要性是一贯的。

日本新近的“未来学校推进事业”“学习革命事业”的实施，似乎也并不急于实现个性化学习和协动学习对传统一齐教学（集体教学）的革命，而是希望通过学校教育实践场中的教师和学生自身对 ICT 的自主的主体性的实践性利用，逐步做出改变。这似乎暗合了技术与教育的本质内在一致性的哲学原理，就是说 ICT 与教育主体（教师和学生）之间，不应该是相互隔离，也不是技术对教育主体（教师和学生）的强势促逼，而是二者之间的渐进的“合璧”。

信息技术与课程的有效整合，当然也是我国教育信息化的中心课题。我国的专家学者从技术哲学的高度，作出了很好的阐发，阐明了信息技术作为技术，其技术本质与教育本质的内在一致性。在信息技术与课程整合的实践中，我们如何将研究的重点聚焦于教育教学第一线的教师和学生的现实需求，调动教师和学生的主体性与主动性，让信息技术的本质与教师和学生的本质力量渐进融合并迸发合璧之魅，是教育信息化工作者长期而重大的研究课题。

参考文献

［1］清水康敬，等．关于教学中利用 ICT 提升学力的综合分析评价［C］．日本教育工学会论文集，2008（3）．

［2］丰田充崇，等．在教学中利用 ICT 提高学力水平的实证研究（1）［J］．和歌山大学教育学部教育实践综合中心纪要，2007（7）．

［3］丰田充崇，等．在教学中利用 ICT 提高学力水平的实证研究（2）［J］．和歌山大学教育学部教育实践综合中心纪要，2008（7）．

［4］单美贤．论教育场中的技术［M］．北京：教育科学出版社，2011．

［5］颜士刚．技术的教育价值论［M］．北京：教育科学出版社，2010．

［6］李芒．技术与学习［M］．北京：科学出版社，2007．

［7］李美凤．技术视野下的教师发展论［M］．北京：教育科学出版社，2011．

信息技术翻转课堂教学模式的设计

张　妍　于　敏　李云文

（首都师范大学　初等教育学院，北京　100048）

摘　要：翻转课堂是信息时代一种新的教学实践模式，近年来美国一些中小学在课堂教学中实施了翻转教学，以学生为中心，以信息技术和数字化资源为支持，改变了传统的课内课外、课前课后学习活动与任务的教学模式，对学生的个别化学习以及教师的专业发展起到了积极的促进作用。翻转课堂教学顺利有效的实施，需要教师在充分理解翻转课堂学习理论的基础上，周密详细地设计课前、课中以及课后的教学活动。学生学习的媒介环境不同，会直接影响翻转课堂整体的设计过程。本文结合信息技术的学科特点，从互联网和移动存储设备两个角度，尝试设计了小学信息技术课程应用翻转课堂的教学模式。

关键词：翻转课堂　信息技术　课程　教学模式

一、引言

随着信息技术在我国的高速发展和广泛普及，信息网络已遍布千家万户。出生于20世纪90年代中期以后的中小学生，属于“数字土著”，很多是从小摸着键盘、鼠标长大的，由于地区、家境和认识的不同，学生之间的信息技术使用经验和基础也参差不齐，这就给信息技术课堂教学带来了挑战。审视当前信息技术课堂，发现普遍存在着以教师为主导、学生学习积极性不高、教学内容多而杂、课程时数少等亟待解决的问题。要想改变这种现状，必须要改变我们传统的讲练结合的教育理念，重新审视我们的教与学，重新设计基于当前信息技术和环境及资源支持下的教学。而翻转课堂的教学模式引入信息技术课程，是否有利于问题的解决，值得研究和探讨。

二、翻转课堂及其内涵

翻转课堂，也叫反转课堂，是 Flipped Classroom 中基于 Flipped 的不同翻译，也有翻译为翻转教学或反转教学（Flipped Instruction）的。翻转课堂是指为了培养学生的高级思维或能力，而采用的以学生为中心，以信息技术和数字化资源为支持，翻转了传统的课内课外、课前课后学习活动与任务的教学模式。

翻转课堂的核心价值是颠覆了传统的教学结构（如图1所示）。

传统课堂上首先是教师在课堂将新知识传授给学生，然后学生在课下以完成作业的方式进行巩固练习，教师通过批阅作业总结发现学生学习的漏洞和难点，第二天在课堂上会拿出一点时间再来解决上节课作业中普遍出现的问题。翻转课堂的教学结构与传统课堂相反，学生需要课前自主探究，借助多种媒介学习手段，学习传统课堂中需要学习的内容。而课上的全部时间都是学生通过协作探究等方式进行内化提升，学以致用，在用的过程中可能随时会出现问题，教师再有针对性地适时给予单独指导，课后学生根据学习资源进行反思总结，也可以借助教学资源对所学内容进行查漏补缺，巩固提升。显然翻转课堂教学结构优化了教师与学生的学习效率。

传统课堂与翻转课堂的差异如图1所示。

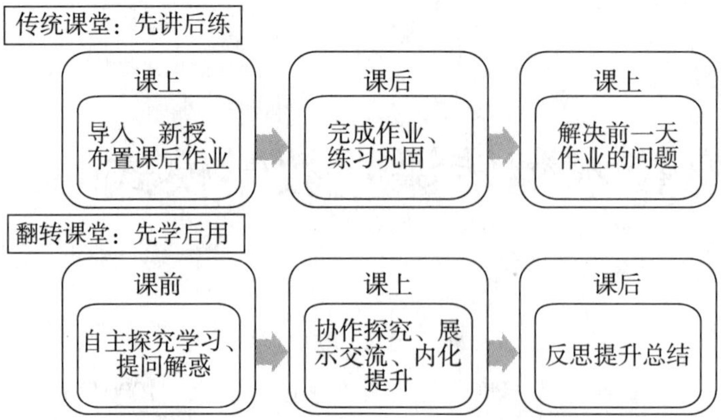

图1　传统课堂与翻转课堂教学结构比较

三、信息技术课程采用翻转教学的必要性和可行性

（一）信息技术课程采用翻转课堂的必要性

1. 信息技术课程发展的需要。

课程改革注重学生能力的培养。随着信息技术的飞速发展，学生利用信息技术的机会早已不局限在课堂的40分钟，这将导致学生信息技术的前期经验和水平参差不齐。如果教师依旧按部就班进行统一授课，那么基础薄弱的学生可能就会感到吃力，跟不上教师的步伐；而基础好的学生则可能丧失学习的兴趣。应用翻转课堂教学可以很好地解决这个问题。课前学生可以在家自由掌控学习内容和学习进度，通过多种渠道获得学习资源，还可以培养学生获取、分析以及处理信息的能力，这正是信息素养培养的具体要求。

课上学生和老师就有充足的时间进行合作、探究和讨论，加深了学生对所学内容的理解。信息技术发明者为了让更多的人主动自觉地使用技术，会想尽办法降低技术使用者的学习成本，从而激发他们运用技术的主动性和频率，所以学习技术本身并不困难，最大的困难是如何利用技术去分析和解决实际问题，这正是信息技术课程的价值所在，也是信息技术课程进一步发展所要解决的问题。

2. 信息时代教学改革与发展的需要。

当前提倡的创新精神和实践能力的人才培养目标，是信息技术高度发展、人类步入信息时代、传统的人才目标已不能满足要求使然。信息技术造成的问题，理应由信息技术配合教育去解决，这符合教育、技术与社会之间的哲学关系。但如何利用信息技术促进和支持教学活动过程的改革，是人们在不断地研究、探索和急于解决的问题。“21世纪教育的基点是终身学习，这是一种贯穿于人的一生的学习，是不断提出问题、解决问题的学习，是与他人协作、分享、共进的学习，是不断进行自我反思的学习。”信息技术课程中采用翻转课堂教学模式，学生通过课前自主学习以及课中的协作探究学习，有效提高学生提出问题、解决问题的能力以及合作探究的能力，同时提高学生终身学习的能力。信息技术有效支持了教学活动的开展，利用信息技术可以使教学过程与方法目标更符合新课程改革的方向。因此，翻转课堂应用于信息技术课堂教学中是非常必要的。

（二）信息技术课程采用翻转课堂的可行性

1. 师生信息素养已有显著提高。

翻转课堂顺利有效地开展需要教师和学生有较高的信息素养，教师能够较为熟练地使用现代教育技术，比如制作视频的工具和软件，甚至是网络平台上视频的发布等。而这些恰好又是信息技术教师所擅长的。较为熟练地使用网络及搜索引擎搜索资料也是信息技术课堂学生需要掌握的一项重要技能。

2. 物质条件已基本具备。

实施翻转课堂，需要丰富的学习资源与信息技术环境和装备。目前，电脑已经成为普通家电，网络也几乎无处不在，各类文本、图片、视频等学习资源的获取已变得十分容易且廉价。物质条件对大多数学生来说，已不是问题，缺少的仅是教师、学生、家长的观念。

3. 学生有个性化学习的需求。

不同学生的学习风格、学生习惯不同，翻转课堂中呈现的微视频时间短，知识呈碎片化，比起传统课堂上长达 40 分钟的讲课，更适合学生的注意力跨度，自由的学习时间和学习次数也满足了不同学习能力的学生，并结合课堂活动对个别学生适时地进行引导和点拨，尊重了学生的独立性、主动性和个体性，实现了学生的个性化学习。因此，从信息资源以及利用的角度来说，信息技术教师的专业性非常有利于翻转课堂的顺利开展。

四、信息技术翻转课堂教学模式的设计

互联网在翻转课堂教学中也起着重要的作用，因此，本文分别从网络和移动存储设备为出发点，以翻转课堂开展的时间顺序为基准，将翻转课堂教学模式分为课前、课中以及课后三个阶段。其中每个阶段从教学目标、教学资源和教学过程三个维度进行课堂教学模式设计。

（一）基于网络的翻转课堂教学模式设计

为了让翻转课堂的实施过程更加直观、具体化，笔者分别对教师和学生在课前、课中和课后环节的任务进行具体阐述，如图 2 所示，旨在帮助广大教师更好地理解翻转课堂。

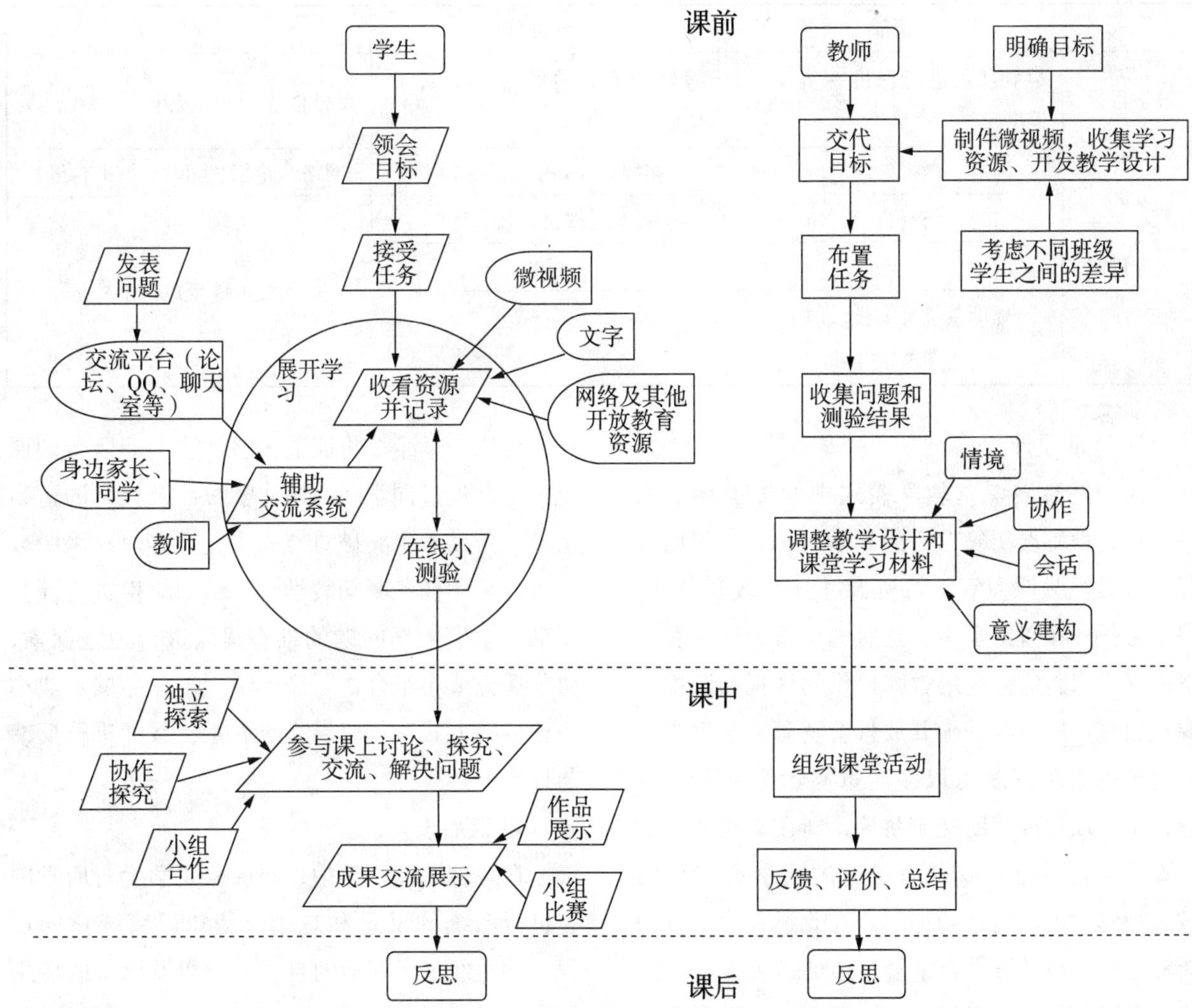

图 2　基于网络的小学信息技术翻转课堂教学模式

图 2 为网络环境下小学信息技术翻转课堂的教学模式，该模式中的核心环节是课前学生的自主学习和课中学生的协作探究，学以致用。随着终身学习理念的被认可，学习者的学习方式正在

向多元化、非正式学习转变，在学习走向移动化、微型化、碎片化的过程中，传统的、大容量的40分钟“满堂灌”式的课程资源已经无法满足学习者的需求，因此微视频课程作为一种新型的课程资源形态日益受到关注。

“‘微课’是指按照新课程标准及教学实践要求，以教学视频为主要载体，反映教师在课堂教学过程中针对某个知识点或教学环节而开展教与学活动的各种教学资源的有机组合。微课主要是为了解决课堂教学中的某个学科知识点，或是反映课堂中的某个教学环节，与传统课堂相比教学主题更加突出，教学指向更加明确；微课视频短小精悍，一般为5—8分钟，符合小学生的认知特点。”“微视频课程是学习者在特定学习情境中，根据自我学习的需求和目标，利用微视频所进行的网络学习活动总和，因此微视频课程能够更好地实现课程资源的重构和分享，从视频属性层面上看，微视频课程更易于传播和运用，符合当前学习者的碎片化学习需求。”

按照时间顺序可以将上述教学模式细分为课前、课中和课后三个环节，不同环节有不同的教学目标，如表1所示，下面将对这三个环节分别进行阐述。

表1　网络环境下翻转课堂教学课前、课中和课后教学目标以及教学资源对比

<table>
<tr><th></th><th>课前</th><th>课中</th><th>课后</th></tr>
<tr><td>教学目标</td><td>学生自主进行深度探究学习，提出问题</td><td>答疑解惑，协作学习，综合应用</td><td>反思总结，强化提升</td></tr>
<tr><td rowspan="4">教学资源</td><td>网络（微视频、论坛等）</td><td>多媒体（PPT、音视频）</td><td>网络（论坛、学习支持平台等）</td></tr>
<tr><td>文本（教材、教参等）</td><td>文本（教材、教参等）</td><td rowspan="3">文本（反思记录）</td></tr>
<tr><td>小测验</td><td>板书</td></tr>
<tr><td>辅助系统（家长、同学、图书馆等）</td><td></td></tr>
</table>

1. 课前设计。

课前是翻转课堂教学模式中的关键环节之一。首先教师要明确自己的教学目标，并根据目标制作微视频课程等学习资源并开发教学设计，将学习任务布置给学生。然后学生根据任务在课下展开学习，充分利用教师提供的微视频课程资源、教材、网络等其他开放教育资源，学生在学习过程中遇到问题可以多次重复学习微视频内容，也可以通过辅助交流系统，即在交流平台上与大家进行讨论，或者向身边的同学和家长请教，当然也可以向老师询问。在此过程中，教师能够通过在线学习平台了解学生的学习进度、测验情况以及提出的疑问，有针对性地调整课堂的教学设计和教学活动。

2. 课中设计。

课中学习的目标是答疑解惑、协作学习以及综合应用。学生要将课前无法解决的问题带到课堂中来，通过同学间的协作学习以及教师的适当引导，帮助学生突破难点，深化重点。在课中教师可以采用任务驱动教学法，组织学生进行课堂活动，学生依据问题的难易程度进行独立探索、协作探究或小组合作。最后学生以作品展示或小组比赛的方式进行成果交流展示，教师进行反馈与评价。

3. 课后设计。

在翻转课堂教学中，课后需要学生对所学内容进行系统的反思和总结，是知识系统化的过程。学生经过了课前的自主学习以及课中的应用解惑，已经对知识有了比较深入的理解和把握，前两个环节属于知识形象化的过程，最后一个环节则需要对知识进行抽象概括，同时反思自己还有哪些地方有困惑或疑问，可以继续通过在线辅助交流系统进行讨论与提问。

通过课前、课中、课后三个环节组成了完整的翻转课堂教学模式。其中课前环节是最关键的，如果课前环节没有完成，会直接影响课中以及课后的实施进度。课中环节是课前环节的巩固和升华，课中需要将知识融会贯通，学以致用，从中突破难点，解决疑惑，只有课前将基础知识技能掌握了，我们才可以集中宝贵的课堂时间用于更多解决问题的互动活动，以达成对课程内容更深入的理解，并培养学生的创造力。课后环节则是本课学习新的生长点，学生通过反思和总结，查漏补缺，将零散的知识系统化，巩固所学内容。

（二）基于移动存储设备的翻转课堂教学模式设计

互联网有力地支持了翻转课堂的教学过程，但是由于网络等原因的限制，很多学生不能保证每天都有固定的上网时间。笔者尝试对上述教学模式进行调整，通过移动存储设备代替网络在线微视频课程，设计出基于移动存储设备的小学信息技术翻转课堂教学模式，如图3所示。

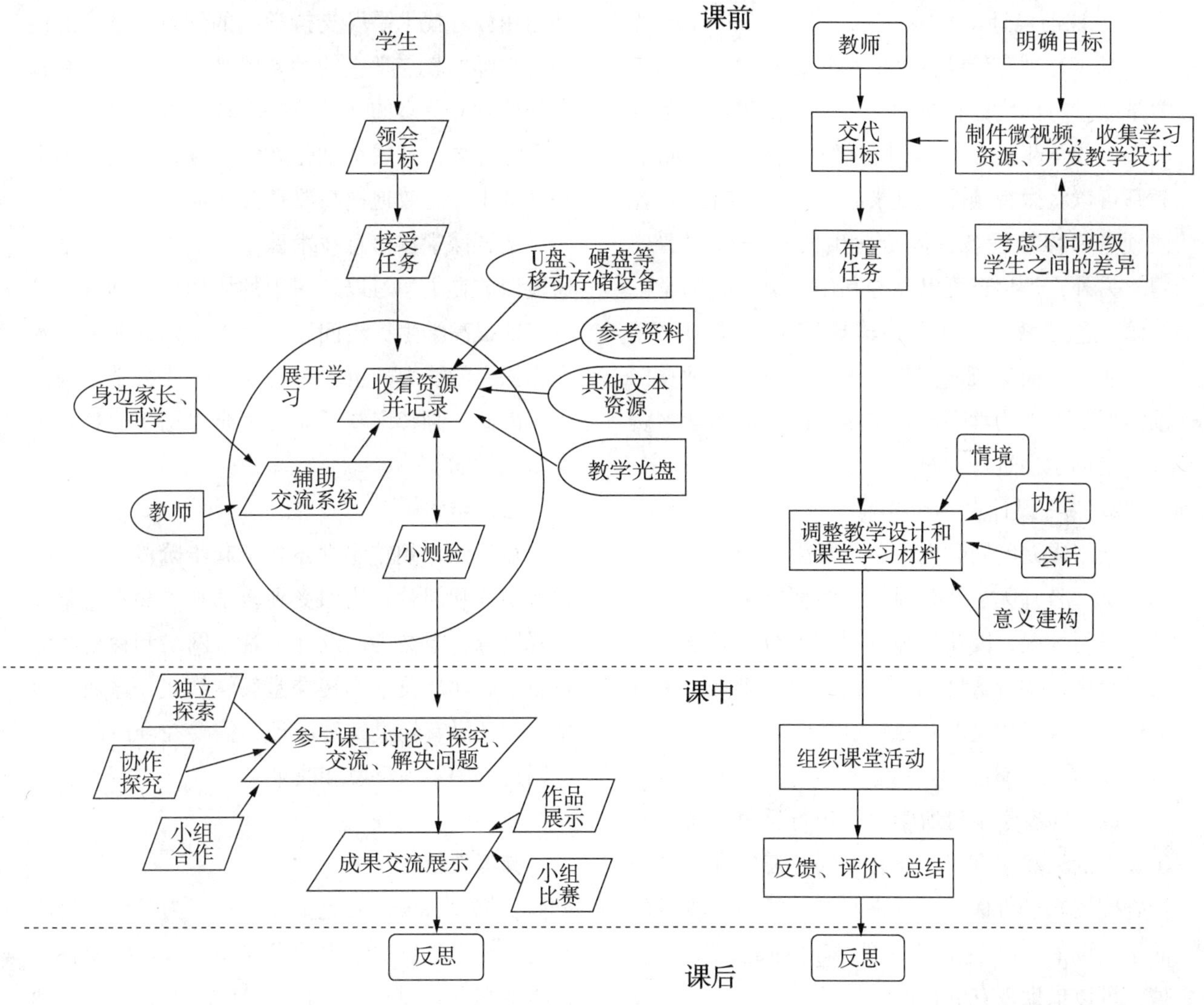

图3 基于移动存储设备的小学信息技术翻转课堂教学模式

移动存储设备下小学信息技术翻转课堂教学模式与网络环境下教学模式的最大区别是：移动存储设备下学生学习受到网络条件的限制，课前学习资源的来源途径以及交流平台减少了，教师很难在课前预知学生的自主学习情况。因此，笔者尝试设计上述模型，用移动存储设备代替网络资源，达到翻转课堂的教学目标。

按照时间顺序可以将翻转课堂分为课前、课

中和课后三个环节，不同环节有不同的教学目标，如表2所示，下面将对这三个环节分别进行阐述，与基于网络环境中相同的部分将不再赘述。

表2　移动存储设备下翻转课堂教学课前、课中和课后教学目标及教学资源对比

	课前	课中	课后
教学目标	学生自主进行深度探究学习、总结问题	综合应用、协作学习、答疑解惑	反思总结、强化提升
教学资源	移动存储设备（CD、U盘、硬盘等）	多媒体（PPT、音视频）	文本（反思记录）
	文本（教材、教参等）	文本（教材、教参等）	
	小测验	板书	
	辅助系统（家长、同学、图书馆等）		

1. 课前设计。

基于移动存储设备下的翻转课堂课前仍然需要学生进行深度的自主学习，但是由于网络条件的限制，学生无法在线进行微视频和论坛讨论，教师可以将微视频课程刻录成光盘或复制到U盘或硬盘等移动设备，传给学生回家进行观看学习。另外，学生还可以充分利用身边现有的学习资源，包括教材、教参、辅导用书以及图书馆等，还可以向家长、同学、老师请教。教师在课前需要更多地为学生准备文本、图片类的学习资源，辅助学生进行学习。

2. 课中设计。

网络限制的同时也抑制了学生在线平台交流的机会，教师无法及时通过在线测验了解学生课前的学习情况，因此教师在课堂上组织教学活动的过程中，要着重感知学生的疑点、难点，有针对性地、及时调整课堂的教学活动。

3. 课后设计。

课后需要学生对所学内容进行反思整理，对于课中的活动内容如果还有疑问，需要课后进一步查阅资料进行探究，解决问题。经过一段时间的学习以后，学生需要对所学内容进行整体梳理，可以借助现有资料进行复习。

总之，翻转课堂教学模式不一定非在网络的环境下才能实施，但是网络确实提供了更加丰富的教学资源和教学环境。

在翻转课堂的教学过程中，教师不再只是知识的传递者，学生也不仅仅是知识的接受者。教师运用教育技术手段支持学生的学习，技术的使用将教师的教与学生的学紧紧结合在一起，翻转后的课堂有更多的互动时间，教师能够兼顾学生的个体差异，开展个别化教学，兼顾不同基础水平的学生，有效地提高课堂教学质量。

翻转课堂在信息技术课堂中实施以后，学生通过课前自主学习以及课中的协作探究学习，可以有效提高学生提出问题、解决问题的能力以及合作探究的能力，也就是提高学生终身学习的能力。因此，翻转课堂是非常适合应用于信息技术课堂教学的。

五、结语

在我国，翻转课堂还处于起步阶段，仍面临很多挑战和问题，比如受到教学观念和网络条件的限制等，本文尝试设计出基于网络和移动存储设备下的信息技术翻转课堂教学模式，这两种教学模式还没有经过实践验证，需要在今后的实际应用过程中不断反思和改进。

参考文献

[1] 钟启泉，崔允漷，张华．为了中华民族的复兴，为了每位学生的发展——《基础教育课程改革纲要（试行）》解读[M]．上海：华东师范大学出版社，2001.

[2] 胡铁生．“微课”：区域教育信息资源发展的新趋势[J]．电化教育研究，2011（10）.

[3] 王觅，贺斌，祝智庭．微视频课程：演变、定位与应用领域[J]．中国电化教育，2013（4）.

西藏课堂教学中信息技术应用种类及其应用创新前景分析
——以拉萨市中小学为例

江卫华

（西藏大学　理学院，西藏　拉萨　850012）

摘　要：为了解西藏课堂教学信息技术应用种类，提高信息技术在课堂教学中的有效应用，研究中随机选取拉萨市中小学学校作为个案，并进行问卷调查与实证分析。统计显示，在西藏课堂教学中大部分教师偏好“黑板＋粉笔”固有授课模式；即使在信息技术应用支持下的课堂教学活动中，教师在多媒体教学活动中用到的图片、文本、视频等媒体资源大多通过网络下载，而自主开发较少。在发现西藏课堂教学信息技术主动创新不足现状的基础上，挖掘西藏教育在信息技术应用中所存留的广阔操作空间，其发展潜力还有待进一步提升。

关键词：西藏　课堂教学　信息技术　应用种类

一、引言

信息技术与课程整合就是以现代网络和多媒体技术为核心，将信息技术自然地融入并运用到课堂教学活动中，以培养学生自主学习、合作学习及发展性学习的能力，从而达到既有利于教师主导地位的发挥，又有利于学生主体地位的凸显。受高原地理生态环境、历史文化发展水平等诸多方面的原因限制，西藏地区在教育信息化进程中普遍存在课堂教学资源库建设不足、教师教育技术能力偏低及学生信息素养有待提高等现象。为了更好地落实西藏教育课堂教学中的信息技术应用，让信息技术更好地与课程整合，在调查课堂教学信息技术应用种类现状的基础上，从教学环境、硬件应用、软件开发等方面分析了西藏现代教育的影响因素，并对基于信息技术的课堂教学应用创新进行实践探讨与前景展望。

二、调查的基本情况

此次关于西藏课堂教学中信息技术应用种类的调查，在广泛征询专家建议的基础上结合西藏教育实际进行了问卷编制，问卷共包括22道题，涉及教师的意识、态度、动机、资源使用情况、信息素养和客观条件五个维度，主要围绕资源使用情况这个维度进行分析。当前拉萨市有小学16所，普通中学16所，这次调查随机选取了拉萨市小学、初中与高中3所有信息技术支撑的中小学学校，共发放教师问卷139份，收回有效问卷128份，回收率92%。采用SPSS17.0软件对问卷数据进行收集整理与统计分析。

三、课堂教学信息技术应用种类

（一）信息技术在课堂教学中应用的环境种类

在课堂教学中应用的信息技术环境种类主要有多媒体教室、网络教室（机房）、多媒体网络教室。基于信息技术进行课堂教学，能够通过丰富的多媒体呈现，使学生对教学内容产生探究兴趣，充分激发学生学习的积极性，促进学生学习的主动性。教师可给学生提供信息参考建议，在使用网络的过程中，使学生自主搜索相关内容，用多媒体的形式互相展示并讨论，将复杂的问题转化为易于理解的问题，帮助学生理解分析。

截至“十一五”末，西藏中小学共建设计算机网络教室133间，卫星教学收视点983个，教学光盘播放系统1763个（包括配备成套教学光盘），在984所学校建设了教育电视“班班通”。拉萨作为西藏首府，其信息技术配备远高于西藏其他地区，拉萨30.56%中小学的教室配有多媒体设备，其余69.44%中小学则配有专门的多媒体教室。然而，从图1中可以看出被试中仍有75%的教师倾向“黑板+粉笔”固有模式的选择。也就是说，只有占少数比例的教师利用信息技术环境进行课堂教学，虽然运用了信息技术，但是教学方式并没有改变，仍然是以传授式教学为主。由此可见，信息技术构建的教学环境在西藏中小学没有被师生充分利用。

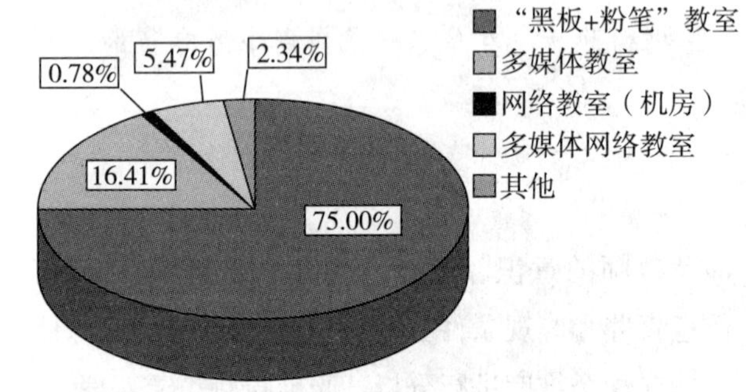

图1　课堂教学中应用信息技术的教室环境百分比

（二）信息技术在课堂教学中应用的硬件种类

目前，课堂教学中经常使用的硬件种类有黑板、摄像机、计算机、实物展台、投影仪、交互式电子白板、网络等。教师可以根据教学内容，结合学生实际，利用信息技术进行教学设计，由学生结合多媒体技术呈现的情境，运用自己已掌握的知识进行个别或者分组的探究活动与研究讨论。这样，运用信息技术不仅有利于课堂教学的有序开展，而且还有利于知识点的全面深入了解。

从表1可以看出课堂教学中常用到的硬件设备在被试学校实际教学中最常用的仍然是黑板，如70.3%选择黑板，39.1%选择计算机，35.9%选择投影仪，28.1%选择实物展台，选择摄像机、网络占的比例则较小，而交互式电子白板几乎没有。可以看出，信息技术硬件设备在课堂教学中使用面还较窄，多样化地使用信息技术硬件种类在西藏中小学课堂教学中有待提高。

（三）信息技术在课堂教学中应用的软件种类

当前，信息技术在课堂教学中应用的软件种类有演示文本、幻灯片、投影仪、文字处理、E-mail或Blog、光盘等，在教学过程中需要用到的多媒体资源类型有文本、视频、图片、音频、动画等。在课堂教学中应用信息技术的课件来源种类包括：自主开发、学校购买、网络下载、与学校技术人员合作开发等。

如表2所示，在课堂教学中信息技术软件资源中，有68.8%的人选择演示文本，有43%的人选择幻灯片，有25.8%的人选择投影仪，有20.3%的人选择文字处理，而选择E-mail或Blog教学和光盘教学的人所占比例较小。如表3所示，课堂教学中多媒体资源使用情况中，有61.7%的人选择图片，有57%的人选择文本，有39.8%的人选择视频和动画，有27.3%的人选择音频，其他的占有1.6%。如表4所示，课堂教学中应用信息技术的课件来源，有74.2%的人选择网络下载，有31.3%的人选择自主开发，有21.1%的人选择学校购买，有9.4%的人选择与学校技术人员合作开发。以上数据表明，软件资源中演示文本、幻灯片使用较多，多媒体资源中图片、文本使用较多，课件来源主要是网络下载，也有部分教师选择了自主开发。信息技术在西藏课堂教学中应用种类的多元化是未来发展的一个方向，应大力普及较少利用资源的使用途径，同时加大对自主开发课件的支持力度。

表1　教学过程中常用信息技术硬件设备情况（多选题）

硬件设备	黑板	摄像机	计算机	实物展台	投影仪	交互式电子白板	网络	其他
次数	90	6	50	36	46	0	12	5
百分比	70.3	4.7	39.1	28.1	35.9	0	9.4	3.9

表2　课堂教学中信息技术软件资源使用情况（多选题）

软件资源	E-mail 或 Blog 教学	光盘教学	演示文本（如 PPT 等）	幻灯片	投影仪	文字处理（如 Word 等）
次数	4	20	88	55	33	26
百分比	3.1	15.6	68.8	43.0	25.8	20.3

表3　课堂教学中多媒体资源使用情况（多选题）

多媒体资源	文本	视频	图片	音频	动画	其他
次数	73	51	79	35	51	2
百分比	57.0	39.8	61.7	27.3	39.8	1.6

表4　课堂教学中应用信息技术的课件来源（多选题）

课件来源	自主开发	学校购买	网络下载	与学校技术人员合作开发	其他
次数	40	27	95	12	5
百分比	31.3	21.1	74.2	9.4	3.9

四、信息技术应用种类在西藏教育课堂教学中的创新前景

信息技术在西藏课堂教学的应用种类、信息技术与课程整合方面都有待提高，主要应该从以下几方面着手。

（一）加强教学资源库建设，充分实施信息技术

教学资源库是进行网络环境下教学的基本条件，是师生所需之源。若没有丰富多样的实用性、针对性强的教学资源，教师难以为学生设计学习资源，也难以设定好主题让学生根据任务去进行自主学习。而学生只有占有大量的资源才有可能对学习内容有比较全面、深入的了解，才有可能开展更加富有成效的学习。从以上数据可以看出，大部分教师选择了网络下载，可以有效利用这一点，把网上质量较好且适合学科教学的课件等教学资源进行下载，加以改进后，进行合理利用。也有少数教师选择了学校购买，可以从一些软件公司购买教学软件。从以上数据分析中可知，只要有充分的信息技术教学资源，教师还是会比较积极地实施。有31.3%的教师选择了自主开发，占到第二位。教师在网上或其他途径都找不到与学习主题相关资源的情况下，教师能够自己开发制作。教师自己制作的课件水平或许比不上网上的共享加工过的课件，但其针对性和实用性更强，适合于结合自身学科特点进行课堂教学。然而，目前网上就西藏中小学课堂教学特点所设计的共享资料较少，且西藏对于建立中小学教学资源库的投入时间晚、力度也不大，这就对西藏中小学的信息化建设提出了进一步的要求。

（二）提高教师的信息素养，发挥信息技术软硬件资源的效果

信息素养是一个含义广泛的综合性概念，不仅包括利用信息工具和信息资源的能力，而且还包括获取识别信息、加工处理信息、传递创造信息的能力，更重要的是独立自主学习的态度和方

法、批判精神以及强烈的社会责任感和参与意识，并将它们运用于实际问题的解决和进行创新性思维的综合信息能力。然而从以上图示和表格数据可以看出，大部分教师倾向于固有的“黑板+粉笔”的授课模式，在信息技术支持下的教学方面的尝试，仅仅局限于一些简单的硬件设备和软件资源，而在信息的搜集、加工、管理、表达与交流方面还存在较大的距离。在这种教师教育技术能力普遍不高的状况下，难以使用计算机平台来设计、展示问题情境，也难以为学生提供探究问题所需的资源和学生自我评价的工具。为了提高教师教育技术能力，在对教师进行现代教育理论培训的同时也应加强信息技术方面的培训。如一些应用软件的使用，课件的制作，资源的调用、查阅等。还可对教师进行教学设计的培训，让教师自己动手设计用于整合模式研究的教学设计、课件设计等。教师一方面需要主动对理论方面和技术方面的内容进行自学，另一方面也可根据实际，组织教师外出到一些名校参观、学习、交流。通过这些方式，教师的信息素养会逐渐提高，信息技术在课堂教学中的使用更为有效。

（三）激发学生的学习兴趣、培养创新思维

运用信息技术于课堂教学中，可以达到声、形、色并茂，有力地吸引学生的注意力，创造活泼的课堂教学氛围。通过对教师的问卷调查，我们能够看到，培养西藏中小学生的学习兴趣尤其关键。在对被试的教学反馈及课堂观察后不难发现，学生的学习方式相对较为传统，学习积极性不高，可见，采用一些传统的教学手段难以有明显的效果。针对这种情况，可以通过使用具有强烈感官刺激的呈现方式，将所传授的知识具体而形象地展现出来，这样才能够吸引学生的注意力，引导学生领悟知识。通过信息技术的运用，特别是网络技术的运用，每个学生可以针对自己的需要进行选择性学习，触发学生的自主性，提高学习效率，运用网络技术打破时间和空间上的限制，给学习带来更多的便利。

五、结语

随着西藏教育信息化进程的不断发展，信息技术有效地应用于课堂教学是一个重要的发展方向与研究课题。基于信息技术的课堂教学环境可以为学生的自主学习提供更加自由的空间，能够为课堂上师生、生生互动提供帮助，从而为西藏地区教育的发展提供理论上的支持。确切地说，让信息技术服务于中小学学科教学，教师应熟练掌握学科教学相关硬件、软件的使用方法，善于制作教学课件，将现代教育理念与教学实践活动有效地结合在一起，合理选择与运用信息技术，以信息技术促进学生的有效学习，进而达到西藏教育培养学生创新精神与操作能力的目的。当然，将信息技术应用于西藏教育教学课堂中是一项系统工程，只有在正确理论的指导下，循序渐进，才能可持续发展。一方面，要注重西藏教师教育技术能力的培养，另一方面，要加强西藏特点的学科教学资源库建设，从而多层面培养、激发学生的学习兴趣，所有这些将是多种信息技术在课堂教学中得到有效应用的重要条件，同时也是西藏教育寻求创新过程中的依托所在。

参考文献

［1］田英奇．让信息技术更有效地应用于课堂教学[J]．中国校外教育，2010（3）．

［2］西藏自治区教育厅．2010—2011 学年初统计资料汇编：西藏自治区教育事业统计资料[G]．2010（12）．

［3］邓桂兵．关于网络环境下教学方式的思考[J]．湖北成人教育学院学报，2005（11）．

［4］张倩苇．信息素养与信息素养教育[J]．电化教育研究，2001（2）．

基于交互式电子白板的课堂教学设计及应用

——以高阶思维能力培养为目标

马勋雕　解月光

（东北师范大学　信息与软件工程学院，吉林　长春　130117）

摘　要：目前，在基于 IWB 的课堂中，其交互性还处于浅层交互阶段，如何挖掘更深层次的学生交互，即“概念性”交互是教师和研究者们共同关心的问题；“概念性”交互强调与课程的概念和观点进行交互，进行知识建构，这种能促进学习者高阶思维发展的“概念性”交互是未来研究的重点。但是，高质量的交互与使用的媒体没有直接的关系，教师的教学设计是关键。基于此，本文提出在基于 IWB 的课堂教学中，从以培养学习者高阶思维能力为目标的视角进行教学设计。文章分析了教学设计的基本特点及构成要素，最后设计了一个教学案例。

关键词：高阶思维　高阶学习　高阶思维能力　IWB　概念性交互

交互式电子白板（以下简称 IWB）正逐步取代传统黑板和多媒体投影系统成为未来中小学课堂教学的主流媒体。但是，就其运用情况来看，只是起到加强演示和示范的作用，其交互仅仅停留在“技术性”和“物理性”交互层面，没有能够真正达到培养学习者高阶思维能力的“概念性”交互上。Jewitt 等人把基于 IWB 的课堂交互分为三种，即“技术性”交互、“物理性”交互和“概念性”交互，Moss 等人认为，“技术性”交互：关注点在于 IWB 的技术功能进行交互；“物理性”交互：关注点在于让学生走到 IWB 面前，操作上面的元素；“概念性”交互：关注点在于课程的概念和观点进行交互，进行知识建构。“高质量的交互与使用的媒体没有直接的关系，教学设计和教学实施比媒体的特性更重要。”如何才能从“技术性”和“物理性”交互转向“概念性”交互，笔者认为教学设计是关键。从以培养学习者高阶思维能力为目标的视角进行教学设计，是未来的发展趋势。

一、高阶思维能力培养与高阶学习

关于对高阶思维能力的认识和理解，到目前为止，影响较大的是本杰明·布鲁姆（Bloom，1956）及罗伯特·加涅（Gagne，1985）等人的学习理论。其中，布鲁姆等人（2001）对认知教学目标进行了分类，他们把认知发展水平分为六个层次：知道、领会、应用、分析、评价和创新。每个层次都有其特定的意义和行为特征，如表 1 所示，在这些行为目标中，前三个（知道、领会和应用）行为目标指向低阶思维，而后三个（分析、评价和创新）行为目标指向高阶思维，即在教学中如果注重发展后三种行为目标则有利于发展学习者的高阶思维能力。国内学者钟志贤教授对其有进一步的认识，高阶思维能力是指知识时代对人才素质要求所偏重的九大能力，包括创新、决策、批判性思维、信息素养、团队协作、兼容、获取隐性知识、自我管理和可持续发展能力。这九大能力是以高阶思维为核心的能力整体，发展高阶思维能力最有效的方法是与课程内容和教学方法整合起来，让学习者投入到高阶思维的活动中，这种学习就是高阶学习，而高阶学习的结果是产生高阶知识和高阶能力。

所谓高阶学习，是指运用高阶能力，特别是高阶思维进行有意义的学习，这种学习是主动的、有意图的、建构的、真实的以及合作的。高阶学习是发展高阶能力、高阶思维和高阶知识的平台和路径。

表1　Bloom的认知目标分类与高阶思维的关系

目标等级		定　义	行为特征
高阶思维	评价	根据标准判定价值或用处	评价、估计、选择、评论、预测、鉴定、预言、重视、辨明、联系、比较、辩护、估计、证明、评定、支持
	分析	确定组成部分及关联程度	分析、计算、选择、对比、推断、实验、提问、区别、辨别、识别、评价、分类、比较、评论、检查、组织、测试
	创新	形成新的思想或作品	产生、假设、规划、设计、创作、制作

IWB作为融合多种交互技术、模拟仿真和思维表达技术的“平台”，能够很好地支持学习者的高阶学习，从而实现对学习者高阶思维能力的培养。

二、基于IWB的课堂教学

传统黑板不能展示数字化媒体材料，虽然多媒体投影系统能实现这一功能，但是它有很多缺陷，如教师不能在投影幕布前对其进行操作，它只适合于演示预先设置好的、高度结构化的教学内容。但是，教学既不是教师预先设计好的、在教育过程中不可改变的僵死计划的执行，也不是儿童无目的、随意、自发的活动，而是一个动态的师生共同学习、共同建构的过程。所以，多媒体投影系统也不是教学的最佳辅助工具。

IWB能与计算机结合，既能像黑板一样能在上面自由书写，又顺应了数字化潮流，可以实现与计算机的交互控制，像多媒体一样方便呈现、处理和保存教学内容，克服了传统黑板不能展示数字化媒体材料的不足，但又有别于多媒体投影系统，教师能在IWB面前对教学内容进行操作。IWB具有“技术集成、资源整合、交互平台、协作环境、教学设计”等优势。它集成多种技术，包括多媒体通信技术以及网络技术；超大的白板屏幕相当于多媒体投影，可以清晰显示教学内容；教师和学生可以通过网络链接获取适合教学应用的教学资源；教师能用电子笔进行讲解和练习，还可以在文本、图像和视频等资源上进行批注和操作。

IWB作为融合多种交互技术、模拟仿真和思维表达技术的“平台”，教师能够迅速改变和重新配置教学资源和教学工具，从而使更高、更深层次的“概念性”交互得以实现。这种交互学习强调学生并非被动地接纳信息，而是主动地构建自己对信息的解释，并主动建构意义，从而达到对知识的构建，为此，我们要构建基于IWB的课堂教学环境，包括：构建以问题为导向的启发式课堂教学环境，即提出问题、分析问题、解决问题的教学环境；构建对话和交流的教学环境；构建学生“动手做”，即体验和解释的课堂学习环境。显然，这种环境能够很好地支持学习者的高阶学习。

三、基于IWB的课堂教学设计

基于IWB的课堂教学设计：课堂上，教师利用IWB进行教学，学生利用IWB开展各种学习活动，通过IWB建立一个师生、生生之间的互动“平台”，在这种“互动”环境下，为了实现特定的教学目标，依据课程内容主题、学习者特征，运用教学原理，为学习者预设学习活动的过程。

（一）教学设计的特点

1. 强调对教学目标的设计，基于IWB的课堂教学追求一种对学习者高阶思维能力培养的理念，只有达到这个目标，才能体现IWB的真正价值。

2. 重视教学活动结构的设计，基于IWB教学活动的设计重点是对话和交流活动的设计，设计时重点强调：结合教学内容的教学设计、围绕问题的交互性资源选择、对话与交流的设计。

（二）教学设计基本要素

1. 学生。学生是学习的主体，学生要借助IWB提供的互动“平台”积极主动地与其他学生、教师、媒体资源进行互动，从而达到对知识的建构；基于互动“平台”，学生开展多种学习活动，如课堂交互、学生探究、小组活动、课堂练习等。

2. 教师。教师是学生的帮促者、协作者，能及时有效地为学习者提供各种支持，如概念支持、元认知支持、过程支持和策略性支持等，指导和帮助学习者的知识建构过程。教师要充分利用IWB的各项功能和特性引导学习者实现高阶学习目标。

3. 学习目标。目前，在教学目标定位和学习结果预期方面，对实施高阶思维教学影响较大的理论是布鲁姆等人（1956）的认知目标分类学说，在学习过程中，如果达到了学习者的评价、分析以及创新层次的目标，也就实现了对学习者高阶思维能力的培养，如表1所示。所以，基于IWB的课堂教学中，应该利用IWB的教学优势设置教学环节，来培养学生评价、分析以及创新方面的能力。另外，还可以围绕高阶学习的五个特征设计教学，IWB支持五个特征的实现，最终也能培养学习者的高阶思维能力。

4. 学习活动。基于IWB的课堂教学成功与否归根结底取决于师生的课堂教学活动与协作。也就是说教学活动是影响教学成功与否的关键因素之一，其目标是培养学习者高阶思维能力，高阶思维能力是内隐目标，布鲁姆认知目标分类层次的分析、评价和创新是外显目标，在课堂教学活动中，培养学生的高阶思维能力应该从以下两方面着手。一方面，教学活动要注重培养学生分析、评价和创新层次的认知目标，另一方面，在学习活动过程中，教学设计要围绕高阶学习的五个特征展开。IWB提供了一个协作的交互“平台”，作为融合多种交互技术、模拟仿真和思维表达技术的“平台”，基于此，可以开展多种多样的学习活动。IWB课堂的“概念性”交互能促进学生知识的建构，知识建构的活动是以问题/任务为起始的，活动设计的关键是问题和任务设计，问题和任务有一个共同的特点就是真实性，这种学习任务不是学习者只要通过简单收集、整理、复制和粘贴就可以完成的，而是需要学习者运用高阶思维能力。知识建构的目的就是促进学习者高阶思维能力的发展。

5. 学习资源。资源是教学设计的重要构建之一，同时也是学习者进行高阶学习的必要条件之一。IWB具有资源整合的优点，能够实现丰富多样的教育资源的灵活整合。在课堂教学中，教师不仅可以调用与IWB连接的多媒体计算机和网络原有的多媒体资源，还可以直接调用IWB内置的多种资源库，每个教师的教学课件和教学经验可以直接保存下来，与大家一起共同分享。有了这些丰富的资源作保障，并经过恰当的组织，方便支持学习者的高阶学习，最终达到高阶学习的目标。

6. 学习策略。IWB继承了传统黑板和多媒体投影的技术优势，而自身又作为融合了多种交互技术、模拟仿真以及思维表达技术的“平台”，为开展混合式学习提供必要的准备。基于IWB的混合式学习策略把IWB环境下的课堂交互（表达、对话与交流）和信息技术支持的学习活动有机地结合起来，从而实现从灌输式教育向启发式教育的转变，以增强学习的有效性。这种学习策略强调课堂的对话与交流、支持交互的自主学习活动。

7. 评价。评价是对知识建构过程的一种反馈和反思。合理的评价能激发学习者的学习动机，促进有效的知识建构。知识建构能促进学习者高阶思维能力的发展。合理的评价能促进学习者高阶思维能力的发展。这种评价方式应该包括：重视自我参照、多种评价方式相结合，重视多样化的、弹性的以学习者为中心的评价，重视弹性的、迁移化的知识与技能，具有持续性和实时性。IWB为这种评价提供了现实的可能性，IWB具有存储功能，方便为每个学生建立自己的成长记录袋，学习者根据自身的目标、意图和过去的成绩来评定学习进步情况。IWB具有快照和回放功能。通过回放学习者学习过程或者问题求解过程，使评价的重心落在学习者的问题求解过程成为可能，为评价学习者的问题求解方案提供辅助作用。IWB具有数据统计、保存等功能，这对于自我评价和他人评价相结合、过程评价和结果评价相结合等方式起辅助作用。

四、基于 IWB 的课堂教学应用案例

本教学设计参照钟志贤《信息化教学模式》一书中关于基于问题的教学模式来进行设计。

（一）案例说明

本案例是人教版三年级语文上册第 21 课古诗两首《望天门山》。首先，通过信息技术手段还原李白当年游天门山的场景，给学生一种真实的切身体验；然后，根据自己的所看、所感用最精练的语句描述出来；最后通过与诗人李白的古诗作对比，体验本诗的精妙之处，从而达到学习本诗的目的，通过这种学习方式来培养学生对问题的分析、比较及创新思维能力。

（二）教学设计

1. 教学目标。

（1）通过观看天门山的相关视频资料，还原李白当年游天门山的场景，要求学生用简洁明了的语句写一篇小短文，培养学生的分析和表达能力。

（2）通过把自己的作品与诗人的诗句进行比较，体验作者诗句精妙之处，培养学生对古体诗的一种热爱，激发学生对古体诗的热情。

2. 学习者特征分析。

三年级的学生有一定的语言表达能力，对事物有一种分析、比较、综合及运用能力。这个阶段的学生思维能力的培养尤为重要。

3. 教学环境。

教室中安装了 IWB，并与多媒体系统相连，能够实时地调出多媒体计算机中的各种多媒体资源，多媒体计算机与网络相连，可以随时搜索网上资源，每个学生手中都有一台平板电脑，并与 IWB 相连，方便学生之间进行协作交流。

4. 学习活动。

（1）创设情境：教师通过 IWB 超大的屏幕，播放一段关于天门山的视频资料，还原当年李白游天门山的场景，给学生一种真实的切身体验。

（2）确定问题：视频资料播放结束之后，学生可能产生很多问题，此时，教师通过提问的方式来了解其想法，最后确定问题，即用说明文把自己的所看、所感用精练的语句描述出来，写一篇小短文。

（3）协作探究：IWB 提供了一个协作探究“平台”，师生的教与学的角色和行为都发生了积极的变化，教师对学生的控制大大减弱，给学生更多的时间进行自主探究，合作交流。问题确定之后，学生围绕问题以小组的形式展开探论，通过与 IWB 相连的平板电脑在网上搜索信息，学习过程显示在 IWB 的大屏幕上，并记录和保存下来。

（4）求异同归：IWB 记录了学生思维发展的全过程，通过回放功能，清晰再现每个学生、小组的问题求解和思维表征过程，方便教师进行点评，最后找出一些比较好的作品，对其进行评论。

5. 学习过程。

第一阶段：发现问题。IWB 播放完视频资料之后，教师提问：“这么美丽的景物，如果我们用语言描述出来该多好啊！”并提示用什么文体比较好，学生展开讨论，教师汇集问题，最后确定用说明文进行描述。

第二阶段：探究问题。教师点拨，在写小短文之前，首先要清楚需要描述的场景，师生一起讨论、交流，教师通过 IWB 的快照功能，把视频场景拍照下来，排列在屏幕上。最后确定需要描述的场景，场景包括：天门山被长江分开的场景、碧绿的长江水转弯图片、两岸的青山、帆船、太阳。

第三阶段：创作交流。学生在平板电脑上用精简、生动、形象的语句写一篇小短文，写完之后，组内进行对比、讨论，经过组内协商，最终达成共识，综合成一篇小短文；所有小组的作品全部显示在 IWB 大屏幕上，每个小组委派一名代表在 IWB 面前进行组间讨论和交流，通过 IWB 放大、拖动、修改、保存等功能对自己小组的作品进行修改，并保留下来。最后教师通过评比，保留最优秀的作品。

第四阶段：对比学习。呈现诗句内容，教师

进行讲解，使学生完全明白诗句的意思，然后把学生的作品与诗人的诗句进行对比，让同学们体验诗人诗句精妙之处。

6. 评价与反思。

整个教学过程完全通过 IWB 的拍照功能拍下来，保存在资源库中，并通过回放功能回放学生对小短文的创作、组内/组间讨论、协商以及问题求解过程，使评价的重心落在学生对问题求解，为评价学生的问题求解方案提供帮助。IWB 具有数据统计、保存等功能，这对于自我评价和他人评价相结合、过程评价和终结性评价相结合等方式起到辅助作用。在基于 IWB 的课堂学习中，不仅仅要求学生达到“技术性”和“物理性”的交互，而且更重要的是达到培养学生高阶思维能力的“概念性”交互。

五、结语

在基于 IWB 的课堂中，要想真正体验 IWB 给课堂带来的巨大变革，教师不是只在传统教学方法的基础上来探索 IWB 的技术优势，而是要借助 IWB 的技术优势来改变有利于培养学生高阶思维能力的教学方法；高质量的交互与使用的媒体没有直接的关系，教学设计和教学实施比媒体的特性更重要。要想使未来基于 IWB 的课堂支持学习者的高阶学习，教师的教学设计是关键。

参考文献

[1] 陈丽. 远程教学中交互规律的研究现状述评[J]. 中国远程教育，2004 (1).

[2] 魏国宁，魏俊杰，解月光. 初中数学信息技术有效应用评价指标体系研究[J]. 中小学电教，2012 (12).

[3] 钟志贤. 教学设计的宗旨：促进学习者高阶能力发展[J]. 电化教育研究，2004 (11).

[4] 钟志贤. 信息化教学模式——理论建构与实践例说[M]. 北京：教育科学出版社，2003.

[5] 丁兴富，蒋国珍. 白板终将替代黑板成为课堂教学的主流技术[J]. 电化教育研究，2005 (5).

[6] 王觅，钟志贤. 论促进知识建构的学习环境设计[J]. 开放教育研究，2008 (8).

[7] 张豪锋，李瑞萍. E-Learning 2.0 环境下交互白板课堂教学设计及应用[J]. 现代教育技术，2009 (7).

数字故事在小学语文教学中的应用研究

徐　丽　庄天宝

（沈阳师范大学　教育技术学院，辽宁　沈阳　110034）

摘　要： 本文主要研究的是设计数字故事的过程和在小学语文教学中的实践调查情况。笔者设计和制作了小学语文《小英雄王二小》这节课的数字故事，并将数字故事应用在课堂教学上，目的是在教学中实现教学目标中的第三维目标，即情感、态度与价值观目标。而且在数字故事实践之后，以访谈的形式调查学生的反映和接受情况。由于学生有不同层次之分，所以在访谈时只调查了班级中的8名同学，分别是优秀、良、中和及格四个等级，通过与他们的访谈内容总结了数字故事在小学语文教学中的应用效果。

关键词： 数字故事　小学语文教学　情感态度与价值观目标

一、数字故事的前期准备

数字故事的制作不仅仅是图片的罗列，在此基础上还添加了音乐、音频等。制作数字故事涉及很多的因素，比如主题的设定、图片的选择、背景音乐的添加，还包括制作数字故事的目的等。目的明确了才能有的放矢设计和制作数字故事。

本研究设计和制作的数字故事使用的是PowerPoint软件，这款软件易于掌握，便于很多教师使用，在使用PowerPoint软件的时候应该明确它的使用原则。PPT中的字应该少并且大，而且图片或是PPT的切换效果需要简洁一些，设想如果播放效果和PPT的切换效果都很吸引观众的眼球，那么对故事的注意相对就减少了，最初的目的也会大打折扣。不仅是PPT，就连数字故事的设计也是有原则可循的。首先是主题鲜明，在一个故事中不能有多重主题，如果是想介绍旅游的场景，那么就主要围绕旅游这个主题去设计；如果想使设计出来的数字故事具有教育意义，那就应该主要围绕它的教育性去制作。其次是数字故事一定要具有故事性，讲故事是很传统与古老的方式，由于科技的进步和发展，传统的讲故事方式变成了现在的数字故事，但是一样不能缺少它的故事性，一定要让你所做的数字故事有情节、有发展、有思想和有能够传达的情感。

明白了PPT和数字故事的使用原则，接下来就是明确要制作的数字故事的目的。笔者制作数字故事的目的是能够实现小学语文教学中情感、态度与价值观目标。无论是小学还是初中抑或是高中，偏文的学科中总要达到情感、态度与价值观目标，这样能够使教师评价出学生是否真的理解所讲述的内容。笔者研究数字故事在小学语文学科教学中的应用是因为有条件去调查研究，而且对学生来说数字故事更具有诱惑性，所以预测在实现情感、态度与价值观目标上能够达到很好的教学效果。

笔者要制作的数字故事是针对语文出版社出版的小学一年级《义务教育课程标准实验教科书语文》中的第12课《小英雄王二小》。这是一篇具有历史性的文章，讲述的是小英雄为了革命事业献出自己的生命的故事。要传达的第三维目标是了解王二小的英雄事迹，领悟小英雄爱憎分明、机智勇敢的精神，激发学生对小英雄的崇敬之情。这篇课文的历史性，要求在制作数字故事的时候不能像别的文章一样，不能根据自己的喜好或是其他原因而随意使用图片或是音乐。在制作《小英雄王二小》这篇文章的时候一定要注意使用相关的图片和背景音乐，内容一定要符合原文。小学语文教学内容相对简单，又因为小学生识字不多的原因，教科书中对故事的设计总是很简练，所以教师在制作数字故事的时候就应该考虑不能使用太多学生不认识的字。与此同时，教师还可以适当丰富故事的内容，让故事更具有连贯性，充实饱满的故事情节会让学生更加全神贯注地去欣赏。

接下来就是制作数字故事了，下面将给出《小英雄王二小》数字故事的制作全过程。

二、《小英雄王二小》数字故事脚本

要制作一个完整的数字故事，脚本的设计是必不可少的，下面就给出《小英雄王二小》数字故事的制作脚本，如表 1 所示。

表 1　数字故事设计脚本

故事名称	小英雄王二小
设计内容	1. 课题：小英雄王二小 2. 适用范围：小学一年级学生 3. 实现的目标： 情感态度与价值观目标：了解王二小的英雄事迹，领悟他机智勇敢、爱憎分明的精神，激发学生对小英雄的崇拜之情。 4. 使用软件：PowerPoint 软件 5. 数字故事梗概： 那是 1943 年 9 月 16 日。那一天，太阳快要落山了，王二小甩着鞭子赶着牛正要回家，忽然听见轰隆一声巨响。王二小仔细一看，哦，是鬼子兵踩响了南河滩上的地雷。原来，小鬼子是要去狼牙口村抢粮食和弹药，还要消灭我们八路军的伤员。剩下的鬼子继续向前走去，一座大山挡住了他们的去路，中队长高崎用望远镜看了又看，也闹不清前边的路应该怎么走，原来摆在他们面前有三条路，怎么走？ 其中的一个鬼子就叫来手下让他去打探打探路情，那个大个子军曹跑回来向鬼子报告："报告！路不好找，但我找到一个孩子，他可以当向导。"鬼子大声喊道："快，带过来。" 王二小被军曹拽着来到他的面前。 在鬼子的威逼利诱下，王二小装着害怕的样子为敌人带路，实际上他决定把敌人带入八路军的埋伏圈里。 鬼子兵大摇大摆地走进了山沟，很快就进入了八路军的埋伏圈。这时，石岭子山上的八路军战士开了枪，子弹嗖嗖地射向敌人，小鬼子应声倒地，鬼哭狼嚎地叫了起来。 鬼子气急败坏地叫来手下迎战。正在这时，他一眼看见，王二小正飞快地向南跑去。此时才知道上当的鬼子立即举起手枪朝二小射了过去，"叭"，"叭"，二小中弹倒在南河滩上。军曹跑了上去，用刺刀猛刺二小的胸膛，又把二小用枪尖高高地挑起来，狠狠地摔在大石头上。凶残的敌人就这样杀害了我们的小英雄王二小。八路军看了这样的情景，冲下山来把敌人全部杀死了，为王二小报了仇。 王二小用他的勇敢和智慧把敌人引进了八路军的埋伏圈，保护了狼牙口村的百姓和伤员。我们要永远记住这个小英雄的名字——王二小。 6. 操作方式：整个 PPT 采用的是自动播放的方式

三、实践调查情况和总结

设计和制作数字故事后，笔者在沈阳师范大学附属学校一年级 5 班进行实践教学。笔者请语文教师徐来老师讲述《小英雄王二小》这篇课文时，在从整体认识全篇课文时使用数字故事作为教学中的一个环节，以实现小学语文教学目标中的情感态度与价值观目标，让学生理解、领悟小英雄王二小机智勇敢的精神，进而对他产生崇拜之情。

教师在讲述课文时，笔者注意观察学生学习的情况，尤其是当教师播放数字故事时学生的表现情况，在配合教师提问的过程中了解学生对第三维目标的理解。随后，笔者配合着教师的提问，在课后对学生进行访谈，对不同层次、不同性别的学生进行访问，了解他们对数字故事的接受情况和学习之后的感受，了解学生是否学习到或是领会到了数字故事中所要表达的情感。访谈题目简单易于学生理解，了解了学生的掌握情况就能分析出在小学语文教学中使用数字故事之后的教学效果，就能对实践教学进行总结。

2013 年 4 月 25 日笔者进行《小英雄王二小》数字故事的教学实践。授课教师将它作为教学中的一个环节辅助授课，在未讲述该篇课文内容时，教师播放了《小英雄王二小》这个数字故事作为新课的导入。由于一年级的学生在逻辑思维上发展有限，不能将所看到的图片整体有效串联起来，所以徐老师在播放完数字故事后按照这篇课文内容的顺序以易于学生理解的方式提出有关课文的一些问题，分别是："故事中的主人公是谁?""故事里的主人公是做什么的?""王二小在故事中做了哪些事情?"通过这些问题，学生能从整体上将所看到的图片串联起来，感知故事的梗概，而且积极踊跃地回答老师所提出的问题。随后徐老师通读了课文并进一步讲述这篇课文的内容。为了能够明确学生是否理解故事中的情节以及数字故事是否对学生的学习有帮助，我在徐老师的帮助下向学生提出这样几个问题。

（1）喜欢每次上课的时候都看这样的"动画故事"吗?（2）从王二小的身上你学会了什么?（3）你希望像王二小一样勇敢，为了全村牺牲自己吗?（4）在故事中看到王二小牺牲了，你难过吗?

根据这些问题分别访谈了该班的 8 名同学，这 8 名同学分成四等，男同学和女同学分别 4 人。访谈内容如表 2 所示。

表 2　学生访谈情况

等级	访谈男同学
优秀	能理解故事中所讲述的内容；能够叙述故事情节；明确应该向王二小学习什么品质。
良	能明白故事内容，对故事情节的记忆不是很连贯；能明白故事中应该学习王二小的什么精神。
中	对故事的理解不是很透彻，但是能够明白王二小在故事中为了全村做了什么事情；对所要传达的情感理解不透彻。
及格	不能理解故事内容，但是配合教师的讲述能够理解内容梗概。
等级	访谈女同学
优秀	能理解故事中所讲述的内容；能够叙述出故事情节；明确应该向王二小学习什么品质。
良	能明白故事内容，对故事情节的记忆不是很连贯；能明白故事中应该学习王二小的什么精神。
中	对故事的理解不是很透彻；对所要传达的情感理解也不是很透彻。
及格	由于识字太少，所以不能明白故事主要讲的是什么。

在了解了学生的一些情况后，笔者随后又访问了授课教师徐来，了解她是否在使用数字故事后认为数字故事对教学有帮助。徐老师从以下三点总结了使用数字故事的感受。

（1）能够从整体上让学生了解课文内容，加深对课文的理解；（2）使学生对王二小的人物记忆加深，并且由于教学形式新颖，能够给学生很大的乐趣，让学生能够集中精神观看故事；（3）如果为数字故事配上过多的文字，学生就很难理解和适应，这就要求学生具有一定的阅读能力，在数字故事的制作方面可以不必太过于烦琐，简单即美。

通过教师的访谈和学生的访谈以及课上学生的表现情况来看，数字故事对学生学习语文确实是有所帮助的，能够帮助学生理解故事中所要传达的情感态度与价值观，能从视觉上帮助学生更深刻地理解，对比以往的教师讲述课文更加生动和形象。

近些年来关于在教育中融入信息技术以辅助教育教学的方式层出不穷，教育者现在不仅仅是将计算机引入教学中，更多的是寻找某种方法或是手段以传授所要讲授的知识，使得学生接受知识的方式和学习的方式有所不同，还使学习变得更加自由化和方便化。比如，将电子白板引入教学中，教师随写随擦或是将一页页的板书保存下来，这样学生就不会整堂课上都忙于记笔记而漏掉一些重要的内容，学生学习起来就更方便；有的是将手机引入学习中，使泛在学习成为可能，任何人都可以通过手机这个平台在任何地点、任何地方以及任何时间学习；还有的是将思维导图这种学习方式整合到教学中，这不但能锻炼学生独立自主的学习能力，而且这种发散性的思维方式也更容易学生学习和掌握。所以，笔者将数字故事作为一种新的教学方式整合到教学中以实现优化教学的目的，在某种程度上提高了教学效果。

正因为在小学语文课堂上实施了数字故事这种教学方式，才能知道如何将数字故事为教学所用，才能知道它的美妙之处，所以在小学语文课堂上使用数字故事作为一种新型的教学方式应该被更多的教师所接受。

不仅仅是在学习中使用数字故事，生活中和工作上数字故事对我们的帮助也是很大的，它给我们的生活带来了不少乐趣。举一个生活中的例子，“在我爸爸生日那天，我想要给爸爸一份特殊的礼物，现在生活质量好了，生活中很多东西都不缺，那么到底买什么给父亲呢？突然，我想到：何不将爸爸的旧照片制作成数字故事，回忆年轻时的自己、了解自己现在所拥有的，进而珍惜生活、珍惜自己所拥有的？因为这个数字故事，爸爸很开心，他说这是一份很特殊的、很难得的礼物”。

所以，数字故事应该为更多的人使用，教师可以使用数字故事教育学生，使学生感受学习的乐趣；工作上可以使用数字故事作为员工之间、员工与领导之间交流、沟通的平台；学生可以将数字故事作为接触信息技术的一种途径，也可以作为孩子与大人之间沟通的渠道，还可以作为回忆生活、感恩生活的方式。所以让我们更好地利用数字故事，使用数字故事，发展数字故事。

参考文献

[1] 赵英芳. Zinemaker——创作数字故事的新途径[J]. 中小学信息技术教育，2008 (3).

[2] 孙卫华，郑江艳. 数字故事在美国课堂教学中的应用[J]. 中小学信息技术教育，2008 (2).

[3] Nicoletta Di Blas Franca Garzotto，Paolo Paolini Amalia Sabiescu. 将数字故事作为班级学习活动——来自意大利波里文化项目的经验[J]. 中小学信息技术教育，2012 (6).

[4] 丁洁. 奏出创作数字故事方式的新乐章——应用 iebook 创作数字故事[J]. 中国信息技术教育，2009 (3).

[5] 章和珠. 数字化故事叙述在初中英语课程中的应用探析[J]. 新课程研究，2012 (5).

[6] 冯涛，宗佳. 基于交互式电子白板的“数字故事讲述”[J]. 中小学信息技术教育，2010 (5).

[7] 黎加厚. 数字故事的教育意义[J]. 中小学信息技术教育，2012 (6).

[8] 牛朕，李梅，吕丹凤. 数字故事对促进学生反思性学习的思考[J]. 软件导刊·教育技术，2011 (4).

[9] 王贞子. 个体数字故事研究：社交媒体之隐忧[J]. 艺术评论，2012 (1).

[10] 黎加厚. 数字故事，不一样的精彩[J]. 远程教育杂志，2011 (5).

信息技术教育国际比较研究

Media Education and Media Literacy Strategies in China and Finland

Msc Pei Zhao

(Department of Teacher Education University of Helsinki, 00170 Helsinki Finland)

Abstract: In 2010, the Chinese government released the new outline for education development in China for the next ten years. The outline points out educational informationization and citizens' information literacy as being two measures of modern education in the new era. With information technology development, Finland also faces these challenges. However, from the 1990s the Finnish government has made policies to improve Finnish ICT education and people's information and media literacy, through for example "Information society program for education, training and research 2004 – 2006". After years of development, people's information literacy and learning skills, and media education research in Finland have reached advanced world levels. The paper will investigate media education and information literacy strategies in China and Finland, and compares each country's merits and recommendations in creating ICT education policy for the future.

Key word: China Finland media education information literacy education policy

Introduction

Throughout Chinese and Finnish history, it is easy to see that education has served as an important place in society. In the last twenty years, facing information technology development, it has been necessary to build an information society and improve people's media literacy. Finland has achieved great success in media education and information society establishment. In the world-wide famous education survey—PISA, Finland and Shanghai (China) have had brilliant results. In 2009, Shanghai (China) managed first place in PISA science, math, and reading, whereas Finland is the "victorious general" in PISA. In addition, the Finnish educational idea—"less is more" has been an educational paradox in the world. It is valuable to investigate the successes of these two strong educational countries.

In the information society, ICT and media are important for education. Different levels of media education restrict the development of people's media skills. The Chinese and Finnish governments are making efforts in media education development and are seriously considering the challenges of the future. From general guidelines of education to information society building policy, information technology development in education is the focus of education in China and Finland.

Media education is the process through which individuals become media literate, meaning they can critically understand the nature, techniques, and impacts of media messages and productions. The EU commission (2009) has given media literacy the following definition: "Media literacy is the ability to access, understand and critically evaluate different aspects of the media and media content and communicate in a variety of contexts. It relates to all media, including television and film, radio and recorded music, print media, the internet and all other digital technologies. "

This article investigates Finland's media education strategies on information society building and media literacy improvement. China has achieved some goals to a certain level but so far not enough; for example students' media literacy in rural areas differs from towns. Finland could learn from some of the experiences gained from Chinese media education policy as well. This article will discuss media education policy in China and Finland and compare them to make recommendations for the policy making of Chinese and Finnish media education in the future.

1. Media education policy and strategies in Finland

In the last ten years or so, many people in the world have been impressed by two breakthroughs in Finland: Firstly, the many information communication technologies like Nokia, and secondly, Finnish students' outstanding performances in PISA. Sahlberg (2011) concluded that education has been an important way for Finland to achieve culture and technologies successes. Traditionally, Finnish people and government think highly of education.

More and more nations and scholars are interested in the educational system and people's media literacy in Finland, which is a small Nordic country. Among others, Vahtivuori & Kynäslahti (2012) stated that Finns believe that these successes derive from Finnish culture, the education system and equity policy. For several years, Finnish government has paid a lot of attention to media literacy and a safe information environment for all residents. Educational researchers and scholars also have paid more attention to people's media literacy and information society building.

It would be necessary to investigate why Finnish policy is important in Finn's information literacy and ICT education research. Linnakyla&Valijarvi (2005) concluded that the success of Finnish students performance in PISA is due to students' own interest and engagement in literacy activities and the value, aims and expectations of their families. Finnish students have a high level of information literacy and a healthy information society. This uniqueness could be partly explained from a social perspective: media education in Finland is strongly influenced by individual freedom acts and laws, which are stated in the Constitution. Kairavuori & Sintonen (2012) pointed out that the most important constitutional rights from the point of view of media education are freedom of expression (also relating to people's self-expression) and the freedom of speech. Regulations and laws from the Ministry of Education, Finnish Communications Regulatory Authority, and the Finnish Board of Film Classification could provide parents with a basis for making children's choices. Kupiainen et al. (2008) have a similar idea—media education would be completed by parents, legislating state and the educational institutions.

In the Finnish national core curriculum for education 2004, Finnish government set down rules to guide education development in Finland. In the curriculum, we could find sub-curriculums for different stages of education. Among these sub-curriculums, information and communication technologies or media, as an educational tool, were described in detail. For example, in the curriculum for basic education, information and communication technology and online working skills were regarded as important teaching methods and working approaches, which is of important significance to thinking and problem-solving, working and interaction, self-knowledge and responsibility, and expression and manual skills. Besides this, information and communication technology also contributes to information diversify and contacts between home and school. It maximized the opportunity to connect between pupil guidance counselors and pupil welfare experts to solve pupils' education problems and questions. The Finnish National Board of Education also laid down the curriculum for upper secondary education in 2003. In the curriculum, the targets were to build an information society and speed economy via information technology. In order to achieve these ends, students in upper secondary schools needed to have high-level information skills. Media education was not only a study tool, but also a target in the school. It means that in upper secondary education, students are required to develop and acquire verbal, visual, auditory, technical and social skills and study skills through different subjects and different media of communication.

Media education is acknowledged in a strategy for cultural policy in the Finnish Ministry of Education and Ministry of Education and Culture, because media education could help all residents in Finland to access art, information and cultural series. In recent years, Finland continues to progress in media education in pre-school education and life-long education. Leena Rantala (2011) from the Finnish Ministry of Education and Culture analysed media literacy education policy for early childhood education and care (age: 2 – 6) that has the modest goal of cultural policy in Finland to give media education a more visible place by 2020 and reform of the National Core Curriculum for Basic Education that will take place in 2016. The Finnish government does not only have macro media education policy, but also has many guidelines for micro media education development. For example, it limits schools and teachers' media activity for their students. Finnish government requires that media education in primary basic education is aimed so that class teachers can select media education tools and content suitable for the class working methods. The students can be offered, for example, after school media club activities, and the aim in secondary basic education is that the subject teacher can select the appropriate tools and content of media education. The school can provide, for example, an elective media course.

2. Special features of the Finnish media education

Finland has a long history in media education research and information society building. Kupiainen et al. (2008) concluded that the history of media education in Finland can go back to the middle of the nineteenth century, which civilized the masses into citizenship. With technology development, the Finnish government began to educate people into the information society in the 1960s. The last phase has taken place since the 1980s with the development of information society skills continuing based on the popularization of computers and the internet.

An essential X for the Finnish media education took place in 2005 when The Finnish Society of Media Education was established. People, both academic and practitioners, in the field of media education came from different kinds of backgrounds and understandings of media eduction. There where, among others, psychologists, educationalists and people from communication and media houses. One of the special features in the Finnish media education was that the role of technology was intensively investigated, especially from the educational point of view.

The aim was to create a community and a common discussion forum to enhance both research and practice. Since then, the Finnish Society of Media Education has managed to spread information and pedagogical insights throughout Finnish society. It has also participated in the development of the curriculum. One other important actor in the field is MEKU, the Finnish Centre for Media Education and Audiovisual Media, which is the national agency subordinate to the Ministry of Education and Culture. MEKU has a wide range of tasks related to promoting media education and supervising provision of audiovisual programs.

As stated earlier in this article, the current frame of the curriculum of the Finnish school treats media education as a cross-curricular theme. It means that media education itself is not a school discipline. However, it is mentioned as an important part of school education with its own content. Again, as mentioned earlier, the curriculum renewing process is currently going on. The future of Finnish media education in school will be changing from a cross-curricular theme to a more integrated content in different disciplines. Discussions around the curriculum renewing have highlighted the changing Finnish society and economic, cultural and technological challenges. These include an increasingly multicultural society, twenty-first century skills of students and the role of social media in education.

As for Finnish information education stages recently, there have been three important plans which have deeply guided Finnish information society building. From 1994 to 1999, the Ministry of Education in Finland launched two significant plans for Information Society and Information Education. ICTs were not used in primary schools until these two plans were put into force. The last plan "Information society program for education, training and research 2004 – 2006" (Ministry of Education, 2004) include primary, secondary and tertiary education. Atjonen& Li, (2006) stated that the targets of this program include to: develop all citizens' information society knowledge and skills; enable education institutions to use ICT in a versatile way in their activities; establish ICT-based procedures in education, training and research; promote social innovation through the use of ICT.

After these three plans, especially the third one, the Information Society has been stronger in Finland, and people's ICT skills and media literacy has increased quickly. In 2007, Finnish government launched the Government Information Society Programme (2007 – 2011), which is aimed at the well-being of children, youth and families and features objectives and measures involved in, among others, the safety of media environments, media literacy and online services.

General speaking, the success of Finnish education comes from the government policy and strategies, and brilliant cultural background. These two reasons do not only influence media education, but also contribute to the people's media literacy improvement and the building of a national information society. During the last decades, the Finnish Ministry of Education have launched three strategies to build the Finnish Information Society. They realized that Finland's success is based on high-standard education and research, innovative know-how and the utilization of modern information communications technology (ICT), which is in the documents of the Ministry of Education in 2000. Nivala (2009) found that the effective utilization of ICT is the key for social equality and citizens' well-being and quality of life in view of Finnish policy on it.

In an Information Society, people's ICT skills and media literacy are the target and the main measurement. How to increase the ICT skills and media literacy all over the country is the problem that every country should try to fix. Finland has gained success in the field. The establishment of an information society in Finland has contributed to the learning society and supplies the media education in schools. International education expert Pasi Sahlberg (2011) explained the success of Finnish education and gave recommendations for the future of education development in Finland: people would learn more about the world and people through media and communication technologies.

The next part of the paper will describe media education policy and strategies in China, compare the media literacy education between Finland and

China, and find the reasons for why there is a big gap between them. Finally, the article also points out what experiences of media education policy from China and Finland could be used to further each country's development in this field.

3. Media education policy and strategies in China

China has a long history, and education has played a significant part in it. After the founding of New China in 1949, the government has continuously fulfilled the strategy of a talents state, and educational undertaking has been developing vigorously, including media education. However, media education, as a branch of education, is still a rising subject in China. Media education has popularly been applied to the education system in China in the last two decades or so, both in developed areas and undeveloped areas. Since the 1980s, as the development of education technology has furthered, the theories of education technology from Western countries have been introduced. For example, in 1999, the book, Instructional Technology: The Definition and Domains of the Field written by Barbara Seels and Rita Richey has been introduced into China. The theories from Western countries have promoted localization and through a preliminary growth period, media education in China has gained successes.

Recently, in the wake of developments in information technology, more and more educational scholars in China pay much more importance to media education development in China. Tan et al. (2012) stated that the problems in Chinese media education development are to do with basic principles needing to be clearly shown, uneven geographical distribution of education resources, and ignoring the role of the family in media literacy education.

The media education success in China originates from national and local governments supports. The ministry of education in China has implemented some projects, such as the "School to School Network Project", "New Curriculum Standards" and "Teachers Professional Development for ICT in Education" at the national level. However, it is recognized that media education in China is still in the beginning stage, and many questions and problems need to be resolved in the future. Professor Chen Chengfeng at Tsinghua University stated that it is hard to introduce media education to the formal Chinese education system due to teachers' training, the curriculum systems setting, the examination system and social cognition. Considering these situations clearly, the Chinese government has made more practical media education policy, accelerating educational informationization and modernization, and improving students' media literacy.

For the sake of educational reform and development in the future, the Chinese government made a new plan outline of education—the Outline of China's National Plan for Medium and Long-term Education Reform and Development (2010 - 2020).

In the outline, information technology, as a guaranteeing measure in education development, is aimed to speed up information infrastructure construction, develop and apply more quality education resources and build state education information management systems. Four projects about education informationization are listed in the outline as well, and they are as follows: the number of computers per hundred students shall be increased in primary and secondary schools; multimedia distance-learning facilities shall become available in classes of primary and middle schools in rural areas; a national database of e-teaching resources and a public service platform that covers all manner and all levels of education shall be completed; and national and provincial basic education databases shall take shape along with installations for monitoring and analyzing education quality, student flow, resource allocation and employment of graduates.

In 2012, the Ministry of Education in China informed of the "Plans of Educational Informationization (2011 - 2020)" that points out that the goals of education informationization in China are to establish a digital learning environment for all, to build a digital service system for life-long learning, to make a flourishing wideband network service, to improve digital education management and to combine information technology and education development well. In this plan, compulsory education, vocational education, higher education and life-long learning are some of the most important areas in educational informationization. The aim of digital education in compulsory schools is to improve education quality, help students gain information skills and life-long learning skills.

It is obvious that sincethe 1980s, in Chinese media education policy, the key has been to perfect hardware facilities. In China there is an incomplete infrastructure, because in many places China is an undeveloped country, and schools in rural areas could not use ICTs. However, hardware is just a tool in education. So in the new plan of media education from 2011 - 2020, there are detailed guidelines for basic education informationization, vocational education informationization, and higher education informationization to help education informatization development according to particular circumstances. In addition, media education in China in the next ten years will put more emphasis on the integration of information technologies and educational theory, which make media and ICTs an indispensable part in the teaching-learning-studying process. It is not easy but vital, because information literacy and innovation capability are the goals of Chinese education.

In all outlines of Chinese media education there is no content about family media education, which belongs to the information society establishment. Owing to uneven development of education, it is hard to make a general plan for information society establishment in China. But in some developed areas, like Beijing, there is a guideline for information society establishment. In 2012, the Beijing government informed of the new plan for information society building (2012 - 2015). It is to build an information society in Beijing through website establishment, rules supports and digital maps. Even though it is still in the beginning stages, information society building will improve people's media literacy.

Generally speaking, the Chinese government has devoted lots of effort to developing media education and people's media literacy improvement. With economic development and the proliferation of computers in China, the direction of educational informationization in China is from hardware and software proliferation to integration of media and the teaching-learning-studying process. The Chinese education system has made marked progress. However, there is still plenty of scope for improvement, like the lack of media education for pre-school education and family media education.

4. Comparing media education policy in Finland and China

Based on the Finnish and Chinese policies and strategies on media education above, it is easy to find the merits of media education and media literacy policies in Finland and China. The table below highlights the merits.

Table 1　The merits of media education and media literacy policies in Finland and China

Finland	China
Media education is not a subject but a point of emphasis in teaching and education.	Media education is an independent course in all schools.
Established media society enhances and supplements media education in schools and at home.	Limited media relationship between schools and society.
Media education is a national strategy in Finland.	Education Media is an educational tool.
Different plans of media education for all different ages of students, from kindergarten to upper secondary schools.	Media education for students of all schools' and universitie. But it does not cover students in pre-school education.
Curriculum pointed out all basic-education schools should cover media education. Students in high schools needs high-level media skills and media literacy.	Outline (2010 - 2020) emphasized hardware and software infrastructure construction in all schools.
Media education research is developed and an information society has been established in Finland.	Media education research and an information society are still in the exploratory stage in China.

Based on this table, it would be easy to find that in China, media education is an independent course in schools, but in Finland, media education is not a subject but a point of emphasis in teaching and education. In addition, in Finland, there is no particular document for media education, but media education development is explained at every educational stage. Every part of Finnish education has been infiltrated by media education. China has a systematic outline of media education. Finnish media education policy thinks highly of the values of information and communication technologies in developing students' studying skills and closer contact between home and schools. In China, the purposes of media education is to popularize the usage of computers and software, and integrate media into teaching theory in classes. The cause of this difference should take into account the different stages of media education development and information society establishment in China and Finland.

Finland has a complete media education system, which refers to pre-school education and life-long education, even an information society. Compared to this, media education in China now focuses on basic education, vocational education and higher education. Media education in school cannot satisfy the requirements of students' studying skills development. Information society establishment is also an important part of media education. Since 1990, Finland has built its information society, which benefits all citizens' learning, and compensates for the shortage of media education at home. In an information society, it is easier to build closer contact between home and school. In China, information society building is under-developed, and limits the family role in media education.

Conclusion

Media education is an emerging subject in China, and it is still at an exploratory stage. The Finnish education system is well known around the world, and its success comes from the Finnish cultural background and government policy supports, like media education development. China is a historic education country. This article has discussed the Chinese and Finnish media education policies and strategies.

An essential difference in the media education between China and Finland is that Chinese information society building is developing, which limits media literacy of all people, and the connection between schools and parents. Apart from this, systematic media education, including media education in pre-school education, has not been established in China.

The differences between Finnish and Chinese policy and strategies arise from the different cultural backgrounds and current development situations. In Finland, the aim of education is to encourage people to study and innovate, but in Chinese tradition, the aim is to help students gain knowledge. Finland is a developed country and has a well developed welfare system, but in China, the very large population makes it hard to ensure that every student enjoys media and other ICTs in classes and at home. In the world today, innovation is the key behind development in every country. The Chinese government is paying more and more attention to innovations, and media education policy in Finland, which improved students' studying skills, could be referential to Chinese media education policy-making in the future.

In the future, the topic requires more in-depth research on Finland media education development and how China will learn its experience. It would help these two strong educational and ICT countries become closer resulting in a win-win situation.

References

[1] Atjonen, P. & Li, S. ICT in Education in Finland and Hong Kong—An Overview of the Present State of the Educational System at Various Levels [J]. Informatics in Education, 2006, 5 (2).

[2] Kairavuori, S. & Sintonen, S. Arts Education: Instruments of Expression and Communication [M]//Niemi, H. Toom, A. & Kallioniemi, A. Miracle of Education: The Principles and Practises of Teaching and Learning in Finnish Schools. Rotterdam: Sense Publishers, 2012.

[3] Linnakyla, P. & Valijarvi, J. Secrets to Literacy Success: The Finnish Story [J]. Education Canada, 2005, 45 (3).

[4] Nivala, M. Simple Answers for Complex Problems: Education and ICT in Finnish Information Society Strategies[J]. Media Culture Society, 2009, 31 (3).

[5] Rantala, L. Finnish Media Literacy Education Policies and Best Practices in Early Childhood Education and Care Since 2004[J]. Media Literacy Education, 2011, 3 (2).

[6] Sahlberg, P. Is the Future Finnish [M]// Hargreaves. A Finnish Lessons. New York: Teachers College Press, 2011.

[7] Sinikara, K. &Järveläinen, K. Information Literacy Development in Finland[J]. Library Review, 2003, 52(7).

[8] Tan, Q. et al. Media Literacy Education in Mainland China: A Historical Overview[J]. International Journal of Information and Education Technology, 2012, 2 (4).

[9] Vahtivuori, S. & Kynäslahti, H. ICTs in a School's Everyday Life[M]//Niemi, H. Toom, A. & Kallioniemi, A. Miracle of Education: The Principles and Practises of Teaching and Learning in Finnish Schools. Rotterdam: Sense Publishers, 2012.

中外中小学信息技术课程标准比较研究

——基于内容分析的比较

胡君祎　任　飞　朱彩兰

（南京师范大学　教育科学学院，江苏　南京　210097）

摘　要：本研究采用内容分析法，以中国、英国、美国、加拿大和印度五个国家义务教育阶段的信息技术课程标准作为研究对象，从知识、技能和情感、态度与价值观三个方面制订内容分析类目表，对研究对象进行统计和分析，以分析义务教育阶段信息技术课程标准中学习内容与学习水平要求之间的关系，并对五个国家信息课程标准内容框架与学习水平要求进行比较，得出中国、英国、美国、加拿大和印度五个国家在知识、技能和情感、态度与价值观三个方面内容整体框架相似，均突出了技能在信息技术课程中的作用，呈现出以技能为主体、知识和情感、态度与价值观均衡发展的现象。在学习水平上，知识类目一般要求达到理解运用水平，而中国则侧重记忆和理解水平；在技能类目中一般要求达到运用水平；情感、态度与价值观类目一般要求是接受水平。

关键词：义务教育阶段　信息技术课程标准　比较研究

2000年计算机教育改名为信息技术教育，开启了我国信息技术教育的新纪元。在这一年，《中小学信息技术课程指导纲要（试行）》颁布；2004年上海市颁布了《上海市中小学信息科技课程标准（试行稿）》；2007年江苏省颁布了《江苏省义务教育信息技术课程指导纲要（试行）》；2012年中国教育技术协会信息技术教育专业委员会历时两年出台了《基础教育信息技术课程标准（2012版）》（以下简称《2012课标》）；义务教育阶段的国家标准正处于研制之中。在这种背景下，对英国、美国、加拿大和印度等国家开展义务教育阶段信息技术课程标准的国际比较研究不仅可以了解并借鉴外国的成功经验，也可以重新审视我国的课程标准。

一、中国、英国、美国、加拿大、印度义务教育阶段信息技术课程简介

2012年5月中国教育技术协会信息技术教育专业委员会出台了《基础教育信息技术教育课程标准（2012版）》，课标对义务教育阶段信息技术课程内容做了阶段与模块的设计。义务教育阶段按照基础模块和拓展模块的方式进行设计，小学和初中分别设一个“信息技术基础”模块，其中含“硬件与系统管理”“信息加工与表达”和“网络与信息交流”三个专题；小学阶段设两个拓展模块，分别是“算法与程序设计入门”和“机器人入门”；初中设两个拓展模块，分别是“算法与程序设计”和“机器人设计与制作”。

英国是欧洲最早开展信息技术教育的国家，目前信息技术教育已发展得比较完善。早在1978年，英国的“教育与科学部”就制订了第一个促进在学校教育中运用计算机等微电子技术的计划。2000年推出第三版国家课程，明确把以前的《信息技术》课程改为《信息与通信技术》（ICT：Information and Communication Technology）。英国ICT课程的主要目的是培养学生的信息技术能力，同时从精神、道德、社会和文化等四个方面促进学生的发展。课程的内容包括两个方面：学习计划和结果目标。英国根据学生的特定学习能力与生活经历，ICT课程设置分为四个循序渐进的学习阶段，并据此设置八级学业成就水平目

标。其中第一学段（1－2 年级）5－7 岁，1－3 级；第二学段（3－6 年级）7－11 岁，2－5 级；第三学段（7－9 年级）11－12 岁，3－7 级。这三个学段相当于我国义务阶段的教学。

美国是世界上信息技术教育起步最早的国家。从 20 世纪 60 年代中期开始，麻省理工学院就以幼儿园幼儿为实验对象，进行 Logo 语言的教学实验。为推动信息技术教育的发展，美国国籍教育技术协会、美国图书馆协会、美国国家研究委员会等有影响的机构自 1998 年以来制订了一系列标准，对信息技术教育的目标、内容进行了系统设计与阐述。其中包括《国家学生教育技术标准》《学生信息素养标准》《信息技术通晓》。这些标准和方案在一定程度上体现了美国国家信息技术课程的目标和内容。由于美国没有统一的课程标准，以密歇根州的教育技术课程标准为例进行介绍，课程标准分为：Grade PK－2，Grade 3－5，Grade 6－8，Grade 9－12 四个阶段，根据需要选取前三个阶段进行分析。

加拿大是世界上信息技术发展较为迅速的国家之一，从 1999 年起，就在中小学开展了范围空前广泛的信息与通讯技术教育。加拿大 K12 教育中的信息与通讯技术（ICT）课程主要培养学生三个方面的素养：关于技术本质的全面认识，怎样学习和应用多种技术以及信息技术对自身和社会发展的影响。其中的 K1 到 K9 相当于我国的义务教育阶段，加拿大的信息与通讯技术课程标准从信息的交流、查询、决策与问题解决，基本操作、知识与概念，转化为生产力三方面描述信息与通讯技术课程的内容。

印度信息技术教育的起步时间与我国基本相当。2000 年，印度政府决定将信息技术教育引入全国性课程框架，发布了《国家学校教育课程框架》和《学校信息技术课程指南和大纲》。众所周知，印度的 IT 产业已处于世界领先水平。我国与印度同属于发展中国家，国情基本相似，发展基本相当，因此印度的信息技术教育具有可借鉴之处。

二、研究的目的、方法和工具

（一）研究目的

本研究的目的是分析比较中国、英国、美国、加拿大和印度义务教育阶段信息技术课程标准内容框架与学习水平要求的特征。

（二）研究方法

本研究采用内容分析法进行研究。内容分析法是针对明显的传播内容，做客观而有系统的量化并加以描述的一种研究方法。其主要特点是明显、客观、系统、量化。它以预先设定的类目表格为依据，以系统、客观和量化的方式，对信息内容加以归类统计，并根据类别项目的统计数字，做出叙述性的说明。

（三）研究工具

本研究采用的工具是信息技术课程标准的内容分析类目表。本类目表的设计主要依据教学目标的三维目标分类进行，同时依据布鲁姆教育目标分类修订版中关于知识的分类并结合信息技术课标确定知识维度子类目，根据信息技术课标中信息素养在不同维度的体现，确定知识、技能和情感、态度与价值观子类目，而三维目标中的过程与方法目标贯穿于知识与技能、情感、态度与价值观形成的全过程，所以共分为 11 个子类目。学习水平维度根据布卢姆的认知目标分类学（修订版），认知过程维度可分为记忆、理解、运用、分析、评价、创造。根据由克拉斯沃尔主持的情感领域目标分类学，根据价值内化的程度，这一领域的目标由低到高分为五级，分别是：接受（注意）、反应（主动参与）、组织、评价和性格化。综上得出以下类目表，如表 1 所示。

三、研究过程与数据分析

（一）样本的选取

本研究选取了中国教育技术协会信息技术专业委员会《基础教育信息技术教育课程标准（2012 版）》，英国的信息与通讯技术（ICT）国家课程标准第一阶段（Stage 1）、第二阶段（Stage 2）和第三阶段（Stage 3），美国密歇根州（Grade K－2、Grade 3－5、Grade 6－8，表 2 中把 Grade 缩写为 G），加拿大（Division 1、Division 2、Division 3，表2中把Division缩写为D)，印度2012年信息与通讯技术课程标准（Stage 1、Stage 2、Stage 3)。经过分析，确定了评判单元，如表2所示。

表1 信息技术课程内容分析类目表

总类目	子类目	学习水平					
知识	1.1概念与原理	1.1.1记忆	1.1.2理解	1.1.3运用	1.1.4分析	1.1.5评价	1.1.6创造
	1.2事实与联系	1.2.1记忆	1.2.2理解	1.2.3运用	1.2.4分析	1.2.5评价	1.2.6创造
	1.3思想与方法	1.3.1记忆	1.3.2理解	1.3.3运用	1.3.4分析	1.3.5评价	1.3.6创造
技能	2.1基本操作	2.1.1记忆	2.1.2理解	2.1.3运用	2.1.4分析	2.1.5评价	2.1.6创造
	2.2信息交流	2.2.1记忆	2.2.2理解	2.2.3运用	2.2.4分析	2.2.5评价	2.2.6创造
	2.3信息加工	2.3.1记忆	2.3.2理解	2.3.3运用	2.3.4分析	2.3.5评价	2.3.6创造
	2.4问题解决	2.4.1记忆	2.4.2理解	2.4.3运用	2.4.4分析	2.4.5评价	2.4.6创造
	2.5评价反思	2.5.1记忆	2.5.2理解	2.5.3运用	2.5.4分析	2.5.5评价	2.5.6创造
情感、态度与价值观	3.1信息伦理与道德	3.1.1接受	3.1.2反应	3.1.3组织	3.1.4评价	3.1.5性格化	
	3.2信息意识与态度	3.2.1接受	3.2.2反应	3.2.3组织	3.2.4评价	3.2.5性格化	
	3.3社会影响	3.3.1接受	3.3.2反应	3.3.3组织	3.3.4评价	3.3.5性格化	

表2 信息技术课程内容标准评判单元数量统计

	中国（必修）		英国			美国（密歇根州）			加拿大			印度	总计
	小学	中学	Stage 1	Stage 2	Stage 3	GK—2	G3—5	G6—8	D1	D2	D3	3阶段	
样本项目	42	65	15	14	27	17	22	32	42	58	74	无具体条目	424
评判单元	48	75	15	14	27	17	22	32	42	58	74	15	439
合计	123		56			71			174			15	439

（二）数据的处理与分析

首先，根据类目表由两位评判员同时对439个分析单元进行逐一评判，最后根据评判结果进行各类目的信息分析，运用公式 $K=\frac{2M}{N_1+N_2}$ 和公式 $R=\frac{n\times k}{1+(n-1)\times k}$，计算得出三个类目的信度（R）分别为：0.94、0.98、0.98，其信度均大于0.9，因此主评判的评判结果可以作为内容分析的结果。

1. 五个国家信息技术课程标准的内容结构比较。

数据统计结果显示五个国家的信息技术课程在知识、技能和情感、态度与价值观三个方面的总体内容结构基本相似，都呈现出以技能为主体，知识和情感、态度与价值观均衡发展的现象。

虽然总体内容结构相似，但不同国家在知识、技能、情感、态度与价值观上所占的比例存在差异。从知识类目来看，中国知识类目占有比例最高，占39%，美国与中国相似，占34%；英国与加拿大分别是20%和16%；印度此项最低，为0。从技能类目看，印度所占比例最高，达93%，几乎是我国和美国的两倍；英国和加拿大分别占75%和67%，相差不大。从情感、态度与价值观类目看：美国和加拿大在情感、态度与价值观类目所占比例分别为18%和17%，中国仅次于美国和加拿大占13%，英国最低，仅占5%。如表3、图1所示。

表3　五个国家信息技术课程标准内容结构比较

	知识		技能		情感、态度与价值观		合计	
	项数	百分比	项数	百分比	项数	百分比	项数	百分比
中国（必修）	48	39%	59	48%	16	13%	123	100%
英国	11	20%	42	75%	3	5%	56	100%
美国（密歇根州）	24	34%	34	48%	13	18%	71	100%
加拿大	28	16%	116	67%	30	17%	174	100%
印度	0	0	14	93%	1	7%	15	100%

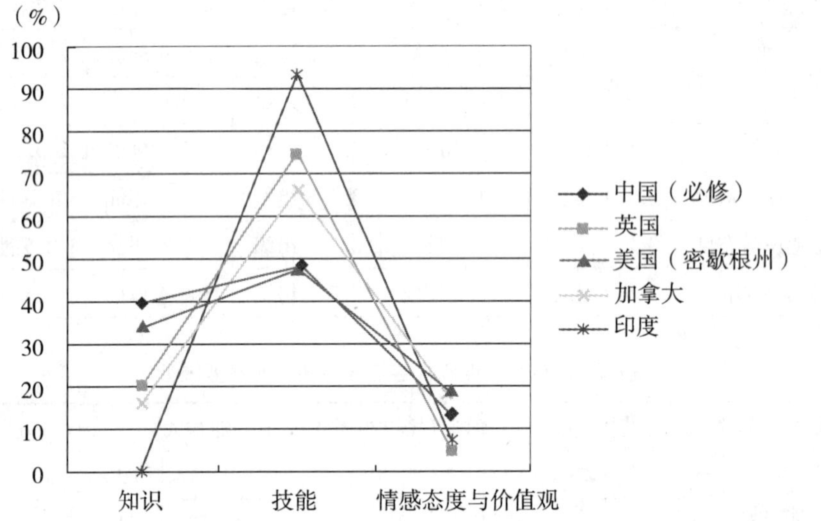

图1　五个国家信息技术课程内容比较

11个子类目的数据统计结果显示，从概念与原理子类目看，中国在此方面表现出较高的关注，占14%；英国、美国和加拿大所占比例相当，但仅是中国所占比例的七分之一，关注程度较低，而印度在此方面的关注度为0。从事实与联系子类目看，美国表现出较高的关注，占27%，是中国、英国和加拿大的2倍，印度最低，为0。从思想与方法子类目看，中国占8%，是英国的3倍，是加拿大的4倍，印度最低，为0。

从基本操作子类目看，印度表现出较高的重视，占40%；中国和加拿大分别占19%和16%，相差不大；英国最低，占5%。从信息交流子类目看，美国在此方面所占比例达到17%；英国仅次于美国，占13%；加拿大占11%；中国和印度最低，占7%。从信息加工子类目看，印度40%，高于其他国家；英国和加拿大均占25%；中国和美国分别是19%和14%，相对较低。从问题解决子类目看，英国最高，占20%；中国最低，仅占2%，与印度相差十倍。从评价反思子类目看，英国最高，占13%；中国和加拿大仅占2%，而印度和美国最低，为0。

从信息伦理道德子类目看，加拿大占10%，高于其他四个国家；中国占2%；英国最低，为0。从信息意识与态度子类目看，美国最高，占10%；中国次之，占6%；印度最低，为0。从社会影响子类目看，中国占4%，高于其他四个国家；印度和美国最低，均为0。如表4、图2所示。

总的来说，与其他国家相比，在知识类目中，中国侧重概念与原理、思想与方法；美国侧重事实与联系。在技能类目中，印度侧重基本操作和信息加工；美国侧重信息交流；英国在问题解决和评价反思上关注较多；中国除基本操作外，在技能中的信息交流、信息加工、问题解决和评价反思这几方面的比例都不高。在情感、态度与价值观类目中，加拿大在信息伦理道德的关注较高；美国侧重信息意识与态度；中国在社会影响上与其他国家相比表现出较高的关注。

表4 五个国家信息技术课程标准的内容结构比较详表

		中国（必修）		英国		加拿大		印度		美国（密歇根州）	
		项数	百分比	项数	百分比	项数	百分比	项数	百分比	项数	百分比
知识	概念与原理	18	14%	1	2%	4	2%	0	0	2	3%
	事实与联系	20	16%	8	14%	21	12%	0	0	19	27%
	思想与方法	10	8%	2	3%	3	2%	0	0	3	5%
技能	基本操作	24	19%	3	5%	26	16%	6	40%	6	8%
	信息交流	8	7%	7	13%	19	11%	1	7%	12	17%
	信息加工	23	19%	14	25%	44	25%	6	40%	10	14%
	问题解决	2	2%	11	20%	23	13%	1	7%	6	8%
	评价反思	2	2%	7	13%	4	2%	0	0	0	0
情感态度与价值观	信息伦理道德	4	3%	0	0	17	10%	1	6%	6	8%
	信息意识与态度	7	6%	2	3%	7	4%	0	0	7	10%
	社会影响	5	4%	1	2%	6	3%	0	0	0	0
合计		123	100%	56	100%	174	100%	15	100%	71	100%

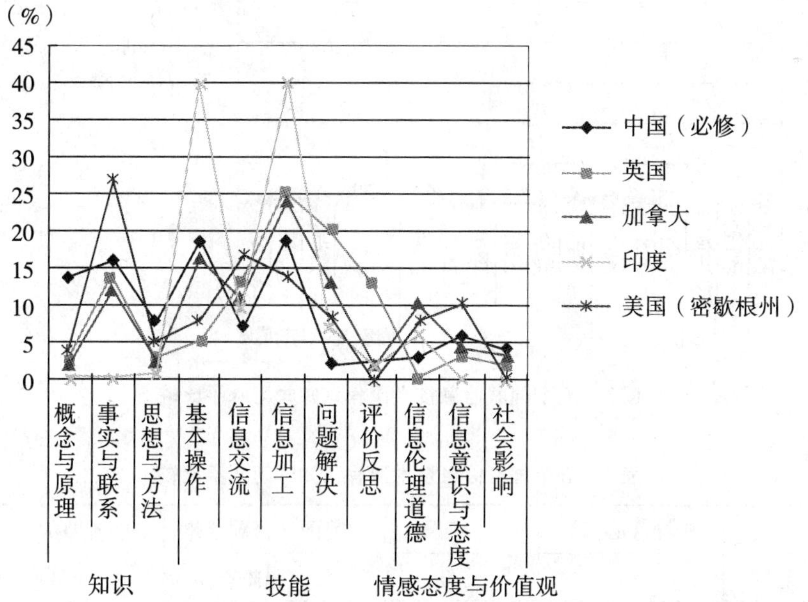

图2 五个国家信息技术课程标准的内容结构详细比较

2. 五个国家信息技术课程的学习水平比较。

数据统计结果表明，从整体来看，在知识和技能类目上，各个国家学习水平的走势基本相似；在情感、态度与价值观类目上，表现出递减的趋势。

从知识类目来看，在记忆水平上，中国高达16%。在理解水平上，美国最高，达到23%；中国次之，占16%。在运用水平上，英国最高，占7%；美国次之，占6%。在分析水平上，中国和英国均为2%；其他三个国家，均为0。在评价水平上，中国、美国和加拿大均为1%。总的来说，知识类目中，一般要求达到理解和运用水平，而中国重记忆和理解，印度在知识类目的各个水平为0。

从技能类目来看，在记忆水平上，各个国家均为0。在理解水平上，各个国家所占比例也不高，中国和英国2%；美国和加拿大1%；印度为0。在运用水平上，各个国家所占比例都较高，印度最高，占87%；而美国最低，占38%。在分析水平上，英国最高，占5%；加拿大次之，占3%。在评价水平上，和在理解水平上相似，比例在1%左右。在创造水平上，印度最高，占7%；美国次之，占6%；英国和加拿大均占5%；而中国最低，占2%。总的来说，技能类目中，一般要求达到运用水平。

从情感、态度与价值观类目来看，在接受水平上，美国占13%，是中国、英国和加拿大的2倍。在反应水平上，加拿大占7%，高于其他四个国家；印度仅次于加拿大，占6%。在组织水平上，加拿大最高，占3%；中国占1%。在评价水平上，美国占3%，加拿大和中国均占1%。在性格化水平上，中国占2%，加拿大占1%。总的来说，在情感态度与价值观上，一般要求达到接受水平，中国则在各个水平上都有关注。如表5、图3所示。

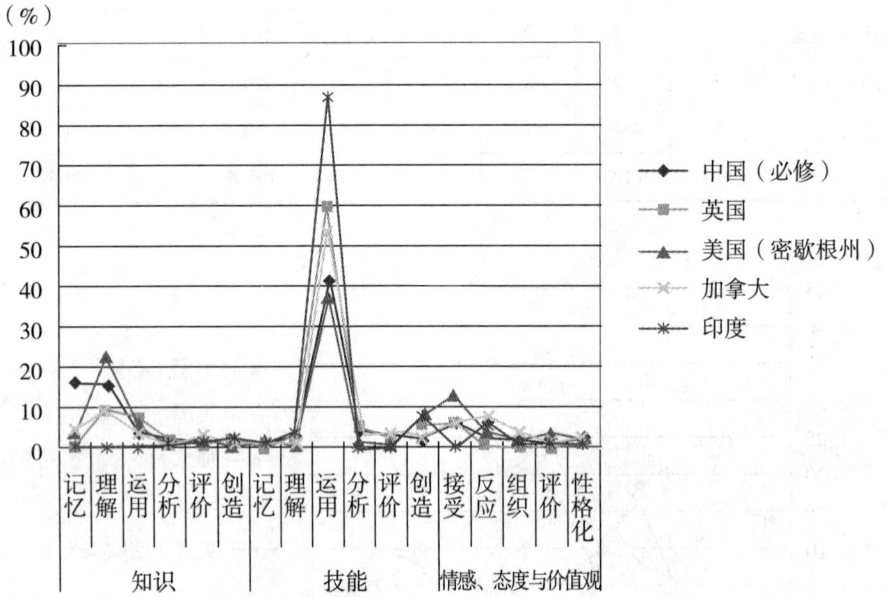

图3　五个国家信息技术课程认知学习水平比较

表5　五个国家信息技术课程认知学习水平比较

		中国（必修）	英国	美国（密歇根州）	加拿大	印度
知识	记忆	16%	0	4%	3%	0
	理解	16%	9%	23%	10%	0
	运用	4%	7%	6%	2%	0
	分析	2%	2%	0	0	0
	评价	1%	0	1%	1%	0
	创造	0	2%	0	0	0

续表

		中国（必修）	英国	美国（密歇根州）	加拿大	印度
技能	记忆	0	0	0	0	0
	理解	2%	2%	1%	1%	0
	运用	42%	60%	38%	55%	87%
	分析	2%	5%	1%	3%	0
	评价	1%	2%	1%	2%	0
	创造	2%	5%	6%	5%	7%
情感态度与价值观	接受	6%	6%	13%	6%	0
	反应	2%	0	3%	7%	6%
	组织	1%	0	0	3%	0
	评价	1%	0	3%	1%	0
	性格化	2%	0	0	1%	0
总计		100%	100%	100%	100%	100%

四、结果与讨论

通过以上分析比较，我们可以清晰地看到中国、英国、美国、加拿大、印度五个国家的信息技术课程标准（义务教育阶段）在内容结构及其学习水平要求方面的基本特征。现对研究结果做进一步总结。

（一）从整体上看，义务教育阶段信息技术课程内容侧重技能的发展，在知识和情感、态度与价值观上均衡发展

信息技术作为一门应用性较强的学科，决定了信息技术课程突出技能的发展。但技能的习得与运用是以掌握了一定的知识为前提的。所以虽然统计结果显示各国在技能上所占比重较高，但知识的占有仅次于技能。中国和美国在知识、技能和情感、态度与价值观上的分布几乎一致。印度的统计结果在知识一栏中虽为0，但在研究中发现技能的运用中体现为对知识的理解、掌握、运用。

（二）从知识类目看，义务教育阶段信息技术课程知识学习侧重事实与联系

研究中发现美国在此方面关注最高，其他国家基本相似，但与知识类目中的概念与原理、思想与方法子类目相比，事实与联系的内容比例较高。这是由于学生在中小学阶段需要掌握一定的事实性知识，为以后的高层次学习打下基础。

（三）从技能类目看，义务教育阶段信息技术课程技能学习侧重基本操作和信息加工

从对数据的分析中我们可以看出，各个国家技能中基本操作和信息加工的比重相对较大，问题解决和评价反思的比重较小，而英国在这几个方面呈现均衡发展，这与英国的信息技术课程体系较成熟和强调培养学生的独立实践运用能力有关系。

（四）从情感、态度与价值观看，义务教育阶段信息技术课程情感方面的培养在信息意识与态度上关注的国家较多

研究中发现，在情感、态度与价值观方面，信息伦理道德、信息意识与态度、社会影响在不同国家情况不一致。我国是在这几个方面均有关注，而其他四个国家均是关注其中的一个或两个，这和不同国家文化的差异有一定的关系。

（五）从学习水平上看，义务教育阶段信息技术课程知识上要求达到理解水平，而技能类要求达到运用水平，情感态度上水平呈递减

研究中发现，从整体上看，各个国家均是知识强调理解，技能强调运用，情感上为接受，即注意水平。而中国在知识上尤强调记忆，不注重运用。原因有二：一是中国信息技术起步较晚，

义务教育阶段信息技术课程体系还不完善；二是义务阶段的课标还没有全国统一的标准，标准的制订要照顾各个地区的差异。情感态度与价值观上，中国有其别于其他四个国家的地方，中国在性格化水平上所占的比例也较大，这与我们国家近年来在教学中强调情感态度与价值观的培养有一定的关系。

随着社会的发展，课程标准也在不断修改以满足不同的需求，在刘向永的论文《英国中小学信息通信技术课程变革述评》中提到英国课程改革给我们的启示："在我国信息技术课程发展之中，研究先行做得还不够，我们如今不是简单地制订一个课程标准，而是首先厘清信息技术课程的理论基础和内在逻辑，唯有研究才能真正推动我国信息技术课程健康有效的发展。"这是值得我们思考和借鉴的。

参考文献

［1］李艺,朱彩兰.信息技术课程与教学［M］.北京：高等教育出版社，2010.

［2］谢幼如，李克东．教育技术学研究方法基础［M］．北京：高等教育出版社，2006.

［3］安德森，等．学习、教学和评估的分类学——布鲁姆教育目标分类学［M］．修订版．皮连生，译．上海：华东师范大学出版社，2008.

［4］D.R.克拉斯沃尔，B.S.布鲁姆，等．教育目标分类学第二分册：情感领域［M］．施良方，等，译．上海：华东师范大学出版社，1989.

［5］刘向永.英国中小学信息通信技术课程变革述评［J］．现代教育技术，2013，23（1）.

信息技术教师专业发展研究

基于4C/ID的视频案例教学平台的建设与应用探究
——以职前信息技术教师教学能力培养为例

阳亚平　朱小秀　吕晓芳　包正委
（福建师范大学 教育学院，福建　福州　350007）

摘　要：视频案例教学是促进职前信息技术教师专业成长的有效途径，在培养教师教学能力方面发挥着重要的作用。教学理论与实践问题以及认知与问题解决过程的复杂性是职前信息技术教师教学能力培养过程中无法回避的问题。目前用于职前信息技术教师培训的平台已经取得了一定的成效，但其培训模式趋于公式化、机械化，没有充分发挥视频案例教学的优势，原本复杂的教学事件变成了简单的设计过程。针对上述现状，本文分析了复杂学习理论与职前信息技术教学能力结构，提出基于4C/ID的视频案例教学平台设计原则，并详细阐述了平台的体系结构、功能模块及教学过程，对广大职前教师教学能力的培养具有一定的参考和借鉴意义。

关键词：复杂学习理论　4C/ID　视频案例教学　教学能力　教学平台　建设与应用

一、复杂学习理论与教学能力概述

复杂学习理论是由荷兰开放大学教授 Jeroen J. G. van Merrienboer 和他的团队在20世纪90年代提出的，强调复杂学习并不是简单地学习一些被分解的孤立的知识碎片，而是将知识、技能和态度综合为一个整体，协调运用各种复杂认知技能来完成面向工作实际的学习任务，促使学习者有能力把所学的知识应用到真实的实际工作问题解决的实践之中。复杂学习是有意义学习的一种，是一种综合学习，它以整体论为指导，涉及达成多种学习目标。

教学能力是指教师优质高效地完成教学任务的能力，主要包括教学设计、教学实施和教学评价三个方面，本文阐述的职前信息技术教师教学能力结构如图1所示。根据复杂学习理论，教师教学能力的培养应被视作一个复杂的整体，强调为学习者提供具体、真实、面向实践的整体学习任务，促进知识、态度和技能的综合运用。

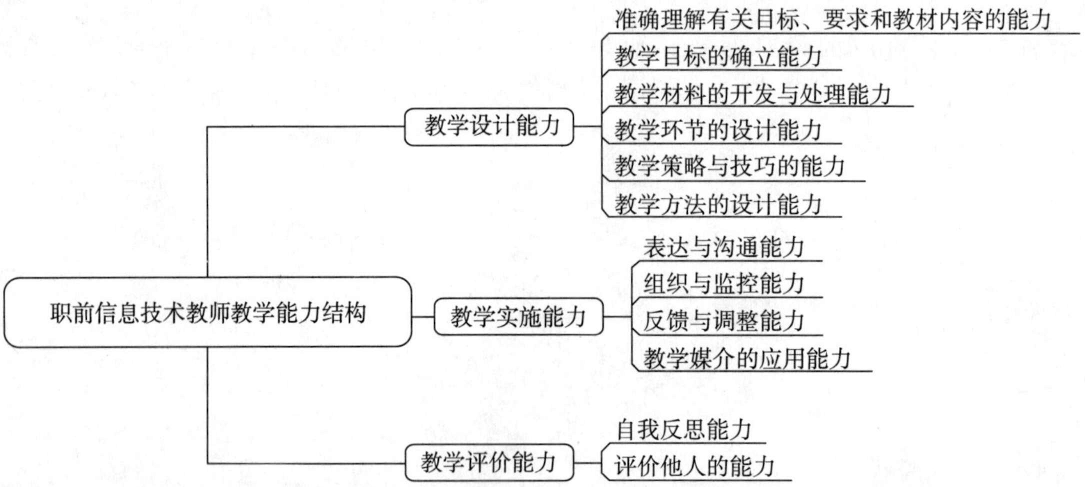

图1　职前信息技术教师教学能力结构

传统的培养模式把复杂的教学能力划分为简单的片段，特别关注某种特定的能力，并将知识和技能按陈述性与程序性进行分类。实践证明，这种划分并没有产生预期的效果。可见，传统的培养模式并不适合于复杂的职前信息技术教师教学能力的培养。为提高学习绩效，复杂学习理论将复杂认知技能分为重复性技能和非重复性技能。由于在完成复杂学习任务时融入了对子任务进行协调与综合能力的培养，因此，复杂学习具有整体大于局部之和的特征。在设计职前信息技术教师教学能力这一复杂学习的教学方案时，需避免仅让学习者获得分解后单一的、孤立的技能，应强调任务分解后的重新组合，最终达成能运用它们解决实际问题的目标。

二、四成分模式（以下简称4C/ID）与复杂学习理论十步骤

4C/ID的一个基本假设是：复杂学习环境可以用四个相互关联的成分来描述，即学习任务（Learning Tasks）、支持性信息（Supportive Information）、程序性信息（Procedural Information）和部分任务练习（Part-task Practice），这四个成分是按照学习过程的四个类别划分的。4C/ID模式面向复杂学习是以提高和改进学习者在专业领域的业绩表现为宗旨的，注重的是如何应用这些知识去解决实际生活中所遇到的问题的能力，这也是4C/ID模式的根本特征。四个要素的相互关联构成了复杂学习任务实施的基本环境，4C/ID具体的设计步骤有十步，其中每个要素都有与之对应的设计步骤，如表1所示。

表1　4C/ID模式与复杂学习理论十步骤

4C/ID模式	复杂学习理论十步骤
学习任务	1. 分解复杂技能
	2. 序列化任务类别
	3. 设计学习任务
支持性信息	4. 设计支持性信息
	5. 分析认知策略
	6. 分析心智模式
程序性信息	7. 设计程序性信息
	8. 分析规则和程序
	9. 分析前提性知识
部分任务练习	10. 设计部分任务练习

（一）学习任务（Learning Tasks）

学习任务是核心，它以整体任务的形式按照从易到难的层级关系呈现给学习者，为学习者提供具体、真实、有意义的整体任务经验，引导学习者在任务学习过程中有意识地概括与归纳、总结与反思，从而完成自身认知图式的建构。

1. 分解复杂技能。

2. 序列化任务类别。

3. 设计学习任务。

步骤1将完整的复杂技能分解成多个子技能，并对每个子技能的教学目标、评判标准、技能获取形式等进行清晰的描述。步骤2对已分解的各个子技能进行整理归类，形成整体框架，然后依据子技能的类别、选择和设计学习者完成任务所需的信息、步骤，序列化该任务类别。步骤3是整个环节的核心部分，在上一步的基础上为每一个任务类别设计相应的学习任务。在设计学习任务时，应尽量使子任务具体、真实、最简化，同时按照子技能的类别进行合理排序。

（二）支持性信息（Supportive Information）

支持性信息是对学习和非重复性学习任务绩效有帮助的信息，用以解释某一领域的组织和如何完成任务或解决该领域的问题。它为学习者已有的知识和需要学习的任务之间架起了一座桥梁，对于非重复性技能的学习十分重要。

4. 设计支持性信息。

5. 分析认知策略。

6. 分析心智模式。

步骤5的产生源于对教学材料的重新设计与开发，基于这种情况，需分析在该学习任务领域中如何处理问题，如何通过已经获得的经验规则

来解决实际问题。步骤6是对如何组织该学习领域进行描述，意在理解各类学习知识之间的相互联系。

（三）程序性信息（Procedural Information）

程序性信息是对学习和完成重复性学习任务所提供的前提性信息，它包含了对操作规则所做的说明，也包含了正确规则所必备的知识，如简单的原理、概念等。这类信息最好以小单元的形式呈现，并且在学习者完成学习任务的过程中准确及时地呈现。随着掌握的专业知识不断增加，这些程序性信息便逐渐消退。

7. 设计程序性信息。

8. 分析规则和程序。

9. 分析前提性知识。

步骤8的规则和程序是一些比较固定、规范的步骤和决策，不会因情境的变化而变化。如果能够厘清学习任务中所需要的规则和程序，那么就有助于学习者快速、准确地完成学习任务。步骤9则是对先前给予的规则和程序作进一步的分析，以确保学习者能够顺利地完成规则性步骤。

（四）部分任务练习（Part-Task Practice）

部分任务练习是指针对重复性技能的学习任务经过训练后能达到自动化水平而设计的附加重复性练习。部分任务练习有利于对程序或规则进行编辑与合成，特别是随后的强化。

三、基于4C/ID的视频案例教学平台设计原则

（一）以视频案例为核心，注重情境设计

视频案例教学是促进职前信息技术教师成长的一个有效途径，美国著名学者Katherine K. Merseth指出，教师专业成长过程中教学案例的使用通常具有三个方面的作用，即案例作为示范，案例作为分析实践、同化不同观点、思考行动的机会，以及案例作为个人反思的启动机。平台应以“视频案例”为核心，通过建设视频案例资源库，让学习者在观看与分析的过程中学会诊断问题，提高课堂观察力、分析问题和解决问题的能力，更好地发展教学理论知识，形成全面、多样化的教学思想。

情境认知理论认为，学习是在一定的社会背景即“情境”中发生的，有意义的情境能够促进学习的有效性。因此，平台在以“视频案例”为核心的基础上，还应注重情境的设计，提供尽量真实的任务情境，为学习者营造多角度探索的环境，深化学习者的学习，促进知识和技能的迁移。

（二）视频案例的碎片化，减轻认知负荷

职前信息技术教师教学能力的培养属于复杂领域的认知技能学习，具有较高的复杂性和内在的认知负荷，包括培养内容的形式、复杂度、时间压力和教学步骤等，这就需要采取新的策略或方法来管理、减轻认知负荷。一节完整课的视频案例由于其时间较长、难以突出重点和难点，容易导致学习目标不清晰、针对性不强。因此，视频案例应该进行碎片化处理后再呈现给学习者，如依据内容性质、教学环节、教学策略与技巧、教学方法等将一节课的视频案例切割成多个小片段，帮助学习者在学习过程中不断提高教学设计、实施与评价的能力。

（三）学习任务的整体性

系统论认为构成系统的各个部分具有不同的功能，但系统的整体功能往往不是各部分功能的简单组合，它们是一个不可分割的整体。虽然复杂学习的设计中需要对复杂技能进行分解，但这些分解后的子任务仍然属于复杂整体中的一部分，应视为整体性任务。因此，学习者在平台上的学习需以整体的方式进行，而不是孤立地去习得知识碎片。学习任务的整体性在平台中应主要体现各个子任务的协调，理论与实践的结合，教学设计、实施与评价的贯穿与综合运用。

（四）支持性信息的有效性

平台不仅要考虑为学习者提供多种支持性信息，更要强调所提供信息的有效性，即这些信息是否对学习者的学习有所帮助，它们如何才能引导学习者去主动建构知识技能，更新头脑中已有的认知图式，形成全方位分析问题、解决问题的能力。

（五）支持协作学习

在学习过程中，学习者之间以及学习者与教师之间的交互有利于学习者对知识意义的建构。“协商会话”作为建构主义学习环境的基本要素之一，在基于复杂学习理论构建的平台上同样重要。每个学习者知识经验不同，对知识的理解也不一样，孤立地学习容易导致理解的片面性或错误，不利于学习的广泛迁移。通过协作与交流，可以提高学习效率，使学习者对知识的理解更加全面，在沟通中碰撞出思想的火花，加深个人认识。因此，在平台上应为学习者创建协作学习的环境，如QQ群的交流、论坛的讨论等。

（六）多样化的评价方式

平台所创建的学习环境将为学习者提供大量非结构化的学习情境，对学习效果的评价不能仅局限于教师的评价，应提倡多样化的评价方式，如过程性评价与总结性评价的结合，专家点评、同伴点评、自我反思的结合，从多个角度对学习者的活动参与作出综合评价。

四、平台结构功能的建设与学习过程

（一）平台体系结构设计

根据4C/ID模式以及软件开发相关指导思想，并结合Internet/Intranet的分布式动态Web技术，本平台采用基于B/S的三层逻辑结构，即数据服务层、功能模块层、用户浏览层。其中数据服务层位于数据库服务器端口，功能模块层位于网络服务器端口，用户浏览层位于客户机端口。本系统的体系结构模型如图2所示。

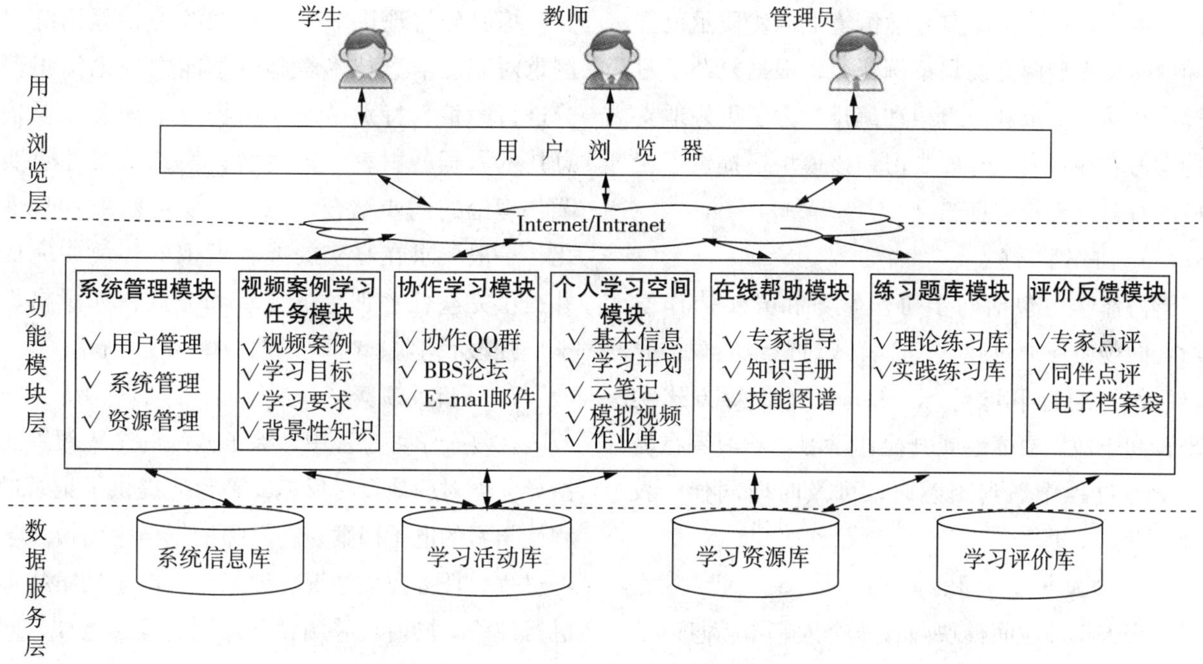

图2 基于复杂学习理论的视频案例教学平台体系结构模型

1. 用户浏览层。

该层是与用户直接交互的浏览器界面，用于接收用户输入的信息，并显示从Web服务器返回的信息。学习者在这一层主要利用IE、Google等浏览器进行网上学习活动，是进入学习平台的门户。

2. 功能模块层。

该层是平台设计与开发的关键层，用来接收来自浏览器的信息，并向数据服务层提出查询请求，把查询结果返给浏览器，平台上的大多数功能都在该层完成。

3. 数据服务层。

该平台的数据库主要包含系统信息库、学习活动库、学习资源库、学习评价库等。系统信息库主要用来存储用户的基本信息，记录用户在使用平台的过程中产生的信息。学习活动库以学习任务为中心进行组织，存储学习任务的基本信息，如任务内容、任务目标、任务进度情况等。学习资源库包括各类学习资源，如视频案例资源、练习题库资源、背景知识资源等。学习资源库是开放的，学习者、教师都可以上传相关资源，将其不断丰富和完善。

（二）平台功能模块分析

1. 系统管理。

系统管理是指对用户、系统、资源等进行管理。平台对不同的用户角色开放了不同的权限，支持学习者能够最大限度地参与学习活动，同时为学习者创建个人学习空间。

2. 视频案例学习任务。

该模块是平台的核心部分，包括视频案例、学习目标、学习要求的呈现和背景性知识的提供。本平台提供了真实教学情境下的优质示范型和诊断反思型两类视频案例资源，根据复杂学习理论和学习要求进行组织和编排。为了更好地支持学习者在平台上开展学习，该模块还提供了相应的背景性支持信息。

3. 协作学习。

协作学习包括同步协作学习和异步协作学习。同步协作通过建立 QQ 群或讨论组实现，异步协作则通过 BBS 论坛、E-mail 邮件等方式实现，利于他们便捷地展开协作学习。学习者在复杂学习过程中遇到困惑时，可及时向同伴、教师、专家求助。

4. 个人学习空间。

个人学习空间模块包含了个人基本信息、学习计划、个人学习云笔记、个人模拟教学视频、作业单等功能。学习者根据需要创建自己的学习计划并进行拓展性学习，在观摩视频案例时做好笔记，储存在云端。在培养教师教学能力这一复杂学习的过程中，对优秀示范案例的模仿显得尤为重要，学习者可在观摩分析后进行模拟教学，并以视频的形式将这种生成性资源上传至个人空间，供他人点评与指导。学习者在空间里列好作业清单，提醒自己近期的学习安排。

5. 在线帮助。

学习者在复杂学习过程中总会遇到问题，因此很有必要添加“在线帮助”模块。本平台的“在线帮助”模块涵盖了专家指导、知识手册、技能脸谱三大部分。其中专家指导是针对学习者存在的具体问题，教师或者相关专家提供指导；知识手册为学习者提供便捷的理论支撑；技能脸谱是将职前信息技术教师教学能力这一复杂技能进行划分，按教学设计能力、教学实施能力、教学评价能力三大类进行细化，让学习者了解学习任务的整体概貌，并提供便捷的检索帮助。

6. 练习题库。

练习分为理论练习和实践练习，理论练习侧重对职前信息技术教师教学能力理论知识部分进行考核，特别是对新课程改革理念以及信息技术课程教材教法的理解；实践练习注重实践与理论的同步结合、隐性知识的获取和显性化，一般要求在真实的或者模拟的环境中完成并提供完整任务训练的要求和方式，如微格教学、片段教学。

7. 评价反馈。

在复杂学习过程中，除了教师的全程跟踪式指导，面对面地及时反馈，平台还提供了记录过程性学习的电子档案袋，教师依据学生的协作学习过程、任务完成情况、云笔记、电子档案袋等进行评价。同时，采用教师点评、专家点评、同伴点评、自我反思相结合的方式，实现评价主体多元化。

（三）平台的学习过程

本平台是以视频案例为基础，基于复杂学习理论进行构建的，其系统的学习过程如图 3 所示，包括任务准备、任务实施、任务反思与评价三大步骤。

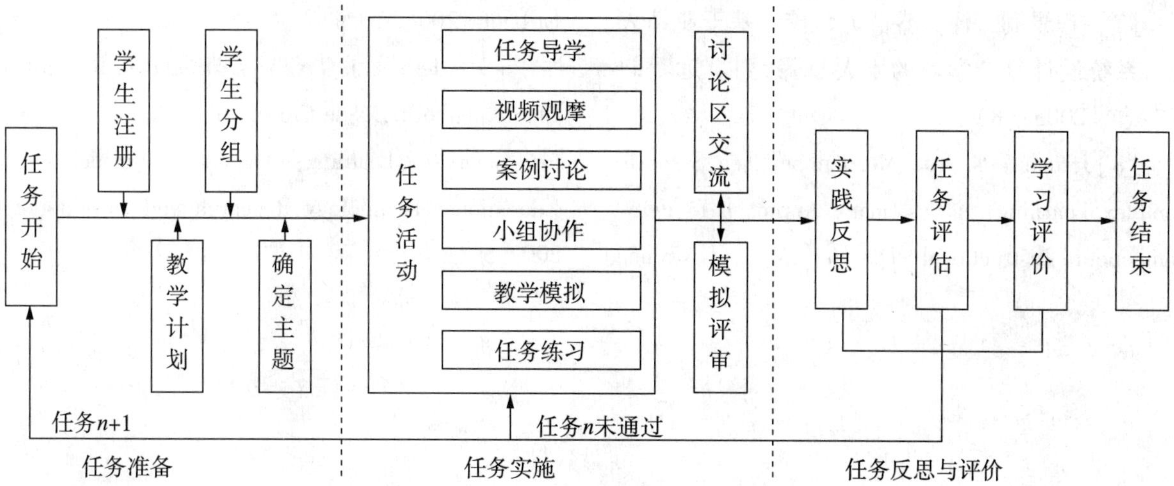

图3 基于复杂学习理论的视频案例教学平台的学习过程

1. 任务准备。

该阶段是视频案例教学的首个环节，准备的充分与否直接影响教学效果。教师制订教学计划，对职前信息技术教师的教学能力培养进行详细的规划，形成相应的技能脸谱。同时按从易到难的逻辑顺序设计子任务，确定学习主题，并对学生进行分组，确定教学组织形式。

2. 任务实施。

任务实施是整个教学过程的核心阶段，包括任务导学、视频观摩、案例讨论、小组协作、教学模拟、任务练习六个环节。任务导学环节，教师通过创设情境、讲授等方式，帮助学习者了解学习任务的整体概貌。视频观摩环节，学习者应重点从教学机智、教学组织、教学资源等方面对视频案例进行观察分析。案例讨论环节，一方面，教师提供预设性问题供学习者讨论，根据学习者已有的知识经验，将讨论生成的问题进行交流分享；另一方面，教师还需提供迁移性问题，引发职前信息技术教师的深入思考，学会“取其精华，去其糟粕”，做到知识的迁移应用。教学模拟环节是在观摩、讨论视频案例之后，为检验迁移效果对教学设计和教学活动进行重构与模拟。任务练习环节是让学习者从练习题库中随机选择同一序列下没有难易差别的子任务。

3. 任务反思与评价。

任务反思是职前信息技术教师在学习结束后，对自己的学习加以反思，从而内化、收获知识的重要阶段。通过专家指导和不断的强化训练，评估学习者是否完成学习任务，合格后才能进入下一个学习任务。职前信息技术教师需对案例分析环节产生的间接经验以及教学模拟环节产生的直接经验加以反思，撰写成长记录，形成具有一定高度的知识结构和良好的反思习惯。复杂学习强调过程性评价，因此要注意收集过程性评价材料，包括专家点评、同伴点评、自我反思记录等，合理架构各项评价指标，制订细化的评价量表。

参考文献

[1] 冯锐，李晓华．教学设计新发展：面向复杂学习的整体性教学设计——荷兰开放大学Jeroen J. G. Van Merrienboer教授访谈[J]．中国电化教育，2009（2）．

[2] 陈霞．教师专业发展的实效性研究[M]．北京：北京大学出版社，2012.

[3] 王旭卿．职前教师教育中的视频案例教学分析[J]．现代远程教育研究，2009（2）．

[4] 谢幼如，尹睿．网络教学设计与评价[M]．北京：北京师范大学出版社，2010.

[5] 高丽．三种学习理论对复杂学习的解释及其整合[J]．远程教育杂志，2006（1）．

[6] 盛群力，马兰．面向完整任务教学，设计复杂学习过程[J]．数字与培训设计应用理论，2010（4）．

［7］程景利，译．盛群力，校．基于业绩表现：系统设计复杂学习的十大步骤[J]．远程教育杂志，2003（8）．

[8] Jeroen J. G. van Merrienboer. Ten Steps to Complex Learning：A Systematic Approach to Four-Component Instructional Design [M]. Lawrence Erlbaum,2007.

［9］Jeroen J. G. van Merrienboer, Richard E. Clark, Marcel B, M. de Croock. Blueprints for Blueprints for Complex Learning：The 4C/ID-Model [J]. Educational Technology Research and Development, 2002,50(2).

认知学徒制应用于中小学信息技术教师教育技术能力培训的问题分析与方法设计

李培月　李兆君　王凯丽

（沈阳师范大学 教育技术学院，辽宁　沈阳　110034）

摘　要： 教育技术能力是教师专业发展必备的能力。中小学信息技术教师在教育技术能力培训中扮演着重要的角色，但对中小学信息技术教师的教育技术能力培训关注并不多，培训效果也不容乐观。针对这一问题，笔者分析了已有培训方法存在的不足，结合认知学徒制的优点，本研究对认知学徒制应用于中小学信息技术教师培训中的可行性进行分析，并对传统培训方法在知识体系建构上的不足、个性化指导的缺乏和知识迁移能力等方面的问题进行探讨，以期更好地促进中小学信息技术教师的专业发展。

关键词： 认知学徒制　中小学信息技术教师　教育技术能力培训

引　言

本研究的展开基于两方面问题。一方面，中小学信息技术教师对促进我国教师教育事业的建设有重要作用。中小学信息技术教师在学校中担任重要角色——教学人员、技术人员和信息技术管理人员。2004 年 12 月，教育部颁布的《中小学教师教育技术能力标准（试行）》（以下简称《标准》）中，明确提出了教学人员、技术人员和管理人员教育技术能力水平的标准，制订了总体的能力目标。另一方面，中小学信息技术教师在教育技术培训方面确实存在一些问题。为了解培训现状，笔者做了大量的文献调研和调查研究，研究表明中小学信息技术教师在培训后的问题解决能力方面不容乐观。主要表现在：知识体系建构欠缺，个性化指导不足和知识迁移能力问题。这些均导致了中小学信息技术教师在教育技术能力培训效果上令人担忧的问题。

教育技术能力直接通过中小学信息技术教师贯彻实施到教育教学中去，如果对中小学信息技术教师的认识不清，不解决中小学信息技术教师在培训中的实际问题，那么再好的教育技术能力也不能在教学一线体现。因此，正确认识中小学信息技术教师在教育技术能力培训方面的重要性，设计出适合他们的培训方法来解决教育教学实际问题是至关重要的。

一、中小学信息技术教师教育技术能力培训已有方法及存在的问题

自《标准》颁布以来，教师的教育技术能力受到了广泛的关注。随之，在全国范围内展开了中小学教师教育技术能力培训，并对培训后中小学教师教育技术能力水平进行考核。通过分析相关研究和访谈教育技术能力培训者，发现目前对中小学教师教育技术能力培训的方法有任务驱动法、讲授法、小组合作式和探究等方法，其中最常用的是任务驱动法。然而，任务驱动法存在以下三个问题。

第一，在培训中知识呈现往往流于形式，忽视了受训者（中小学信息技术教师）在知识体系建构方面的培训，经常会造成受训者在培训中只是简单地寻找问题的答案用以应付考试，培训后知识不成体系，不能在日后的工作中进行有效的教学，不能指导和帮助其他的教学人员。第二，

在培训过程中缺少个性化的指导以及人文关怀，造成了受训者在思维方式、道德情感、行为习惯方面的缺失。第三，在培训中受训者更多的是为了完成某一任务而学习，导致其在知识迁移方面的不足。任务驱动法使受训者在学习过程中更多地关注某一个问题的解决，而不是某一类问题的解决，从而导致受训者不能将知识迁移到新的问题情境中去，受训者在认知能力上得不到提升，所以不能提高受训者解决实际问题的能力。

为了解决上述三个问题，本研究分析了认知学徒制在中小学信息技术教师教育技术能力培训中的可行性，设计出适合其培训的教学流程，改善中小学信息技术教师在知识建构、个性化指导和知识迁移方面的问题，使培训取得更好的效果。

二、认知学徒制应用于中小学信息技术教师教育技术能力培训中的可行性分析

（一）认知学徒制的优势分析

认知学徒制（Cognitive Apprenticeship）是一种从改造学校教育中的主要问题出发，将传统学徒制方法中的核心技术与学校教育整合起来的新型教学模式。它的核心是培养学习者的高阶思维能力（Higher-Order Thinking Skills，HOTS），即专家实践所需的思维能力、问题求解和处理复杂任务的能力，以及认知和元认知能力。认知学徒制包括的要素如表1所示。

表1　认知学徒制要素

内容	方法	序列	社会化
构成专长所需的知识： 1. 领域知识 2. 启发策略 3. 控制策略 4. 学习策略	促进专长发展的方式： 1. 建模 2. 指导 3. 搭建脚手架 4. 清晰表达 5. 反思 6. 探究	对学习活动进行排序： 1. 复杂性递增 2. 多样性递增 3. 全局技能先于局部技能	学习环境的社会特征： 1. 情境学习 2. 专家实践的文化 3. 内部动机 4. 利用合作 5. 利用动机

根据认知学徒制要素的构成，可知认知学徒制有如下优点。

优点一，体现在内容要素上。认知学徒制不仅仅强调学习领域性知识，而且还重视启发策略、控制策略和学习策略的掌握，与其他学习方法不同的是，对策略知识的学习也包括在内。而中小学信息技术教师教育技术能力培训正需要学习领域知识和策略性知识，因为作为教学人员、技术人员甚至管理人员，都需要对教育技术领域的知识有整体性的认知，建构出自己的知识体系，这样才能对教育技术在教学中的应用起到指导性的作用。优点二，体现在方法要素上。认知学徒制对促进专长发展的方式是专家通过建模、指导、搭建脚手架帮助学习者完成学习，学习者通过清晰表达展示其作品，与他人交流，反思自己的学习过程，探究所学的关键，从而达到深刻学习的目的。由于中小学信息技术教师的数量较小，专家在培训中的个性化的指导机会更多，在专家指导过程中他们感受指导的方法（脚手架的搭建与拆除），有利于他们日后对学生和教师的因材施教、因人指导，更好地发挥中小学信息技术教师的作用。优点三，体现在序列要素上。在学习活动复杂性、多样性和全局性的排序方面，符合学习者的认知特征，通过合理的活动安排可以解决知识迁移方面的问题。中小学信息技术教师教育技术能力培训效果的好坏可以直接通过能否将培训所学的知识应用到工作过程中解决实际问题来体现，所以活动顺序的安排是解决中小学信息技术教师知识迁移问题的关键所在。

认知学徒制的教学方法可以通过专家建模解决实际问题，激发学习者的动机，在情境中利用合作学习专家的实践知识，使学习者在情感态度方面得以体验，最终将所学的知识很好地应用在社会实践中。

（二）认知学徒制应用在中小学信息技术教师教育技术能力培训中的可行性分析

1. 知识的建构。

根据知识能否被清晰地表达和转移，把知识分为显性知识和隐性知识：显性知识是能够被明确陈述的知识，一般以书面文字、图表和数学公

式等形式表达；隐性知识是不容易被清晰地表达的知识，存在于个体的知识结构中，在整个知识体系中所占比例超过90%。对于这些通过长期积累的、大量的、有价值的隐性知识如何被学习，成为掌握实践性知识的关键。在认知学徒制学习方法中，针对不同问题情境，通过专家的建模，有意识地将思维过程通过言语或其他形式的表达传递给受训者，使受训者学习更多的缄默知识，有利于对所学知识的意义建构，也可解决中小学信息技术教师关心的知识学习体系化问题。

2. 个性化指导。

中小学信息技术教师在学校教师总数中所占的比例约为2%。也就是说，在中小学信息技术教师的培训中，受训者数量相对少，在同等条件下方便实施小班教学。首先，小班教学的针对性更强，有利于因材施教。由于人数比较少，培训者可以了解不同受训者的基础、特长、能力、个性和心理等，从而进行详细的受训者特征分析，有针对性地解决不同受训者的问题，更好地因人指导。其次，培训者与受训者之间的互动机会多，有利于受训者主动健康地发展。小班教学中，师生之间的交流、互动较多，在培训者的指导下进行自主式、合作式、探究式的学习，受训者可以积极主动的学习，这一方法体现了“以人为本”的教学理念。

3. 知识的迁移。

Collins 和 Brown 等人认为概念性的知识是从一定情境的知识学习和使用过程中抽取出来的。知识在一定程度上与社会实践、社会背景和文化相关联，认为只有将知识置于一定的情境中，才能使学习者真正了解所学知识的意义和价值。情境学习中有两个概念不容忽视。一是参与，即加入某种组织或活动中。在培训中受训者通过参与活动，慢慢地成为“合法的边缘参与者”，最后成为“专家”（即在学术、技艺等方面有专门技能或专业知识的人）。二是实践共同体，实践共同体是指有共同的愿景、学习愿望、共同的事业追求和明确的学习目标的成员集体，在实践中通过共同学习来完成目标。在信息技术人员的培训中受训者参与到情境学习的机会比较多，通过实践共同体的合作与交流，共同完成培训内容，使培训后的中小学信息技术教师能够有效地将知识迁移，在不同的问题情境中解决不同的问题，提升问题解决能力。

认知学徒制也是一种“做中学”的教学模式，它通过观察专家的建模解决实际问题，以学习者为中心，以具体活动为背景，以亲身经历为手段，以实际应用为目的，强调充分交流、协作与反思、强调在具体情境中调动学习者的多重感官去感悟和认知，从而建构知识、增进技能，对教学工作起到辅助的作用。

三、基于认知学徒制的中小学信息技术教师教育技术能力培训流程设计

（一）中小学信息技术教师教育技术能力培训内容分析

分析《标准》可知，全国中小学教师教育技术能力培训中，培训内容主要涉及意识与态度、知识与技能、应用与创新和社会责任四个方面，针对的三部分人员分别是教学人员、技术人员和管理人员。这三部分人员的标准有所不同，其中教学人员侧重的是理念的认识，技术人员更强调知识与技能，而管理人员则更注重管理方面的内容。然而，作为中小学的信息技术的教师，扮演着以上三种角色，所以，对其在培训内容上的安排要远多于其他人员。中小学信息技术教师的教育技术能力培训内容主要包括两个方面：一是理论性知识，了解教育技术的理论，将其很好地融合在教学过程中，提高学习成绩，促进学生的发展；二是实践性知识，学习更多的知识技能，指导实践。对于中小学信息技术教师，对实践性知识的学习尤为重要。因为信息技术教师有责任辅助教学人员进行教学，帮助教学人员获取、加工和整理信息，更好地实施教学，并且是本单位的信息化建设的主要设计与参与人，所以对其信息技术方面技能的要求远远高于教学人员和管理者。通过调查辽宁省中小学信息技术名师、骨干教师，得出的结论是：希望学习更多的实践性知识，这样才能很好地指导教学工作。可见，中小

学信息技术教师对实践性知识的学习是十分迫切的。如何教授实践性知识成为培训者要考虑的重要问题。传统的实践性知识学习大多通过师傅带徒弟的方式，而且也是有效地学习实践性知识的方法，认知学徒制沿袭了传统师徒制的特点，增加了清晰表达、反思和探究的环节，也是对学习实践性知识很好的方法。

（二）基于认知学徒制的中小学信息技术教师教育技术能力培训流程设计

根据上面对认知学徒制应用在中小学信息技术教师教育技术能力培训的可行性分析、对教师教育技术能力培训的内容分析，选取适合认知学徒制方法的培训内容——实践性知识。培训流程设计如图1所示。

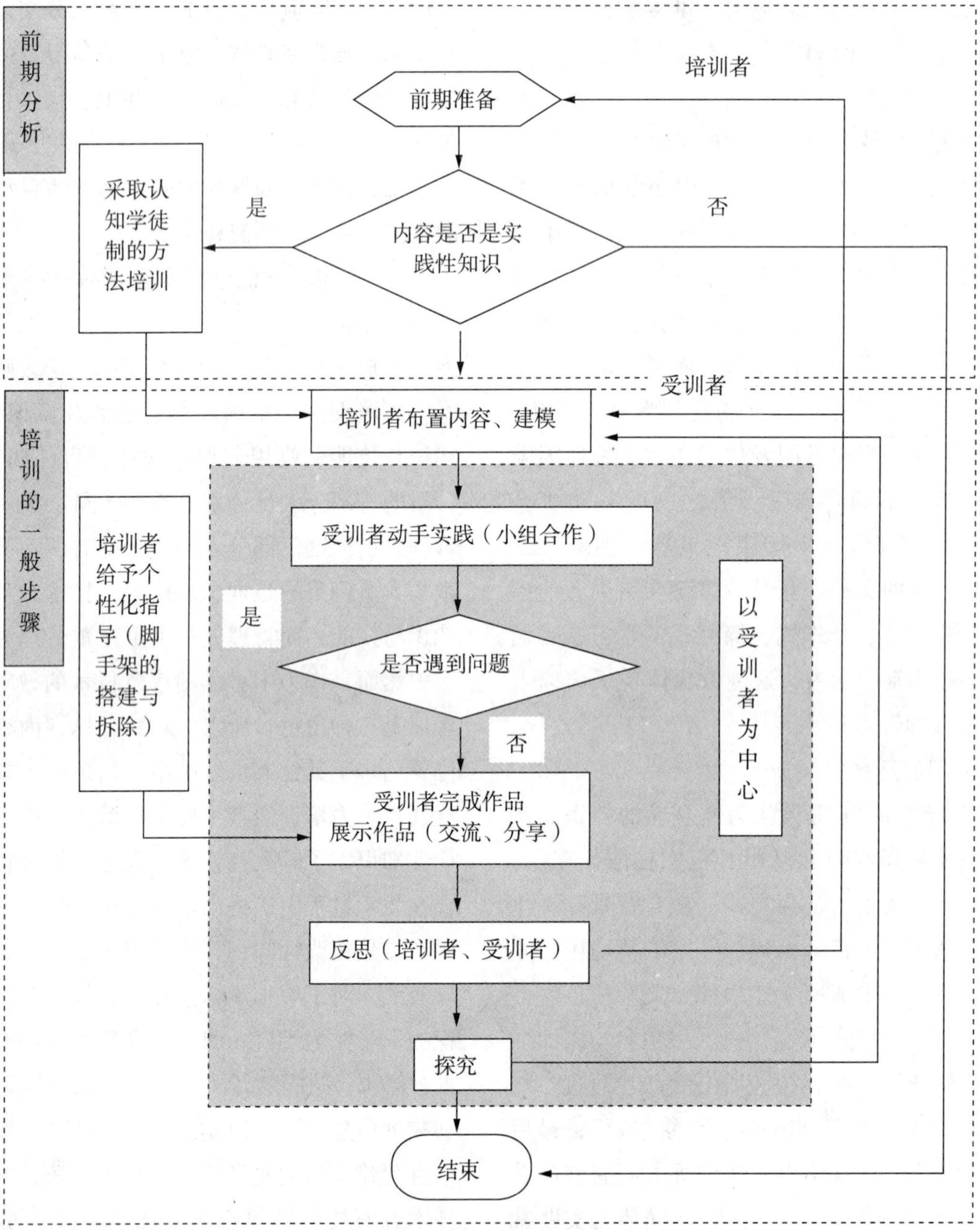

图1　培训流程设计

1. 前期分析。

培训者需要对培训内容、培训目标和受训者特征进行分析。通过对培训内容的分析，了解知识是理论性知识，还是实践性知识，若为实践性知识，则采取认知学徒制的方法进行培训，若是理论性知识则跳出此流程，采取适合理论性学习的方式。由于本研究的主体是中小学信息技术教师，大部分培训内容与实践相关，所以采取认知学徒制的方法更多。通过对培训目标的分析，培训者合理地制订学习目标。培训者对受训者的特征进行分析可以掌握每个受训者的实际情况，进而更好地因材施教。

2. 培训的一般步骤。

培训者布置内容、建模。布置内容的目的是使受训者目标明确，知道该节课应该完成什么，学会什么，而不是无目的地学习。培训者建模是为了受训者了解“专家”解决问题的思路和思维模式，从而解决受训者在认知和推理方面的不足，建构自身的知识体系。

受训者动手实践：通过培训者对问题解决的建模和布置的明确的学习内容，使受训者在真实的问题情境中亲自动手实践、解决问题。从“做中学”，体会知识在实践中的指导作用。学习过程可以结合小组合作的学习方式，使学习更具社会性。

个性化指导：在实践的过程中若遇到问题，由培训者给予个性化指导，针对不同的受训者搭建不同的脚手架，帮助不同个体学习，提升每一位受训者的能力。

作品展示：展示环节是受训者分享经验、交流结果的最好形式，通过每位受训者的清晰表达（对作品的展示）和聆听别人解决问题的思路，寻求最佳解决问题的方式，使其作品更加完善。

反思：包括受训者的反思和培训者的反思。受训者将自己的解决问题过程与专家、其他受训者进行比较，形成此专业的内部认知模式，挖掘每位受训者的潜能。通过反思可以建构其关于特定问题求解过程的模式，修正或启示自己的问题求解和任务完成过程，提升实践中处理问题的能力。培训者的反思则是针对整个培训流程的，反思建模、指导、脚手架的搭建、清晰表达等阶段的效果，为以后更好地服务培训工作做准备。

探究：探究是本节课最后一个环节，也是很重要的一个环节。受训者在经过观察专家建模、尝试问题解决、清晰表达和反思的过程后，对专家的认知过程、心智模型有了一定的了解，在此基础上促进受训者的探索是十分重要的。探究显示着培训者的完全“淡出”、脚手架的全部拆除，意味着受训者要完全依靠自己的能力来解决问题。当前的教师培训中，培训者主宰了培训的全部过程，成为培训知识的发布者和占有者。而认知学徒制则是以受训者为中心，以其在实践中动手操作解决实际问题为主。培训者的角色是帮助者、指导者，为参加培训的教师提供建模、脚手架，协助受训者学习。受训者则由以往的被动接受变成培训的主角，通过动手操作、清晰表达、反思和探究，积极建构属于自己的个性化知识体系。在认知学徒制的培训中，受训者在观察、模仿培训者的解决问题过程，学习专家式的思维模式、学习其隐性知识和技能，培养独立思考和解决复杂问题的能力。

四、总结

目前，教育技术能力培训中大多没有按学科培训，而是各学科教师混合在一起。通过调查辽宁省 20 所学校信息技术教师中的名师、骨干教师，得出的结论是：培训部门应对教育技术能力培训进行分科，这样的培训更有针对性，因为信息技术教师与其他学科教师在教育技术能力上的要求不同，他们在学校教师教育技术能力建设中的作用是学校的“专家”顾问。他们更希望以师傅带徒弟的方式，尽快地成长为可以独立实践的个体，对其所在学校教育信息化建设起到指导性作用。本研究针对中小学信息技术教师需求设计的培训流程可对中小学信息技术教师教育技术能力培训方法提供帮助。

参考文献

［1］马晓玲，王蓉，李璐，王济军，刘美凤.

中小学信息技术教师能力素质结构研究[J].中国电化教育，2011（3）.

[2] 钟爱国．项目引领任务驱动教学法的优点和缺点[J]．考试周刊，2012（40）.

[3] 陈家刚．认知学徒制研究[D]．上海：华东师范大学，2009.

[4] 谢舒潇，林秀曼，刘冠．高校教师教育技术体验式培训的设计与实践[J]．电化教育研究，2013（3）.

[5] 乜勇，王兰兰．认知学徒制在高阶思维能力培养中的应用研究——以信息技术课程教学为例[J]．现代教育技术，2010（4）.

[6] 付辉．认知学徒制视域下的教师培训[J]．江西教育学院学报，2010（4）.

基于新型视频案例的教师专业成长教学模式的构建
——以职前信息技术教师专业成长为例

吕晓芳　朱小秀　阳亚平　杨　宁
（福建师范大学　教育学院，福建　福州　350007）

摘　要： 视频案例教学是促进职前教师专业成长的一个有效途径，信息技术教师作为教育界的新生力量，其职前的专业成长已成为一大研究热点。综观目前的视频案例教学，存在实践与理论脱节、针对性不强、理论指导的泛化等缺陷，迫切需要寻找一种针对性强、高效的视频案例教学模式。在传统视频案例的基础上，提出具有视频碎片化、实践与理论同步结合、即时的问题跟踪与引导、隐性知识的获取和显性化等特色的新型视频案例；基于这种视频案例，试图探索出一种包括前期准备、案例分析、实践与反思、学习评价四个基本环节的新型视频案例教学模式，为职前信息技术教师的专业成长提供一定的指导和借鉴。

关键词： 视频案例教学　专业成长　视频案例特色　视频案例结构　教学模式

教师专业成长是一个经久不衰的话题，也是教育学者们从未止步的研究领域。在新课程改革的背景下，教师的专业化水平已经成为教育发展的重要标志，教师的职前培养更是提升教学理念与技能的关键阶段。信息技术教师作为教育界的新生力量，对其他学科教师的成长起着重要的模范引领作用。目前，如何促进职前信息技术教师的专业成长已成为当前国内外教师教育的研究热点。

杨丽君在对职前教师教学能力培养现状的调查中发现，职前教师对视频案例教学普遍持积极肯定的态度，而且迫切希望能为他们提供更具针对性和有效的视频案例教学资源。因此，本文尝试探索出一种新的视频案例设计与教学模式。

一、职前信息技术教师专业成长途径比较

当前比较常见的职前信息技术教师专业培养主要有现场观摩、文本案例研究、课堂录像分析三种途径，综合国内外的实践经验及各项文献资料，它们各自具有以下特征，如表1所示。

表1　现场观摩、文本案例研究、课堂录像分析的比较

	真实性	重复性	信息量	针对性	受众面
现场观摩	真实可信	转瞬即逝 不利于反思	仅凭记忆 信息量较少	选择性较小 针对性一般	必须亲临现场 受众面小
文本案例研究	缺乏真实性 需有较强的联想能力	可反复学习	不能完全还原教学情境 信息量较大	根据实际需要自主选择 针对性强	不受时空限制
课堂录像分析	临场感较强	可反复学习	多维度记录教学现场 信息量大	可自主选择 针对性较强	不受时空限制

从表1的比较中可以发现，现场观摩作为教师教学研究最基本的方式，能让学习者感受真实的教学过程，但很难把握课堂教学的节奏和捕捉瞬间画面，容易忽略教学情境中的一些细节。此外，学习者在较短的时间内无法对课堂情况进行深入思考，多数仅停留在感性认识的层面上。文本案例研究和课堂录像分析则能让学习者根据自身的需要进行反复学习。其中，文本案例研究是一种低成本的途径，内容较为丰富和具体，但需要学习者根据已有经验再现教学现场，不能完全真实地还原教学情境，缺乏临场感和生动性。随着摄像技术和视频播放技术、存储技术等的不断发展，课堂录像成为一种更方便、及时地记录教学过程的途径，弥补了现场观摩和文本案例研究的局限性。学习者可反复观看录像并进行分析和思考，将课堂录像中的实践经验同化到学习者的认知图式中。但课堂录像仅是纯粹的课堂实录，缺乏深层次的教学指导，在促进教师教学实践能力的提高、教学行为的优化上没有收到显著的效果。

视频案例是基于一定的教学设计，以视频为手段，以教学系统设计理论和思想为核心，将含有问题和典型疑难教学情境的教育教学事件以及相关研究通过多种媒体，借助信息技术编辑而成的作品集。它是一种整合了现场观摩、文本案例研究、课堂录像分析的新型方式，集临场感、真实性、内容丰富性和具体性于一身，具有明显的优势。

目前，现有的视频案例仅把整节课的视频案例按学科进行简单的划分，明显满足不了职前信息技术教师的学习要求。同时，传统的视频案例教学模式虽然比较全面地包含了“教学准备、案例分析、案例讨论、总结评价”四个环节，但在实施过程中却没有对每个环节进行再细化，理论与实践相脱节，教学形式呈线性结构，过于单一，不利于学习者达成学习目标。

二、新型视频案例的设计

（一）视频案例的选取

1. 优质示范型教学视频。

根据班杜拉的观察学习理论，行为习得除了可以通过直接经验的学习，还有另一种途径，即通过观察示范者的行为而习得行为的过程，班杜拉称之为“通过示范所进行的学习”——间接经验的学习。因此在筛选视频案例时，应先选取优秀教师的获奖教学视频以及经典的微格教学录像，如全国信息技术优质课录像，这类视频案例具有一定的示范性，用于对职前教师进行教学观摩。作为职前教师，在学习了相应的理论知识以后，如何在实践中运用不是一蹴而就的，而是经过长期的观摩、实践、反思、改进掌握的。在教学初期，更多的是从优秀的教学活动中进行观察和模仿，以获得有价值的、便于掌握的教学经验。通过这种观察和模仿，逐渐内化为自己的教学行为模式和习惯。

2. 诊断反思型教学视频。

职前教师或实习教师的教学录像也可作为选取的对象，虽然不一定是精品视频，但它们能够多角度地反映真实教学情境中存在的问题，具有一定的典型性和参考性，容易引发职前教师展开交流和讨论。

反思在职前教师的专业成长过程中起着不容忽视的重要作用，选取职前教师或实习教师的教学录像作为诊断反思型教学视频的目的就是促进他们对教学行为的反思，在交流讨论中提高问题意识、反思意识，不断增长教学智慧，提高学习效果。

（二）视频案例的片段化处理

在杨丽君对职前教师教学能力培养现状的调查中，大部分职前教师认为课堂视频案例应该提供相应的知识点、内容链接和相关的拓展资源，同时希望能够将视频切割为小碎片，增加分类检索的功能可以使学习更有针对性。

我国目前的视频案例主要是以一节完整的教学视频来呈现，没有将视频根据具体的教学理论进行碎片化及碎片的重组，针对性不强，更没有加以同步的理论阐述与指导，导致实践与理论的脱节。因此，需要对传统的视频案例从案例内容、理论指导、检索方式、问题驱动等方面进行优化处理，设计出一种新的视频案例，如表2所示。

表2 传统视频案例分析与新型视频案例的比较

	案例内容	理论指导	检索方式	问题驱动
传统视频案例	完整视频	泛化	单一	缺乏
新型视频案例	碎片化、碎片重组	即时、精确	灵活、多样	针对性强

以信息技术课程为例，一节完整的课堂视频可以从所属年级、所属模块、内容描述、内容性质、教学方法、教学环节、教学策略与技巧七个角度进行碎片化处理，给学习者提供灵活多样的检索方式，如图1所示。

三、新型视频案例教学的特色

美国著名学者 Katherine K. Merseth 指出，教师专业成长过程中教学案例的使用通常具有三个方面的作用，即案例作为示范，案例作为分析实践、同化不同观点、思考行动的机会，以及案例作为个人反思的启动机。对视频案例进行分析能够帮助学习者学会诊断问题，提高课堂观察力、分析问题和解决问题的能力，更好地发展教学理论知识，改变旧的教学观念，形成全面、多样化的教学思想。

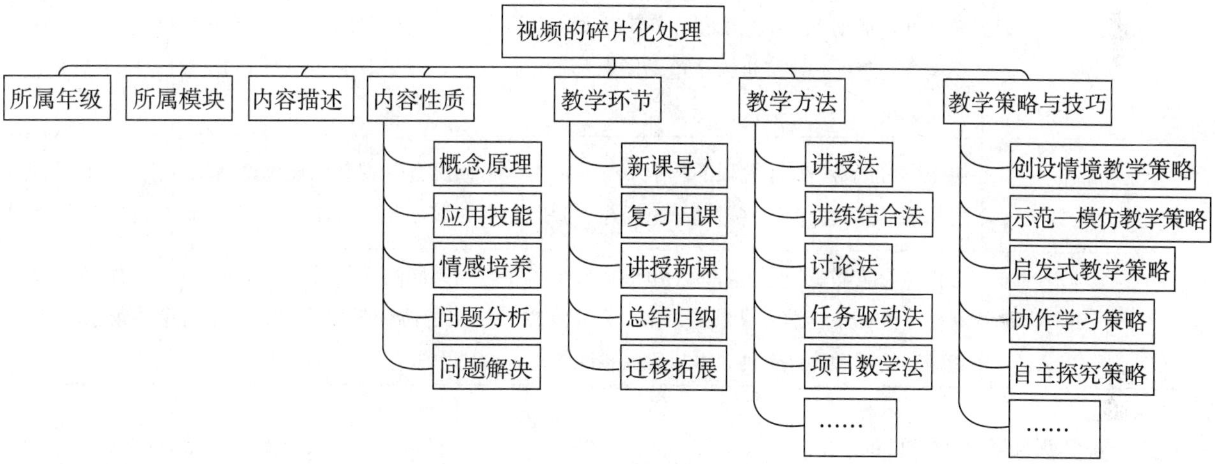

图1 视频碎片化处理的角度

本文所探索的新型视频案例除了具备真实性、理论性等传统视频案例的特征外，还应彰显以下几个方面的特色。

（一）视频的碎片化

新型视频案例要求将一个完整的教学视频依据具体的分类，如教学环节、教学策略等剪辑成独立的碎片或者对碎片进行重组，一方面让学习者能够快速检索到想要学习的主题内容，另一方面也能减轻认知负荷，避免从整节课视频中获取知识的复杂度和学习时间上的压力，使学习更有针对性，从而提高学习效率。

（二）实践与理论的同步结合

职前信息技术教师在课堂教学技能的培养中，缺乏的是实践性的技能训练，视频案例作为间接的教学实践，是一个有效的解决方法。但是，如果没有结合对应的理论去分析视频里的教学行为，容易造成实践与理论的脱节，导致学习者只能停留在模仿的层面，无法总结出隐含其中和适合自身的教学规律。

因此，新型视频案例应能有效地将视频案例与学习者原有的经验相结合，在每个视频案例后附上同步、相应的教学理论，帮助学习者从更深的层次去反思，形成间接的教学经验。在理论学习结束后，组织学习者开展微格教学，学以致用，从实践中发现问题、分析问题，并学会解决问题，进一步强化和巩固所学知识。

（三）即时的问题跟踪与引导

人本主义心理学代表人物罗杰斯认为，“学

生应在学习过程中亲自体验各种经验，形成正确的自我概念和独立自主的个性”。他反对教师直接传授知识，主张教学要用“间接的、不命令的、启发性的形式”，问题驱动即符合这一特性。在新型视频案例中，每个小片段除了已有的理论知识，还应设置一些具有启发性的问题。同时为职前信息技术教师提供质疑的机会，生成个性化的问题，激发他们的思考，帮助他们理解理论知识的本质，构建新的知识网络。

（四）隐性知识的获取和显性化

隐性知识是指存在于个人头脑中，尚未“言明”，处于“缄默”状态的知识。通过分析整理和系统化、载体化的处理后，隐性知识就有可能转化为显性知识。职前信息技术教师隐性知识的多少影响着职后教育教学的质量。

在剪辑好的每个片段中都应包含对该片段的解说、理论研读以及与片段内容结合的理论阐述，如表3所示。新型视频案例旨在帮助职前教师在观摩视频案例的过程中挖掘课堂教学中的隐性知识，与已有的理论、实践相结合，促进隐性知识的获取、吸收与转化。

表3　对某节信息技术课教学视频片段“协作学习策略”的解析

时间段	1:26～5:22，7:27～12:15
解说	教师开始活动1，通过展示《今日说法》中的片段“电话圈套”，让学生分组讨论2个问题：受骗者是怎样一步步进入“电话圈套”的？你认为可以采取哪些应对措施？讨论结束后师生共同分析
教学策略与技巧分析	协作学习策略。在本片段的教学中，教师用“电话圈套”视频创设讨论情境，让学生以小组协作的形式讨论关于视频的2个问题，激发学生的学习兴趣，培养学生的交流与协作能力
理论依据	协作学习策略是指学习者以小组形式参与，为达到共同的学习目标，在一定的激励机制下为获得个人和小组学习成果最大化而合作互助。常用的协作学习策略有课堂讨论、角色扮演、竞争、协同和伙伴5种，本片段属于课堂讨论的协作学习

四、新型视频案例的教学模式

新型视频案例用于教学主要包括前期准备、案例分析、实践与反思、学习评价四个环节，如图2所示。

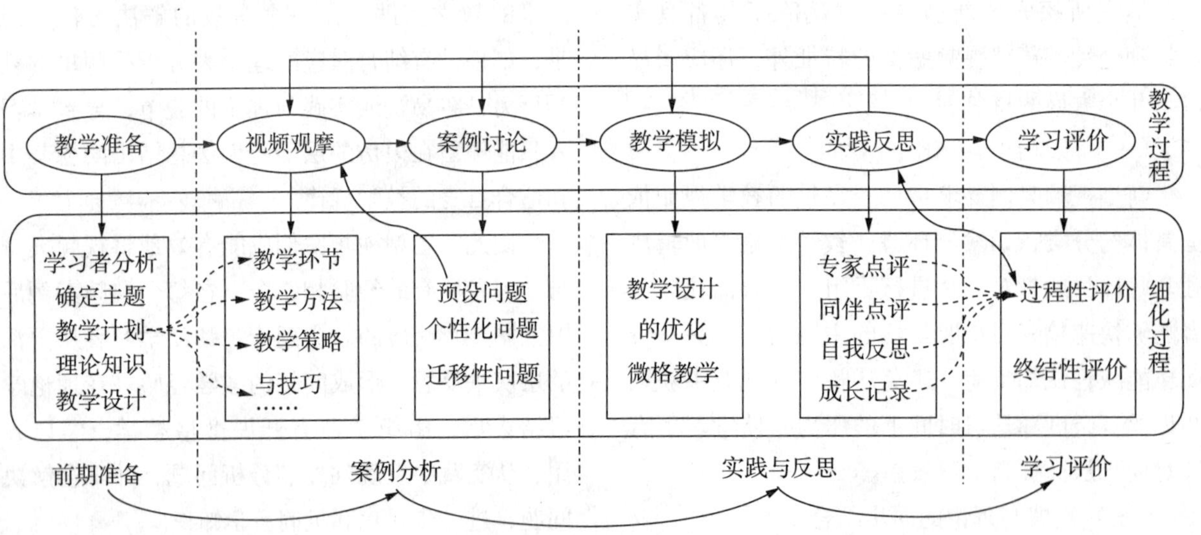

图2　新型视频案例的教学模式

（一）教学准备

教学准备，是视频案例教学的首个环节，准备的充分与否直接影响教学效果。教学准备环节包括制订教学计划、确定教学主题、理论知识的准备、视频案例的教学设计四个部分。

1. 教师确定自己的教学主题，例如“教学策略与技巧”中的示范—模仿教学策略、“教学环节”中的课堂导入技巧、“内容性质”中的问题解决等。

2. 教师制订教学计划，确定教学目标，并提出具体的学习要求，同时根据主题选择两类具有对比性的视频片段，即优质示范型教学视频和诊断反思型教学视频。

3. 充分的理论知识是职前教师专业成长的前提，一旦缺乏教学理论的指导，职前教师就无法有效地开展教学活动。除了选定的视频片段中的理论知识，还应准备一些相关的拓展性知识。

此外，提供视频案例的教学设计也是很有必要的，它能够帮助职前教师更清楚地了解案例中的教学思路。

（二）观摩视频

观摩视频时应重点观察教学机智、教学组织、教学资源等几个方面，从优质示范型和诊断反思型两类视频中获取共性特征以及进行对比分析。

（三）案例讨论

案例讨论是整个案例教学的重要环节。案例讨论需要职前教师在观摩视频案例过程中不断思考和生成问题，在这个环节中主要涉及三类问题。

1. 预设性问题。

根据教学目标设计的问题，有助于引导职前教师理解视频案例中具体的教学过程、教学方法、教学策略和教学技巧等。

2. 个性化问题。

职前教师根据自己观摩视频的感受提出一些自己生成的问题，尤其是职前教师自身对案例中教学事件的疑惑和见解。

3. 迁移性问题。

莱文在他的迁移假设理论中指出，一个人在解决问题的过程中，会提出和检验一系列的假设，形成解决问题的思考顺序和假设范围。这种通过假设形成的思考顺序和假设范围会影响以后类似问题的解决，迁移到以后的问题解决活动中去。除了预设性问题和个性化问题之外，在视频案例教学中还应提供一些迁移性问题，引发职前教师的进一步深入思考，学会如何将视频中的教学活动“取其精华，去其糟粕”，做到知识的迁移应用。

（四）教学模拟

教学模拟是职前教师进行了视频案例讨论之后的一个检验性环节，是职前教师观摩、讨论视频案例之后，对教学设计和教学活动进行重构与模拟的过程。该环节包含两个层面。

第一，在理论设计层面，根据案例学习后提出一些建议，对该教学案例的教学设计进行优化。

第二，在实践活动层面，职前教师可以按照优化后的教学设计进行模拟课堂或者微格教学。

这种理论和实践的结合既可以加深职前教师对教学理论的理解，又可以不断提高职前教师的教学技能，促进他们对课堂教学的深入认识和隐性知识的显性化。

（五）实践反思

实践反思环节是职前教师在对视频案例研讨和教学模拟，吸收专家、同伴的点评指导和自我反馈后，加以不断反思，从而内化知识的收获环节。在这一环节反思的主要方式有以下三种。

1. 专家指导。

在视频案例教学中，教师应尽己所能为职前教师们邀请更多的其他专家开展协同教学，如提供专题理论的讲座学习，结合视频案例进行理论联系实践分析，以及对职前教师的教学模拟环节进行指导和点评。

2. 同伴评价。

职前教师可以组成讨论小组进行组内和组间的交流与讨论，互相评价，总结讨论得出的学习心得、独到见解，并组织专题汇报。

3. 自我反思。

美国心理学家波斯纳曾提出——教师的成长 = 经验 + 反思，“没有反思的经验是狭隘的经验，至多只能形成肤浅的知识。只有经过反思，教师的经验方能上升到一定的高度，并对后继行为产生影响。”职前教师缺乏丰富的经验，因此，职前教师需对案例分析环节产生的间接经验以及教学模拟环节产生的直接经验加以反思，撰写成长记录，从而形成具有较为完整的知识结构。

（六）学习评价

视频案例教学应当注重过程性评价与终结性评价的结合，特别要注意收集教学过程中的评价材料，包括专家点评、同伴点评、自我反思记录等，合理架构各项评价指标，制定细化的评价量表。

参考文献

[1] 杨丽君. 教育信息化背景下职前教师教学能力的培养现状及对策研究[J]. 教育理论与实践，2010（2）.

[2] 李凌云，张洁，李文君. 信息技术教学法课程中视频案例教学研究[J]. 南京晓庄学院学报，2012（3）.

[3] 王旭卿. 职前教师教育中的视频案例教学分析[J]. 现代远程教育研究，2009（2）.

[4] 李德林. 案例教学[M]. 青岛：青岛出版社，2006.

[5] 杨跃. 职前教师教育课程中视频案例教学管窥[J]. 教师教育研究，2010（4）.

[6] 周勇. 视频案例研究：一种聚焦课堂的新型研究方式[J]. 中小学管理，2008（2）.

[7] 齐振国. 基于视频案例的教学研究[J]. 中国电化教育，2009（6）.

[8] 李娟，张景生，王丽. 课堂教学视频案例的优势与个案分析[J]. 中国教育信息化，2007（9）.

[9] Rich，P. L. & Hannafin，M. Video Annotation Tools：Technologies to Scaffold，Structure，and Transform Teacher Reflection[J]. Journal of Teacher Education，2009，60（1）.

基于案例的课堂教学活动方案的设计与实施
——以《学科教学论（信息技术）》教学为例

张　昆　颜士刚

（沈阳师范大学　教育技术学院，辽宁　沈阳　110034）

摘　要：《学科教学论（信息技术）》是教育技术本科师范生的必修课，多数一线教师在教学过程中采用传统的讲授法开展教学活动，这种教学方法对课堂教学目标的认知领域中“识记”“领会”层次的目标实现较好，而在“运用”“分析”等目标层次的效果就没有那么明显，为了更好地实现更高层次的教学目标，我们引入案例教学活动的方法，重新设计理论类课堂的教学活动方案。又选取“讨论法”作为教学内容进行了方案设计，将整个教学活动分为目标展示、知识讲授、案例引入、分析和讨论、发言和总结等环节，并针对实践中可能出现的问题进行了分析，给出了相应的处理办法。

关键词：教学目标　案例教学　教学活动　活动方案

目前在《学科教学论》的教学过程中，多数教师在课堂上都以传统的讲授法为主进行知识的讲授，慢慢地就导致了最基本的讲授法被推到教学方法的核心和垄断地位，并逐渐演变成了教师教学的唯一方法。这种不恰当的使用和抬高讲授法，反倒使它的功能难以有效地发挥，其不足表现得越来越明显，基于这种情形，我们在讲授法优势的基础上，引入其他教学方法进行适当弥补，在实践中选取教育技术专业中《学科教学论（信息技术）》这一课程并依托学校提供的网络教学平台进行教学改革。首先重新确定了课程目标，并在此基础上设计了“实效讨论”“案例教学”和“任务驱动”三种具体的教学活动，本文所阐述的“案例教学”就是其中之一。目前，教学改革已经进行几轮，从初步的探索，到修正、补充，课程教学效果取得了一定成效。

一、“案例教学”教学目标确定

由于案例教学的重点是通过对案例的分析，教会学生如何将已习得的知识运用于实践的能力，根据布鲁姆教学目标分类理论，这种教学方法的重点在于学生如何达到“运用”和“分析”目标层次的过程。例如，在讨论法的教学过程中，所用教材的内容包括讨论法的方法简介、教学流程和讨论法的优缺点这三个整体的模块。如果按照传统的讲授方法比较容易实现“识记”“领会”这两个目标层次，但是对于学生在课堂上进一步灵活运用习得知识的教学效果就不会那么明显，而基于“案例教学”设计目标时，当学生已经达到“识记”和“领会”后就开始引入案例，让学生运用已经习得的知识对案例进行分析，实现“运用”的目标层次，对案例分析过后，再针对教师提出的问题或者任务进行知识要素关系的分析和建构，从而达到“分析”的目标层次。通过这样一个教学过程，学生就不会单单地只熟记一些基本概念和方法，而是在熟记的基础上又增强了将所学的知识灵活运用于实践的能力。

二、“案例教学”的教学方案设计

（一）目标展示

教师对教学目标进行展示的目的，是要让学生清楚要达到的目标，同时也是为了吸引学生的注意力。展示的过程要从目标引导的方式、目标间的逻辑规律和展示目标的时间三个角度进行综合的考虑。以讲授讨论法为例，教师在上课之前根据教学内容确定了以“QQ 群”这种能够引起大家共鸣话题的引导方式进行教学目标的引导，让学生各抒己见谈谈它的功能和对生活的影响，起到抛砖引玉的作用，把本节课将要讲授的讨论法引导出来。接着根据“识记”“领会”“运用”“分析”“综合”四个目标之间层层递进的逻辑结构关系，确定本节课所要完成的教学目标：掌握讨论法的概念，了解讨论法的教学流程和讨论法的优缺点，运用讨论法等，并且将这些属于认知领域范畴的目标在课首进行展示。这样做可以让学生明确该节课所要学习的内容以及要达到的标准，而在案例分析过程的环节中再组织学生进行小组讨论，这样可以不同程度地培养了学生情感目标。最后在课尾安排一个画龙点睛式的总结，把案例讨论的精髓简明扼要地表述给学生，让他们更快地将知识内化并运用于实践。

（二）知识讲授

讲授法是一切教学方法的基础，其他的教学方法在运用时只有和讲授法相结合才能充分发挥其价值，同时讲授法也有本身的优势，如提高课堂教学效果和效率，充分发挥教师的主导作用等，所以在我们的教学改革中，依然采用讲授法进行新知识的讲授，但传统的讲授法在时间和形式上都需要进行一些改变，才能够更好地发挥其本身的优势。

首先，在时间上，传统的课堂讲授，教师几乎占用了全部课堂时间，学生处于被动状态，并且注意力会随着时间推移而慢慢分散。经过教学实践，我们认为，讲授时间控制在 20 分钟左右比较合适，最好不要超过 25 分钟，也不要少于 15 分钟，时间短则会影响知识的全面性和系统性，时间太长又可能使学生产生厌倦情绪，这个时间是以两节课（90 分钟）作为一个教学时间单位来确定的。

其次，内容选择的侧重点也不同，因为有些内容是需要教师进行引导，使学生达到“识记”“领会”目的的，有些则需要通过学生自己建构，达到“运用”“分析”的目的。如果教师不能够在课堂中做到将自己的主导地位有的放矢，可能会对学生建构知识能力的发展成为一种阻碍。所以针对知识讲授这一环节，应该把教学重点放在需要理解、领会的概念性知识上，如类似“讨论法的基本概念、教学流程”等，通过教师的引导，促使学生更有效地掌握这些知识要点。而对于需要学生进行自主建构的知识，教师则应创设问题情境再加以适当引导，促进学生建构知识，如通过两个视频案例进行对比教学，让学生对其进行评价并独立进行优缺点的建构，最后，教师进行修正和总结。

（三）案例引入

案例是整个教学活动的成败因素，它会有针对性地将抽象的知识内容具体化、生动化，使学生更容易理解和掌握。案例呈现的方式是多种多样的，但是不同的呈现方式有着各自的优缺点。如纸质案例比较直观，方便学生随时阅读和讨论；视频案例则能够将抽象的知识视觉化，更能够吸引学生的注意力，但在实践中能够直接符合教学所需的视频案例很少，需要在课前编辑处理。还需要注意的是案例要在适当的时间引入，这样才能发挥出最大的价值。我们第一个案例的引入是在教师讲授流程时，根据课前发放的教学设计方案（第一个视频的设计方案），将讨论法的五个步骤先讲解一遍，然后再次引入与设计方案相对应的视频案例，学生就会进一步加深对流程的领会。第二个案例是在教师做出一些问题的铺垫之后引入，目的是让学生运用已习得或之前已掌握的知识，对案例进行分析，提高学生运用知识和分析问题的能力。

（四）分析、讨论案例

分析案例是案例教学的一个重要环节，引导学生对案例进行思考，在思考过程中运用知识对问题进行分析和总结，并归纳出带有普遍规律性的理论，促进知识的内化。但在具体的分析过程中，时常出现由于知识点过难，学生不能准确领会教师意图的情况。此时需要教师在分析过程中有针对性地进行重复讲解，如为了进一步促进学生领会讨论法流程，教师要结合第一个视频案例中展现的步骤，在针对教案讲述的基础之上，进行逐一的讲解。而有些知识比较适合学生通过运用已经习得的知识，构建自己的观点，教师在此过程中可以通过设置问题来引导学生进行深度思考。如讲授“讨论法优缺点”时，通过有意搜集一个不太成功的讨论法教学视频作为第二个案例，让它与第一个形成鲜明的对比。教师在案例播放之前布置一些对比问题，让学生以解决问题的态度去观看视频案例，在观看的过程中学生就会运用已习得的知识，对问题进行分析、对比并总结观点。设计这些问题时要注意贯穿整个案例视频，不能出现案例共 15 分钟，问题在前 3 分钟就都被解决的现象。

分析之后进入讨论阶段，主要目的是集中大家的智慧，通过小组之间的讨论，进行观点的交流并形成解决问题的方案，同时培养他们交流、沟通与合作、借鉴的能力，而在讨论的过程中，也要时刻避免出现讨论主题的偏离、因观点分歧而争吵或者一些学生走过场、形式化等问题。针对这些情形，可以安排教师经常在各小组之间进行走动，并随时询问各小组的讨论进展程度或者以一个旁听者的身份参与到各组之中，听取不同学生的观点。

（五）课堂发言和教师总结

在这一阶段，每个小组都是在不同思路的启迪下，从不同角度的论证中，取得对一些问题和观点的看法，但有时也会因一些分歧而出现各组之间观点相左的现象，也就是在这种不同观点的撞击过程中，才能更有效地激发学生主动思考、分析问题的能力。但是如果按照传统的发言方式如个人代表小组，就会使一些“不出工”的学生寄存于这种形式之中，导致教学活动只是对发言、思考的人起到了作用。针对这种情况，要改变发言方式，可以抽出组员让他们互相说出对方的观点，或者任意挑选小组发言人等，根据课堂实际情况灵活运用不同形式，迫使想偷懒的学生参与其中。在每次发言之后，教师都要对学生提出的观点作出相应的评判和总结。需要注意的是：首先，要充分肯定学生各种见解和观点的合理性，尊重每个学生的个人意见；其次，如果有不足的地方，让学生自己补充纠正，不要随意否定他们的观点，这样可以帮助学生对案例产生进一步的认识和理解，增强他们的反思性学习能力。

上述教案设计主要是以《学科教学论（信息技术）》课程中的“讨论法”模块的内容进行方案设计的。其中的五个环节并非是僵死的，在其他教学活动中，可以根据不同的教学内容和不同的教学对象，适当增加或减少相关环节，最重要的是达到案例教学的教学效果。

三、教学过程中应注意的问题

在实践中，我们总结了活动过程中应注意的典型问题，处理好这些问题才能使方案得到顺利实施。

（一）案例的选取

恰当的案例总是很难寻找，教师只能根据教学内容的不同和相关教学环节设置的需要，通过改编现有案例或者自己撰写一些简单案例，使其符合自己的教学所需。在编辑和撰写教学案例时，首先，要契合教学内容，符合教学需要，同时也要注意案例的真实性等特征。例如，实践中，我们是通过两个案例形成反差对比之后，学生自己构建出知识要点，所以案例的选取要能够形成对比、反差的条件。其次，由于课堂时间有限，案例的长短会影响整个教学进程，纸质的案例大多可以从一些书本或者经典教案中选取短小精悍的部分，教师自己撰写也是比较容易完成教学需要的。而教学视频案例一般是 40 分钟左右，往往很难找到完全符合条件的，这就需要进行前期的压缩和改编，但是有时也要根据教师设计问题的数量和学生掌握知识点的多少而定，若需要时间较长的视频，对于长视频的分析，教师就要针对学生的变化进行一些调整和引导。

（二）学生积极性的激发

学习兴趣以及学习过程中的自我效能感直接影响教学效果，因此激发学生的积极性是非常重要的。同一个班级的学生，学习能力和个人知识水平相差不会很大，只是由于大家的学习兴趣不同，影响了学习态度，为了能够改变一些学生的消极态度，教师就要使用一些方法激发他们学习的兴趣。例如，创设教学情境、精心设计一些导入环节、引入一些课外的知识等。我们在实践中主要是通过目标引导来激发兴趣，因为刚上课的时候，大部学生的注意力往往都还没有集中，上课的气氛需要教师进行调控，往往一个好的教学引导或者开端会起到事半功倍的效果。在讲授新课之前，通过引入一个与学生生活相关并且贴近本节课教学内容的相关话题，或者引入一些实时性、社会性等的话题，作为一节课的开始，让他们各抒己见，畅所欲言，彻底调动他们的积极性，适当的时候，进行一个总结，然后开始转入本节课的教学内容。

自我效能感也是影响学生学习的一个至关重要的因素，它对学生的认知和情感反应模式、学习行为、对待困难的态度等方面都会产生决定性的作用。教师可以通过给学生树立榜样、归因、给予鼓励等方式有效地激发他们的自我效能感。例如，教学过程中，我们发现，班上有几个性格比较内向的学生，无论是在讨论过程还是举手发言环节，一般都不会主动参与进去。这时我们就主动关注这几个学生，在发言环节，主动让他们站起来和大家一起分享自己的观点，无论说得好与坏，都要积极引导，并且在最后一定要在大家的面前对他们进行适当肯定和鼓励。这样重复几次以后，就会发现其课堂表现、作业的完成情况都有所改变。

（三）教师的引导

在上述每个教学活动环节中，几乎都离不开教师的引导，但是发言环节与其他环节有所不同。区别在于其他环节的引导都是在课前的教学设计方案里设计好了，不会产生太大的变化，而发言之后的引导是在学生回答问题产生的不同答案之后，学生有可能从不同的角度看待问题。因此答案有的时候会各种各样，经过教学实践，总结出这些问题主要集中在主题的偏离、观点不同的激烈反驳或者刚开始就出现的“冷场”局面。针对这几个问题，我们也制订出一些相应对策。例如，通过小组奖励、教师随机挑选发言人等方法来改变“冷场”的问题；出现偏离主题情况的话，教师不要直接否定学生的观点或者急于说出自己的理解，而是慢慢进行引导，可以让学生听取其他小组发言人的观点，然后再想想为什么自己和别人的观点不同，最好让学生自己建构；如果产生争执不下的情况，教师不要先去批判对与错，而是要及时“刹车”，将这些争论的问题“存而不论”，留待课后或者放到我们的网络平台上再仔细深入研讨，确保不影响整体教学过程的进展。

四、结语

实践表明，基于案例教学的教学活动方案，能够在“分析”和“运用”这两个层次的教学目标实现方面有一定效果。但在实施过程中，问题设置、案例制作、引导讨论以及激发学生积极性等相关问题都需要教师作更为积极的前期设计和准备，也十分考验教师的临场发挥能力。案例教学虽然比讲授法更容易调动学生的课堂参与度，但对教师能力的要求也比较高。想要运用得好，取得良好的教学效果，教师需要付出更多的努力。

参考文献

［1］李赛男，颜士刚．基于冰山模型的知能课程目标确定［J］．中国电化教育，2012（11）．

［2］魏加年．教学目标展示初探［J］．新课程（中学），2010（11）．

［3］余文森．讲授法及其改革［J］．中小学教学研究，2001（2）．

［4］颜士刚，李赛男．网络教学平台支持下的知能课程实施的教学活动总体方案设计［J］．中国电化教育，2012（12）．

［5］李剑萍．大学教学论［M］．济南：山东大学出版社，2008.

［6］孙军业．案例教学［M］．天津：天津教育出版社，2004.

教育游戏研究

基于层次需求理论的游戏成瘾机制研究及干预原则设计

于　杨　颜士刚
（沈阳师范大学　教育技术学院，辽宁　沈阳　110034）

摘　要：青少年网络游戏成瘾问题已引起社会的广泛关注，文章以马斯洛的层次需求理论为基础，结合青少年身心发展特点，再与网络游戏设计机制相对照，将文献法、内容分析法和访谈法相结合，得出网络成瘾的心理机制，即青少年在现实生活中不易实现或缺失的正常需求在游戏中很容易，或者不用那么费力就可以得到满足，而游戏的“升级”和“过关”设置又和人的需求层级相契合，再加上他们处于青春期，自我管理能力较弱，就逐步滑入成瘾的深渊，不能自拔。本文结合游戏成瘾机制设计了干预原则，希望能够对青少年网络游戏成瘾的防治工作提供参考。

关键词：需求理论 游戏成瘾 心理机制 干预

网络游戏成瘾是随着信息时代的发展而衍生的网络异化的产物，虽然游戏成瘾在我国出现的时间较其他发达国家略晚，但发展趋势十分迅速，目前已经严重影响青少年的身心健康。“网络成瘾”概念最早由 I. Goldberg 于 1990 年提出。Young 最先将网络成瘾分为五种类型：网络游戏成瘾、网络色情成瘾、网络关系成瘾、强迫信息收集成瘾、网络技术成瘾。网络游戏成瘾是最早引起人们关注的网络成瘾症。关于网络游戏成瘾目前尚没有统一的定义，但对其主要表现基本能得到认同：用户不由自主地反复进行游戏行为，即使带来各种不良效果，仍然无法控制，在戒绝游戏后会产生各种不适反应。我们所讨论的网络游戏通常指以互联网为依托可以多人同时参与的在线游戏。在我国的网络游戏用户群体中，学生约有 1.03 亿，其中未成年人约为 5242 万，约占学生群体人数的一半。关于青少年网络成瘾问题已得到社会各界的关注，尤其是游戏成瘾问题更是备受重视。对于青少年游戏成瘾的原因论证，大多数从心理学的角度分别进行量化或质化研究。此外，也有从社会学角度或游戏本身特点进行分析的。目前成瘾的心理学研究成果得出的结论基本一致，即满足感、成就感等需求的获得与实现。马斯洛的层次需求理论准确地揭示了人类这一心理规律。但目前有针对性地研究青少年网络成瘾机制与层次需求理论关系的成果较少，相对地分析还不够全面和系统。因此，本文以此作为研究的出发点，结合青少年身心发展的阶段特点，分析网络游戏是怎样与马斯洛的层次需求理论相契合，使青少年深陷其中，进而得出游戏成瘾的内在机制，希望较之前的研究成果能更加丰富和完善。

马斯洛认为人有两种需要：基本需要和高级需要。它由下而上分为五个层级：生理需要、安全需要、爱和归属感的需要、自我实现需要。网络游戏内核的设计与此高度相关，下面我们可以逐级展开分析。

一、网络游戏满足了青少年对异性的好奇心

青少年处于性成熟发展过程中，生理及心理的变化使他们对异性产生兴趣和好奇心，但又不能公开表达这种情绪和愿望，因此会有一种强烈的冲击和压抑。根据层次需求理论，生理需求包

括：吃饭、穿衣、居住、睡眠、性欲。这是人类最基本、最强烈、最明显的一种需求。当代青少年多数是独生子女，父母关爱有加，当他们不再为最基本的生存保障发愁并加之青春期发展的特点，对异性的朦胧幻想便凸显出来，而网络游戏中相关环节的设置恰好暗中迎合了青少年这种生理需求。

在《劲舞团》游戏中结婚环节的设置就是吸引大批青少年的原因之一。青春期是一个特殊的时期，生理、心理都处于半成熟状态，情感上更是"动荡"的时期。在这款游戏中，玩家经历着现实中的一切，可以谈恋爱，可以结婚，可以离婚，甚至可以妻妾成群，暧昧不已。这些显然超出了青少年生活经历的范畴，不谙世事的他们很容易迷失自我，难以把握尺度。

二、网络游戏给予青少年爱和归属感

现实社会中，人际交往常常存在功利性，加之自身的性格缺点在一定程度上也阻碍了人际关系的正常发展。而网络中的交流是广泛的、间接的、隐匿的，在某种程度上是安全的，不必担心威胁自己的利益，不自信的外貌或缺陷得到掩饰，游戏中的友谊短短几分钟就可以建立，情感容易让人迷陷。

一位外貌与行为举止很男性化的女孩子，在一款舞蹈游戏中有紫色的头发，雅致的名字，花70多块钱买了一套抹胸长裙，很多男舞者都说很性感、很漂亮，愿意和她做情侣，她的梦想是做"舞后"。

网络游戏匿名、虚拟等特点使青少年在人际交往中的形象可以重新塑造，不断增加"我"的后天属性，掩饰真"我"。网络空间的自我是突破了传统生物性身心限制的多元平行自我，如果这多个无中心的自我需要调整和装饰，更多的是一种潜在的心理行为，而无需在行为上进行严酷的调整。因此在游戏中更容易重塑自我并与他人建立友谊，找到团队的归属感，有爱与被爱的需要，这也是青少年沉迷网络游戏的原因之一。

青春期的少年心理发展呈现闭锁性与开放性共存，既勇敢又怯懦，既高傲又自卑。他们心理活动丰富了，但将自己的内心封闭起来，表露于外表的东西减少了，加之对外界的不信任和不满意，又提高了这种闭锁性的程度。但同时，他们又感到非常孤独和寂寞，希望有人能来关心和理解他们。他们不断寻找朋友，一旦找到，就会推心置腹。因此，在游戏中有志同道合的朋友，他们可以敞开心扉。虽然彼此看不见对方，但能够感受到对方的存在，大大增加了游戏过程中的互动沟通性。网络游戏公司也正抓住了青少年这一心理，通过建立游戏社区来吸引更多的青少年参与游戏。

与此同时，青春期的少年在某些情况下能表现出很强的探索精神，但在某些情况下又表现得比较内向，例如在公众场合常常羞羞答答，不够坦然和从容，未说话先脸红。而在游戏中他们的英雄主义可以通过"打怪降魔"来得到无限扩张，并且网游中匿名性的特点，使他们不必担心这是公共场合而感到拘束。

三、网络游戏迎合了青少年获取尊重的需求

马斯洛发现，人们对尊重的需要可分成两类——自尊和来自他人的尊重。自尊来自包括获得信心、能力、本领、成就、独立和自由等的愿望。来自他人的尊重包括威望、承认、接受、关心、地位、名誉和赏识。青少年也有尊重的需求，同时根据发展心理学的观点，该阶段的青少年在心理上的成熟性与幼稚性的矛盾极为凸显。

成熟性表现为产生了对成熟强烈的追求和感受，渴望社会、学校和家长能给予他们成人式的信任和尊重。而现实中他们依然被认为是幼稚的孩子，并不能得到师长的认可，但是游戏中他们可以获得无上的尊重。他们带领自己的手下或部落"打怪降魔"，获得奖励后负责分配，在这个过程中他们体会到领导者的荣光，感受到成功的喜悦，享受被崇拜的快乐，得到自尊与他尊的满足。

幼稚性表现在思想方法上仍带有很大的片面性及表面性；在人格特点上，缺乏成人那种深刻而稳定的情绪体验，缺乏承受压力、克服困难的意志力。游戏让他们能够逃避现实中的压力和困难，轻易完成现实生活中不能或者很难完成的目标。在现实生活中也许是永远达不到的目标或者不能轻易实现的愿望在游戏中都能通过不断升级或是利用金钱购买轻易地获取，让他们能够回避现实中的困难挫折，在游戏中体验成功。网络游戏和电脑高手，在青少年中受到广泛追捧，那些自卑者，在网络中可以随意设定自己的地位和身份，通过游戏提供虚拟的身份感和自尊感，产生虚幻期待。

一位沉迷《魔兽世界》的同学在接受采访时这样说，他喜欢在游戏里指挥千军万马，而且游戏中也并不是简单地靠厮杀就能解决问题，作为队长他要负责奖励的分配。如何才能让分配尽量公平，保持团队的和谐，这就需要考验队长的沟通和协调能力，根据每位玩家的角色特点以及攻略需求取长补短，从全局考虑如何分配才能使团队更具战斗力。这种统揽全局、叱咤风云的感觉是他在游戏之外无法体会的。从他的话语中，我们能够感受到他在游戏中获得的快乐与尊重是前所未有的，被他人敬仰的荣耀感让他对游戏无限沉迷。

四、网络游戏契合了青少年自我实现的需求

自我实现位于需要层次之巅，是人类需要的高峰。所谓“自我实现”即要求充分发挥个人的潜力和才能，对自身内在本性更充分地把握和认可，是朝向个人自身统一、完整和协调的一种倾向。简而言之，即一个人自我进步的愿望，一种想要变得越来越像人本来的样子，实现人的全部潜力的欲望。在追求自我实现的过程中，会产生一种“高峰体验”。这是一种瞬间产生的压倒一切的高昂情绪，也可能是转瞬即逝的强烈的幸福感，甚至是欣喜若狂、如醉如痴的感觉。

青少年沉迷网络游戏的原因之一正是在游戏中他们能够体验到这种强烈的令人沉迷的喜悦状态。玩家上升一级，通过一关或击败一个怪兽，都会产生一种愉悦感和高峰体验，处于这种情绪之中，会体验到强烈的自信和力量。

与此同时，青少年在此阶段还有爱幻想并寻求即时满足的心理特点。他们富于幻想，追求新奇，期望自己与众不同；希望体验想象中的生活，想要成为自己真正想象中的人。马斯洛对这种需要这样描述“一个人能成为什么，他就必须成为什么”。在游戏中玩家可以驾驶飞机、草原狩猎、建立城池；可以变成精灵、法师、超越生死；能发现自己的潜能，实现全部欲望。这些在现实生活中凭智力、能力及努力几乎都是无法实现的愿望，在网络游戏里只要花费足够的时间或金钱，通过点击鼠标、敲击键盘就能实现，在这里玩家能寻找到自我需要的替代品，能实现真正意义上的自我，达到自我实现，体验高峰。

综上所述，我们便可以清晰地归纳出青少年网络成瘾的心理机制：马斯洛的层次需求理论契合了青少年的身心特点，而这些在现实生活中不易被满足的需求，在游戏中玩家可以很容易得到满足与实现。在实现的过程中，他们体会到内心强烈需求的名誉、权利、情感等，这些需求的满足让他们着迷，越陷越深。这与叶娜在《大学生网络游戏动机与成瘾的关系研究》中经过量化分析得出的结论一致：使青少年深陷其中的并不是网络游戏本身（游戏特征与网络游戏成瘾关系不显著），而是他们自身的需要，尤其是在现实社会中不容易被满足的需要。从图 1 中更能清晰地看出其间的联系。至此，青少年网络游戏成瘾的机制也就十分明了。

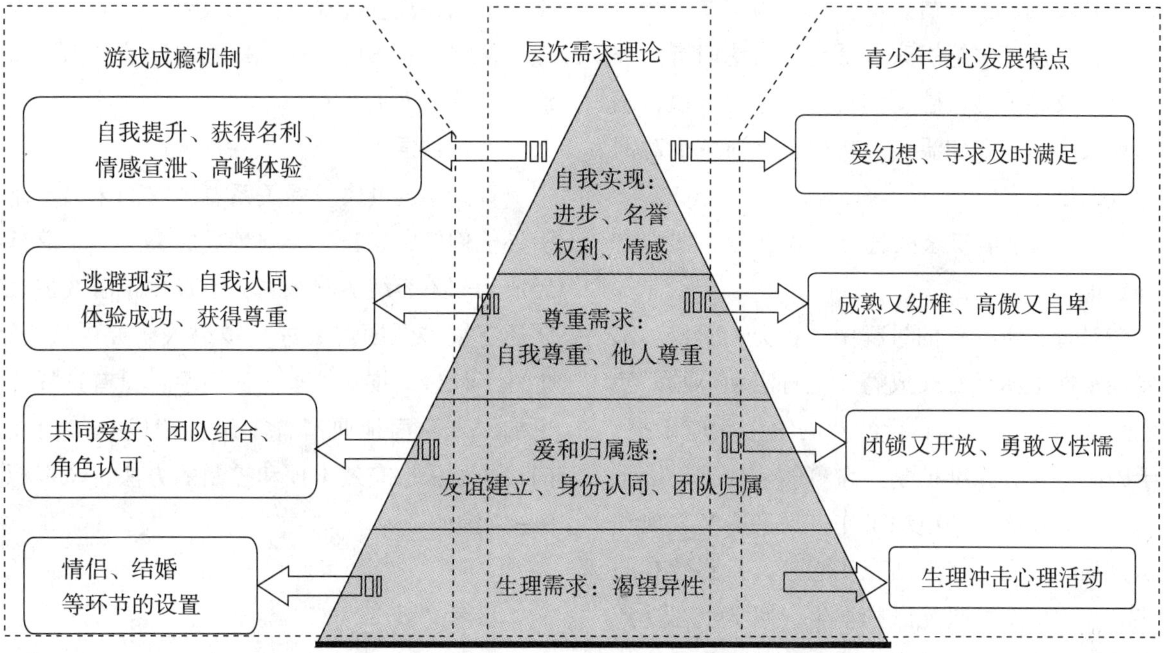

图1　马斯洛的层次需求理论

五、对于青少年游戏成瘾的干预原则设计

针对青少年的网络游戏成瘾，国内外从心理学、社会学、医学等角度都曾做过研究。认知行为疗法就是治疗网络成瘾应用比较广泛的一种心理治疗方法，其目的是阻断病人的问题行为并重建其行为常规。此外，很多研究采用团体辅导、家庭治疗等社会心理治疗方法来治疗网络成瘾。对于网络游戏成瘾的药物治疗目前相对来说较少。有研究报告显示，网络成瘾者服用抗抑郁药物后症状减轻，服用稳定类药物后出现了积极的反应。有人提出了“网络成瘾心理需求满足的补偿理论”，并认为“每个人都有心理的需求，当个体的心理需求在现实生活中得不到满足的时候，就会寻求替代性的满足途径，而网络或者网络游戏可能是替代性满足途径之一，当个体使用网络或者网络游戏的时候，他们心理需求得到满足的程度可能远远超过现实满足的程度，因此会增加他们使用网络或者网络游戏的可能性，进而增加成瘾的可能性。”这种认识为本文的干预原则设计提供了理论支持。

通过论述，我们分析出青少年游戏成瘾的内在心理机制是需求的满足，即在游戏中寻求生理、爱与归属感、尊重、自我实现等在现实生活中无法得到满足的需求，根据这些诱发因素可以设计相应的干预措施，以防青少年网络成瘾。

（一）引导青少年正确处理感情问题，完善自我

游戏中的爱情缺乏必要的基础，能够长久保持下来并发展为婚姻的更是寥寥无几。对青少年的感情，我们不能全盘否定，这样不但不能彻底解决问题反而会刺激他们的逆反心理。如果发现孩子有此趋势，可以从另外一个角度进行干预，引导他们朝着“爱慕者”更欣赏的方向完善自己，刺激他们更加努力学习，提升自己，以一个更高的标准要求自己，从而促进各方面的发展。只要处理得当，控制在相对有限的程度内，也会产生积极的作用。

（二）给予青少年情感补偿，感受社会温暖

在现实生活中孤独感强的青少年在网络游戏中能够建立友谊，感受到同伴的爱，集体并肩作战，有团队归属感，所以为了减少他们对网络的依赖，应该在现实生活中给予他们情感补偿。同学之间不要冷落孤立他们，敞开心扉进行交流，使其消除心理戒备，愿意吐露心声，成为圈子里不可缺少的一员；教师要循循善诱，不要用过于激烈的言辞指责，多一些关怀和爱护，不轻易放

弃，任其发展。家庭情感的补偿更为重要，亲子间要平等交流，多组织家庭活动。当他们有了被爱与被需要的感觉，感受到自身存在的价值，感受到现实中的理解和温暖，自然会逐渐减少对网络游戏的依赖。

（三）倡导学校家庭进行赏识教育，增强自尊和自信

在对青少年教育的过程中，社会、学校、家庭要经常性地给予游戏成瘾学生肯定和鼓励，使他们重树自信、自尊。玩游戏的学生反应敏捷，善于团队协作，在维护学生自尊的前提下，给予他们一定的班级管理组织工作，提供更多表现和展示自我的空间，使生活充实起来，找到游戏的替代品。用欣赏的眼光激励学生，使学生在受到赏识的过程中获得“正能量”，学会自尊自信并且尊重、肯定、关心他人。让青少年在游戏中通过“打怪”而取得的自信与他人的敬仰在现实生活中通过积极做事也能得到满足，从而减轻他们对网络游戏的迷恋。

（四）帮助青少年建立发展目标，实现人生价值

青少年在成长过程中难免会遇到挫折和困难，在现实中不易解决，久而久之觉得对未来没有希望，人生没有意义，就会产生放任自流、任意发展的懈怠情绪，对于玩游戏更加没有自我限制和内疚的心理。所以应该帮助青少年建立发展目标，确立人生理想，承认并尊重学生的差异性。树立榜样，让他们知道改变从现在开始也不晚，用成功者的案例激发鼓励他们，使其发挥内在潜能，实现人生价值。

虚拟的游戏世界之所以具有如此大的吸引力，就是因为满足了青少年成长过程中的心理需求，因此，在预防和治疗青少年游戏成瘾的工作中，要以在现实中满足青少年的心理需求为重点，从情感、人际交往、自我实现等方面给予他们更多的人文关怀。

六、结语

青少年的健康发展关系着国家的未来，正确引导他们健康成长，控制游戏成瘾进一步蔓延已经成为刻不容缓的问题。关于青少年游戏成瘾问题还有很多课题需要进一步深入研究，从心理、生理、社会、技术等多方面入手，只有这样才能更加深入全面地厘清青少年游戏成瘾的内在原因，从而采取有效干预和控制的方法，从根源上解决问题。

参考文献

［1］Young K. S. Internet Addiction：The Emergence of a New Clinical Disorder［M］. Cyber Psychology and Behavior，1998.

［2］孙秀丽．网吧中游戏的魅力［D］．兰州：兰州师范大学，2007.

［3］弗兰克　G. 戈布尔．第三思潮——马斯洛心理学［M］．吕明，陈红雯，译．上海：上海译文出版社，2006.

［4］郑雪．人格心理学［M］．广州：广东高等教育出版社，2007.

［5］马斯洛．马斯洛人本哲学［M］．成明，译．北京：九州出版社，2003.

［6］叶娜．大学生网络游戏动机与成瘾的关系研究［J］．黑龙江高教研究，2009，180（4）.

［7］万晶晶，方晓义．大学生网络成瘾的动力系统——心理需求补偿机制［C］//赵国祥，赵俊峰．第十一届全国心理学学术会议论文摘要集．开封：中国心理学会，2007.

协作性教育游戏绩效研究的新探索

乔招弟　杨　军

（广东省深圳市上芬小学，广东　深圳　518109）

摘　要：借鉴网络游戏产业的成功案例，在教育游戏中引入协作学习机制，将学习任务整合到一系列协作和竞争的情境化学习任务中，建立多人互动的教育游戏平台成为当前教育游戏的主流，但协作的绩效研究相对缺乏，人们往往更多关注游戏结果而非游戏过程，有关协作性教育游戏的效果评价方面更是缺乏成熟案例。本文从目前协作性教育游戏的研究现状出发，结合《拯救人质》游戏案例，提出协作性教育游戏绩效研究的新方法，也为今后其他多人互动的协作性教育游戏的评价提供参考。

关键词：协作性教育游戏　绩效　评价

一、研究界定

（一）教育游戏

教育游戏是以教育为目的（带有某种教学功能）、基于互联网的游戏。近年来，在“寓教于乐”的大背景下，教育游戏日益引起重视。一个设计良好的教育游戏应该成为游戏化的有效学习环境（体现教育性），使游戏即学习过程具备能够激发参与动机，产生沉浸感的特质（体现游戏性）：让学习者主动投入其中，在游戏的过程中不自觉地获得知识，发展技能，培养情感、态度、价值观。早在 1988 年 Amory 等人研究发现，“好奇心（curousity）是玩游戏的一个非常普遍的动机”。教育游戏可以通过创设开放的游戏情节与过程提供给玩家一种充满好奇、幻想的氛围，同时适当的挑战、及时的反馈可以满足玩家的控制感。

本研究中的教育游戏是基于互联网的多人协作游戏，以德育教育为目的，设计者希望学习者通过游戏过程，在有趣的游戏氛围中，习得“如何与人交往”。

（二）协作性教育游戏

协作学习是学习者为达到共同的学习目标并使个人和他人习得成果最大化而一起经历各种变化、共同进取的一切相关行为。教育游戏，即为了完成某个或者某些任务由学习者之间互相展开协作学习的一种交互式游戏活动，其核心是在游戏的过程中某个或某几个玩家“共同”去完成某项游戏活动或任务，该任务可以是玩家之间的相互交流，也可以是合作游戏目标的达成。本研究中，协作主要指游戏双方共同对付系统机器人，从而达成游戏目标，如图 1 所示。

本研究基于教育部人文社会科学研究一般项目：思想政治理论课专项任务项目，致力于开发和当前大学德育内容相一致的教育游戏，旨在促进大学德育建设。项目名称为高校思想政治理论课教学方法研究——案例情境教学模式实验系统的研发与应用，项目批准号为 09JDSZK047。该项目包括 30 个子项目，研究者希望通过教育游戏的形式探究适合当前高校思想政治理论课的教学方法，笔者有幸参与到本次课题的 2 个子项目研究中，本文以《拯救人质》案例来探讨协作性教育游戏研究的新方法。

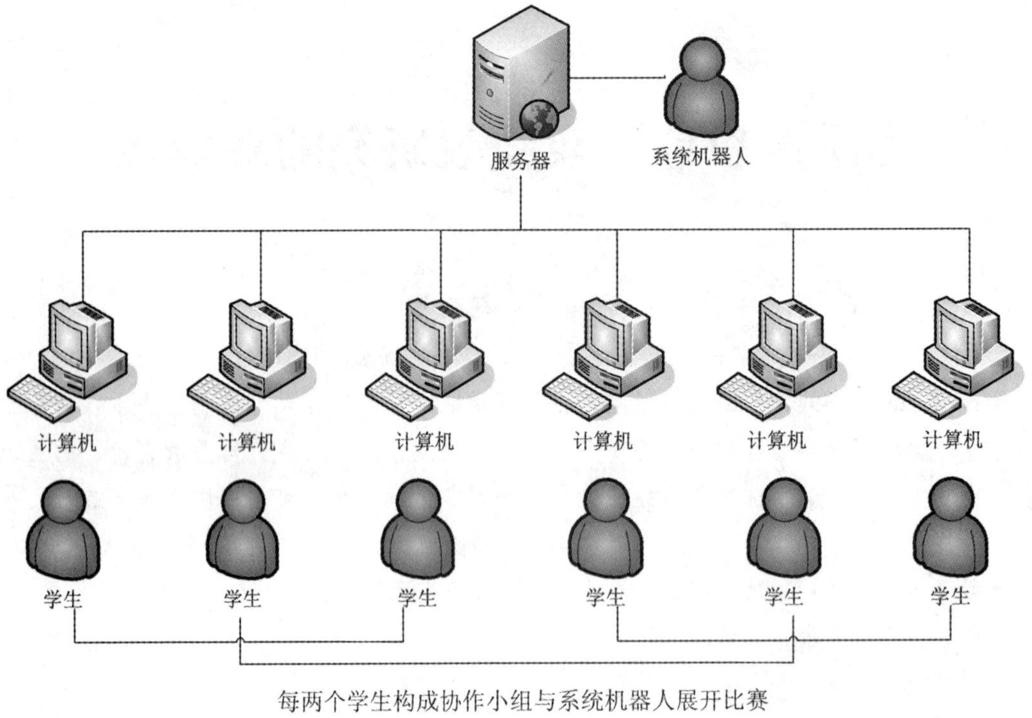

图1　网络环境

（三）绩效

绩效，即我们经常讲的效率，常用于衡量一个企业的发展状况。在教育教学中，对于绩效的关注不应仅仅停留在对教学结果的关注上，而应更多关注教学过程中学生的表现，教育游戏亦如此。在以往的教育游戏中，我们只能通过游戏结果来判断学生对教学的掌握情况，本文希望关注结果的同时，关注游戏过程中学生的外部表现。一方面有利于多角度掌握学生的学习情况，另一方面也为教育游戏的设计，如学习者使用鼠标的习惯等，提供新的参考依据。

在教育游戏中，绩效研究可以从游戏目标的达成与否入手，游戏目标一般可以从两方面进行衡量：游戏的直接目标（即游戏本身既定的目标）和游戏的衍生目标（如情感的培养等）。本文主要指游戏直接目标的完成，即人质获救。本研究同样关注游戏失败（即没有达成游戏直接目标）的情况下，学习者对于教学目标的掌握程度，研究者预计可能游戏失败会带给玩家更多关于协作的深刻考虑与印象，对于学习而言，往往比协作顺利达成游戏目标更有效。

二、目前协作性教育游戏绩效研究现状

（一）绩效研究内容

张亚明指出在虚拟协作学习中，学习的成果可以是报告、论文、作品，也可以是口头汇报等。教师应对该过程进行控制并及时总结各组的优缺点，同时给予适当的评价，不但评价学习的结果，而且更重要的是评价学习的过程。因此，教师评价、小组评价和学习者自评应该有机结合起来。

笔者在调查中利用“教育游戏” + “评价”为检索词以精确匹配方式在 CNKI 中进行题名检索，发现在教育游戏研究领域对教育游戏产品评价方面的研究较少。在教育游戏评价领域中主要的研究是 TEEM（英国教师评价教育媒体组织）的调查报告《游戏的教育应用》，参加实验的教师从游戏在班级中的应用情况、课程的适应性、设计、导航、易用性、娱教性和安装等六个方面应用并评价市场上已有的部分教育游戏软件，从而构建教师对教育游戏软件的评价框架。李艺教授也曾在《电子游戏的分级与分类问题的教育视角论证》一文中从情境、内容选择、学习氛围、

反馈判断、挑战机会、晋级机会、评分七个角度对游戏型软件进行了分析，得出相应的分级分类标准。许多专业游戏网站对新上游戏进行测评，包括界面、内容、沉迷性等不同方面，这种测评覆盖面广，有一定的针对性，设计较为合理。教育游戏领域可以借鉴专业测评指标对游戏的界面及游戏性进行测评。范云欢等通过分析、对比国内外的教育游戏的评价标准，提出从教育性、游戏性和技术性三个方面对教育游戏进行评价，并设计了十五个维度的分指标对教育游戏进行评价。张莉琴也指出教育游戏产品与网络游戏产品评价最大的不同在于其教育性及教育性与游戏的有效融合。总体来讲，评价一般应包括以下内容：界面、情节、教育性、规则、教育性与游戏性的结合、可获得性、互动性等。尚俊杰等游戏中利用“Replay”按钮功能查看学习者的实际操作，结合数据调查对学生提交的游戏日志、总结报告以及游戏中的操作行为进行了深入的质化和量化分析。

总体来说，目前关于教育游戏评价方式还没有形成完整的评价体系，研究领域较为分散，成果并没有得到实践的检验。评价标准大多基于对游戏本身的评价，这些评价依据可以指导教育游戏要素的设计，本研究关注协作性教育游戏目标达成的评价，主要依靠游戏协作者自评、互评、研究者评价三者结合的方法进行评价研究，在教师评价模块可以参照尚俊杰等对游戏跟踪记录的方式进行评价，本研究采用视频记录法进行游戏参与者外部学习效果的观察与评价。

（二）绩效研究方法

教育游戏的测评是由测评者、测评工具和测评对象三个基本要素构成。根据测评着重点的不同，可采用不同的测评方法。测评的方法主要有实验研究法、问卷调查法、技术检测法等。通过对 2007 年以来教育硕士论文的评价方法进行整理研究，发现目前主要以问卷调查法和实验研究法进行游戏协作效果的评价，尚没有视频分析法的运用。问卷调查法等是研究者对收集到的资料抽象后运用相对应的量化工具（如 SPSS 软件）进行评价的方法，研究者主观条件限制以及被调查者消极配合会严重影响游戏评价的效果，而研究者站到玩家的身边观察学习过程，这样可能对玩家的游戏化学习过程产生干扰，所以本研究以视频观察的方法进行现场一手资料的记录，配合问卷调查法、实验研究法进行绩效评价，争取将实验手段带来的误差降到最小。

研究中用到的研究方法简单概述如下。

视频观察分析法：可以用 6 台摄像机同时观察记录一组学习者协作游戏的过程，其中每位学习者用 3 台摄像机，分别记录学习者的游戏屏幕、面部表情、手部动作，采用视频切片技术进行横向同步观察学习者协作游戏的发生情况，便于了解外部学习的发生情况。文中此处以 4 台摄像机为例，分别记录同一时刻协作小组成员的面部表情和手部动作，进行观察分析，如图 2 所示。

图 2　视频观察分析法的运用

切片研究法：通过对课堂游戏协作过程的录像，纵向将采集到的每位学习者的学习视频根据游戏关卡的设计切割成分段小视频，然后聚集所有学习者在该关卡的视频，横向观察分析每位学习者的外部学习状态。切片分析法，能够变传统单一角度为多角度研究学习者学习的外部过程，变纵向关注学习个体为横向比较研究学习群体，特别是在协作游戏中提供了同时观察协作团体行为的可能。

三、协作性教育游戏绩效研究的新方法

对于记录的视频可以采用视频切片技术横向同步观察协作游戏时学习者外部学习情况（面部表情、手部动作），同时便于了解外部学习发生情况。对于协作过程的记录，可以从一定程度上追踪学习者学习发生的内部情况。由此，形成“协作性教育游戏立体绩效评价模型”，如图3所示。模型的建立有助于更准确、全面、深层次地了解协作游戏过程。

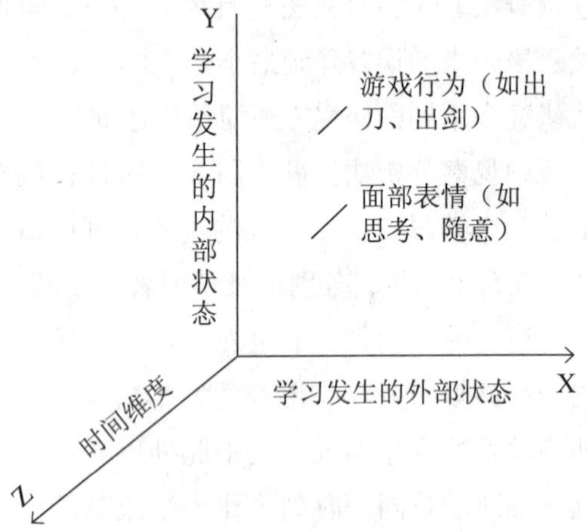

图3　协作性教育游戏立体绩效评价模型

从图3中可以看出，在协作性教育游戏的评价过程中，随着时间的推移，研究者可以从多种角度观察、评价学习者的学习行为。手部动画、面部表情以及电脑屏幕双轨道、三轨道视频结合的方式，可以更深入地了解学习者使用鼠标游戏时的操作习惯，在教育游戏中引入“用户体验”研究，这样教育游戏的发展空间更大。

本研究基于教育部2009年人文社会科学研究专项广东省大学德育项目，根据教学内容以及教学需求，游戏脚本改编自“囚徒困境”案例，形成《拯救人质》游戏脚本，案例故事梗概如下：很久以前，哇哇树人掠走了哈尼部落的160名家族人员，又掠走了苗岭部落的160名家族人员，把他们作为部落进贡的人质。为了拯救人质，两个部落分别推举一名部落代表前往哇哇山谈判。哇哇树人对谈判代表提出一个奇怪的释放人质的办法：在通向哇哇山顶的沿途，设立了四道关卡，要想得到人质，每过一个关卡，两个谈判代表必须玩一个游戏，然后根据游戏的输赢释放一定的人质。游戏其实很简单，就是要求两个代表都一手持刀、一手持剑，然后两人同时挑选其中一种兵器出招，要么是“看刀”，要么是“亮剑”，但比试的不是功夫，而是刀剑。于是，一场拯救人质的特殊游戏开始了……

游戏活动线性流程如图4所示。

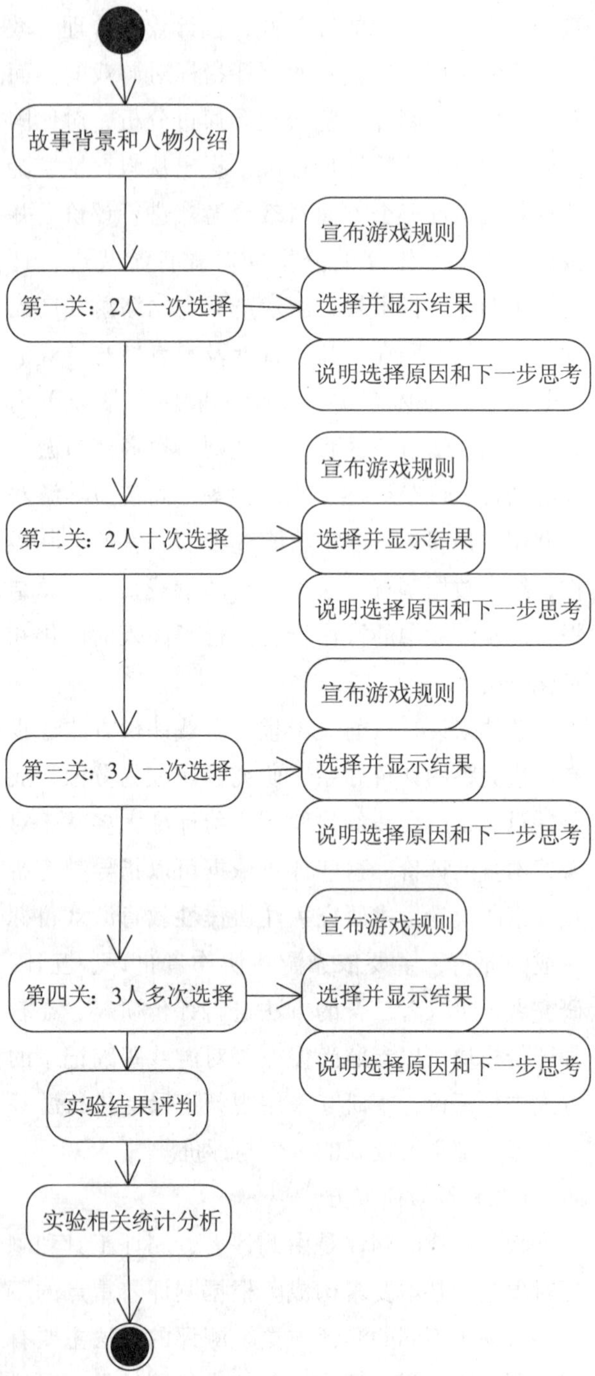

图4　《拯救人质》游戏流程

本研究中，《拯救人质》游戏活动顺序结构如图5所示，游戏中每一次打斗结束系统都会给出游戏结果的反馈评价；每一次关卡结束后，游戏都会对玩家行为原因做出询问；游戏整体完成之后，游戏会给出不同情境下竞争、合作方式的选择，同时给出系统参考答案，帮助学习者总结、巩固本次实验内容。上述学习者的所有行为都会记录到数据库中，数据记录采取实时存取的方式，避免实验完成一次性发送数据带来的缺点（游戏者中途退出学习数据无法保存）。数据库记录的主要内容包括：实验对象、实验对象的协作对象、实验对象每次选择的武器类型、游戏行为的原因、游戏完成后对游戏知识点掌握情况的问题回答等。

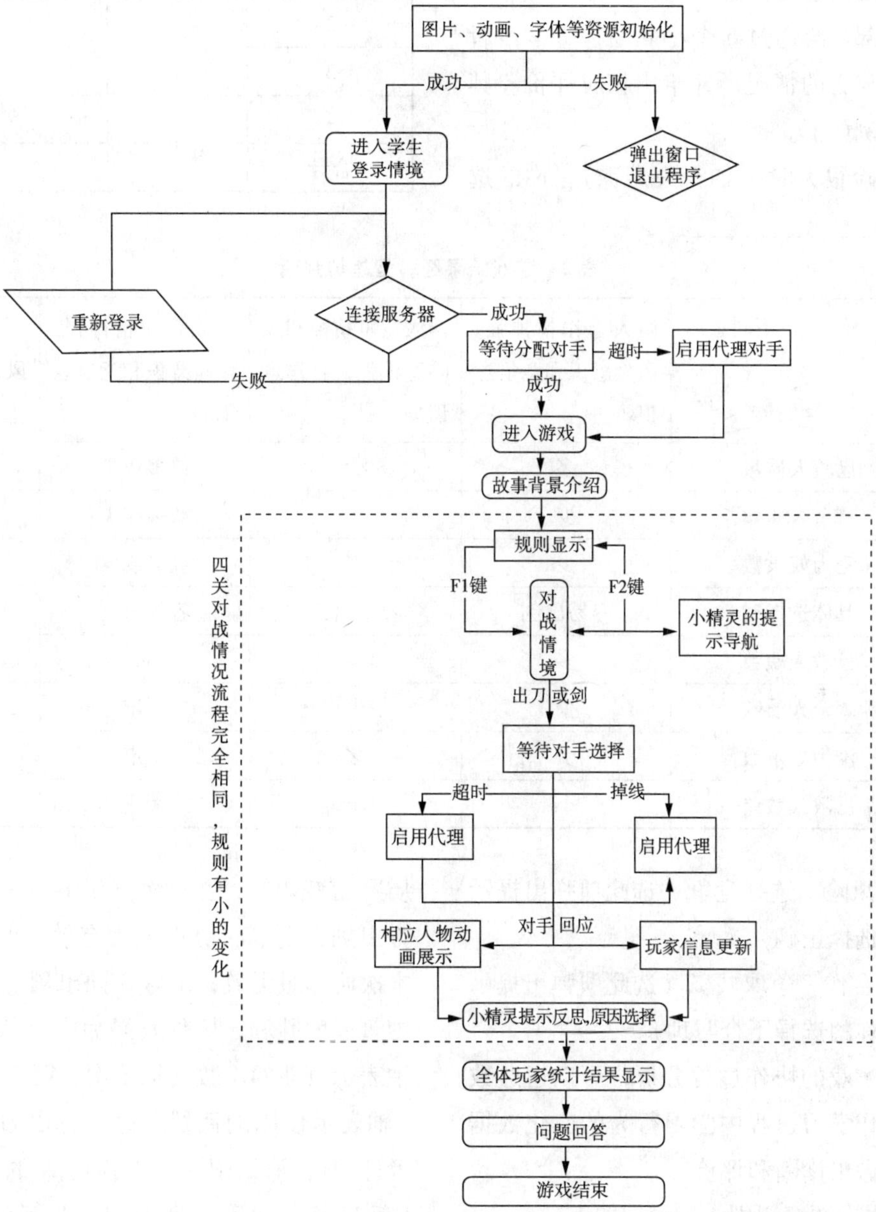

图5　《拯救人质》游戏活动顺序

诊断性评价包括每次出招后对应人质数目的变化，对人质数目以及游戏结果的反馈（包括声音配合动画的形式），有利于协作双方直观、形象地了解对方行为趋向，从而及时调整游戏策略、有利于协作目标的顺利达成。在诊断性评价的同时需要调查游戏者行为背后的原因，以了解学习者对于竞争、协作等与人交往过程中的心理变化情况。

总结性评价包括学习者所在小组本次游戏总的表现结果，如表1所示。这可以使游戏者从整体上把握自己和对手本次协作完成的情况；表2则通过给出经验型趋势判断，让学习者进行自我游戏行为以及行为反映的知识层次检验。游戏同样会让学习者给出对自己和协作学习对象的评价，这样方便学习者通过自评、互评多种评价方式全面了解自己的学习情况。

游戏最后部分会通过6个小问题检查学习者学习目标达成与否的情况，并给出相应评价。其中问题之一示例如下。

当交往风险很大时（如得失悬殊），你的选择倾向是：________________。

表1　本次游戏你所在小组的游戏结果

关卡	哈尼部落代表			苗岭部落代表		
	拯救人质数	剩余人质数	沦为奴隶数	拯救人质数	剩余人质数	沦为奴隶数
1						
2						
3						
4						
合计						

表2　游戏结果经验型趋势判断

对象	结果趋势 \ 不同意识	两人合作精神强，风险意识和竞争意识弱	两人竞争精神和风险意识强，合作意识弱	个人合作精神强，风险意识和竞争意识弱	个人竞争精神和风险意识强，合作意识弱
个人	已救人质数	多	少	或多或少	或多或少
	剩余人质数	少	少	或多或少	或多或少
	沦为奴隶数	少	多	或多或少	或多或少
	具体选择时	容易出剑	容易出刀	容易出剑	容易出刀
两人	已救人质数	多	少	不定	不定
	剩余人质数	少	少	不定	不定
	沦为奴隶数	少	多	不定	不定
	已救人数差	小	小	或大或小	或大或小

（1）提防风险，选择竞争（选此项弹出提示框：恭喜你，选择正确）。

（2）选择合作，争取共赢（选此项弹出提示框：遗憾哦，你的选择不合常理）。

对于教育游戏的协作过程分析，可以通过数据库记录的协作学习过程中学习行为的变化数据来获得，从而做出诊断和评价。

《拯救人质》游戏规则之一示例如下。

第一关：一招制胜。规则如下：双方各出刀或剑1次；如果一方出刀，一方出剑，出刀者大胜，得30名人质，出剑者大败，不得人质；如果双方都出刀，各得2名人质；如果双方都出剑，分别小胜，各得8名人质。

下面以“出刀、出剑”指标性为例，定义游戏过程中玩家A与B为协作小组，根据《拯救人质》游戏规则，在每次打斗中，一方出刀、另一方出剑，则本次协作最为有效；A与B同出刀，本次协作最无效；A与B同出剑，本次协作属于中等程度胜利，协作效果为中等状态。如果用x轴表示打斗的次数（第1次、第2次以此类推），y轴表示使用的武器，每一轮出刀者计1，出剑者计-1，那么图a可以描述A的游戏行为情况（第1、5次出刀，第2、3、4、6次出剑），图b可以描述B的出牌情况（第1、3、5、6次出刀，第2、4次出剑），图c可以描述二者的协作情况，图d中红线表示二者协作情况最差，蓝线表示二者协作处于中等水平，绿线表示随着游戏的进行二者趋向稳定的有效协作。

上述绩效研究也可以用数学公式来检验协作性教育游戏目标的达成情况。

$$x_n + y_n \mid n\to\infty = \begin{cases} 0 \\ -2 \\ 2 \end{cases}$$

其中 x 代表 A，y 代表 B，n 代表游戏打斗的具体次数。如果是第 1 次打斗，那么 x_1 代表 A 选择武器类型，y_1 代表 B 选择武器类型。用 1 代表选择的武器类型为刀，－1 代表选择的武器类型为剑。以公式 $x_n + y_n \mid n\to\infty = 0$ 为例，其含义为：随着游戏打斗次数的增加，AB 双方选择一方出刀（数值为 1）另一方出剑（数值为－1）的游戏策略，这样游戏协作效率最高，如图 6 所示。

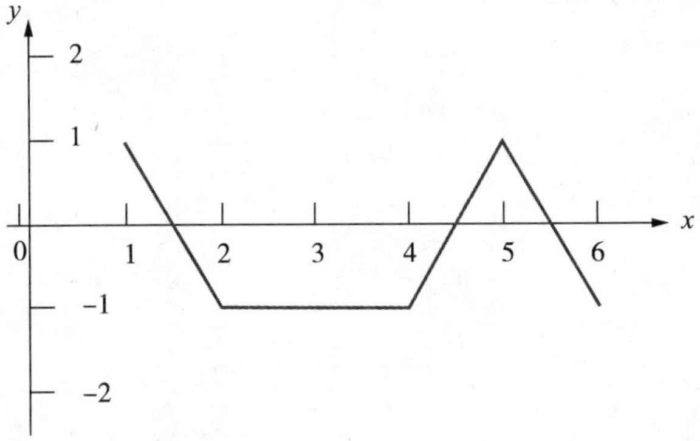

图a

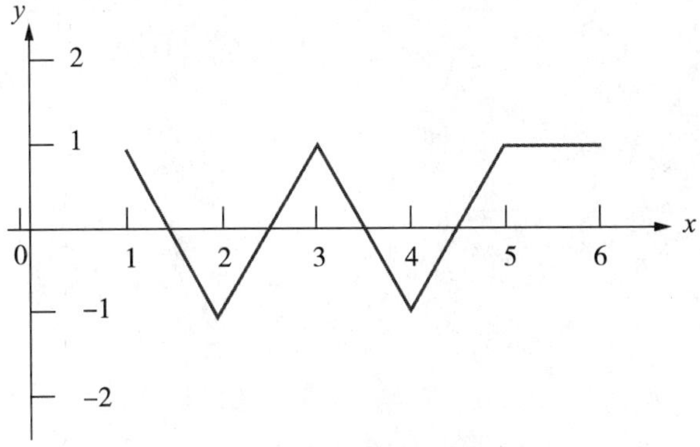

图b

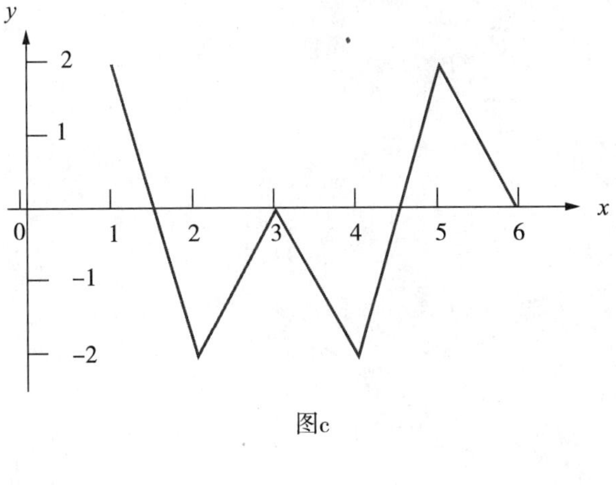

图c

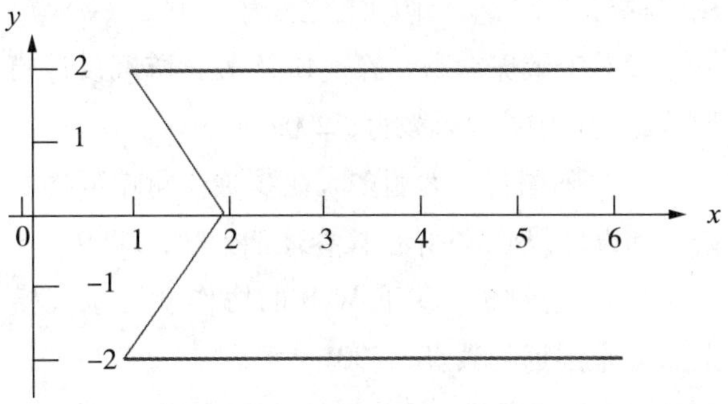

图d

图 6　绩效研究函数数据分析

通过这样的方式可以直观、明了地观察到协作学习小组各成员协作的情况。同时，对于协作不顺利的学习小组成员，教师可以结合学生自评、互评以及视频资料分析协作学习过程发生不顺利的原因，如协作一方对协作对手不满意进而失去游戏兴趣、协作学习者对游戏不感兴趣进而应付了事等情况。其实对于协作失败的研究意义更大，一方面有利于教师抓住问题的关键，进而利于改进教学；另一方面有利于加深学习者对学习内容的记忆，有利于学习者的进一步思考。

四、结语

鉴于协作性教育游戏绩效研究目前不够成熟，本文结合具体案例，提出了协作性教育游戏立体绩效评价模型图，设计了协作效果评价的直观方法。本文的价值在于：通过视频切片法结合实验后台数据挖掘，从多角度观察记录游戏的协作发生过程，试图了解学习者游戏化学习发生时的外部参与状态，突破当前仅仅关注学习行为数据的评价方式，但与目前心理学观察学习行为的测试相比，在科学性、准确性方面还存在一定的差距。

心理学观察学习发生的外部行为，就研究者目前的了解，眼动规律研究较多，已经取得显著的科学成果。因此，在教育游戏测试过程中如果能结合眼动规律实验，对于教育游戏行为的评价将更加科学、准确。

参考文献

[1] 余胜泉，林君芬. 2002 年教育信息化应

用回顾与展望[J]. 中国电化教育，2003（2）.

[2] 宋敏珠，章苏静. EFM 教育游戏设计模型构建[J]. 中国电化教育，2009（1）.

[3] 陈国青. 大型多人在线游戏同步策略的研究和设计[D]. 长春：长春理工大学，2009.

[4] 黄荣怀. 基于 Web 的协作学习系统模型[J]. 中国远程教育，2001（5）.

[5] 张亚明. 高中《算法与程序设计》游戏化教学模式设计[D]. 南京：南京师范大学，2008.

[6] Kowit Rapeepisarn，Kok Wai Wong，Chun Che Fung and Myint Swe Khine. The Relationship between Game Genres，Learning Techniques and Learning Styles in Educational Computer Games[J]. Lecture Notes in Computer Science，2008（5093）.

[7] 范云欢，崔金英. 网络教育游戏评价量规的开发与应用研究[J]. 中国教育信息化，2008（6）.

[8] 张莉琴，张丽玲，吴继慧. 教育游戏产品评价要素的探析[J]. 科技广场，2010（7）.

[9] 尚俊杰，庄绍勇，李芳乐，李浩文. 教育游戏的动机、成效及若干问题之探讨[J]. 电化教育研究，2008（6）.

基于教育游戏自主开发的中国高中学生行为变化研究*

高岚岚　黄宇星　张　敏

（福建教育学院 信息技术部，福建　福州　350025）

摘　要：教育游戏走入课堂，不仅仅是在课堂中应用游戏。本研究从另一个视角入手，阐述学生在课堂中自行开发教育游戏，以教学中的实践为基础，将游戏设计作为一个开放的系统提出，结合软件工程的理论和研究性学习的内容指导开发，并对学生学习过程的主动权问题进行分析，关注社会、家庭、学校三者随学生行为的变化引起的课堂内外的变化。

关键词：教育游戏　自行开发　行为变化

一、引言

对于教育游戏的研究，国外早于国内，对于我们这既是参考借鉴的良机，又是发展落后的危机。目前为止，教育游戏的概念逐渐被人们接受，相关的研究发展很快，教育游戏存在巨大的发展空间。但在国内教育游戏走入课堂的机会很少，从近几年的研究文献来看，学者们都将研究重点放在理论研究或自行开发游戏软件上。很少让学生自行开发游戏并将游戏开发作为第一课堂知识来呈现，同时也没有涉及在开发过程中行为变化的研究。

学生的行为变化直接影响教学动机。在教学开始前，教师都会进行教学者特征分析，我们以教育游戏自主开发为平台，针对高中一年级的学生，研究他们的行为变化。这包括两个方面的内容。第一个方面是学生主动权分析，通过对学生主动权的研究，我们可以了解教师与学生在游戏开发中的角色定位，回答教育游戏开发是否真的适合学生学习等问题。第二个方面是学校、家庭、社会三者对学生课堂内外行为的影响研究。学校、家庭、社会三者构成了学生学习生活的环境，每一个方面都对学生构成影响，影响有多大？在对待游戏教学这个问题上，每个方面的作用又是什么？这些都是我们关注的问题。通过两年时间的研究，我们发现教育游戏的自主开发，能够使高中学生得到综合能力的提高，这使我们对教学重新思考。

二、开放式的游戏开发设计系统

所谓开放系统，是指在整个过程中设计者是独立自主的制作者，游戏知识点的选取是开放的，团队人员的搭配是自由的，没有任何环节是受限制的，流程公开、透明。当然，系统开放并不意味着步骤杂乱，我们以工程的理念指导设计过程，同时参考研究性学习的流程，形成教育游戏设计模式构建教学的过程。

游戏开发过程经历选题、概要设计、编码、测试、维护提高五个阶段。本研究以这五个阶段展开论述。

（一）提出问题

提出问题是指提出研究的课题和研究方案设计。在工程中这部分是问题的定义和可行性分析阶段。通过问题定义阶段的工作，学生应该提出

* 基金项目：教育游戏设计模式构建教学研究，福建省 2011 年自然科学基金项目（项目编号：2011J01336）的研究成果。

关于问题性质、工程目标和规模的书面报告。通过对游戏实际用户的访问调查，学生分析员扼要地写出他对问题的理解，小组会议上认真讨论这份书面报告，澄清含混不清的地方，改正理解不正确的地方，最后得出一份文档。这个过程需要学生发现问题、分析问题、解决问题。其目的是培养学生的观察能力与问题意识，提升学生的想象力与创新意识。

（二）总体设计

总体设计是指收集整理资料、提出科学假设、实践论证得出结论。这个部分包括工程的概要设计、详细设计、编码及测试，是整个教育游戏设计的主要环节。

概要设计阶段必须回答的关键问题是："应该如何解决这个问题?"学生收集、整理资料，考虑几种可能的解决方案。例如，目标系统的一些主要功能采用哪些技术实现；角色扮演类游戏场景如何布置；人物图片资料来源如何；游戏数据库如何设计……

通常至少应该考虑游戏高视觉的解决方案、游戏高技术的解决方案、高质量的"十全十美"的系统这几类可能的方案。教师根据学生小组成员的特征进行引导，要求学生使用流程图或其他工具描述每种可能的系统，估计每种方案的可行性，同时充分权衡各种方案的利弊，推荐一个较好的系统（最佳方案）。

总体设计阶段以比较抽象概括的方式提出解决问题的办法。详细设计阶段的任务是把解法具体化，也就是回答下面的关键问题："应该怎样具体地实现这个方案?"这个阶段的任务是设计出游戏的工程蓝图，学生应用相应的软件进行作品的创作。

（三）编码与测试

编码的过程是对游戏技术有要求的小组提出的，不同的游戏制作工具对编码的要求不同，这个阶段的关键任务是写出正确的容易理解、容易执行的游戏任务。

最后是测试阶段。这个阶段的关键任务是通过各种类型的测试（及相应的调试）使作品达到预定的要求。这个阶段也是学生对知识再次复习巩固的阶段。

（四）维护提高

维护提高是指研究成果的交流、展示、评审。这个环节可以看作是作品维护提高的过程。但其与工程中的维护又有本质的不同。工程维护是在软件已经交付使用之后，为了改正错误或满足新的需要而修正软件的过程。这个过程对于时间有要求，同时软件已经交付使用。我们没有要求所有学生的作品一定交付使用，在展示和评审时教师对作品做出正确的评价，给予制作小组创新性的肯定，其中选取好的游戏作品再进行交付使用。后期进行作品维护的也不再是之前的制作成员。

开放的教育游戏设计系统是立足于任务定位及探索的思想，要求学生自主独立，同时具有工程开发的意识，结合研究性学习的开展，更好地对教育游戏进行理解，充分激发学习积极性。教师以多样性的角色在模式中出现，可以是合作者，可以是引导者，也可以是解惑者，但绝不是主导者。

三、学生主动权分析

（一）学生在选题阶段主动权的问题分析

教育游戏对于学生来说是一个全新的接触。自己开发、设计游戏对他们更是具有吸引力。毫不夸张地说，学生对计算机游戏并不陌生，他们谈起游戏，眉飞色舞、神采奕奕。让学生自主开发游戏，在前期只需要让他们明白游戏是可以具有教育功能的，他们设计的游戏是给他们自己使用的。明确这点后，来看实例——学生选择主题，积极进行社会调查，给出合理的结果，这部分的活动是没有教师参与的过程。

学生自行设计调查表，自行统计，最终给出选择的理由。统计数据表明，近一半的学生对历史知识没有太大兴趣，也不了解历史知识可以运用于什么方面，而这往往与枯燥的学科知识是相关的。如果可以通过游戏让青少年对历史产生兴趣，那么学生自然会主动了解历史知识，当熟练地掌握了某些历史知识后，自然而然就会运用到生活中去。开发出一款吸引青少年主动学习、与时代接轨、健康且有教育意义的游戏是我们努力实现的目标。实践证明学生在选题过程中是积极的参与者，活动的主导者。

开放系统的设计模式中，没有哪个环节是封闭或半封闭的。也就是说，学生的工作是对学校、家庭、社会三者同时开放的。在学校，我们借助研究性学习的课堂指导学生，这部分时间很短，开发小组大部分的设计时间需要在课后完成。学生按小组分工来完成选题的资料搜索；召开小组会议讨论游戏主题及游戏对象。

学生的主动权在选题阶段发挥得很好，同时完成工作的效率也很高。我们以一周7天为工作时间，活动次数也以7次为准，制作统计图后发现，学生积极参与，不论是活动次数还是参与时间都高于教师的统计数据，这一方面说明教师的引导地位，另一方面也说明学生掌控了选题阶段的主动权。

（二）学生在概要设计阶段主动权的问题分析

学生在概要设计阶段同样是活动的主要参与者，不论是参与时间还是自主活动次数学生都远远多于教师，这也是我们教学的目的所在，要让学生真正成为教学的主动者。统计周期以1周半（10次）活动为准，具体如图1所示。

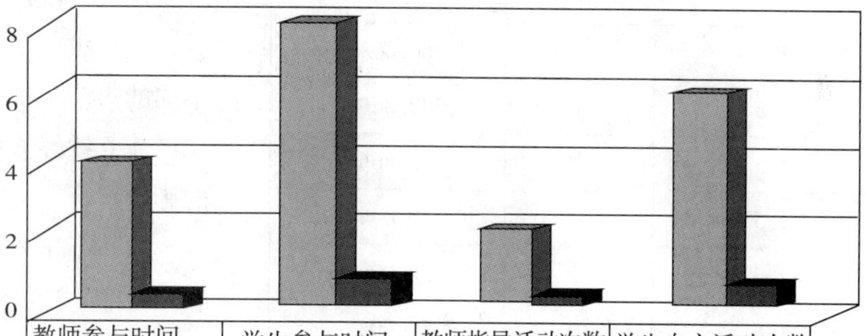

	教师参与时间	学生参与时间	教师指导活动次数	学生自主活动次数
	参与时间		活动次数	
统计结果（时间以每天活动一次计算）	4	8	2	6
所占百分比	40.00%	80.00%	20.00%	60.00%

图1　学生概要设计阶段主动权判定

（三）学生在编码阶段主动权的问题分析

编码阶段的时间较长，但教师仍然处于辅助的地位。设计中应留给学生足够的空间，让他们充分发挥特长。实践中，我们发现教师指导过多或过少的小组，总体评价不高。过多的指导带来学生的惰性，加剧依赖思想的产生；过少的指导使学生目标不明确，设计中的困难无法解决。我们寻求的教学手段应该是适当引导下的参与，督促学生行使自己的主动权。

（四）学生在测试阶段主动权的问题分析

学生在测试阶段的主动权得到充分展示，同时，我们应用最终作品的质量统计来进行比较，如表1、表2所示。教师参与度与学生参与度的比例高的成员最终作品的质量偏低，教师参与度与学生参与度的比例低的成员最终作品的质量偏高。当然，统计是符合正态分布的规律，两头小，中间大，说明教师的指导适当，学生作品的质量就会较高。任何时候我们都应该对学生的学习有所放手，但又不能完全不管。学生主动权的使用应是恰到好处的。

表1　教师参与度与作品评价统计

学生性别M（1为男，1.5为女）	作品评价	教师参与度与学生参与度之比
1	低	33.33%
1	低	33.33%
1	低	33.33%
1	低	60.00%

续表

学生性别 M（1 为男，1.5 为女）	作品评价	教师参与度与学生参与度之比
1	低	60.00%
1	低	50.00%
1	中	28.57%
1	中	33.33%
1	中	33.33%
1	中	50.00%
1	中	60.00%
1	中	60.00%
1.5	中	60.00%
1.5	中	60.00%
1.5	中	42.86%
1.5	中	42.86%
1.5	中	50.00%
1.5	中	50.00%
1.5	中	50.00%

表 2　教师参与度与作品评价统计

学生性别 M（1 为男，1.5 为女）	作品评价	教师参与度与学生参与度之比
1	高	42.86%
1	高	42.86%
1	高	42.86%
1	高	42.86%
1	高	28.57%
1	高	28.57%
1	高	28.57%
1	高	28.57%
1.5	高	28.57%
1.5	高	28.57%
1.5	高	28.57%
1.5	高	28.57%
1.5	高	33.33%
1.5	高	33.33%

（五）学生在维护提高阶段主动权的问题分析

维护提高阶段，学生的活动课时多于教师。虽然我们已进入评价阶段，但学生还是要继续其自主权，评价的结果大部分来源于小组的自评和小组互评。实践中，我们发现学生对其他小组的游戏作品评价详细，他们会认真地试玩几遍游戏，给出自己的评价，这正是我们希望得到的。学生通过游戏，又可以对其他组设计的内容进行学习，这也是展示作品的教育目的。

四、学校、家庭、社会三者对学生课堂内外行为的影响

从我们设计的影响学生自主权的因素量表来看，学校教育及教师参与度在课堂内外的影响是不同的。

建立线性方程模型，验证各因素对学生行为的影响。

$$ST = C1 \times M \times T \times P + C2 \times M \times T \times P + C3 \times M \times T \times P$$

其中，ST 为学生行为影响；$C1$，$C2$，$C3$ 分别为家庭教育背景、学校教育背景、社会教育背景，取值各为 5 个等级：1 级教条式教育、2 级极多教条 + 极少实践、3 级适中教条 + 适中实践、4 级极少教条 + 极多实践、5 级互动实践；M 为性别设定，男取值为 1，女取值为 1.5；T 为模式应用时间，取值为课堂外与课堂内，用学生选题阶段主动权判定图中的参与时间计算；P 为教师参与度，分为完全参与、部分参与、没有参与，取值同样用学生选题阶段主动权判定图中的教师参与时间计算。

我们分析图形，得出以下结论。

（一）选题阶段分析

男女生教育背景影响中的家庭教育背景，大部分处于 3—4 的阶段，说明男女生在家庭中受的教育——适中教条 + 适中实践，这个阶段的学生，家庭教育不极端，有一定的自主权，对教育游戏的开发设计能够产生兴趣。学校教育的影响，男女生大部分都在 4—5 等级，这是极少教条 + 极多实践的等级，学校目前的教育就是这个方向，我们给学生创造的学习氛围良好，对于游戏的限制学校能够正确对待。当然，这个结果和我们选取的统计学校有关系，数据大部分来源于甲级优秀学校，在这些学校，教育改革实施的较好，学校提倡互动实践的教学模式。社会教育背景的影响，男生大部分分布在3—4等级，女生在4—5等级，社会教育的影响主要与学生玩游戏的多少有关，女生平时玩计算机游戏少，受到的限制也少。

学生在选题阶段，家庭教育背景、学校教育背景及社会教育背景对课堂内外都有影响，但三个方面对男生（取值为1的区间）的影响没有特别的趋势变化，而对于女生（取值为1.5的区间）来说，三个方面在课堂内外的影响以社会教育背景偏高，学校教育背景影响其次，家庭教育背景影响稍差的层次在图中显现。这说明女生平时对计算机游戏不是太痴迷，家庭在这方面对其的约束也比男生少；男生自身对游戏的偏爱引起家庭、学校、社会更多的关注，影响也更复杂，不管是在课堂内还是在课堂外，学生的表现可以体现这一点。

（二）概要设计阶段分析

在概要设计阶段中，教师参与的时间增多了一些，概要设计是需要学生总体把握的步骤，需要的是学生的归纳、全局分析、统筹等综合能力，这方面的能力来自家庭的指导、学校的教育以及社会的影响，我们不能单纯地判断哪个方面对学生影响最大，三者是互助互协的关系，在学生的学习、生活过程中对学生产生潜移默化的影响。

（三）编码阶段分析

男女生编码阶段课堂内教育背景影响比较不是很明显，在课堂内接触的知识几乎一样，所以三者对学生的影响变化不大。课外时间主要由学生来支配，他们活动的空间很大，编码耗时很长，这个阶段家庭、学校和社会对男女生的影响都有明显的起伏变化。随着设计的深入，学生通过不断的学习，教育背景发生改变，游戏的开发设计激起男生更深的喜好，家庭、学校和社会对他们学习的影响整体高于女生。编码阶段是具体设计的阶段，女生通过这部分的学习对游戏开发有了更深入的理解，平时也会有意识地去接触游戏领域，所以社会影响会高于其他两种影响。

（四）测试阶段分析

男女生测试阶段，课堂内教育背景的影响比较研究显示，学校、家庭、社会三者的曲线变化不大，测试时教师参与的时间少，同时学生分布在各个班，学校联系少，所以学校影响不大，家庭和社会大部分采用“教条式+实践式”的教育，这样的影响在课堂中变化也不大，说明我们对学生的教育成分课堂内占的比例不大。

男女生测试阶段课堂外教育背景影响比较图的曲线变化较大。统计中我们发现学生自主参加测试活动的家庭、学校、社会的课外影响都很高，学生学习的同时伴随着三个维度的变化，再次证明了教与学的2∶8关系，我们的教学手段不能强迫学生去学，要让他们知道学的乐趣，在真正意义上投入学习，这样教学才是有益的。

（五）维护提高阶段分析

维护提高阶段，学校、家庭、社会三者对学生课堂内外行为的影响变化都不是很大。学校、家庭、社会的影响是互补、互促的。可能有时我们的教育含有教条主义的成分，但维护提高阶段对男女生的影响不是很明显。这个阶段时间短，评价工作多以表格的形式提交，教师处理好的评价标准，学生一般不会再去深究，这就需要我们在今后的教学工作中注意，评价的标准应该更细致。

五、结语

我们让学生自主开发教育游戏，不需要用游戏提高学生的智商，我们的目的是让学生从游戏中获取要学习的知识，巩固以前学过的知识，从而达到娱乐兼学习的目的。游戏的研发同时带有探索性，如果学生能够坚持完成这个过程，他们可以在设计的过程中建立起对解决难题的兴趣和信心，锻炼动手实践能力，从而达到寓教于乐的效果。学生在开发过程中表现出的行为正好证实了这个观点：“兴趣是学习最好的老师。”

高中学生的游戏开发还处于尝试阶段，教师没有较好的开发工具，没有严格的开发流程指导，没有教学标准……这些都是我们需要继续研究的，对于大学生来说游戏开发都是不容易实现的难题，更何况是高中生。但教育就是需要迎难而上，不断创新和变化教育模式才能适应社会的发展，不用太在乎游戏开发是否能提高智力。游戏的真正魅力在于能从中获得快乐。我们的学习也应该是快乐的，如何让学生更快乐地学习，是我们一直在寻求的目标。教育游戏的自主开发启发了学生对游戏的认识。正如一位学生所说，他们对游戏设计从最初的懵懂、好奇到最后的了解、熟悉，这个过程是困难的，但却让他们学到了很多知识，是痛并快乐着的。

参考文献

［1］魏婷．游戏对象模型 GOM 及其对教育游戏设计的启示[J].南京晓庄学院学报，2010(3).

［2］马尔．软件工程基础[M].北京：清华大学出版社，2012.

［3］李彤彤，马秀峰，马翠平．教育游戏的情感化设计探究[J].现代教育技术，2010（9）.

教育技术研究新理念、新技术、新方法

基于设计研究的（DBR）文献分析与动态研究

赵呈领　黄　琰
（华中师范大学　教育信息技术学院，湖北　武汉　430079）

摘　要：基于设计的研究作为一种新兴的研究范式，可以很好地将教育理论与实践相连接，具有解决现实问题和发展理论相结合的双重目的性，这一特性使其成为国内研究的热点。笔者通过文献综述的方式，使用内容分析法，收集了国内有关基于设计的研究的期刊文献，从文献发布时间、期刊来源和内容分类三方面对65篇样本文献进行了系统的量化的数据统计与分析，并在此基础上做出简要的评述，以此了解基于设计的研究领域的发展方向和研究总体趋势，尝试找出现阶段存在的不足，以期为后续的研究提供直接的参考依据。

关键词：基于设计的研究　文献综述　内容分析法

一、引言

20世纪70—80年代，一些教育理论家在研究中发现，基于实验室的研究方法存在不足，真实的学习场景具有复杂性，研究对象不能仅限于研究中可控制的变量，设计研究的工作焦点应该更加宽泛，研究者应该在自然情境下进行研究和实践。以学习科学为学科基础的基于设计的研究由此产生，其首创者为美国学者柯林斯（Collins）和布朗（Brown），他们于1992年提出了“设计实验”。

基于设计的研究（Design－Based Research），以下简称DBR，又称设计实验、设计研究或教育设计研究等。作为一种以解决实际问题为目的的教育研究新范式，基于设计的研究引起了国际教育界的极大关注，其涉及的领域涵盖教育学、心理学、教育技术学等。国内学者对基于设计的研究也给予了很大的重视。2005年，学者张建伟较早提出了学习科学的核心研究方法——“设计型研究”；2006年，学者梁文鑫等发表了国内第一篇关于基于设计的研究论文。经过8年的研究探索，国内已经积累了一定数量的研究文章。

DBR的研究正处于发展期，充满了发展的潜力。笔者试图通过对国内DBR相关期刊文献进行系统的收集整理，完成样本文献的解读，以期揭示我国DBR研究的发展情况，指出目前还存在的问题及争论焦点，尝试为国内后续相关研究提供参考依据。

二、研究设计

（一）文献来源

笔者于2013年4月29日，登录中国知网（CNKI），选择来源数据库为中国学术期刊网络出版总库，检索项选择“篇名”，输入“设计研究”“基于设计的研究”和“教育设计研究”进行检索，剔除与主题无关以及重复的文献，共检索出与主题相切合的65篇文献作为研究样本。

（二）研究方法

主要采用内容分析方法，对研究样本进行客观、系统、定量的分析与描述。笔者借用了CNKI E－Learning软件对文献进行管理，并使用Excel 2010软件统计数据分析得出结果。

文章主要从文献发布时间、文献期刊来源与文献内容分类三方面进行数据统计与分析，通过样本文献的分析对现有研究成果进行全面的阐述，以探寻该领域的发展趋势。

三、文献统计与分类

（一）文献发布时间

通过统计文献的发表时间与数量，可以了解DBR的总体研究趋势，如图1所示。梁文鑫和张熙锦等学者于2006年分别发表的两篇文章是DBR国内研究的起点。2007年，研究文献迅速增长为7篇，可称这一年为迅速发展期。2008年达到顶峰，共有13篇期刊文献。此后3年发表的期刊文献数量趋于平稳，称为平稳发展期。到2012年又出现一个波峰，该年的文献数为12篇。2013年5月前文献数量已经有5篇。因此可以预计DBR这一新的研究范式在我国得到了持续的关注，研究者对DBR的研究热情处于递增状态，更多的研究成果如雨后春笋般呈现出来。

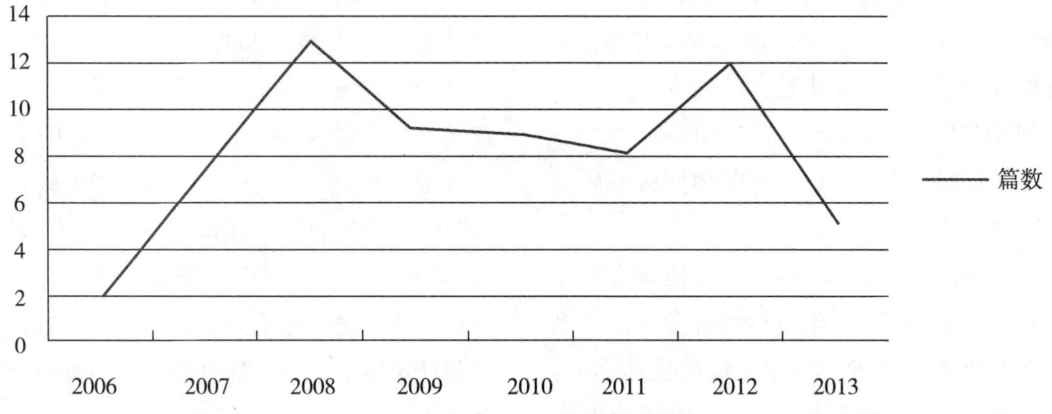

图1　样本文献发表数量年份分布图

（二）文献期刊来源

本研究中65篇文献来自于25种期刊。其中载文量大于2篇的期刊有6种，分别为《中国电化教育》《开放教育研究》《现代教育技术》《电化教育研究》《远程教育杂志》《教育理论与实践》，共载44篇文章，占总量的68%，如图2所示。另外21篇文章分布离散，载文期刊有：《比较教育研究》《中国教育信息化》《实验室研究与探索》等21种期刊。

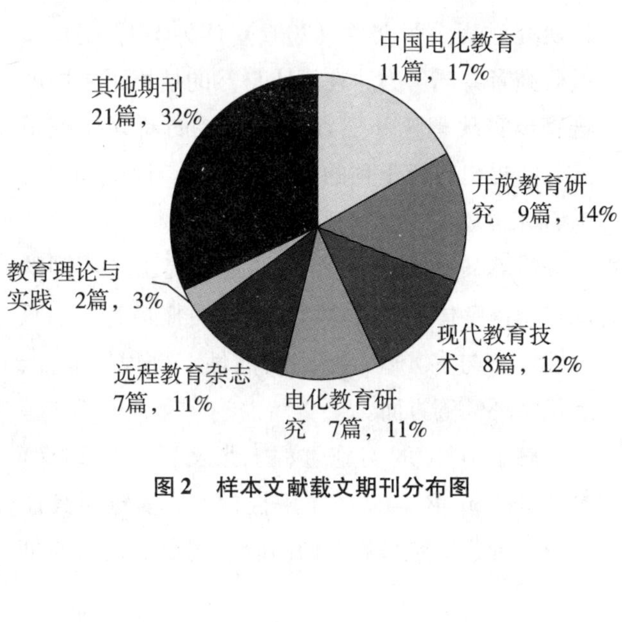

图2　样本文献载文期刊分布图

通过分析文献的来源期刊，DBR的文献主要集中于教育技术专业期刊，可以认为教育技术学者对DBR予以了更多的关注，并已成为DBR研究领域里的主力军。在日渐壮大的研究队伍中，也不乏其他教育领域的研究者，如脑与学习科学学者王文静、课程与教学论学者吕林海、外语教学设计刘春燕等。可以看出，对于DBR的研究不仅限于教育技术学术领域，在《教育理论与实践》《比较教育研究》等几类教育综合类期刊中也有相关文献发表，关于DBR的研究在教育研究大环境中有了较好的发展。

（三）文献内容分类

在样本文章的内容分析阶段，笔者参考了美国学者Thomas C. Reeves（1995）分析教育技术学研究现状时提出的教育技术研究分类框架中研究目标分类。国内对DBR的研究主要分为以下几种。

1. 基础理论研究。

侧重于运用逻辑分析和解释现象。对基于设计的研究进行历史追溯、理论归属及存在的意义等本质问题的讨论。

2. 解释性研究。

通过描述教育应用相关现象，解释现象规律、主要特征、实施步骤等基本内容。

3. 教学应用研究。

将理论研究成果与具体学科教学相结合，目的在于解决教学中的实际问题。

4. 项目开发研究。

目的在于将研究设计应用于实践，用研究的成果指导项目开发，如教学软件、教科书等，将其经验加以运用、推广和普及。

5. 其他研究。

主要涉及基于设计的研究对其他问题的研究带来的启发与新思想。

为确保分析的信度，本阶段由两位研究者分别依据分类类型对样本文献进行统计分类。争议之处，则由两人共同讨论判定，最后使用 Excel 2010 对分类结果进行统计，分析各内容所占比例，如图 3 所示。

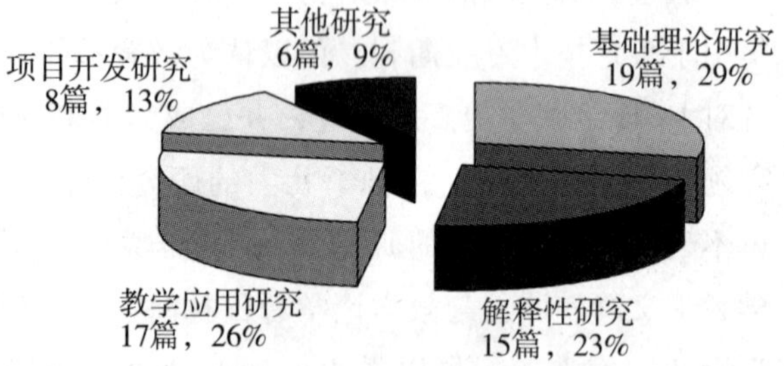

图 3　样本文献分类

通过分析，关于 DBR 的文献主要集中于基础理论研究类、教学应用研究类和解释性研究类，三类文献占整体的 78%，有 13% 的文献属于项目开发研究类，共 8 篇。在目前的 DBR 领域里，有一半的研究是关于基础理论和概念解释性研究的，而教学应用类成为实践研究中的主导，研究者大多倾向于将 DBR 与课堂教学结合，项目开发类研究成果则相对较少。

（1）基础理论研究。

此类研究在整体中所占比重最大，可以看出学者们对 DBR 的发展历程、思想溯源、理论归属、意义探讨等予以了极大的关注。

DBR 的历史追溯，杨南昌（2008）学者提到皮亚杰“临床谈话法”、维果茨基“因果发生分析法和单元分析法”、杜威“实用主义”方法，认为这三种有关课堂实践的观点构成了 DBR 理论早期孕育的理论基础。焦建利（2008）、郑旭东等（2009）学者认为 DBR 的研究起点为 1992 年，是柯林斯和布朗两位学者在长期摸索研究中奠定的基本思想。

DBR 的理论归属仍然存在争议，国内学者各持己见。杨南昌（2007，2008，2009）、张文兰（2007）、祝智庭（2008）等将其定义为一种研究范式，张建伟（2005）、吕林海（2007）等提到 DBR 是一种研究方法，焦建利（2008）、王忠磊（2010）等认为 DBR 应该是一种研究方法论。笔者认为 DBR 属于一种新研究范式，它不仅是单一具体的方法，也不只是多种不同层次的方法构成的理论体系，而是教育领域中教育观与教育理念的集合。

（2）解释性研究。

这类研究主要是对 DBR 的含义、特征、过程等方面进行阐述。

目前，还没有对“基于设计的研究”的定义达成一致意见，不同的专家有不同的理解。梁文鑫等（2006）、杨南昌（2007）、张文兰等（2007）、焦建利（2008）等有多种不同的定义阐述。梁文鑫，余胜泉（2006）认为 DBR 是在形成性研究过程中采用“逐步改进”的设计方法，并不断改进设计，该观点认为 DBR 是一种形成性研究过程。张文兰（2007）认为 DBR 是由多类研究者共同努力，在真实自然的情境下不断改进直至实现理论和实践双重发展的新兴研究范式，并提出教育干预的设计、实施、评价和完善为 DBR 的四大研究步骤。

虽然研究者对于 DBR 的定义提出了不同的观点，但整体上对其特征的描述可概括为目的双重性、参与多元性、情境自然性、过程导向性、迭代循环性等方面。

对于 DBR 的实施过程，张文兰等（2007）参考 Bannan Ritland 的了解性探究、实施、具体情境评价、扩展影响评价四阶段观点，提出四阶段步骤。焦建利（2008）认同佐治亚大学教育技术学专业博士生们的观点，认为 DBR 有九大步骤：从有意义问题入手、与实践者合作、整合有关学习和教学的稳健理论、进行文献综述需求分析等、设计一个教育干预、开发实施和修改设计干预、评价干预影响、循环此过程、撰写 DBR 报告。王佑镁（2010）提出了教育设计研究循环流程图，将 DBR 流程归纳为五个环节十个要素：分析—评价、设计—开发、应用—行动、循证—阐释、评估—推广，并且强调从分析阶段到推广阶段是反复循环的。可以看出，这几类研究过程都涵盖了以下环节：教育干预的设计、实施、评价和改进，并且都强调整个过程循环进行。

（3）教学应用研究。

17 篇文献介绍了教学应用研究，共占总数的 26%。在这类研究中，关于 DBR 在学科教学方面的运用，以英语课堂为研究对象的居多。如陈维超等（2008）以基于设计的研究为指导，完成“希赛可”人工智能英语口语教学工作的第二轮教学应用；宋建清（2013）将基于设计的研究范式和快速原型法的设计思想相结合，对外语课程进行设计，解决外语课程设计的研究与实践之间长期存在的相互脱节的问题。

DBR 的应用研究分布于各级教育层次中，有高等教育和中小学教育，高等教育教学应用案例最多。如万良等（2009）以 DBR 为研究方法对“现代学习技术”课程进行探究式学习活动的设计和实施，并对 DBR 在教学实践的意义做出了相关总结；杨雪等（2010）应用 DBR 研究范式对 Moodle 环境下基于问题的虚拟实验进行教学设计、开发与应用，以“计算机组装与维护”实验课为例，在循环改进中提高了教学应用效果；刘颖（2011）将 DBR 应用于《现代教育技术》实验课，以数字视频采集与处理实验为例进行实验与研究论证。在中学中的应用案例有：王美（2007）用 DBR 研究范式开发“人 · 建筑与城市”高中研究型课程，通过课程首轮实施，探讨了过程中逐步浮现的四个设计问题；汤跃明（2009）构建了一个高中生物探究教学参与结构的设计研究实践框架，并将此框架应用于实践探索中，实现了理论建构和实践探索的相互提升；张怀浩（2012）在中小学教师培训中运用基于设计的研究构建了中小学教师培训的 DBR 模型，并结合当前的几个典型案例予以应用，提出该培训模式适用于中长期的培训项目；汤跃明等（2010）构建了一个小学生自主探究的游戏化教学系统，利用 DBR 的方法，将多媒体技术和科学教学整合，教学测试分为三个阶段进行，研究中学生的科学探究能力和学习效果得到了一定提高。

DBR 在教学中的应用研究是以设计、实施、评价、完善修改为循环的递进过程，需要长期系统的工作以解决教育教学中的实际问题。通过文献分析，国内的研究大多采用一次或两次循环研究，很少有学者将研究迭代循环下去，这与国外的研究还存在一定差距，需要不断引进介绍国外最新的优秀研究案例，在学习与尝试中不断探索改进。

（4）项目开发研究。

项目开发类的研究相对较少，相关文献只有 8 篇，但其中也不乏优秀案例。解素敏（2009）结合我国教育游戏的现状发展以及问题所在，将基于设计的研究渗入教育游戏的设计开发过程中，在总结基于设计的研究范式的四阶段流程图的同时，创新性地提出了基于设计的研究的教育游戏设计流程图；刘英杰等（2009）应用 DBR 对大学物理网络三维虚拟实验的设计与开发进行研究，并对开发模式进行了两轮循环设计、开发与应用，以逐渐完善设计研究范式的实际运用方式；刘春燕（2010）运用 DBR 对教育技术环境进行设计和问题求解，对英语写作平台进行设计和实践，帮助教师有针对性地进行教学设计和教学改革。

四、讨论与分析

“基于设计的研究”是在迭代循环中对设计方案实施、评价、再修改，目的是达到理论的提升和实际问题的解决。杨南昌指出，DBR 为我们理解发生于复杂自然场景中的学习提供了新的研究方法论范式。进行这类研究需要研究人员进行长期的工作，要求大量的时间与资金投入。我国关于 DBR 研究的时间较短，但通过多领域学者的共同努力，我们已经看到了一定数量的优秀研究成果。通过对 DBR 的 65 篇相关文献进行整理和分析，可以看出我国该领域的研究现状如下。

1. DBR 在我国发展迅速，但仍处于发展初期阶段。

近几年，“基于设计的研究”在我国发展迅速，很多学者都加入研究队伍中，也呈现出一部分优秀成果。但不同领域的研究者对 DBR 的认识还存在差异，目前还没有形成一致的研究术语，对其理论归属的论证不清晰，还未形成一个指导研究过程的标准模型，这在一定程度上阻碍了其发展，这也正是研究者们需要继续努力探索的方向。

2. 多研究领域予以关注，但研究力量较为分散。

在研究成果中，我们看到了教育技术学、心理学、学习科学等多领域学者的参与，可以说各领域研究者齐聚一堂，百花盛开。但是在样本文献分析中，大部分作者都只发表了一篇文章，后续研究很少，并且大多数学者都是独自完成研究，学者与学者间的交流合作甚少，导致研究力量较为分散，因此具有深度的研究成果较少。只有通过学者间不断地交流和团队合作支持，该研究领域的发展才能有更进一步的突破和创新。

3. 理论类研究占多数，应用类研究较少。

通过分析文献，我们看到研究成果中，理论研究占总数 52%，学者们在学习借鉴国外已有成果的基础上，通过对 DBR 的定义、历史发展、实施过程、研究特征等多方面进行阐述，提出了自己创新性的认识。经过几年的不断发展，在应用研究方面也有一定数量的研究成果，但是研究领域范围较窄，研究者们多用于课堂教学应用研究，在项目开发研究中应用较少。我们说 DBR 是联结教育理论与实践的桥梁，如何将其应用到实践中来解决教育理论与实践的脱节现状十分关键。

五、结语

对于国内 DBR 相关研究，我们提出以下问题：基于设计的研究的标准模式是什么？教学理论进行创新是否有规范的操作？在应用过程中，如何通过基于设计的研究提高研究质量？对于研究过程的成效判断，是否有科学的评价方法？国内对这些问题的探讨还未深入，对该领域研究尚未形成一个成熟的研究范式。

但是我们也可以看出国内关于 DBR 的研究正处于稳健发展的状态，越来越多的学者开始关注基于设计的研究的运用，并积极加入研究队伍中，表现为近几年的应用类文献篇数逐年增加。对 DBR 的深入研究不仅为教育技术学研究领域带来一种新兴的研究范式，而且为其他教育领域与相关教育问题带来启示。

参考文献

［1］张建伟，孙燕青．建构性学习——学习科学的整合性探索［M］．上海：上海教育出版社，2005.

［2］梁文鑫，余胜泉．基于设计的研究的过程与特征［J］．电化教育研究，2006（7）．

［3］张熙锦．进步和挑战并存——基于设计的研究方法在教育技术领域中的运用［J］．继续教育，2006（8）．

［4］杨南昌．“设计研究”的历史追溯与研究进展述评［J］．现代教育技术，2008（5）．

［5］焦建利．基于设计的研究：教育技术学研究的新取向［J］．现代教育技术，2008（5）．

［6］郑旭东，杨九民．学习科学研究方法论创新的艰难之旅——安·布朗和阿伦·柯林斯的贡献及“基于设计的研究”的缘起、内涵与挑战［J］．开放教育研究，2009（1）．

［7］张文兰，刘俊生．基于设计的研究——教育技术学研究的一种新范式［J］．电化教育研究，2007（10）．

［8］王佑镁．教育设计研究：是什么与不是什么［J］．中国电化教育，2010（9）．

［9］陈维超，贾积有．基于设计的研究及其

在“希赛可”项目中的具体应用[J]. 现代教技育术，2008（1）.

[10] 宋建清. 设计研究视角下外语课程的快速设计方法模型[J]. 现代教育技术，2013（4）.

[11] 万良，郭清顺，道焰. 基于设计的研究在“现代学习技术”课程中的运用[J]. 开放教育研究，2009（5）.

[12] 杨雪，葛岩. 基于设计的研究范式在“计算机组装与维护”实验课中应用[J]. 实验室研究与探索，2010（5）.

[13] 王美. 基于设计的研究——以高中研究型课程“人·建筑与城市”为例[J]. 开放教育研究，2007（2）.

[14] 汤跃明，张锦华. 设计研究在高中生物探究教学研究中的应用透析[J]. 现代教育技术，2009（8）.

[15] 张怀浩. 基于设计的研究方法在中小学教师培训中的应用与研究[J]. 中小学教师训，2012（12）.

[16] 汤跃明，金海燕，李瑞萍. 基于设计的研究在小学科学教学中的应用[J]. 现代教育技术，2010（8）.

[17] 解素敏. 基于设计的研究范式在教育游戏研究中的应用[M]. 北京：中央广播电视大学出版社，2009.

[18] 刘英杰，杨雪，阚宝朋. 基于设计的研究范式的运用——大学物理虚拟实验系统的可持续建设与发展研究[J]. 远程教育，2009（1）.

[19] 刘春燕. 设计研究在英语在线写作平台中的应用[J]. 远程教育，2010（5）.

基于知能课程的研究性学习选题策略设计

陈 茜 颜士刚 李宇峰

（沈阳师范大学 教育技术学院，辽宁 沈阳 110034）

摘 要：选题是研究性学习的首要工作，也是其关键环节。知能课程下的研究性学习选题范围应围绕相应课程内容展开，但并不是所有的内容都适合发展为研究性学习的研究课题，因此如何确定一个合适的课题成为研究性学习顺利开展的关键。本文结合实践，首先从知识目标、能力目标、情感目标三个维度确定了基于知能课程的研究性学习的学习目标；然后对课题内容、研究类型进行了分析，认为课程知识体系中，学生感兴趣的、涉及“为什么”和“怎么办”的程序性知识和元认知知识适合提炼为研究性学习的选题，并且认为知识探究型以及较简单的探因型课题是恰当的研究类型；最后提出了“限定范围”“创设情境”“课题具体化”三个选题的指导策略，以促进研究性学习选题工作的顺利开展。

关键词：知能课程 研究性学习 选题策略 研究类型 分层理论

如今，信息技术高速发展，学习内容纷繁复杂，仅靠熟记书本上的知识已然满足不了飞速发展的时代要求，社会需要一专多能的复合型人才，这就需要改变知识客观论指导下的课程模式，知能课程应运而生。知能课程在课程功能的定位上注重“能力本位”，课程内容构成上要求“知行并举”，力图避免知识获取与能力培养失衡的问题。

研究性学习是在研究的过程中学生主动获取知识、应用知识、解决问题的学习活动，强调知识学习与能力培养的高度结合与统一，能够辅助知能课程目标的实现，因此，在对《学科教学论（信息技术）》这门教育技术学的必修课进行知能课程教学改革的过程中，研究性学习被确定为一项重要的教学活动。

实践中，发现了一些学生在选题时容易出现的问题，例如课题定位不准确、研究范围过大、主题偏离课程内容等。导致这些现象的主要原因在于选题的设计和指导工作不细致，针对此问题，我们拟对影响选题的各种因素进行分析，对支持知能课程实施的研究性学习的选题策略进行设计，以促进研究性学习选题工作的顺利开展。

一、知能课程架构下研究性学习目标的确定

“研究性学习”设置的目的在于通过体验科学研究的过程，提高学生的显性能力、促进隐性能力的发展，以及加深学生对所选主题涉及的知识内容的理解与认识。因此，我们将总目标确定为：通过选择、采用科学的研究方法，拓展、探索知能课程的学习内容，加深学生对知能课程某些知识内容的理解与认识，着重于提高学生隐性能力，注重探索实践、情感体验，以及科学精神的塑造、人文情怀的培养，辅助知能课程总目标的实现。

在研究性学习总目标的指导下，我们从“知识目标”“能力目标”“情感目标”三个方面对研究性学习的目标系统进行了具体的设计。能力目标上，可分为显性能力和隐性能力两个方面。显性能力目标又包括两部分内容：一部分是与选题内容相关的能力目标，例如，信息技术课程的教学方法、评价方法的应用技能以及教师说课、

教学设计等相关技能；另一部分是获取信息、处理信息的能力，能言善辩的口头表达能力，使用现代信息工具的能力等课题研究需要的技能。隐性能力包括：发现问题、解决问题的能力、判断问题价值的能力、创造能力、自主学习的能力等。知识目标上，与一般研究性学习的目标相比，知能课程下开展的研究性学习的知识目标更详细，强调对学科知识的学习、拓展与探索，引导学生将课堂上所学的知识在实践中加以运用，使学生真正掌握所学的知识。情感目标主要涉及精神、态度和价值观的培养，如培养学生科学的态度和不怕困难、勇往直前的精神，增强学生的责任心、使命感，以及与人分享的合作精神、团队精神等。

二、基于知能课程的研究性学习选题内容分析

基于知能课程的研究性学习的课题内容是学科教学与研究性学习紧密联系的桥梁，课题内容的选择关系课程知识目标的实现，关系研究性学习活动在知能课程中应有的作用和价值，还关系研究过程能否顺利进行，所以在知能课程的知识体系中提炼合适的课题内容是选题工作的关键环节。

布鲁姆认知目标分类中将知识分为四大类：事实性知识、概念性知识、程序性知识、元认知知识。其中事实性知识、概念性知识处在相对较低的抽象水平上，涉及“是什么”的问题，属于初级的认知问题，一般有直接的、明确的、无歧义的答案，不适合作为研究性学习的选题内容。譬如，“对信息素养的认识”，虽然对于这个问题见仁见智，但是通过信息检索可以很容易地获取关于信息素养概念界定的信息，不需要做过多的分析与处理，因此这类知识不适合作为课题研究的内容。程序性知识和元认知知识涉及知识的“为什么”“怎么办”等问题，包括解决问题的技能方法性知识、策略性知识、程序性知识等。这些知识是在任务完成、问题解决、产品设计的过程中学生主动建构起来的，具有可探究性，适合作为研究性学习的课题内容。以《学科教学论（信息技术）》知识体系中“信息技术课程教学的评价”为例，根据以上分析，在这一模块中，评价的概念、特点、分类、作用等这些事实性、概念性的知识不适合发展为研究性学习的课题。相比之下，评价标准和评价量规的制订、评价方案的设计则等更适合作为研究性学习的选题内容。

综上所述，在研究性学习选题内容的设计上，满足“知识类型”，并且符合学生的学生兴趣的课程内容即可成为研究性学习的选题方向。例如，我们设计了“教师职业道德”这一研究主题，设计这一主题，一是因为当时媒体接二连三报道教师“虐童”事件，引起社会上对“教师失德”现象的激烈讨论和强烈谴责；二是因为“教师职业道德”是课程内容的重要组成部分。将“师德”列为研究性学习的选题方向，不仅符合从课程学习内容中选题的原则，也符合学生的兴趣，适合学生发展的需要，有利于理论联系实际。

三、研究类型的选择

研究类型的选择同样也是选题工作的重要环节。实践中，我们主要考虑在校大学生学习的实际条件，并且结合知能课程的研究内容，来指导学生选择合适的研究类型。一般研究性学习的课题类型分为三种：知识探究型、探因研究型、创新研究型。其中，知识探究型主要回答“是什么”的问题，对应的知识类型是事实性知识和概念性知识。综合上文分析，此类知识不适合作为知能课程的选题内容。知识探究型的研究课题也不适合作为大学生研究性学习的研究类型。接下来将对探因研究型和创新研究型展开分析。

探因研究型，这类课题回答“为什么”的问题，着重于对机制原理的探究、条件的确定、因果关系的认识等，带有一定的专业色彩，属于较深层次的研究课题。解决此类课题需要一定的理论基础、逻辑分析能力，并且要求提出自己的观点。本门课程的学习者是大学高年级的学生，就其一般特征而言，思维的系统性、深刻性、灵活性和批判性都有了一定程度的发展，经过大学前两三年的学习，能力上也处于高速发展期，自学能力、探究能力逐步增强，有主动参与教学的意识和能力。专业能力上，在学习本门课程之前，已经学过了多门教育类相关课程，包括教育学、教育心理学、教学设计等，通过这些课程，虽然尚未形成系统的专业知识体系，但已经基本掌握了教师应该具备的教育教学的基本原理和基础知识，初步具备开展相关研究的能力。因此，我们认为此类专题是比较合适的。

创新研究型专题是一种综合研究课题。以创造为目标，属于研究性学习课题的最高层次，这一类型的专题，除了回答“是什么”“为什么”，还要回答“怎么办”的问题。例如“大学生信息素养提高方案研究”，首先要对大学生信息素养的现状进行调查，然后根据调查数据分析大学生信息素养方面存在哪些不足，最后根据不足提出关于大学生信息素养培养的建议。这一类型的选题一般需要多种研究方法来辅助完成，而大部分在校学生尚未形成系统的专业知识，虽然掌握了一定的研究方法，但并没有经过系统、科学地训练。所以，总的来看，此类课题也不适合，但有一些较为简单的创新型专题，在学生兴趣浓厚的情况下，也可以尝试。

四、自主学习分层理论指导下的选题指导策略

美国的自主学习研究专家齐莫曼认为：自主学习能力是在长期的学习实践中由低级到高级逐渐发展起来的，要使学习变成一种自主的过程或能力，需要先后经历观察水平、模仿水平、自我控制水平和自主水平。同样，在研究性学习活动中，学生的选题能力也需要经历由低水平向高水平的发展。对于刚接触研究性学习的学生来说，其选题能力处于观察水平，学生能够通过观察榜样的示范，归纳出“什么样的选题是适合自己的”，了解了合理的研究课题的主要特征后，选题能力就已经达到了模仿的水平，处于模仿阶段的学习需要学生通过模仿实际执行选题的技能和策略。当学生能够脱离榜样的示范，在一种类似的情境中运用习得的选题技能时，选题能力上升到了自我控制水平。最终要达到的是自主选题水平，处于自主水平的学生不再需要模仿或参照榜样，可以自主地去选取和运用特定的学习技能，这一水平的学生已经掌握了选题技能的本质特征，并且能够自觉根据学习的条件调整这种技能，灵活选题。本文根据学生选题能力各水平的特征以及选题阶段中容易出现的问题，提出了三个策略帮助学生实现选题能力的发展，力求大部分学生能够达到自我控制的水平，一部分学生的选题能力达到自主水平。

（一）限定范围策略

限定范围是指教师根据课程内容和学生兴趣以及社会热点问题，确定研究范围，设定研究主题，提出这一策略是为了避免处于观察水平的学生出现盲目选题的现象。选题初始阶段，虽然学生已经通过榜样的示范作用了解什么内容、什么类型的课题是适合自己研究的，但选题过程中，学生要么茫然、无所适从，要么选出的课题过大、过难，不切合实际。如果为学生制订好研究课题，既不能体现学生的自主性，也不利于培养学生发现问题、提出问题的能力，所以我们提出“限定范围”这一策略，来帮助学生向“模仿水平”发展。在教学实践中，经过任课教师、研究性学习管理教师、助教的集体讨论，根据课程内容和学生兴趣以及当时的社会热点问题，我们曾经确定了如下主题范围：师德、信息素养调查、网络道德、3G 网络与大学生、大学生择业就业等。当然，如果学生有能力自主选题，可以突破该范围，我们鼓励学生提出感兴趣的、有创新性的课题，同时给予必要的指导。

（二）创设情境策略

选题过程中，虽然界定了选题范围，学生已经基本达到了模仿的水平，选出了课题的研究方向，但是，研究性学习是为知能课程服务的，我们设置的研究方向全部与课程内容相关，然而面对陌生的选题方向，学生无所适从，还需要我们对选题范围做出一定的解释，也就是在“教师指导”这种外部条件的支持下执行选题的技能与策略。采用的方式是创设一定的选题情境，激发学

生的思维，引导学生提出问题。具体做法是将生活中，一些学生熟悉的生活经验、所学过的知识与技能或者感兴趣的新闻事件等融入选题方向中，扩宽学生的选题思路。例如，在“信息素养”这一大的研究主题中，教师介绍了什么是“信息素养”、信息素养包括哪些具体的能力以及信息社会中信息素养的重要性等，在了解了知识背景的基础上，学生产生了问题，“我们的信息素养如何?”“信息时代应该具备什么样的信息素养?”拟定课题“国民信息素养调查研究”。又如，前段时间，互联网企业的恶意竞争行为引发了有关网络道德话题的讨论。学生认为，虽然是在虚拟世界中，同样应承担道德上的责任，有些网络企业损害了网民的权益，甚至采用过激的方式影响了网民的工作、生活，是不道德的表现。同样网络中不文明的现象，如谩骂、恐吓、欺诈等，都有失网络道德，网络道德底线究竟在哪儿?如何才能规范网络道德，做个合格的网民?通过情境知识的介绍，创设了研究性学习的氛围，引导学生提出问题，激发研究热情，提出课题“关于网络道德缺失调查研究”。

（三）课题具体化策略

经过“限定范围”“创设情境”两个阶段，学生已经达到了自我控制的水平，能够提出想要进行研究的课题。但这些课题中，有些课题过于宽泛，这样的课题会导致研究性学习难以深入，教师需要采用“课题具体化”的策略对其进行指导，帮助大部分学生达到选题的自我控制水平，一部分学生实现自我控制水平向自主水平的跨越。课题具体化策略就是把初步、粗略的课题或宽泛的、超出现有条件的课题，内容具体化，逐步推进、转化为学生可研究的课题。具体过程如图1所示，“课题1”是一个初选的课题，甚至是一个研究方向或范围，“课题2”是由“课题1”而来，是它的缩小版或者某一方面的具体化，从“课题2”到最终的研究课题之间可能还存在过渡的“课题3”“课题4”等，可以看出，课题具体化策略是一个逐步缩小范围、层层递进的过程。

图1　课题具体化示意图

判断一个课题是否合适，需要考虑如下因素：首先是学生的认知水平，其次是学习环境，学习环境具体包括实验设备、活动时间、活动地点等。一个合理的课题，既不能超出学生现有的知识水平，也不能超出现有的学习环境，如果超出上述两个条件，就需要采用课题具体化策略改进原课题，具体方式有缩小研究内容的范围、调整研究方法、缩小研究对象的范围等。

上一策略中提到，某小组学生拟定“国民信息素养调查研究”为研究课题，显然这一课题对于本科生来说太过宽泛，以学生们现在的能力、经历，很难开展研究、得出结论。说明了选题的问题后，小组同学经过讨论，将课题更改为“大学生信息素养调查分析”，这一课题相比之下范围缩小了，但考虑到学生的安全问题，我们把活动地点限制在学校范围内，研究对象只能是本校的学生，课题最终确定为“沈阳师范大学学生信息素养调查”。同样，在“网络道德”这一主题中，最初学生把课题定为“关于网络道德缺失调查研究”，在可行性分析过程中，发现课题研究范围太过广泛，网络道德缺失现象很多，包括网络暴力、网络欺诈、论文抄袭、网络病毒等，我们建议学生以某一种现象为切入点确定研究课题，讨论过程中，发现学生对“人肉搜索”较感兴趣，最终商定课题“从‘人肉搜索’看网络道德缺失”，通过研究内容范围的缩小，降低了课题的难度，同时又满足了学生的兴趣。

五、结语

在实践中遵循选题策略对学生选题进行指导，收到了实际的效果，从这个学期选出的课题来看，可行性和操作性都有所提高。但仍然发现学生在对选题工作的认识和理解上是有欠缺的，学生往往不能积极主动地选题，更多地依靠教师的引导，甚至经过小组讨论和教师引导后，最后还是由老师确定一个具体的题目，这个过程虽然有学生参与其中，但起的作用较小，也就是学生选题能力的自主水平和对选题工作的积极性方面还需要进一步的提高。由此，下一步需要加强学生在选题方面自主性引导的同时，还要让他们学会思考，学会在选题中“如何做”，重点解决如何在选题范围中发现问题、如何把问题转变为可研究的课题等，只有这样，学生才能更好地完成选题工作。

参考文献

[1] 李艺，钟柏昌．知能课程开发：类型、方法与案例——以教育技术专业课程为例[J]．电化教育研究，2010（1）．

[2] 杜东平，唐新明．研究性学习和研究型课程的实践与探索[M]．重庆：重庆出版社，2002.

[3] 洛林 W. 安德森．布鲁姆教育目标分类学[M]．北京：外语研究与教学出版社，2009.

[4] 姚本先．当代大学生兴趣研究[J]．心理科学，2000（23）．

[5] 杨雪睿．透视90后大学生的文化生活[J]．广告大观：理论版，2012（6）．

[6] 杨永新．区分层次，确定类型，深化高中语文研究性学习课题研究[J]．新课导学，2012（3）．

[7] 毕岚，陆建隆．研究性学习选题的指导策略与实践[J]．高等理科教育，2004（2）．

[8] 王芳芳，徐学福．促进学生自主学习的分层指导策略[J]．教育科学研究，2011（6）．

信息化环境下教与学变化的跟踪研究

汪学均[2]　熊才平[1]　沈　蕾[1]　刘清杰[1]　姜雨晴[1]　吴海彦[1]
(1. 华中师范大学 教育信息技术学院 信息化与基础教育均衡发展协同创新中心，湖北　武汉　430079；
2. 湖北大学　教育学院，湖北　武汉　430079)

摘　要：为了探索环境的信息化给教与学带来的变化，通过跟踪观察、录像、问卷调查、访谈等方法，以某大学本科层次的一门专业选修课教学活动为例，搜集、分析信息化环境下教与学的相关数据，发现课堂内师讲生听减少，生讲师评增加；课外教师投入的时间比传统环境下多，多投入的时间主要从事的活动是备课和与学生互动；课外学生投入的时间也比传统环境下多，多投入的时间主要从事的活动是基于资源的自主学习和基于互动的协作学习。发生这种变化的原因在于教师主动地适应教学环境的信息化，并引导学生充分地利用环境信息化带来的丰富的学习资源以便利的人际互动途径开展学习活动。

关键词：信息化　教与学　跟踪研究

信息技术是国际公认的21世纪重点研究的高新技术领域之一，在新技术革命中处于核心和先导地位。信息技术的发展日新月异，信息化也正逐步加深。信息化使人类以更快、更便捷的方式获得并传递人类创造的一切文明成果；它提供给人类更有效的交往手段，促进人们之间的密切交往、对话与合作。信息化影响和改变着整个社会的生产、生活方式。人类总是能逐步适应环境，充分利用和创造环境。我们假设：随着环境信息化程度日益加深，教师和学生都主动对教与学环境的信息化做出适应性调整，环境的信息化引起学与教的变化。

一、研究设计

为了探索师生对信息化环境做出的适应性调整和教与学所发生的变化，我们在一所大学选择本科层次的专业选修课《教育传播学》作为研究的案例，对该课程教学的实际状况进行了贯穿整个学期、涵盖课堂内外的全程跟踪观察，辅以问卷调查和访谈，深入了解教师与学生对这门课程在课堂内外的教与学，详尽记载课堂内外的教与学事件。该课程的课堂教学活动在国家数字化学习工程技术研究中心研发的高清晰型智慧教室进行，该教室最重要的教学设备是双轨交互式电子白板。相对于黑板加粉笔的传统教学环境，本研究中我们把这样的教学环境称为信息化课堂教学环境。课堂之外，教师与学生都处于宽带、校园网全覆盖的信息环境中。调查显示该教学班87%的学生拥有智能手机等手持式终端设备，能便捷地接入移动互联网和校园无线网，76%的学生拥有笔记本电脑，能随时接入宽带网或校园网。院系实验室、学校图书馆、周边网吧有足够的能力为全校学生提供随时可用的上网设备与信息服务。相对于只有印刷品、广播、电视的学习环境，本研究中我们把这种被网络全覆盖的环境称为信息化学习环境。

我们以观察记录的数据为依据，统计分析以下几个方面：第一，把课堂师生互动活动分为师讲生听与生讲师评两种。统计整个学期16次课堂教学活动（每次2课时，共90分钟）中这两种师生互动活动分别所占课堂教学时间；第二，课外教师在该门课程教学上投入的时间及所从事的主要活动；第三，课外学生在该门课程学习上投入的时间及所从事的主要活动。通过以上调查数据，分析信息化环境下教与学所发生的变化及原因。

二、研究过程与数据分析

（一）课内师讲生听与生讲师评占用课堂时间的统计分析

在我们所跟踪观察的教学班，学期之初，教师一方面对课程进行全面的介绍，另一方面把事先拟订的详细的课程教学计划公布于学生，要求学生从课程教学计划中挑选自己感兴趣的主题，通过图书、期刊、因特网等渠道查找相关信息。学生阅读这些信息，形成对主题深入全面的认识。学生筛选这些信息，制作演示文稿展现自己自主学习的成果。教师在线随时接受学生的会话请求，探讨课程学习疑难问题；学生把做好的演示文稿发到教师电子邮箱，教师选择优秀的演示文稿，按照课程教学计划安排的每周学习主题，预先通知这位学生什么时间在课堂上担当这个问题的“主讲人”。第 1—4 周，学生处于准备阶段，课堂教学活动以学生听教师讲授为主。从第 5 周开始，陆续有学生开始“主讲”，教师与其他学生一起倾听，并在学生讲完之后，及时点评、补充。讲的学生很投入，听的学生很愉悦。从第 6 周开始，学生讲完后，教师组织学生有序评论，全班大多数学生参与的积极性很高。教材不再是课堂学习内容的唯一信息来源，教师不再是学习内容唯一的传播者，学生不再是任凭教师灌输的容器。记录显示，16 次课中师讲生听的时间如图 1 所示横轴上方的柱型系列。第 7 次课，因教师没有及时控制学生主讲的时间，教师主讲的时间降到不足 20 分钟，随后的几次课，教师对此做出调整。从第 8 次课开始，以生讲师评为主的课堂教学活动形式稳定下来后，教师讲授的时间为 33 分钟左右，占课堂教学时间的 36%。16 次课中生讲师评的时间如图 1 所示横轴下方的柱型系列，从第 8 次课开始生讲师评的时间趋于稳定，平均为 53 分钟，占课堂教学时间的 59%。

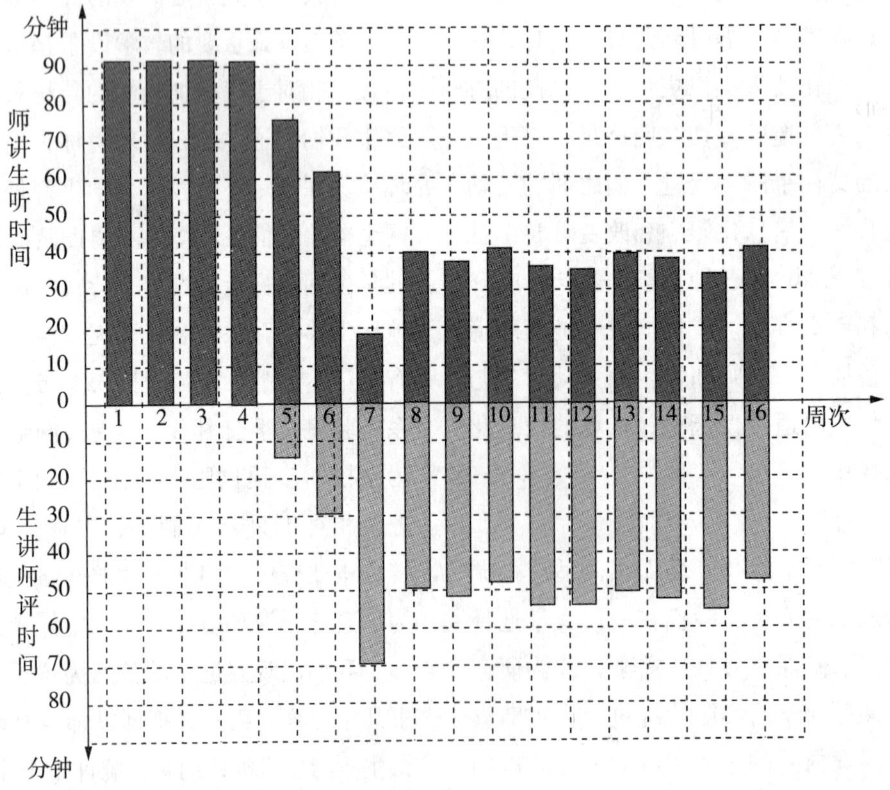

图 1　课内师讲生听与生讲师评时间的变化

从图1中可以看出，师讲生听的时间从一开始的高位持平到迅速下降然后在低位趋于稳定。生讲师评的时间，变化过程则大致相反，从一开始的低位持平到迅速上升然后在高位趋于稳定。第7次课，学生主讲时间首次超过教师，经历短暂震荡以后，双双趋于稳定。稳定之后，师讲生听的时间平均为37分钟，生讲师评的时间平均为53分钟。生讲师评的时间为师讲生听的1.4倍。课堂上，学生的学由“我在听”转变为“我在讲”。

通过观察，我们发现，课堂教与学之所以能发生这种变化，与电子双板教学系统良好的教学资源与教学活动支持功能是分不开的。该课程教学使用电子双板教学平台系统软件盘古2.1。盘古2.1系统分为编辑终端与教学终端。教师备课时，使用盘古2.1编辑终端。盘古2.1编辑软件以“活动”为基本线索组织教学资源。每个活动中，可添加多个教学资源（以2个为宜，支持.ppt，.doc，.xls，.pdf，.jpg，.swf等多种格式的资源）。每添加一个学生在课堂教学中参与主讲，在盘古2.1编辑系统中，都以添加一个“活动”的形式创建。以学生的姓名为“活动”命名，使学生感到很自豪。学生准备的演示文稿及相关文件作为资源添加到该生的“活动”中。盘古2.1平台下的课件以.pgpx格式保存。.pgpx格式文件在盘古2.1编辑终端打开，可再次编辑、再次保存；在盘古2.1教学终端打开，可双板显示、交互控制。开展课堂教学时，使用盘古2.1教学终端，主讲人可不按预先设定的活动顺序，随时选择任何一个“活动”，基于该“活动”中预置的教学资源展开教学活动。综上所述，电子双板环境下的盘古2.1教学系统，使教师课前可以便捷地组织大量相关的教学资源，课中可以按照教学活动动态发展实际需要，随时组合最优的活动与资源方案。盘古2.1教学系统使教学活动和教学资源清晰明了，易于组织，易于修改，随机通达。

本案例中，教师给学生“满堂灌”的课堂教学格局已经打破。我们详细地考察课堂之外教师的教与学生的学，以便揭示课堂教学格局发生变化的深层原因。

（二）课外教师与学生投入时间的统计分析

1. 课外教师投入时间的统计分析。

在传统环境下，教师课外为课程教学所花的时间主要是用来备课、批改作业。备课方面：主要看教材、查阅参考书、写教案。一个版本的教案连续用几年是常有的事。批改作业方面：传统环境下，以纸质作业本为主，一般一门课程有两个作业本。每次课后教师都布置适量作业，作业的主要内容是对课堂教学内容的重复，作业的主要目的是引导、督促学生对课堂所听到的内容及时进行复习、巩固，以加深理解和记忆。每次课前，学生交作业，老师发作业。每次课后，学生做作业，教师批改作业，批改作业的主要目的是检验学生对课堂上学习的知识在理解上是否存在误解、偏差。与学生互动方面：传统环境下，平时课外学生较少找老师，老师也很少找学生。就高校而言，期末考试之前才安排1—2次辅导答疑，而且学生找老师的主要目的是“打探”考试命题信息和考试重点，以缩小复习范围，减轻背诵和记忆负担。课外，师生就课程学习而言的互动极少。

在我们所跟踪观察的信息化环境下的教学活动中，教师课外为课程教学所花的时间主要用来备课和与学生互动。备课方面：信息化环境下，课程内容更新更快，社科类课程尤其如此。教师课外需要更多地关注课程内容的最新发展，浏览相关网页，阅读专业期刊论文，汲取新鲜的养分来“升级”教学内容。与学生互动方面：学生课外开展自主学习，其学习性质是“探索未知领域”，他们时常遇到拿不准的问题，常常向教师请教。教师专门为课程建立了QQ群，教师与助教轮流全天在线值守，及时回答学生的提问，教学过程从课内向课外蔓延。学生是学习的主体，教师只是“顾问”。学生做好了“主讲”的演示文稿，发给教师，教师对各位学生发来的课前自主学习成果逐一进行浏览，并与作者交谈，指出不足之处，提出修改建议，告知学生何时在课堂上就演示文稿上的内容进行“主讲”。在我们所跟踪的课程教学中，已经没有了传统环境下的纸质作业。教师课外用于这门课程教学备课时间和与学生互动时间，如图2所示。从图2中可以看出，教师备课的时间，没有显著的变化，从第1—16周，都在60—92分钟之间平稳波动。课外，教师与学生互动的时间，第1—8周，快速增长，之后在120分钟波动。整个学期的中后期是课程教学运行的平稳期，教师课外与学生互动的时间是教师备课的时间的1.5倍。从这里可以看出，教师课外教学行为由单纯“准备教”向与“指导学”融合转变，传统环境下教师备课与学生预习“分轨”运行的方式，在信息化环境下转变为以师生互动为主要特征的“合轨”运行方式。

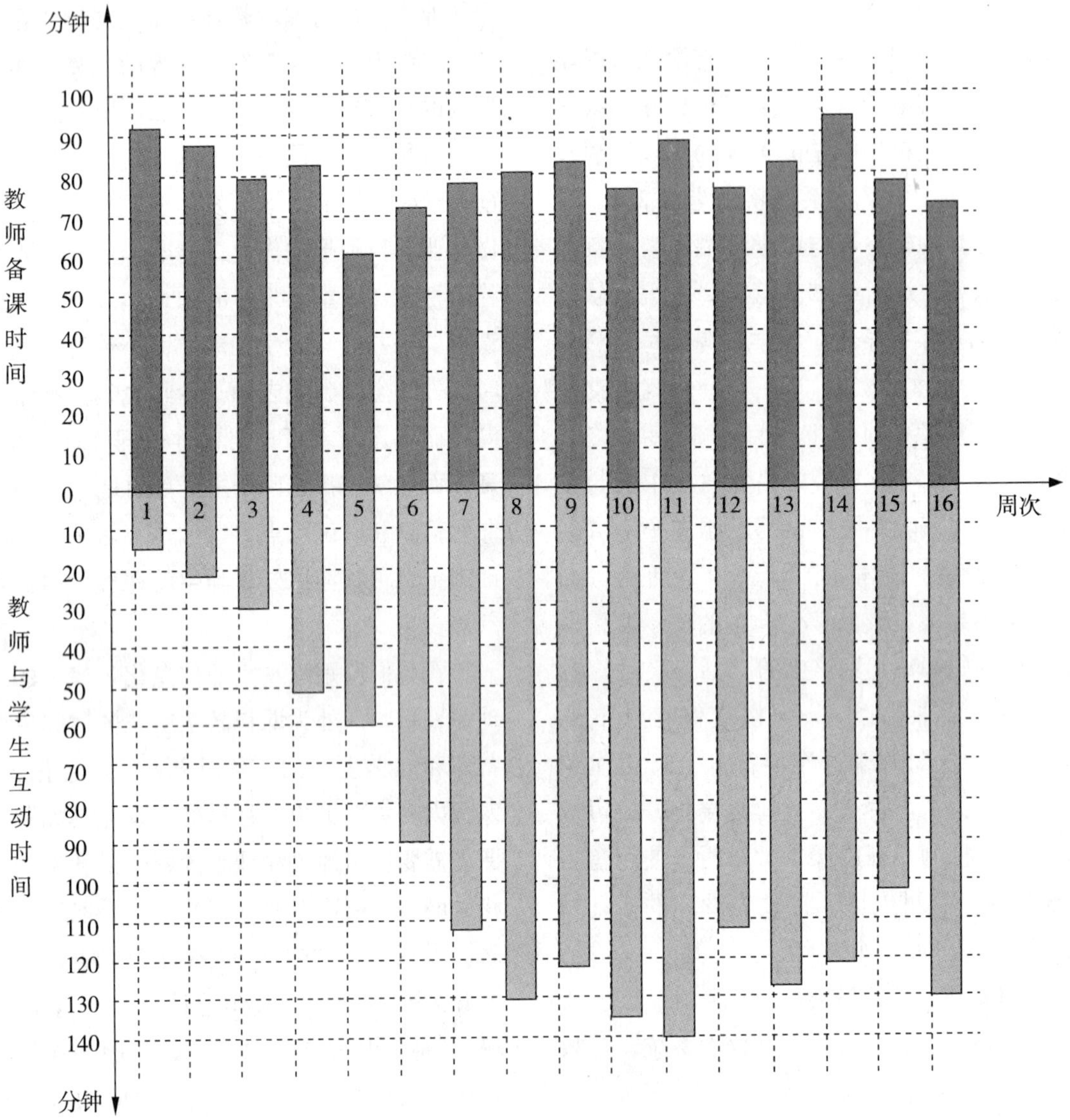

图2　课外教师备课时间和与学生互动时间的变化

图2表明，信息化环境下，教师课外用于课程教学的时间显著增加。课外时间，教师所从事的活动及其时间比例如图3所示，教师备课所花的时间占教师课外投入时间的46%，查看筛选学生作品的时间占15%，与学生交谈进行个别化指导的时间约占39%。

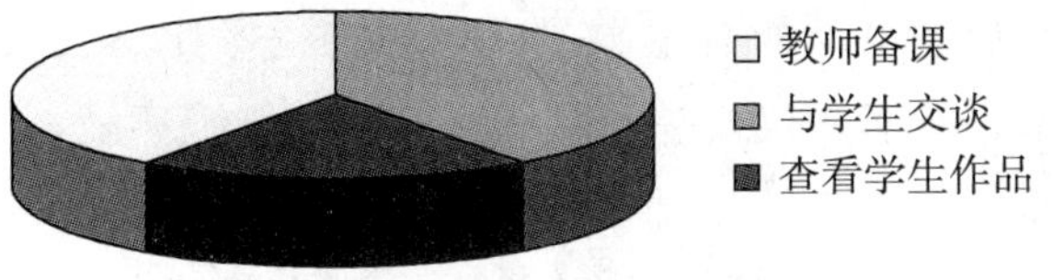

图3　课外教师从事的教学活动及时间比例

2. 课外学生投入时间的统计分析。

在我们跟踪的案例中，学生课外投入的时间，一方面是用来收集、阅读相关的学习资源，制作展示自主学习成果的多媒体演示文稿；另一方面是用来与教师、同学交流。收集、阅读相关的学习资源，制作展示自主学习成果的多媒体演示文稿属于学生自主学习，与教师、同学交流都属于与学伴交流。整个学习，学生在《教育传播学》这门课程学习上课外投入的时间，如图4所示。

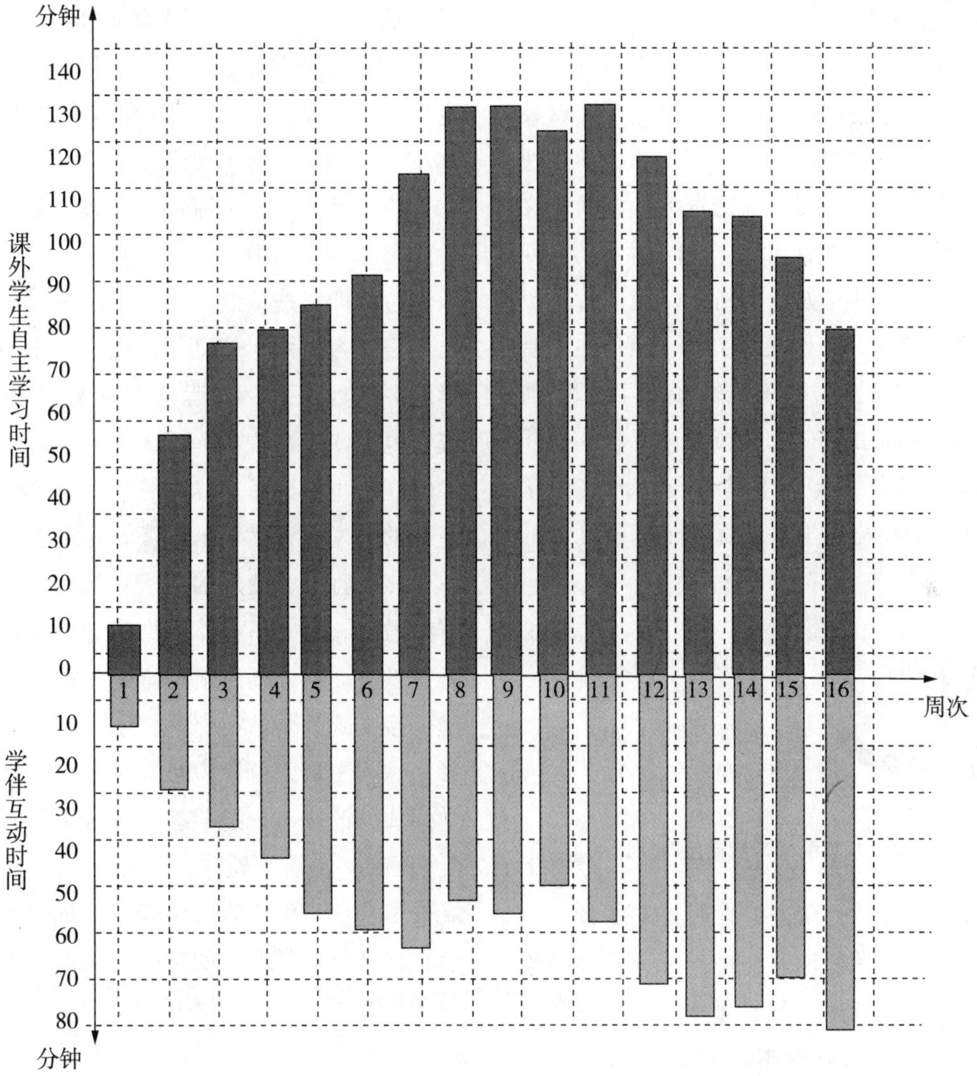

图4　课外学生自主学习和与学伴互动时间的变化

第1周上课之前，学生还没有了解这门课程教师的教学风格，只有少数学生通过借阅相关图书进行了一些粗略的预习。从图4中可以看出，第2—9周，学生基于各种学习资源开展自主学习的时间持续增长，第10—16周，学生自主学习时间有所下降，但总体来说，时间依然较长。整个学期，每生每周开展自主学习的时间平均为98分钟。可见，学生在整个学期中，持续保持着课外自主学习较高的投入程度。学生的课外学习行为由“等着听”转变成“我在学”。这是一个十分重要的转变，为课堂教学模式的变革奠定了基础。

学生课外与同学、教师互动的时间第1周略少，这门课首次上课以前，这门课程的学习还没有成为学生学习的“热点”。学生与同学、教师等学习伙伴互动的时间总体而言，呈现增长趋势。整个学期，每生每周与学伴交流的时间平均为53分钟，可见，整个学期，学生持续地保持着与教师和同学的交流。与传统环境下的课外学习相比，信息化环境下的学生课外学习由单纯的独立式向与对话式融合转变趋势明显。

访谈发现，学生课外投入的时间较传统环境下有显著增加。他们在从事何种学习活动？就此我们对学生进行了问卷调查。调查表明，学生所从事的学习活动主要是阅读筛选资料、做演示文稿准备“主讲”、与老师互动、与同学互动。四种学习活动所占的时间如图5所示。阅读筛选资料所花时间占37%，制作演示文稿、准备在课堂上“主讲”占28%，与同学互动的时间占20%，与教师互动的时间占15%。阅读筛选资料和做演示文稿准备“主讲”都属于基于资源的自主学习，与教师互动和与同学互动都属于基于互动的协作学习。

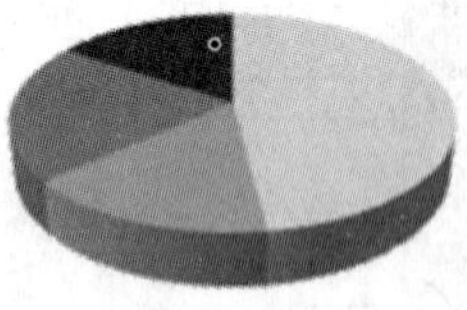

图5 课外学生从事的学习活动及时间比例

访谈发现，学生之所以能在课外保持较高热情的自主学习和与学习伙伴交流，十分重要的原因是拥有便捷的信息化学习资源环境和人际互动环境。传统环境下只有课本和十分有限的参考书，一二十分钟就预习完毕，再加上听课反正是听老师讲，预习相当于是看看“节目单”，知道下堂课学到哪儿就可以了。但是，在我们所跟踪的这门课程教学中，一方面，教师给学生布置了可自由选择的自主学习任务；另一方面，学生处于信息化学习环境中，能以各种设备便捷地接入网络。接受访问的学生说：“在网上查找学习资源，时间常常在不知不觉中就过去了。”为展示自己的自主学习成果作准备好比是在排节目，而不仅仅是看看节目单。在传统环境下，听讲是学生认知加工的主要形式，接受经过教师“精细咀嚼”的二次食品，而在信息化环境下的课程学习中，学生最重要的认知加工发生在上课之前，即学生为某个主题搜集整理资料制作演示文稿的过程，好比学生按照自己的喜好选择做菜的原料，存疑之处与同学、老师商量，然后亲手加工成精美的菜肴。学生带着“展示自己佳作”或“分享同学佳作”的期待走进课堂。从这里，我们就不难理解课堂上学生主讲占据“半壁江山”的原因了。

传统环境下，学习资源和教学资源有限，教学以书本知识为中心，教学甚至成为教“教材”，教学过程严格按预设进行，传统的教学过程呈现出显著的封闭性。信息化环境下，学习资源和教学资源随处可得，课程学习内容有学生参与生成，电子双板盘古2.1系统使教学活动和教学资源像超市里的商品一样，可任意选择，信息化环境下的教学过程表现出显著的开放性。

该课程教学使用的电子双板教室是高清晰型智慧教室，相对于深体验型智慧教室和强交互型智慧教室而言，高清晰型智慧教室侧重于支持传递—接受式教学。本课程教学中，教师组织学生参与课程主讲，可以说是对传统的传递—接受教学模式的改进——把“教师一言堂”改成了“师生多言堂”，基本模式仍旧是传递—接受，改进之处是在使学生成为“传递者”的过程（指导学生在课外开展学的活动）中，实现了由接受型学习向探究型学习的转变。

访谈中学生说，“过去，老师来了就讲，讲完就走，两次课之间，老师淡出我们的视野。课堂上老师讲老师的，学生用心听的人不多。老师对学生的‘影响力’较小。而现在，老师无处不在，无时不在，总和我们在一起，问什么就讲什么。”

三、结语

1. 信息化环境下课内生讲师评的时间显著多于师讲生听的时间，传统的师讲生听课堂互动方式不再占据统治地位。

2. 信息化环境下教师课外用于课程教学的时间显著增加。教师用于备课的时间整个学期一直较长，用于与学生互动的时间持续增长。教师课外从事的教学活动由单纯“准备教”向与“指导学”融合转变。师生互动突破课堂，教与学的活动从课内向课外蔓延。

3. 信息化环境下学生课外投入的时间较传统环境下有显著增加。学生开展基于资源的自主学习和基于互动的协作学习的时间在整个学期持续增长。学生课前由“等着听”转变为“我在学”。学生课外学习的自主性和互动性增强。

4. 无论是教师还是学生，都表现出对环境的信息化主动适应的倾向性。教师一方面充分利用信息化环境储备课程教学相关知识，另一方面通过教学活动设计引导学生在课外开展基于资源的自主学习和基于互动的协作学习，学生积极响应。学生在课堂上分享课外学习成果，使课堂成为师生互动、智慧共享的空间。

参考文献

熊才平．教育在变革——论信息技术对教育发展的革命性影响［M］．北京：科学出版社，2012.

基于 AS3.0 的知识自动测评类库的研究

白 喆 吴祥恩

（沈阳师范大学 教育技术学院，辽宁 沈阳 110034）

摘 要：计算机辅助测评可提供快速、准确、一致的评价，能够自动对结果进行统计分析。KAEL 是一个基于 AS3.0 面向对象语言特征设计的计算机辅助测评类库，通过其系统化的开发体系可以降低技术难度、提高开发效率、应用途径广泛，且支持平台丰富。其自身不决定测评的内容和反馈形式，完全根据教育者的需求辅助构建测评应用。这些应用能够在课堂教学、网络教学、移动教学等教学环境下提供知识测评反馈，并根据反馈结果进行教学方法和学习方法的调整，以促进学习者的学习。

关键词：KAEL 计算机辅助测评 类库 AS3.0

人们从 20 世纪 60 年代初就对计算机辅助评价（CAA）和计算机辅助测试（CBT）进行理论研究和项目开发，以协助学习者学习和教育者教学。CBT 提供预先设定的测试题库和公平的测试环境，CAA 对 CBT 获取的信息进行统计分析，并对统计分析结果进行评价。例如，澳大利亚悉尼大学开发的 WebMCQ 系统、英国赫瑞瓦特大学开发的 CUE 系统、清华同方开发的网络教育平台考试系统、科大讯飞公司开发的国家普通话水平智能测试系统等。与传统测评相比，这些系统具有交互性、实时性、公正性和便捷性等特点，能够提高测评效率，保障测评安全和提供个性化评价，还能为适应性学习支持系统和智能教学系统提供测评支持。

一、KAEL 的可行性分析

（一）开发前提

知识自动测评类库（Knowledge Automatic Evaluation of Library，KAEL）针对信息技术环境下的知识测评应用，由于知识测评是通过填空题、选择题、问答题、连线题、分类题等题型进行能力测评和学习评价，题型较为固定，其共性利于抽象。

（二）应用体系

由于类库的封装性和通用性以及 Flash 的 ActiveX 特性，以 KAEL 为核心类库层向外扩展出三个开发逻辑层，分别是二次开发层、应用开发层和系统集成层，如图 1 所示。其中类库核心层和应用开发层是完成基本测评功能的必要开发逻辑层；二次开发层和系统集成层是对基本测评功能进行拓展、整合的可选开发逻辑层。

类库核心层的功能是类库开发者对 KAEL 进行设计、优化、升级。二次开发层的功能是二次开发者根据各自的特殊需求对 KAEL 改进算法和扩展类库，实现提高测评精度、增加题型、提供外部程序接口等功能。应用开发层的功能是应用开发者调用 KAEL 进行 AS3.0 交互程序设计、调试、输出，根据教学需要使用 KAEL 完成习题、测验、例题教学、调查问卷、教育游戏等交互功能。系统集成层的功能是其他软件开发者将基于 KAEL 开发的 Flash 应用程序嵌入各自的程序中，可以与其进行数据交换。其他软件开发者除应该掌握所用的开发软件外，还应该熟悉 Flash 应用程序的数据传递和接口调用功能，将基于 KEAL 开发的 Flash 应用程序嵌入 PPT、网页、Director、VB、VC、.NET 等程序中，配合所用开发软件的数据库存储、网络共享、实时交互等功能构建出功能更加丰富的教学应用。

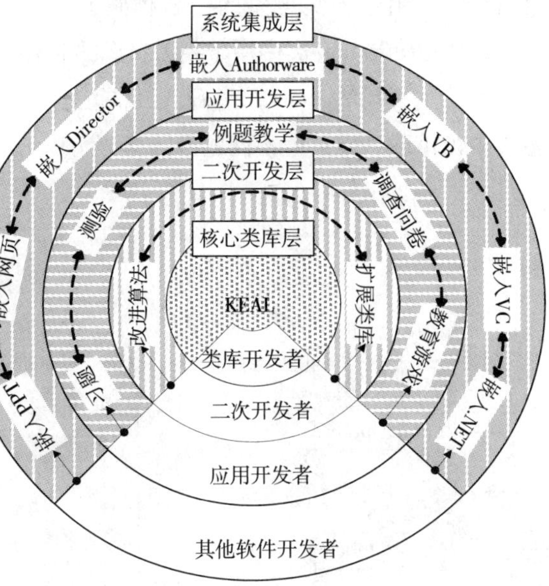

图1　开发逻辑层

（三）主要优势

1. 降低技术难度。Flash 在教学中的应用越来越广，知识自动测评功能对大多数教育者而言技术难度较高，尤其是问答题、连线题和分类题。即便能够实现类似的功能，多存在代码兼容性低、可移植性差、编写代码时间长等问题。KAEL 封装了各类题型测评的算法，有效地解决了以上问题，可以集中精力进行教学设计。

2. 提高开发效率。在软件工程中强调代码的重用性，最具代表性的就是类库。各种专业类库使开发者直接调用类库的各种功能快速地完成软件开发，不必花费更多的时间去研究具体的实现过程。但是 Flash 没有知识自动测评类库，而 KAEL 提供了知识测评基本题型功能的类库，通过少量代码调用即可实现相应功能。

3. 应用途径广泛。在教学过程中会用到课堂练习、考试、教学游戏，甚至问卷调查，这些应用以前都是一个个单独的开发体系。KAEL 可以将这些应用归纳为一个体系，抽象出各类题型的呈现特征和判断特征，并根据教学模式的要求将这些抽象特征变化出不同的教学应用形式。

4. 支持平台丰富。新型媒介技术不断推出，其特有的传播优势必将应用到教育领域。个人电脑、平板电脑、智能手机等媒介都已进入教育领域，虽然其操作系统各不相同，但都支持 Flash 播放器，所以 KAEL 可以实现一次开发跨平台应用。此外，KAEL 可以使用 Flash 和 Flex 这两种工具进行开发。

二、KAEL 的体系结构

（一）静态结构

静态结构是把代码中的函数、类或者模块抽象为节点，并把代码块之间的关系抽象为边所构成的网络模型。采用逆向工程方法得到其组织结构进行分析，反映出软件系统的整体性质。代码的结构并不是随机和无序的，越来越复杂的代码体系都展现出“小世界”和“无尺度”的特性。在设计中引入静态结构，可以使代码的设计利于控制和管理。

根据对各类练习题、测验和考试的特点系统地综合分析，将测试和评价过程经过抽象处理分为四种类型的类：评价类、问题类、题型类和题项类。评价类是对测评数据进行统计和分析的类；问题类是抽象出各题型的基本属性和方法的类，作为题型类和评价类之间的数据交换中介；题型类是在问题类派生出的用于反馈答题操作过程和判断答题结果的子类；题项类是用于进行鼠标操作和接收键盘输入答案的类。

根据以上四种类型的功能，静态结构的设计如图 2 所示。在程序运行过程中，学习者通过键盘输入方式或者基于题项类的鼠标操作方式将答题结果传递给问题类的子类——题型类。由题型类判断出答题结果的得分传递给评价类，由评价类统计出相关数据，得出评价结果。

（二）评价类

评价类中只有一个 assessment 类，统计答题时间、答题数量、总分、得分、平均正确率、各知识点正确率等基本属性，在导入外部数据的基础上还可以统计出标准分、平均分、方差、标准差等扩展属性。根据统计结果，与预先设置的定性评语进行匹配，得出综合的定性评价。还可以根据需要使用 exportXML（）方法将统计数据和评价导出为 XML 格式供外部程序调用。

（三）问题类

问题类中只有一个 question 类，保存分值、得分和知识点等属性。其中知识点属性是可选属性，如果教育者需要对学习者的知识点掌握情况进行详细的统计和评价，就需要将所有题目的知识点进行分类。由于各类题型的判断和显示方式各不相同，所以 question 类中用于判断答案的 judge（）方法和显示答案的 show Answer（）方法就会在派生类中被重载，以适应不同题型的算法。

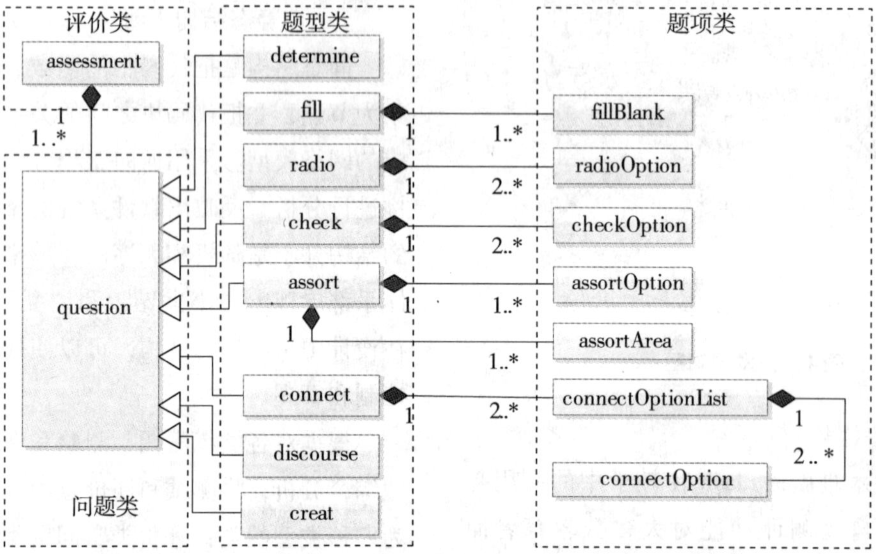

图 2　静态结构和聚合关系

（四）题型类

题型类在问题类基础上派生出 8 个子类题型，实现各题型的逻辑功能。determine 类是对判断题的抽象；fill 类是对填空题的抽象；radio 类是对单选题的抽象；check 类是对多选题的抽象；assort 类是对分类题的抽象；connect 类是对连线题的抽象；discourse 类是对简答题、问答题、作文题等类型的需要大量文字作答题型的抽象，提供了自动判断答案和人工判断答案两种方式；creat 类是对设计、绘画、作曲等开放性较强的创作题型的抽象，它只提供接收得分的接口，答题方式需要根据具体问题在应用开发层单独设计或者在二次开发层进行扩展。

（五）题项类

题项类共有 7 个类，实现题型类答案的交互操作。fillBlank 类实现填空题答案的输入；radioOption 类实现单选题的选项；checkOption 类实现多选题的选项；assortOption 类实现分类题的分类项，assortArea 类实现分类题的分类区域；connectOptionList 类实现连线题的连线项分类列表，connectOption 类实现连线题的连线项。

三、KAEL 的关键算法

（一）分类题算法

分类题至少需要一个分类区域（assortArea 类实例），通过分类项（assortOption 类实例）的坐标判断其所属分类，多个分类区域的重叠区域可以实现交集的功能。

假设在分类题中有分类项和分类区域，分类项中有正确分类区域、分值。用来判断分类项在正确的分类区域内，相等时返回值为 1，否则返回值为 0。算法描述如下。

输入：分类项，正确分类区域。

输出：判断结果。

步骤 1：获取的坐标（,）。

步骤 2：获取的坐标（,）、宽度和高度。

步骤 3：如果且，返回值为 true；否则返回值为 false。

（二）连线题算法

连线题至少需要两组连线项列表（connectOptionList 类实例），当相邻两组连线项（connectOption 类实例）列表中都有已经被选择的连线项时，在两项之间自动画出一条连接直线。

假设在连线题中有组连线项列表，判断与连线的连线项和是否相等，相等时返回值为 1，否则返回值为 0。算法描述如下。

输入：连线项，连线项的答案。

输出：判断结果。

步骤 1：获取连线项的连线项。

步骤 2：如果等于，返回值为 true，否则返回值为 false。

（三）问答题算法

问答题一般采用语言叙述的方式，由于每个人的答题表达方式不同，很难与标准答案完全一致，因此需要对答案进行语句相似度判断。从语句相似度算法的区别上可分为三类：第一类是基于词频统计的句子相似度计算方法；第二类是基于语义库的词语语义相似度计算方法；第三类是基于句子语法结构的相似度计算方法。这三种算法各有利弊：第一类算法精度不高，实现难度低；第二类算法需要语义知识库的支持，实现难度高；第三类算法精度和实现难度居中。

KEAL 采用第三类算法实现对问答题的相似度判断，首先是判断关键字（包括关键字的同义词）所在的句子，然后判断关键字所在句子与关键字所在答案句子的相似度，并根据相似度权重计算出得分。

算法示例描述如下。

输入：输入答案，标准答案分句。

输出：分数权重 W。

步骤 1：将标准答案分句中的关键字及其权重值分离出来，存储在数组和数组中。

步骤 2：搜索。如果没有搜索到返回值为 0。

步骤 3：如果搜索到，s = 0，将中所在句子的字符进行逐字拆分后存储在数组中。然后遍历数组在中搜索 +，每搜索到一次 s + +。完成遍历后，W = W + s/m *。

四、KAEL 的应用开发

（一）配置题型

添加题型元件，将元件类型设置为影片剪辑，设置属性中的类和基类，如图 3 所示。进入元件内部，使用文本工具输入问题文字，根据需要也可以添加图形。选择题型元件所在的关键帧，在“动作”面板中编写配置代码，引入 KEAL 类库，将题型元件与题型类关联，配置相关属性。

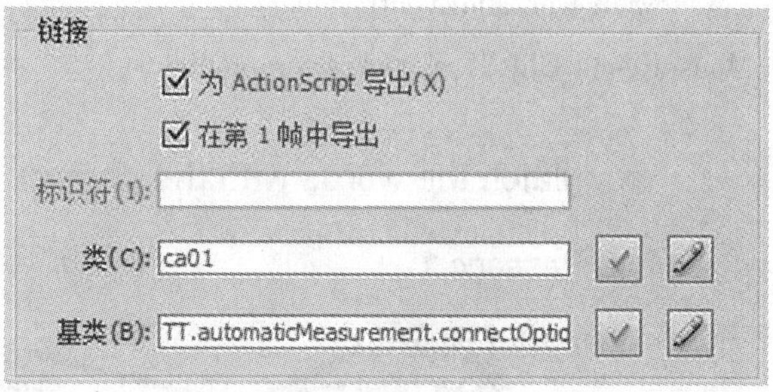

图 3　“库”面板的元件属性设置

```
import keal. assessment;
var as: assessment = new assessment/;
addChild(as);
var c = new connect/;
as. addQuestion(c);
var colA = new connectOptionList(c); //初始化连线项列表 A
addChild(colA);
for(i = 0;i < = 7;i + + ){//初始化连线项
this["ca" + i]. init (colA);
}
ca0. answer = 4;//设置答案序号
ca1. answer = 2;
ca2. answer = 0;
ca3. answer = 3;
ca4. answer = 5;
ca5. answer = 7;
ca6. answer = 1;
ca7. answer = 6;
var colB = new connectOptionList (c); //初始
```

化连线项列表 B

```
addChild(colB);
for(j=1;j<=7;j++){//初始化连线项
this["cb"+j]. init (colB);
}
```

（二）调用评价

添加显示评价的元件，将元件类型设置为按钮，设置元件的实例名称和显示内容，在“动作”面板中添加调用代码，“答案”按钮单击事件时显示答案和评价的代码。

```
showAnswer. addEventListener
(MouseEvent. CLICK,showAnswer_onclick);
function
showAnswer_onclick (event: MouseEvent):
void {
c. showAnswer();
as. show Assessment ("1,2,10");
}
```

（三）测试运行

测试运行时，通过鼠标单击进行连线（绿色线）。连线完成后单击“答案”按钮，显示正确答案的连线（红色线）和评价结果，如图 4 所示。如果有错误提示，则根据提示排错、修改代码。

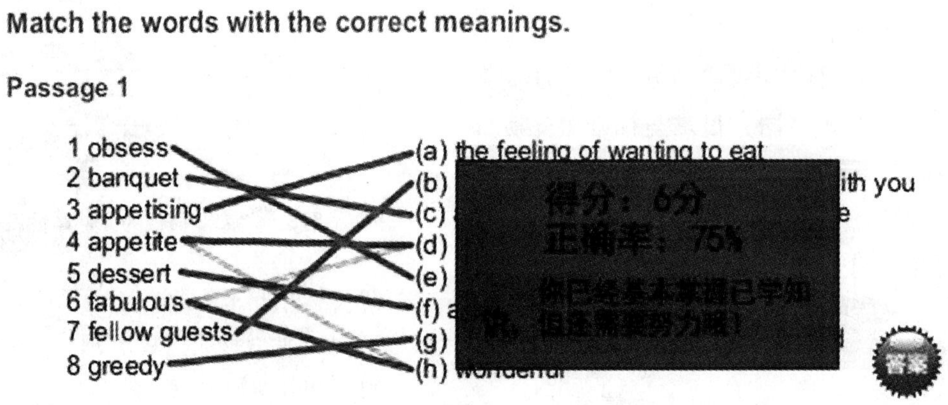

图 4　连线题显示正确答案及评价

五、结语

在信息技术教学环境中教学测评的发展较为滞后，只有有效地解决这个问题才能充分发挥信息技术的作用。KAEL 作为一种快速构建知识测评的计算机辅助测评系统的辅助工具，其自身不决定测评的内容和反馈形式，完全根据教育者的需求辅助构建测评应用。这些应用能够在课堂教学、网络教学、移动教学等教学环境下提供知识测评反馈，根据反馈结果进行教学方法和学习方法的调整，以促进学习者的学习。

参考文献

[1] Lowry R. Computer Aided Self Assessment-An Effective Tool [J]. Chemistry Education Research and Practice 2005, 6 (4).

[2] 黄荣怀，等．计算机辅助评价的发展趋势[J]. 电化教育研究，2002 (5).

[3] 何克抗，许骏．计算机辅助测评（CAA）研究新进展——技能性非客观题的自动测评[J]. 开放教育研究，2005 (2).

[4] Q. He & P. Tymms. A Computer-Assisted Test Design and Diagnosissystem for Use by Classroom Teachers [J]. Journal of Computer Assisted Learning, 2005 (11).

[5] 陈华，杨鹤标，徐向英．基于 OOR 的基础类库的研究及其应用[J]. 计算机工程与设计，2004 (9).

[6] 黄荣怀．关于教育技术学领域中的若干关键技术[J]. 中国电化教育，2005 (4).

[7] DJ Watts, SH Strogatz. Collective Dynam-

ics of Small-World Networks [J]. Nature, 1998 (393).

[8] A – L Barabasi, RAlbert. Emergence of Scaling in Random Networks [J]. Science, 1999 (286).

[9] 郭扉扉，尹文生．改进型单向贴近度主观题自动评分算法的研究[J]．计算机工程与科学，2011 (7).

道尔顿制与小组协作学习的结合
——现代远程教育教学组织形式的创新

李玥明　孙雪冬

（沈阳师范大学　教育技术学院，辽宁　沈阳　110034）

摘　要：随着科技与社会的发展，人们对教育的需求越来越高，并逐步提倡终身教育。而现代远程教育正是构筑知识经济时代人们终身学习体系的主要手段。在现代远程教育形式下，如何组织教学，保证教学质量并满足社会对教育的需求；如何利用各种现代化手段有效地进行教学，满足学习者个别化学习的需求，是摆在人们面前的重要问题。因此，分析当前现代远程教育的现状及其教学组织形式，在理论和实践上都非常有意义。通过分析现代远程教育的教学特点，发现目前现代远程教育存在的问题，合理设计教学组织形式，以期更好地开展现代远程教育。

关键词：现代远程教育　教学组织形式　道尔顿制　小组协作学习

一、引言

伴随着科技的发展，教育越来越不受时间与空间的限制，学习者的身份也不受年龄的制约，现代远程教育就是这样一种新兴的教育形式。现代远程教育是指学生和教师、学生和学校之间主要采用多种教学媒体手段进行教学。学生可以不受空间和时间的限制进行学习，采用信息技术交流，以文字教材为基本媒体，配合音像教材、计算机网络、教学软件等多种媒体教学资源，利用电话答疑、VBI 数据广播、电视播出、电子信箱等信息交流，并辅以必要的面授辅导，为学生提供良好的学习支持服务，是大众化的、终身学习的最理想、最方便的教学形式。

二、现代远程教育的特征及其发展前景

随着互联网技术的发展和成熟，网络已经成为终身学习的必备工具，现代远程教育也在此时成为渴望继续深造的人们最好的学习平台。在远程教育的发展历程上，我们通常认为远程教育经历了三代：第一代是函授教育；第二代是广播电视教育；第三代则是目前我们所说的“现代远程教育”。现代远程教育是利用计算机网络和多媒体技术，在数字信号环境下进行教学活动的一种新兴教育形式。由于现代远程教育是现代信息技术应用于教育后产生的新形式，即现代远程教育是在网络技术的环境下开展的教育，所以也称现代远程教育为网络教育。由此，我们发现新一代远程教育的产生并不是对前面的否定或取代，而是在前两代远程教育的基础上结合多种技术手段和媒体设备，与计算机网络相结合孕育而生的新一代远程教育。

美国西北大学学习研究所所长史强克教授曾说过这样一句话：“传统的教学模式是一个专家站在教室对着一群学生讲话。网络化的教学正好颠倒过来，一个学生坐在电脑面前，身后却有无数专家。”将这句话放于现代远程教育中恰如其分。在与传统课堂讲授式教学相比，现代远程教育除了包含远程教育所具有的开放性、延伸性、灵活性和手段中介性等基本特点外，还具有一些更为显著的特点，比如在整个学习期间，教师与学生可以长时间不在同一时间或同一空间进行交互；教师可以通过网络学习空间中的学习任务进度及特定时间段的知识总结对学生的学习施加影响；课程内容可以由各种媒体技术承载并辅助联系师生；提供双向通信交流；在整个学习期间，

可不设学习集体，单个学生可以利用多种学习媒体达到学习目的；教育真正不受时空限制；受教育对象扩展到全社会；有更丰富的教学资源供受教育者选用；由原来的以“教”为主转变为以“学”为主。

三、现代远程教育教学组织形式受制约的因素

教学组织形式，简称教学形式，是教学活动的结构形式。教学组织形式是教学任务和教学内容得以实现的基本条件，是教学方法和教学手段得以应用的前提，同时教学组织形式也随社会的发展而变化且反映社会发展的要求。采用合适的教学组织形式可以大大提高教学的质量和效率。由于现代远程教育与传统面授教学的区别，我们在现代远程教育教学组织形式的设计中，需要从教学环境、受教育对象和教学资源三个方面考虑。

（一）现代远程教育教学组织形式受教学环境的制约

在传统的面授教育中，一般采用班级授课制进行教学，在有学习任务时则利用小组学习进行教学。这种教学模式的采用与否是由传统教育的本质特点决定的，传统面授教学的教学活动一般都在特定的教室或地点进行。而现代远程教育在进行教学活动时，更多的是选择异时异地的网络教学。因此，现代远程教育在选择教学组织形式时，就必须考虑其本身不受时间和空间限制的特点。由于现代远程教育的开放性，传统的班级授课制已不能满足其在进行教学活动时的需要，我们要寻求一种或多种教学组织形式，可以在不限制教学活动进行地点的前提下合理地组织教学。

（二）现代远程教育教学组织形式受教育对象的制约

教学组织形式要受教学对象即学习者的制约。首先，我们在进行教学组织形式选择的时候，需要考虑受教育对象的数量问题，如果学习者人数多于教师人数，我们更多时候会选择如集体授课或复试教学等形式；反之，学习者人数少于教师人数，则采用个别化教学等适于一对一或多对一的教学形式。其次，我们要考虑受教育者本身的认知能力发展情况。处于不同身心发展阶段的学习者在知识程度、阅历经验、自学能力和自我控制能力上是不同的。因此教学组织形式的选择必须考虑学生的因素。对儿童来说，他们的身心发展尚未成熟，依赖性强，自学能力、自我控制能力较差，阅历不多，经验也相对欠缺，因此，一些对自主能力要求高、较多依赖过去经验的教学组织形式对儿童来说便不合适，容易造成教学的无的放矢，导致教学质量的下降。针对现代远程教育，成人学生为受教育的主要组成部分，成人学习者由于身心发展已基本成熟，在生活和工作中积累了丰富的经验，因而产生了强烈的自我概念，能够对自己的学习负责，并且有了自己的学习习惯和学习风格，因而他们更希望在一种比较宽松的、能够充分发挥自主性的环境中进行学习。最后，受教育者的差异性也应是在选择教学组织形式时需要考虑的因素。

（三）现代远程教育教学组织形式受教学资源的制约

技术条件是构建现代远程开放教育教学模式非常重要的组成部分，在某种意义上，它是新的教学组织形式得以产生和运用的必要条件。因此，在选择教学组织形式，我们需要考虑自身的技术条件，以及这些不同的网络技术所能带来的教学资源的形式。现代远程教育教学组织形式受教学资源的制约，也是由于其在进行教学活动时的独特性，即需要大量的教学媒体、教学资源等需求。比如，在进行远程教育前期，我们需要向学习者提供大量的关于课程内容的教学材料，以方便学习者在学习前能够熟悉所学知识的基础。针对一些技术性强的课程，我们还需要设计一系列能辅助学习者自学的教学视频或动画资源等。因此，在进行现代远程教育教学组织形式的选择时，我们要考虑所讲授的课程内容所需要的教学资源的类型或用途，以便在教学活动进行中使教学资源能够发挥出最好的效果供学习者学习。

四、道尔顿制与小组协作学习的结合

不存在一种万能的教学组织形式，每种教学组织形式各有其优缺点。在选择教学组织形式时，要本着从实际出发的原则，充分考虑大到国家、地区，小到学校、班级的具体情况。因此，在选择合适的教学组织形式时，我们应该首先明确所选择的教学组织形式的优缺点，并且掌握几种常用教学组织形式的应用要点，针对多种教学组织形式的利与弊进行综合利用，优化组合，这样才能发挥每一种教学组织形式的优势，克服其本身的劣势，保证教学组织整体的有效性，达到教学效果的真正优化。针对现代远程教育的特征，我们选取道尔顿制和小组协作学习两种方式进行分析与结合，试图找到适合现代远程教育的教学组织形式。伴随着现代远程教育在教学设计上的日趋多样化，多媒体教学设备及信息技术工具将越来越多地融入现代远程教育活动中。远程教育不再是以前的纯文本性的资料堆积，而是让学生不仅能从文字资料中获取知识，而且能直接看到教师讲课的图像，听到教师讲课的声音，使学习变得不再枯燥。但是，单纯地将信息技术融入现代远程教育中并不能直接提高教学质量，我们需要的是根据现代远程教育的本质特点，找到适合开展教育活动的教学组织形式，进而更好地帮助学习者在现代远程教育中进行学习。

（一）道尔顿制

道尔顿制是20世纪初期美国进步主义教育思潮中出现的一种教学组织形式，由美国道尔顿城的教育家海伦柏克赫斯特女士提出，在美国马萨诸塞州的道尔顿中学试行并获得成功。道尔顿制倡导“充分尊重学生的个性，打破年级、班级限制，让学生自主制订学习计划，自由组织学习活动”的思想，是一种典型的自学辅导式的教学组织形式。它的基本做法是在教学中完全打破班级的限制和按课程表上课的制度，每门学科分为若干个段落，每一段都有明确的要求和完成的标准，按月或周分配给学生，学生根据教师事先拟订的作业纲要的内容以公约的形式确定自己应完成的各项学习任务，然后根据自己的需要自由学习，在整个学习过程中，学生不被强求一律完成相同的学习任务，在学生所选择的一段学习任务结束后，经过教师的考核合格，就可以进行下一个学习任务的学习。传统的道尔顿制教学法是将原来的班级教室改为各科作业室或实验室，按学科的性质准备有关的参考书籍、图表、仪器、标本等，供学生学习。学生通过实验或作业，发现问题并找到问题的解决策略，从而掌握知识。同时，帕克赫斯特女士认为教室里还应该配备指导教师。指导教师把本学科一个学期或者一年必须学习的内容编成一个计划和进度，画成图表或表格，并记录学生的学习情况，用“表格法”来了解学生的学习进度。

这种教学组织形式在20世纪初期传入我国时也风靡了一段时间，但由于经费不足、设备落后和不能坚持、不够执着等原因，道尔顿制在我国的实验并不成功。随着科技的日新月异，道尔顿制找到了更为合适的位置，即现代远程教育的教学形式。因为在现代远程教育中，主要针对的学习者一般为成人学习者，他们可以主要依靠自主学习。首先，成人学习者工作繁忙、家务事多，按时学习比较困难，若自主学习，他们可以自由安排学习时间。其次，由于个人的学习习惯不同，成人学习者大多不愿意被固定于某一场所、某一时间被强制学习。自主学习，可以使他们自由选择精力最充沛、学习效率最高的时间学习，也可以在自己喜欢的场所，以自己喜欢的方式学习。同时，成人学生也会在学习过程中遇到困难，也会由于工作和生活的压力，或者自身的惰性而荒废学习，因此又需要教师的指导、帮助及一定的督促和激励。鉴于以上原因，道尔顿制是一种比较适合现代远程教育的教学组织形式。

（二）小组协作学习

小组协作学习日益受到广大教育工作者的广泛关注，成为现代远程教育教学模式改革者积极倡导和组织实施的重要学习方式。协作学习（collaborative learning）是通过小组或团队的形式组织学生进行学习的一种策略。小组协作学习活动中的个体即学生可以将其在学习过程中探索、发现的信息和学习材料与小组中的其他成员共享，甚至可以同其他小组或全班同学共享。在此过程中，学生之间为了达到小组学习的目标，可以采用对话、商讨、争论等形式对问题进行充分论证，以期实现学习目标。小组协作学习通常由四个基本要素组成，即协作学习小组、辅导教师、小组成员和协作学习环境。现代远程教育是利用现代计算机网络技术和多种媒体进行教学活动的一种教育形式。与传统的教学方式相比，现代远程开放教育更多的是利用各种技术媒体为师生提供双向交流支持，并承载课程内容，同时通过学习材料和支持服务对学生的学习施加影响。这是小组协作学习成为现代远程教育一种重要学习方式的主要原因。在现代远程教育中，我们可以利用小组协作学习让学生在网络环境中，针对同一学习内容彼此交流与合作，共享信息和资源，以达到对教学内容比较深刻的理解与掌握的过程。计算机网络为学生提供了一个学习的空间，在网络环境下，协作学习不受时间约束，学习者可以在任何地方根据自己的实际情况有选择地学习，学生在学习过程中随时都可以获得在线帮助和资源。计算机网络技术给小组协作学习提供了最好的交流工具，网上课堂、BBS 讨论、电子邮件、电话答疑、聊天室等都是协作学习常用的工具。媒体也不再是帮助教师传授知识的手段和方法，而是用来创设情境、进行协作学习和会话交流，即作为学生主动学习、协作式探索的认知工具。

（三）形式的结合与创新

就目前现代远程教育的发展来说，大部分地区已经开始改革，采取了多种教学形式组合的方法，即以学生自学为主、集体讲授为辅，同时以录像、直播课堂、网上资源助学等手段来组织教学。我们将道尔顿制与小组协作学习相结合，也是根据两种教学组织形式将学生放在教学中的主体地位，并强调团队合作重要性的共同之处。在两种形式相结合的过程中，道尔顿制更注重的是将学习分为阶段性的教学任务，学习者通过逐个完成教学任务来深化知识，理解知识。并且学习者在完成教学任务的过程中不受时间和空间的限制，这样更加突出了现代远程教育的异步性。而小组协作学习则是在道尔顿制的基础上，学习者在每个阶段性任务完成的过程中所利用的教学组织形式，让学习者在完成任务期间，可以寻求正在完成同一任务的伙伴进行共同学习，这样不仅可以提高教学效率，而且学习者之间还可以在完成任务过程中接收到不同角度对待同一问题的看法，更全面地了解和学习知识，并且能够培养学习者的团队协作能力。

五、结语

教学组织形式的好与坏只是相对的，不是绝对的。我们在选择模式时应反复考虑：哪种形式在哪种课程内容和教学情境下效果可能更好？哪种形式适合于面对什么学习风格的学习者？适合达成什么样的教育和教学目标？在什么技术条件下运用哪种教学组织形式最合适？这一种形式是否比另一种更为有效？甚至更深层的问题，如形式背后所涉及的各种学习理论及其哲学渊源是什么？我们将这些问题合起来称为教学组织形式的选择性理论。我们在完全熟悉各种教学组织形式的结构与选择条件后，结合现代远程教育的特点，便可以更合理地设计与安排教学活动，为学习者提供更好的教育教学。由此，我们完全可以相信，随着我们对现代远程教育教学组织形式的深入研究，以及现代远程教育自身的不断完善和网络技术的飞速发展，现代远程教育会逐渐被社会认可，教育市场会赋予现代远程教育更强大的生命力，现代远程教育会逐步成为学习者终身学习的重要组成部分。

参考文献

[1] 赵霞．我国现代远程教育的问题与对策[J]．职教论坛，2012（8）．

[2] 丁兴富．远程教育学[M]．2 版．北京：北京师范大学出版社，2009.

[3] 王青．适合成人的教学组织形式探析[J]．天津成人高等学校联合学报，2005（7）．

[4] 罗向阳．“道尔顿制”与开放教育教学

组织形式改革[J]. 福建广播电视大学学报，2007（3）.

[5] 王慧敏. 现代远程开放教育条件下小组协作学习的教学设计[J]. 教育技术，2007（2）.

[6] 杨圣华. 远程开放教育新型教学模式探讨[D]. 南京：南京师范大学，2004.

[7] 冯立国，杨孝堂. 远程开放教育课程教学设计的模式框架[J]. 中国电化教育，2011（9）.

[8] 庄榕霞，王铟. 成人学习者远程学习适应性研究的思考[J]. 开放学习，2006（11）.

面向教育信息化的教师专业发展

基于教师博客的教学反思研究
——以秦皇岛开发区一中小学部为例

程　超　李　铭
（河北科技师范学院 教育学院，河北　秦皇岛　066004）

摘　要：随着信息技术的发展，教学反思的工具逐渐从纸质转向数字化，Web 2.0 技术的发展使交互式的反思成为可能并展现出其自身的优越性，博客以其电子化、交互性、共享性、方便管理查询等特点在教学反思中展现出巨大的优势。通过对秦皇岛开发区一中小学部教师运用博客进行教学反思情况的调查分析，总结出该校小学教师基于博客的教学反思存在日志数量少、内容较单一、层次偏低和互动程度不高等问题，继而针对这些问题与该校教师进行深入访谈探析原因，最后从平台建设管理和学校管理两方面提出建设性意见，对有效的基于博客的教师教学反思管理方法，及现代信息技术背景下的教学反思管理及小学教师专业发展具有重要意义。

关键词：博客　教师博客　教学反思

美国心理学家波斯纳提出的教师成长公式：经验 + 反思 = 成长，揭示了教学反思对教师成长的重要意义。近年来，小学教师的教育技术能力水平逐渐提升，Blog 成为教学反思的新工具，并以其“电子化、交互性、共享性、方便管理查询”等特点在教学反思中展现出巨大的优势。但目前基于博客的教学反思的实证研究还不多，本研究以秦皇岛开发区一中小学部教师“博客圈”为例，通过对该校博客平台中教师利用博文进行教学反思的现状进行研究，以期对信息技术背景下的教学反思和教师专业发展提供建设性意见。

一、概念界定与研究设计

博客，英文为 Web Log，简称 Blog，是一种由个人管理、不定期张贴新的文章并使用超链接的网站。教育博客是关于教育的博客网站，教师博客是教师用博客将自己的日志、教学案例和反思等上传，实现共享的一种教育博客。随着 web 2.0 技术的迅速发展，Blog 作为继 E-mail、BBS、ICQ 之后的第四代网络交流工具，也逐渐成为教师进行教学反思的新工具。

教学反思是教师对自己的教育教学现象（学生、教学过程、教师和环境）进行积极分析、思考的思维过程。对于教学反思的研究，不同学者有不同观点。在反思内容分类上，Zeichner, K. M 和 liston, D. P 将其分为学习内容、教学策略和方法、学生和社会环境。张立昌将其分为一般性背景问题和具体性问题。申继亮将其分为课堂、学生、教师、教育改革和人际关系等五个指向。赵昌木将其分为信念、知识、教学实践和背景等四个要素。综上，笔者认为教师教学反思的内容包含学生、教学过程、教师和环境四个要素。在反思层次上，范梅南的技术性、实践性和批判性教学反思理论很受推崇。技术性关注技术操作，实践性关注教师个人理解，批判性关注社会脉络等伦理道德。随着教师专业化进程的推进，教学反思从个体走向协作，电子网络工具逐步取代纸质工具。随着工具的变革，教学反思的管理方式也逐渐适应网络化的特性。

本文研究的反思日志为秦皇岛开发区一中小学部博客圈中教师发表的教学案例、教育叙事等有反思意义的日志，主要从反思内容、反思层次、教学反思管理三个方面进行分析。

二、基于博客的教师教学反思现状调查与分析

2012 年 4 月，案例学校创建教师博客圈以开展新教育实验。本研究对 2012 年 4 月至 2013 年 3 月 27 日的"小学博客圈"内共 1011 篇博文进行统计分析，应用内容分析法从数量、内容、层次和博客互动情况与博文分类情况进行分类统计，结果如下。

（一）反思日志数量统计分析

调研中分别从教学反思日志数量、博文撰写频率和反思字段文字量三个方面对教师博客中的 1011 篇博文进行了统计。

表 1　反思日志数量统计

学科	人数	日志总数	平均日志	反思日志	平均反思日志	比例（反思日志/日志总数）
语文组	29	394	0.5383	31	0.0423	0.0787
数学组	25	512	1.1429	56	0.1250	0.1094
英语组	8	105	0.6522	18	0.1118	0.1714
全部	62	1011	0.7538	105	0.0783	0.1039

由表 1 可知，教师博客中反思日志约占全部博文日志的 10%，不同学科教师间稍有差异。在博文的撰写频率方面，总体上人均月撰写博文日志约 0.75 篇，其中人均月撰写教学反思日志约 0.08 篇，数量较少。针对反思内容字段在整篇博文中的文字量比例进行的统计显示反思性文字段在反思博文全文中的字数比例约为 54%（其中语文组 44%，数学组 54.34%，英语组 67.14%）。综上，在该校博客圈运行一年间，教师通过博客发表的教学反思日志较少，且其中描述性的文字比例占半数左右。

（二）反思日志内容统计分析

参照申继亮和赵昌木对反思内容的分类标准，研究中按学生、教学过程、教师和环境四方面对反思日志涉及的内容进行了分类统计。结果发现，教师教学反思的关注点主要在于教学过程（70 篇，48.61%）和学生（41 篇 28.47%），说明教师对教学过程的方法策略、课堂管理和学生各方面的发展都有很高的关注度。但对教师自身和环境方面的反思分别是 23 篇（15.97%）和 10 篇（6.95%），说明教师对自身的专业发展和教育教学的社会、文化背景方面反思较少。大多数老师没有脱离课程制订的目标，还在积极地寻找教学的有效手段来提高学生的成绩，实现教育目标。例如，一篇日志中写到"这一学期，我带一年级，一年级的孩子还不能好好控制自己，课堂效率不高，因此我采用了新的奖励机制来提升他们的兴趣：以同桌为单位，开展学习竞赛，表现好的就颁发'最佳伙伴'的奖状，自从开始了这个机制，学生的积极性有很大提高，慢慢学会了合作学习，效果很好。"由此，教学反思的内容也在一定程度上反映出教学反思的层次。

（三）反思日志层次统计分析

按范梅南的反思层次分类标准，对教师发表的反思博文按技术性、实践性和批判性三类层面进行统计分析，结果如表 2 所示。

表 2　反思日志层次统计

学科	总数	技术性	实践性	批判性
语文组	31	20(64.52%)	9(29.03%)	2(6.45%)
数学组	56	34(60.71%)	17(30.36%)	5(8.93%)
英语组	18	12(66.67%)	5(27.78%)	1(5.56%)
全部	105	66(62.86%)	31(29.52%)	8(7.62%)

由表 2 可知，尽管各学科组的具体比例稍有差异，但从总体上看，各科教师撰写的教学反思多数仍处于技术性层面，三分之一左右的教师进行了实践性层面的教学反思，批判性的教学反思比例很少。这说明一部分教师开始积极思考，应

用自己的教育理念来思考既定的教育目标，根据自己的理解在具体的实践中诠释这种目标，他们能够主动关注学生的个别差异，注意学生的情感态度。例如“新课改提倡自主、合作、探究的学习模式，但在我们的实际教学中大家似乎都在搞合作的形式，而没有真正从学生的角度去考虑怎样才是真正的探究合作，他们合作的效果如何，一味追求这种形式到底适不适合学生，或许有些知识更适合去接受，毕竟孩子不能全部都靠自己去挖掘”。另一小部分教师还能够站在批判的角度进行反思，例如“今天上了一节数学课，我自认为各个方面都讲到了，但有个学生却提了一个我根本不认为是问题的问题，准确地说我认为这个问题没有价值。但课后我在想，孩子们眼中什么才是有价值的，我们是否应该把社会给我们的价值移植到孩子们的身上”。

从技术性到批判性，随着反思层次的提升，教师主体性也逐渐提升，教学也从权威知识的传授工具转换成学生自主发展的助推器。但近三分之二的教师仍停留在技术性反思层面，说明仍需对教师教学反思的撰写加以指导。

（四）博客互动情况统计分析

针对博客互动情况，对博文日志的浏览、评论情况进行调查统计，结果如表3所示。

表3　博客互动情况统计

学科	浏览总数	平均浏览量	评论总数	平均评论量
语文组	2886	7.32	95	0.24
数学组	4189	8.18	49	0.10
英语组	687	6.54	4	0.04
全部	7762	7.68	148	0.15

由表3可知，博文看的多评论的少，评论和浏览之间差距较大，只浏览不评论不能构成意见的交互，这说明教师之间互动情况差，交流的深度也不够，不利于教学反思的深入。

（五）博文分类统计分析

为了解教师博客中教师个人知识管理的情况，对62名教师的博文分类情况进行了统计，结果有76%的教师对自己的博文进行了分类，其中详细分类的有42人，占68%；简单分类的有5人，占8%；24%的教师（15人）未对博文进行分类。博文分类情况如表4所示。

表4　博文分类统计

博文类别	人数
阅读与感悟	41
教学探索与反思	36
教育叙事与感悟	39
教育跟踪记事	40
课程开发	37
理想课堂	25
个性化板块	17
其他	22

可见，大部分教师具有应用博客技术进行个人知识管理的意识，且都将博文进行了分类，表4中2—4项所列的分类多属于教学反思范围，教师的博文分类基本相似的情况说明该校的管理者同样有对教师的教学反思进行指导的意识。

三、基于博客的教师教学反思问题探究

通过对案例学校的进一步调研，发现影响教师应用教师博客进行反思的原因主要有下述两方面。

（一）博客平台建设方面

博客平台不健全，且平台中缺少深层次教学反思样例的借鉴。该校博客圈的创建老师受自身技术水平限制，所建“博客圈”只是博客地址的链接网页，并非自主管理的博客网站，学校对教师的博客没有管理的权限，也没有博客圈应有的功能分区，浏览他人的日志要以人为单位进行逐一查找，在这样的“博客圈”上组织教学反思不易管理和交流。由此，案例学校的“博客圈”中也没有优秀博文的推介展示，教师很难借鉴他人的优秀案例，且在该校的校园网内，没有名师的友情链接，这样就减少了教师向名师学习、深层次教学反思的机会。

（二）学校管理方面

尽管该校的管理者已有通过教师博客对教师

的教学反思进行管理的意识，但调研中发现该校在教学管理中仍沿用传统纸质管理教师的教学反思，定制了教学反思记录本，且会在期中、期末集体检查，此法已经成为定例，由此，本来教学任务就很繁重的小学教师们就想不到在博客上撰写教学反思日志，故“博客圈”中的反思日志数量会很少。在对教师教学反思的管理中，注重结果，忽视过程，造成了很多教师在检查前突击完成，没有检查就不想写的现状，没能真正形成教师主动反思的意识和氛围。

四、促进基于博客的教师教学反思对策

只有教师主动完成、反思深入，教学反思才能对个人专业发展以及教育教学产生积极作用，案例学校上述问题绝非偶然，由此，笔者针对基于教师博客的教学反思的实施提出下述建议。

（一）学校要转变管理意识

学校对教师教学反思管理的出发点是问题意识的培养：教师要有意训练、培养自己的问题意识，并在发现问题后以理论和实践阅历为基础提升对问题思考的深度，进一步提升问题意识，逐渐将问题纳入自身观念，形成积极得反思意识。只有教师的主动反思意识提升了，才能保证博客平台中教学反思博文的数量和反思深度，才能形成积极反思的氛围。建议学校可以从两方面辅助教师提升反思意识：首先，定期组织相关讲座、培训，提起教师对反思的重视程度；其次经常举办交流会，结合优秀课例，指导教师理论水平的提升，将教学反思与基于教学的行动研究相结合，使教师享受到反思的裨益，从内心有主动反思的意识。

相比传统纸质反思工具，博客易于管理，能实现共享和群体协作反思。案例学校应放弃纸质的管理手段，统一使用博客进行教学反思并实施管理。

1. 设计并完善反思博文分类制度。通过分类，教师能够随时查阅回顾并重新反思以往的内容，得出更有效的改进方法，且分类能展现教师反思的思维历程和思维构成，使其发现反思中存在的思维盲点，从而加以调整，完善反思的广度；此外，也能够帮助教师快捷查询他人的反思日志并清晰了解他人的思维进程。

2. 对博文质量进行不定期检查与评优。与传统的纸质记录本不同，教师在博客上进行教学反思的动态随时随地都能被他人获悉。结合这一特点，学校对教学反思的管理也应由定期检查改为不定期抽查，这样既避免了检查人员过分劳累，也避免了传统机制下教师临时突击教学反思的弊端，也可以将评论他人教学反思的数量作为评价指标，以促进博文互动交流，促进教学反思的深入。

（二）完善基于校园网的教师博客平台建设

工欲善其事必先利器。想让教师应用博客技术主动积极地学习，就要改进和完善教师博客平台的相关功能。如建立自主管理的博客网站，主页进行分区，教师需要在网站内申请账户；针对教学反思专区和交流广场，方便学校组织反思和管理并促进教师之间的协作和交流；设立管理者进行反思博客的整理、推选工作，及时定期将优秀反思日志进行推送；丰富学习资源，把教育名师的博客群做成友好链接，启发教师教学反思的角度和深化反思层次；建立校园聊天室可以让教师熟悉交流、分享所带来的愉悦和便利。

平台建设的同时，也要加强对教师操作博客平台的相关技术指导。在基本技术方面：讲解博客平台的区域划分和主要功能、鼓励教师相互关注并评论、介绍知名博客群并注册使用等。在管理博客方面：讲解如何通过首页设置定制个性博客、如何预定新闻焦点和博客话题、如何快捷搜索自己感兴趣的博文等。

总之，通过校园网教师博客平台营造开放的氛围，以正确的视角引领教师提升视野，使教师亲身感受到网络学习交流带给自己的情感支撑与知识提升。

基于博客的教学反思是当下教学反思的有效方式，案例学校正积极应用这种方式。本文针对性的研究和分析，不仅为该校基于博客的教学反思写作与管理提供了建设性对策，也对其他学校基于博客的教学反思活动的开展提供了借鉴与指导。

参考文献

［1］王海燕，底亚楠．博客支持的成熟性教师教学反思个案研究［J］．电化教育研究，2013（1）．

［2］张立昌．试论教师的反思及其策略［J］．教育研究，2001（12）．

［3］赵昌木．教师在批判性教学反思中成长［J］．教育理论与实践，2004（5）．

［4］底亚楠．基于博客的教师教学反思研究［D］．宁波：宁波大学，2010．

［5］刘嘉霞，申继亮．论教师的教学反思［J］．华东师范大学学报，2004（3）．

［6］潘华云．从“纸笔”到“博客”——试论教师反思工具的变革［J］．远程教育杂志，2007（2）．

［7］魏宁．教师反思的新工具——Blog［J］．中小学管理，2004（10）．

［8］程双．小学教师教学反思的研究［D］．大连：辽宁师范大学，2011．

［9］王娜．小学教师教学反思研究［D］．长春：东北师范大学，2008．

教育信息化视野下教师角色的研究文献综述*

王　锋　刘　丹

（黄冈师范学院 教育科学与技术学院，湖北　黄冈　438000）

摘　要： 为了中小学教师更好地适应教育信息化，为了中小学教师的专业化发展，本文通过文献分析的方法，对前人关于信息化的理解以及在教育信息化视野下关于教师角色的研究成果进行了总结，指出了当前研究存在的不足：信息化本质界定存在局限性，教师角色定位的实质单一，教师角色的建构内容研究不足，教师角色的建构措施角度不广。提出了对未来研究趋势的看法：应明确界定信息化本质的内涵，以师为本、提出角色定位，教师角色建构的内容应更全面更细化，教师角色建构途径将主要通过网络学习平台，教师角色建构评价体系应确立并完善。

关键词： 信息化　教育信息化　教师角色

教育信息化是国家信息化的重要组成部分和战略重点，具有基础性、战略性、全局性地位，是教育理念和教学模式的深刻变革，是教育改革发展不可或缺的支撑和推动力。近年来，党和国家对教育信息化的重视程度与支持力度不断加强，组织实施了一批教育信息化重点工程项目，出台了有关政策措施，这势必会对教师角色造成革命性的影响。因此，在教育信息化视野下研究中小学教师的教师角色非常有意义而且非常有必要。

“信息化”一词最初起源于日本，我国国家信息化领导小组在2002年批准颁布的《国民经济和社会发展第十个五年计划信息化重点专项规划》中将其定义为：信息化是以信息技术广泛应用为主导，信息资源为核心，信息网络为基础，信息产业为支撑，信息人才为依托，法规、政策、标准为保障的综合体系。不同的学者对信息化概念的理解不同，这影响到对当今社会是否处于信息化的判断，并进而影响到关于信息化的研究。因此，综述学者对信息化的理解非常有必要。信息技术在通信、金融、军事等领域应用广泛，可在教育领域的应用却不够普遍、深入。教育活动中最重要最关键的影响因素是人，以人为本不仅是科学发展观的核心，更是促进教育领域“信息化”的核心，要促进教育领域“信息化”的深入开展，教师起着举足轻重的作用。对教育信息化视野下教师角色的研究进行综述，有助于进一步认清教师在信息化背景下应当扮演的角色、承担的责任、具备的素养、起到的作用，并且对促进教师的专业化发展具有很大的现实意义和指导意义。

一、当前信息化概念的界定

信息化是当今世界发展的大趋势，随着信息技术的发展，人类的生产方式、生活方式、思维方式以及学习方式等都发生了巨大变化。面对日趋激烈的国力竞争，世界各国普遍关注教育信息化在提高国民素质和增强国家创新能力方面的重要作用。《国家中长期教育改革和发展规划纲要(2010—2020年)》中明确指出：“信息技术对教育发展具有革命性影响，必须予以高度重视。”目前，“信息化”已成为一个众所周知的词汇，

* 基金项目：黄冈师范学院教育学省级重点学科建设课题“教育信息化视野下的农村教师角色研究”阶段成果。

可是在学术界，关于信息化概念的界定却未统一，主要表现在以下四个方面。

（一）东西方国家的理解不同

祝智庭通过在Internet上进行信息搜索发现，“信息化”这一概念基本上是东方语言思维的产物，许多东方国家，包括中国、日本、韩国、俄罗斯等，大量使用“信息化”的概念，并且出现了三种不同的英译法：Informatization，Informationalization，Informationization。虽然，Informatization是国际比较公认的“信息化”的译名，但西方国家的文献中极少使用“信息化”之类的说法，并且“信息化”不是西方社会公认的概念。他曾经就“信息化”的这三种译法请教过多名英国教授，但都不被认可。

（二）“信息化条件下”与“信息化”的混淆

刘玉阶、任雪锋从军事领域的角度提出，“信息化”与“信息化条件下”存在本质区别，不能相提并论。目前很多学术文章和著作谈及的“信息化条件下”，只是涵盖“信息化”的一些特征。他们认为，“信息化条件下”的内涵可以分成“信息化”和“条件”两个部分来理解，“信息化条件下”只是指具备了“信息化”的某些特征，并且受其影响而发生发展，但离“信息化”还存在相当的距离。

（三）“信息化”是过程还是状态存在争议

大多学者认为信息化是一个过程，如乐军认为，“信息化”是一个从工业经济向信息经济、从工业社会向信息社会演进的动态过程。朱帅军、牟焕森在总结了钟义信、吴基传、李晓东、汪向东、赵萍等人的观点后，提出“信息化”是信息技术的发展引起的信息产业的发展，进而影响生产方式的变革、生活方式的变革、思想观念的变革、整个社会从外到内的全面变革的革命过程。而王松梅、于春永、李有德认为，将信息化视为人们推动信息技术应用和依此信息技术推动信息资源的传播整合和再创造的过程，是目前对信息化理解的一个非常普遍的错误。他们提出，信息化应该是指通过上述过程所形成的一个信息生产创造价值占主导地位的社会状态。

（四）“信息化”是信息占主导还是信息技术占主导不明确

朱帅军、牟焕森认为“信息化”是伴随着信息技术的发展而产生的，“信息化”中的“信息”侧重的应该是“信息技术”。何克抗从“化”字着手，认为“信息化”的含义是使“信息”这一名词所表征的内涵、作用与功能扩大，使之能在更大的范围、更广阔的领域或更多的部门得到体现。同时，他也提出“信息化”在很多情况下可以被看作是“信息技术化”。而黄荣怀将信息化看作是人们追求或者推动一个系统中，信息利用资源和信息技术应用的过程，认为信息化的本质就是实现信息与知识共享。

二、当前教育信息化下教师角色的研究现状

众多学者认为教育信息化就是信息化在教育领域的体现，大家普遍认为教育信息化就是在教育领域广泛而深入应用现代信息技术，促进教育变革与发展的过程。按照目前学者对信息化、教育信息化的理解，我们将从以下三个方面对现有的在教育信息化视野下关于教师角色的研究进行表述。

（一）教师角色的定位

众多学者提出了对教师角色定位的看法，综合起来有：学者和学习者、学生心灵的培养者、学习的榜样、学生的朋友、人际关系艺术家、设计者、组织者、管理者、引导者、建构者、研究者、制作者、协作者、合作者、反思者、促进者、创新者。需要补充说明的是，刘雪锋、张虎认为教师是教学活动的管理者，而朱跃龙认为教师应由教育教学管理者逐渐转变为人际关系艺术家。赵晓宏、马岱、韩永、张婷婷提出在教师角色方面重新定位。

（二）教师角色的建构内容

有学者从教育信息化对教师的要求角度，提出从教师的思想政治、职业道德与角色理论，普及教育新理念，培训教师教育技术和专业知识与教育科研方法的培训四个方面对教师角色进行建构。

也有学者从教育信息化对教师的要求的角度提出教师适应网络时代角色应具备的基本素质与主要专业知能，但是没有明确提出从哪些方面建构教师角色。

（三）教师角色的建构方式

大多数学者都主张从观念、培训的角度完成教师角色的建构。比如，转变与更新教师观念，引导教师树立正确的学生观及信息技术观，积极推进研究型信息化教师培训的开展，进行校本培训。在此基础上，徐全胜、张晓兰还建议加强信息化环境的建设，并都注重教师的作用，一个提出要保障教师角色权利，一个主张教师加强自身调试。另外，有学者主张采用行动学习策略来完成教师角色与知能的双重建构。

三、当前研究的不足

以往的研究对我们有很大的启发，也是后续研究的基础，但是仍存在一些不足。这些不足主要表现在以下几个方面，同时也是未来教育信息化视野下教师角色研究的方向。

（一）信息化本质界定存在局限性

目前对信息化概念的界定主要表现为两个方面的局限性。其一，对信息化的概念的界定，多围绕信息技术展开，以技术为中心，没有脱离技术的限制。其二，对信息化的内涵理解不够透彻，较片面地认为现在社会已经实现了信息化。

（二）教师角色定位的实质单一

众多学者对教师角色的定位，都是赋予其“者”的身份，表述形式丰富，但这些“者”主要是从以下四个角度提出的：学生、教师自身、教学过程、学习资源。并且在一定程度上，没有脱离传统教师角色的定位，存在局限性。

（三）教师角色的建构内容研究不足

目前，关于教师角色的内容建构方面的问题研究不多，就像目前针对中小学信息技术教师能力素养的研究存在的两个问题一样，关于教师角色的建构内容也存在两个问题。第一，什么是教师角色，教师角色包含的内容界定不统一。第二，建构的教师角色没有凸显教育信息化背景下教师的特质。

（四）教师角色的建构措施角度不广

大多数学者都是从观念、培训的角度出发，在观念的树立与转变，培训的形式与种类上下功夫，主张从观念、培训的角度完成教师角色的建构，没有提出实现观念转变的明确实施方法，对培训效果也没有相应完善的评价指标体系。只有少数学者考虑环境的建设。

四、未来研究的趋势

（一）明确界定信息化本质的内涵

毫无疑问，信息化会改变人类的生产方式、生活方式、思维方式和学习方式，给信息化一个明确、统一的规定，对我们认识信息化，认识教育信息化，认清当今社会所处的环境，认清目前、未来的奋斗目标，有着非常重要的意义。未来对信息化的内涵可能从信息着手，从人的角度去思考，借鉴其他学科的逻辑，给信息化一个本质的界定。

（二）以师为本，提出角色定位

在目前教育信息化环境下，教师遇到了前所未有的挑战，在原有压力的基础上，还要努力适应、满足环境对他们提出的众多要求。大多数学者提出，面对教育信息化，教师角色要发生改变，要变成研究者、课程设计开发者、指导者、学生的伙伴等，对教师提出了诸多要求，似乎教师是万能的，想让教师达到一切要求，却忽视了教师的处境。曾鉴、赵欣从教师角色的类属特征出发，提出教师角色的类属特征是由教师权利和义务构成的行为范式，这个行为范式包括无私而不淡师情、乐道而不饿体肤、谋功而不贪功利。其中，无私、乐道、不贪功利，是教师的义务；不淡师情、不饿体肤、谋功，是教师的权利。虽然这是针对大学教师提出的，而且离现在也近20年，但是道出了当今中小学教师的普遍心声。现在，随着社会对教师的关注、教师处境的好转，未来对教师的要求更多、更严格，但是我们应从教师的角度出发，从教师角色的本质出发，对教师角色进行定位。

（三）教师角色建构的内容更全面、更细化

与对教师角色定位的研究相比，关于教师角

色建构内容的研究不多，有了明确的教师角色建构方向，教师角色建构的内容应当更具体，要提出教师认同并且通过一定努力能够达到的内容，要调动教师的内部需求，给教师一个行动的理由。根据凯利的三维归因理论，人们对行为归因总是涉及三个方面的因素：客观刺激物、行动者、所处关系或情境，其中，行动者是属于内部归因，客观刺激物和所处的关系或情境属于外部归因。所以，未来教师角色建构的内容应从这三个角度出发，特别是从“行动者”的角度，具体细化到每个因素下所包含的各个因素，从而除了现在的从课堂教学层面提出教师角色建构内容，还应从社会角色、学校角色、自我角色等方面进行建构。世界大部分国家或地区都存在经济、社会、文化、教育发展不平衡的问题，城乡之间、区域之间的教育有很大差异，这会导致城市教师与农村教师发展的不平衡、所处的环境不同。因此，在提出教师角色建构内容时，要结合教师自身的条件，从教师所处的环境考虑。教师角色的建构内容最好是从低到高、螺旋上升、分层次的。

（四）教师角色建构途径将主要通过网络学习平台来实现

现在大多学者普遍认为，为满足教育信息化对教师提出的要求，教师需要通过理论的学习更新自身的教学理念，通过技术的学习提高信息技术的使用能力，满足信息化教学的需求。目前，教师角色建构的途径除了自身的不断学习，学校、省市等组织的面对面的培训外，还有网络学习平台、继续教育等方式。其中，最主要的还是前两种方式，继续教育次之，网络学习平台极少使用。以后，随着技术的发展，资源的设计开发，教师的需求增多，服务于教师的网络学习平台将更多，并且免费对教师开放，通过网络远程学习、交流将成为教师角色建构的主要方式。

（五）教师角色建构评价体系确立并完善

在教育信息化背景下，目前对教师角色的研究主要包括教师角色的定位、教师角色建构的内容、教师角色建构的途径、教师角色建构的评价。其中，关于教师角色建构的评价研究最少。要促进教师角色的转变，离不开评价手段。在教师角色开始转变前，要对教师进行诊断性评价，以了解教师的基本情况，有针对性地对教师提出转变要求；在教师角色转变过程中，要对教师进行过程性评价，看教师角色是否朝着预期的方向转变，有效解决教师角色转变过程中遇到的问题；在教师角色转变完成时，要对教师角色转变的最终结果进行终结性评价，看教师是否真正地实现了转变，检验对教师的定位是否合理，建构的内容是否合适，实现转变的途径是否有效。而这些都需要制订出合理、完善的评价指标体系，我国目前还没有制订统一的标准，所以，未来对教师角色的研究应更多关注教师角色评价指标体系的确立。这个评价指标体系是建立在信息化本质基础之上的，是从整体出发的；对教师角色转变的评价指标的确定，将不仅仅是教育理论专家的构想，还会有一线教师的参与，在一系列可量化的评价指标中，信息化的观念、信息技术的使用能力等将会占到很大的权重。

参考文献

［1］祝智庭．教育信息化：教育技术的新高地[J]．中国电化教育，2001（2）．

［2］乐军．对教育信息化本质的分析[J]．电化教育研究，2006（9）．

［3］朱帅军，牟焕森．从三个层次深刻把握信息化的内涵——关于“信息化”概念的新探讨[J]．中国教育信息化，2008（11）．

［4］王松梅，于春永，李有德．政府信息化建设历程的回顾反思与展望——关于信息化本质的哲学思考[J]．吉林省教育学院学报，2011（12）．

［5］何克抗．我国教育信息化理论研究新进展[J]．中国电化教育，2011（1）．

翻转课堂理念下的师范生微格教学培训模式设计*

雒　亮

（新疆师范大学　教育科学学院，新疆　乌鲁木齐　830054）

摘　要： 本研究以师范生微格教学培训为研究对象，针对微格教学培训实践过程中存在的绩效不高等现实问题，运用翻转课堂理念梳理微格教学培训过程，明确了微格教学中的参与者、支持内容、任务、时间等四方面核心要素及子要素。研究分析了这些要素的内在职责以及要素之间的关系，并以优化微格教学实践程序为目的，设计出了一套更细致、更简单易操作、更合理高效的微格教学培训翻转课堂模式，以期为师范生微格教学培训实践提供可以借鉴的方法。

关键词： 微格教学　翻转课堂　培训模式设计

微格教学源自美国20世纪60年代教育改革运动中斯坦福大学Dwight W. Allen教授的教学与课程改革实践。20世纪80年代中期，北京教育学院的研究者将其引入国内，通过二十余年的发展，现已成为师范类院校开展师范生教学技能训练的重要手段之一。

逼真的教学模拟现场，让受训者能够看到自身教学过程的第三人称视角，都是微格教学的优势特征。但是，由于微格教学实践活动是一个复杂的系统，其内在主体的人和其他环节要素上存在各种相互制约与影响，导致现有的实践模式在实践过程中暴露出诸多细节上的问题，这就使微格教学实践常常未必能够反映出微格教学的优势特征。微格教学培训绩效未必能够达到设计者的预期。

针对这一情况，本研究结合教学实践，从微格教学的实践过程入手，重新梳理微格教学培训中的各种主客观要素及其职能，结合翻转课堂理念，设计出一套翻转课堂式微格教学实践模式，以期达到优化微格教学结构，提升微格教学培训实践绩效的目的。

一、微格教学实践中存在的问题

现有的微格教学培训课程设置形式主要有两种：一种是微格教学作为一门独立课程开设，由来自专业部门的微格教学指导教师主导培训过程，国内贵州师范大学、辽宁师范大学和河北师范大学等学校的实践属于这一类方法；另一种则是把微格教学整合入学科教学论课程中，由学科教学论教师主导，首都师范大学、华东师范大学等学校的实践属于这一类方法。两种方法各存在一系列问题，微格教学指导教师多是教育技术专业教师或研究者，他们精通微格教学的原理与方法，能对学生在培训过程中的技术不当之处做出恰当的指导与点拨，但面对不同学科课程在教学技能运用方法方面的微妙差别，却往往显得力不从心。与之相反，学科教学论的教师都是本学科教学论领域的专家，但对微格教学原理和方法则常显得并不专业，研究者就曾在实践中遇到过有学科教师发出“为什么给每个学生10分钟的讲课时间而不是一整节课”的诘问。结果两种教师

＊　基金项目：本研究为新疆师范大学本科教学质量工程建设教学研究与改革一般项目“新疆师范大学师范生微格教学课程实践改革模式研究”（SDJGY2012－04）阶段性成果，受新疆维吾尔自治区重点学科课程与教学论招标课题重点项目“新疆双语教师培训资源库开发研究”（12XSQZ0312）资助。

都承担了更多自己不擅长的工作而非将更多的精力放在自己擅长并能给受训者提供帮助的领域，训练效果打了折扣。

不论是上述哪种课程设置方式，所有学校都面临着受训学生人数多，模拟教室少，课时有限等制约因素，教学主管部门期望微格教学课程能够保持较高效率，在相对有限的时间内培训更多的“准教师”，以确保所有师范生都能够在教育实习之前接受完整的教学能力训练，掌握基本的教学技能，从而为后续教育实习乃至最终走上教师岗位奠定基础。但在实践中研究者发现，要求在相对有限的教学时间内保证微格教学高效，就要求学习者在走上模拟教室的讲台之前，就已经了解掌握微格教学的基本原理与训练要领，教学技能的理论知识，上讲台即能讲。理想的效率高的情况是微格教学从训练到反馈改进，到再训练的循环往复过程所瞄准的改进对象都是受训者的教学技能而非其他，但现实常常是训练的开始阶段这一往复过程都在矫正一些“训练技术”层面的问题，受训学生要花费相对多的课堂时间适应微格教学的规则、模拟教室现场环境等与教学技能无关的因素，微格教学指导教师甚至需要占用课堂时间来培训学生的“微格教学意识”，于是微格教学潜在的高效率预期便无法实现。

类似的绩效偏低的问题还有其他的表现形式，但归结起来都是微格教学培训实践的过程失当导致的。要解决此类问题，必须在恰当的理念指导下，明晰微格教学中的各种关键要素，确认要素关系与职责，优化微格教学实践程序，生成一套更细致、更简单易操作、更高效的实践模式。

二、翻转课堂理念的引入

2007 年，美国科罗拉多州林地公园高中的化学老师 Jonathan Bergmann 和 Aaron Sams 花了 50 美金购买了一款可录制课程 PPT 并添加注解的软件，目的是将课堂上讲的内容制作成教学视频放在网上供缺席的学生补习使用。但是，他们发现那些没有缺席的学生也在使用这些教学录像来复习巩固所学到的知识。于是两位老师开始重新思考怎样才能更好地利用课堂教学时间的问题，并付诸实践，翻转课堂这一理念由此诞生。得益于开放教育资源运动（OER）、MIT 的开放课件运动（OCW）中各大高校的公开课、可汗学院微视频等大量优质教学资源的涌现，翻转课堂得到了很大的发展。2011 年，翻转课堂被加拿大《环球邮报》评为影响课堂教学的重大技术变革。同年，国内重庆市聚奎中学、广州市第五中学等学校相继开始了翻转课堂的教学实验。

翻转课堂并没有用到什么高科技，它是将原本在课堂上讲授的内容转化成由老师制作或下载的教学视频和其他相关的学习资料，供学生在上课之前学习。到了课堂上，学生的任务不再是听老师传授知识，而是应用课前从教学视频与学习资料中学到的知识与技能参加学习活动，接受教师的指导，解决真实的问题。与其说翻转课堂是教学模式的逆转，不如说它是一种思维的逆转。它重新审视教学过程中的参与者（教师、学生）、时间（课内、课外）、支持学习的内容、学习方法等诸要素的关系、内在职责与任务分工，并以课堂时间内的教学效率最大化为目标对传统“上课讲知识，下课做作业”的教学模式进行了翻转，使得固有的教师讲学生听的教学模式发生了逆转性变化。

从本质上讲，翻转课堂是建构主义认识论指导下的学习方式变革的最新实践。虽然现阶段翻转课堂国内外的实践多是在基础教育阶段，但是可以看出，翻转课堂对有限课堂时间内提升学习绩效的追求，对任何正规教育都是有积极价值的。而微格教学培训的过程就其本质而言也是学习的过程，学生通过在课堂上开展模拟教学活动，将之前习得的教学技能理论知识展现出来，之后经过观看视频录像、自评与小组评价、接受教师点评等步骤形成对教学方案的修改，再次开展模拟教学，通过反复的课堂模拟教学活动，教学技能的理论知识转化成为受训者自身的教学能力。这一学习过程中存在的核心要素与传统的翻转课堂实践中的要素基本一致。这样用翻转课堂理念来分析微格教学，就可以将微格教学内部原本相对模糊的要素职责确定下来。此外，由于存在待训师范生人数众多，模拟教室数量有限，教学时间有限之类的问题，微格教学与翻转课堂在追求最大化利用课堂时间的同时拓展课外学习时间方面拥有相同的旨趣。因此，利用翻转课堂的理念梳理微格教学中的核心要素，重构微格教学的实践模式，有利于解决微格教学实践中出现的问题，促进微格教学质量的稳步提升。

三、翻转课堂微格教学模式重构

（一）核心要素梳理

通过对已有的包含教学技能研究、观看师范教学录像、设计教案、课堂教学实践、分析改进教学等关键步骤的微格教学培训模式及其实践案例开展研究，总结研究者近年的微格教学培训实践经验，可以将微格教学培训的核心要素分成参与者、支持内容、任务、时间四个方面。

1. 参与者。

微格教学中的主要参与者包括受训学生、微格教学指导教师、学科教学论教师三者，微格教学以提升受训学生教学技能为目的，因此学生理应在学习过程中具有主体地位，在翻转课堂的理念下，教师从传统课堂中的知识传授者变成了学习的促进者和指导者。这意味着教师不再是知识交互和应用的中心，但他们仍然是学生学习的主要推动者，当学生需要指导的时候，教师便会向他们提供必要的支持。不同于普通课堂，微格教学培训中拥有两位教师，微格教学指导教师提供微格教学原理、方法论的支持，学科教学论教师提供如语文、化学、物理等具有学科特点的教学技能与方法上的支持。两位教师都有其擅长和不擅长的领域，因此由两位教师的任意一位主导整个微格教学培训过程，都会出现问题。当二者分别在培训过程中自己擅长的阶段发挥主导作用，为学生提供指导和支持，则效率会更高一些，学生也会受益更多。

2. 支持内容。

支持内容就是学生完成培训所需要的相关学习资源。微格教学培训中支持内容有两类：一类是由微格教学指导教师提供的有关微格教学原理、方法方面的内容；另一类是由学科教学论教师提供的教学技能与方法方面的内容。学生参与微格教学的主要目标并非研究微格教学本身，因此微格教学原理方法部分的支持内容只要起到帮助各学科师范生了解微格教学的基本原理，掌握训练方法，适应软硬件环境的作用即可。学科教学论老师提供的有关教学技能方法的支持内容才是这部分的重点。传统微格教学中两类支持内容都是虚拟的，由教师传授给学生，而翻转课堂理念下的支持内容的形式则是以微课程视频资源为主辅以图文材料。微格教学指导教师可自行拍摄剪辑所在学校微格教学实验室的使用指南视频，编制微格教学指导手册图文资料，帮助学生了解实验环境，掌握微格教学训练要领。学科教学论教师可以结合所授学科教学论、教学法课程教材，搜集整理学科相关的教学技能示范短片，示范片可以有优秀的正面典型，也可有反面案例，但应以正面示范为主，此外应配合短片，提供相应的图文讲解分析资料。这类资源可以帮助学生巩固其在学科教学论课程中学习过的教学技能方面的知识，为设计教学方案模拟教学打下基础，学习资源为数字化资源可以重复使用。

3. 任务。

与传统的讲授模式不同，翻转课堂理念下的学习过程是通过教师提供学习资料，学生自主学习，再由教师讲解指导完成的。因此翻转课堂理念下的微格教学培训中，微格教学指导教师的任务是分发有关微格教学原理方法的学习资料，并在学生开展模拟教学的时候提供微格教学训练方法上的技术指导，具体指导可能包括在模拟教学时间掌握的技巧、微格教学实验设备的操作方法与取得更好录制效果的诀窍等方面。学科教学论教师的任务是制作并提供学科教学技能与方法方面的学习资料，提供教学示范片，并在学生完成模拟教学训练后对学生的教学录像进行点评，提供改进教学方法方面的指导，这部分指导应该主要指向学生存在的问题，帮助学生修改教学方案，投入再次训练。学生作为培训的主体，需要在开始阶段观看两位老师提供的学习资料，自主学习，经过思考完成教学设计形成教学方案，并在整个微格教学培训过程中接受两位老师的指导。

4. 时间。

正规教育均以课堂时间为基准，于是在时间上就只能有课堂时间和课外时间两种状态。以往微格教学效率低的原因很大一部分是由于浪费了宝贵的课堂时间，在课堂上进行了可以不在课堂上做的事，课堂时间外又对课堂时间不够用嗟叹不已。翻转课堂的理念中课堂时间的有效利用是第一要义，于是更应该把微格教学培训的课堂时间留给非在教室进行不可的部分，如模拟教学过程，评价反馈过程。原因在于模拟教学中的角色扮演与互动必须在模拟教室内完成，教师要分析录像评价反馈的对象是所有学生而不是某一个学生。至于其他的教学技能知识巩固、观看示范片了解任务以及学习微格教学基本原理与方法则是统统可以移到课外时间的，由学生自定步调，自主完成学习。得益于高性能移动设备的日渐普及，除了 PC 以外学生完全可以利用自己的手机或平板电脑，在课外时间自定步调随时随地使用支持内容。

上述四方面要素组合起来共同构成了如图 1 所示的翻转课堂理念下的微格教学要素关系图。在这个结构中，微格教学指导教师与学科教学论教师在课堂上与课堂外通过不同手段对主体学生提供帮助支持与指导，助其高效完成微格教学培训，获得教学能力的提升。

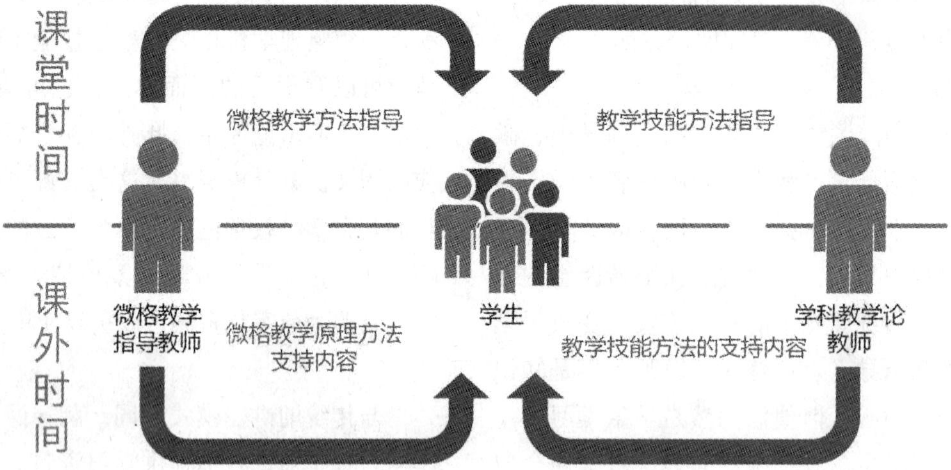

图 1　翻转课堂理念下的微格教学要素关系

（二）模式生成

翻转课堂理念下的微格教学培训实践过程包含四个关键要素，而每一个关键要素又都包含若干子要素，如参与者中的微格教学指导教师、学科教学论教师、受训学生，支持内容中微格教学指导教师提供的学习材料、学科教学论教师提供的学习材料等。这些子要素之间的交互作用构成了整个微格教学培训过程中发生的各种事件。如果将这些事件按时间的顺序进行排列即可勾勒出如图 2 所示的微格教学培训翻转课堂模式程序图。与过去实践中常用的由教学技能研究、观看师范教学录像、设计教案、课堂教学实践、分析改进教学五段聚拢状线性流程相比，新模式将聚拢的线性时间轴扩展为扁平的平面，平面由课堂时间与课外时间两部分组成，准备期、训练期、反馈期内的各种事件有序地分散在两部分时间上，连续构成了微格教学培训的过程。新模式更趋简洁，但更细致，三阶段分工明确，交错进行。

1. 准备期。

准备期包含教学技能巩固、微格教学原理与方法学习、教学设计三个步骤，三个步骤均在课外时间由学生自主学习完成。第一阶段学生使用的是学科教学论教师提供的教学技能示范短片与相应的图文讲解分析资料。第二阶段学生使用的是微格教学指导教师制作的所在学校微格教学实验室使用指南视频与微格教学指导手册。在完成这两步的自主学习后，学生按微格教学的要求开展教学设计形成教案。

2. 训练期。

训练期处于课堂时间，微格教学指导教师根据学生人数、模拟教室数量、课时量计划分配学生的训练时长，并在微格教学方法、实验设备使用方面给学生提供指导，帮助学生充分利用课堂时间借助准备好的教案开展角色扮演模拟教学。

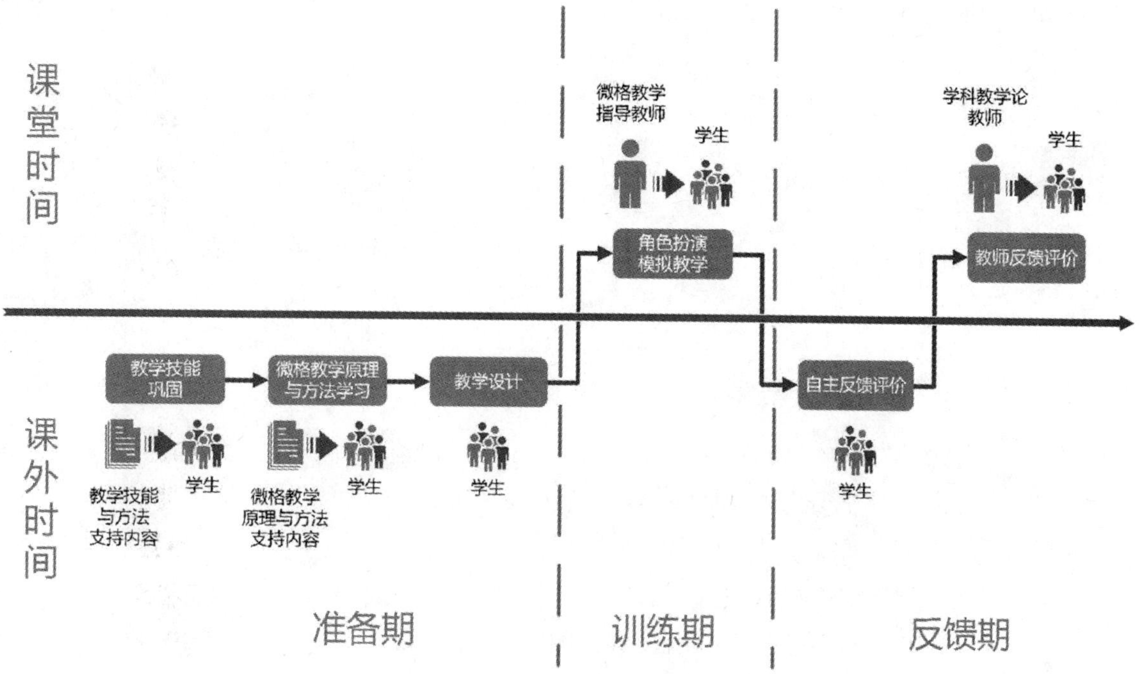

图 2　微格教学培训翻转课堂模式程序

3. 反馈期。

反馈期包含学生自主反馈评价与教师反馈评价两个阶段。前者是学生完成训练后使用 PC 或移动设备观看自己和小组成员的教学视频，检查实践过程进行自我反馈和同伴反馈的过程，在课外时间完成。后者是学科教学论教师组织学生集体评议，发现共同存在的问题，提供指导甚至是示范的过程，必须在课堂上完成。

新模式有三方面需要注意。其一，在进入微格教学培训阶段前，学生必须完成师范生基础课，特别是学科教学论课程的学习，否则仅凭准备期的教学技能巩固很难使培训达到预期目标。其二，微格教学教师与学科教学论教师需要通力配合分别主导学生培训过程的不同阶段，否则培训过程无序低效。其三，教师反馈评价并不是结束，学生需再次进入教学设计阶段修改教学方案开始新一轮的训练。

四、结语

微格教学作为一种促进师范生教学能力提升的实践方法，其成效更多地依赖于培训过程的高效合理，而翻转课堂的风靡则正是由于其对学习过程高效合理不懈追求的理念引起了人们的共鸣。本研究以翻转课堂的理念为切入点，以提升微格教学绩效为根本目标，重新梳理微格教学中存在的核心要素及其结构，从而建立要素关系、设计和提出微格教学翻转课堂培训模式，并已小规模运用到研究者所在学校的实习支教生微格教学培训项目实践中。当然翻转课堂理念的引入，使得微格教学培训指导教师，学科教学论教师都有了新的任务与明确的分工，也对学生的自主学习提出了新的要求，因此我们仍需要结合教学实践对该模式进一步深入研究。

参考文献

[1] 孟宪凯，李涛．中国微格教学20年[J]．北京教育学院学报，2008（3）．

[2] 王凤桐，李涛，王丽霞．微格教学在中国——微格教学的实践[M]．北京：新华出版社，2012．

[3] Bill. Tucker. The Flipped Classroom——Online Instruction at Home Frees Class Time for Learning [J]. Education Next，2012（12）．

[4] 张金磊，王颖，张宝辉．翻转课堂教学模式研究[J]．远程教育，2012（4）．

[5] 汪振海，张东慧．微格教学法在教学技能培训中的应用[J]．电化教育研究，2000（3）．

信息化环境下教师专业发展实践策略研究

赵呈领　陈　怡　上超望
（华中师范大学 教育信息技术学院，湖北　武汉　430079）

摘　要：信息化环境为教师专业发展带来便利，对提升教师专业能力具有重要意义。本文首先对近年国内教师专业发展研究现状以及信息化环境的特点进行分析，提出信息化环境下促进教师专业发展的实践策略。根据研究需要，本文设计了个性化的教师专业发展方案，采用个案研究的方法深入调查研究，评价结果显示该方案能够帮助教师有效地利用信息化环境进行专业发展，从而提高教学能力等综合素质。

关键词：信息化　教师专业发展　实践策略　研究

一、研究现状

随着信息技术的快速发展，教育信息化成为教育发展与改革领域的热点研究方向。信息化环境对广大教师的专业能力提出了更高层次的要求。教师必须不断地学习，更新教学知识、教学理念、教学策略、信息素养等各方面的能力。

我们对国内核心期刊的相关文献进行搜索，对2008年至2012年五年内关于教师专业发展的文章进行分析总结，在中国知网以“教师专业发展”为关键字，查找核心期刊，截至2012年11月17日共有文章876篇。对这876篇文章进行统计分类，其中理论研究类总共有380篇，所占比例约为43.38%；实证研究类文章总共有333篇，所占比例约为38.01%；应用研究类文章总共有118篇，所占比例约为13.47%；技术支持类文章总共有27篇，所占比例约为3.08%；会议通知类有18篇，约占2.05%。由此可见，在我国，教师专业发展概念自提出以来，得到了广大教育研究者的持续关注。整体而言，大多数文章是针对理论研究的探讨，技术支持类的仅占3%；按时间排序纵向比较来看，理论研究类的文章出现在早些年，随着信息技术的不断发展，研究者对于教师专业发展的研究侧重点发生了转变，近两年来理论研究类文章所占比例减少，而更加注重应用研究和信息化环境下的技术支持。

据了解，中小学一线教师对教师专业发展的重视度不够，继续学习强化自身专业能力的动力不足，导致很多教育研究者提出的教师专业发展策略和工具没有得到很好的利用。同时大多数中小学教师不善于利用网络环境下的各种工具去主动挖掘信息和学习知识，教师专业发展能力有待提高。

二、信息化环境教师专业发展实践策略

网络平台已成为教师专业发展的主战场。而教师专业发展仅仅依靠理论支持是不够的，必须要付诸实践。信息化环境下教师专业发展突出教师的核心地位，具有教师主导、个性化、共享性、交互性等主要特点。

信息化环境下的教师专业发展可以概括为两大部分，即个性化发展部分和交流协作部分。博客、微博等个人知识管理工具是促进教师个性化发展的主要工具，可实现教师个人教学反思以及个人知识管理；交流协作部分主要是指资源库、教师教育论坛，还有QQ等交流工具，旨在为教师的个性化发展提供丰富的资源以及良好的环境支持。不同工具的交叉使用，相辅相成，共同构

成了信息化环境下教师专业发展支持系统这个有机的整体。

（一）构建教师学习共同体

信息化的环境使教师们更容易创建教师学习共同体。经常与其他教师进行资源共享，定期开展专题研讨以及集体备课等教研活动，不仅可以帮助教师和其他教师探讨在教学实践中遇到的难题，还可以提升教师的网络学习归属感以及职业荣誉感。

例如：教师可充分利用 QQ 和教师论坛来构建教师学习共同体。QQ 是实时性的交流工具，教师可以组建一个 QQ 群，在群里实现实时的讨论，促进产生思想共鸣。利用教师教育论坛进行学术交流和信息的共享，也是促进教师专业发展的有效途径之一。教师可以在教师论坛里公开地发表帖子、查看帖子以及回复帖子。

（二）综合利用信息化工具

根据自身学习特点和学习需要，教师可以选择适合自己的信息化工具。不同工具辅助使用，可以提高教师在专业发展中的主动性，加速教师的主体性专业发展。在此对几款典型的信息化工具进行特点以及用途的总结，如表 1 所示。

表 1　信息化工具特点及用途

信息化工具	特　　点	用　　途
博客	个人随感记录，进行知识管理	帮助教师及时进行教学反思，改善教学方法
微博	个人随感记录，注重简洁性	用精简的语言记录知识、感想，可锻炼总结概括能力
Wiki	可实现多人共同创建、编辑文本资源	教师协作学习环境
QQ	可组建 QQ 群，实现多人交流	构建教师学习共同体，实现同步异步交流
YY	除文本外，还支持多人语音交流，注重实时性	构建教师学习共同体，实现语音交流
RSS	订阅功能，信息获取速度快	帮助教师跨平台收集学习资源

（三）注重教师专业发展评价

教师专业发展评价是在教师专业发展过程中不可或缺的一部分。它是一种根据教师自身专业发展的目标，对一段时间的学习内容、学习进展情况以及学习结果进行观察、记录、测量，对学习效率做出鉴定，并对学习目标进行反思和重订的活动。只有定期对自己的学习进行反思、总结，才能取得进步。

作为教师，信息化环境下的教师专业发展评价应遵循三个原则：（1）重视对所学的新的教学方式、方法以及技术的应用评价；（2）重视教师对发展过程的评价；（3）重视教师的自我评价和教师之间的互评。教师可以根据自己的实际情况设计量规评价表，为自己制订结构化的评价标准，从多方面设置评价指标，尽量做到准确、客观。

（四）有意识地提升自身的信息素养

信息化的学习环境为教师带来了很多新的学习方式、方法和优质学习资源。但对教师的信息素养也有了更高的要求。如何使自己快速适应信息化的学习环境成为每一个教师在专业发展过程中面临的严峻挑战。

首先，教师必须重视信息技术的学习。只有善于学习新的信息技术工具，才能够掌握信息技术环境下新的学习方式；其次，要习惯用技术的手段解决问题，在潜移默化中提高信息素养；最后，教师应该转变传统教育观念，响应信息化教育的号召，树立终身学习的理念。

三、教师专业发展个案研究

针对教师专业发展方案的个性化，我们对一名初中一年级的英语教师进行了采访和个人分析，采取具体问题具体分析的方法，对该教师进行系统全面的分析，为他制订了一套个性化的教师专业发展方案。

（一）自我分析与评价

教师自我分析是一个很重要的个人定位，明

确的自我分析会为教师专业发展规划带来很多便利。教师需要从学习风格、个人优势与不足等方面来进行分析。

教育叙事："我毕业于一所普通二本师范院校，本科学历，现任初中一年级英语教师，从事英语教学3年来，积累了不少教学经验，能准确把握课程内容的知识点。但在教学研究上对教育理论的了解不够。平时工作较忙，系统时间和精力有限，不能及时了解教育发展的最新进展。由于写作水平的限制，不习惯写教学日志，不习惯网络学习的方式，但会上网搜索一些素材，像一些比较好的Flash动画或者听力材料。在课堂上，不太善于调动课堂气氛，在课堂组织能力方面需要提高。如果有机会的话，希望能继续深造，用最新的教学方法和模式带动学生高效学习。"经过该教师的自我陈述，我们对其专业知识与教学技能、学习风格以及优势不足等方面做了评价与解析。首先，在专业知识与教学技能方面，该教师英语知识基础扎实，能力较强，但听力需要加强。了解基本教学方法与教学模式，但还不能有效运用到课堂中真正发挥其优势，课堂上学生不够活跃，不善于调动学生积极性；其次，在学习风格方面，根据所罗门学习风格的测试结果，该教师属于沉思型、感悟型、视觉型、综合型的学习者。表2为对学习风格的具体解释与建议。该教师的优势为勤于学习，能积极参加教学组的教育科研活动，虚心向其他教师请教，积累了不少英语教学经验；不足之处主要是在课堂教学方面，对一些先进的教育改革理念、新的教学方法模式掌握不充分。

表2　学习风格测试结果与解释

学习风格类型	相关解释
沉思型	能够充分考虑问题，经过反复思考，权衡各种解决方案，从中选择一个最佳的。
感悟型	擅长记忆事实和做一些现成的工作，对复杂和突发的情况感到反感。可能更加适合基于案例的学习方法，平时多记录一些有用的心得体会。博客和微博的使用会促进学习。
视觉型	习惯用眼睛来看学习材料。应当多使用图片、图表、流程图、影片等视觉辅助性工具。可以多看一些视频教程。
综合型	习惯大步学习，吸收没有任何联系的随意的材料，然后突然获得它。能更快地解决复杂问题。应当多看看综合学习的案例。

（二）制订目标

1. 远期目标。

形成具有个人特色的教学风格，在课堂实践中努力提高亲和力以及课堂组织能力。掌握最新教学理念和方法，提高教学能力。树立终身学习的观念，不断提升教科研水平，理论和实践相结合，做一个研究型、反思型教师，做一个学生喜欢、家长满意、领导放心的高素质、高修养、高师德水平的教师。

2. 近期目标。

（1）知识层面：努力提高英语听力和阅读理解能力；学习更多的英美文化，在教学中潜移默化地传授给学生。

（2）教学实践：提升课堂组织能力以及教学设计能力，能设计出别出心裁的高效教学活动，使学生的学习兴趣提高、学习效果得到改善。

（3）教育科研：认真读一本教育心理学书，多看专业杂志，提高自己的教育科研能力，能在专业核心期刊上发表一篇论文。

（4）技术工具：学会综合利用教师教育论坛、博客、微博等各种信息化教师专业发展工具，熟练运用现代教育技术指导课堂教学。

（三）信息化学习工具

利用QQ、教师教育论坛、博客与微博、鲜果订阅、视频公开课等信息化工具辅助教师专业发展。信息化学习工具应用如图1所示。

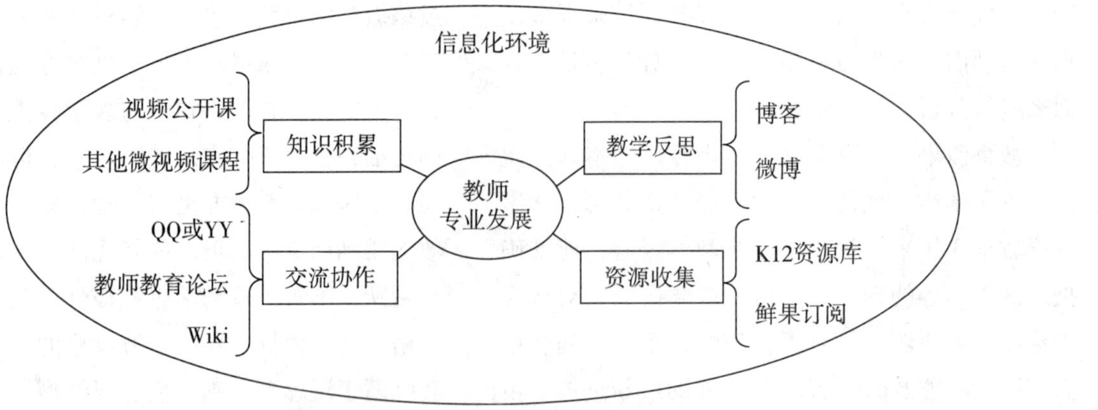

图1　信息化环境下教师专业发展工具应用

（四）实施计划

我们为该教师设计的个性化教师专业发展实施方案如表3所示，主要从学习目的、使用的信息化学习工具、具体实施计划以及实施周期几方面进行阐述。

（五）评价量规

在教师专业发展的评价中，主要采用的评价方式有：自我评价、其他教师评价、学生评价。并且设计量规评价，这种结构化的定量评价标准可以从与评价目标相关的多方面设置评价指标，具有良好的操作性和较高的准确性，评价结果更加客观可信。所设计的量规如表4所示。本评价量规表是一个个性化的量规表，教师可以根据自身的专业发展目标和时间安排设定量规，同时也要随着专业发展阶段的推移以及发展目标的变化而对评价量规表进行适当修改。

表3　教师专业发展实施方案

序号	学习目的	使用工具	具体实施	周　期
1	学习教育学理论知识以及英美文化，借鉴精品课程中的教学方法与教学策略。	视频公开课程、其他微视频教程等。	观看视频公开课程中的华东师范大学的《学习心理学》课程以及可汗学院的《美国史》等。	每周两次。
2	促进教学反思，锻炼写作能力。	博客、微博等。	根据近期的学习与课堂教学实践，撰写个人教学日志。	两周一篇。
3	提升英语听力水平以及阅读理解能力。	优秀资源网站等。	登陆“大耳朵英语学习网”收听、浏览英美每日新闻。	每天。
4	促进教师之间的交流，并能做到共享资源。	QQ、论坛等。	加入相关的QQ群（例如中小学英语教师交流群和教师成长交流群）和教师教育论坛，积极和其他教师讨论教学中存在的问题，主动参与活动。	每天。
5	增强与其他教师的协作能力。	Wiki等。	积极参与在线学课、备课、议课活动，可以用Wiki来实现集体备课，集思广益，生成教学方案或者素材。	视具体情况而定。

表 4　教师专业发展评价量规

评价项目与标准		水平等级			总分（100）
		好（7—10 分）	中（4—6 分）	差（0—3 分）	
知识与技能	英语听力和阅读理解能力得到锻炼。				
	学到了教育学和心理学等教育相关基础知识。				
	丰富了自身的英语专业知识和教学技能。				
过程与方法	学到了一种新技术或新方法或新理论，并对其进行深入的解读。				
	在学习及教学过程中熟练运用技术的方法解决问题。				
	能与其他教师很好地合作协商、共享资源，共同学习进步。				
	坚持按指定计划完成专业发展任务。				
应用与效果	能将新学到的技术、方法、理论运用到教学实践活动中。				
	课堂纪律与课堂气氛得到改善，学生在课堂上能高效学习。				
	学生学习兴趣与成绩提高。				

（六）实时调整

经过三个月的学习，教师应系统反思自己的收获与不足之处，对自己的教师专业发展过程与收获进行总结，针对个人发展需求与实际情况，实时调整策略、目标以及评价量规，使教师专业发展方案更加适合自己。

四、结语

信息化环境为教师专业发展提供了新的工具和方式，扩展了教师的视野。为了能够帮助教师有效地利用信息化环境进行专业发展，提高教学水平、专业知识水平等综合素质，本文提出了信息化环境下促进教师专业发展的实践策略。

三个月后，我们对该教师进行回访，通过了解，他表示本方案对自己教师专业发展起到了较大的帮助。按照教师专业发展评价量规对自己的情况进行评价，他为自己打出 70 分，其中知识与技能、过程与方法、应用与效果三部分分数分别为 22 分、24 分、24 分。由于该教师对信息化工具刚刚熟悉，所以总分并不高。他表示，这三个月有计划的学习使自己受益匪浅。

首先，对教育心理学基础知识有了较为深入的了解，目前正在深入学习基于问题的教学模式（PBL 教学法），希望能够运用到课堂教学中；由于系统实践时间不长，所以听力水平和阅读能力没有显著的提高。

其次，基本掌握了信息化工具的使用，习惯了信息化的学习环境，喜欢利用微视频进行学习，也会选取一些好的微视频来辅助教学，提升了学生的学习兴趣，个人信息素养有了明显提高。

再次，信息检索能力增强，在教师教育论坛以及网络资源库中，能够有目的地检索自己需要的素材，获得了更丰富优质的教学资源。

最后，三个月内一共发表教学反思 14 篇、微博 94 条。写作能力得到锻炼，但是与其他教师的交流不够，资源共享也还不够深入。

根据该教师的反馈信息，我们对最初设定的教师专业发展方案做出细微的调整，继续加强教育学和心理学等教育学基础知识学习，同时更加注重教师间合作与交流，注重自身的协作学习能力以及教学方法的灵活运用。

总的来说，本文提出的信息化环境下教师专业发展实践策略对教师综合能力的提高有显著帮助，不仅能够帮助教师快速获取专业知识和优质教学资源，而且通过教师间的交流与协作，促进了显性知识和隐性知识之间的转化，有利于教学技能的提升。我们希望更多的教师能够借鉴本文论述的实践策略等观点，结合实际情况设计出适合自身的个性化教师专业发展方案。我们会继续深入调查，做更多的实证研究，从而了解并解决广大教师在专业发展过程中遇到的问题。

参考文献

[1] 谢海波．网络环境下促进教师专业发展的模式和策略研究[J]．中国电化教育，2011(8)．

[2] 王蕊，李燕临．社会性软件支持下教师专业发展策略研究[J]．现代教育技术，2010(5)．

[3] 李庆玲．基于 Web 2.0 的教师专业发展支持系统研究[D]．济南：山东师范大学，2010.

[4] 韩传信．论教师专业发展评价的准则与方法[J]．教师教育研究，2009（2）．

[5] 刘颖．信息化培训促进教师专业发展研究[J]．中国教育信息化，2012（10）．

[6] 郑小军．信息技术支持的教师专业发展：从应然走向实然[J]．现代教育技术，2010(7)．

[7] 郑小军，杨满福．基于博客的教师专业发展个案研究及启示[J]．中国电化教育，2010(7)．

[8] 张雅文，刘君玲．面向信息化的教师专业发展评价[J]．吉林省教育学院学报，2009(5)．

教师教育技术能力远程培训模式设计与实践研究
——以营口市中小学骨干教师为例

杨　雪　荆永君　毕　宁　董　磊
（沈阳师范大学　教育技术学院，辽宁　沈阳　110034）

摘　要： 随着教育信息化的不断发展，“校校通”工程已经开始普及，而且“班班通”工程也正在积极实施。网络技术引发了传统教师培训模式的变革，为开展教师远程培训提供了较好的网络条件。2013 年 3 月，营口市教师进修学院组织全市中小学语、数、外三个学科的市级骨干教师参加了首期教育技术中级远程培训。培训采用以集中面授培训为先导结合远程培训的混合模式，采用过程性评价和总结性评价相结合的评价方式。以真实任务为引领，以“学习理论—案例分析—交流研讨—应用迁移”为纽带，促进了培训理论向教学实践的有效转化。本次培训取得了良好的效果，其实施经验对其他各地区均有借鉴意义。

关键词： 教育技术能力　远程培训　混合模式

一、引言

教育信息化不断推进和新一轮课程改革的实施，对中小学教师提出了新的要求，我国中小学教师面临着严峻的考验。《国家中长期教育改革和发展规划纲要（2010—2020 年）》中明确指出：“对教师实行每五年一周期的全员培训要求。”2012 年 3 月，教育部颁布《教育信息化十年发展规划（2011—2020 年）》中指出：“到 2020 年，各级各类学校教师基本达到教育技术能力规定标准。采取多种方法和手段帮助教师有效应用信息技术，更新教学观念，改进教学方法，提高教学质量。”至 2011 年，近 500 万名教师通过了教师教育技术初级或中级培训，在早期的初级培训中，主要采用集中班级面授的形式。在近期开展的教育技术能力中级培训和“国培计划”中，北京、上海、广东、山东等省市通过自主研发或引进国外 Blackbord、Moodle 等软件尝试采用网络远程培训的形式，取得了一定效果。

为了各地区开展更为切实有效的中小学教师培训，本文提出了教师混合式培训模式，以营口市中小学骨干教师培训为例实施，总结了培训中存在的问题并提出了解决措施。

二、培训模式设计

（一）培训前期分析

事预则立。培训前期进行必要的分析和收集数据对成功地实施方案有着非常重要的作用。

第一，学员初始能力分析。通过调查问卷发现，营口市中小学骨干教师在学习方面符合成人学习的一般特征的同时，还具有其自身鲜明的特征：教师学习具有很强的基于专业的自主性；教师学习具有很强的基于问题解决的应用性；教师学习具有很强的基于案例的情境性；教师学习具有很强的基于实践的反思性。

第二，培训目标。不仅要符合《中小学教师教育技术能力标准》中的教学人员教育技术能力子标准；而且能够促进营口市教师专业发展和教育信息化的进程，使其理解混合式教学的理念，同时使参加培训的教师的教育技术水平和认知比原来能有较大幅度的提高。

第三，培训内容。培训目标决定了培训的内容，结合当地各个方面需求，提出了培训内容要包括三个方面：一是技术层面，主要包括 Photoshop、PowerPoint、Flash、FrontPage 等各种多媒体课件制作软件的使用，以及博客和基于 Moodle 教学网站的创建和使用等学习内容。二是教育理论方面，主要包括教育技术的基本概念、教育技术与课程整合的内容及基本特征、信息化环境下的教学设计等学习内容。三是实践方面，设置了课件制作、档案袋使用、博客申请等大量真实任务，并提供丰富的真实案例。

第四，培训要素分析。一是教学资源方面，包括：印刷纸质材料、多媒体课件、教学软件、在线课堂讲义录像等。二是教学环境方面，通过 QQ、BBS、在线讨论、电子邮件等方式建立学习共同体，用来实现学习过程中的同步和异步交流。三是教学方式方面，采用自主学习、探究学习以及小组合作学习等。四是教学支持方面，学习者也可以通过电话、QQ、BBS、在线讨论、电子邮件等方式，同培训指导教师进行交流。

（二）培训组织形式

学习方式采取分散式学习和集中式学习相结合的方法，在培训的过程中一方面可以适时、适地组织学员进行线下的学习和讨论；另一方面利用在线交流工具，通过专家辅导答疑等手段，提高教学的质量。

采用班级化的组织形式，每个班级的规模最好控制在 50 人之内，并且在每个班级设 2 名辅导教师。班内划分学习小组，每组 5—8 人，设一名小组组长。采用层层负责制，切实解决培训过程由学员反馈的各项问题。

辅导方式主要采用线下讨论、线上交流以及专家辅导答疑三种辅导方式，在每个班级的辅导老师的组织下，可以开展线下讨论与线上交流，学习者在线上能够进行交流与专题讨论，专家主要针对学习者在学习、讨论中普遍存在的问题，通过同步在线视频、异步在线视频或者其他方式，开展集中的辅导答疑活动。

（三）培训活动设计

培训活动依托 Claroline 平台开展，主要包括：实践教学活动、课堂教学活动、课堂个别化指导学习和在线互动教学等，如图 1 所示。

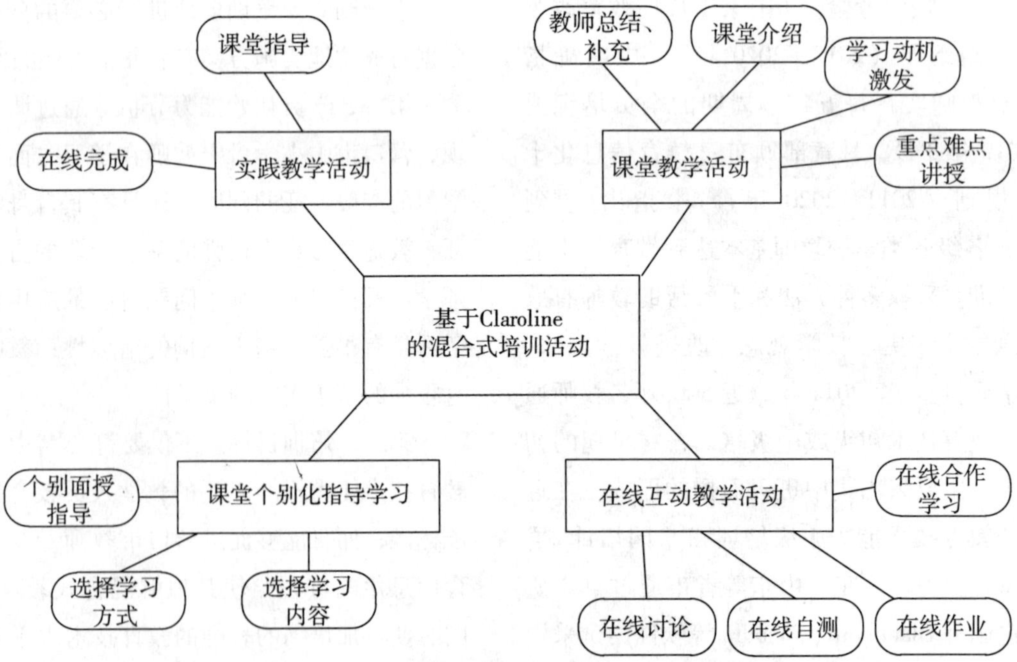

图 1　基于 Claroline 平台的混合式培训活动

（四）培训评价设计

混合式学习的评价方式不仅包括课堂教学的评价方式，还包括在线学习的评价方式。本方案采用过程性评价和总结性评价相结合的评价方式。过程性评价针对每一个模块设置，主要包括学员的学习时间、培训过程中完成的作品、提交的作业、学习心得、主题的研讨以及论坛的研讨、学习态度等。总结性评价是在培训结束后，由培训者根据学员在培训中的整体表现做出相应的评价，主要包括过程性评价平均成绩占 50%，教师对其评价成绩占 30%，小组成员对其评价成绩占 20%。

三、实施案例

依托辽宁省教师教育远程培训平台实施远程培训，如图 2 所示。参与培训的对象为营口市中小学骨干教师，共有 974 名教师参与培训。培训采用混合式培训模式，以面授辅导与远程培训相结合的形式开展培训，为期 45 天。

宫口教育技术能力培训——高中课程

编号	课程名称	培训单位	开始日期	结束日期	参培人数	访问总数	提交作业总数	论坛交流总数
1	高中数学(2班)	辽宁省电化教育馆	2012-12-27	2013-12-27	53	16204	989	1035
2	高中语文(1班)	辽宁省电化教育馆	2013-03-5	2013-04-18	46	14677	911	541
3	高中英语(3班)	辽宁省电化教育馆	2013-03-5	2013-04-18	55	14614	972	658

宫口教育技术能力培训——初中课程

编号	课程名称	培训单位	开始日期	结束日期	参培人数	访问总数	提交作业总数	论坛交流总数
1	初中数学(6班)	辽宁省电化教育馆	2013-03-5	1970-01-1	61	30352	1305	1354
2	初中数学(7班)	辽宁省电化教育馆	2013-03-5	1970-01-1	56	17827	985	987
3	初中语文(4班)	辽宁省电化教育馆	2013-03-5	1970-01-1	65	30271	1729	1450
4	初中语文(5班)	辽宁省电化教育馆	2013-03-5	1970-01-1	64	27223	1651	1220
5	初中英语(8班)	辽宁省电化教育馆	2013-03-6	2013-04-19	69	25587	1384	1030
6	初中英语(9班)	辽宁省电化教育馆	2013-03-5	1970-01-1	46	21956	885	689

宫口教育技术能力培训——小学课程

编号	课程名称	培训单位	开始日期	结束日期	参培人数	访问总数	提交作业总数	论坛交流总数
1	小学数学(14班)	辽宁省电化教育馆	2013-03-6	1970-01-1	73	36230	1700	1362
2	小学数学(15班)	辽宁省电化教育馆	2013-03-6	1970-01-1	76	26303	1463	1342
3	小学数学(16班)	辽宁省电化教育馆	2013-03-6	1970-01-1	74	32066	1269	1141
4	小学数学(17班)	辽宁省电化教育馆	2013-03-6	1970-01-1	71	27490	1168	874
5	小学语文(10班)	辽宁省电化教育馆	2013-03-6	1970-01-1	82	30123	1710	1760
6	小学语文(11班)	辽宁省电化教育馆	2013-03-6	1970-01-1	85	28801	1485	1713
7	小学语文(12班)	辽宁省电化教育馆	2013-03-6	1970-01-1	81	36283	1562	1497
8	小学语文(13班)	辽宁省电化教育馆	2013-03-6	1970-01-1	79	36734	1675	1585
9	小学英语(18班)	辽宁省电化教育馆	2013-03-6	1970-01-1	88	38674	1778	1553

图 2　辽宁省教师教育远程培训平台

面授培训的内容主要是让学员了解培训流程、明确培训要求、熟悉培训平台，培训结束后开展全国教师教育技术能力考试的考前辅导。网上培训主要是依据平台提供的 8 个模块的教学内容及教学进度开展实施，具体培训流程如下。

（一）前期面授培训

辅导教师培训。培训伊始开展各班级辅导教师的集中面授培训，将培训要求、平台使用、难点等培训问题首先传递给辅导教师，使辅导教师明确个人职责与任务，明确培训及考试重要性，严抓培训班级管理及学习，并建立网络沟通渠道，促进各班级辅导教师的讨论与交流。此项前期培训大大提高了辅导教师的管理及工作能力。

学员培训。分班级对参加培训的各地区教师进行集中面授培训，具体讲授培训内容、要求、平台使用、技术操作等重难点问题，使学员清晰明了今后远程培训学习中要面临的培训任务，并深刻认识培训的重要性及考试难度。在培训伊始，使学员端正态度，认真开展下一阶段的远程培训学习。通过平台答疑区及 QQ 建立实时交流的网络沟通渠道，使班级和小组中参加学习的学员能够进行交流与答疑。

（二）提供学习资源

培训平台上提供给学员教学设计、研究性学习、行动研究等内容的精品案例及视音频资源，学员掌握理论的同时，依据提供的资源，结合自身实际进行学习，使学习任务清晰明了；提供培训所涉及并使用的各种软件视频教材，例如Freemind、FrontPage、Word、Excel、PowerPoint等。

（三）实时在线答疑

通过QQ等交流工具，建立起双向实时答疑平台，管理者接收辅导教师反馈的具体问题，总结并答疑，提供学习资源、发布重要通知及说明；学员将培训学习过程中遇到的问题、难题反馈给辅导教师，辅导教师再进行答疑。

（四）培训总结

全面总结与辅导。由经验丰富的教师结合培训内容和学员集中反馈的问题，对理论和实践部分内容进行着重讲解，对一些技术难点进行详细指导，结合案例演练及实际操作，以增强学员对重要内容的理解能力和实践操作能力。对辅导中学员的疑问及难接受的部分进行重点指导，强化培训成果，帮助学员增强培训后的成就感。

个性化辅导。针对个别技术能力相对薄弱的学员进行补差式辅导，个别技术能力强的学员进行提高式辅导。提供机房环境，组织技术较强的教师对教学实践中涉及的相关软件及操作问题、方法进行现场技术支持和指导，使学员对技术操作掌握更加熟练，为日后教学实践中的应用打下良好基础。

四、存在问题及解决措施

通过对营口市中小学骨干教师教育技术能力远程培训的实施，总结出培训中存在以下问题并提出解决问题的措施。

（一）存在的问题

1. 专项经费匮乏。

经费匮乏问题一直是制约培训深入开展的“瓶颈”，贫困和偏远地区更是饱受经费紧张的困扰，师资培训经费相当短缺，教育技术培训暂无专项经费支持。对非贫困地区而言，大部分地区财政只能维持省级骨干教师或省级教师的培训，一旦深入市、县，经费不平衡、财政困乏等问题便暴露出来。从某种意义上讲，经费问题是阻碍培训实施步伐的关键因素。如果没有明确的经费保障政策，如规定用于教育技术能力培训的经费在学校公共经费5%中所占的比例得不到保证，“计划”覆盖面将很难在短时间内扩大。

2. 尚未出台国家层面的刚性政策和规划。

目前，国家层面尚未出台相关配套政策，且人事与教育部门政策衔接脱钩，多项培训同步进行，矛盾较为突出，导致受训教师滋生抵触情绪。各地区普遍希望教育部协调人事部门，共同推出一套“刚性”政策。同时，合并一些内容重复的培训项目，以激发教师参与培训的热情。

3. 缺少长效培养机制，教师教育技术能力水平的提高受限。

随着信息技术的日益发展，教师的教育技术能力也应随之日益更新与提高。但大部分教师在参加完培训后，很少有机会再根据自己的需要参加培训，甚至根本就没有机会。培训后仅是依托培训所习得的知识来维系日常的教学，这样一来，教师教育技术能力水平就得不到持续发展。

4. 硬件设备陈旧，且数量不足。

营口市各地区反映，县级培训基地及学校的计算机配置较低、数量不足，在一定程度上影响了培训的效果。同时，硬件数量不足也是不可回避的问题，多媒体教学设备数量和质量不能满足教学实际需求，给教师应用信息技术与课程整合带来了障碍。硬件条件不足将直接导致培训迁移效果的提高，部分教师参加培训后的学习及实践无法得到保障，最终影响应用效果。

（二）解决措施

1. 改善培训制约因素。

一是部分地区领导对培训实施的重要意义认识不足，对教育技术内涵理解不充分，没有积极推动基层培训工作。二是一些地区片面强调考试通过率，忽视培训过程性评价和培训质量监管，偏离了初始宗旨。另外，规范培训资源的使用、加强考试的管理、巩固培训的成果、考前的集中培训辅导都是现阶段应该思考的问题。如何打破因问题堆积形成的壁垒，是今后工作中要面临的重要挑战。

2. 加强软硬件和激励机制的建设。

教师教育技术应用的基础关键在于软硬件设施的改善。教育部门应根据学校的实际情况增加偏远地区对多媒体教学设备及相关硬件设施的投入，广泛推行信息化教育；同时也要加强软件建设，建立教师交流信息平台，开展校本培训或其他形式的后续培养机制，使教师与教师之间、教师与学生之间、学生与学生之间可以进行良好的交流和沟通，共享资源，共同进步。教师结合自己的教学实践，边学边用，边用边学，在教学活动实践中不断提高教育技术应用水平。

教育部门、学校还应制订相关激励机制，鼓励教师积极参加培训，并重视培训后的应用与提高。对在教育技术应用实践中取得明显成绩的教师给予奖励，给教师提供外出参观学习和交流的机会。

3. 加快实施信息技术与课程的整合。

国家提出教育技术能力建设计划，通过培训、考试和认证大力提升教师教育技术能力水平，构建信息化的教育教学环境，就是为了提升教师的信息素养和教学能力，促进信息技术与课程有效融合。但多数学校的信息技术与课程整合没有得到很好的发展，主要表现在通过了教育技术能力培训和水平考试却没有达到相应的应用水平（教师在使用多媒体设备、应用教学设计、课件制作方面的能力不足），这也是造成信息技术与课程整合进程缓慢的重要原因。

4. 规范培训工作，激发教师参加培训的积极性。

为切实有效地巩固和加强培训效果，教育相关部门要做好培训座谈及回访工作，了解教师培训后的实际水平，根据教师的意见、建议调整培训内容，最大限度地满足教师的需求。教育技术培训不能等同于计算机培训，因此培训内容上要尽量突出信息化教学设计、信息技术与课程整合的方法与技能以及对实际教学问题的解决等。

培训内容也要密切联系教学实际，注重对教师利用信息技术解决实际问题能力的考察；鉴于教师反映对远程培训平台和多媒体应用软件不熟悉，加强培训前期平台系统操作练习，及应用软件的实际操作讲解，保证参加培训的教师能够顺利使用平台、熟悉软件，以免教师产生抵触情绪。此外，还需要建立培训后的跟踪服务，对教师在培训后的教学实践提供全方位的支持服务。培训工作各个环节的调整和改善，能带动教师参加教育技术培训和考试的积极性，从长远来看必将影响教师教育技术应用水平的改善和提高。

5. 教师自身需要树立终身学习意识。

教育技术能力标准中明确指出："教学人员应具备终身学习的意识，具有不断学习新知识和新技术以完善自身素质结构的意识与态度，具有利用教育技术进行终身学习以实现专业发展与个人发展的意识与态度。"建立终身学习体系也是改善教育技术培训现状的重要举措。教师不仅要形成信息化教学观念，积极参加当前的培训，还应树立终身学习意识，有意识地把提升教育技术能力作为长期努力的目标，克服困难，提高教育技术的应用水平。

五、结语

教师教育技术能力培训关系教育信息化和教育现代化，同样也是实施新课改的重要支撑。营口市骨干教师远程培训综合评价合格率 96% 以上，通过培训总结交流和学员上交的培训心得可以看出，大多数教师认识到了现代教育技术的重要性，提高了信息化环境下的教学设计和教学实施能力，掌握了常用课件的制作技术，学会了档案袋评价方法和利用博客开展教学反思。

营口市教师培训取得了良好的效果，但教师培训涉及人员和因素众多，难免存在各种问题。教师培训不仅需要更加深入地开展，还要提高认识：教育技术能力培训不应以课程结束或考试认证为终点，而是以教育技术的应用为目的，是一个长期的过程，对培训及考试后应用阶段给予持续的关注和重视，才能切实提高中小学教师教育技术实际应用水平。

参考文献

［1］唐永红，郝绍华．基于Sakai平台的村镇中小学教师远程培训应用模式初探［J］．中国电化教育，2010（4）．

［2］闫寒冰．从“使学习真正发生”到“使学习达到目标”［J］．远程教育杂志，2011（3）．

［3］金彦红，郭绍青．基于网络的分级分层混合式中小学教师培训模式研究［J］．中国远程教育，2010（11）．

［4］张生．混合式学习环境下基于学习活动的形成性评价的理论与实践［D］．长春：东北师范大学，2008．

［5］刘琳琳．中小学教师教育技术能力培训有效性实证研究［D］．沈阳：沈阳师范大学，2011．

［6］汪颖．农远教师培训可持续发展研究的必要性分析［J］．电化教育研究，2008（11）．

［7］白晓明，陆少颖，等．农村中小学骨干教师培训后跟踪服务的思考［J］．宁波大学学报，2011（11）．

数字化学习资源与学习过程的设计、开发研究

基于学科能力诊断的适应性学习系统构建

裴雪娇　解月光

（东北师范大学　信息与软件工程学院，吉林　长春　130117）

摘　要： 通过文献调研发现，学生的学习能力对学习结果起到关键性的作用。同样，在适应性学习系统中，要想有效地提高学生的学习效率，改善学习效果，就必须重视学生的学习能力在其中所发挥的作用。本文还发现对于不同的学科，所要求的能力培养目标亦是不同的。为此，构建了基于学科能力诊断的适应性学习系统模型，该模型强调了学科能力在学生学习过程中的重要性，系统在诊断学习者的个性特征时，应注重学生学科能力的诊断。

关键词： 学科能力　诊断策略　适应性学习系统

一、问题的提出

《国家中长期教育改革和发展规划纲要（2010—2020年）》提出了“坚持能力为重”的指导思想。切实推进学生能力的发展，是当前深化基础教育课程改革、全面提高教育质量的关键点，同时学生的学习能力也是影响学业成就的重要因素。为此，本文通过文献调研，发现在以往的适应性学习系统中，就诊断策略而言，较多集中于学生的学习风格和学习起点的诊断。毫无疑问，对学科风格和学习起点诊断的准确与否会直接影响学生的学习效果，但随着素质教育的发展，学生能力素质的培养已经成为人们关注的焦点，而且不同学科所要求的能力培养标准也是不同的。所以，在构建适应性学习系统时，应意识到学科能力的重要性，正确诊断学生的学科能力，对适应性学习系统更准确地向学习者推送学习资源，提供学习环境具有重要的意义。

二、当前适应性学习系统中诊断策略分析

适应性学习系统通过对学习者学习风格、学习起点、能力水平等因素进行综合测量和分析，为其营造个性化的学习环境，使学习不再受时间、空间的限制，实现高效果、高效率的学习。有学者将其描述为“一种基于观察学习者的学习偏好、以获得最好的学习效果而进行动态组织的智能系统”。学习诊断就是利用一些经过测量理论校定的测试练习题对学生进行测试，并根据学生的反应情况来估测学生能力以及领域知识的掌握程度，是系统对学习内容进行动态组织的重要依据。它可以发生在学习的开始、学习的结束或学习的过程之中。

在目前的适应性学习系统之中，学生的学习风格、学习起点和能力水平三者已经成为系统诊断的主要因素，研究者也普遍认同这些因素在学习者个性特征中的重要性，但是哪些因素应该重点研究，哪些因素在学生的学习活动中能够起到关键的影响性作用，研究者之间仍存在一些分歧。通过文献分析发现，在适应性学习系统的诊断策略过程中，这样一些问题确实存在，它不仅影响着系统的学习效果，而且还阻碍着系统的进一步发展。

（一）重视学习风格，忽视学习能力的诊断

对于学习者的个性特征，大多数文章重点关注学习风格这一因素，却忽视了学习能力的重要性。例如，有人提出了一种基于认知状态和学习风格的学生模型（CS-LS学生模型）。CS-LS学生模型包括学生描述、认知状态、学习风格和学习历史四个维度，其中认知状态和学习风格是适应性学习支持系统重要的适应性维度，它们分别采

用知识多重覆盖模型和分组模型表示。CS-LS 学生模型采用注册填表、在线问卷测试和系统预设值进行初始化，并通过计算机自适应测试来诊断学生的能力水平，从而对学生模型进行动态更新。虽然文章对能力水平有一定的阐述，但侧重点更偏向于学习风格的诊断。还有人选取生理、心理和社会这三个维度来描述学习者的学习风格，并结合学习风格三维模型构想一个自适应学习系统，主要解决对学习者学习诊断的实现、学习内容的动态呈现和学习项目的自动选择及分配等。我们可以看出，学习能力作为学习者个性特征中的一个重要因素，并没有得到足够的重视。

（二）系统诊断应与基础教育的具体学科相结合

目前，适应性学习系统只是作为一个独立的系统在运行，根据学习者的学习风格和认知状态，以及所处地理位置和所使用学习设备等情况，向学习者推送具有较高适应性的学习内容。然而在国内的研究中，虽然系统对学习者的学习风格和认知状态有一定的研究，但是并没有与具体的学科相结合。试想，同一学习者在学习不同的课程内容时，如果学习动机足够强，学习风格也非常适合，那么两门课程的学习结果就一定会相同吗？笔者认为，不一定相同，还有很多内在、外在因素的影响。通过文献调研和实践教学发现，有相当一部分学生在文、理科的学习上表现出一定的偏科现象，也就是说，同一学生对于不同类别的学科，其学习能力是不同的。所以，针对不同的学科，适应性学习系统对学习能力诊断方法也应有所改变。因此，结合特定的学科，来研究学生的学习能力，并使它更好地服务于适应性学习系统是非常必要的。

三、注重学科能力的诊断是适应性学习系统的必然选择

能力是指顺利完成某些学习和活动所必需的、最基本和最直接的个性心理特征。学科能力是学生的智力、能力与特定学科的有机结合，是学生的智力、能力在特定学科中的具体体现。林崇德教授认为，“学科能力，通常有三个含义：其一是学生掌握某学科的一般能力；其二是学生在学习某学科时的智力活动及其有关的智力与能力的成分；其三是学生学习某学科的学习能力、学习策略与学习方法”。

学科能力具有两个方面的特性，即一般性和特殊性。学科能力的一般性是指学习者在学习各个学科的过程中所表现出来的具有普遍性的基本学科能力，包括认知与理解能力、思维与想象能力、观察能力、问题解决能力和创造能力等。这些能力不会因为学习者所学课程改变而发生变化，无论哪门学科，都不能缺少理解能力、思维与想象能力等的参与，它是学生顺利完成学习活动的重要前提。学科能力的特殊性是指学习者在不同学科的学习过程中所表现的出来的具有学科差异的具体能力，如语文、英语一类的文科课程，强调培养学生听、说、读、写方面的能力；数学、物理、化学等一类的理科课程强调培养学生的数学运算能力、空间想象能力、实验能力、科学探究能力等。这些能力带有明显的学科特征，比如要想学好语言类课程，就必须具备一定的表达能力（包括口头表达和书面表达）；要想学好数学类课程，就必须具备一定的运算能力；要想学好物理、化学类课程，就必须具备一定的实验能力。具体的学科能力如图 1 所示。

学习者的学科能力能够适应动态的知识对象，并调整和发展学习者的学习行为，知识对象在一定程度上反映了学习者的能力水平。学习者对于适合自己能力水平的知识对象就会表现出愿意学习的状态，并能够在学习的过程中不断提升和完善自我的知识，循序渐进地调整和发展自我的学习行为，对学生潜在能力发展具有很大的推动作用。相反，如果学习者所学的知识对象与自身具备的学科能力相差较大，学习者就会表现出不愿意学习的状态，久而久之，学习者不但不会在学习过程中获得自我知识的提升和完善，反而会出现学习意志消沉、厌恶学习的现象。因此，在适应性学习系统中，应该意识到学科能力的重要性，将学科能力作为主导因素来为学习者筛选恰当的学习资源，然后利用学习风格来选择学习资源的呈现方式，只有这样才能使系统的适应性得到最大限度的发挥。

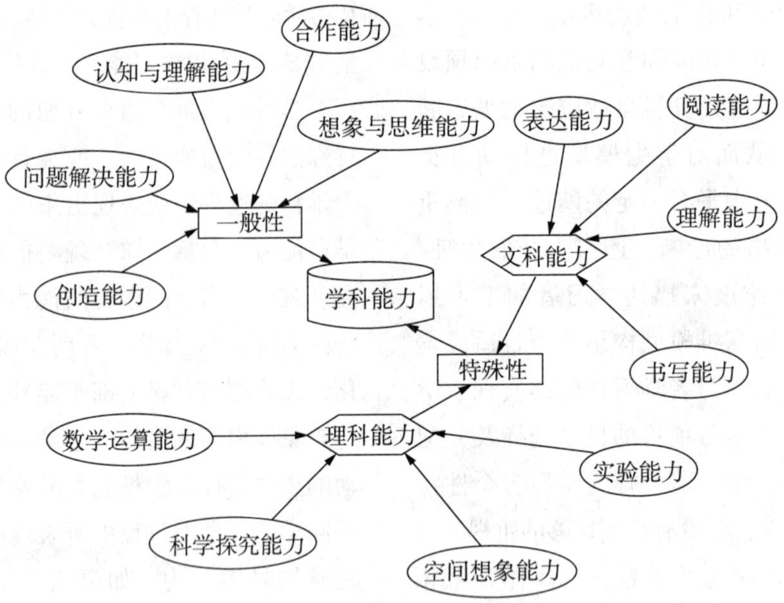

图1 学科能力分类

四、基于学科能力诊断的适应性学习系统构建

我们要想保证适应性学习系统的准确性和适应性，就必须从多方面对学习者的个性特征进行诊断，根据学习者的学科能力确定所要学习的知识内容以及所学知识的侧重点、难易程度，根据学习者的学习风格确定学习内容的呈现方式。本模型试图以学科能力作为诊断的重点，设计基于学科能力诊断的适应性学习系统模型。

基于学科能力诊断的适应性学习系统模型如图2所示，左面的虚线框内表示学生进入系统后的流程图，右面虚线框内表示系统的内部结构。

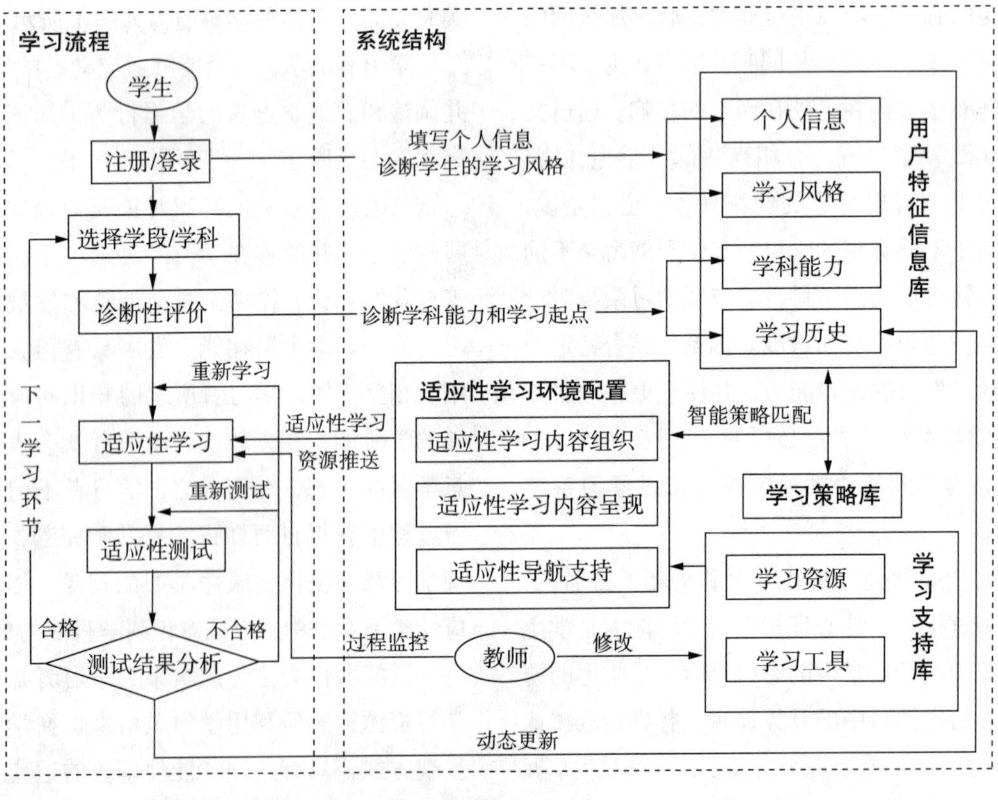

图2 基于学科能力诊断的适应性学习系统模型

（一）系统结构

系统的内部结构主要包括用户特征信息库、学习策略库、学习支持库和适应性学习环境配置四个部分，四个部分缺一不可，共同为学生的适应性学习提供服务。

1. 用户特征信息库。用户特征信息库存放了学习者的个人信息、学习风格、学科能力和学习历史等信息，系统会及时对这些信息进行动态更新，以便适应学习者的知识改变，如图 3 所示。

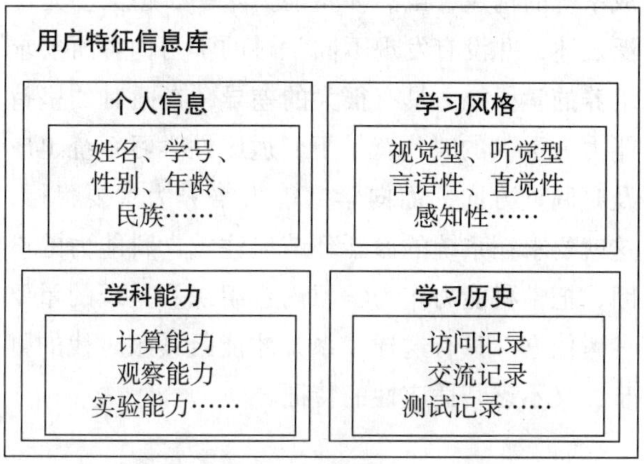

图 3　用户特征信息库基本结构

（1）个人信息。个人信息是指学习者的基本信息，如姓名、年龄、性别等，它属于静态信息，学习者只需在第一次登录系统时填写，便于系统识别不同的学生。

（2）学习风格。学习风格是多种类型学习风格的集合，根据用户填写的注册信息内容来匹配学习者的学习风格，系统会依据学习者的学习风格来选择学习内容的呈现方式。

（3）学科能力。学科能力是指学习者潜在能力的类型与水平等级的集合，它能与相应的学习资源进行映射，一旦学习者的学科能力确定，系统就会从学习资源库中筛选难易程度恰当的学习资源，并能针对学习者较为薄弱的能力方面推送学习资源。

（4）学习历史。学习历史记录了学习者的整个学习过程，属于动态信息，系统会不断更新学习者的动态信息。

2. 学习策略库。学习策略库中存放了大量的学习策略，并使之与用户特征信息库进行映射，系统可以依据用户特征信息智能匹配出满足学习者需求的学习策略，作为适应性学习环境配置的重要依据。

3. 学习支持库。学习支持库包含学习资源和学习工具两个部分，这两个部分的更新由专业教师去完成，通过对学习者学习过程的监控，发现学生的学习需求以及系统的不足之处，及时修改和完善，让系统时刻处于完备的状态。

4. 适应性学习环境配置。适应性学习环境配置包含适应性学习内容组织、适应性学习内容呈现和适应性导航支持三个部分，这三个部分是由系统依据用户特征信息库、学习支持库和学习策略库来进行智能匹配，以此来完善适应性学习资源的推送，如图 4 所示。

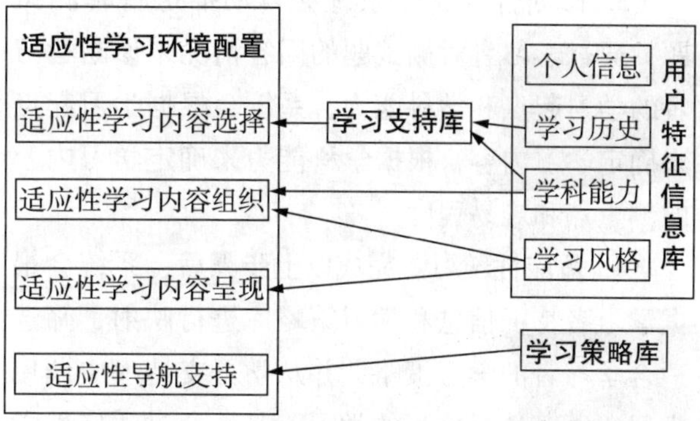

图 4　适应性学习环境配置结构

（1）适应性学习内容选择。适应性学习内容的选择是指根据学习者的学习历史和学科能力，在学习资源库中选择满足学习者需求的学习内容。学习内容应选择学生没有掌握的或者学生学科能力较薄弱的知识对象，这些知识对象要求既能激发学生的学习兴趣，又具有一定的教学意义。

（2）适应性学习内容组织。适应性学习内容组织是指根据学习者的学科能力和学习风格，对学习内容进行动态调整，调整后的学习内容应符合学生的认知规律，适应学生当前的能力水平，这样学生才不会产生过多的认知负荷，才能有利于学习活动的顺利展开。

（3）适应性学习内容呈现。适应性学习内容呈现是指根据学习者的学习风格，选择满足学习者需求的学习内容呈现方式。

（4）适应性导航支持。适应性导航支持是指根据已选择的学习策略，为学习者呈现相应的导航提示，体现了学习者的学习方式，使学习者顺利完成学习活动，不会因为操作问题而影响学习效果。

（二）学习流程

1. 注册。学习者第一次进入系统，填写注册信息，注册信息中包含诊断学生学习风格的若干问题，由于学习风格是学习者持续一贯的带有个性特征的学习方式，它具有稳定性的特征，所以学习者只需在第一次进入系统填写，即可诊断出学习者的学习风格，同时获得学习者的个人信息。

2. 选择学科、学段。学习者选择所要学习的学科以及学习者当前所要学习的学段。

3. 诊断性测试。系统会自动推送一套测试题，通过学习者对测试题的回答情况来诊断学习者的学习起点和学科能力，系统会根据学习起点来确定学习内容，根据学科能力来确定学习内容的侧重点和难易程度。

4. 适应性学习。完成以上步骤后，系统会根据学习者特征信息和学习策略库进行映射，筛选适合学习者的学习策略，并从学习支持库中调用学习资源，选择恰当的学习工具，通过适应性学习环境配置模块对资源、工具和策略进行智能化匹配，从而为学习者提供个性化的学习环境。

5. 适应性测试。学习者完成学习过程后，系统会为其进行适应性测试。

6. 测试结果分析。通过对测试结果的分析，来判断学习者是否达到学习目标的要求。学习者的测试结果无论达到要求与否，系统都会将结果传送到学习历史库中，以便为下面的学习提供依据。如果达到要求则进入下一环节的学习；如果没有达到要求，学习者可以选择重新测试（因为马虎而导致没有合格）或者重新学习（因为不会而导致没有合格）。如果是重新测试，系统会换测试题，避免因记住答案而草率作答；如果选择重新学习，系统会更换学习策略，改变学习难度和学习侧重点，为学习者提供基于上一次学习结果的新一轮学习环境。

学习者学习的全部过程都有实时监控，教师可以非实时地观看监控资料，以便发现学生的需求，能够据此完善修改学习支持库的相关资源，使系统时刻保持在一个较为完备的状态。

五、结语

本研究旨在构建基于学科能力的适应性学习系统模型。通过文献研读发现，以往的适应性学习系统大多数都是依据学习风格和认知状态来完成系统的构建，虽然涉及能力水平，但大多是泛泛表述，并没有发现不同学科的学习内容所要求培养的学科能力具有很大的差异，在面对“坚持能力为重”的时代背景下，适应性学习系统也应及时调整方向，面向学生能力培养为主要目标，这就要求在系统的诊断环节应注重学科能力的诊断，把学科能力作为学习内容组织和呈现的重要参考依据。只有这样，系统才能既紧跟时代的脚步，又不乏其适应性的特征。

参考文献

［1］Sonwalkar N. Adaptive Learning：A Dynamic Methodology for Effective Online Learning［J］. Distance Learning，2007（1）.

［2］余胜泉．适应性学习——远程教育发展的趋势［J］．开放教育研究，2000，25（3）．

［3］陈仕品，张剑平．适应性学习支持系统的学生模型研究［J］．中国电化教育，2010（5）．

［4］赵晓航．自适应学习系统中学习风格模型研究［D］．长春：东北师范大学，2010．

［5］林崇德．论学科能力的构建［J］．北京师范大学学报：社会科学版，1997（1）．

［6］郭元祥，马友平．学科能力表现：意义、要素与类型［J］．教育发展研究，2012（15，16）．

［7］边联，解月光．适应性学习系统构建中的双向适应问题研究［J］．中国电化教育，2009（3）．

以需求为导向的企业数字化学习资源开发研究

杨怡欣　李　文

（沈阳师范大学　教育技术学院，辽宁　沈阳　110034）

摘　要：企业数字化培训是随着新技术的不断发展而逐步呈现出的新趋势，如何对企业数字化培训课程资源进行分析与开发成为企业培训的一个新热点。本文分析了企业 E-Learning 课程资源开发的特点，并对当前企业 E-Learning 课程资源开发存在的常见问题进行了分析，从而提出了以需求为导向的数字化培训课程资源开发模式，并应用此模式在I公司课程开发中进行了实践研究，旨在为企业数字化培训研究和培训师提供借鉴与参考。

关键词：企业培训　E-Learning 资源开发模式　需求导向

一、引言

由于市场竞争日趋激烈，企业的生存和发展越来越需要高素质人才的支持。企业培训就是为了帮助企业发现和培养高素质人才，从而提高企业在人才方面的竞争力。因此保证员工知识和技能的不断更新，对员工进行高质量有效培训已被视为一种重要的经营理念，同时也是保持企业发展动力和竞争优势的重要手段。随着数字化技术的不断发展和运用，传统的培训管理模式、培训体系已不适应时代的发展，现代企业培训模式逐步呈现出新的发展趋势，E-Learning 也开始进入具体应用阶段。据调查，美国企业中基于网络的学习支出已从 1998 年的 55000 万美元上升至 2003 年的 110 亿 4000 万美元。在国内，大多数企业仍在延续过去传统的培训理念、培训模式、培训方法，显然，这种方式对于现代化的企业集团来说已经变得不合时宜，急需在员工培训方面进行大变革。

早期的企业培训形式主要采用“以教师为中心”的课堂讲授形式，虽然传统的面对面讲授方式有其自身的优势，但它不可避免地存在一定的局限性。进入 21 世纪，互联网的普及和信息技术的飞速发展使得企业培训方式发生了根本性地转变，企业 E-Learning 这一数字化学习方式正是借助网络应用的热潮在企业培训市场占据了广阔的生长空间，并成为实现企业发展目标及人才开发与培育的重要手段。

二、企业 E-Learning 课程资源特点分析

企业 E-Learning 课程资源开发的目的是提高企业竞争力，开发过程要遵循学员的特点，企业 E-Learning 课程资源开发特别注重企业培训需求的确定，强调与企业产品开发、技术储备或企业文化等相匹配，是企业战略的一个重要组成部分。

企业 E-Learning 培训课程资源开发与传统基础教育 E-Learning 课程资源开发有一定差异，它应该符合企业培训自身的特点，主要为针对性强、专题性强、案例教程多。

（一）针对性强

企业 E-Learning 课程资源应有很强的针对性，区别于传统基础教育 E-Learning 课程资源的系统性、整体性等特点。传统基础教育 E-Learning 课程资源体系庞大，若直接将其移植到企业 E-Learning 培训中，学习者必然会花费大量时间进行培训学习，从而缺乏针对性，这必将影响企业培训的质量。因此，企业 E-Learning 课程资源的设计多为短

期有针对性的课程，强调以问题为中心，短期课程学习将成为企业培训课程的重要形式。

（二）专题性强

开发精练实用、短期的专题性课程资源，将是企业 E-Learning 培训课程资源建设中的一个重要课题。参加培训的成员要有良好的经验基础，他们的学习并不是以学科结构为重点的，因此课程的设计并不是以章节为线索，而是通过具体的问题设计来解决实际工作中的应用障碍。增强企业 E-Learning 课程资源的专题性，会更有利于学习者提高培训效率与质量。

（三）案例教程多

企业 E-Learning 课程资源由于针对性强，课程的实施应基于案例教学并开展课题研究。E-Learning 培训吸引众多企业的重要原因是能够为企业提供高效率、低成本的效益。进行 E-Learning 培训的企业不仅希望为其降低培训成本，更希望它能快速增强培训效果。所以，理论学习的提高固然重要，但更重要的是在短时间内高效地学会所需技能，这更有利于实际问题的解决。因此，企业 E-Learning 课程资源要包括大量的案例、教程，使学员在学习过程中有比较具体的范例参考，一目了然。

与传统基础教育不同，在企业 E-Learning 课程资源开发中，学员的主动性强，参加学习的学员不仅是课程的使用者，同时也是课程的开发者。他们根据自己的工作经验，对课程开发提出意见和建议，影响着课程资源开发的方向与内容。

三、当前企业 E-Learning 课程资源开发的常见问题分析

E-Learning 实现了学习方式的革命，使企业员工的培训可以超越时间和空间的限制，随时随地地开展培训。同时，E-Learning 培训大大降低了企业培训成本，且可跟踪量化员工的学习情况。在企业 E-Learning 开展项目中，课程资源开发是主要环节，就这个方面而言，目前企业 E-Learning 课程资源开发主要面临以下问题。

首先，课程资源比较缺乏。国内企业培训与知识管理的理念已开始起步但并不成熟，课程缺少具有针对性又充实的内容资源。作为 E-Learning 的核心资源，目前企业 E-Learning 课程以国外相关课程的汉化为主，本土化课程的质量仍有待于进一步提高。

其次，企业 E-Learning 课程资源不能完全满足企业需求。作为企业 E-Learning 实施的关键点，E-Learning 课程质量良莠不齐，究其根本是 E-Learning 课程资源往往不能满足企业的需求。大部分企业 E-Learning 培训沿用传统基础教育已有企业的学科内容为资源建设的依据。这种课程资源的主要优点是强调内容的逻辑结构，但是缺点是不够实用，不能完全满足企业的真正需要。因此，深入研究总结企业 E-Learning 课程资源的特点对保证企业 E-Learning 课程内容质量起着关键性的作用，对进一步推动企业 E-Learning 的有效实施具有非常重大的意义。

四、以需求为导向的企业数字化培训课程资源开发模式

企业 E-Learning 培训的关键是课程资源的设计，进行以需求为导向的课程资源开发是保障培训工作最终效果及有效性的必然要求。在企业数字化培训课程资源的设计过程中，需求的确认是重要的依据，是企业数字化培训课程有别于传统基础教育课程最重要的方面。从本质上说，企业数字化培训课程资源的开发实质上就是“需求导向型”的模式。

企业对于培训不但有现实的需求，还有潜在的需求，培训课程资源的开发应根据企业的发展战略，开发出具有潜在能量的课程。企业如果不能看到市场的潜在需求，也难有多大的作为，但是如果看到了市场的处理，没有相应的人才也是枉然，因此人才就是成败的关键。而人才的成长又与培训课程资源的开发直接相关。

企业培训的主要目的是提高公司的效益，因此设计和开发各种课程以提高员工的工作效益是一项重要的工作。这里我们以企业实际需求和员工学习需求为导向，提出数字化培训课程资源开发模式，其目的是通过课程资源的开发设计，在提高个人工作效益的基础上推进企业的效益。数字化培训课程资源开发模式由五个必不可少的步骤组成，如图 1 所示。

这种模式十分注重对培训需求的确认，需求的确认是最重要的实际依据，是展开其他各个环节的基础，是数字化企业培训课程资源开发的出发点，也是导致数字化企业培训课程有别于传统基础教育课程的一个方面。从本质上讲，E-Learning培训课程资源的开发是以需求为导向的基本模式。因此，如果忽略或偏离了学习者自身的需求，忽略或偏离了公司对课程的实际需求，成功的课程资源开发也就无从谈起了。

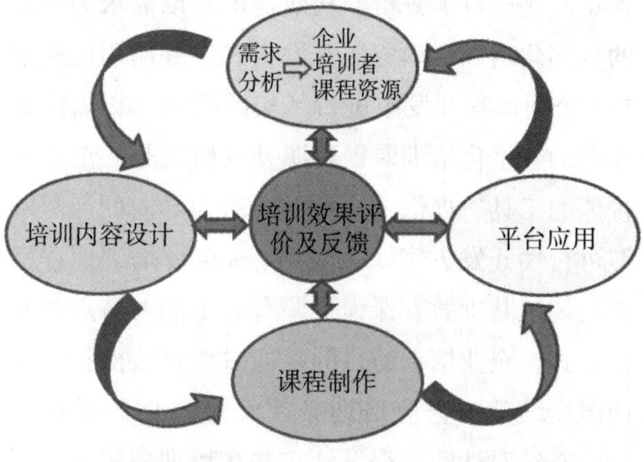

图1　以需求为导向的数字化培训课程资源开发模式

从图1中可以看出以需求为导向的数字化培训课程资源开发模式主要包括以下五个基本步骤。

（一）分析

培训需求分析的内容是：明确企业需求；明确培训者需求，对培训者的分析主要是分析培训者的特征，包括目标培训者已经具备的相关知识和技能基础；明确课程资源需求，主要是分析最适合培训者学习的课程资源。

（二）设计

确定培训内容，设计培训形式。培训内容设计包括：选出最重要的问题作为首要解决的问题，确定减少行为差距进而完成期望目标的方法。依据培训具体内容和培训者特征选择相应的培训策略；对培训过程进行设计，主要包括内容分解、步骤细化。

（三）开发

收集利用已有素材资源进行开发，如果不能满足要求则编写脚本，开发课件；测试、评价、修改学习资源；选择资源形式（教学媒体），如Flash、视频、PDF文件等。

（四）应用

将已设计制作好的课程资源放到E-Learning平台上使用，将学习内容传递给培训者。

（五）评价

培训效果评价包括发生在分析、设计、开发及应用的每个阶段，通过培训者使用后的反馈来调整修改整个方案的各个环节。

此外，模式的整个过程从需求的确认到课程的应用及评价，自始至终强调以需求为导向来设计课程资源，确保了企业培训的质量和效益。此模式的一大优势是对各个步骤的反复评价和信息反馈，便于及时调整课程，使之更好地满足企业的培训需求。

五、应用以需求为导向的企业数字化培训课程资源开发模式在I公司课程开发实践的案例

作者在全球500强的跨国公司I公司培训部实习了六个月，在这期间，深刻体会到国外先进的企业培训理念及其强大的培训设计能力。

I公司有专门的学习管理系统——My Learning网站，点击“Learning”进入学习者功能界面。它对学习者/员工、经理和教师分别具有以下功能。

学习者功能包括：运行WBT（web based training）课程进行学习，查找课程，申请新开课程，查看已报名的培训，查看学习计划，查看课程完成状态，添加课程培训计划，报名课程学习，取消报名课程。

经理功能包括：邀请下属参加某培训，查看下属当前所报名的培训，查看下属的课程完成状态，查看下属的学习计划，批准或拒绝下属的某项培训报名。

教师功能包括：运行WBT课程进行学习，查看授课计划表主动申请教师某门课程，给予参加传统和虚拟课堂培训的学生学分，主动申请教师某门课程。

在使用My Learning过程中碰到任何问题，都可以通过Learning Help来获取帮助。

众所周知，IT行业的知识技术更新速度是非

常之快的。I公司为员工提供了丰富的学习资源，除了 My Learning 课程外，还为员工购买了丰富的在线学习资源，希望员工能保持自己的知识不断更新。这些在线学习资源包括以下几方面。Skill soft & Books：提供各类 IT 知识方面以及管理知识方面的电子书、网络课件、互动模拟案例、期刊、论文等。I Library：提供 IT 行业等各领域的最新电子书籍、期刊、新闻等。Globe smart：主要帮助员工了解世界各地文化，教他们如何与世界各国的人共事、做生意。I公司 My Idea Space：员工可以在上面撰写文章，发表观点，编辑其他人列出的主题，是知识共享的一个工具。

从I公司的数字化学习中可以看出，企业培训非常重视 E-Learning 的课程资源，大量成体系的 WBT 和 ILT 课程、丰富的在线学习等资源样样具备。这有利于员工对理论的系统学习，但是这需要花费大量的时间，员工不能高效地学习所需要的技能。这就是为什么企业培训 E-Learning 资源利用率和使用率低的原因。

作者在I公司 Training 部门 ISD（Instructional system design）Team 实习，负责对培训课程的设计、反馈、优化等工作。作者根据以需求为导向的数字化培训课程资源开发模式，设计开发了一个如何给 E-mail 加密的 E-Learning 课程资源。

我们根据以需求为导向的数字化培训课程资源开发模式进行需求分析，包括企业实际需求分析、培训者需求分析和课程资源需求分析。I公司作为世界 500 强公司，最注重对知识产权的保护，强调内部秘密文件不可外泄。所以公司想让所有员工了解并学会如何应用 E-mail 加密功能和如何设置 E-mail 不可转发功能，这是对企业实际的需求分析。培训者已经具备 E-mail 操作基础知识和技能，而且培训者没有太多的时间进行培训，这是对培训者的需求分析。课程资源最好是简短并具有针对性的案例教程，这是对课程资源的需求分析。经过对此模式的分析，我们决定采用录制 3 分钟简短的视频教程来完成此课程资源。在培训内容设计和制作阶段，我们首先设计了视频脚本，然后根据脚本拍摄并剪辑了 E-mail 加密视频教程。平台试用阶段是把资源放到 E-Learning 学习平台中供员工观看学习。这一课程资源受到了培训者的好评，反馈给我们的评价非常好，员工表示希望以后的 E-Learning 课程资源采用这种形式。这样不仅满足了企业的培训需求，还做到了让员工高效地学习到这一实际技能。

六、结语

本文分析了企业 E-Learning 课程资源开发的特点，并对当前企业 E-Learning 课程资源开发的常见问题进行了分析，从而提出了以需求为导向的数字化培训课程资源开发模式，并应用此模式在I公司课程开发中进行了实践研究。以需求为导向的数字化培训课程资源开发模式是一个很有价值的工具，提供了一种以需求为导向的课程资源可行性开发方案。企业 E-Learning 培训课程资源与传统基础教育课程资源有着不同的特点和开发方式，企业培训的目的是通过培训改变行为进而改变绩效，企业培训必须经过严格的学情分析、有针对性的课程设计，并在培训应用中反复评价、信息反馈，才能使培训的评估、反馈有效并取得良好的效果。

、

参考文献

[1]Steven R. Aragon, Scott D. Johnson. Emerging Roles and Competencies for Training in E-Learning Environments[J]. Advances in Developing Human Resources, 2002(9).

[2]威廉·霍顿. 数字化学习设计[M]. 吴峰，蒋立佳，译. 北京：教育科学出版社，2009.

[3] Joseph T. Sinclair. Creating Web-based Training：A Step-by-Step Guide to Designing Effective E-Learning[M]. New York：AMACOM，2001.

[4]Iraklis Varlamis. The Present and Future of Standards for E-Learning Technology[J]. Interdisciplinary Journal of Knowledge and Learning Objects. 2006(2).

[5]R. A. 瑞泽，J. V. 邓普西. 教学设计和技术的趋势与问题[M]. 2 版. 上海：华东师范大学出版社，2008.

基于 RIA 的新体验易维护精品课程网站建设

郭超群　胡世清　林子华

（深圳大学　师范学院教育信息技术系，广东　深圳　518060）

摘　要： 随着开放教育和教育资源共享的发展，全国建立了很多网络精品课程。但是，目前基于 WEB 的网络精品课程存在很多问题，如表现形式呆板、教学资源种类不够丰富等。本课题利用 WEB 的 RIA 设计方案和 Silverlight 技术，丰富了网络精品课程网站的用户体验；采用桌面式设计方案，为用户提供了熟悉、便捷的操作；采用文件系统管理模式，降低了网站维护成本，提升教学资源的利用率；以应用的形式设计系统功能模块，使得各部分相互联系又互不影响，能够更加方便地管理网络课程。

关键词： 网络精品课程　网站 RIA　校园网实训系统

一、现状分析

自 2003 年 4 月，教育部高等教育司正式颁布《教育部关于启动高等学校教学质量和教学改革工程精品课程建设工作的通知》以来，全国各个院校产生了强烈的反响并发挥自己的优势建立优质课程、共享优质教学资源，一个个精品课程网站如雨后春笋般涌现。网络精品课程相较于传统课程最主要的特点就是用网络数字化技术实现资源共享以适应开放教育的需求。教育部提出建设网络精品课程的初衷是希望更多的人共享优质资源，但是目前几乎大部分的精品课程都面临着利用率低的局面，很多网络精品课程没有发挥应有的作用。分析其原因，网站设计与维护层面主要有以下几点。

（一）用户体验存在障碍

爱因斯坦说，“兴趣是最好的老师”。因而激发学生的兴趣和调动他们的积极性显得十分重要。很多精品课程网站呈现方式单一，大多是知识的堆砌，缺乏多样性和灵活性，这样很容易让人产生心理疲劳，难以引起学生的兴趣。更有些网站访问速度慢、链接失败（更有甚者做空链接）、无法播放视频等问题，这都极大地妨碍了用户的体验。

（二）注重建设、疏于维护

精品课程是为了解决我国优质资源匮乏而诞生的，因而资源共享性和利用率是其存在的重要意义。但传统的网页设计维护困难，不易于管理，大部分高校投入大量人力、物力建设网络精品课程只为了能够通过评审，之后便几乎不再维护及更新资源了，这导致很多精品课程网站缺乏实质性的资源、现有内容简单且陈旧，造成网站利用率低下、大量优质的学习资源没有得以共享。因此，这些精品课程网站就形同虚设，失去它们的价值了。

所以，要改变网络精品课程目前利用率低的局面，就需要在技术方面努力解决用户体验不佳、资源贫乏及维护困难等问题。本文力图通过采用 Silverlight 技术设计出具有亲和力的桌面系统。采用文件管理模式不仅方便了管理，同时还降低了维护成本、提升了教学资源的利用率；运用 XPS 静态文本呈现方式可以满足界面内容的丰富性。目的不仅在于帮助用户整合资源，同时还注重体验效果，最终实现一个内容丰富、便于管理的网络精品课程网站。

二、相关技术

（一）RIA

传统的 Web 开发是基于 HTML 语言的，它的呈现模式是以文本为基础的，因此无法满足人们日益增长的体验需求。RIA（Rich Internet Applications；富互联网应用）的诞生打破了HTML表现层的局限，以XAML表现层的界面元素及特效优势，丰富了用户的视觉体验。它的应用程序界面、快速低成本部署、实时通信以及多媒体等特点，为新一代网络应用开发提供了技术支持。而Silverlight技术作为RIA的宠儿，已经获得众多开发者的青睐。利用它能设计出具有绚丽界面、丰富内容的作品，同时还能很好地解决网站维护等问题。

（二）Office文档的XPS解析与重现

XPS是XML Paper Specification的简称，它是微软公司开发的一种文档保存与查看的规范。它是一种静态文档格式，不包含动态特征。Office的所有文档如Word、PowerPoint、Excel等都可以保存为XPS格式。

这个网站用了Office文档的XPS解析与重现技术，在应用程序中编写了一个XPSViewer的控件，实现了XPS文档的浏览、翻页、拖拽/移动、页面跳转、缩放、整体/水平适应等功能。这个技术的实现为网络精品课程的维护与管理提供了方便，也美化了网站页面，功能强大到不管是图片、文字还是艺术字，只要Office能编辑的就能够显示在网站内，为教师提供了一个设计自己网站页面的平台。例如，教师需要编辑和修改自己网络课程的课件等资源时，只需把相应文档在Office中编辑好（排版、设艺术字、设背景图片和颜色等），再存成XPS放进网站中，就可以快速又方便地完成修改，再也不用为找不到维护人员管理网站内容而苦恼了。

三、系统实现

《校园网实训系统》是通过在实验室建立校园网模拟环境，开展校园网相关理论的教学和技术的实习与培训，使学生在校园网专业技能、实践经验、工作方法、团队合作等方面全面提高的课程体系。它是以Silverlight技术为支撑，拥有视频、课件等各种丰富教学资源并且能够协助学生自主学习的实用性网站。它包含课程简介、教学团队、学习指南、实训环境、课程资讯、方法特色、教学资源、评价成果、互动交流、虚拟课堂、虚拟社区等模块。整个系统是桌面式系统设计，并以应用的形式设计各个功能模块，应用图标显示在系统的桌面上。设计者是以教学资源丰富实用为前提，以方便使用管理及维护为目标，以优质的用户体验为追求来设计整个网站的。

（一）桌面式系统设计

Silverlight可以在Web中实现类似于Windows操作系统的用户界面。本网站用大家熟悉的Windows操作系统界面当主界面，突破了传统网站滚动式页面的布局结构，大大提升了用户的亲和力，还增加了绚丽的动画，给人全新的视觉冲击。它包括开始菜单、右键菜单、任务栏、应用图标、应用窗体几大元素，每个元素都不是独立存在于系统中，因此桌面的主要任务就是管理各个元素之间的层级关系。除此之外，它还负责自动适应页面大小时对应用窗体的调整及关闭开始菜单时的事件捕获与处理。设计桌面系统时主要考虑以下几个方面。

1. 应用图标，由图标和标题组成，是用户应用程序在桌面的展现形式，主要处理单击时打开应用程序窗体，因而要考虑系统接口及参数设计。在设计应用图标的时候，还设计了一个漂亮水晶效果的MouseEnter（鼠标经过）事件，增强了视觉效果。

2. 开始菜单，具有与大家常用的Windows操作系统类似的功能，左边是DockPanel装载的应用菜单，右边是由UIElement类提供的系统接口。

3. 任务栏，包括开始菜单按钮、最小化图标容器、系统时间、显示桌面按钮。这里系统时间需要通过编程使它实时更新，单击显示桌面按钮，系统桌面上应用窗体就会全部最小化。

4. 任务栏图标，是显示在任务栏最小化容器内的图标，是应用窗体最小化之后的样子，图标与该应用显示在桌面的图标保持一致。主要设计了MouseEnter（鼠标经过）和Click（单击）事件，当鼠标经过时就显示图标标题（用ToolTip类）并且呈现光晕样式，单击就打开应用并清空最小化图标容器内对应图标。

5. 应用窗体，网站的各个应用以应用窗体的形式呈现，它是整个系统中最复杂的类，包括最小化、最大化、关闭等功能，显示与关闭的动画特效及半透明的窗体视觉效果，能够自由移动及拖拽（保证内容不变形，随意拖动不出格）等。应用窗体的设计需要保证在基本功能能够实现的前提下，窗体不会意外跑出视觉可控范围外，所以要有全方位的逻辑计算。这里通过编写 Invalidate 方法来判断窗体位置，每次移动都重新计算位置，使其自动调整新位置。

总之，本系统用桌面式系统设计及应用窗体的形式显示网站内容，打破了传统网站单调的页面显示形式。可自由设计背景图片的桌面、透明的水晶应用图标、鼠标经过图标时的炫富特效、单击桌面时的水纹动画以及半透明的窗体设计和打开窗体时的播放特效等都能够给学习者极佳的视觉享受，把富媒体 XAML 表现层的界面元素及特效优势展现得淋漓尽致。

（二）文档界面

为了节省设计的时间、优化程序及统一管理和定义页面，本网站设计了一个由 Head、Menu 和 Body 三个部分组成的 PageHolder 页面。这个页面是用来设计网站应用页面外观的，它的出现可以让用户统一管理和定义具有相同风格的页面。由于网站的文档界面（课程简介、教学团队、学习指南、实训环境、课程资讯、方法特色、教学资源、评价成果）都用了 PageHolder 页面，所以看上去风格很统一。PageHolder 页面的每个部分都是可编辑的，可以通过设计 HeadBackground、HeadImage 的 Source、MenuBackground、BodyBackground（即通过设计每部分的颜色、图片）等来改变页面的外观，这就是为什么很多页面都有一样的结构，却没有相同的外观。所以需要创建一个全新页面的时候只需要 New 一个 PageHolder 页面，然后修改颜色和背景图片就可以了。

PageHolder 页面的设计看上去很简单，用 Rectangle 和 Image 画出 Head 部分，用 Image 和 Grid 画出 Body 部分，用 Image 和 Grid 画出 Menu 部分，简单的框架就出来了。不过，这里涉及了 Silverlight 中一个很重要的 Style 设计。Silverlight 中的 XAML 控件都有自己的风格及颜色、尺寸、大小等属性，想要设计一个漂亮的控件时，用修改属性改变控件外观的方法是有限的，这时 ControlTemplate 就起作用了。简单的方法就是在 Blend 里面设置好，再修改代码。步骤就是：在 Blend 中对要设置 Style 的控件右击，再选择“编辑模板”，显示代码并设置相应的 Property 和 Value，就可以设计出想要的样式。

很显然 PageHolder 页面在后续页面的创建和修改中发挥了重要作用，它不仅可以处理页面的公共功能，还能让用户充分发挥想象 DIY 自己想要的页面。这种设计让网站整体布局上统一，内容上又各具风格，更让开发者大大缩短时间（一分钟就能创建一个新页面）。这更为以后的维护提供方便，不管想要改变哪个页面，稍微改一下相应页面程序中的图片和颜色即可。

（三）FTP 文件管理

FTP 文件管理是用来管理《校园网实训系统》中所有教学资源的，包括所有的 Office 文档，教学录像等。有了这个 FTP 文件管理，只需要把文件放在服务端的 ClientBin 目录下，并在系统相应页面设置文件在服务器中的绝对路径，通过编译就可以自动识别文件夹中的目录，并且在系统相应页面的 Menu 部分按层级显示出来。如把“评价成果”页面的教学资源放在路径 \ CourseGroup. Web \ ClientBin \ Res \ XPS \ 6 评价成果的文件夹中，再在工程中新建一个叫“GainValuation”（即“评价成果”）的空页面，然后在这个页面内 New 一个 PageHolder 页面，并给它设置文件的绝对路径，那么评价成果这个页面就创建出来了，页面 Menu 部分按文件夹内编辑的序号顺序生成菜单。文件夹最外层内容对应的是一级菜单，而“4 学生作品”文件夹里面的“1 毕业论文”“2 开放实验”就是一级菜单“学生作品”下的二级菜单。用这种方法可以创建出系统中所有的静态页面，代码如下。

PageHolder holder = new PageHolder（" / Res/XPS/6 评价成果"，Code. QuickSort. SortType. IndexAsc）;

FTP 文件管理是怎样实现的呢？这里用 Webservice 来实现 FTP 文件管理的数据服务，主要是获取列表。分别对文件夹、文件使用 Directory. GetDirectories 及 Directory. GetFiles 方法，这两个方法都返回一个字符串数组，也就是所有文件在服务器上的绝对路径，并且把这些路径转化成 FileInfo 的数据结构。用 FileInfo 来创建文件实例，通过访问这些实例就可以获取文件的相应信息了。

FTP 文件管理的设计不仅方便了开发人员创建页面，而且对教师更新教学资源也有着重大意义。因为用户无须改动代码，甚至无须打开工程，只需要像平时复制文件一样把要修改的文件复制到相应的文件夹，刷新页面时文件就会自动在网站中显示，达到修改和更新资源的目的（即使完全不懂编程的老师，也可以编辑并更新自己的教学资源）。这有效解决了传统网站中资源编辑不方便的问题，对于改善目前精品课程网站资源贫乏、滞后于课堂教学等现状有积极意义。

（四）教学资源

本网站设计了包括教学录像、课件、相关软件等在内的丰富教学资源，支持各种格式，是用文档管理系统管理的。教师上完课后，把相应资源复制进服务器文件夹内，就可以达到更新资源的效果。具体包括以下模块。教学录像：用户单击“教学录像”进入录像的 Video 目录，单击想看的录像名就进入了播放器进行播放。播放器包含后退 30S、快进 30S、播放/暂停、减速播放、加速播放、适应屏幕/拉伸屏幕、音量调节等功能；实用软件、使用指导、实验报告和教学课件：主要是一些与课程和实验有关的软件及上课资料，单击 Menu 中任意菜单会显示资源目录列表，用户可以根据需要打开或下载这些资源。

（五）课程资讯

课程资讯包括实验计划和最新主题（公告）。实验计划提供实验题目、资料及实验分组，进行实验预约。这一模块综合应用了本网站涉及的各类技术，是学生获取消息的地方。由于技术和展现方式的原因，传统网站中的公告展现方式单一，编辑比较费时，还要考虑格式和排版问题，一不小心容易出错。本网站用文档管理及 XPS 解析与重现技术，能够发布所有 Office 文件。用户不需要重新编辑现有文件，只需要简单另存一下文件就完成发布。完全解除了显示障碍，适合任何人使用，不到一分钟的时间就能够发布一条消息，既美观又省时。

四、结语

网络精品课程建设是一项十分系统且复杂的事情。由于它的使命是共享并利用优质资源以提高教学效果，所以要想有好的成果，除了丰富充实的内容外，还必须充分考虑学习者的学习、体验需求及满足教师便捷快速更新教学资源的要求，只有这样才能让学习者快乐学习。

本系统充分发挥 RIA 的优势，成了一个拥有绚丽视觉效果的桌面式教学网站；通过 FTP 文件管理及 PageHolder 页面快速创建页面，极大地缩短了开发者设计页面的时间，更为教师修改教学资源提供了方便；Office 文档的 XPS 解析与重现技术，可以让人随意 DIY 自己的页面。这个平台是教师展示自己的另一个舞台，更是学生体验学习的殿堂。更重要的是，这个系统可以移植到任何一门课程中，只需要把文件（背景图片、视频、XPS、PPT 等教学资源）替换，并稍微修改，就可以在很短的时间内创建出一个全新的网络课程，这大大缩减了网络课程建设的成本，为将来网络课程发展提供了借鉴意义。

参考文献

[1] 魏永超，银光志 . Silverlight3. 0 开发详解与最佳实践 [M]. 北京：清华大学出版社，2009.

[2] 谢幼如，朱静静，董继燕. 教育技术专业国家精品课程建设分析与展望[J]. 华南师范大学学报：自然科学版，2011（2）.

[3] 林君芬，余胜泉. 关于我国网络课程现状与问题的思考[J]. 现代教育技术，2001 (1).

[4] 武生荣，李艳春. 网络课程结构模式与交互方式研究综述[J]. 远程教育杂志，2008 (3).

[5] 陈伟，卫琳. ASP. NET 3.5 网站开发实例教程[M]. 北京：清华大学出版社，2010.

基于SCORM标准移动学习资源的设计与开发

付建博　王志军

（天津师范大学　教育科学学院，天津　300000）

摘　要： 目前，由于教育领域的信息化要求，移动学习的发展已经成为教育领域的热门研究课题。然而，移动学习资源的匮乏，以及资源形式的枯燥无味，甚至照搬E-Learning学习资源等成为移动学习发展的绊脚石。本文结合SCORM标准学习资源，利用其高级共享的特性，以及开发形式多媒体化、标准统一等特性，从移动教学设计的角度，讲解了如何开发基于SCORM标准的移动学习资源。

关键词： 移动学习资源　SCORM标准　教学设计

一、移动学习资源

（一）移动学习的应用特性

移动学习是在数字化学习的基础上发展而来的，是数字化学习的扩展和延伸，以学习时空的灵活性、学习内容的颗粒性、学习活动的情境性、学习需求的针对性、及时的通信交流等特性迅速在教育领域扩展开来。

（二）移动学习资源的定义及主要形式

移动学习发展的重要前提条件之一便是移动学习资源的供给。移动学习资源是指支持开展移动学习的各种信息资源。目前，有三种常见的移动学习资源形式。第一种是短信形式的学习资源，这种学习资源主要是以有限的文字来传递学习内容或者是关于学习的讨论等，一般形式比较单一，内容比较简洁；第二种是可以独立地在移动设备上显示的学习资源，比如移动教育游戏类课件、一些TXT文本等；第三种就是以浏览内容页面的方式访问的学习资源，这种形式的移动学习资源类似于网络学习资源。随着移动互联技术和移动设备的不断发展，更多形式的移动学习资源将会涌现出来。

（三）移动学习资源现状分析

1. 学习资源的内容匮乏。

目前，移动学习资源匮乏主要表现在数量少、涉及的科目少。学习资源主要集中在语言学习，尤其是英语学习，还有一些是针对考试和财经方面的资源。文理科学习资源开发相对较少，基础教育领域涉及面相对狭窄、数量少、零散化问题突出。表现形式以电子书、动画和音频为主，缺乏趣味性，有些内容甚至照搬原来数字化学习内容，使得学习者对其直接产生腻烦心理，降低学习效率。

2. 更新速度慢、缺乏交互支持。

任何学习资源都有时效性，移动学习资源也不例外。大多数学习资源更新速度慢，对于已经不太适合或不受欢迎的资源没有进行及时的修正、删除和增补，并且大多数学习资源仅仅是单向传递，反馈机制缺乏，使得学习者和内容设计者之间的交流纽带断开了，这样不但不利于学习者学习，也不利于内容设计者修正先前的设计。

3. 可移植性差、难以实现共享和重用。

由于缺乏统一标准技术的支持，开发的学习资源内容难以实现跨平台的运行，甚至同一企业开发的资源都不能很好地实现资源再利用，有些资源仅仅是针对特定型号的手持设备而设计的，这样就大大降低了资源的共享和重用。移动学习资源相互隔离、简单重复，降低了学习资源的利用率，造成了资源的严重浪费，严重阻碍了移动学习资源的可持续发展。

4. 组织形式单一、难以进行个性化定制。

现有的移动学习资源的组织形式单一，有的甚至是简单的罗列，不成系统，很少能根据学习者的不同层次和需要提供不同的学习顺序，不能很好地对学生进行有针对性的个别指导，主要体现资源安排结构简单化、教材化，对不同认知水平的学生呈现相同教学内容，采用相同的教学策略，无法适应个别学生的具体需求，难以实现因材施教。

二、SCORM 标准概述

（一）SCORM 标准发展起源

SCORM 标准起源于 1997 年，由美国白宫科技办公室与国防部所共同推动的 ADL 先导计划（Advanced Distributed Learning Initiative）中提出的远程教育标准，希望通过教材重复使用与共享机制的建立，来缩短开发时间，减少开发成本，促成在各学习平台间流通自如，同时在 SCORM 教材共享机制下，能达成大幅降低训练费用的目标。为推动开发具备上述特点的教材，制订出一套相互关联的技术指南，简称 SCORM（Sharable Course Object Reference Model）可共享对象参照模型。

（二）SCORM 标准应用理念

1. 高度共建共享。

通过课件标准化过程使课件具有统一的包装格式，并在此基础上实现资源的再利用以及检索机制，从而大大降低资源开发和课件制作的成本。提供一个 SCORM 的执行环境，也就是开发移动学习管理系统，所有符合该标准的课件均能在此运行。并且，该标准课件在其他移动学习管理内部也可以顺畅运行，使得资源实现共建共享，移动学习的可持续发展顺利进行，学习效率大幅度提高。

2. 资源形式新颖独特，吸引学习者。

SCORM 标准的学习资源以网页形式呈现，在网页内部包括文字、图像、语音、视频、动画、游戏等多种形式。此外，还可以创建相应的学习情境，在移动学习终端通过交互活动开展，提高学习效率。

（三）基于 SCORM 标准化的移动学习资源设计

1. 基于 SCORM 标准移动学习资源的教学设计。

基于 SCORM 标准移动学习资源的设计应以传统教学设计为基础，根据移动学习的独特性，充分把握学习资源的开发原则，同时，还应该注重移动学习与网络学习的差异，发挥技术的优势，重视学习者的移动学习经验。

2. 基于 SCORM 标准移动学习资源的教学设计框架。

规范化移动学习课件的教学设计过程要贯彻教学设计的思想和方法，借鉴网络课件教学设计的模式与步骤，同时应体现移动学习的差异性，突出移动学习课件的特点。具体来说，需从两个方面来把握：一是要利用移动学习的优势；二是要体现规范化的内涵，考虑资源的可复用性。因此，本文在综合借鉴教学设计的一般过程的基础上，提出了如图 1 所示的基于 SCORM 标准的规范化移动学习课件教学设计框架。

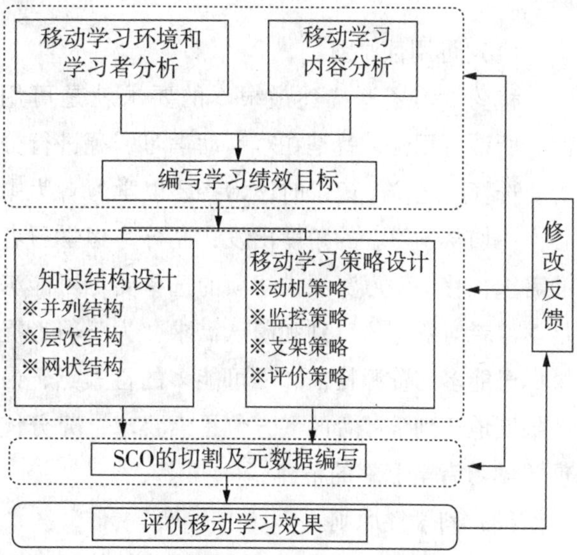

图 1　基于 SCORM 标准移动学习课件教学设计框架

基于 SCORM 标准的规范化移动学习课件的教学设计主要包括以下几个环节。（1）移动学习环境和学习者分析。移动学习环境和学习者分析是合理定位移动学习应用环境和适用对象的关键。（2）移动学习内容分析。与网络课件的教学设计不同的是移动学习内容分析注重分析学习内容是否适用于“移动”中的学习。（3）编写学习绩效目标。相对网络课件而言，移动学习绩效目标最好是可测量的，让学习者知道自己在较短的时间内学到了什么。（4）知识结构的设计。移动学习知识结构的设计与网络课件不同的是强调组块化原则，并以“联通”性原则为指导，同时要体现认知弹性理论的思想和方法。（5）移动学习策略的设计。由于移动学习很容易被外界干扰和影响，因而移动学习策略的设计要以维持动机、保持注意为重点。（6）SCO的切割及元数据的编写。SCO的切割方法需融入微型学习理论的相关理念，同时SCO也是移动学习课件规范化的重要体现。（7）移动学习效果的评价。移动学习效果的评价是实践规范化移动学习课件的教育内涵的有力手段。以上7个环节虽然借鉴了网络课件教学设计的模式和步骤，但对各环节具体内容的诠释又与网络课件的教学设计有非常大的不同。

3. SCORM标准移动学习资源设计开发原则要求。

（1）可用性原则。

移动学习资源描述最根本的要求就是可用性。所谓可用性，就是在对移动学习资源进行分析、选择、定位、记录时，始终要以学习者为中心，一切从学习者的角度出发，充分考虑学习者的需求，移动学习资源描述项的选择要尽可能满足学习者对资源的辨别和确认需求，为学习者提供尽可能多的资源特征和尽可能多的检索点，最大限度地达到学习者的多方位检索要求，充分体现“学习者至上”的精神。

（2）科学性原则。

科学性是贯穿移动学习资源描述始终的原则之一。移动学习标准化是一项专业技术性要求很高、需要长期进行的工作，务必要按照科学的规律来操作，以科学的态度来对待，用符合逻辑的思维对学习知识进行开发，所设计开发的学习资源必须根据科学原理，利用SCORM标准开发工具，从认知角度和学习者可接受范围进行设计。

（3）遵循移动学习理论的要求。

移动学习是一种新型的学习模式，学习时间、学习内容都是微型化的，所以在开发SCORM标准的学习资源时，必须按照理论依据进行设计，学习内容的多少、难易程度都要根据学习者人群的需求设计。

（4）先进性原则。

SCORM标准的学习资源，是富媒体性质的，资源应以声像并茂的方式呈现于移动终端，最大限度地吸引学习者，提高学习效率。因此，学习资源的性质应具有先进性，与其他标准学习资源有区别。

三、以eXe工具为例进行SCORM标准学习资源设计

（一）软件简介

eXe全名E-Learning XHTML editor，是一款基于Web创作环境的E-Learning学习资源创作软件，被国外教学专家广泛应用。如今，通过资源内容的设计也可运用于移动学习资源的设计。该软件完全免费，支持简体中文，简单易用。eXe软件功能十分强大，整合了Word与Dreamweaver的诸多编辑功能，并提供了丰富的教学工具模板，适合各类学科的教学。使用者无需了解HTML语法，只需构思好课件结构与内容，懂得Windows系统的基本操作，便可制作和发布专业的网络课件资源。eXe软件还可将制作好的网络课件导出为符合SCORM标准的文件，可以方便地在各种学习管理系统中运行。

（二）功能介绍

eXe软件界面非常直观、简洁，由菜单栏、状态栏和三个窗口组成，如表1所示。三个窗口分别为：①目录窗口。用于编辑Web页面节点，可进行Web页面的新建、删除、命名、合并、抽取和排序等操作。每个页面可分为三级节点。②教学工具（iDevice）窗口。提供各种教学工具模板，可根据学科门类、学习者特征等相关因素选择相应的教学工具，扩展性能强。各教学工具的名称及功能如表1所示。③创作窗口。用于进行具体的页面创作以及页面属性的描述。

用户创建新页面后，选择相应的教学工具模

板，根据模板的提示进行具体的操作。每个模板均有丰富的编辑功能（除了基本的排版功能外，还能插入各种数学公式、链接、图片、音视频等）及直观的帮助说明。

表 1 教学工具类别及功能

iDevice 类别	功 能
JavaApplet	允许用户载入简单的 Java 程序
RSS	允许用户导入 RSS 内容
SCORM 练习题	创建符合 SCORM 标准的测验题，能让学习管理系统（MLMS）评分
Wikibooks 文章	可将维基百科全书下载至课件中
判断题	创建判断题
图像放大器	可对导入图像细节进行放大，研究细节
图像画廊	可根据课件内容导入相关的图片
填空练习	创建填空练习题
外部网页	允许用户将外部网页内容导入课件的一个页面中
多项选择题	创建多项选择题，可对各选项添加说明
案例分析	提供学生将所学知识和经验应用的案例
目的	描述学生所要达到的学习目标
自由文本	用于创建页面文字
单项选择题	创建单项选择题
问题与回答	提供即时问答，巩固所学知识
阅读活动	检查学生对指定课文的理解，可通过“问题与回答”教学工具来完成
预备知识	学生为完成学习目标所应具备的知识

（三）以人教版九年级物理“摩擦力知识专题”为例设计开发

1. 确定知识内容的 SCOs。

根据学习内容对知识进行切割，形成移动学习知识模块，对知识分析后，可将知识分成三部分，及对应三个 SCOs，也就是三张网页：摩擦力的产生、增大摩擦力的方法、减小摩擦力的方法，如图 2 所示。

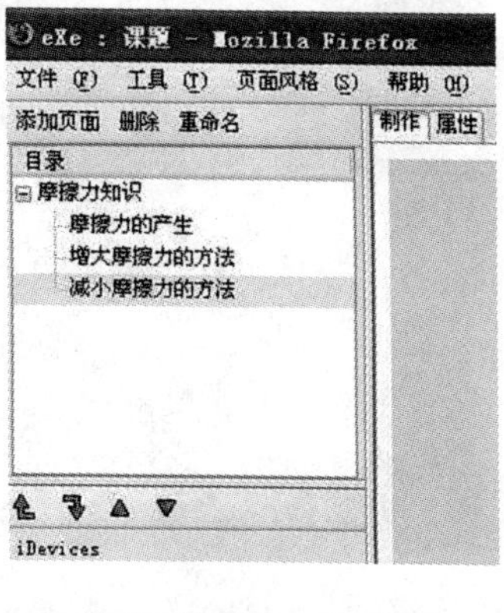

图 2 摩擦力知识专题

2. 设计各个 SCO 内容。

选中“摩擦力知识”页面，此页为首页面，进行知识设计，在下面功能设计面板中，分别设计相应的内容，如图 3 所示，可以选中 SCORM 练习题，在右侧出现设计面板。可以插入视频、动画、设计选择题、判断题、填空等多种类型的题目。这满足了学习者提高学习效率所需的各种学习方式。其他设计页面大致相同。

四、结语

移动学习资源设计与研究是决定移动学习未来发展的重要知识，关于移动学习资源的设计和开发有很多不同的意见，针对不同的学习要求，所开发的资源满足的需求也不同。SCORM 标准学习资源在移动学习中是未来的一种趋势，其标准的共建共享将会使得移动学习的很多难题迎刃而解。相信，在不久的将来，SCORM 标准肯定会引领移动学习进入大众的视野。

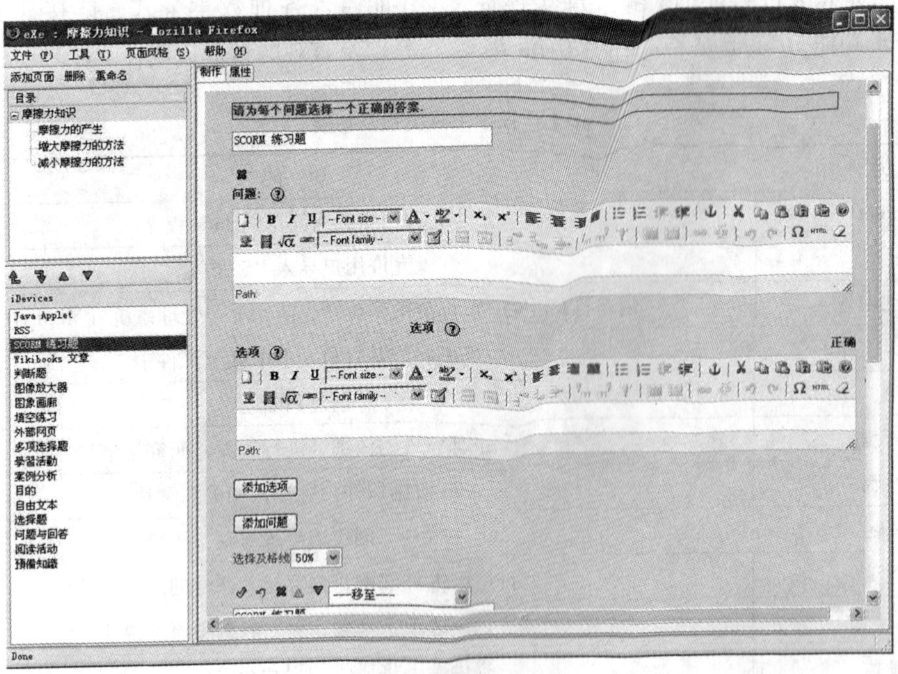

图3　题目设计

参考文献

［1］黄荣怀，Jyri Salomaa. 移动学习——理论·现状·趋势［M］. 北京：科学出版社，2008.

［2］徐红英. 基于SCORM标准实现教学资源整合与共享的研究与应用［D］. 北京：北京交通大学，2008.

［3］孙志梅. 个性化学习内容组织策略研究［D］. 武汉：华中师范大学，2006.

［4］樊心月. 移动学习内容设计与评估规范研究［D］. 北京：北京交通大学，2007.

［5］胡通海. 移动学习的定义、特征和结构［J］. 软件导刊，2010（7）.

［6］熊志刚. 移动学习及其资源设计研究［D］. 上海：华东师范大学，2005.

［7］李华新，李望秀. eXe：E-Learning 网络课件创作利器［J］. 中国信息教育，2008（9）.

我国基础教育优质教育资源的共建共享研究综述

栾宏鸽　王　炜

（新疆师范大学　教育科学学院，新疆　乌鲁木齐　830054）

摘　要：2013 年教育部教育信息化工作要点之一是“加强优质数字教育资源建设与应用，推进优质资源广泛共享”。优质教育资源的共建与共享，已成为教育信息化领域亟待解决的重点问题。本文从文化、制度机制、技术以及资源内容四个研究层面对国内基础教育优质教育资源的共建共享现状进行了梳理，从而提出需要进一步深入研究和实践的一些问题。

关键词：基础教育　优质教育资源　共建共享

一、引言

我国教育信息化经过多年的推进与发展，已经在基础设施建设、重大应用、资源建设、标准化建设、法律法规建设和相应的管理等方面取得了快速发展。从全球范围来看，教育信息化也已从强调“软、硬件基础设施建设”的初始阶段，进入到强调应用，尤其是“教学过程中应用”的深入发展阶段。

优质教育资源建设作为教育信息化的重要组成部分，一直以来关系着教育信息化发展的脉络。何克抗教授指出：“丰富的教学资源（含各种学习工具软件）是实现信息技术与课程整合的必要前提，没有丰富的优质教学资源，难以改变教师主宰课堂、学生被动接受知识的状态。”杨宗凯教授认为：“资源和应用都是教育信息化的核心要素之一”。

《国家中长期教育改革和发展规划纲要(2010—2020 年)》，明确提出要“加强优质教育资源开发与应用”。2012 年 3 月，《教育信息化十年发展规划（2011—2020 年）》提出“优质数字教育资源建设与共享行动”。2013 年教育部教育信息化工作要点之一为“加强优质数字教育资源建设与应用，推进优质资源广泛共享”。

由于教育资源的共建共享是一项系统工程，本文将从文化、制度机制、技术以及教育资源本身四个层面，对国内优质教育资源共建共享的研究现状进行评述。

二、资源共建共享的文化研究

资源共建共享在文化层面的探讨，其核心就是资源主体对资源的共享意识。在我国，与其他研究层面相比，从文化视角切入对优质教育资源的共建共享进行专门研究的成果较少，通常是作为构建共建共享环境的一部分被学者们提及。而教育资源共建共享行动（以下简称“行动”）的主体（建设者、使用者）对行动所持有的理念与态度，在优质教育资源建设与发展中起着关键作用。除此之外，政府和学校领导们的资源共享意识，也影响着该行动的有效开展。目前，我国受自给自足小农意识影响，国人普遍表现出对教育资源共建共享的重要性认识不足，共享意识较为淡薄。已有的资源建设者，又倾向于对资源的有偿开发，希望对自己创造的资源产品，拥有知识产权并通过与他人的资源分享而获利。各学校和区域间因教育竞争反映出各自为营的现象，校际合作与区域合作缺少积极表现。相关教育机构和人员对资源的共建共享，表现出狭隘的部门意识和团体意识，同时带有个人功利性。在倡导合作共赢的当代社会，我们有必要对错误的共享理念进行更正，树立正确的共享意识。共享意识可被视为现代人的一种必备素质，主要包括全局意识、合作意识、发展意识和比较优势意识。它需要我们树立全局和整体合作的观念，与他人共享资源；认同资源共享的共享是一种典型的“双赢”，资源共建的创建者同时也是资源共享的使用者；具备发展意识，不断适应社会新的发展要求，努力提高自己的相对优势及奉献知识的能力；虚心学习他人的长处，拥有合作意识。

我们需要以此为据，抓住共享意识的核心内容，向学校和社会大力宣扬共享理念。对行动的建设者和使用者、相关的学校和机构进行深入研究，做好原因纠察。只有正确的理解和重视优质教育资源共建共享的深刻内涵和重要意义，才会在实际建设和应用过程中持有积极、主动的参与态度。或者说，社会应该为资源的准建设者和共享者们，创造出更容易接触共享资源的机会。让他们尝到资源共享的益处，有利于他们继续开展二次共享、三次共享……最终培养稳定的共享意识。而资源的使用者，对资源的使用大大满足了资源建设者的个人效能感，成为他们进行二次开发的内驱力。

三、资源共建共享的机制制度研究

在资源的共建共享过程中，良好的激励机制和保障制度是有效实现资源共建共享的基础，也是对资源主体进行行动参与的基本约束。首先，我们需要辨析一下机制与制度之间的区别。现有的文献资料中，常把机制与制度混为一谈，或者界定不清晰。机制与制度间的关系，是包含和被包含的关系。机制的建立需要依靠体制和制度。只有通过与之相应的体制和制度的建立（或者变革），才能在实践中得到体现。

目前，我国虽然在资源共建共享方面投入了大量的物力、财力，但由于缺乏有效的制度机制，使我国在资源共享与管理环境方面呈现出诸多现实问题，难以构建高效能的数字化资源共享系统和环境。

我国已制订了一些针对资源建设与应用的制度机制。但面向不同的对象与实际的运作环节，仍然存在以下几点问题。

缺乏政府、社会和学校之间的合作机制。资源的共建与共享，需要来自社会的各方力量积极合作，开展群建众享。尽管个别省市已经开展了三方合作，可仍然个案居多，造成了大量社会建设资源的浪费。我们应该抓住问题，积极促成三方合作的有效机制的生成，制订出具体的制度以指导行动开展。

缺乏面向资源建设阶段的鼓励与保障机制。良好的鼓励机制，可以为资源建设的持久进行提供充足动力，也能让建设者劳有所得，而不只是停留在义务奉献方面。同时，也能提高未参与者的参与意识，吸纳新的力量加入资源的建设当中。制度方面需要考虑建设资金的保障制度、资源建设任务制度等。为行动的开展提供物质保障，同时对资源建设进行基本数量的把控，保持稳定的建设量。

缺乏面向资源共享阶段的推广与鼓励机制。针对资源的共享，我们应该建立起有效的推广与管理机制。对乐于进行资源共享的使用者给予鼓励。具体表现为通过制订相关的制度，对资源的合理使用者们在评优考核时予以倾斜等。这些机制的缺乏加大了用户在检索和获取合适资源的操作复杂性，不利于资源管理者对资源进行高效管理。

缺乏面向资源内容本身的平台准入、淘汰与反馈机制。当前大量教育资源一旦进入共享平台，就如一潭死水不再做任何改变，既缺少使用反馈也不存在被淘汰的风险。再者，目前资源平台的准入门槛较低，这就意味着只要资源建设成型，就能轻而易举地进入资源共享平台进行流通，缺少对高质量资源的遴选制度。所以，我们需要在资源的准入、淘汰与反馈机制方面建立起相应的制度。

目前国内已有大量的学者针对不同的机制匮乏问题，进行了补充机制的研究。如张虹波、李玉顺提出建立政府、企业和一线教学单位之间的合作机制；浙江省在数字化教育资源建设中提出建立应用培训机制、建立资源应用信息反馈机制、建立资源应用激励机制，制订奖励考核办法，有关运营机制方面还提出部分资源按照浏览、下载数量向资源提供者支付采购资金。资源建设平台方面提出建立内容授权访问机制，实现不同站点间的系统互访，从而促进资源共享的有效进行；李玉顺提出要建立“优质数字资源”的生成机制，建构可持续发展机制——优质资源共享长效机制。袁霄等人（2012）在浙江省数字化教育资源建设思路探索中提出建设与运行机制，搭建教育资源共享超市，引入市场机制。设立教育资源开发基地，保证教育资源建设的理论支持。

在我国，除了学者所做的以上研究，国家和部分地区也有一批已进入实践阶段的优秀机制。如农远工程中所建立的逐级验收机制；广东佛山市针对资源建设主体的三级部门（市级、区级、各级各类中小学）构建了一套资源共建共享机制体系，包括面向行政部门的政策调控机制；针对教育信息资源规范化管理的管理服务机制；保障资源质量的区域资源准入机制和区域资源评价机制；鼓励资源建设者积极参与的资源建设激励表彰机制。北京基础教育网的建设推进下所形成与发展的北京市基础教育资源共享环境机制等。

四、资源共建共享的技术研究

技术层面主要表现为资源建设平台的建站技术和资源共建共享主体的信息技术能力。

（一）资源平台的建站技术

我国近几年通过“校校通”工程、“教育部现代远程教育扶贫示范工程”和“李嘉诚基金会西部中小学现代远程教育项目”等项目的实施，使我国城乡中小学校信息化环境从无到有。在基础教育领域，基本完成了教育信息化的硬件设备配置。但是，在基础设施的建设过程中，需要我们同时开展教育资源的平台和内容建设，不然就是“有路无车”，造成设备使用不合理等问题。

从教育资源的技术发展层面来看，资源建设经过了几代的转换历程：第一代是单机、单用户的 C/S 结构资源库管理系统；第二代是单机、多用户的 B/S 结构资源库管理系统；第三代是基于分布式资源管理平台和网格应用的资源系统；第四代是提供开放性教育资源库框架，提供资源库异构检索，实现资源库互操作的基于中间件应用的资源应用系统。

目前，国内研究学者讨论和研究最多的就是将云计算技术，投入到教育资源共建共享的平台建设中，提出资源共建共享平台必须有强大的云技术支撑服务体系，优质资源必须放置在强大的云技术支撑服务平台上。2012 年 5 月 28 日，教育部在全国教育信息化试点工作座谈会上明确作出“教育资源云平台和教育管理服务云平台”的建设指示。全国部分省市也开始利用云计算技术进行教育云服务，从而实现优质教育资源的共建共享。

此外，随着 Web 技术的发展，从 Web 1.0 到 Web 2.0，再到当今的 Web 3.0 环境，越来越多的互联网技术应用到教育与学习领域，为开发、建设和优化教育资源、学习资源提供了良好的技术基础架构。最新的 Web 3.0 技术与前两代相比，基于语义智能搜索理念，具有“信息搜索的智能化”特点。这与学习者日益强烈的个性化学习需求相匹配。因此，Web 3.0 技术在教育资源平台中的应用，虽然尚处于初级阶段，但也逐步转为研究热点。很多研究学者也提出，在教育资源平台中嵌入个人门户应用系统，根据该系统对用户的平台使用记录，对用户进行教育资源的个性化智能推送服务。

根据现有的资源技术现状，笔者归纳出以下几点问题。

在资源平台的建设中，缺少合适的技术架构，使得系统之间的数据难以进行访问与交换，同类信息进行了多次重复建设。

已建成的资源平台，缺少较好的检索技术。未来的检索技术应是能快而准地满足检索者的检索需要，检索结果与实际需求更匹配。

缺少国家资源建设的统一技术标准。标准化的统一，可以使不同的教育资源库之间进行互联与共享。我国目前仅在 2002 年正式发布了《基础教育教学资源元数据规范》。2008 年，对该规范进行了相关的修订工作。但这一标准，早已无法满足当前对资源建设的规范化要求。

（二）资源建设者和使用者的信息技术能力

教师和学生的信息技术能力主要指的是他们对资源的制作与应用的能力。资源共享主体在数字化资源的使用过程中，需要对所获取的教育资源进行二次加工以满足个人的应用需求，在资源的建设过程中，需要具备一定的技术能力水平，才能完成资源的数字化制作。这对教师和学生的信息技术技能有一定的要求。自 2000 年起，随着“全国中小学骨干教师培训”和“中小学教师‘信息技术’培训”的启动，中小学教师开始了在信息技术方面的继续教育。教育部所颁布的《关于中小学普及信息技术教育的通知》，则标志着中小学信息技术教育正式走入了学生课堂。由于教师培训质量和学生学习效果参差不齐，同时伴随着许多教师培训与教学的问题，如理论与实践操作脱节严重、培训方式不合理、教师积极性不高等。学生在接受信息技术教育时，教学模式单一、学校重视程度不够等问题，都导致了个体的信息技术水平的不同，这直接影响着教师和学生对数字化资源的制作和使用效果。

五、资源共建共享的内容研究

在优质教育资源共建共享运动中，毋庸置疑，优质的教育资源处于最核心的位置。在共享者手中流传、真正对学习者产生影响的是教育资源的内容本身。对其他三个层面的探讨，最终的目的也是能创造优质的教育资源内容，并被有效地利用于学生的自主学习与教师的教育教学中。

近几年，我国先后建成了一批教育资源库和教育资源平台：国家层级的如农村中小学现代远程教育资源网、国家基础教育资源网，区域层级的如“北京教育资源网”“佛山教育信息网”等。教育信息化公司和科研机构也推出了丰富的教育资源产品，如“K12 教育资源库”、金东方网校等。

在国内，有学者将这些已建成的教育资源平台分为三类：单机版教学资源库、校园网资源管理平台和区域资源共建共享平台。三者间的次序也正是教育资源平台发展交替的先后顺序，随着时代和技术水平的发展，由最初的单机版逐步演变为区域乃至国家间相互共建共享的教育资源平台。资源建设途径主要有国家或区域统一配置和构建、学校向教育公司购置资源库、自主建设校本资源库和获取网上开放性教学资源。

教育资源按媒体属性分主要有视频、图片、动画、文本、应用及音频等六种类型。按资源使用对象分主要有面向教师和面向学生两种类型。按资源内容分主要有教学设计、课程 PPT、课件素材、拓展资料、测试习题、知识导图等六种类型。

我国 2008 年全国中小学教育信息化综合调研活动的结果显示，我国教育信息资源建设的总体状况良好，但也普遍反映出以下几点问题。

从资源建设的规模和质量来看，数字化资源建设规模较大，但急于求量，忽视了资源的内容质量。资源多呈现类型单一，且适切性较差的特征。能满足教师教学需求和学生自主学习需求的优质教育资源内容较少。

从资源建设的形式上来看，现有的资源多为静态资源，缺乏互动性参与、协作性参与的优质教育资源，我们应该加大动态资源的建设力度。与静态资源相比，动态资源的交互性特点更有助于调动学生的学习兴趣，保持学生的注意力。

从资源建设的使用对象来看，现有的资源多为教师资源，少有学生资源。而资源共建共享的最终目的是帮助学生更好地实现个人发展，培养学生自主学习的能力，所以在学生资源的建设开发上应予以重视。

从资源建设的生态化管理角度来看，资源在申请进入共享平台前，应该进行首轮筛选。成功进入后，应该根据使用者的具体应用需求，对所建资源进行不定期的更新与优化。参照使用效果，对已进入的资源进行定期考核，采用优胜劣汰的动态管理，使得资源既有优质的输入，也有不合格的被淘汰。

六、总结

综上所述，对我国基础教育优质资源的共建共享研究需要从文化、制度机制、技术和内容这四个层面进行。目前，随着新的十年教育发展规划纲要与教育信息化发展规划的提出，优质教育资源的共建共享已然成为教育研究的热点问题。现有的研究成果多为针对教育资源内容的平台建设和共建共享模式等方面的研究，而从文化和制度机制层面进行深入探讨的研究较少。我们应该积极构建共建共享的社会生态环境，提升全社会资源共享的文化意识，主动进行资源互通，加强合作。政府和教育部门要加强促进资源流通的政策制定，完善相应的奖励机制体系，落实具体的执行制度，调动资源主体的建设和共享积极性。顺应时代发展，积极引用新的技术手段进行资源平台架构，加强平台的交互性设计。在资源内容方面，要加强优质教育资源的建设与传播。对已建成的资源进行整合和优化，丰富资源类型，做到动态更新。

参考文献

[1] 何克抗．学习“教育信息化十年发展规划”——对“信息技术与教育深度融合”的解读[J]．中国电化教育，2012（12）．

[2] 李更良．数字化教育信息资源共建共享过程中应该注意的问题[J]．教育与教学研究，2009（7）．

[3] 王建虎．论新疆地方课程资源的信息化[D]．乌鲁木齐：新疆师范大学，2008.

[4] 张虹波，李玉顺．教育资源共享环境及共享机制建设发展现状研究[J]．中国电化教育，2009（11）．

[5] 张再富．教育资源共建共享建设的几点思考[J]．中国教育信息化，2012（22）．

[6] 郝中超，金薇．Web 3.0 环境下运用专题学习网站[J]．中国教育信息化，2013（1）．

[7] 贺志强，韩政涛，贺龙祥．教育资源建设平台的发展与展望[J]．现代教育技术，2009（4）．

[8] 李馨，胡小勇，缪容．我国基础教育资源建设与应用调查[J]．中国电化教育，2009（2）．

大学视频公开课与精品课程的融合性研究

冯　璐　宋萍萍

（湖北师范学院　教育信息与技术学院，湖北　黄石　435000）

摘　要：随着开放教育在国内的不断发展，教育部先后启动了精品课程建设和高校视频公开课建设项目。通过视频公开课与精品课程的现状对比，探讨分析了二者的优势和不足，在此基础上从课程分布、建设模式、师资力量三个方面论述了加强二者融合的必要性，并提出了相关策略。

关键词：大学视频公开课　精品课程　融合　策略

一、引言

为了顺应时代对教育的需求，美国麻省理工学院于2001年启动了OCW项目，即Open Course Ware（网络开放课程），率先将其所开设的全部课程的教学资源及课件公布于网上，无偿地提供给受教育者学习和共享，开放教育资源的热潮迅速席卷了全球各高校。2003年，我国教育部正式启动了国家精品课程建设项目。截至2010年，已建成包括文、史、哲、法、理、工、农、医以及经济、管理、教育等学科在内的两万多门专业课程，其中国家级精品课程约占全部课程的20%。在世界各名校视频公开课热潮的带动下，各主流门户网站也随之纷纷推出了网络视频公开课，大量翻译、引进全球各知名高校的视频公开课，教育部于2011年开始着手建设我国的大学视频公开课，精品课程随之逐渐淡出了人们的视线。

二、大学视频公开课与精品课程的现状对比

（一）课程分布

1. 视频公开课中人文社科类所占比重较大。

截至2013年3月，教育部建设的“爱课程”网站（http：//www. icourses. edu. cn）首页显示：在全部202门课程中，文学艺术共32门，约占总数的16%；哲学历史共31门，约占总数的15%；经管法学共44门，约占总数的22%；基础科学共33门，约占总数的17%；工程技术共35门，约占总数的17%；农林医药27门，约占总数的13%。

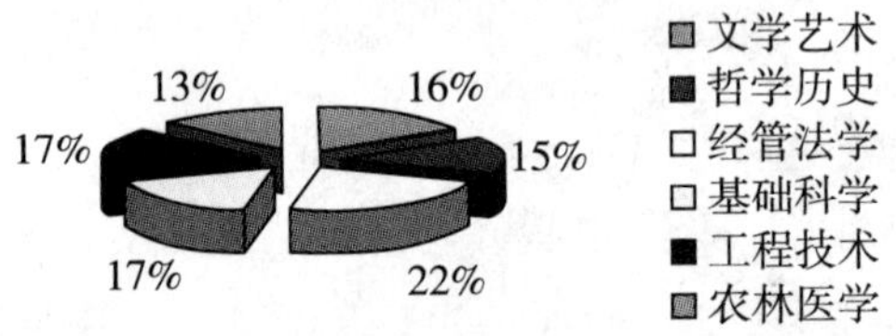

图1　大学视频公开课课程分布对比

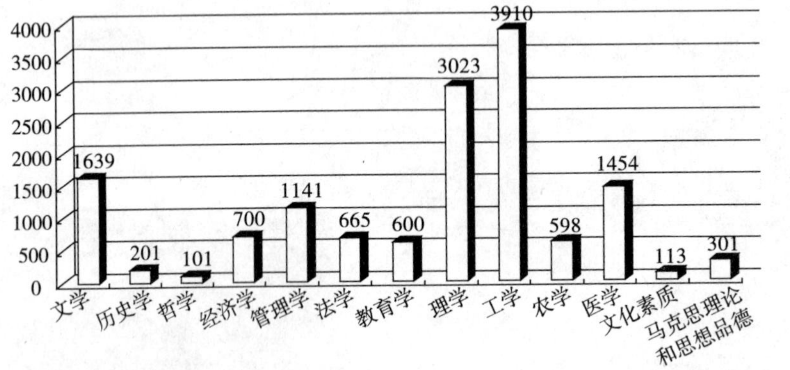

图2　精品课程分布对比

2. 精品课程多以理工类自然科学为主。

精品课程资源网（http：//www. jingpinke. com/index）首页中的本科类课程显示为：文学类课程1639门，历史学201门，哲学101门，经济学700门，管理学1141门，法学665门，教育学600门，理学3023门，工学3910门，农学598门，医学1454门，文化素质教育课程113门，马克思主义理论课和思想品德课程301门。其中，社会科学类课程约占总数的35%，自然科学类约占总数的62%，文化素质及思想品德类课程共占3%。

3. 课程分布不均衡，二者各有侧重。

就目前来看，精品课程和视频公开课都存在专业分布不均衡的“一头沉”现象。在视频公开课中，文学艺术、哲学历史以及经管法学等人文类课程占据了总数的半数以上，理工类课程比重相对较少，其中还有一些专业并未涉及。相比之下，精品课程的分布则明显偏重于理、工、农、医等自然科学，课程数量占据了绝对优势，而且专业分类细、课程种类多，几乎涵盖了本科阶段的所有主流专业。

（二）课程内容的专业程度

课程内容专业程度的差别，是由二者不同的建设目标和受众定位所导致的。“精品课程是具有一流教师队伍、一流教学内容、一流教学方法、一流教材、一流教学管理等特点的示范性课程”，主要是针对在校大学生，是为了满足其自主学习需求的视频教学课程，因而专业程度高、学科性强；大学视频公开课则是为了“推动高等教育开放，弘扬社会主义核心价值体系，弘扬主流文化、宣传科学理论，广泛传播人类文明优秀成果和现代科学技术前沿知识，提升高校学生及社会大众的科学文化素养，服务社会主义先进文化建设，增强我国文化软实力和中华文化国际影响力”，是以大学生为服务主体，同时普遍面向社会大众开放。

1. 视频公开课的受众范围较大，专业定位较低。

为了平衡大众的文化水平，视频公开课的专业程度不可避免地有所降低，形式多趋向于专业讲座或专题报告，其课程本身的意义已逐渐被淡化，更强调其科普性和趣味性。此外，缺少相关基础知识的支撑，造成知识体系不完备以及基础知识缺乏，使目前已建成的公开课一般停留在学术讲座的层面，而不能独立地作为一种教学视频来完成课堂教学。尤其对于没有接受过系统化学习的受众群体而言，不利于其理解和建构知识体系。

2. 精品课程的教学资源齐全，专业程度较高。

精品课程具备较高的专业性，视频本身大多是基于大学课堂的实录，课程数量多且难易渐进，能够形成完整的知识体系；配备了相应的教学大纲、参考教材、教学课件、电子教案等辅助资源，对于“零基础”的学习者完成自主学习具有很强的适用性和可行性。

（三）视频课程的授课形式

1. 精品课程的授课形式基本还原了真实的课堂教学。

在精品课程中，视频所显示的多以“黑板+讲台”的真实课堂情境为主，适当加入了一些多媒体教学予以辅助，整体教学流程与真实的课堂教学相似。其课前预习阶段，主要依靠课程所提供的教学大纲或是电子教案等相关资源，由学习者自行完成；教学多以讲授的方式进行，“教师讲、学生听”的传统教学模式依然居于主导地位；课后巩固和检测阶段，课程配备了习题、试卷等资源供学习者完成自测。

2. 视频公开课不再局限于传统课堂教学模式，教学形式多样。

视频公开课突破了课堂教学的束缚，其教学形式以主题式讲座为主。轻松、活跃的课堂氛围，有效地淡化了师生之间的距离感；多媒体课件已基本取代了黑板和粉笔，大量图像、视频和声音等直观的教学材料应用其中，形象的视觉和听觉刺激，起到了突出重点的作用，既能激发学习者的学习兴趣，又能加深学习者对学习内容的印象和理解。

（四）实时互动情况

师生之间在时间和空间上的分离，是制约教育开放程度的主要原因之一。视频公开课和精品课程都是基于网络视频课程的教学服务，缺乏及时的互动交流、学生的疑惑得不到有效解答，都将直接影响教学效果。在“国家精品课程资源网”的网站中并没有提供专门的交流问答区，而从“爱课程”网站首页“互动交流”和“我要发言”的情况来看，评论大多是对于课程本身的肯定、感谢以及感受等个人观点，个别提问的回复数量几乎为零，形式大于内容的留言板块形同虚设。就目前来看，二者的互动性均未达到实时交互的程度。

三、视频公开课中存在的问题

依靠网络的广泛传播性，视频公开课打破了时空和地域的限制，很好地实现了知识传播、服务社会的建设宗旨，吸引了广大在校生及社会公众的关注。然而，就目前视频公开课来看，其建设仍然存在一些不足。

（一）缺乏基础知识支撑，教学资源不完备，无法形成系统的资源结构

公开课教学与课堂教学不同，其教学进度被固定化，节奏快、信息量大，很难顾及学生的个体差异和接受程度。从“网易”“新浪”等公开课网站来看，公开课教学资源不完备，缺少相关的教学大纲、教学课件、试卷或习题为支撑，学习者很难有效地完成课前准备和课后自测。

（二）以教师为主导的教学模式依旧，自主性学习有待提高

以“爱课程”网站中人气最高的《现代礼仪》课程为例，主讲教师从课程的总体介绍着手，以一个个反问式问题循序渐进地引出所讲内容。但是，问题之间的衔接较快，留给学生提问和思考的时间有限，课程整体依然以教师讲授为主。

（三）课程建设周期长、投入大，短时间内难以实现课程的均衡分布

在2011年发布的《教育部关于国家精品开放课程建设的实施意见》中明确指出：“十二五”期间，建设1000门精品视频公开课，其中2011年建设首批100门，2012—2015年建设900门。2012年2月发布的《教育部关于批准实施“十二五”期间“高等学校本科教学质量与教学改革工程”2012年建设项目的通知》指出，每门精品视频公开课支持建设经费20万元。课程建设周期长、投入大，短时间内难以实现均衡的课程分布。

（四）承建高校范围有限，师资数量不足

我国首批视频公开课的建设主要由“985工程”高校承担，2012年的建设试点学校范围扩展至“211工程”高校及少量具有鲜明学科特色优势的高校。高校和名师在学术水平上较高的权威性是课程质量的有效保证。但是，承建高校的范围有限，容易导致师资数量不足，造成一定的学科垄断，其余高校参与的积极性也不能得到充分发挥。

四、加强视频公开课与精品课程的融合及策略

加强视频公开课与精品课程的融合，既能弥补公开课在建设过程中的不足，又能有效提高已建成大量精品课程资源的利用率，是现阶段实现视频教育资源利用最大化的有效途径。

（一）加强二者的融合，促进课程均衡分布

1. 不同专业互为补充，同类专业相互支撑。

随着“终身教育”理念的不断深入，大众渴望学习的欲望愈加强烈，需求也越来越多样化，均衡的学科分布是满足学习型社会需求的根本。努力推动视频公开课与精品课程的融合，淡化二者之间专业程度的差异，使二者能够在专业分布上形成有效联结、相互补充的依托状态，既能够有效实现现有教学资源的利用最大化，又能在一定程度上达到促进课程均衡分布的效果。

2. 二者融合的实现方式。

（1）插入链接。在视频公开课与精品课程的网站中分别插入相同专业的课程链接，使原本独立的两种课程形式之间形成有效的连接，促进二者的相互作用和共同影响。就目前而言，这种融

合方式的可行性较高、操作性较强。

(2) 整合网站。建设统一的共享服务平台，以专业作为分类标准，形成视频公开课与精品课程共同发布、共同管理、共同维护的整合状态。这一方式可以有效减少课程管理和网站维护方面的人力、物力投资，长期受益，更有利于实现课程传播和综合利用。

(二) 统一建设模式，提高网站影响力，扩大使用范围

1. 细化精品课程建设标准。

在推动二者融合的过程中，要严格落实精品课程的录制场地、拍摄方式、制作标准等相关要求，以高质量的课程建设为目标，保证课程的有效性和艺术性。

2. 共同推广，扩大宣传范围。

利用视频公开课良好的群众知名度和社会影响力带动精品课程的推广，扩大其宣传范围，提高资源共享度。在实现过程中，一方面，要发挥各高校的自主宣传优势，重视教师的引导作用，提高学生使用视频课程的主动性；另一方面，在保证知识产权安全、可靠的前提下，加大对各门户网站的开放力度，发挥主流媒体的宣传和推广作用。

(三) 扩大建设范围，组建专业建设团队

1. 增强学术交流，组建专业团队。

尽管视频公开课与精品课程的表现形式不尽相同，但二者都是基于相同的教育理念和专业知识展开的。因而，首先是要加强专业教师之间的交流，以名校、名师为主导，提高学科带头人的帮扶意识和领导作用，广泛吸收同一专业的优秀教师力量；其次是要组建跨地域、无校别的专业师资团队，该团队全权负责本专业课程的开发和建设任务。此外，每支团队还应配备相应的技术人员，由其独立完成相关的课程制作以及维护工作。

2. 建立助教服务团队，实现有效互动和及时反馈。

实现开放教育，并非单纯地依靠增加教育资源的开放数量就能完成。尤其对于精品课程和视频公开课这类非实时的教学形式，其教学价值的实现需要依托完善的课后辅助机制，因而需要一支强有力的助教服务团队作为支撑，把分散的硕士、博士研究生以及相关专业的青年教师纳入其中，通过建立与课程相关的社区、论坛或利用其他的实时互动工具（如 QQ 群、微信公共平台等）实现有效的线上交流和线下反馈。

五、结语

在教育全球化和信息化的时代背景下，基于“开放共享”理念的教育资源开放热潮已成大势。从 2003 年的精品课程到 2011 年的大学视频公开课，我国的开放教育也经历了十余年的历程。尽管精品课程项目建设已成过去，但其遗留下来的内容丰富、数量庞大的网络课程资源依然存在很大的利用价值，在改造的基础上实现资源利用的最大化是目前较为可行的解决办法之一。因而，实现视频公开课与精品课程有效融合，形成发挥各自优势、实现资源互补的新型开放模式，为建设具有我国特色的学习型社会奠定了良好基础。

参考文献

[1] 刘广，郑重. 中国大学精品视频公开课的现状、特点与发展策略[J]. 现代教育技术，2012 (10).

[2] 杨琳，杜中全. 国家精品课程的可持续发展：教学共享应用模式研究[J]. 中国电化教育，2011 (11).

[3] 孙新波，查慧. 高校精品课程建设研究综述[J]. 黑龙江高教研究，2011 (12).

[4] 许艳丽，马德俊，刘刚. 国家精品课程网站中教学视频的应用研究[J]. 电化教育研究，2012 (2).

[5] 田珊，胡卫星. 由共享到互动的追求——网络视频公开课建设的理想与现实[J]. 中国教育信息化，2012 (19).

[6] 潘爱珍，沈玉顺. 国家精品课程建设回顾与检视[J]. 高等工程教育研究，2012 (3).

［7］王健，曾程，林琳．国外视频公开课的成功案例对我国的启示[J]．中国信息技术教育，2011（24）．

［8］董榕，许玮，张剑平．高校视频公开课建设及其思考[J]．现代教育技术，2012（2）．

［9］李小刚，马德俊．我国大学视频公开课建设中的问题及其对策[J]．现代教育技术，2012（7）．

基于校园平板电脑的移动学习探究

王千惠　解月光

（东北师范大学　信息与软件工程学院，吉林　长春　130117）

摘　要：目前教育技术在不断发展，新的校园教育云开始走进课堂的探索。创新的教学方式有了突破发展以后，移动学习被越来越多的人所关注并尝试，移动平板电脑这种移动学习最优设备的兴起和发展，为数字校园的教育方式带来了全新的活力。虽然移动平板电脑作为电子教具进入学生的课堂学习中是否是被需求、是否可行存在争议，但是未来的数字校园是期待着平板电脑的融入的。为了使数字校园被更为有效地利用，从而使学生能够自主学习和培养终身学习的能力，本文结合移动学习、平板电脑的发展、应用现状和需求，分别对平板电脑为何是移动学习的最优设备、进入数字校园应满足的四方面条件和实现云课堂的必要性进行了简要的分析。本文认为移动平板电脑的应用定会为数字校园、教学过程、教学资源、教学管理等产生不可估量的作用，为教育改革、课堂研究带来质的飞跃。

关键词：移动学习　平板电脑　数字校园　云课堂

一、问题的提出

随着信息化时代技术的推进，数字化学习环境不仅局限于PC客户端中，目前移动计算技术、无线通信技术和多媒体网络技术等的发展都已越来越强大，移动学习成为教育领域中一种新型数字化学习方式，它使教育的模式产生了质的变化。自2000年“移动学习”这一概念第一次被引入国内，至今已有十多年的时间，这期间我国教育领域的研究者及从事教育产品研发、应用的厂商对移动学习开展了较为广泛、深入的理论研究。目前，课堂的信息含量、题材资源的丰富多彩以及强大的互动交流使教育信息化成为目前教育发展的主流，“三通两平台”在不断发展实施中，一些学校已经开始尝试运用平板电脑来扩充课堂，虽然移动的平板电脑作为电子教具进入到学生的课堂学习中是否是被需求、是否可行存在争议，但是未来的数字校园是期待着平板电脑的融入的。所以有必要结合移动学习、平板电脑的发展应用现状和需求，对平板电脑进入数字校园应满足的条件和为课堂教学带来什么变化等问题做出分析。

二、研究背景

移动学习（M-Learning）是在数字化学习的基础上发展起来的一种新的学习方式，它是未来的学习模式，但是对于这一概念，不同的专家学者给出了不同的解释。目前，国内外的研究现状也有差异，国外研究发展比中国早，而对于我国，开展移动学习的意义更加深远。

（一）概念界定

综合各国专家学者对移动学习的定义，移动学习应该是指利用无线移动通信网络技术和移动通信设备（移动电话、个人学习助理PDA、平板电脑等）获取教育信息、教育资源和教育服务的一种新型学习形式，它能使学习者在任何时间、任何地点学习并能使教师与学习者之间进行交流。

移动学习是在数字化学习的基础上发展起来的，属于数字化学习的扩展。

（二）移动技术的发展

移动技术主要包括基于无线电的双向无线电

通信或广播，基于蜂窝电话的移动语言服务、SMS、WAP、GPRS、UMTS即第三代移动通信网络，基于移动设备的笔记本、平板电脑、PDA、GPS、蓝牙技术、RFID，以及基于网络的WiFi。近几年，移动技术已逐步成熟，在未来几年里，基于触摸技术的用户界面将更加高级，语音识别和转录技术也能够在最新的移动硬件上自由使用。未来4G蜂窝技术也将扩大基于Web和基于云服务的覆盖范围，移动技术将更加成熟，成为人们生活、学习的重要部分。

（三）平板电脑的普及

平板电脑非常注重在教育领域中的应用，一经推出便成为应用于移动学习中的最优终端设备，从而使远程教育真正进入移动学习时代。平板电脑使移动互联网超越了传统互联网，并且令移动学习从过去的学习辅助手段成为主流学习方式。据统计，截至2012年年末，全球已有超过4000万台的iPad和2000万安卓系统的平板电脑投入使用，用户约1.7亿。目前在国外，平板电脑已经走入校园，应用非常广泛。在2010年秋季学期，美国一些高等院校如俄克拉荷马州立大学、俄勒冈州的乔治福克斯大学等都尝试用平板电脑来进行教学活动，使学生学会怎样用平板电脑来进行自主学习，将其作为一种工具应用于学习和生活中。而在我国，这一进程才刚刚开始，但在不久的将来，平板电脑会如手机、电视一样走进人们的生活，甚至会成为家庭个人的主要智能终端。

三、平板电脑应用于数字校园的分析

中国教育信息化未来十年发展目标是：深化信息技术与教育教学的融合，促进信息技术对教育的创新，发挥信息技术对教育的支撑和引领作用，让教育信息化惠及全民。关于教育信息化的本质是什么，国内一些学者提出：是实现教育信息与知识的共享，学校的教育信息化的本质就是运用现代信息技术和现代教育理论把学校建成一种充满信息、方便学习者获取信息和培养创新人才的环境。所以就教育信息化的本质来看，今后一定会更加注重学习环境的改变，并更新教具、学具以更好地进行教育改革。

（一）平板电脑作为移动学习终端设备的优势

平板电脑作为信息化时代一个高科技产物与移动学习的设备要求完全吻合，具有移动性、无线性、便携性、多媒体性、私有性、屏幕尺寸大、内存容量大、处理速度快、能耗低等特点。自2010年4月，乔布斯为世人带来了iPad以后，平板电脑的概念和设计思想更加进步，引领了PC各大厂商都相继推出平板电脑产品。与同样可用于移动学习终端的设备如智能手机、笔记本电脑等相比，平板电脑比智能手机的屏幕大、处理能力强，又比笔记本电脑便携，并支持手写输入等，可以说平板电脑集中了智能手机与笔记本电脑的优点，价格也相对合理，在一些调查的结果中也发现多数人认为平板电脑更适合移动学习。

（二）平板电脑走入数字校园的条件

“三通两平台”是“十二五”的核心任务，目前绝大多数条件相对可以的学校已经建立宽带网络校校通和教学资源班班通，但是实际的有效利用率并不理想，这导致建设起来的云环境未发挥它应有的作用。自从苹果的iPad上市后，把平板电脑作为教具应用在校园里、课堂上成了教育界的热门话题，这是一个存在争议的话题，但是作为已在逐步完善的数字校园环境是期待着这样的改变的。平板电脑一旦进入数字校园，那么学生即可在教室或学校的各个角落进行移动学习，这挑战了传统的教学模式、传统的学习方式。移动平板电脑要进入校园需要满足以下支撑环境和条件。

1. 无线网络环境。

目前的平板电脑都可连接WiFi，所以建立好校园无线网络至关重要，移动、联通等公司已加入到校园WiFi热点的建设，而一个学校里面需要建立多少个热点、一所教学楼、一个教室需要多少AP才能满足需求等问题是需要考虑的，但就目前的发展来看，这些都是相对容易解决的。

2. 软件的技术支持环境。

由于社会各界对平板电脑的认识和理解各不

相同，很多人认为它不是用来学习的工具，它更像一个便携的游戏机，但是事实证明平板电脑是可作为推动教育改革和进步的科技产物，是目前移动学习的最优设备，所以未来的校园课堂中，平板电脑会成为主要教具，这是必然趋势。怎样消除负面的声音，这就要靠软件的建设了，若国内的一些软件公司与学校的教师一同探讨后针对进入校园的平板电脑而设计出一些更有说服力的教育软件，并使进入校园后的平板电脑自动只支持教学，那么这条平板电脑应用于教学的路将走得更好。

3. 平板电脑的选择。

用于教学的平板电脑，是要实现课堂上学生人手一台的，那么对于平板电脑的价格要求也就出现了。无论是苹果系统的 iPad，还是 Android 系统的其他平板产品，价格都在以一定幅度降低，当然一些条件好的学校会优先选择 iPad，但是目前安卓系统产品的技术成本价位更有优势，也为一些条件相对差一些的学校提供了不错的选择。另外，科技发展飞速的负面影响是导致当代青少年儿童更早地接受技术带来的便捷，放弃了本应掌握的书写能力，所以在教学中应用平板电脑，不代表就要摒弃传统的书写能力。那么，在学校中选择的平板电脑应该可以能够保留学生的书写痕迹、书写习惯和方式，让这种教具引导学生更好、更全面地学习。

4. 应该满足的学习模式条件。

平板电脑的学习模式应该有基于问题的学习模式、基于资源的学习模式和基于协作的学习模式。

（三）全新的课堂教学（“云课堂”）

移动平板的“云课堂”是未来全新的课堂教学的需要，若想实现，关键在于课堂学习的有效性。“云课堂”引入电脑教学，学生与电脑、多媒体课件之间的交流会增多，但不能代替师生、学生之间的互动交流，课堂中要适时使用电脑，这样人与人之间的碰撞才能恰到好处。

1. 电子书包。

在众多的学生负担面前最直接的就是书包，教材、资料和工具等都是学生书包里不可缺少的负重，学生整日负重而行，而且在查找资料时也出现了新的问题，重复低效地完成学任务，让学生产生了厌学情绪。移动平板的出现给学生带来很多好处，轻松地查阅，高效的资源利用，并且还给学生一个健康的身体。

2. 自主学习。

移动平板对于学生的学习兴趣而言无疑可以提高到前所未有的高度，将学习的内容设置成游戏，让学生的学习回归课堂，同时又将学生进行学习任务变为升级挑战，自主学习探索精神得到肯定。对学习任务的分类分层处理将在移动平板的帮助下得以更好地实现，大量的自主获取校园云上的资源服务，可以拥有各自丰富的答案，让学习不因课堂结束而中止，电子阅读会变得更自主。

3. 个性化学习。

移动平板电脑进入课堂后，将校园云的各种服务调动起来，比如同步的学习在课堂上可以个性化地针对每一个学生，时时做到 1 对 1 辅导，同时把每个教学单位有机地联系起来，在内容上丰富教学过程，满足学生个性化的学习需求。在个性化学习中，现场的评价反馈有助于教师解决教学差异性的问题，及时调整个别知识点强度。把每个教学空间变成一组组学习评价数据。例如，语文的互动作文，续写网络文学；数学的解题思路的分享，使每一个人都参与进来；英语的在线译文挑战，对比词源，每个人的收获也将不同；立体生动的物理化学实验可以随时随地开展下去；还有有趣的生物实验、地理现象、趣味时评。每人都是学习的主体，不断地进行评价反馈，同时也会在网络云中再生成教学资源。教育云的存在将慢慢成为个性化的学习力量，使学习者养成终身学习的习惯。

四、结语

移动平板电脑的应用定会对数字校园、教学过程、教学资源、教学管理等产生不可估量的作用，为教育改革、课堂研究带来质的飞跃，学生的主体教育会进一步深化，学科间的教学联系会更加紧密，从而回归到学习的本质。有效教学，构建出以学生为中心的学习体系，开启学生自主学习、终身学习的大门，这是我们对未来校园发展的期待。

参考文献

［1］刘豫钧，鬲淑芳．移动学习——国外研究现状之综述[J]．现代教育技术，2004（3）．

［2］傅健，杨雪．国内移动学习理论研究与实践十年瞰览[J]．中国电化教育，2009（7）．

［3］黄德群．移动学习研究对远程教育的影响[J]．实践探索，2005（12）．

［4］吴迪．平板电脑在远程教育应用中的制约因素及发展策略[J]．现代远程教育研究，2013（1）．

［5］杨明．基于平板电脑的课堂教学模式探究[J]．科协论坛，2012（8）．

微视频教学资源的设计与实现

乐平平　张庆秀　王换超

（河北师范大学　信息技术学院，河北　石家庄　050000）

摘　要：随着信息化教育的发展，微视频教学资源的建设更加符合目前教育教学的需求。就如何设计并开发出高质量的微视频教学资源是大家关注的热点，同时也是研究的重点。本文根据实践经验，基于微视频教学资源本身的优势，并结合课程开发和教学设计的基本原理，运用专业录屏软件 Camtasia Studio 进行了微视频教学资源设计与实现的初步探讨。本文以冀教版七年级下册《英语》第六单元的“studying for the test ”词组为设计对象，进行案例的设计与开发，形象具体地展示了整个微视频设计和制作的过程，希望为今后微视频教学资源的开发提供可借鉴的思路与方法。

关键词：微视频　教学资源　教学设计

一、引言

技术对教育的改革起着不可替代的作用，网络和多媒体技术广泛普及，深刻地影响着人们的思维方式和学习方式。越来越多的信息化教学资源被纳入传统的课堂教学以及学生的自主学习中，探讨如何利用最适合的教学资源来充分调动学生的学习兴趣，提高自主学习效率以及培养学生的创新能力，是目前值得研究和亟待解决的问题。从单一媒体的图、文、声、像到现在的集图片、声音、文字于一体的视频媒体，都试图最大限度地满足学生学习的需求，从视频媒体表现力强、信息传输量大的特点可以看出其非常符合现代教学的要求。“微视频”的出现更加证明了“超视像”时代的到来。

微视频多用于商业领域，进行广告宣传、产品推广等活动。近几年在教育领域的研究也一直被人们所重视。因此，微视频教学资源的设计与开发占据十分重要的位置。本文主要研究的是微视频在教育教学领域的应用，通过文献分析及实践学习，笔者理解的微视频教学资源是指具有完整教学结构的时间为 3—5 分钟的片段化学习知识的视频教程。其主要供学生进行自主学习，或者作为教师教学使用的辅助教学资源，依据斯金纳的小步调理论，符合学习者注意力集中有限的特征，情境化的，便于在移动终端设备如电脑、iPad、Mp4、手机等上面进行播放的学习资源。

二、微视频教学资源设计流程

微视频教学资源的开发工具有多种，选择哪种工具要根据个人的爱好以及软件本身的功能。Camtasia Studio 是一款专门用于捕捉屏幕影音的工具软件。不论功能还是实用性方面，这款软件非常适合用于微视频的设计与实现过程，符合不同层次的教师和学习者的基本需求。同时，丰富的视频编辑效果为微视频的故事性及趣味性提供了重要的支撑。该软件的界面如图 1 所示。

除了利用直接录制视频的软件外，必要的素材处理软件也是必不可少的，如功能强大的图像处理软件 PhotoShop、动画制作软件 Flash 等。

微视频教学资源的设计流程主要包括以下几个方面。第一，进行必要的前期分析。主要包括需求分析、可行性分析、学习内容的选择分析、教学目标分析、学习者特征分析、开发工具选择及分析、微视频教学资源呈现结构的选择及学习策略的设计等。第二，设计素材的选择与分析。第三，进行脚本的编写与分析。第四，微视频教学资源的录制阶段。在进行录制之前要针对脚本中需要的素材进行精细的处理，利用 Photoshop 等平面处理软件、Flash 等动画制作软件。然后选择 Camtasia Studio 中的屏幕录像功能进行教学过程的录制。第五，进行视频资源的后期处理。在录制完视频教学资源后，直接进入 Camtasia Studio 中的视频编辑功能进行视频的编辑及修改。完整的视频设计流程如图 2 所示。

图 1　Camtasia Studio 界面

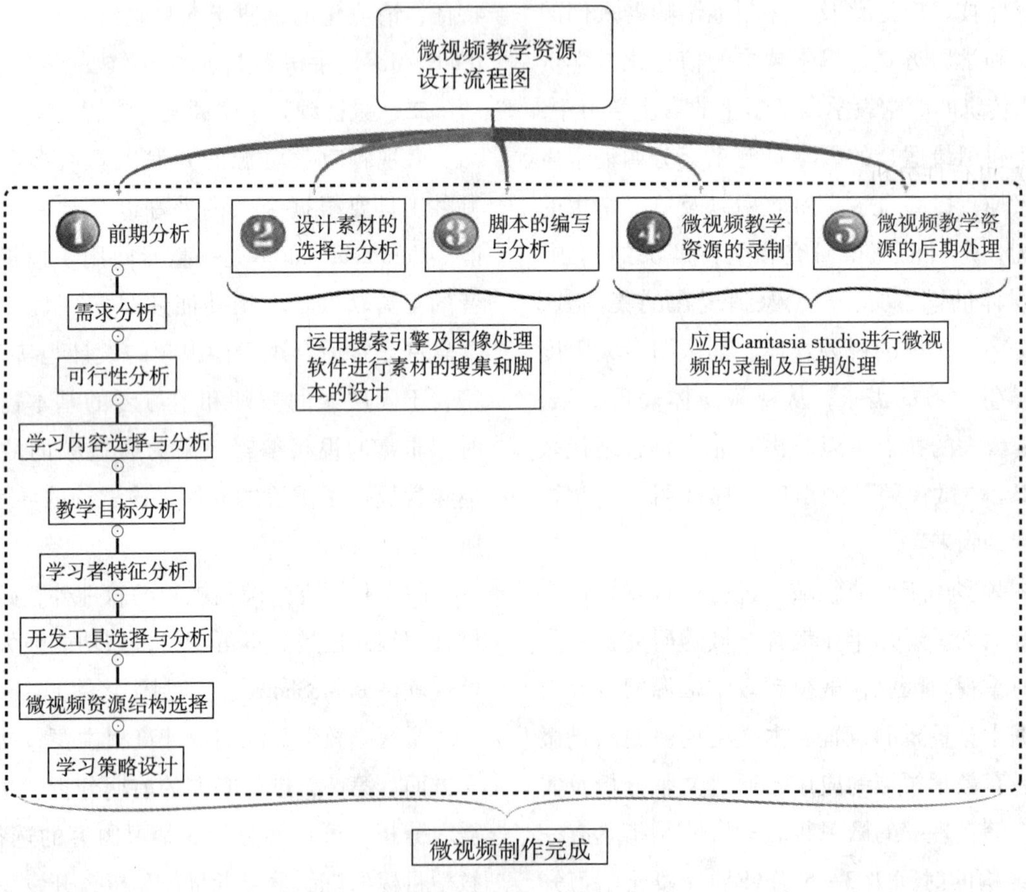

图 2　微视频设计流程

1. 前期分析。

（1）需求分析。

需求分析是设计和开发微视频教学资源的前提和基础。在此基础上，进行教学资源的分析设计才能做到从根本出发，以学习者为中心，进行合理高效的资源开发。需求分析主要包括以下几个方面。第一，明确所开发教学资源的用途，主要针对的是教师还是学生。对象不同，视频资源的设计思路有本质的区别。本文所针对的主要是学生，作为学生自主学习资源的一部分。教师也可将部分对其教学有益的资源用于课堂教学。第二，了解学习者当前学习环境及学习状态，学习状态包括学习方式、学习方法、学习习惯、知识结构等。“知己知彼，百战百胜”，明确学习者目前所处的学习状态，并分析所处状态的优势及劣势，以便在开发过程中弥补其不足，使教学资源更具针对性。第三，调查分析学习者倾向的学习方式及学习资源的风格类型。投其所好，才能激发学习者的积极性与主动性。充分调动学习者的学习兴趣，激发学习者的学习动机，开发出学习者喜欢的学习资源，是提高学习效率的有效途径。

（2）可行性分析。

可行性分析是微视频开发的关键环节，教育思想能否得到传播，其基本前提就是可行性的问题。先进的教育教学思想能够在视频资源上体现出来是可行的表现。可行性分析包括硬件及软件环境的支持、技术的实现和教育理念的贯串。对于微视频教学资源的开发，硬件配备需要满足软件环境的要求，目前普通配置的电脑即能满足所需软件的需求。技术的实现是包括设计和创意的，表达相同的内容，用不同的形式和技术来实现，效果是不同的。熟悉一款或几款操作简单、效果丰富的录屏软件，通过多种功能的结合录制出具有创意的微视频。教育资源的设计最根本的是教育理念的体现。在整个设计过程中，设计者要以教学设计和课程开发理念为标准，以如何激发学习者动机为目标进行学习资源的实现。

（3）学习内容选择与分析。

当前微视频教学资源在大学里应用的较为广泛，效果也比较理想。比如针对一些职前培训课程、教学技能课程、教师职业道德、教师信息素养培养以及软件培训等短期类的课程内容。本文主要研究的是将中学生的课本作为设计开发内容，因为课本知识是学生学习的基础，课本知识理解了、掌握了，就可以举一反三，达到既定的学习目标。同时，针对课本知识开发微视频教学资源既可以弥补课本知识滞后的情况，又符合中学生学习时间紧、任务重的特点。

（4）教学目标分析。

清晰的教学目标是微视频教学资源的灵魂，微视频突出的特点是时间短，在设计过程中不容易把握教学重难点及明确教学目标。所以在进行微视频教学资源设计时一定要先提炼出教学目标，并将教学目标进行分层，使其更加具体化，并根据教学设计原则进行脚本的详细编写。这样才能真正体现出微视频的魅力所在，用形容文章结构的一句话就是：形散而神不散。微视频教学资源实际就是将课本知识分解成一个个小知识单元，知识单元之间看似是独立的，但整体上是一个成系统的集合体。无论是单一的微视频教学资源还是整体的微视频教学资源都有各自的教学目标。这样既符合了学习者碎片化学习时间的特点，也能满足学习者系统化学习的需求。

本文选择冀教版七年级下册《英语》第六单元的“studying for the test ”词组为设计对象，开发了一个微视频短片。为了最大限度地激发学生的学习动机与学习兴趣，视频以当前初中生最喜欢的动画片《火影忍者》中的主角鸣人和小樱为主要人物形象，通过情境对话的形式进行知识点的引出与讲解。以简洁和生活化的情节进行英语词组本身的学习和延伸学习。学生可以一个旁观者的身份来观看此视频，也可以把自己形象化为短片中的主角来身临其境地进行学习，最终达到掌握并能熟练运用的程度。

对于“studying for the test ”这个词组，需要学生掌握的知识点有三个，在进行视频设计前要将知识点进行分割，分成独立的小点。第一，理解词组本身的含义。即“正在为考试（测验）而学习”要明白这是一个行为动词词组，为什么study要变成studying。第二，study这个词的延伸。“学习”除了可用“study”这个词表示之外还可以用其他的词吗？比如：learn、read都有学习之意，要怎样区分这些词以及怎样应用呢？学习习惯以及学习方法的延伸在学习知识的过程中比知识本身的传授更加重要。这正是微视频“短”和“精”特点的体现，也是学习动机理论中学习需求的间接体现。第三，“test”这个词的词义及相关词组的应用。掌握了这三方面的重点之后，目标就会很明确。不管是教师还是学生在设计和学习时都会有重点、有方向。

（5）学习者特征分析。

了解学习者认知水平是进行微视频教学资源设计的前提，教学资源开发的目的是激发学习者学习兴趣，使学习者主动进行自主学习，以掌握所学知识。如果要达到使学习者喜欢并爱上此类微课程的程度，首先要分析学习者当前的知识状态，处于什么样的学习水平，这样才会使微视频资源的开发更具针对性。这点对于教师来说是个难点，学习者由于知识结构与知识层次不同，思维方式也不同。教师应顺应学习者的学习水平与状态，运用各种教学策略来实现学习的最优化。其次要观察学习者的学习习惯、学习方法、学习态度等。这样才能视具体情况进行纠正，抓住学习者的心理。在学习者学习过程中都会有一个最难逾越的阶段，那就是学习习惯的养成与学习方法的归纳总结，学习态度是决定这两方面能否成功的关键。

初中生对于英语学习中长难词组的学习普遍觉得有些难度，这是因为对于每个词组要掌握的知识点既多又杂。但在考试中词组的考查分值往往比重比较大。所以学生的需求就是如何又快又牢地学会这些词组，而且又不是枯燥地死记硬背。“studying for the test”的呈现将学生融入动画片的情境中，用生动形象的语言及情节来吸引不同性格的学生，以达到一定的教学目的。

（6）开发环境及开发工具的选择。

本文研究的微视频教学资源是基于录屏软件和图像处理软件的操作，所需的开发环境是能满足各软件正常运行的环境。电脑硬件的配置较高，可以避免死机、运行慢等问题，为设计者节省时间，为视频开发提供良好的设备条件。开发工具的选择有多种，但基于设计者一般都不是专业开发人员而是教师等非专业人员，在选择工具上应该遵循以下几个原则。第一，人性化原则。人性化原则即注重设计者体验的原则，简单易操作的开发工具一直受到大众的青睐，在选择开发工具时要考虑设计者的情况。本文研究的微视频教学资源的开发使用者一般为中小学教师，教师信息化水平参差不齐。在进行脚本编写和视频设计方面表现比较突出，但技术实现困难是他们一直抵触的原因。所以在开发工具的选择上首先要遵循人性化的原则。第二，适用性原则。软件没有最好的，只有最合适的。能够满足用户需求的软件就是好软件。在进行视频开发过程中此软件能否满足设计的脚本和预期呈现效果，是衡量软件是否适用的前提。同时，软件功能应该优势突出，即设计效果丰富等，这样设计者可以有更大的发挥空间，开发出更有创意的教学资源。第三，稳定优先原则。稳定性是软件得以应用的基础。首先，稳定于各种操作系统是先决条件，因为软件要依托于某种操作系统运行。其次，稳定于软件本身。如果在使用过程中软件本身不稳定，经常出现异常等，那此种软件不会被设计者和使用者选择。本文中所选择的专业录屏软件是Camtasia Studio。

（7）微视频资源结构选择。

在进行微视频脚本设计之前应将微视频基本结构规划出来，这里的“结构”是指学习内容以什么样的方式来呈现。此微视频开发是基于黑板形式下的引导加讲解形式，这样既便于板书的呈现也有助于学生学习思维的发展。

（8）学习策略设计。

学习策略（learning strategies），就是学习者为了提高学习的效果和效率，有目的、有意识地制订有关学习过程的复杂方案。微视频教学资源中学习策略设计至关重要，脚本的编写是体现教学策略的主要途径，为了激发学习者学习动机，提高学习效率。本视频从情境化、生活化两方面入手，以学习者喜爱的动画片《火影忍者》为蓝本进行视频的设计构思，进行人物和情节的分析，进而找到学习者的定位，将知识点融合到故事情节中，用生活化的语言和表达形式进行创意制作。

2. 微视频教学资源设计素材的选择与处理。

教学资源设计素材的选择是微视频开发的关键环节，微视频中抓住学习者眼球的首先是画面。画面的创意与质量是激发学习者学习欲望的根本。传统视频资源在画面上存在一些不足，比如画面不够清晰，视频形式单一，大头现象等。微视频的特点就是短、精、快，所以不论是在视频内容组织上还是视频形式上都应突破传统视频资源的局限，开发出更适合学习者学习的教学视频资源。本文所研究的视频资源针对的是中学生，所以在视频资源开发的素材方面经过深入分析，将能够吸引此年龄段学生的生活化的素材引入视频制作中，这样学习者会更容易接受，因为这样的资源最贴近自己的生活，接触起来没有压抑的感觉。以中学生最喜欢的动画片为切入点，将片中的人物、故事情节作为素材。根据不同的知识内容会选择不同的动画片形象，这样将知识点与动画片的结合点进行匹配之后会极大地增加学习者的学习兴趣。选择好素材之后就是对所选素材的初级处理。本研究中的主要素材指图片、文字等。初级处理是指在进行脚本编写之前对素材的简单处理，包括抠图、拼图、文字的拼接、制作等。具体详细的素材处理要根据脚本的需求进行。以七年级下册的英语为例，图 3 是针对每个单元知识点所规定的动画片。

图 3　知识单元素材选择

3. 微视频教学资源脚本的编写与分析。

脚本的编写是微视频开发的核心部分，脚本是微视频的内容部分，即情节部分。电影之所以吸引大家是因为它有引人入胜的情节，观众在电影中会找到喜欢的角色然后将自己融入其中。所以脚本是否成功直接关系视频资源是否成功。脚本的来源是课本知识，由于要弥补课本知识的一些不足，所以课本知识的整体结构和形式都要进行相应的设计和策划。首先，分析微视频所要呈现的知识点，按教学设计思想将整体的教学目标、教学重难点、教学结构都分析出来。其次，了解动画片中的人物和故事情节，与知识点进行融合。最后，确定微视频的故事情节。故事情节编写过程中应将所设想的呈现效果、呈现方式、配音要求以及所需素材一一标出，便于视频录制。同时，在脚本编写完之后要进行具体的素材处理，在前期素材处理的基础上，将具体呈现所需素材进行精细加工。

根据冀教版七年级下册《英语》不同单元的特点，结合当前学生喜欢的动画片进行归类选择，这样更符合学生的学习需要与学习兴趣的培养。通过搜索引擎进行动画中情节的学习及图片素材的搜集修饰，最后进行脚本的编写。以下是“studying for the test”的脚本。

【脚本】Script。

小樱：How does he?

鸣人：He is very busy. He is studying for a test.（为考试而学习）

小樱：Do you understand it?

鸣人：Yes!（板书）

study / 'stʌdɪ/ 不及物动词，“学习”，用作及物动词时相当于 learn。

“study” 侧重比较高深或周密的“研究”，也可用作名词，意为“学习，书房”。

learn /lə:n/ 用于初级阶段的学习。

learn to do sth.；learn from sb.

eg：We must learn from each other.

test / test/ 可数名词，“考试，测验”。

have a test（有个考试）

pass a test（通过考试）

fail a test （没通过考试）

4. 微视频教学资源的录制。

微视频教学资源的录制部分极其重要，主要包括两个方面的内容：第一，声音的录制；第二，内容的录制。在声音录制方面，要根据不同角色来模拟不同的声音，增强视频情境性和真实性。内容录制方面，首先，要注意画面的排版问题，如何呈现资源能使画面结构合理，知识点突出，这是决定视频质量高低的因素之一。其次，技术应用问题，在使用录屏软件时应熟悉相关功能及效果，在基础效果之上有哪些创新效果的设计，以及脚本中要求的呈现效果能否实现等。这些均是录屏之前要解决的技术问题，是成功录屏的保证。

如在进行本视频录制前，将脚本中需要的素材放在 Photoshop 中。打开 Camtasia Studio 中的录屏功能，进行屏幕大小和分辨率的设定，调整好耳麦和声音。然后开始录制，一边参照脚本读台词，一边用鼠标拖动相应的素材和文字，需要手写的效果时切换 Photoshop 中的图层，在新建的文字层上用手写笔进行书写，这样可以单独设计文字层的呈现效果，吸引学生的注意力。

5. 微视频教学资源的后期处理。

微视频录制完成后，直接进入 Camtasia Studio 中的编辑和播放功能，进行相应的后期处理，以保证视频质量，从效果上进行细节的调整和裁剪。比如时间的控制，重点知识的突出显示，转场效果的添加，出错点的补救等方面。

总之，后期处理环节对微视频教学资源的开发占据着不可或缺的地位。

三、结语

“studying for the test”的微视频设计与实现不仅为中学生英语词组的学习提供了丰富的学习资源，也为教师和教学资源开发者在微视频设计与开发方面提供了学习和参考的蓝本。此微视频设计与实现过程中或多或少地存在一些不足之处，希望通过更多人的研究使微视频的设计与开发更加有效和可行，为丰富教学资源做出贡献。

参考文献

[1] 刘玲．基于情境认知的 RPG 游戏学习社区的开发与实践[D]．石家庄：河北师范大学，2011.

[2] 史忠翠．教育游戏的理论研究和应用[D]．北京：北京交通大学，2009.

[3] 何克抗，郑永柏，谢幼如．教学系统设计[M]．北京：北京师范大学出版社，2005.

[4] 泰勒．课程与教学的基本原理[M]．施良方，译．北京：人民教育出版社，1994.

[5] 张祖忻，等．教学设计——基本原理与方法[M]．上海：上海外语教育出版社，1992.

[6] 刘成新．网络教学资源的设计、开发与评价[J]．电化教育研究，2000（3）.

[7] 范青．微视频教学资源的研发与应用研究——以《教育技术研究方法》为例[D]．武汉：华中科技大学，2012.

[8] 凌巍．移动学习环境下的微视频资源研发及编创策略探微[J]．中小学电教，2012（11）.

网络学习环境下学生差异模型构建研究

孙中芳　解月光

（东北师范大学　信息与软件工程学院，吉林　长春　130117）

摘　要：在网络学习环境下学习者差异已经发生了改变，单纯地把传统的学习者差异分析转移到网络学习中是不可取的。面对新的学习环境，为了能让学生进行高质高效的学习，迫切需要建立新的学生差异模型。本文主要在国内外关于学习者差异的研究成果的基础上，构建网络学习环境下的学生差异模型，主要从学生的初始信息、网络学习风格以及技术支持引发的网络信息素养来描述学习者之间的差异，希望能为相关的研究提供借鉴与参考。

关键词：网络学习环境　学生差异模型　网络学习风格　网络信息素养

一、引言

随着信息技术的不断发展，网络学习环境颇受人们的关注。在新的学习环境下，学生的学习方式与传统的面对面学习有很大的不同，师生处于一种准分离的状态，不像传统的教学环境那样学生和教师（或同伴）有更多的感情交流，在学习过程中，影响学生学习效果的差异要素已经发生了改变，所以我们不能照搬传统课堂教学中学习者差异的分析体系。在传统的学习环境下大多数学者把研究的重点放在学生的认知方面，但是在网络环境下学生的情感、意志等一些非智力因素显得尤为重要，并且这个结论早在20世纪末已经被国外学者证实。基于以上考虑，为了能让学生在网络学习环境下进行高质高效的学习，我们有必要对学生的差异要素进行再分析。

二、网络学习环境下学生差异的要素分析

（一）现有的关于学生差异的研究成果

目前有很多学者对学习者的差异进行了研究，我们知道学生的差异表现在多个方面，但学者们进行差异分析的时候都有各自不同的侧重点。其中比较有代表性的有乌美娜、陈丽、邱婷、程仕品等，其中乌美娜和程仕品主要对学生的初始知识基础和学生的学习风格进行分析；陈丽构建了远程学习者学习风格模型；邱婷则主要从智力（初始知识）和非智力（认知风格）两方面对学生差异进行分析。从中我们可以看出，目前对于学生差异的研究主要是对学生初始知识基础和学生学习风格进行的研究。

初始知识基础主要是学习者的主题知识准备水平。对于学习风格，不同的学者从不同的角度对其进行研究，到目前为止还没有一个统一的定义，存在以下几种主要观点：① 学习风格是个人喜好的掌握信息和加工信息的方式；② 学习风格是一种不管学习任务的特殊要求而采用特殊学习策略的偏好，是一种信息加工的图式；③ 学习风格是学习者持续一贯的带有个性特征的学习方式，是学习策略和学习倾向的综合。学生一旦形成某种学习风格，就有相对的稳定性。因此，从某种程度上说，学习风格是学生个别差异的集中表现。

（二）网络学习环境下学生差异的要素分析

在网络学习环境下，影响学生学习效果的差异因素已经发生了改变，并且技术的引入可能引发一些新的学生学习差异，因此本文主要从两方面对学生差异进行分析。一方面是在现有的关于学生差异的因素分析的基础上，重新考虑网络学

习环境下这些要素发生的变化。现有的关于学生差异的研究主要是学生的初始知识以及学习风格方面的差异。另一方面是分析技术引发的新的学生差异因素。

1. 现有的关于学生差异要素的再分析。

目前关于学生初始知识的研究主要是学生已有的知识基础和对新知识的理解程度。对于学习风格的研究已经比较成熟，认知风格是学习风格的核心。之后随着人们研究的不断深入，把心理、生理、社会等也纳入到学习风格中，但是研究的重点还是停留在认知方面。我们知道在线学习不像传统的教室学习那样，学生有很多机会可以与教师进行情感的交流，在线学习的学生是处在师生准分离的环境下进行学习，以学生自主学习为主，因此情感、学习力度、学习独立性等一些非智力因素就在很大程度上影响学生的学习效果。在网络学习环境下，这些要素发生了改变，所以我们不能照搬之前的学习风格要素的分析，我们需要对网络环境下学生的学习风格要素进行再分析。根据谭顶良的学习风格要素分析，我们知道学习风格涉及了生理、认知、社会、情感等方面，下面我们从初始知识和学习风格要素等方面对网络学习环境下的学生差异进行再分析。

（1）初始知识维度。无论是网络环境下的教育，还是学校教育，都需要特别重视学习者的初始状态，因为这关系学生能否开始和适应新的学习，能否取得好的学习结果。学生参与网络学习活动，懂得计算机的基本操作、了解网络的一般常识是必备条件。网络高手容易在网络教学中发现乐趣，因而更容易取得学习上的进步；相反，对计算机不是很精通的学习者往往容易遭受挫折，很难在网络教学中充分发挥自身才干。因此，网络学习环境下初始能力我们需要加入新的要素：学习者对计算机和网络技术的掌握程度。

（2）学生的生理和认知维度。这里我们依据 Felder-Silverman 学习风格模型为蓝本，根据网络学习的特征进行删减。Felder 从信息输入、信息处理、信息感知、信息理解等四个角度将学习者分为视觉型和口语型、积极型和沉思型、感觉型和直觉型、序列型和整体型。选择 Felder-Silverman 学习风格模型的原因是：① 相比其他学习风格模型，Felder-Silverman 学习风格模型描述更为详细；② Felder-Silverman 学习风格模型已经被成功应用，如据 Kuljis and Liu 所说，Felder-Silverman 学习风格模型最适合做自适应、个性化课件。在大量实验数据的支持下，证明了其在网络教学环境下良好的适用性和信效度。在传统的教学中，学生的学习资源是由教师提供的，因此很有必要对学生的信息输入方式（视觉、听觉、触觉）进行分析，从而提供相应的学习资源。然而在网络学习环境下，学生可以根据自己的喜好自由选择适合自己的学习资源，对于这方面的差异我们无须进行分析。因此，在生理与认知方面我们主要分析积极型和沉思型、感觉型和直觉型、序列型和整体型的学习者。

（3）社会维度。根据网络学习的特点，本文将学习者分为合作学习者和独立学习者。

（4）情感、意向等一些非智力维度。20 世纪末美国学者 Margaret Martinez 等人经过一系列研究，认为主要有三大因素影响了在线学习成绩和个体学习差异，这三大因素分别简述如下。①意动和情感方面。这一因素是指学习者本人的意愿、责任感和学习动机；是否乐于改进学习方法，是否能够适应变化；是否能够制订学习目标和完成学习目标；是否乐于冒险；是否喜欢迎接挑战等。这一类型描述了学习过程中一般的意动和情感倾向，而不管传递的内容、环境、资源和课程是怎样的。②学习独立性方面。这一因素主要说明个体自我选择、控制、管理和改进学习的欲望及能力。能自我进行评价，自我学习，最终达到个人的学习目标。③计划决策和学习力度方面。这一因素说明了个体学习方法与学习习惯的合理性和正确性以及个体学习的用功程度，表明个体是否已养成基本的学习习惯，是否已选择恰当的学习方法，是否全身心地投入学习。综合以上三大因素，将学习者分为转换型（Transforming Orientation）、行为型（Performing Orientation）、顺应型（Conforming Orientation）和反抗型（Resistant Orientation）四大类型。国外 Jones 在《大学基于网络课程的学习取向》（Learning Orientations in University Web-Based Courses）一文中也提到传统和在线的学习班级有一个很重要的区别，在传统的教室，教师把注意力集中在认知风格上面而不是学生取向上面是很有意义的。然而，学习取向的因素在在线学习中是主要的影响学生学习的因素，因此网络学习中我们要重视学生学习的情感意向方面对学习效果的影响。

2. 技术引发的新的学生差异分析。

在网络学习环境下，由于个人的受教育情况以及个人的经验等方面的不同，必然会导致学生网络学习技术能力、学习者信息意识以及学习者对网络学习的态度等网络信息素养的差异。我们知道要想成为成功的网络学习者，网络信息素养是很重要，但是学者们在分析网络学习环境下学习者特征的时候并没有对这方面的差异进行分析。因此，在网络学习环境下我们有必要分析技术引发的网络信息素养差异。

三、网络学习环境下学生差异模型构建

本文中学生差异模型构建是从网络学习环境下学生差异的主要方面进行的如图 1 所示，主要从初始信息、网络学习风格、网络信息素养三个维度对学生的差异进行描述，具体特征如下。

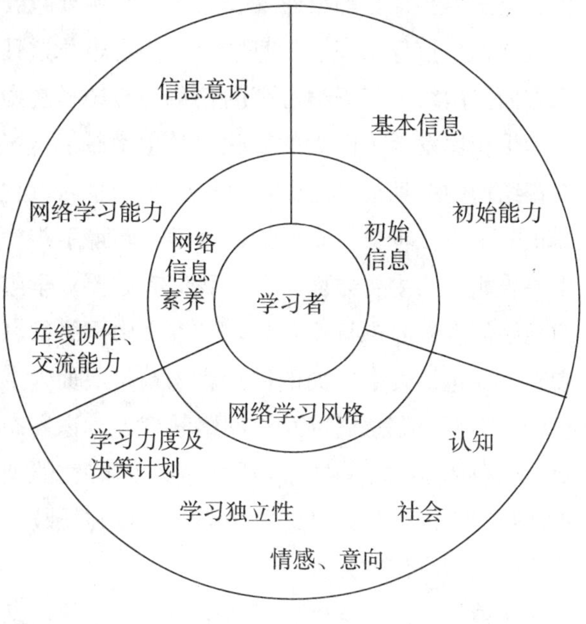

图 1　网络学习环境下学生差异模型

（一）初始信息

网络学习环境下学生初始信息主要包括学生的一些基本信息和初始能力，基本信息主要是学生的姓名、学历、受教育程度、家庭背景等。初始能力主要包括学习单元之前已有的知识和技能、对新知识了解的程度和学习者对计算机、网络技术的掌握程度。

（二）网络学习风格

网络环境下影响学生学习的主要因素包含认知、社会、情感和意动、学习独立性、学习力度和计划决策等。根据认知要素将学习者分为积极型、沉思型、感觉型、直觉型、序列型、综合型；根据社会要素将学习者分为合作型、独立型；根据情感和意动、学习独立性、学习力度和计划决策要素将学习者分为转换型、行为型、顺应型和反抗型。具体特征如下。

积极型学习者在学习中能够积极主动去获取信息，喜欢在团队合作中完成学习任务，喜欢动手和在讨论中获取所需的知识。如果学习者属于积极型，那么学习完某个知识点系统可以建议他转到讨论交流区域，对所学的知识进行讨论交流，或针对其他学习者提出的主题发表见解等。沉思型学习者更喜欢安静地思考，且希望通过自己独立思考完成学习。如果学习者属于沉思型，那么学习完某个知识点后，系统可以建议他进入练习环节进行测试以巩固自己的新知。

感觉型学习者擅长记忆，喜欢直接学习事实和现成的定律。做事比较有耐心，善于记忆和发现事物的细节。在学习过程中喜欢做一些墨守成规的事情，喜欢安于现状。如果学习者属于较强烈的感觉型，则知识点呈现时先呈现其概念及解释等知识内容，然后再呈现公式、程序等。直觉型学习者喜欢创新不喜欢重复，凭自己的兴趣办事，喜欢探索新鲜事物，倾向于发现事物之间的联系，其抽象能力和创新性强。

序列型的学习者喜欢按部就班地理解问题，喜欢线性方式理解事物。综合型的学习者更喜欢全面地考虑事情，喜欢不拘常理地进行思考，他们的学习路径是跳跃式的，按照自己的喜好从任意阶段开始学习，他们很容易从复杂的事物中厘清头绪，并创造性地完成问题的解答。

合作学习者在学习中倾向于通过和其他同学一起讨论并以合作的方式来完成学习，这类学习者在遇到困难时会向他人求助，对环境的依赖较大，不利于独立思考解决问题能力的养成。独立学习者通常采用个人学习的方式，但是不利于交往能力的培养，有时候学习效果也不是很好，这样就需要教师提供更多的在线帮助。

转化型学习者比较喜欢开放的、富有挑战的学习环境，不喜欢过多的约束。转化型学习倾向的学习者往往注重个人的学习能力，充分利用固有资源；他们喜欢凭自己的能力对自己的学习进行长期的自我管理。他们不完全局限于短期任务、目标、日程表和最终期限等，也不受外来的学习动力影响，例如，一般的操作规范、社会和教育的期望等都不会动摇他们既定的目标。他们敢于冒险，能控制自己的学习，积极参与学习过程。他们能够充分自治学习，是一种沉思型的学习方式，由目标驱动，进行自我评价，在任何学习环境中，都能够采取恰当的学习策略，管理资源、迎接挑战。

行为型学习者是具有行为型学习倾向的人，已掌握了一些基本的技能。对学习的情感、意图具有选择性和有条件性；根据自己的学习喜好和学习技巧达到一般水平的学习目标，否则需要外在的奖励。不喜欢难度较高的目标，遇到困难易失去耐心。相对于转化型学习者来说，行为型的学习者只是注重于短期目标，由学习任务驱动，常常受外在动力的驱动，例如，只注重于分数、奖励和一般的效果标准，而不愿冒险犯错误，不愿迎接挑战或者追求一些看起来难以达到的目标。他们常常依赖于教师、外在的资源支持和一些社会影响，需要强大的理由来支撑他们的学习。

顺应型学习者喜欢在有步骤的、结构化的、有指导的环境中学习。具有这一学习倾向的学习者能够顺从地、被动地接受、存储、再生产知识，尽力完成分配到的任务。典型的顺应型学习者不爱冒险、不做过多的思考、不喜欢犯错误、不喜欢进行反思。他们只是顺应学习过程，不会对自己的学习过程进行控制和管理，也不会对反馈结果进行总结分析，他们只是一味地顺应学习环境。喜欢通过线性的、不复杂的、一步一步的指导来取得最好的学习效果。

抵抗型学习者常常怀疑自己是否喜欢他人设定的目标，是否能够成功达到这些目标；这些学习活动是否有助于他们个人目标和成就感的实现；他们的个人价值是否会从中体现等。他们常常在做重复性的劳动，缺乏长期目标，常常感觉到价值冲突，和自己的期望冲突以及和自己的目标不一致等。他们对正规渠道的教育表示怀疑，不相信通过这些教育的渠道能增加他们的知识，提高他们的价值。抵抗型学习者被动地接受知识，并且对人、事、物漠不关心，这常常惹得其他人有点恼火。这部分学习者是一个复杂的混合体，他们的水平参差不齐，有的人技能高超，有的人技能水平却非常低；有的人学习动力十足，有的人却有气无力；有的人充满热情，有的人却缺乏兴趣；等等。

（三）网络信息素养

“信息素养”是一个含义广泛的综合性概念。它是以获取、评估、利用信息为特征，传统与现代文化素养相结合的科学文化素养。它主要包含信息意识、信息知识、信息能力、信息道德这几个方面。网络环境下学习者的角色与传统教育中的学生相比发生了巨大的变化，学生摆脱了传统教育结构中那种被动的学习状态，成为学习过程真正的主人。本文主要分析网络学习环境下与学生差异相关的主要方面，因此我们有必要对学生的网络信息素养进行重新界定。本文中网络信息素养主要包括两个层面的内涵：①精神层面，主要包括学生信息意识以及对网络教育的认识和态度；②技术层面，主要包括学生进行信息的搜集、管理、加工和分享的能力以及学生在线技术进行交流与协作能力等。

在精神层面，学生在网络学习过程中的信息意识以及对网络学习的态度方面存在差异。有的学生可能本身对网络学习不感兴趣，没有很好的网络信息意识，对于这类学生在网络环境下学习就比较困难，需要更多的指导和帮助来培养学生的信息意识。在技术层面，学生在进行信息的搜集、管理、加工、分享以及使用在线技术进行交流与协作方面存在差异。对于这个层面，学生由于自身的需求以及教育经验的不同导致学生能力的不同，对于有较高学习需求的人，他们可能会尝试更多信息检索、寻求帮助的方法，根据自己的经验来不断地累计适合自己的学习方式，提高学习的效率。对于低学习需求的学习者，他们掌握较少的网络学习技能，不能很好地使用媒体工具进行交流和学习，学习过程中需要提供更多的方法和技能指导。

四、结语

网络学习环境中，我们只有对学生的差异进行全面地分析了解，才能够为学生提供恰当的学习环境，更好地促进学生的学习。本文主要在现有的关于学生差异的研究成果基础上，对网络环境下学生差异进行了分析，从而构建了一个新的学生差异模型。这个模型不仅加入了技术引发的网络信息素养的差异，也强调了学生情感、意向等一些非智力因素在网络学习环境下所占的重要地位。

参考文献

[1] 乌美娜．教学设计[M]．北京：高等教育出版社，1994.

[2] 陈仕品．适应性学习支持系统的学生模型研究[D]．重庆：西南大学，2009.

[3] 陈丽，张伟远，郝丹．中国远程学习者学习风偏特征的三维模型[J]．开放教育研究，2005（11）.

[4] 邱婷．网络教学中学习者个体差异影响的研究[J]．中国教育技术装备，2009（2）.

[5] 王泽．网络环境下在校学习者特征模型的构建研究[J]．中国电化教育，2010（3）.

[6] 谭顶良．学习风格的要素及其测定[J]．教育理论与实践，1993（1）.

[7] Felder，R. M. & Silverman，L. K. Leaning and Teaching Styles in Engineering Education [J]．Engineering Education. 1988，78（2）.

[8] 姜强，赵蔚，王朋娇．基于网络学习行为模式挖掘的用户学习风格模型建构研究[J]．电化教育研究，2012（11）.

[9] Margaret Martinez. Mass Customization：Designing for Successful Learning[J]．International Journal of Educational Technology，2000.

[10] Jones，E，& Martinez，M. Learning Orientations in University Web-Based Courses[J]．Proceedings of WebNet，2001（10）.

[11] 胡靖华．论网络环境下学习者的信息素养及其培养[J]．现代远距离教育，2004（2）.

电子教材对教育信息化的影响研究

王　爽　庄天宝

（沈阳师范大学　教育技术学院，辽宁　沈阳　110034）

摘　要：科技的飞速发展与进步促使阅读介质不断更新，新型的阅读模式预示着人类学习真正进入了数字化时代。电子教材越来越被教育者、学生和家长接受，新的教育方式应运而生，世界各国相继开发了电子教材。电子教材作为一种新兴的特殊的教育工具，代表了教育信息化的发展方向。电子教材对教育信息化的影响研究可以进一步推动电子教材的开发与普及，更好地促进信息化教学。通过对国内外电子教材应用现状及电子教材的理论研究，总结出电子教材与传统教材相比所展现出的一系列优势，同时，合理构想出电子教材的美好前景。电子教材在教学中的应用使得信息具有更多的选择性、广泛性和可获取性。未来的世界将成为数字化的世界，而未来的课本必将被电子教材所取代。

关键词：电子教材　纸质教材　教育信息化

一、引言

在信息化教育普及的今天，教育教学手段不断更新，移动学习越来越受到人们的欢迎。也正因为这种学习方式具有很多不同于传统教育的优势，各个国家相继开始研发各种移动设备来支持移动学习，iPod、iPhone、iPad 等都是能够支持移动学习的工具。配套电子教材的开发令移动学习变得更轻松便捷，使数字化泛在学习真正走入人们的生活。电子教材的诞生推动了教育信息化的进程，也标志着教学方式的改革进入了一个新时代。因此，本文针对电子教材进行研究，力图梳理电子教材的发展脉络及其对教育改革的贡献，以期对相关领域的研究起到抛砖引玉的作用。

二、电子教材的产生背景

1995 年，被称为数字化教父的尼葛洛庞帝出版了《数字化生存》一书，此书阐述了信息技术对教育的影响，分析了数字科技产生的必然性及重要性。在数字化时代的今天，数字化教学资源受到广泛关注并被积极推广。2011 年 4 月，“电子书包研发工程”被列入“十二五”重大项目《规划》中。2012 年 9 月，新修订的课程标准颁布实施，强调培养学生的创新精神，关注学生身心健康，减轻学生负担，同时指出教学方式应逐步向移动学习转变。这些都证实了数字化教学不再只是一个设想，它们都为电子教材的产生与迅速发展提供了环境支持。

从古到今，科技的飞速发展与进步促使阅读介质不断更新，电子教材，这种新型阅读模式预示着人类学习真正进入了数字化时代。随着技术的飞速发展，各种移动学习设备应运而生，手机、电脑等都已不再作为通信或是办公设备而存在，它们更大的价值在于对学习的帮助，特别是对于移动学习的重要影响。比如 iClicker，很多教师正在课堂中尝试使用这款交互性设备，学生可以通过这款设备对教师提出的问题进行即时回答，教师可以在第一时间内收到学生的反馈。

2008 年，Chumby 也问世了。它的形状类似于小闹钟，而实际上，它支持网络连接，通过 Chumby 可以进行浏览新闻、查询天气、查询课程信息、收看视频、查看电子邮件等。有人将 Chumby 定义为一个网络时代的高级成人电子玩具。实际上，对于任何一个拥有无线网络的人来说，Chumby 能为其提供大量来自网络的数据和信息。若将 Chumby 应用到学习当中，这无疑是一个很好的学习工具。

电子书包的诞生使得学习内容的呈现方式，由纯文本变为了图文混排的形式，且电子化产品也方便了学生的操作，再加上产品的小巧精致和超大容量的设计，将代替沉重的传统书包，使得学生的学习变得更加轻松。

三、相关概念界定

（一）电子教材

从传统意义上讲，我们所了解的教材就是纸质书本。所谓教材就是将知识和信息通过各种字符符号在一种介质（目前大部分教材所用的介质是纸）上表达出来，并通过这种方式传递给学生的纸制品，通常我们称之为教材、教科书。

电子教材，就是利用先进的电子设备，以纸质教材的内容为基础，将教学内容和知识点以直观的视频、音频、图片文字等形式展现出来，方便学生进行查询、学习和掌握，逐步将纸质教材转化为数字化教材。

电子教材颠覆了传统教学方式，将立体的知识传递给学生，从根本上解决了纸制品存储信息有限且占用空间大、质量大的问题。据调查，迄今为止，世界上已有 50 多个国家计划推广电子教材。从美国的 iPad 课程到韩国的光盘电子课本、俄罗斯的电子教材，再到我国的北京、上海、广州等地区电子书包的推广，数字化教学正在逐步得到推广与普及。由此我们能看到一个数字教学的时代已经来临，电子教材将在这个信息化教学时代拥有无法取代的地位。

目前，已经成型的电子教材取得了非常好的教学效果，电子教材的诞生使学习者改变了固有的学习方式，随着时代的发展，电子教材将会发挥其更大的作用。

（二）电子书包

电子书包，在传统教育的基础上，涵盖和丰富了教育教学系统，针对中小学学生设计开发。它以全新的教材为依据，由数十名高级教师、特级教师及相关技术人员研发，充分体现了当今时代科技的进步。全新的掌上阅读工具、友好的界面、简单的操作和查询功能，令电子书包成为数字化教学资源的首选。

电子书包令教师和家长之间的沟通变得轻而易举，只要触动手指，教师就可以将学生的在校表现发送到家长的个人电脑中，使得家长在第一时间内了解孩子在校的表现及状况，同时教师也能通过与家长的沟通，了解学生的基本情况，有利于因材施教。与传统教育中学生每天背着沉重的书包相比，电子书包减轻了学生的负担，学生每天只需带电子书包上学就能完成相应的学习任务。家长不需要再担心孩子因为书包沉重而影响身体发育。

总的来看，用电子教材部分取代传统纸质教材是一种时代的选择。电子教材的开发与应用标志着数字化学习进入了一个新阶段。

四、国内外电子教材研究历程

（一）国外电子教材的研究现状

在教育信息化的今天，培养创新人才、促进社会信息化已成为社会需求。网络教学资源如此丰富，教师由课堂的主导者变为教学的服务者，而学习者正在逐步成为学习的主导者。随着数字化教学的普及，电子教材越来越被教育者、学生和家长接受，新的教育方式应运而生。世界各国相继开发了电子教材，从最早的电子书开始，到现在电子书包的问世，电子教材的发展经历了逐步完善的过程。现选取两个国家电子教材的发展现状来进行介绍。

1. 美国 iPad 课程。

iPad 作为电子教材的代表之一，它在 2010 年，首次被带进美国的课堂中，这一举动，震惊了世界各个国家。美国利用 iPad 来进行课堂教学，诸如数学、音乐等，而且得到了很好的反响。学生普遍反映，利用 iPad 进行学习，大大提高了他们的学习兴趣，而且事实也证明了这种教学方法也提高了高校毕业生的就业率。

也是这一次的壮举，使得我国开始关注移动学习，更为关注如今的电子教材。iPad 进行教学不但省去了烦琐的教具，而且使得课堂变得更加生动有趣。学生的学习参与度也明显提高了，他们可以根据自己的爱好，充分发挥自己的想象力去完成教师布置的各种任务，并且也大大提高了教学效率。

2. 韩国电子教材。

继美国之后，韩国也相继开发了电子教材，实施的方式与美国略有不同。韩国是通过向学生发放纸质教材之外，又通过发放光盘形式的电子教科书的方式开始本国的电子教材之路的。另外，针对部分贫困家庭的学生，韩国政府考虑很周全，他们向这些孩子免费发放这些材料。韩国电子教材的特点是，内容与纸质教材完全一致，只是在英语中添加了音频，方便学生对英语的自学。

韩国计划在不久的将来普及电子教材这一授课方式，将纸质教材完全取代。如果这一目标可以实现，对于减负的设想就不再遥远。

（二）国内电子教材的研究现状

北京、上海、广州等几大城市的部分学校，已经率先使用了电子书包来进行教学。我国电子教材的发展历程，如表 1 所示。

表 1　我国电子教材研究现状

时间	事件
2000 年 8 月	我国第一代名为“金博览”的电子书问世
2000 年 10 月	天津津科电子有限公司与美国 ADS 公司共同合作，研制出电子书包
2001 年 1 月	台湾首度推出名为“文昌一号”的中文电子书包，并与人民教育出版社合作，在高中试行
2001 年 11 月	我国第一批电子书包分别在北京、上海、大连、深圳四个城市开始试行
2010 年 11 月	我国第一次关于电子书包技术标准的会议在华东师范大学举行
2011 年 4 月	“电子书包研发工程”被列入“十二五”重大工程项目中

电子教材、电子书包是教育信息化的重要组成部分，从我国已有部分学校实施电子书包课程的情况来看，电子书包的专业性较强，表现形式生动有趣，必将更好地促进教育信息化的发展。

五、电子教材促进教育信息化

（一）电子教材弥补纸质教材的不足

教育信息化是时代的需要，是当下的热点话题，也是世界各国正在努力的一个方向，电子教材的普及将是一种重大的趋势。电子教材符合学生的学习兴趣，能够提高教育教学效果。

与传统纸质教材相比，电子教材拥有更大的优势。第一，传统教材的呈现形式大多是纯文本的形式，而电子教材却可以根据需要进行图文混排；第二，传统教材不具备可操控性，而电子教材的全触屏功能使得各种操作工作变得更加方便快捷；第三，传统教材不能够连接网络，而电子教材可以满足学习者随时随地上网的需求；第四，传统教材只有文本形式的资源，而电子教材能够存放视频、音频等多种教学资源；第五，传统教材无法做到交互，而电子教材在学生学习的同时可以做到教师与学生的时时交互。

随着网络和移动设备技术的发展，数字化学习资源受到广泛关注。纵观信息化时代教学的发展趋势，传统教学的缺点逐渐凸显，世界各国开始探讨新的教学方式。美国首创 iPad 课程，引领世界移动学习，电子课本、电子书包也相继产生。对比传统教学与电子教材教学，电子教材使教学更加得心应手，用移动设备代替纸质教材，不但减轻了学生的负担，而且多种教育软件为教学提供了更多的资源，更方便了校方与学生家长的沟通。由此看来，电子教材对中小学课堂的教学有着潜移默化的影响，生动有趣的电子教材教学不但打破了传统教学拘泥于讲授式的教学方法，还具有更好的交互性和即时性，提高学习效率。

不可否认，事物的存在必将有其两面性，电子教材也有其不可忽视的弊端，比如电子化设备的辐射问题，对学生视力的影响。但是，就其优势来看，还是利大于弊的。

（二）电子教材符合教学需求

电子教材作为一种新兴的、特殊的教育工具，代表了教育信息化的发展方向，它不但整合了纸质教材的内容、虚拟学习工具以及连接学生的个人学习终端，它还兼具了学习性与教学性。在信息化普及的今天，不但生活节奏加快了，而且对于教学的要求也越来越高。电子教材促进了教育的信息化，因为它在教学中的应用使得信息具有更多的选择性、广泛性和可获取性。

1. 从学生的角度看电子书包。

从最基本最简单的方面来看，电子教材的优势在于它的信息化教学方面，学生不必背着沉重的书包来回于上学的路上，所有的学习内容、作业都可以在电子教材中找到。曾有人测量学生的书包平均重量为5.8千克，而电子教材恰到好处地解决了这一问题。电子教材方便携带、存储量大，学生无须再背着沉重的书包上学。

而且，对于学生的培养，早已不再是应试教育，而是素质培养。所以，更要注重对学生学习兴趣的培养，电子教材能够对学生进行个别化的培养，不再拘泥于仅有桌子、椅子、黑板的传统教室，而是利用信息化的教学方式来提高学生对于知识学习的积极性。学生更偏爱这种数字化形式的学习，学习兴趣大大提高。如此看来，从学生的角度出发，利用电子书包来进行信息化教育是完全可行的。

2. 从教师的角度看电子书包。

电子教材的课堂，采用了更加先进的手段。在没有改变教学本质的前提下，通过更为适用的教育技术手段来进行教学，不但大大缩短了教师的备课时间，而且也使得教学不再受教学工具与课堂时间的限制，而变得更加得心应手。授课环节的改变，更增进了课堂的互动性与同步性。

电子教材也方便了教师与家长的沟通。多数电子书包都会提供指定的应用平台，方便家长与教师进行及时的沟通，方便家长了解学生在校表现情况，同时，教师也能在第一时间了解学生的成长环境与状况，从而更好地因材施教。

3. 从第三方的角度看电子书包。

从环境保护的角度来看，电子教材减少了对树木的砍伐，不但节约了资源，也更好地保护了环境。而且电子教材支持视频、音频、动画、上网等多种功能，不但使学生学习变得更加生动化，多维化，也为学生提供了更多的学习资源，学生能够随时随地下载需要的资料，开拓学生的视野，拓宽学生的学习范围，更能够真正做到资源共享。

六、电子教材在教学中的优势

电子教材正在经历着开发与普及阶段。运用电子教材来上课，具有更为显著的优势。

首先，电子教材的可操控性，使教育者与学习者对教学与学习的态度悄然发生变化。运用电子教材，可以进行许多传统纸质教材课堂无法进行的教学活动。例如，利用电子教材可以创设抢答情境。教师公布题目后，学生可以在第一时间内传输给主机自己的答案，教师可以立即收到学生的反馈，并作出判断与评价。再如，利用电子教材可以使得学习更加形象化。传统纸质教材所呈现的教具是平面的，而利用电子教材可以将物体立体化，更形象，更直观，一目了然，将抽象的学习形象化。

其次，电子教材具有多功能化的特点。传统纸质教材只有供学习者阅读的功能，但电子教材可因其不同的终端设备而具有多种不同的功能。例如，在台湾有学者利用iPad设计不同的游戏来进行学习。这样的学习方式更能吸引学生，将被动学习转化为主动学习。更有学者利用电子书DEMO进行独特的课件设计与制作，如此使得教师对课堂的掌控更具有自主性。台湾很多学校，教师会安排学生运用自己的终端设备对要学习的内容在课下进行自主取证，然后回到课堂进行交流探讨。诸如此类，电子教材很多独特的功能使得学习更加有趣。

再次，电子教材的资源多元化。与传统的纸质教材相比，电子教材的资源多元化更是一大优势。电子教材内存资源可以是视频、音频、文字或动画等。而且通过电子教材这个平台，用户终端可以进行各类资源的下载、作业的提交以及交流互动等任务。教育者与学习者还可以通过此平台进行资源的共享。利用电子教材，学生不再拘泥于书本，可以进行更多的课外拓展，寻找自己感兴趣的多种资源进行自主学习。

七、结语

从电子教材发展的这十多年来看，它的优势是不容小觑的。电子教材对促进教育信息化的发展有很大的影响。未来的世界将成为数字化的，而未来的纸质课本必将被电子教材所取代。电子书包，不是一种普通产品，更重要的是它将推进一种新的教学理念、机制和模式的建立。但电子教材的设计还需要认真建构，相信电子教材会有更好的发展。

参考文献

[1] 柯蒂斯　J. 邦克. 世界是开放的：网络技术如何变革教育[M]. 上海：华东师范大学出版社，2011.

[2] 蒋朔. 电子书包能否取代纸质教材[J]. 中国知识产权报，2012 (9).

[3] 李林，王冬，覃文圣，张淑琴，高栩. 论电子教材取代纸质教材发展趋势的必然性[J]. 中国信息界，2011 (5).

[4] 龚朝花，陈桄，黄荣怀. 电子教材：概念、功能与关键技术问题[J]. 开放教育研究，2012 (4).

[5] 龚朝花. 基于iPad的电子教材特征与课堂应用实践[J]. 中国信息技术教育，2013 (1).

数字故事微型化编创的研究

胡　进　李兆君　黄明君
（沈阳师范大学 教育技术学院，辽宁　沈阳　110034）

摘　要：在数字化学习时代，数字故事作为一种新型媒介元素已经在教育领域中得到创新和应用。随着移动学习的兴起与发展，微型化、碎片化的数字内容备受人们的关注，探究如何设计并编创适合移动学习发展需要的微型数字故事，从而拓展其在德育教育、科普教育、生活常识、公益宣传等方面的应用价值具有重要意义。本文以移动学习背景下微型学习的相关理论为基础，阐述了数字故事微型化编创的内涵与意义，并结合具体实例的创作过程探究了其研发中需注重的编创理念与策略，旨在为其他创作者提供理论参考与借鉴。

关键词：微型学习　数字故事　微内容　移动智能终端

一、引言

进入“移动互联网＋智能机”的“微时代”，人们无时无刻不被“微生活”所包围，从微博、微信、微小说到微电影、微阅读、微课程，人们更喜好利用“零碎时间”从海量的数据资源中获取碎片化的知识与信息。正如 Flurry 公司的总裁 Khalaf 所说：“你可以带着移动设备到任何一个机场和国家，好像 PC 的时代已经终结了。”在此背景下，仅用于课堂教学的数字故事已不能满足人们的学习需求，因此将其从课堂教育拓展到课外教育、从学校教育拓展到社会教育，进一步拓展其应用价值，既是一种趋势也是一种创新，具有重要的现实意义。

二、数字故事及其微型化的相关理论

（一）数字故事概述

数字故事的概念最早由美国阿奇利提出，他尝试用多媒体技术将个人的故事制作成媒体作品来讲述，受到了观众的欢迎。Leslie Rule 认为，数字故事是“说故事”这种古老艺术的现代表达，它把图像、音乐、叙事与声音编织在一起，从而对人物、情况、经验和见解赋予深刻的特点和生动的色彩。Jennifer Carrier Dorman 认为数字故事是写故事的过程，并加入声音、图像和音乐等多媒体元素创造一个视觉故事。受数字故事的影响与启发，我国黎加厚教授及其团队将数字故事创新应用于教学工作中并取得了良好的教学效果，他认为数字故事是在教学活动中编写故事，并加入文字、图像、声音、音乐等多媒体元素，创造可视化故事的过程。可见，数字故事注重的是将故事以文字、图片、声音等多媒体元素相结合的新形式讲述，形成具有一定主题与情节的可视化的数字媒体作品。它具有故事性、教育性、可视性、共享性等诸多特点，目前已被人们创新应用于教育、培训、会议、广告等多领域。

（二）微型学习理论

如今，随着全球移动互联网用户的持续增长与智能手机的日益普及，针对移动终端的应用（如社交、搜索、娱乐、教育等）产品相继涌现，这为微型学习的开展创造了更加便利的条件。微型学习被看作是新学习环境下一种非正式的实用学习模式，它的出现与学习媒介终端化、知识内容微型化有着密切的联系。奥地利学习研究专家林德纳将微型学习（Microlearning）表述为一种存在于新媒介生态系统中，基于微型内容和微型媒体的新型学习。Peter A. Bruck 把微型学习解释为把知识分解为短小的松散的但相互关联的学习单元，并且是在人们日常交流和工作中就可以进行学习的活动。综上所述，微型学习是一种以移动终端为载体而展开的非正式的实用学习模式，是随时随地可能发生的、可持续性地处理碎片化学习内容的学习活动。它具有内容碎片化、媒介形式多样化、学习方式个性化等诸多特点，适应了新世纪学习方式向多元化发展的趋势，并以其独有的优势和特点备受人们的关注。

三、数字故事微型化编创的内涵与意义

对数字故事资源进行微型化编创既是一种趋势也是一种创新。基于数字故事与微型学习的相关理论，这里将数字故事的微型化编创理解为："运用多媒体技术和表达艺术，将数字故事进行微型化、碎片化处理，并重新整合故事的情节和节奏，从而生成以便携式移动终端为载体的微型的数字故事资源。"在媒体形式、持续时间、真实性、教育性、感知性等方面具有其他形式的微内容所不具备的优势，如表 1 所示。

表 1　微数字故事与其他类型微内容的比较

类型	媒体形式	内容形式	真实性	教育性	感知性
微阅读	文本	文字	小说、感悟、身边新闻	意在传达信息	单调
微课程	视频	影像、声音	教材、课本	注重教授知识	单调
微电影	视频	影像、声音	剧本的改编	情操培养	视觉与听觉相结合
微数字故事	视频、动画、PPT	图文、影像、声音	事实、现象、案例	给人启示和思考	视觉、听觉、情感相结合

可见，微型数字故事的特点主要体现在以下几方面。① 真实性，源于现实生活中的事实、现象、案例等方面。② 媒体形式多样性，以视频、动画、PPT 等多种媒体形式存在。③ 教育性，以可视化的形式讲述事迹、现象或案例，进而促进学习，给人以启示和思考。④ 内容多样、感知性强，集文字、图片、动画、声音等元素于一体，使学习者在视觉、听觉和情感等方面同时获得可视化的故事内容。同时还具有短小精炼、针对性强，便于借助移动网络进行分享、转播及下载等特点。

在这种"微时代"的移动学习环境下对数字故事进行微型化编创具有以下几方面的重要意义。第一，顺应"微时代"数字资源微型化的趋势。当前阶段微内容已成为推动微型学习开展的核心资源。微博、微课、微视频、微阅读等新媒介的相继出现满足了人们利用智能机"随时、随身、随地"获取网络信息资源的需求，教育资源的微型化研发将成为一种必然的趋势，而数字故事的微型化编创则顺应了这种趋势。第二，充分利用智能终端与移动应用的优势。开源的代码、智能的系统促使多样的智能终端集成了高性能的移动应用，如社交、搜索、娱乐、教育等，为图形、动画、视频、音频及办公文件的播放与阅览提供了可操作平台与环境，便于知识的在线获取、观看、转播及下载等。这种独特的优势与特点为微型数字故事跨平台共享、在线观看及一键转播的实现提供了良好的契机和环境。第三，拓展了数字故事的内涵与应用价值。作为数字化学习时代的一种新型媒介元素，数字故事已被广泛运用到学校的德育教育、教学情境创设、校园文化建设和学生高级思维能力培养等方面。随着微时代与云时代的相继到来，将数字故事的运行环境从 PC 平台转移到移动终端是一种趋势，从校园教育拓展到社会教育更是一种创新。

四、数字故事的微型化编创

（一）数字故事微型化编创的理念

如同微电影、微视频、微课程等，数字故事的微型化编创同样注重"微"字，微容量但含蓄隽永，微制作但精致细腻。本文从以下几方面阐述了数字故事微型化编创的理念，旨在为其他研发过程提供理论参考与借鉴。

1. 故事性与教育性相结合。

作为数字时代的一种新型多媒体元素，无论是数字故事还是微型数字故事，它们最本质的特征就是以“故事”育人，借助不同题材、不同形式、不同主题的“故事”来讲述事迹、传递知识、解释现象、分享感悟等，其目的在于充分挖掘故事所蕴含的教育价值进而促进学习。因此，在数字故事微型化编创的过程中应注重把握以故事传播知识、以故事讲述事迹、以故事处进学习的理念来指导作品的设计与编创。

2. 主题突出、情节连贯。

数字故事的微型化编创力求在较短的时间内以一种情节连贯的方式呈现短小、精练的知识内容，鲜明的故事主题、连贯的故事情节既能促进学习者的思考又能引起情感共鸣。创作者既要勤于思考、善于总结，又要乐于走近生活、观察生活、发现亮点，做到故事源于生活又反映生活，使故事的情节围绕主题展开，并具有适当的情感节奏。例如，数字故事网的优秀作品《泰迪的故事》和《梦让她坚强》都是突出主题的代表。

3. 画面简洁、整体和谐统一。

简洁即美，数字故事微型化编创的过程就是巧妙地将文字、图片、声音、动画等元素进行重新组合与搭配的过程，注重利用有限的画面空间向观众传达必要的内容和信息。注重在内容编排、主题突出、艺术表现等方面的整体构思与设计，既要依据故事情节确定基调，包括画面版式、色彩搭配、背景音乐以及情感表达方式等，又要提炼关键词句、设计文本效果、选用恰当图像、制作精美图形等，使作品从内容到情感、从画面到结构、从技术到艺术等方面简洁、整体和谐统一。

4. 跨平台性与高度共享性。

微型数字故事的运行环境主要为智能终端，创作者在对数字故事微型化编创的过程中应充分考虑移动终端的兼容性，使 PPT 格式、视频格式及动画格式的微型数字故事能够在不同系统（如 IOS、Android、Windows 等）的移动设备上进行流畅的播放，并符合网络媒体的标准，能够利用微博、优酷、搜狐、腾讯等移动应用进行分享与传播。

（二）数字故事微型化编创的策略

本文主要从创作工具选取、媒体设计及题材选取与编创等方面分析与探讨数字故事微型化编创的策略，目的是为编创过程提供具体的、可行的方法与策略。

1. 创作工具选取策略。

当前，微型数字资源（微视频、微阅读、微课程）的开发已成为“微时代”的热点话题，数字故事的微型化编创主要涉及两大类创作工具。一类是多媒体创作工具。一类是素材处理工具，如图 1 所示。新一代多媒体创作工具如 Flash lite 4.0、绘声绘影 X6、PowerPoint 2010，以及 Premier CS6 等，均集成了高性能的媒体创作功能，可生成适宜不同移动终端（iPhone、iPad、Android）应用的微数字产品。素材处理软件如 PS、AI、Audition 等又可为微资源开发提供丰富、适宜的图形、图像、视频、音频等媒体素材。简单、易用的多媒体创作工具与素材处理软件的相互配合为数字故事微型化编创提供了便利的平台与环境。创作者可根据自己的需要从中选取一款或几款创作工具来完成作品的编创。

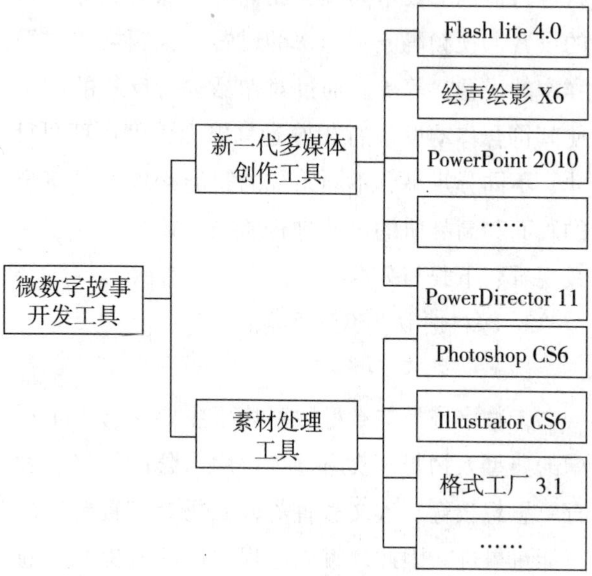

图 1　创作工具分类

2. 媒体设计与应用策略。

（1）媒体的艺术设计与运用。

优秀的作品源于艺术与主题的完美融合，在艺术设计方面我们应注重选择恰当的画面结构与版式呈现内容，如三角形布局、井字布局、色块对比布局、黄金分割布局等，画面力求简洁，色彩搭配合理，充分运用空白的艺术与视觉传达艺术。在文本设计方面，结合故事主题与内容，提炼中心字、词、句，力求内容简明扼要，重点突出；段落排版合理，通过设置不同的字号大小、字形效果、字体色彩等以增强文本的美感。在图像选择方面，选用和主题内容紧密相连又具有典型性的图像，图像的画面构图具有美学性，影调和色调富有层次感，使观众能够快速理解和记忆主题，融入故事情境。在背景音乐选取方面，选取与故事主题和内容情节相符合的声音或音乐，准确把握音乐的节奏感与画面播放的同步性，增强作品的感染力。

（2）媒体的技术处理与调试。

在数字故事微型化编创的过程中，创作者要充分考虑移动智能终端的性能、标准参数以及3G、WiFi移动网络带宽等因素，要注重对创作中所使用的文字、图片、声音、视频等多媒体素材进行适当的技术处理，比如图片像素和分辨率的设置，视频码流和帧率的设置，音频格式与采样率的设置，等等。通过对作品进行反复的调试使其符合移动设备的CPU运算能力，可在不同尺寸、不同分辨率、不同系统的智能终端上以清晰的画面和高品质的声音进行流畅的播放，便于在线观看、下载与分享。

3. 题材选取及编创策略。

（1）人物事迹类。

人物事迹类的微型数字故事主要取材于生活中的典型人物与真实事迹等，用于公民的德育教育、思想教育、人文教育等，弘扬具有真善美的正能量事迹。因此，编创过程中应注重提炼与总结人物事迹的精华和主题，选取恰当的角度展开情节叙述，准确把握故事蕴含的情感色彩，正所谓“感人心者，莫先乎情”。借助动画特技与视觉传达增强作品的表现力和感染力，使故事既传达真实情感又升华主题，进而引起观者的思考与情感共鸣。例如，数字故事网作品《蜕变自己改世界》就是值得我们借鉴的案例，它通过讲述苹果手机的设计、研发、推广以及风靡全球的事实来赞扬乔布斯的智慧和伟大。

（2）社会现象类。

社会现象类微型数字故事主要源于社会中的热点问题或现象，涉及民生、政治、经济、文化、生态等方面。在编创过程中要注重对问题或现象进行分析、归纳和整理，浓缩关键信息、核心观点，以一个独特的视角展开对问题或现象的解读，在此基础上巧妙运用媒体创作技术与设计艺术使作品更具启发性、呼唤性和教育性，进而表达作品所倡导的主旨。公益短片在创作手法与理念方面都是值得借鉴的实例。

（3）教学案例类。

教学案例类微型数字故事的编创可借鉴演示型多媒体课件。在编创过程中，首先要研究教学案例，读懂案例蕴含的知识内容与结构，通过精心设计动画的展示方式和技巧来解读案例，并融入情感色彩，使单调的案例具有情节性。其次结合案例的知识点，在适当的环节编排问题，引发思考，借助提示性词语串联整体情节。如数字故事网作品《分数的学习》就是很好的案例，值得参考和借鉴。

（4）科普知识类。

科普知识类微型数字故事主要以一种通俗易懂、生动有趣的方式解读身边的科学现象、认知误区、科学理论等科学知识。移动学习的兴起与发展为科普知识走进校园、走进百姓、走进生活等开创了新的途径。笔者参与的辽宁省古生物博物馆数字科普资源如“地球科学”“生命演化”“恐龙百科”等研发工作，正着力编创适宜在移动终端观看的微型数字故事资源。编创此类作品要把握构思立意的切入点，在“巧”上找切入，在“妙”处寻创新，一片一理、一理一知识，每集2—3分钟，通过设置悬念、提出问题、解答问题等方式连贯故事情节，将科学知识的探索性、教育性和动画的观赏性巧妙融合，将科学知识与解读生活紧密联系，既拓展了数字故事的教育意义，又丰富了科普知识的“微资源”。

（三）数字故事微型化编创的过程——以预防 H7N9 流感为案例说明

数字故事微型化编创，是在编创理念和策略的指导下，对数字故事进行重新整合以生成适宜在移动智能终端播放的微数字资源的过程。本文选取了当前社会共同关注的 H7N9 流感事件为题材，以解读 H7N9、科学面对流感为主题展开叙述，目的在于提高全民对 H7N9 流感的认识和预防。案例的具体编创主要包括以下几个步骤（如图 2 所示）：题材选取、提炼主题、脚本设计、素材收集与处理、编创与合成、测试与修改、发布与共享。

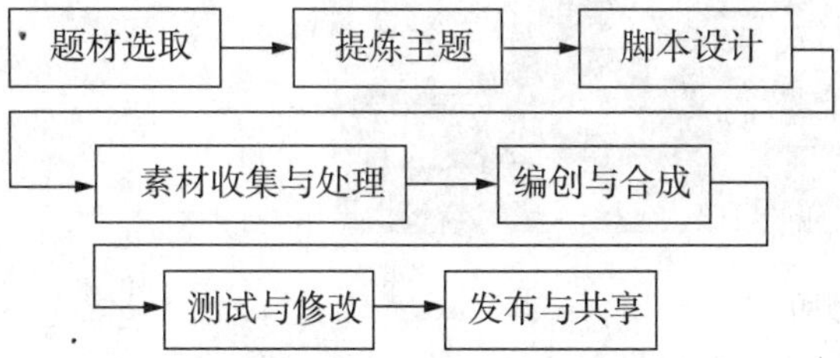

图 2 编创步骤流程图

步骤一：题材选取。如同微电影、微广告、微视频的创作过程一样，数字故事微型化编创的首要工作就是题材的选取，不同题材的故事所蕴含的主题和传达的思想是不一样的，本文选取了科普知识类题材——解读 H7N9 流感作为编创案例。

步骤二：提炼主题。数字故事的微型化编创力求在较短的时间内以一种情节连贯的方式呈现短小、精炼的知识内容，鲜明的故事主题、连贯的故事情节既能促进学习者的思考又能引起情感共鸣。本文在选择向观众解读 H7N9 流感内容时，通过对材料的分析、提炼和总结，以科学面对流感为主题展开叙述。

步骤三：脚本设计。脚本设计主要是对案例中每个场景所涉及的媒体元素、元素的特技效果以及元素间怎样组合等进行预先设计，目的为编创合成阶段提供理论参考与指导，使案例的创作过程有据可循，如表 2 所示。

表 2 预防 H7N9 流感案例的设计脚本

场景	多媒体元素				呈现方式	备注
	文字	图片	图形	音乐		
1	H7N9 流感等	禽、措施等	渐变线条	轻音乐	T 字构图	淡出
2	病例公布	中国地图	流感比例	轻音乐	图文结合	擦除
3	H7N9 的组成	医生	化学元素	轻音乐	突出文字	划屏
⋮						

步骤四：素材收集与处理。遵循媒体设计与应用策略的相关原则，本案例在创作过程中对使用的媒体素材（图片、视频、动画、音乐）进行相应的技术处理以达到作品的预期设计效果以及对智能终端运算能力的适应。

步骤五：编创与合成。编创与合成是脚本设计的可视化过程，参照创作工具的选取策略，这里选取了简单易用、功能强大的 PowerPoint 2010 作为案例的创作工具，创作前要充分考虑移动智能终端的性能与参数，构建好案例的基本参数，并结合媒体的艺术设计策略整合各种媒体素材进而完成作品的编创，作品截图如图 3 所示。由于篇幅有限，在此不详述该案例的具体创作过程。但需要注意的是在生成作品时，应点击“文件”菜单，然后选择“保存并发送”，在“保存并发送”中选择“创建视频”，然后选择“便携式设备”。为确保作品的跨平台性，我们可以使用视频剪辑软件对生成的视频进行处理，转换成容量小、质量高的流媒体格式文件。

步骤六：测试与修改。如同软件开发、课件

制作一样，在作品编创完成时，我们要对作品的各项相关参数进行测试，如文本清晰度、图片虚实、运行流畅度等，以便及时发现问题和修改，这里介绍两种测试方式：一种是使用 Flash Lite 模拟器测试，一种是利用移动智能终端直接测试。

步骤七：发布与共享。在当前移动互联迅猛发展的大数据时代，网络媒体已成为我们获取信息的主要途径，充分利用网络媒体的强大优势，如微博、优酷视频、搜狐视频等，我们可轻松地将作品上传到互联网中，及时、高效、便捷地分享给大家，笔者已将完成的作品上传到优酷视频网站，如图 4 所示。

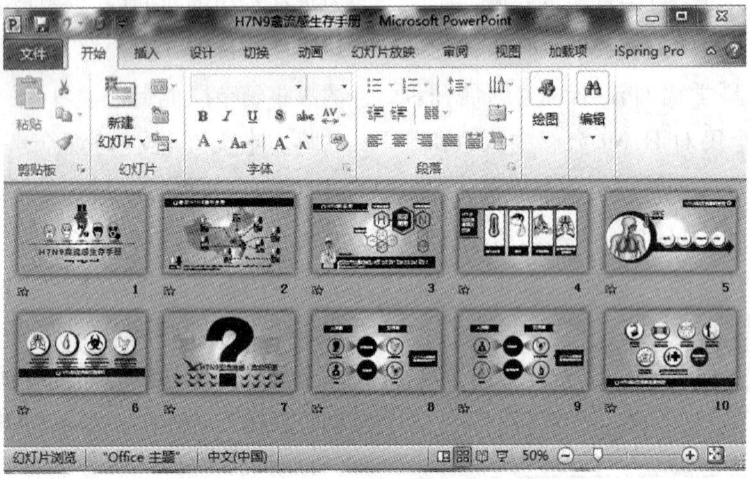

图 3　作品截图

五、总结

本文在移动学习和微型学习的相关理论基础之上提出了数字故事的微型化编创，并对其编创理念与策略展开了深入的探究，在此指导下完成了实例的创作。随着网络技术与移动学习的日益发展，人们将更倾向于利用零碎时间获取微型化、碎片化的信息资源，数字故事的微型化编创既丰富了移动教育资源又拓展了其教育意义，为其在教育、培训、科学普及、公益宣传等多领域的创新应用提供了新的启示与参考。

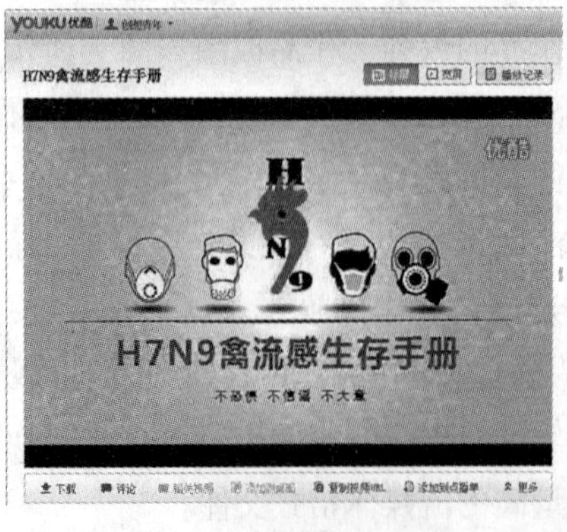

图 4　H7N9 作品上传到优酷网站的截图

参考文献

[1] 娄智华，钟琦．数字故事创作理念探析[J]．软件导刊·教育技术，2012（12）．

[2] 张浩，祝智庭．微型学习：理念、环境与资源[J]．现代教育技术，2009（4）．

[3] Martin Lindner，Peter A. Bruck. Micromedia and Corporate Learning—Proceedings of the 3rd International Microlearning 2007 Conference [M]. Innsbruck：Innsbruck University Press，2007.

[4] Peter A. Bruck. What is Microlearning and Why Care about It? [M]. Proceedings of Microlearning Conference 2006，Autria Inns Bruck University Press，2006.

[5] 刘超．微型学习研究综述[J]．软件导刊·教育技术，2011（3）．

[6] 黎家厚．数字故事，不一样的精彩[J]．远程教育杂志，2011（5）．

数字化学习环境研究

通用技术课堂数字化学习环境设计模式的构建

邱 博 解月光

（东北师范大学 信息与软件工程学院，吉林 长春 130117）

摘 要：对通用技术课程来说，主要是培养学生养成“用技术”分析和解决问题的思维方式，使学生能够获得信息时代所要求的高品质的学习结果。在大力推进信息技术在教学过程中的普遍应用，促进信息技术与学科课程的整合，逐步实现教学内容的呈现方式、学生的学习方式、教师的教学方式和师生互动方式变革的背景下，本文通过对课堂学习环境、建构主义学习环境、数字化学习环境等方面研究，分析得出课堂数字化学习环境的概念。它可以帮助教师根据课程需要设计适合课程内容的课堂数字化学习环境，可以充分兼顾其与课堂教学各个要素之间的制约与联动等。与此同时，本文提出了课堂数字化学习环境设计模式的概念，它是一个规范化的设计流程和明确的设计过程。本文通过对乔纳森的建构主义学习环境、建构主义学习环境设计微观模式、通用技术学习环境等方面进行研究分析，构建出通用技术课堂数字化学习环境设计模式，它是通用技术课堂数字化学习环境的处方性解决方案，规范化的操作指南。

关键词：通用技术 数字化学习环境 环境设计模式

一、问题的提出

随着科学技术迅猛发展，知识经济加速到来，国际竞争日趋激烈，新世纪我国现代化建设面临更为伟大、更为艰巨的任务，迫切需要处于其中的教育通过自我更新实现自身的转型，加快全面推进素质教育的步伐，努力培养具有创新精神和实践能力的全面发展的一代新人。而对通用技术课程来说，更主要的是希望培养学生养成“用技术”分析和解决问题的思维方式，使学生能够获得信息时代要求的高品质学习结果。随着学生对技术的操作技能的掌握以及熟练程度的提高，学生由技术的使用能力逐渐拓展到理解能力、改进能力、决策能力及管理能力等高阶能力的同步发展，这是技术课程中学生发展的必然。

但是目前通用技术课堂学习环境存在着一些问题。例如，多数学校通用技术课程的教学设施不全，没有专门的通用技术教室，所有的学习和实践都是在普通教室完成的，并且缺少大量的实践操作工具；通用技术课程课时安排不合理，每周仅有一节课，很难在这有限的课堂教学时间里完成教学任务，更不用说给学生足够的时间进行探索与实践，无法保证深层学习中学生的思考时间；课堂中固定的教学空间，难以支持合作探究型的学习活动；等等。为了能够更好地培养学生“用技术”分析和解决问题的思维方式，以及使学生能够更高品质地学习，应对通用技术学习环境进行探索与研究。通过文献检索，目前通用技术课程学习环境的关注度越来越高，相关研究大致可分为三种。第一种是硬件层面的，针对通用技术教室装备及空间设计方面，称其为必要条件。第二种是信息技术应用方面的，针对的是信息技术与通用技术教学环节有效整合，称其为优化条件。第三种是应用于课堂学习环境的虚拟学习平台的设计使用方面，称其为媒体条件。本文着眼于服务于课堂实施层面的通用技术数字化学习环境的设计模式的研究，称其为课程层面，也可称为通用技术课堂数字化学习环境设计模式。它是通用技术课堂数字化学习环境规范化的设计流程和明确的设计过程，促进通用技术课堂充分合理利用信息网络，获取更加先进的教学资源，改变传统的教学模式，激发学生自主学习的兴趣和独立解决问题的能力，进行现代化教学，从而使学生各个方面的素养都得到发展，提高教学质量。

二、课堂数字化学习环境

通过文献研究法得出，到现在为止，还没有明确统一的课堂数字化学习环境的定义。本文基于大量的关键概念分析与本研究的主导思想的整合，提出课堂数字化学习环境的定义。对课堂数字化学习环境的定义首先是基于学习环境，由于课堂数字化学习环境是学习环境的二级概念，因此不难得出课堂数字化学习环境的定义。其次，课堂数字化学习环境构建的核心理论是建构主义，与建构主义学习环境的理念是一致的。再次，课堂数字化学习环境是属于数字化学习环境的一部分，本文中的数字化学习环境是信息技术和学科的双向发展，使其更加符合信息化课堂的发展需要，更加符合社会和学校发展的需要，能更灵活地实现不同学习者进行个性化学习的意义。

通过以上对学习环境、建构主义学习环境、数字化学习环境等方面的研究分析得出，课堂数字化学习环境是指基于建构主义，集数字化媒体与工具、数字化学习资源及数字化学习方式于一体，以学生为中心，为学生特供所需的各种支持性班级条件的整合。它系统化地贯串整个学习活动展开过程中，促进学生在课堂中进行自由探索和自主学习，学生可以利用各种工具和信息资源来达到自己的学习目标，实现意义建构的过程。

课堂数字化学习环境有以下特点：打破传统学习环境对场所的依赖和单纯的物理因素对学习环境的束缚，按照课堂数字化学习观念，学生应当被促进和支持而不应受到严格的控制与支配，教师根据课程需要设计适合课程内容的课堂数字化学习环境，可以充分兼顾其与课堂教学各个要素之间的制约与联动，从而更加有效地保障基于信息技术的教学活动的有效实施，促进学生分析、综合、评价和创造等高阶思维能力的发展。在通用技术学科中，根据其学科特点课堂数字化学习环境的构建着眼于以问题解决学习为中介，促进学生对知识的深度学习，养成“用技术”分析和解决问题的思维方式，使他们获得信息时代要求的高品质学习结果。

三、通用技术课堂数字化学习环境设计模式

（一）课堂数字化学习环境设计模式

通过对乔纳森的建构主义学习环境设计的研究分析，发现乔纳森建构主义学习环境设计只提出了设计的要素，包括问题、情境、资源、案例、认知工具、协作工具等。但是，他并没有给出设计的框架，或称之为设计模式，我们看不到各要素之间的关系。华东师范大学李妍博士的学位论文对乔纳森建构主义学习环境进行了系统的研究和适当的发展，提出了包括问题、案例、认知工具、支架、共同体、资源、评价和心智模型几大方面的建构主义学习环境设计要素。但是，我们也没有看到一个规范化的设计流程和明确的设计过程，所以本文受教学模式的形成过程启发，提出课堂数字化学习环境设计模式的概念。

课堂数字化学习环境设计模式是指在进行设计实践时，将各种支持性条件（例如问题情境、资源工具、支架、案例等要件）都围绕学习活动进行统整，并对各个要素进行设计，这种对各种支持性条件的统整结果就产生了各种各样的课堂数字化学习环境设计模式。它可以对课堂数字化学习环境设计进行宏观的规范化，可操作性强，可简化设计实施的难度。它是课堂数字化学习环境的处方性解决方案，规范化的操作指南。

（二）通用技术课堂数字化学习环境设计模式的构建

本研究首先对乔纳森的建构主义学习环境、建构主义学习环境设计微观模式、数字化学习环境设计模式、“7 +2”学习环境要素观视图、课堂学习环境结构、通用技术学科、教学特点、通用技术学习环境等方面进行研究分析。然后主要依据技术课程问题解决的设计流程进行构建，之所以选取问题解决作为通用技术课堂数字化学习环境构建的核心部分，除了因为问题解决是技术领域中最常用的主要的教学方式，还有这样两个原因。一是因为问题解决目前已经成为国际教育界研究的核心内容，同时引起研究者和实践者的广泛关注。在这样的大背景下，通用技术课程明确地将问题解决能力作为一个重要的课程目标加以提出，其独特的意义应该引起我们足够的重视。二是因为世界上几乎所有的技术教育课程均将问题解决作为一个重要部分，目前问题解决与技术设计成为技术教育的主流，设计被认为是技术开发中核心的问题解决过程，因此在构建通用技术课堂数字化学习环境时可以参考设计者对设计问题的解决过程。基于以上研究，本文提出通用技术课堂数字化学习环境设计模式，如图1所示。

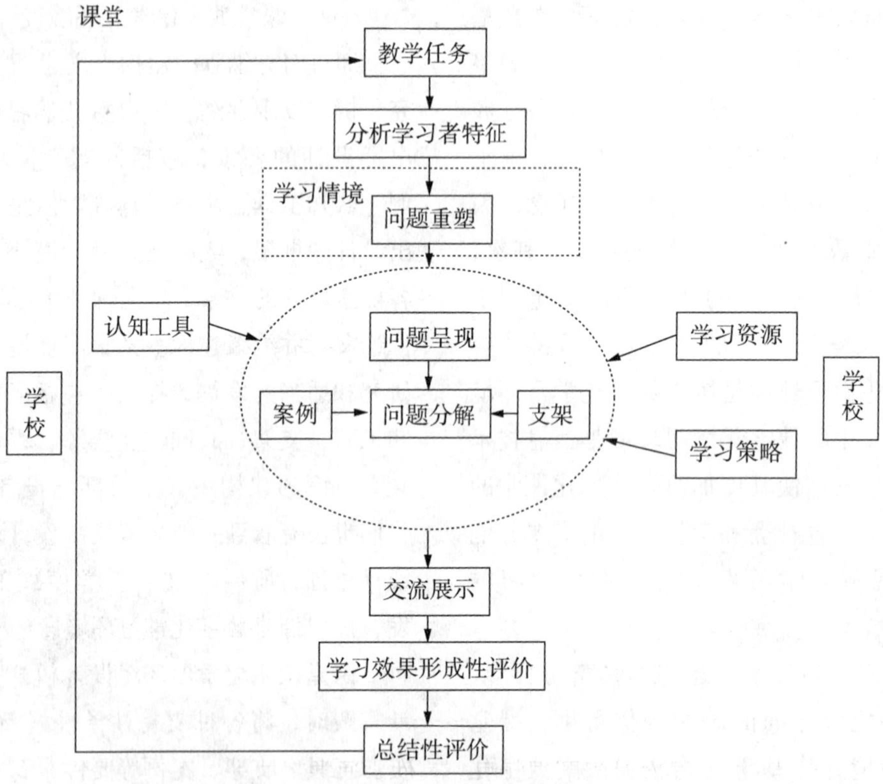

图1　通用技术课堂数字化学习环境设计模式

（三）关键要素设计

1. 问题重塑。

问题的重塑是设计者对教学任务、教学目标整体把握下，在提供一个丰富的境脉的基础上，设计者了解学习者的兴趣、已有经验、风格、特点，分析问题的情境、表述和操作空间。设计者将尝试重塑分析出的问题要素，给学习者呈现一个完整具体的问题。以高中通用技术苏教版必修一的第七章《模型或原型的制作》中第三节《制作模型》为例，教学任务：①能根据设计方案和已有条件选择加工工艺，并能正确、安全地操作；②能根据设计方案制作一个简单产品的模型或原型；③制作成功后，能对产品的外观加以润色。分析学习者特征：高一的学生，尽管有一定的生活经验，但对工业生产了解甚少，基本都没去过工厂，不了解工业生产的情况，更不要说对生产模型的了解，甚至连听也没听说过，缺乏感性认识和相关工业生产的知识。因此，问题的重塑应尽量靠近学生的感性经验，设计不要过于复杂，范围是常见小型模型的制作。重塑的具体问题，例如，“小三脚架的制作”项目、设计一个核桃夹。

2. 问题呈现。

问题呈现阶段，教师需要提前设计的部分包括：以什么方式呈现问题？学生已有的背景知识是什么？通过解决这个问题学生应达成哪些目标？帮助学生知道可以采取哪些途径获得资料，如何确定问题被解决？这里以苏教版《技术与设计1》中《技术的性质》一节中“转基因食品对人类生活的影响”为例。对这样一个问题，教师可以从学生日常生活中常见的转基因食品（如食用油）等入手，同时展示一些转基因食品的图片资料，设置这样一个问题情境。还可以以一则关于转基因问题的报道的方式呈现给学生。为了让学生对这样一个问题情境有一个清楚而彻底的理解，教师可以引导学生思考他们对转基因食品已有的背景知识，并让他们填在一张问题解决表里，在这张表里主要涉及“已知”“需要了解”“我的看法”这样三部分内容，其目的是引导学生思考解决该问题时，他们已经和还应需要具备哪些知识和信息。一方面有助于教师了解学生情况，另一方面也有助于激发学生收集新信息的动力，同时让学生把自己对解决该问题的一些初步看法填入表格。随着解决问题活动的开展，看法可以不断发生变化。清晰、合理的教学目标也是教师在这一阶段所要考虑的问题，因为目标引导着学生从不同的角度、不同的层次对问题进行思考。对于转基因食品这样一个问题，其目标就是，通过对这个典型案例的分析，理解技术对个人生活、经济、社会、环境、伦理道德等方面的影响。围绕这个中心目标可以形成一些具体目标，包括了解基因和转基因食品的含义；能够收集、分类、解释转基因食品的有关资料；能够针对转基因食品的利与弊，说出自己的看法；能够在讨论和辩论中，尊重和倾听他人意见，尝试分析不同见解并作出评论；能够明白技术系统和社会各系统之间有着强烈的互动，等等。

3. 问题分解。

问题分解阶段，重点是分解问题序列，并指导学生如何切入问题。包括学生通过调查研究、收集与共享信息，理解、分析与技术问题相关的背景知识；学生通过角色扮演、分析问题，了解该技术引起的问题成因及影响；学生产生解决方案。这一阶段最关键的是赋予学生问题解决者的角色，而不是让他们把自己当作学生，这样，他们就能很自然地投入到问题情境中。对“转基因食品对人类生活的影响”案例，角色可以包括基因工程研发人员、转基因食品生产商、消费者代表、决策部分主管、法律专家等。一旦学生被赋予了某一角色，学生在理解问题时就会产生真正而自然的情感体验，这样他就不会因为自己是一个学生而只听老师的。同时，通过角色的扮演，能够培养学生运用所学知识参与民主决策的公民意识，学生能站在所扮演角色的立场去收集信息，并对收集的信息进行分析、归类、提炼观点，在此基础上形成自己的观点。在这一过程中，教师不是完全放手，而是要促进学生理解和对过程进行调控。

4. 认知工具。

认知工具是指可以帮助学习者发展批判性思维、创造性思维和综合性思维能力的软件系统。例如，数据库、电子报表、语文网络、专家系统、多媒体建构工具、微观世界、动态建模工具、视图化工具、计算机化通信工具、超媒体等。其中有些工具如数据库软件和电子报表软件，通常都被作为处理数据的有力工具，所以也可作为认知工具来使用。处理工具指头脑风暴或图解，让学习者能够以自己的个性组织信息，把信息整合起来，创建解决方案、得出结果，形成解决结果（创建答案/解决方案）。例如，电子报表、电子通信系统。心智模式表达工具能够帮助学习者将各领域的知识联系起来，或者跨领域思考问题。模板和程序应用让学习者以自己独特的形式表现知识。效能工具：提高学习效率支持知识建构。例如，效能工具中的复制/粘贴功能使学习者很快捷地收集大量信息。操作工具是利用电子数据库回答诸如“在月球上你有多重”的问题。在 SimCity 程序中改变参数，如人口爆炸，检验是否会影响城市结构的长期生存能力。

5. 交流展示。

交流展示阶段，包括学生通过讨论或辩论的方式陈述观点；学生撰写案例分析报告。教师首先将不同角色扮演者的主要观点呈现出来，与大家分享。在此基础上每个角色选出一名代表，陈述其主要观点，并展开讨论和辩论，课下学生通过撰写案例分析报告的方式整理自己的观点。在此过程中，当遇到困难时，需要与教师交流、咨询请教有关专家或者与其他人讨论解决问题，教师应设计相应的在线资源、电子邮箱、声音邮件、在线讨论组、新闻组、聊天室、邮件列表、计算机会议、在线课件、视频点播系统等，以帮助学生解决问题。在展示作品阶段，教师应指导学生使用电子幻灯片、网页制作工具、电子会议系统等信息技术方式进行班级交流会、网上答辩等。

四、总结与展望

学习环境的概念正在进一步扩大并受到越来越多的关注，随着数字化校园的变革，数字化学习环境又展现出其独特的意义。学校的任何学习活动，都是在特定的课堂学习环境中发生的，创设课堂数字化学习环境的可操作和有效与否将对整个学习过程的发生和学习活动的成败具有重要的影响，而对于通用技术这种实践性强的学科更是如此。因此，在课堂数字化学习环境的创设过程中需要一个规范化的设计流程和明确的设计程序。本文提出课堂数字化学习环境设计模式概念，并构建通用技术课堂数字化学习环境，但研究中还存在着许多不足和缺陷，期望在今后的研究中，能够将课堂数字化学习环境的观点更加科学规范化，并针对不同学科进行深入研究与实践。

参考文献

［1］汪静．浅析通用技术课程教学现状、存在问题与对策［J］．中国教育技术装备，2012（25）．

［2］邢志芳．普通高中通用技术课程价值及实现研究［D］．长春：东北师范大学，2011.

［3］简婕．支持高阶思维发展的数字化学习环境构建及其实证研究——基于小学五年级写作教学［D］．长春：东北师范大学，2011.

［4］李妍．乔纳森建构主义学习环境设计研究［D］．上海：华东师范大学，2007.

［5］陈向阳．普通高中通用技术课教学设计研究［D］．南京：南京师范大学，2007.

［6］钟志贤．信息化教学模式——理论构建与实践例说［M］．北京：教育科学出版社，2007.

科普网站的质量评价与提升策略

王胜兰　张剑平

（浙江大学　教育技术研究所，浙江　杭州　310028）

摘　要：科普网站通常是指以科普信息为主要内容，专门为传播科学知识、普及科学思想而建立的网络平台，目前已经成为科学普及与传播的重要渠道。长期以来，由于缺乏统一的建设规范与标准，科普网站建设的质量参差不齐，因而对科普网站质量进行评价、提升科普网站建设水平成为十分值得关注的问题。本文从发展阶段、受众特征、内容主题和表现形式四个方面分析了科普网站的现状，对国内外科普网站质量评价的相关研究进行了综述。在此基础上提出科普网站的提升策略，其中包括加强内容的原创性和科学性建设、重视互联网信息技术的应用、开展多维度的受众研究、加强评估理论研究等。

关键词：科普网站　质量　评价　策略

一、问题的提出

互联网作为继报纸、广播、电视之后的"第四媒体"，自20世纪80年代投入使用后，已经迅速成为各类信息传播的重要平台。随着网络技术的迅猛发展和普遍，人们的工作、学习、交流越来越多地与网络紧密结合。与传统媒介相比，互联网信息传播具有及时性、超链接性、互动性和多媒体性等特点，这为科学信息资源的广泛传播提供了有利条件。科普网站是在这一背景下产生的一种新的科学普及与传播平台。据统计，截至2010年我国已建成600多家科普网站。但由于网站类型繁多，建设主体各异，缺乏统一的建设规范与标准，使得科普网站质量参差不齐，在使用过程中出现了诸如内容原创性低、信息更新缓慢、网站互动交流渠道不畅等问题。因此，对科普网站进行评价以提升其建设质量，已经成为一个值得关注的问题。本文在分析我国科普网站发展现状的基础上，采用文献调查和内容分析的方法，对国内外科普网站评价现状进行概述，并给出了提升我国科普网站建设质量的主要策略。

二、科普网站现状分析

（一）科普网站的发展阶段

科普网站通常是指以科普信息为主要内容，专门为传播科学知识、普及科学思想而建立的网络平台。我国科普网站建设始于20世纪90年代，经过近二十多年的发展，目前已经形成了覆盖全国的科普网站群。一般认为，我国科普网站的发展大致可以分为以下三个阶段。

第一，起步阶段（1995—1998年）。这个阶段中，科普网站建设水平处在初级阶段，主要用于发布科普信息，网页形式以静态页面为主。

第二，快速发展阶段（1999—2004年）。截至2004年，科普网站数量达到408个。在数量不断增加的同时，网站的内容、表现形式也不断丰富，Web 2.0技术得到应用和发展。

第三，调整提高阶段（2005年至今）。在该阶段，网站数量增长速度放缓，科普网站的发展从数量扩张型向质量提高型转变。一部分资源少、更新慢、经费不足的科普网站陆续关闭，内容丰富、学科覆盖面广、互联网应用水平高的科普网站设施建设陆续完成。

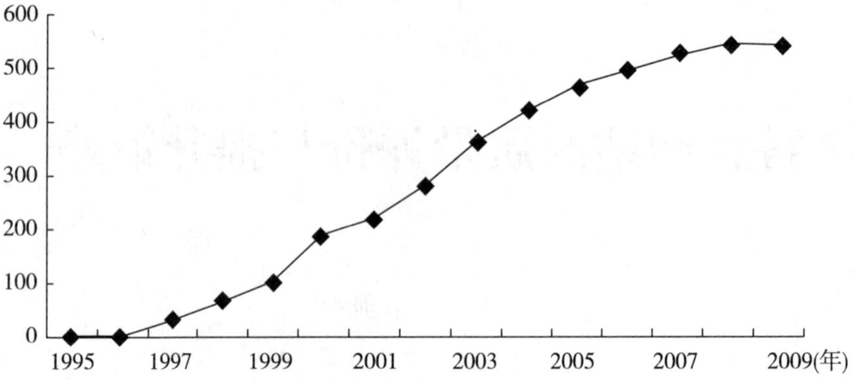

图1　我国科普网站的数量变化

从1995年起，我国科普网站建设数量呈不断上升趋势，其变化如图1所示。

（二）科普网站的受众特征

随着“以用户为中心”理念的发展，对科普网站用户的调查研究越来越受到重视。综合分析相关研究成果可知，我国科普网站的受众特征主要表现在以下两个方面。

就人口学特征来看，我国科普网站受众中男性群体比例较大；10—30岁的年轻人是主要群体。高学历人群比例较高，网络科普用户中近一半学历在大专以上；城镇用户比例高于农村用户比例。根据上述用户特征，科普网站在设计上应注重年轻人的喜好，增强网站的互动性、娱乐性和个性化。同时，科普网站应加强宣传和自身建设，扩大对其他群体的吸引力。

就行为特征来看，“增加科学知识”“关注前沿科学”是用户关注网络科普的主要目的；不同群体关注的科普知识类型存在较大差异，老年人更加关注医学领域的知识，中青年用户对自然、地理和天文学相关知识关注度较高；虚拟科技馆、互动游戏、视频动画是用户最为喜爱的科普形式；与传统科普方式不同，网络科普用户更倾向于在论坛、社交网站上交流讨论科普知识；科普网站黏性较低，用户的访问频率一般为一周1—3次，停留时间多为半个小时。从这些特征看来，获取知识是用户关注科普网站的首要因素，因此科普网站建设首先应重视内容建设，增强内容的科学性和新颖性；不同的用户对科普网站有不同的需求和使用习惯，因此科普网站在网页设计和内容设置上还应注重个性化；随着Web 2.0技术的发展，用户越来越重视个体的主动性和参与性，科普网站还应该改变传统的单向传播模式，为用户提供更多的互动交流渠道。

（三）网站主题和表现形式

2009年《中国网络科普设施发展报告》将科普内容主题按学科分类标准划分为自然科学、农业科学、医药科学、工程与技术科学、人文与社会科学5个方面51个学科。其中，人文和社会科学占35.8%，自然科学占34.4%，工程与技术科学占23.6%，农业科学占9.8%，医药科学占7.5%。在具体学科中，天文、生物、地球科学所占比例较大，畜牧、水产、纺织、药学所占比例较小。由此来看，我国科普网站内容所涉及的领域广泛，对各个学科均有所涉猎；但内容分布不均衡，不同学科内容所占比例差异较大。

随着多媒体、虚拟现实和人机交互等信息技术的广泛运用，科普网站除采取传统的图片、文字等静态形式之外，开始综合运用科普游戏、远程观测、动漫、实验等动态表现方式。

青少年是科普网站的主要受众，针对他们的认知特点，各科普网站开发了各种游戏资源。如在中国数字科技馆的“灭火游戏”，观众扮演消防新兵，接受小巷救火、高层火险、地下火灾、医院火警、汽车火灾、炼油厂火警、机场危情几个环节的救火考核。通过这个游戏，儿童可以了解消防灭火的基础知识以应对生活中的真实情况。

远程观测是通过一个接入互联网的远程摄像

头，让身处各地的人通过网络实时观测拍摄对象的活动状态。如在中国科普博览“大熊猫在线观察”中，用户通过账户、密码便可以进入远程摄像头，随时随地观看远在卧龙的大熊猫。用户还可以根据个人喜好改变摄像头控制方向，不仅可以看到大熊猫如何嬉戏打闹，更可以观察它们如何睡觉、吃东西等场景。

动漫是一种用精练的语言，夸张、省略和暗示的手法来传递信息，具有生动和直观的特点。中国科普博览提供了一系列有关生命奥秘、外物之理、星宇迷尘的科普动漫。如在“疫苗的起源”中，通过动漫讲述了疫苗的起源以及原理故事，将文字、声音、图像、动作相结合，给人身临其境的感觉。

科学实验是在人工控制环境下，通过干预和控制实验对象来探索相关规律的一种研究方法。科普网站为科学实验提供了一个很好的虚拟环境，通过实时计算技术，用户通过改变相关系数便可以观测到某些科学现象的变化过程。如在我国科普博览的“河道泥沙淤积”中，用户可以设置径流量、含沙量、淤积时间等参数，体验不同情况下的河床淤积情况，这对公众理解科学原理具有重要作用。

三、科普网站质量评价的研究现状

按照“科普网站是以科普信息为主要内容，专门为传播科学知识、普及科学思想而开设的网络平台”的观点，本文将科技类数字博物馆也归于科普网站。在2013年5月24—25日，以“关键词=科普网站/数字科技博物馆+评估”为检索条件，在中国知网和万方数据库进行中文文献检索。同时以“science website”/“science and technology digital museum”+“assessment/evaluation”为英文关键词在谷歌学术中进行英文文献检索。经过整理，共检索到相关文献12篇，如表1所示。

表1　科普网站评价相关文献

研究者及研究时间	研究重点
孙爱民（2012）	科普网站的质量评价标准
李楠欣（2011）	科普网站数据监测方法和工具
赵以霞，霄云（2011）	科普网站质量评价指标体系
刘雷鸣（2003）	科技信息网站质量评价指标体系
许巍巍（2008）	太原市科技信息网站质量评价指标体系
吴琼，李楠欣（2011）	科普网站质量评估指标体系
吴琼，张鲁冀（2011）	北京某科普网站质量评价实证分析
Thomas Fotakis，Anastasios A.（2008）	博物馆网站质量评价指标体系及实证分析
谭翠萍，郑怀国（2009）	农业数字博物馆可用性评价指标体系
张小林（2011）	互联网科普作品评价指标体系
袁小珊（2011）	省级科技信息网站评价指标体系
中国网络科普联盟，北京科研院情报中心（2011）	全国618个网络科普设施评估分析

总的来看，相关文献数量少，且发表时间多为2008年以后，说明科普网站评估是一个较为新兴的领域，有待进一步研究。本文就其中部分文献作简要分析。

《科技信息网站评价研究》构建了由设计指标、内容指标、性能指标、服务指标构成的科学信息网站评价指标体系，并运用该指标体系对我国省级科技信息研究所网站进行了实证分析。该研究指出，科技信息网站存在网页设计色彩单调、表现形式单一、内容数量少、更新缓慢、检索功能可操作性差、在线交互功能缺失等问题。《关于科技信息网站评估的研究》从内容、站内搜索引擎、设计、服务、知名度5个方面对科技信息网站进行评价分析，建立了由5个一级指标、29个二级指标组成的指标体系。《太原市科技信息网站评价指标体系初探》以动态性、差异性、整体性为原则，根据太原市科技信息网站的特点，将指标体系确立为内容质量、功能服务质量和建设质量3个一级指标和若干个二级指标，其中功能服务指标所占权重最大。

吴琼和李楠欣在《北京地区科普网站评估指标体系的设计研究》和《某馆科普网站评估分析研究》两篇文章中以科学性、系统性、前瞻性和可行性为原则，构建了由导航、效果、内容、技术、服务组成的评价指标体系。“Art，science/technology and history museums on the web”一文以博物馆网站为对象，构建了一个由内容、表现形式、使用性、交互性、在线服务、技术性4个一级指标和35个二级指标构成的评价指标体系，并选取全球210个博物馆网站（70个艺术博物馆，70个科技博物馆，70个历史博物馆）为对象进行实例分析。《北京农业数字博物馆门户可用性评价指标体系》以农业数字博物馆为对象，分析了数字博物馆可用性的具体内涵，并构建了由有效性、效率和满意度3个方面构成的可用性评价指标体系。中国互联网协会网络科普设施联盟与北京市科研院情报中心于2010年对全国618个网络科普设施进行评估。此次评估活动采用了网站运行监测、对比研究、在线问卷调查、人工数据采集4种方式，并形成了由内容、服务、效果、技术4个一级指标和28个二级指标构成的指标体系。经过评估发现，当前我国网络科普设施信息资源匮乏、原创内容比例低、目标用户缺乏细分、服务针对性较弱、运营模式亟待创新、投资渠道较为单一、新技术应用水平低、表现形式同质化。《互联网科普理论探究》分析了网络环境下科普信息资源质量的具体内涵，并首次建立了一个由内容自身质量、内容编排质量、内容呈现质量、内容互动质量、用户使用质量、资源利用质量6个一级指标和40个二级指标组成的互联网科普信息资源质量评价标准体系。

通过上述文献分析可知，当前有关科普网站评价的研究主要集中在建立评价指标体系，并选取典型案例进行实证分析。当前科普网站评价指标体系主要由内容、使用性、服务、技术、效果几个方面构成。既包括定性指标也包括定量指标，定性数据主要通过人工采集的方法获得，定量数据主要通过软件监测获得。但当前科普网站评价标准大多是对一般性网站评价标准的简单复制，对科普网站科学传播的特性重视还不够。

四、科普网站质量提升策略

通过以上分析可以看出，近些年我国科普网站建设取得了显著成就，主要表现在：科普网站的数量不断增加；内容主题范围更加广泛；受众范围向不同年龄阶段和学历水平人群扩散；采用各种互联网新技术，增强交互性和表现性。但从网站评估的相关研究中可以看出，当前科普网站仍然存在内容原创性低、信息更新速度慢、交互性差、个性化服务机制不健全等诸多问题。对此，本文认为，为了提升我国对科普网站的质量，以下几个方面应当引起充分重视。

（一）加强科普内容的原创性、科学性建设，提高用户体验的满意度

2011年，中国互联网络中心曾对网民不使用网络科普的原因进行调查，其中65.6%的网民表示网上科普知识内容太少，40.0%的网民不信任网上的科普知识来源。科普内容原创性不足，精品科普资源匮乏，科普资源来源不明确，已成为阻碍网民使用科普网站的重要障碍。为解决该问题，科普网站应做到及时更新科普信息，反映社会热点；加强后备人才培养，壮大科普创作队伍；建立合作共建机制，实现不同平台之间的资源共享；树立产权意识，转载内容需注明来源，提高内容可信度。

（二）重视互联网新技术的应用，提高科普网站的易用性

科普网站的易用性是指方便人们学习和使用，减轻记忆负担，提高使用满意度。科普网站

的主要目的在于提高人们的科学意识，易用性往往影响着用户的学习效果。而互联网新技术的采用对于提高网站易用性具有重要作用，如网络游戏技术、三维动画技术、虚拟场景技术、动态演示技术，增强信息定制、信息推送、科普娱乐和科普知识的多媒体等服务，能为用户创造一种轻松、愉快的学习环境。

（三）开展多维度的受众研究，提高服务的针对性和有效性

“以受众为中心”已成为当前一个重要的科普理念，为用户提供更多的可定制的服务，是科普网站保持吸引力的基础。一方面，科普网站应加强用户使用满意度调查，了解用户在网站内容、表现形式、科普效果等方面的基本需求，引导网站的主要功能建设。另一方面，加强用户人口学特征研究。可根据用户的不同特征将其细分为不同群体，如教育者、学生、父母等，为其设置不同的阅读内容和浏览方式。这一措施在国外科普网站中已得到普遍采用，如美国旧金山探索馆就设置了教育者、父母、艺术家、科学家、好奇者等不同用户身份。

（四）加强评估理论研究，推动科普网站持续发展

科学评估是科普网站可持续发展的重要举措。开展对科普网站评估原则、方法、评估指标体系等方面的探究对指导科普网站的科学评估具有重要的指导意义。当前还未形成一个统一、全面、信度和效度较高的科普网站评价指标体系。而已有的评价指标大多是简单复制一般性网站的评价标准，未突出科普网站本身的特点。科普网站评估涉及网站设计、科普理论、网络科普资源等众多领域。因此，科普网站质量评价指标体系的建立需要各类专家广泛参与、共同探究。

五、总结

经过近二十多年的发展，我国科普网站建设取得了较大的成就，形成了覆盖全国的科普网站群，用户群体不断扩大，网站内容主题覆盖面广，网站表现形式日益多样。科普网站的发展，对推进网络科学普及和科学传播起到了重要作用。但由于缺乏相关的建设规范或标准，科普网站建设质量参差不齐。近年来，研究人员从不同的角度、运用不同的方法对科普网站进行了评价研究，这些研究包括评价标准的确定、评价方法的分析以及评价指标体系的建立等方面，并以评价指标体系的建立为重点。当前，科普网站评价标准大多是通过参考一般性网站评价标准获得，主要包括内容、使用性、服务、技术、效果 5 个方面的指标。通过对评估研究的内容分析可知，当前我国科普网站建设水平总体令人满意，但在内容原创性、信息更新速度、交互性、个性化服务机制几个方面差强人意。因此，科普网站的质量提升策略应当包括加强科普内容的原创性、科学性建设，提高用户体验的满意度；重视互联网新技术的应用，提高科普网站的易用性；开展多维度的受众研究，提高服务的针对性和有效性；加强评估理论研究，推动科普网站持续发展。

参考文献

［1］孙爱民．科普网站评价标准研究［J］．科普研究，2012（4）．

［2］任君福．中国科普基础设施发展报告2009［R］．北京：社会科学文献出版社，2010．

［3］任君福．中国科普基础设施发展报告2010［R］．北京：社会科学文献出版社，2011．

［4］苏冰．我国科普网站现状及对策研究［D］．合肥：中国科学技术大学，2009．

［5］邓晓芳．互联网时代科学传播的受众研究——基于现实大学生的实证研究［D］．西安：西北大学，2011．

［6］袁小珊．科技信息网站评价研究［D］．长春：吉林大学，2011．

［7］刘雷鸣．关于科技信息网站评估的研究［D］．北京：中国科学技术信息研究所，2003．

［8］许巍巍．太原市科技信息网站评价指标体系初探［J］．太原科技，2008（8）．

［9］吴琼，李楠欣．北京地区科普网站评估指标体系的设计研究［J］．今日科苑，2011（16）．

[10] 吴琼，张鲁冀．某馆科普网站评估分析研究[J]．今日科苑，2011（18）.

[11] Thomas F，Anastasios A. E. Art，Science/Technology and History Museums on the Web [J]．Digital Culture and Electronic Tourism，2008 (1).

[12] 谭翠萍，郑怀国．北京农业数字博物馆门户可用性评价指标体系[J]．安徽农业科学，2009 (25).

[13] 张小林．互联网科普理论探究[M]．北京：中国科学技术出版社，2011.

Wikispaces 在教育技术项目实践教学中的应用探析

陈 曦

（河南大学 教育科学学院，河南 开封 475004）

摘 要：Wikispaces 是国际上认可度较高的一类协作性学习平台，它集面向学校、企业的多个版本于一体，提供文档发布、在线讨论、页面编辑等多种信息交互方式，深受各类学校和企业的欢迎。教师在本科生的教育技术项目实践中，运用这个平台，引导学生进行了 Web 2.0 教育应用探索、数字出版等实践课题的研究性学习，师生共同在网络时空、现实时空中寻找有用的资源和材料，加以分析、整理，形成项目报告和各类作品，获得了较好的效果，从而把平面化的教学演变成立体式、多维式的教学，在此过程中用各类量规进行形成性评价，并且有利于课外的扩展性学习，希望能和同行们共同探讨应用网络平台进行探究性学习的经验。

关键词：Wikispaces 教育技术项目实践 量规评估 协作性学习 探究性学习

一、Wikispaces 平台的特点和功能简介

Wikispaces 是一个英文界面的研究型学习平台，是一个协作性较强的网站，集文档发布、在线讨论空间、可视化的页面编辑工具于一体，在界面设计、功能设置方面体现了可读可写的双向交互功能，师生可以同时在一个平台上共同搭建学习空间、发布信息、协同工作。Wikispaces 提供无限量的使用者和页面，是一款集 wiki 和 spaces 于一体的在线工具，是“维基家族”中最具教育特色的站点，为教育者们提供免费的 wikis，其理念是“wikis for everyone”。Wikispaces 主要面向商业机构、非营利性组织、中小学和高校，目前已经有 500 多万名会员和 197 万 Wiki。例如，教师可以使用维基空间“张贴”家庭作业任务（布置作业），促进课堂计划的实施，与国外的课堂进行合作与交流，与父母和其他教师对话，展开班级讨论和信息反馈等。因其简单易用性，它在美国中小学、高校和企业界得到了广泛的应用。

Wikispaces 开发了四种版本的 Wiki：基本版、增强版、高级版和私人版。基本版完全免费，增强版、高级版和私人版都是付费的版本。基本版为 Wiki 提供了公共和受保护的两种权限模式。增强版可以自己建立一个免费的广告页面，也可以自己设定页面主题，而且所有有关 Wiki 页面内容的信息都运用 SSL 加密机制。高级版比增强版拥有更多的功能，上传文件的最大值是 50M，可以把 Wiki 地址设置在自己的域名里或 Web 服务器上，还提供了网络文件夹的功能，通过网络文件夹可以更方便地访问自己的文件或网页。私人版能够完全管理自己的 Wiki 环境，可以创建无限量的 Wiki 和使用者账户，对自己的站点拥有完全的管理权限。私人版适用于想对自己的 Wiki 环境进行完全控制的组织，如高校或企业。

在当代学校教学中，需要尊重每一个学习者的个性，给予足够的扩展空间，发挥他们的潜能，所以学习平台不仅要有结构合理、层次分明的资源库，还要有提供学习支持的工具和学习评估系统，从而多方面保证高效率的学习。Wikispaces 网站具有多人协同编辑并自动保存编辑过程的功能，该系统具有系统模板格式，包括网页、讨论模块、文件列表等。用户可以自己设定

站点导航的文本格式、插入图标和美化等。相对于一般的 Wiki，Wikispaces 有用户权限设定，便于使用者在一个社群内共享某个领域的专业知识，避免无关信息和人员的干扰。Wikispaces 为不同学历层次、职业需求的团队提供了自选的学习空间，并能实现各个空间的互邀、共享。这样既保留了个人和每个团组的风格，又实现了一对一或一对多的合作、交流。

用 Wikispaces 进行项目实践教学的过程中，可以上传文本、图片、动画、视音频素材、超链接资源，将基础性知识整理、加工，按一定的教学策略进行结构化重组，知识元素之间的关系重新链接和整合，便于师生创造性思维的发展，比如通过对美国、中国媒体材料设计与制作的案例分析，其版面设计风格和文化背景差异，体现了中美人民各自的民族文化、历史与反思，从而互相学习，吸收新的美工元素，设计出更加时尚、雅俗共赏的版面，培养学生的审美情趣、拓展学生知识面和国际视野。这个空间便于小步调教学、反馈、近期预览，可编辑页面，信息列表时间倒序显示，采用外部链接和内部文件链接。

二、教育技术项目实践教学的特点分析

教育技术项目实践课是一门应用性、实践性很强的科目，这门课需要教师和学生选择教育技术实践领域的热点或难点问题，进行研究性的学习和探索，并且借助一定的技术手段，将实践的内容以多媒体的形式呈现出来。教师要将面授辅导和学生自主学习结合起来，实现高效学习和非实时实地的远程教学，从而强调以学习者为中心的双主学习模式。学生根据教师布置的实践专题，选择自己感兴趣的题目，分成几个小组，分给各个教师负责。这样，小团队规模的教学，使得教师和学生可以进行一对一的辅导，发挥每个学生的特长，调动其主观能动性，培养创新思维和能力，在做中学，在问题解决中不断探索新的解决方案，训练其在网络环境中快速有效获取资源和利用资源的能力，让学生真正领悟到学以致用的道理。

项目实践教学以问题探究式教学贯穿始终，采用小组学习、支架式教学、抛锚式教学等多种教学形式，把握学生循序渐进的学习心理特点，一环扣一环地将项目推进。教师将项目分成若干个阶段，进行小步调式的教学和研究，而且对每个阶段的工作作出及时的反馈，从而实现分层教学和评价方式，以科学合理的方法解决学生学习中的动手实践问题，缩减了学校和社会需求之间的距离，使得教学形式更加多样化，学生学习更加个性化。

三、教育技术项目实践教学采用的研究方法

量规是一种实用性与操作性都很强的评价工具，也是十分重要的表现性评价判决工具，这套标准能对学生的测验、成长记录或者行为表现进行评价或等级评定。量规也是一个有效的教学工具，是连接教学与评价之间的一个重要桥梁。

很多教师已经开始关注或应用这种结构化的评价方法。在信息时代，教学更加注重以学生为中心，注意学习者综合能力的培养，量规从与评价目标相关的多个方面详细规定评级指标。它能使学习者明确学习的需求和目标，可以清楚地显示评价学生学习的方式和教师的期望，可以由教师评价学生,也可以让学生自评或与同学之间进行互评。

教育技术项目实践教学中，学生的作品应用性、实践性很强，需要标准化、结构化的评估手段，因此量规作为评估工具，能将教学目标量化，使得操作性很强。笔者在应用美国教学所用的评价量规时，根据每次课题和作业的类型，将量规分类，并认真给每个学生评定作业等级，最后给出综合成绩。

量规评价是定量评价和定性评价相结合所产生的评价工具。定量研究是指研究者主要运用后实证主义知识观来建构知识（如因果联想具体变量、假设和问题的简化，测量和观察的运用以及理论控制，使用诸如实验调查等研究的策略，以及用事先确定的工具收集统计数据）。定量研究采用后实证主义知识观、研究采取实验策略、对态度测量采用前测和后测。定性研究是指研究者通常基于建构主义的视角，即政治的、观念趋

向、集体主义、变化适应性来建构知识观。混合研究是指研究者以实用主义为基础（如使用倾向性、问题中心主义和多元化）建构知识观，以顺序法并行性等资料收集方法为研究策略，以能最好地理解所研究的问题为目标，资料收集包含数量信息（如工具性数据）和文本信息（如访谈数据）两方面，以使最后的数据库既能代表定量研究，也能代表定性研究。

笔者在两个年级的项目实践教学中，运用了教学环境的设计量规、多媒体材料的设计和制作量规，对每个学生的作业进行个别化的评价和反馈，使得标准量化、可视化，操作性更强，更具有说服力，表1是教育技术项目实践运用的量规之一，即多媒体教室环境的设计量规。

表1　技术促进的学习环境设计评价量规

技术促进的学习环境设计				
类 型	介绍性的（初步的）	发　展	精　通	先　进
促进多样化学习者的课程	用于评估和/或评估目的的技术的微证据	努力用多样化的技术工具去支持内容领域的技能	运用小技术工具去加强课程概念	当挑战一些学习者时，有足够的证据表明运用多样化的科技工具以拓展和阐释课程
当地的资源	设计指出支持计划的可用资源的考虑	设计努力考虑可能存在的资源，该考虑也许不是现实的或良好支持的	设计整合在学校团队中的多样化资源	设计整合在学校中找到的多种资源，适用于当地和世界范围的团队
当前技术的研究	当前技术的微型研究和教学实践被整合到设计中	研究在设计中显而易见，信息不正确或过时	设计基于当前的研究，不管是技术、教学实践，还是学生的学习	设计清晰地基于当前的研究、教学实践和学生学习
有效的技术管理	对于管理技术的计划不明确	设计包括管理计算机的计划	设计包括管理计算机和附加技术的计划，尽管如何计划是非现实的或真实可以达到的	细节的、可执行的计划被设计管理在学习环境中用到的多种技术
评估和评价	用于评估或评价目的的证据	对于学生而言，技术工具被用于评估和评价是一种可选择的技能和阐释	一种技术工具被用于评估和评价技能，理解多样化的学习者	多样化的技术工具被用于评价和评估技能，理解多样化的学习者
学生学习的有效化管理	与技术技能相关的管理学生学习的指标计划的略微证据	技术工具被仔细地教授，对于多样化的入学水平的学习者以略微区分	技术技能被整合到课程中，多样化入学水平的学习者略有不同	考虑到多样化的入学水平和学习风格，技术技能被整合到课程中
生产力和专业化运用	设计没有考虑教师的技术运用，作为一种促进生产力和模型运用的方法	设计包括教师运用技术，但是使用局限于一个或两个领域，比如传播或生产	设计包括教师技术的使用，强调促进教师实践	设计包括教师作为一个积极的学习者，考虑新技术的实验，运用现存的技术促进专业化的有效性

续表

技术促进的学习环境设计				
类 型	介绍性的（初步的）	发 展	精 通	先 进
社会、道德、法律和人类问题	对于社会、道德、法律的人类问题，在设计中存在略微考虑	设计表明对于一个领域的知觉：社会、道德、法律和人类问题	设计表明对于两个领域的知觉：社会、道德、法律和人类问题	设计在问题中完全被创造出来，从而影响可考虑的学习者的社会、道德、法律和人类需求

四、对学生应用 Wikispaces 进行项目实践教学实例探索

在 Web 2.0 项目实践中，学生总结了 Web 2.0 的发展状况，并对中外 Web 2.0 平台的现状和案例作了比较全面的分析和综述，对 Web 2.0 技术的内涵和应用有了深刻和广泛的认识。结合博客教学、ask.com 问卷调查、教室教学设计、Visio 软件、音视频制作，教师发布近一周的任务，在教室面对面辅导、答疑。根据 Web 2.0 的应用需要，本文设计了调查文卷，并在问卷之星上进行问卷发布和填充。教师利用 Wikispaces 空间和博客空间，了解学生的项目进度，上传参考网站和资料，解答有关问题。教师开通 Discussion 讨论区，上传一些问题，学生用英语回答，在全英文的教学环境中，培养学生的英语学术交流能力。师生通力合作，很好地将网络空间和实践项目结合起来，实现了双向非实时交互、反馈，信息更新和发布。每个学生设计教室环境，教师用国外的量规对学生的设计作品进行评价和反馈。学生能根据量规中的各项条款，了解其作品的优劣之处，并和同学之间形成互评，从而不断提升自己的设计水平。Web 2.0 项目实践教学中，小组还同时开通了博客，发布信息和讨论主题，扩展了学习平台的国内影响力，补充 Wikispaces 的信息。学生把设计的教室环境作品上传到空间，进行互评，教师提出建议，学生再进行修改，这种一对一的辅导，体现了因材施教，尊重每个学生的个性和能力，调动他们的积极性，发挥潜能，也帮助教师了解每一个学生的知识背景和学习差异，从而更好地促进以学生为主心、教师为主导的双主教学模式的开展。在近期修改板块中，以时间倒序的方式将近期页面上修改的内容，以列表的方式呈现出来，可以随时点击链接，便于教师和同学浏览近期的项目进度。Web 2.0 项目实践，学生和教师一起用笔记本电脑上网查找资料，制作短片，将 Web 2.0 用于教育的内容展示出来并整理、总结，体现了其简单、直观、实用的特点。

数字出版项目实践中，教师每周给学生布置一个作业题目，并面授一些相关知识，提供国内外最新的研究资料和案例分析，学生可以自主设计版面和内容，在 Wikispaces 空间内上传，如海报的设计需要图片、文字的配合美观，图表的设计需要逻辑关系明确和图片、文字解释融合为一体，可读性要强。CD 封面采用代表性图片和文字，需要简洁大方，表达 CD 的关键内容。教师用国外各类量规，对每次作业进行评估、上传空间。学生在教师的多次指导下，对数字出版行业的概念和内涵有了系统的了解，教师上传一些中外参考网站、优秀案例，并提供访问的账户。学生可以对数字图书、出版行业有直观的认识和深入的学习，学生收集资料、汇总整理，形成几千字的项目报告和 PowerPoint 的简明课件，进行学习总结。开通 Discussion 讨论空间，就盗版、数字出版分类等热点问题进行探讨和总结。教师将各次作业分类并设置 Gallery 展览厅，将作业发布到 Wikispaces 空间上，学生进行互评、互学，进一步改进学习。图 1 所示为教育技术项目实践的学生作品之一：多媒体教室的设计——中小学音乐课专业教室设计。

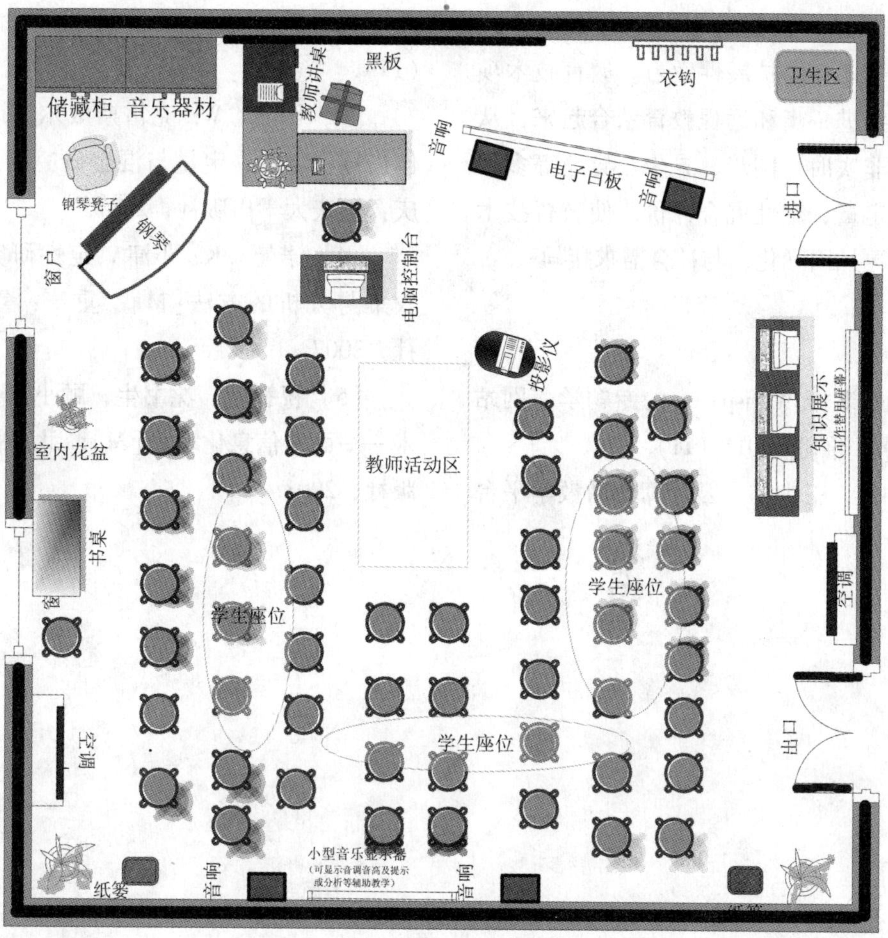

图1　　中小学音乐课专业教室设计方案

五、总结

课程结束以后，学生还可以经常登录，两个年级的学生可以共享资源，展开讨论，可以和其他师生共享。教师对学生的作业进行批注，用量规进行小步调的评估，比如教室环境的设计、海报的版面设计，都有美国专门设计的评估量规，把评价的指标细化成各个参数，每个评估指标下再划分各个等级，这样就科学、系统、全面地评价了一个学生的作品。

Wikispaces 有四种类型的使用角色，分别是管理者、成员、使用者和访问者。管理者拥有最高的权限，可以邀请成员加入自己的 Wiki，批准想加入自己 Wiki 的申请，可以删除页面、更新或删除 Wiki，也可以决定某个 Wiki 是公共、受保护还是私人的。Wikispaces 也有一些问题，需要进一步改善。比如讨论板块显得不够灵活，教师反馈实现板块与功能不够完善。页面层次分类不够明确，容易造成页面和项目之间的混乱。

教师根据项目实践的主题，定期发布讨论的题目，学生根据查找的资料和已有的经验，上传资源或发表评述。在全英文的平台中，师生的英语能力得到了很快的提高，与国际接轨的能力提升了许多。比如数字出版的盗版、知识产权问题是一个中美都关注的国际热点问题，学生针对这个问题展开讨论，能扩展学生的视野和思路，拓宽知识面，培养良好的学术品质。

教师根据在国外参与此类讨论的经验，给出合理的评价，引导学生对一些社会热点问题进行理智、批判性的分析、思考，从中国的国情出发，避免攀比和盲目崇洋媚外，从而树立正确的处理问题的态度和方法。

总之，Wikispaces 是一个集教师的教学和学生的学习为一体的综合性实践平台，能实现探究式教学的多种功能，把平面化的教学演变成立体式、多维式的教学，在此过程中进行形成性评价，并且有利于课外的扩展性学习。教育技术项目实践教学需要进一步和远程教育结合起来，从而实现实时、非实时、同步、异步、异地等多种形式的交互及定量、定性混合评价，使教育技术专业课的教学更加国际化，与社会需求接轨。

参考文献

[1] 方丽．基于 Wikispaces 的专题学习网站的构建[J]．软件导刊，2011（11）．

[2] 夏仲文，王少伟．云计算辅助教学平台之 Wikispaces［J］．中国信息技术教育，2010（17）．

[3] 约翰　W. 克雷斯威尔．研究设计与写作指导：定性、定量与混合研究的路径[M]．重庆：重庆大学出版社，2007.

[4] 诺曼　K. 邓津．定性研究：经验资料收集与分析的方法[M]．重庆：重庆大学出版社，2007.

[5] 祝智庭，沈书生，顾小清．实用教育技术——面向信息化教育[M]．北京：教育科学出版社，2008.

利用开源社会性软件 MediaWiki 开发教育技术专业知识库的探索

武怀生　李秀明

（青海民族大学　物理与电子信息工程学院，青海　西宁　810007）

摘　要： 开源软件 MediaWiki 是全球影响最大并且功能比较完善的 Wiki 程序。通过 MediaWiki 可以方便地架构教育技术专业协同知识建构平台和知识库。针对目前网络上教育技术相关资源存在的一些问题，本文首先介绍了 Wiki 的特点和 MediaWiki 的一些功能及特色，然后分析了基于 MediaWiki 的教育技术专题维基站设计与实现的适应性、可行性和设计目标。最后从设计和实现两个方面阐述了内容结构、知识线索的设计及网站的配置、发布、参数修改等具体实现过程。

关键词： 开源软件　MediaWiki　教育技术　专业知识库

Wiki 是一种超文本系统，Web 2.0 中的重要应用软件之一，支持面向社群的协作式写作，同时还包括一组支持这种协作的辅助工具。与 BBS、Blog 等其他超文本系统相比，Wiki 更具开放性和协作性，任何人都可以对 Wiki 中的内容进行编辑和管理，还可以在社群成员的共同协作下进行新知识的创造。因而，基于 Wiki 的这些特点，本文试图为大家提供一个教育技术专业协同知识建构平台和知识库。

一、网络教育技术专业知识内容现状和专业知识库开发需求分析

我们在教育技术领域进行学习和研究时，常常需要参考一些基础知识和专业论文，或者我们需要对某一问题进行讨论来完善研究结论，基于互联网络的海量数据资源和便捷的信息检索引擎为教育技术理论和实践的发展提供了技术保障。但针对教育技术专业知识的检索和专业问题的讨论还存在一些问题。

1. 网络百科全书。我们可以通过网络百科全书方便地检索教育技术的一些相关词条和知识。但是，这种知识库定位于百科知识，对教育技术这一单独领域的涉及不够深入，很难形成关于这一领域系统的知识结构和适合这一领域的内容标准。

2. 人肉搜索引擎（百度知道、猫扑大杂烩）及专业论坛、贴吧。我们可以通过悬赏或发帖求助关于教育技术某一方面的问题，由其他关注这个领域的人搜索资料，提供回答。但人肉搜索很难精确到这一专业领域，很少能得到比较符合需求的专业解答。

3. 专业论文数据库。支持检索，但一般不支持知识的完善和动态扩充，可做文献综述，很多专业论文是收费的，不支持开放和免费使用。

4. 专业论坛、贴吧及博客。方便提出问题，和其他人通过回帖和评论进行讨论，发表一些零碎的意见，提供参考，却难以形成统一完善的认识和结论。

5. 专题学习网站、网络课程及相关电子图书。教育技术专业方面比较系统、完善并且开放的网络课程和相关电子书籍比较少，而且多数不支持对知识点的检索。

因此，我们需要建构一个与教育技术相关知识、问题及论文资料的协同知识建构平台，并且通过 Wiki 平台可以很好地解决上述问题。

二、Wiki 简介及 MediaWiki 的功能和特点

（一）理解 Wiki

Wiki 是一种多人协作的写作平台，是一种基于超文本系统的知识网络系统，又是一种基于某一主题的知识共享社区，既体现草根互动，又有真实发表的意味。Wiki 站点可以由多人（甚至任何访问者）维护，每个人都可以发表自己的意见，或者对共同的主题进行扩展或者探讨。

（二）Wiki 程序 MediaWiki

在建立关于 Wiki 站点方面，有很多 Wiki 程序可供选择，其中 MediaWiki 是全球最著名的 Wiki 程序，运行于 PHP + MySQL 环境。MediaWiki 作为维基百科及其姊妹计划的系统软件，其开发得到维基媒体基金会的支持。其功能比较完善，插件丰富，架构简单，支持多语言版本，允许每个用户自行选择系统外观（皮肤）。

（三）Wiki 的特点

1. Wiki 站点可以由多人维护，内容逐步积累、网状知识链接是其鲜明特色，非常适合做专题知识库。

2. Wiki 中可以方便快捷地创建对某一知识点的理解和对其他知识点的链接。Wiki 中通过这种相互的链接和扩展，很容易架构起一个网状的知识结构，在知识链接方面有无可比拟的优势。

3. Wiki 站点一般都有着严格的共同关注度，主题明确，内容要求高度相关性。其确定的主旨，任何写作者和参与者都应当严格地遵从。要求一定的协作精神和道德水准。

4. 个性化在这里不是最重要的，信息的完整性和充分性以及权威性才是真正的目标。

5. MediaWiki 中可以方便地使用标记语言“[[","]]”，自动生成链接，快速地链接不同的页面。MediaWiki 中有自己的标记语言，支持 Tex 数学公式，支持部分 html 代码，支持元搜索，可以快捷地检索相关页面，支持开放分类。

三、基于 MediaWiki 的专业协同知识建构平台和知识库开发的可行性与适应性分析

（一）从软件功能的角度来看

MediaWiki 支持搜索，内容组织简单，条目扩展方便。适合基于条目的教育技术术语和相关知识的信息库的实现。其条目标题字数限制比较松，既可以是词条，也可以是一个问题，还可以是文章标题，支持开放分类，支持树形目录结构，因此也适合基于问题、专题研究或系统知识的协同写作平台的搭建及相关信息库的建立。由于 MediaWiki 不提供私有页面和普通用户对个人发布页面的保护功能，因此不适合个人日志和论文的发表。MediaWiki 支持功能扩展，可通过插件扩展页面评级、思维导图、音频、动画、视频等实现所见即所得的功能。

（二）从技术实现的角度来看

MediaWiki 对运行环境要求较低，PHP + MySQL 环境比较容易搭建。配置简单，管理方便（通过页面便也可以完成大部分系统参数的设置和管理），软件升级、数据备份和数据迁移也比较方便。有大量的相关技术文档可供参考。

（三）从知识建构的角度来看

MediaWiki 的超链接结构与人的思维和对知识建构的方式很相似，用户在编辑时可以对页面中的任何名词、问题加上 Wiki 标记，形成一个新的知识点链接，并对该知识点进行扩充。用户可以发布对一个知识点的理解雏形，并通过不断修改，逐步完善对该知识点的建构。

四、基于 MediaWiki 的教育专业协同知识建构平台和知识库的设计

（一）设计目标

1. 建设一个教育技术专业术语理论、相关人物机构、开放论文等相关知识和资料的知识框架，并不断完善和扩展知识内容，形成一个支持检索的教育技术专业知识库。

2. 搭建一个个人发布和共享关于自己教育技术领域相关知识，对知识进行完善和自我建构，发布问题，建立讨论，发布、分享开放论文的平台。

3. 搭建一个由教育技术专业人士组成的、开放的、多人协作的写作平台，并形成一个教育技术相关知识的知识共享社区。用户可以发展新用户，并组成协作小组，对某一专题进行讨论，完善知识结构。用户可以编辑自己的页面，对其他

的用户进行讨论，在知识社区中进行交流。

4. 逐步建立和完善关于教育技术专业培养、教育技术各个领域的系统知识、相关专题知识、网络课程、专业书目及其他参考资料的信息。提供良好的知识线索，方便浏览者系统深入地学习和研究教育技术领域某一方面的相关知识。

（二）内容知识结构设计

1. 系统参数及本地化修改。

（1）网站标题：Wii. etec（We-education technology，我们教育技术）。

（2）网站副标题：教育技术专业知识库（默认皮肤 Monobook 不显示网站标题和副标题）。

（3）网站 Logo。

（4）语言选择：简体中文（暂时不涉及英语及繁体中文的转换）。

2. 用户权限设置（如表 1 所示）。

表 1　用户权限设置

非用户	阅读页面、创建新用户
用户	阅读页面、编辑页面、建立页面/讨论、移动页面/子页面、上传图片、创建新用户
管理员	阅读页面、编辑页面、建立页面/讨论、移动页面/子页面、上传图片、创建新用户、保护/解除保护页面、删除/反删除页面、编辑用户权限/封锁用户及 IP、更改系统参数

基于开放和相信他人出于善意的原则为愿意参与编辑的人提供免审核注册。通过 MediaWiki 的一些安全功能防止出现大量的垃圾信息。

3. 知识结构设计。

利用开放分类组织和区分知识条目，提供一个知识框架，并可不断地进行扩充和完善。基础分类如下。

（1）按类型分类：专业术语、相关人物、相关机构、专业论文、专题探究、问题讨论、专业培养、系统课程、专业书目。

（2）按研究领域分类：教学设计、远程教育、教学媒体、计算机辅助教育、教育技术理论、教育信息化、信息技术与教育。

4. 社区页面模块设计。

（1）社区公告。

（2）新手入门：编辑入门、内容标准、样式标准推荐、沙盒测试等。

（3）意见交流。

（4）专题活动。

（5）Wii. etec 维客：相关用户信息和介绍等。

5. 首页、导航栏及知识线索设计。

通过首页、导航栏和一些页面提供知识导航。

（1）首页模块：关于网站、知识分类、人物图片。

（2）导航栏模块：首页、社区、专题、领域、分类、帮助、专业、培养、系统课程、知识线索、随机页面。

（3）教育技术知识线索（如图 1 所示）。

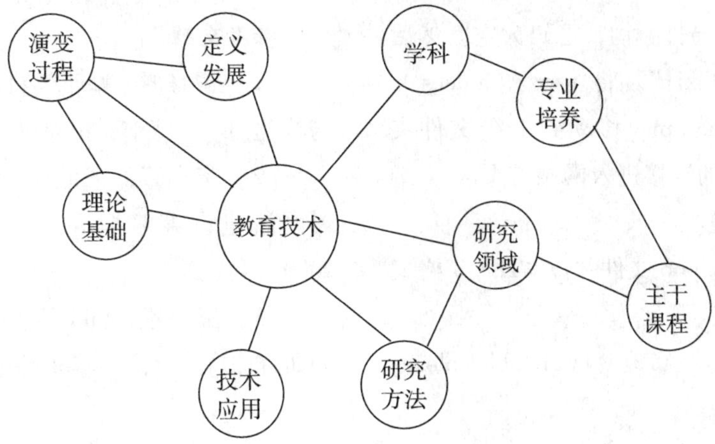

图 1　教育技术知识线索

6. 命名空间的使用。

通过命名空间来区分不同类型的页面。专业术语、相关人物、机构、英语词条等采用默认命名空间。新增自定义的命名空间。Subject：专题研究；Thesis：专业论文；Question：问题讨论；Course：系统课程；Reference Book：参考书目。

7. 内容标准及模板的设计。

根据不同类型的条目，提供并逐渐完善内容标准。如专业术语主要提供术语定义或概念、专业论文的标准格式、系统课程的设计标准等。利用模板可以提供一些标准或参考样式，方便页面样式的统一。专业术语内容参考标准如下。名称；其他名称；英文形式；定义/概念；其他定义；其他补充（一些相似对比、相关链接、补充内容等）。

8. 帮助、关于及声明文档。

为浏览者或编辑者提供网站介绍、编辑帮助、行为规范、网站事件、免责声明、隐私策略等系统辅助页面。

五、基于MediaWiki的教育技术专业协同知识建构平台和知识库的实现

（一）环境准备

1. MediaWiki版本选择：Wiki1. 13. 0多国语言版（环境要求PHP 5. 0以上，SQL 4. 0以上）。

2. 本地调试环境：Apache + PHP + MySQL。

3. 调试环境软件：APMServ 5. 2. 6 for Windows 2000/20003/XP，解压后便可使用，运行APMServ. exe。

4. 其他选项采取默认设置，注意在“Use superuser account”上要打上钩，密码为空。然后点击“Install MediaWiki!”。将www \ htdocs \ config下的LocalSettings. php移动到上级文件夹下，然后点击页面上的链接进入网站首页。

（二）本地化设置

修改LocalSettings. php文件并以UTF－8格式保存。

1. 开放图片上传：修改＄wgEnableUploads = false；false改为true。

2. 本地时区设置。

在文件末尾加入以下代码。

＄wgDefaultUserOptions = array（'date' = > 'ISO 8601'，'timecorrection' = > '08：00'）。

3. 用户权限设置。

在文件末尾加入以下代码。

＄wgGroupPermissions = array（）；

＄wgGroupPermissions ['*'] ['edit'] = false；

＄wgGroupPermissions ['*'] ['createpage'] = false；

＄wgGroupPermissions ['*'] ['createtalk'] = false。

（三）系统页面设置

以管理员身份登录，编辑MediaWiki：Sitesubtitle（网站副标题）、MediaWiki：Sidebar（导航栏）、首页、社区、关于、声明、帮助等页面内容。

由于MediaWiki简单易用，不免有一些缺点，如社区交互功能比较弱，用户权限层次不够细，元搜索功能不够强，树形目录形式单调，思维导图插件扩展麻烦。MediaWiki在默认皮肤Monobook下运行速度较慢（使用Cloneblue皮肤可以在一定程度上提升速度）。MediaWiki的一些扩展和美化（自己制作皮肤）编辑烦琐，需要一定的技术背景。然而，MediaWiki版本一直在更新之中，在功能、性能、安全等方面将不断优化。

参考文献

[1] 翟修树．基于学科专题学习网站的设计与构建[D]．济南：山东师范大学，2006.

[2] 宁光芳，张世禄．基于Wiki的专题学习网站建设策略探究[J]．现代远距离教育，2009（4）.

[3] 王一青．Wiki环境下基于问题学习PBL的研究[D]．上海：华东师范大学，2006.

试论数字化学习环境的设计理念：个性尊重

张秋月　解月光

（东北师范大学　信息与软件工程学院，吉林　长春　130117）

摘　要：数字化学习环境作为数字化学习的基本要素和依托条件，它的构建是实现信息化教育、建设学习型社会的关键。在分析了数字化学习环境构建现状的基础上，提出了环境建设的一种设计理念：个性尊重。该设计理念不仅强调了学习环境的外在功能，更强调了尊重学习者个性的内在品质。在个性尊重理念的指导下，数字化学习环境的构建是设施、资源、平台、通信和工具等几个要素综合设计和搭建的系统的动态的过程。以期运用个性尊重理念来主导、驱动数字化学习环境的构建，从而促进个性化学习与数字化学习的深度融合与发展，实现个性化的数字化学习和成功学习。

关键词：个性差异　个性尊重　数字化学习环境

一、问题的提出

数字化学习是现代信息技术在教育中运用的必然趋势，是信息时代的主要学习方式之一。与传统学习方式相比，它具有丰富的学习资源和技术支持、多层次的学习内容、同步异步并行的交流方式等特点。作为数字化学习的基本构成要素，数字化学习环境是指信息化学习环境，具有信息显示多媒体化、信息传输网络化、信息处理智能化和教学环境虚拟化的特征，基本组成部分包括设施、资源、平台、通信和工具。学习理论和教育实践都证明了学习环境确实会影响学习结果，学习依赖于环境的支持，学习环境与学习者个性的成功匹配是实现成功学习的重要保障。因此，如何构建数字化学习环境以满足学习者的个性差异、实现其成功学习是数字化学习环境开发与利用领域亟待解决的热点问题之一。

二、数字化学习环境建设现状

数字化学习环境构建是建设学习型社会、实现信息化教育和终身学习的关键，研究数字化学习环境的构建具有重要的理论意义和现实意义。

目前，我国数字化学习环境的设计、开发和运用已经取得了一定的成果，如中央教育电视台教育超市（果实网）、中国大学精品开放课程（爱课堂）、农村中小学现代远程教育资源、东北师范大学理想的学科教学平台等，这些成绩的取得一方面为我国实现信息化教育奠定了良好的基础，一方面为后续研究提供了借鉴意义和参考价值。在实际运用时，尽管数字化能够带给学生不一样的学习体验，一时间能使学生的学习热情高涨，但是经过学习的“新鲜期”之后，学生的学习热情并没有得到有效保持，学习体验也没有得到良好的管理与积累。主要有以下几个方面的原因。（1）在技术方面，重心在于平台的外在呈现，忽视了内在的学习活动设计，很少考虑学习者的个性差异和内在需求，缺乏对学习者个性差异的关注与个性化学习的支持，交互程度低。（2）在内容方面，多从“教”的角度出发进行设计，缺乏从“学”的角度来考虑构建交互性、探究型、协作型等支持自主学习的学习环境。（3）在建设主体方面，较为单一，以教育行政部门和私营公司为主，缺乏教育理论的支撑和对教育实践的考察，各级政府、高校、学习者等参与资源建设不够。（4）在运用主体方面，学习者的学习观念一时间难以从接受知识、复制知识转为操作知识、创造知识，从“填鸭式”的灌输式学习转为自我要求的批判式学习。本文认为出现上述问题的根本原因有两个。（1）缺乏环境建设的设计理念的指导，即不清楚应该建设什么样的数字化学习环境、什么样内容的数字化学习环境以及如何构建的问题。（2）对数字化学习环境的构建缺乏系统思考，即对构建技术、内容、建设主体、用户定位等没有进行全面的系统分析，存在着强调某一方面而忽视其他方面的倾向。

数字化学习环境作为数字化学习的依托条件，它的设计与构建直接关系学习者学习的质量和效率，影响学习者的学习结果。数字化学习环境的构建应该是在一定设计理念的指导下，从系统整体的角度认真思考应该构建什么样的数字化学习环境、什么内容的数字化学习环境以及如何更好地构建等问题。在数字化学习环境快速发展的同时，致力于兼顾学习者的个性发展，构建出满足学习者个性差异、实现其成功学习的数字化学习环境，从而更好地为学习型社会和终身学习服务。

三、个性尊重与个性尊重设计理念

个性（individuality）一词最初来源于拉丁语“Personal”，开始是指演员所戴的面具，后来指演员——一个具有特殊性格的人。《辞海》对个性一词的基本定义有两种：①在一定的社会条件和教育影响下形成的一个人的比较固定的特性；②事物的特性，即矛盾的特殊性，一切个性都是有条件地、暂时地存在的，所以是相对的。由此可知，个性可以看作是区分事物的一个因素，个性具有独特性、稳定性、发展性。

以人为本的教育理念强调尊重学生的个性差异，满足学生的个别需求，因材施教，以实现每一位学生最优和全面发展。为了实现学生的全面发展，在学习活动设计、学习环境的构建中应该时刻考虑学习者的个性特征，尊重每一位学生的个性差异，使其个性得到充分自由、和谐发展，即个性尊重。个性尊重理念是指关注、重视学生个性，强调以对学习者个性的尊重来主导和驱动设计；在指导构建数字化学习环境时，不仅强调学习环境的外在功能，更强调诊断个性、适应个性、匹配个性、服务个性和满足个性的内在品质，以尊重个性的品质打造数字化学习环境设计的宗旨与目标。

个性尊重理念是人们对学习者个性差异和学习规律的全面认识。要想实现学习者的个性化学习和成功学习，数字化学习环境构建离不开个性尊重理念的指导。（1）理念是行动的先导，个性尊重理念是核心要素，具有导向作用，决定着数字化学习环境构建的价值取向；（2）数字化学习环境是为学习者的学习服务的，因而其构建要受到各种各样人际因素的影响，只有对学习者的个性差异做到全面了解，才能搭建出符合并尊重每一位学习者个性的理想状态的学习环境；（3）理念的导向作用是贯穿于整个系统环境构建的主线，环境的构建内容、技术、主体等都应遵循和体现个性尊重理念，即在个性尊重理念的指导下，通过分析学习者个性差异，制订环境构建目标，选择需要呈现的学习内容和学习资源，开发软硬件技术，共同完成数字化学习环境的构建。（4）数字化学习环境的构建是一个动态的过程，实践需要理念的指导，理念也需要实践的检验，个性尊重理念在指导环境构建的过程中实际上是一个理念自身通过反馈而不断完善的过程，从而更好地指导环境的构建。

数字化学习环境构建是诸多要素相互作用的综合体，不仅包括构建什么样的环境、如何构建以及用什么构建的问题，还包括设计理念的驱动。构建什么样的环境是解决学习者“学”的问题，是学习发生的依赖条件，是学习结果的影响因素。如何构建以及用什么构建环境是解决如何用技术呈现、搭建学习资源、学习平台以及学习空间的问题，包括数字化学习环境管理等硬件和软件环境。设计理念解决的是环境构建的导向作用，理念是行动的先导，数字化学习环境的构建需要理念的指导。

综上所述，数字化学习环境构建是在个性尊重理念导向下的系统过程，即数字化学习环境的构建是在个性尊重理念的指导下，以尊重学习者的个性差异为出发点，以满足和支持学习者的个性化学习为焦点，以保障学习者的成功学习为归宿点，对数字化学习环境的设施、资源、平台、通信和工具等几个要素综合安排、协调、设计和搭建的系统的动态的过程。

四、关于数字化学习环境的个性尊重设计理念的几点思考

数字化学习环境的构建是一个静态的多要素组合系统和动态的多变化发展过程，如何设计数字化学习环境以体现其个性尊重的设计理念，尤其是个性尊重的设计理念具体体现在哪些方面以及实现方法，都是值得进一步深入研究的问题。所以，在个性尊重理念的研究上，我们必须认真思考以下问题。

（一）个性尊重理念的出发点——尊重个性、因材施教

个性尊重理念的出发点就是尊重每一位学习者的个性，满足学生的个性差异，组织教学活动，构建学习环境，从而使每一位学习者的个性得到充分自由、和谐发展，学习的自主性和主体性得以体现；不同学习者可以有不同的学习目标，自定学习步调，学习者是学习活动的真正主人，可采取与自身个性最适合的学习方式达到学习目标。个性尊重理念的出发点就是尊重个性，根据学习者的个别需求提供最佳的学习方法和策略，做到真正意义上的因材施教。

（二）怎样理解个性尊重理念的架构——时刻从学习者的角度思考问题

学习者是学习的主体，是学习的真正主人。在构建数字化学习环境时，只有时刻从学习者的角度出发，在学习活动前，诊断学习者的个性差异；在学习过程中，根据学习者的个性差异和内在需求提供与其相匹配的环境，做到适应个性、满足个性；在学习活动结束之后，积极收集学习者的学习反馈，不断完善和发展。只有这样才是服务个性，体现了个性尊重的设计理念。

（三）个性尊重理念的体现标准——环境的个性尊重品质和学习者的成功学习

以什么样的标准来衡量个性尊重理念的体现，对于我们构建数字化学习环境具有重要的启发意义。个性尊重作为构建数字化学习环境的设计理念，其主导作用的发挥依赖于环境的个性尊重能力，最终环境设计的归宿点是实现学习者的成功学习。因此，关于个性尊重理念的体现问题，应该以环境的个性尊重品质和学习者的成功学习为标准。（1）以环境的个性尊重品质为标准。这实际上是一种拟人的说法，环境是物化形态，而品质是针对“人”这一主体而言的，但是如果环境能够像人一样智能化，可以按照学习者的个性差异和内在需求来提供不同的、个性化的学习环境，尊重个性、满足个性，那么就可以将环境的这种智能化称为个性尊重品质，这一标准对数字化学习环境构建技术、内容提出了更高的要求。(2）以学习者的成功学习为标准。成功学习不仅包含学习者在智力因素方面的成功提高，还应包含非智力因素（如自信、意志力、勇气等）的成功培养，即成功学习是指学习者各方面素质、能力的全面提高，这一标准对环境构建的学习空间、平台设计等是一个高难度的挑战。环境的个性尊重品质是构建数字化学习环境以体现其个性尊重能力的基础，学习者的成功学习则是构想数字化学习环境以体现其个性尊重能力的提高，两个标准在环境服务于学习实践时也具有重要意义。

（四）个性尊重理念的归宿点——满足和支持个性化学习、人才的培养

运用个性尊重理念来设计、构建数字化学习环境的最终目的是满足和支持每一位学习者的个性，实现自身的成功学习，为学习型社会和终身学习的实现奠定基础。在个性尊重理念的驱动下，我们应该运用科学的方法探索出影响环境构建因素之间的发展顺序和特点，以增强构建出的数字化学习环境的有效性。在环境的设计、开发以及运用阶段，影响因素是比较复杂的，有构建技术的限制、构建内容科学性的限制、学习者发展的要求，还有时代进步的要求、教育形态的要

求等，但是无论何种因素的影响，我们都应该克服和排除，以满足和支持个性化学习、人才的培养为个性尊重理念的归宿点，在数字化学习环境构建发展研究中坚持其导向理念，致力于构建出理想状态的数字化学习环境。

参考文献

[1] 李克东. 数字化学习（上）——信息技术与课程整合的核心[J]. 电化教育研究，2001（8）.

[2] 杨晓宏，贾巍. 现代学习理念导向下的数字化学习资源构建研究[J]. 中国电化教育，2013（3）.

智能代理
——个人学习环境应用困境的解决方案

李 哲 解月光

（东北师范大学 信息与软件工程学院，吉林 长春 130117）

摘 要：个人学习环境能够帮助学习者控制和管理自己的学习系统，实现分散的、高度自由化的学习。同时，个人学习环境带来的高度自主权也对学习者的自组织学习能力提出相对较高的要求。本文从信息化的个人学习环境的应用困境入手，引入智能代理技术作为关联机制，简要阐述智能代理在个人学习环境中的功能模型和实践模型，提出以此实现个人学习环境的智能化完善。

关键词：个人学习环境 智能代理 智能化

一、引言

信息技术发展到 Web 2.0 时代，掀起了网络面向未来、以人为本的巨大革命。RSS、博客、维基等技术和服务的发展，人们可以在任何时间、任何地域查阅、获取需要的信息，分享个人观点。网络提供的信息聚合、开放平台以及以兴趣为聚合点的社群更强调了参与和交互的概念。活跃的用户将原来自上而下的由少数资源控制者集中控制主导的互联网体系，转变为自下而上的由广大用户集体智慧和力量主导的互联网体系。

Web 2.0 技术、理念在教育中的广泛应用将我们带入了教育的重大变革时期。正如柯蒂斯 J. 邦克在《世界是开放的——网络技术如何变革教育》一书中说到的：“如今学习不再是简单的消费式驱策的。相反，年轻的学习者们是参与式学习文化中的一员，这种文化正在加速人类创造，同时也正在为分享这些创造寻找新的方式方法。”传统的学习方式正向多样化、个性化的趋势转变。而个人学习环境，因其高度的个性化、服务导向性和自由开放性成为支持这种学习方式变革的基础，得到广泛的关注。近年来，研究者逐渐意识到 PLE（Personal Learning Environment）中，学习者掌握全部控制权，“教师”作用的缺失对学习效果产生的负面影响，如何改善这一现状，提出行之有效的对策以实现个人学习环境中自主学习与有效学习的平衡有着重要的意义。

二、个人学习环境及应用困境

（一）PLE 概念的界定

个人学习环境，即 PLE，资料显示这一概念是于 2004 年的英国教育技术和互用性标准 JISC 中心会议上最早提出。由于相关的研究兴起较晚，因而没有一致的定义。但各种定义基本上都是从构成要素或所提供功能的角度出发的。Stephen Downes 强调资源的重要性，从要素角度给出了一个相对比较全面的定义，认为“PLE 是一种工具、服务、人和资源的松散集合体，是利用网络力量的一种新方式”。这一定义被大量使用。从功能的角度，Mark van Harmelen 提出“PLE 是一种能帮助学习者个体控制和管理自己学习的系统，包括建立学习目标、管理学习内容、控制学习过程和支持学习交流等”。这一定义也得到了广泛的认同。此外，学者的研究侧重点不尽相同，概念的界定有时也存在较大差异。如 Sean Fitz Gerald 就指出 PLE 是“自由收集、发布、基于网络工具，通常以 Blog 为中心，使用 RSS 阅读器和简单的 HTML 组成自我引导学习方式的集合”。

由此可见，个人学习环境是一个相对宽泛的

范畴，既可以是集合体、学习系统，也可以是学习方式。在本次研究中，笔者意在解决数字化学习环境中个人学习环境的应用困境，因而不考虑非信息化的部分。但要说明的是，PLE 本身既可以是在线学习，也可以是脱机学习、面对面的互动、阅读书籍和报纸、参与小组活动及与亲朋好友交流等。PLE 包括了学习者在学习活动展开的过程中赖以持续的所有学习环境：正式的和非正式的。

（二）应用困境

尊重学习者的个性差异、个体需求的自主学习有利于培养学习者的自主性和创造性，有利于学习者潜能的开发。PLE 为学习者营造出适合个体需求的学习环境：丰富的信息资源，多样、方便的工具支持，自主定制的各项服务及聚焦于兴趣的学习共同体等，鼓励学生的自主学习。近年来，随着 PLE 产品的出现，学习者在个人学习环境中的学习效果及 PLE 的应用绩效问题成了本领域中一个持续而深入的研究课题。一些学者认为，个人学习环境能改善学习者学习、促进个体专业成长。然而，也有一些研究却得出了相反的结论。如爱伯克奇（Albuquerque，C.）等人在构建一个支持大学生学习的个人学习环境时就发现，学习者在时间管理、定期参与组织活动中存在较大的困难，并在一定程度上影响了学习效率。

在网络和计算机技术被广泛运用的个人学习环境中，由于大量采用超文本的方法组织教学材料，且由学生掌握学习的主动权，在学习的过程中学生极容易偏离学习目标，出现系统或个人所接收的信息超过其处理能力和信息未能有效应用的状况。要充分发挥个人学习环境优势，实现 PLE 中高效的学习，对学习者提出了较高的要求。如布彻姆、阿特威尔等人的研究结果表明，形成个人学习环境需要学习者具有元认知技能、一般素养和数字化素养。

然而，现实情况是大量的学习者并不具备相应能力，在 PLE“无组织的”松散结构中，他们无法很好地完成学习任务，浪费大量的时间和精力还达不到理想的学习效果。PLE 使被其诸多学习优势所吸引的学习者望而却步。高度自由、开放的学习却无法实现普适和高效，这无疑是个人学习环境一大重要的应用困境。一方面，创造能力、适应能力和问题解决能力等是完成这样复杂化的自组织学习所必备的素养；另一方面，这些素养又需要通过在 PLE 下长期的整合式学习来培养，是个人学习环境中学习者的学习目标之一，这本身就是悖论。我们应该拿出行之有效的办法降低个人学习环境的门槛，让每一个学生都能享受个人学习环境带来的个性化、自主、开放的学习。

（三）几种解决思路

个人学习环境对学习影响的这种不确定性正日益凸显，学者从不同角度提出了多样化的解决方案。针对如何打破这一困境，目前的研究主要有两种思路。

1. PLE 与 VLE 整合。

VLE 是一种用于支持教育机构环境内的教与学的软件系统。这些系统的最大特点是以课程为向导、由课程设计者和教师控制网络应用，并为教育机构和教师服务的一种自上而下的、正式的学习环境设计。它代表着数字化学习环境在某一时期内的一种主导设计，相对于 PLE 的自下而上的非正式学习环境，有着互相排斥又互相补充和协调的特质。研究者试图采用整合的手段，借鉴 VLE 中的要素和特点，构建一个更加完善的系统，从而改善个人学习环境。目前这种整合研究已经初见端倪。Malinka Lvanova 和 Tatyana Lvanova（2010）提出 VPLE（Virtual PLE）、Millard（2011）提出 iPLE（Institutional PLE），Moccozet（2012）提出连接 VLE 与 PLE 的桥接器（The PLE enabler）。祝智庭教授总结了以上观点，提出了 PLS（Personal Learning Space），并详细论述了其内涵、特点和作用域等。

2. 引入第三方关联机制。

PLE 的核心概念在于个性化的选择，这对学习者的自主学习能力提出了较高的要求。在这种情境模式下，一些学者提出可以引入一种关联机制，使其围绕不同的学习目标、不同的学习个体、不同的学习内容、不同的学习情境，将云端的内容、工具和服务有机关联起来，从而实现对学生个性化、自适应的学习支持，使得学生的学习活动更有针对性，效率也更高。笔者的研究就是遵循这样一种研究思路展开的。

三、智能代理——一种可行的方案

（一）Agent 的概念及特性

Agent 理论与技术研究源于分布式人工智能（DAI），但从 20 世纪 80 年代末开始，Agent 理论、技术研究从 DAI 领域中拓展开来，并与许多其他领域相互借鉴和融合，在许多不同于最初 DAI 应用的领域得到了更为广泛的应用。Agent 技术作为一门设计和开发软件系统的新方法已经得到了学术界和企业界的广泛关注。智能 Agent（Intelligent Agent）的理论和技术在 20 世纪 90 年代提出，其内容涉及人工智能、信息检索、计算机网络、数据库、数据挖掘、自然语言处理等领域的理论和技术。

一个 Agent 的最基本的特性应当包括：反应性、自治性、面向目标性和针对环境性。每个Agent首先应具备这四条最基本的特性，然后再根据其应用情况拥有其他特性，如移动性、自适应性、通信能力（包括协商、协作等能力）、理性、持续性或时间连续性、自启动、自利等。因此，我们可以根据 Agent 的特性给出一个 Agent 的简单定义：Agent 是一类在特定环境下能感知环境，并能自治地运行以代表其设计者或使用者实现一系列目标的计算实体或程序。

（二）选择智能代理技术的合理性分析

1. 技术相对成熟。

伴随着计算机人工智能研究的不断发展，具有反应性、自治性、面向目标性和针对环境性等特征的智能代理技术早已从实验阶段走向实际的应用。在教育领域也一度掀起了智能代理技术支持网络学习、协作学习和担任实时导师等的研究风潮，取得了一大批研究成果。目前，智能代理技术已经成为一项成熟的技术，可以为我们所用。

2. 合理分配学习者控制和程序控制。

学习控制的策略包括学习者控制和程序控制。个人学习环境提供了庞大的学习者控制份额，增加了学习的复杂性和难度，提高了对认知过程的要求，这对有些学生来说是超载的。学习者拥有大量的选择权、灵活性和自由度，更多的学习选择机会，学习的内容、进度、难易、方法和路径等都全权交由学习者自己选择。他们根据个人的目标和先前经验决定探索的内容、方式和时间，合理性常常无法保证。智能代理能够捕捉学习者的多种信息遵循内部的一定机制有针对性地作出反应。根据不同个体的特征，分配合适的学习者控制份额。保证有一定协调能力的学生享受到控制权带来的学习优势，又照顾到那些缺乏计划、反思、监控和规划自己学习策略的用户。

3. 联结开放的网络环境和个人学习环境。

Web 2.0 所鼓励的共同建设、主动创造的精神带领我们进入了一个信息爆炸的年代。开放的网络提供了繁多的教育资源。相对于传统网络中资源的封闭式精英化选择，现在，个人、学校、组织、独立的教育机构都可以对网络赋予输出的功能。大量经过主体鉴别、理解、筛选的信息作为新信息在网络传播，这给学习者的选择带来的难度是不言而喻的。智能代理技术能有效跟踪学习者的学习进度，感知所处环境，根据内部预设的分类方式对资源进行分类和初选，人性化推送信息等，有效防止信息迷航，支持学习者进行有效的个性化信息筛选。

4. 科学划分学习组群。

智能代理具有交互的特质，当每一位学习者对应的个人学习环境都匹配一个智能代理时，多个代理之间能够实现交流、信息比较、协作、管理等功能。这样就使得学习者有可能找到志趣相投、起点一致、有助于互相提高的学习伙伴，避免了学生单纯依赖个人选择的盲目性，激励学习组群的形成和协作学习的展开。

5. 弥补教师角色的缺失。

PLE 提供给学习者一个理想的学习者中心的学习环境。学生完全掌握自己的学习，成为学习的真正主人。然而，其作为一个松散的集合体，对学习者提出了相当高的要求，对于部分难以满足条件的学生而言，没有教师的指导和监控，很难完成富有成效的学习。智能代理的定义指出，它不仅具有自治性、社会性、反应性和能动性的特征，还具备知识、信念、义务、意图等。这些功能都能保证了它能够弥补教师角色的缺失。

四、智能化的个人学习环境

（一）智能代理的功能描述

为了使智能代理能够全面地支持学习活动，个人学习环境对其功能提出了新的要求，本文将智能化个人学习环境中智能代理的功能做了分析，主要有以下几点，如图1所示。

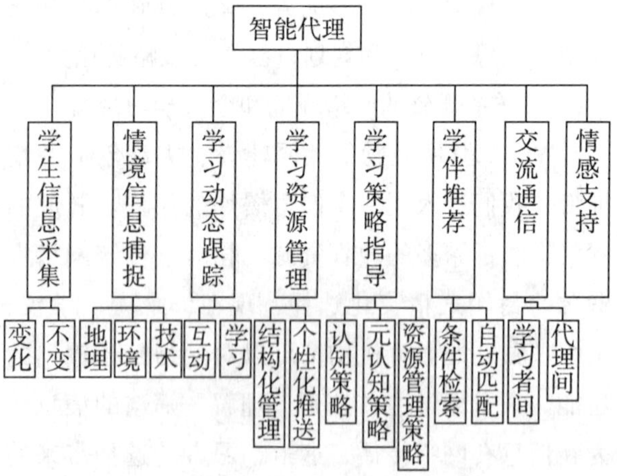

图1　智能代理的功能

1. 学生信息采集。

个人学习环境强调高度的个性化，可以比作是学习者的“学习自留地”，以学习者为中心。引入其中的智能代理整合PLE的这一特性，需要了解、认识学习者的特征，以便提供智能化服务，在他们无法表达或明确表达之前预测学习需要。这种了解应该包括学习者变化的特征，如情感状态、知识水平，以及不变的特征，如认知特点，学习风格。

2. 情境信息捕捉。

随着泛在学习和非正式学习理念的推广，学习不再局限于教室、书本，而是以各种形式在各种载体上发生。感应学习者所处的地理位置，可以适时地推送相应内容的学习资源，而根据技术设备、温度、光线、声音、气味的差异提供适合的资源媒体类型，也有利于学习者舒适地学习。

3. 学习动态跟踪。

通过动作捕获、眼动跟踪、情感计算等跟踪并存储学习者在知识学习、小组合作、互动交流方面的情况，追踪学习过程，分析学习结果，建立学习者模型，为更加全面、准确地采集学习者信息，分析学习者特征提供了依据，也提供了学习策略和学习资源的指导依据。

4. 学习资源管理。

网络提供了大量、丰富的非结构化的学习资源，要满足学习者个性学习的需要，除了要提供准确、功能强大的检索以便找到所需的资源，还要求一个智能高效的代理对资源进行分析和理解，提供结构化管理和个性化推送，简化资源查找的过程，这对有效管理和利用学习资源有重要意义。

5. 学习策略指导。

智能代理中设有一个储存有大量的、可以匹配不同学习者的学习策略以及学习建议的策略库，代理实时跟踪学习过程，在适当的时候给予学习者指导，保证其能够保持积极的态度参与协作学习，取得较好的学习效果。

6. 学伴推荐。

每一个PLE中都嵌入一个智能代理，它了解学习者的特征和学习进度，以此为依据帮助学习者找到合适的学习伙伴，可以是同质的，可以是异质的，可以根据学习者的条件搜索。

7. 交流通信。

提供学习者之间的交流工具，学习者可以通过每个人的智能代理进行沟通、信息交流和协作。同时，代理之间也可以相互交换、比较、同步信息。

8. 情感支持。

随着智能技术的发展，对喜怒哀乐的面部表情识别、动作识别已经成为可能。智能代理要结合学习者情绪变化和学习结果，提供情感反馈。

（二）智能代理的实践定位

个人学习环境是一种由多种要素构成的松散

耦合体，主要包括需求、目标、任务、资源、工具、活动、共同体、评价等。学习者根据自身需求设定目标并细化成任务，基于共同体通过资源和工具开展活动并实现评价反馈。智能代理作为个人学习环境中学习者的助手和导师，在各个要素环节中提供帮助和支持。图 2 详细描绘了智能代理在 PLE 中的辅助关联作用，重点突出的是对学习活动的支持。根据采集的学习者信息、捕捉到的情境信息和情感因素，首先对资源进行个性化推送，根据学习者特征和目标任务，提供合适的资源，对这些资源进行分类管理，便于提取运用和有意义的组织。其次对信息技术工具的选择提供推荐，帮助学习者选择和汇聚所需的工具以发挥工具的整体作用。再次还要进行共同体的推荐，并通过智能代理的通信功能完成协作学习，加强沟通和交流。最后对活动进行动态跟踪并记录，进一步充实智能代理的数据库，为其功能的发挥提供依据。

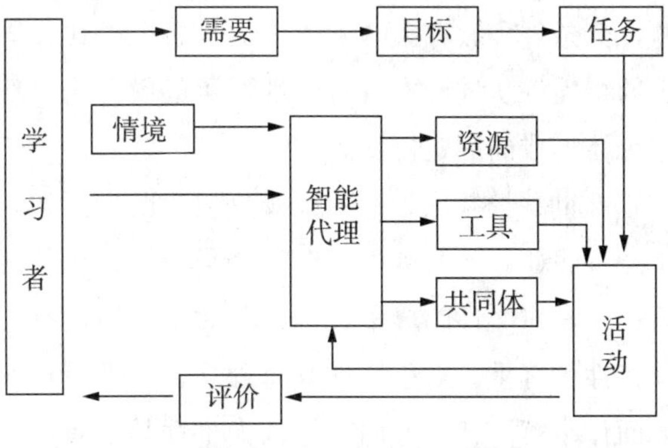

图 2　智能代理在 PLE 中的辅助关联作用

当然 PLE 中的智能代理不只是对活动的多方面支持，但是由于个人学习环境的意义就在于它的开放性和自由性，因而它只对要素提供情感和策略的支撑，帮助学习者制订合理的学习目标、学习任务，实施有效的评价和反馈，不占主导、控制地位，学习者永远是自己学习的主人。

五、结语

个人学习环境赋予了学习者管理自己知识和学习的权利，但这种权利必须根据个体的差别加以适当调整和控制，需要谨慎应用。因为一些学生可能从这种自由中得到学习上的收获，而另一些学生可能在学习中处理控制上会遇到困难。给予学习者绝对的自由度，不能笼统地说是对是错，针对不同的条件，它们有各自的优越性。智能代理的应用能因人而异控制学习过程、资源、工具等，更加全面地支持学习者的学习。

参考文献

[1] 柯蒂斯　J. 邦克. 世界是开放的——网络技术在如何变革教育[M]. 焦建利，译. 上海：华东师范大学出版社，2011.

[2] 尚建新，解月光，王伟. 云计算模型下的 PLE 构建初探[J]. 现代教育技术，2009 (4).

[3] 吴伟敏. 网络学习中的信息迷航问题初探[J]. 电大教学，2001 (5).

[4] 谢佳，李玉斌. 个人学习环境：挑战网络学习环境的主导设计[J]. 现代教育技术，2009 (3).

[5] 祝智庭，管珏琪，刘俊. 个人学习空间：数字学习环境设计新焦点[J]. 中国电化教育，2013 (3).

[6] 郁晓华，祝智庭. 电子书包作为云端个人学习环境的设计研究[J]. 电化教育研究，2012 (7).

[7] 吴宇璐. 论个人学习环境 (PLE) 要素分析[J]. 江西广播电视大学学报，2011 (4).

基于个性尊重理念的网络学习环境的特征分析

于琪瑶　解月光

（东北师范大学　信息与软件工程学院，吉林　长春　130024）

摘　要：本文将个性尊重理念融合到网络学习环境中，阐述了网络学习环境下个性尊重理念的内涵，强调基于个性尊重理念的网络学习环境应尊重学习者的环境品质，与传统的网络学习环境进行对比，重点分析了基于个性尊重理念的网络学习环境所具备的特征，给出了网络学习环境的构建策略，为个性化的网络学习环境的构建提供了依据。

关键词：网络学习环境　个性尊重　特征　环境品质

一、问题的提出

随着网络技术在教育领域的不断发展与应用，网络学习环境应运而生。网络学习环境下可以实现学习者参与、创造和贡献，为个性化的学习创造了条件。就当前的网络学习状况而言，学习者在网络学习环境下并没有很好地使用个性化定制功能。众多研究人员对此现状进行论述，其中华东师范大学的李宝敏在《远程教育中学习者对网络学习环境需求研究》一文，对当前的网络学习环境的个性化功能做了一个详细的调查，得到的结论是：界面环境的个性化对学习影响不是很大；内容的个性化定制方面，学习者认为网络教育机构所提供的分层性或个性化的学习资源不够丰富，目前信息内容以统一的推送服务为主，学习者根据自己的需要进行个性化定制资源的需求得不到满足。不难发现，网络学习环境的个性化优势得不到很好的利用，一方面的原因在于技术上无法满足学习需求，另一方面的原因在于缺少相关理念对其构建进行支持。将个性尊重理念融入网络学习环境中，分析基于个性尊重理念的网络学习环境的特征，为个性化的网络学习环境构建提供了依据。

二、网络学习环境下个性尊重理念的内涵分析

（一）个性尊重理念

《辞海》对个性一词的基本定义是：在一定的社会条件和教育影响下形成的一个人的比较固定的特性。从词语本身对个性尊重的解读为：尊重个体形成的固定特性。

祝世兴教授认为，个性尊重包含两方面的含义：一是对个体的尊重，也就是平等、公正的意思；二是对个性的尊重，也就是对个体所具有的独特性的尊重。对于个性尊重理念，祝教授从两方面作了解读，一方面，他认为个性是没有好坏之分的，不能去评判某种学习个性的好坏优劣；另一方面，他又从心理学角度作了解读，心理学认为“个性”是“决定个人的个别性与独特性的种种特质的总和”“有别于他人的其本身所固有的性格特征”，即作为人的各自的独特性。

（二）网络学习环境下的个性尊重理念

网络学习环境是诸多要素的综合体。不仅包括支撑学习者学习过程的有形环境，如信息传输网络、完备的教学平台与丰富的网络课程教学资源，完善的远程学习支持服务体系等，而且包括影响学习者身心发展的隐性环境，如与学习者个性化学习进程有联系的学习情境、学习氛围、人

际关系、学习文化等。因此，网络学习环境的构建需要理念的指导，将个性尊重理念运用到网络学习环境中，解决目前基于网络的个性化学习中存在的问题。

在网络学习环境下的个性尊重是指对学生学习个性的尊重，包括两个层面：在理念层面，指关注、重视和关照个性，强调以对个性的关照来主导和驱动设计；在行为层面，指构建过程和设计行动不只是强调功能，更强调适应个性、匹配个性、服务个性和满足个性的环境品质。其中适应个性、匹配个性、满足个性以及服务个性是基于个性尊重理念的网络学习环境的特有属性。

基于个性尊重理念对网络学习环境进行构建，可以实现根据学生的不同特征与需求因材施教，通过网络给出不同的学习环境、学习方式、学习内容的选择，为每个学生提供最佳的教学支持，让学生自由选择学习内容、制订学习计划、自由安排学习时间和地点，从而达到自我获取知识、更新知识，最终实现个性化学习。

三、基于个性尊重理念的网络学习环境的特征

基于个性尊重理念的网络学习环境除了具备传统网络学习环境的开放性、交互性、虚拟性、生成性等基本特性外，还具备以下特征。

（一）适应个性

传统的网络学习环境大多以资源呈现式的方式出现，完全忽视学习者的个体特征。目前，大多数学习网站仍旧是以资源优化为重心，没有对学习者的主体进行很好的分析。学习者是学习活动主体，任何学习环境都要服务于学习者本身，缺少对学习者的分析就无法实现网络学习环境的有效性。当然，也有少部分网络学习环境对学习者作了一些简单的分析，但由于对学习者的分析不够深入和全面，导致了学习效果仍旧不是很理想。

个性尊重理念下的网络学习环境第一个也是最基本的特征是适应个性。适应个性是指网络学习环境应具备适应学习者的个体特征的环境品质。个体特征包括学习者的学习历史、认知能力、学习风格等。学习历史是系统动态跟踪学生的学习过程所形成的记录，网络学习环境下具体包括知识点编号、访问的教学资源、学习的起止时间、练习次数、获取帮助的次数等。认知能力是指人脑加工、储存和提取信息的能力，即人对事物的构成、性能与他物的关系、发展的动力、发展方向以及基本规律的把握能力。学习风格是学习者持续一贯的带有个性特征的学习方式。网络学习环境的核心对象是学习者，适应学习者的个体特征是为了使学习者在不同阶段都能进行有效的网络学习，解决目前网络学习环境下由于缺乏个体特征分析按照大规模生产的方式进行教学（即提供统一的学习活动）的问题。在适应个性的环境品质下，网络学习环境通过追踪学习者的学习历史，提供与认知能力和学习风格相匹配的学习资源，为个性化学习的实现提供了保障。

（二）匹配个性

传统的网络学习环境存在的主要问题是对学习者个性化学习策略的忽视，学习策略作为学习活动的重要因素，对于学习结果产生至关重要。学习者无法在目前的网络学习中针对自身的特征选择有效的学习方法和学习途径，更达不到学习目标的要求。由于和学习历史脱节，学习者对于学习目标的把握是不准确的，制订的学习策略往往是空洞的、无依据的。

基于个性尊重理念的网络学习环境的第二个特征是匹配个性。匹配个性是指网络学习环境匹配学习者的学习策略。学习策略是指个性化学习得以展开的步骤、方式和方法的综合，是个性化学习模式的外在表现。个性尊重理念下的网络学习环境由于其适应个性的基本特征，故具有分析学习者特征的能力，根据个体特征分析的结果，网络学习环境产生与之匹配的学习策略，随着学习者学习的不断深入与变化，学习策略也会随之改变。匹配个性的环境品质，解决了学习者无法正确选择合理学习策略的问题，对于实现个性化的网络学习环境有着重要的作用。

（三）满足个性

在传统的网络学习环境中，尽管有网络课

堂、网络学校等提供一对一的个性化辅导，但实质上仍无法满足个体对于网络学习环境的需求。大部分网络学习环境对于学习者的需求分析仅仅停留在知识层面，根据学习者需要的知识提供相应的课程。然而，即便是所谓的一对一个性化辅导，也无法真正了解学习者到底需要什么，甚至有时学习者自身都不能清晰地给出需求。

基于个性尊重理念的网络学习环境的第三个特征是满足个性。满足个性是指网络学习环境满足个体的需求。个体需求有两个方面，一方面来自学习者本身对网络学习环境技术层面的诉求，比如资源、功能等；另一方面是情感上的需求，由于网络学习环境的虚拟性，导致学习者产生孤独的情绪，如果对网络学习者不给予特殊的情感支持与关注，不仅会给学习者的心理健康带来影响，而且会直接影响学习者的学习积极性和学习效果。网络学习环境达到满足个性的环境品质是在适应个性、匹配个性基础上实现的，需求分析也是在个体特征分析和学习策略选择基础上学习环境自行完成的。随着需求的确立和满足，学习者会产生新的需求，这是一个动态的过程，网络学习环境会继续给予满足，与此同时，学习者的创造性思维会得到训练。满足个性的环境品质，解决了学习者需求得不到满足的问题，对于培养学习者的创新思维有重要的意义。

（四）服务个性

传统的网络学习环境中个性化学习服务往往指个性化学习资源服务以及个性化学习过程服务。在个性化学习资源服务中，随着资源数量的增加、资源共享技术的不断发展，越来越多的资源出现在学习者的周围，给学习者带来了信息过载的问题，认知心理学认为：过多的信息会造成学生认知负载加重。而对于个性化学习过程服务而言，学习这一复杂活动的整个过程都需要服务来支持，对于学习过程的服务，目前的网络学习环境仅仅是单一并且片面的，而仅对于学习过程的服务效果也是不佳的，甚至使学习者根本感受不到学习过程的服务。

基于个性尊重理念的网络学习环境的最核心的特征是服务个性。服务个性的程度可以用适应个性、匹配个性、满足个性的特征来衡量。对于资源过载的问题，服务个性强调网络学习环境要有资源评价的量规，协调资源与环境的关系，而不是随意堆砌资源。对于学习过程概念过窄的问题，服务个性强调服务整个学习活动。根据列昂杰夫的“活动理论”，学习已被看成一种活动。学习活动包括学习过程、学习方式、学习内容、学习结果和学习品质。服务个性是基于个性尊重理念的网络学习环境最重要的品质，它使基于个性尊重理念的网络学习环境达到了资源、技术和服务的统一，同时又对整个学习活动进行支持。在服务个性的环境品质下，解决了资源过载、学习过程范围过窄的问题，为最终实现网络的个性化学习提供了核心特征。

四、基于个性尊重理念的网络学习环境构建策略

（一）以服务个性为核心

服务个性是基于个性尊重理念的网络学习环境的核心特征，服务个性的初级阶段是达到适应个性的特征，中级阶段是达到匹配个性的特征，而高级阶段是达到满足个性的特征。可以将适应个性、匹配个性和满足个性这三个不同程度的特征作为衡量服务个性水平的一个量度。基于个性尊重理念对网络学习环境进行构建，要将服务个性的特征作为构建的标准，对服务个性的理解要突破原有的认识。

（二）以训练个体思维为途径

基因、大脑、生长环境的交叉作用使得个体思维方式存在很大的差异。脑科学和心理学对此也作出了详细的解释。网络学习环境下，聚集着不同种族、不同文化背景、不同经历的学习者，尊重并构建满足个体思维差异的学习环境是必要和急迫的。个体思维差异体现着个体的独特性，个性尊重从思维的角度也可以认为是尊重个体思维的差异，那么基于个性尊重理念的网络学习环境的构建要以训练学习者思维为主要方法。学习者思维品质的提升，是基于网络的个性化学习的有效性体现。

（三）以实现有意义学习为目标

基于个性尊重理念的网络学习环境的构建，其结果是实现有意义的学习，有意义学习的属性可作为衡量网络学习环境个性尊重程度的一个参照。基于真实的情境之中以个性尊重理念构建网络学习环境，可以进一步提高学习者学习的主动性，促进学习者之间交流协作，在此过程中不断地反思并将建构的知识运用到新的情境中来，从而达到有意义学习。依据个性尊重理念构建的网络学习环境，将要达到有意义学习作为明确的目标。

五、结语

数字化学习环境下的个性化学习越来越受到研究者的重视。本文将个性尊重理念运用到网络学习环境中，分析了基于个性尊重理念的网络学习环境的特征。对于个性化网络学习环境的设计和开发还需要多角度分析和归纳，同时也更需要其他相关理论的补充。在进一步的研究中，还要对网络学习环境下个性化功能的实施和应用以及评价作深入的研究。

参考文献

[1] 李宝敏．远程教育中学习者对网络学习环境需求研究[J]．中国电化教育，2010（3）.

[2] 祝世兴．论研究生个性尊重对创新能力及创新思维培养的意义[J]．中国高教研究，2009（2）.

[3] 奥田真丈．现代学校教育大事典[M]．行政中版公司日文版，1993.

[4] 陈仕品，张剑平．适应性学习支持系统的学生模型研究[J]．中国电化教育，2010（5）.

[5] 王晓红．基于建构主义的网上学习策略研究[J]．开放教育研究，2006（5）.

[6] 李书明，田俊．网络学习中个性化学习服务策略研究[J]．中国电化教育，2011（6）.

Blackboard 网络教学平台应用绩效模型构建与实现*

王换超[1]　张庆秀[2]

（1. 河北师范大学　汇华学院，河北　石家庄　050016；

2. 河北师范大学　信息技术学院，河北　石家庄　050016）

摘　要：随着《教育信息化十年发展规划（2011—2020 年）》的提出，建设优质数字化学习资源环境在高校内引起广泛的关注。与此同时，各种数字化学习平台应运而生，对教育改革和发展起着支撑与引领作用，为推动高校教育信息化发展带来了生机和活力。在对河北师范大学 Blackboard 网络教学平台应用开展调研的基础上，基于绩效技术理论和方法，对平台应用中存在的问题进行系统研究，构建出 Blackboard 网络教学平台应用绩效模型，并实施有效干预策略，收到了良好的成效。因此，期待将更多研究成果付诸实践，从而提升高校数字化学习环境建设的绩效。

关键词：教育信息化　Blackboard 平台　绩效技术　模型

一、引言

随着高校数字化学习环境建设的发展和《教育信息化十年发展规划（2011—2020 年）》的提出，河北师范大学花费巨资引进世界领先的 Blackboard 网络教学平台，旨在利用先进的网络技术，建立资源共享、高效且实用的数字化学习环境，有力推动人才培养模式的改革，从而推进教育信息化发展。自 2010 年 Blackboard 网络教学平台启用至今，网络课程建设累计门数已达 7000 有余。其间，组织开展了六期面向全体教师的校级培训，参训教师人数多的时候可达四五十名，少的时候仅有二十余人，培训效果并不理想，Blackboard 网络教学平台应用也未达到预期效果。现状表明影响 Blackboard 平台应用效果的因素是多方面的，因此，本文基于绩效技术理论和方法，探究其原因，以期构建 Blackboard 网络教学平台应用的绩效模型，切实实现有效干预策略，为推进数字化学习平台应用、建设数字化学习环境提供参考和借鉴。

二、绩效技术理论概述

本文主要借助绩效技术理论和方法，构建推进 Blackboard 网络教学平台应用的绩效模型。“绩效技术”是本研究的理论基础。准确理解绩效技术的概念，有利于科学地构建合理有效的绩效模型。美国绩效技术领域至今仍在为绩效技术的定义而争论，为防止将“技术”误解为机器或硬件等设备，研究者使用“人类绩效技术”对“绩效技术”概念进行表述。人类绩效技术是一个研究如何改进组织和个人绩效的专门领域，是一种系统化、整体性问题解决的工具、手段、程序和方法。它以组织目标指导行动，在确定目标的基础上，分析绩效差距，制订最佳的综合性解决问题的方案，指导和推动组织的变革与发展，并对变革的结果进行评价，以便取得有效改进组织所期望的绩效。

绩效技术方法将问题的解决分为五个环节，分别是绩效分析、原因分析、方案的选择与设计、方案的实施与变革、评价。下面对 Black-

* 本研究受河北师范大学教学改革项目“基于 BB 的教学活动设计研究”资助。

board 网络教学平台应用绩效模型进行详尽分析。

三、Blackboard 网络教学平台应用绩效模型构建与分析

（一）绩效模型构建

绩效技术是一种系统化解决问题的方法。综观全局地区查找绩效差距，深入分析原因，努力寻找问题解决的各种途径，每一环节都需要进行全面分析，其中包括综合考虑物质因素、人的因素、环境因素等多方面影响因素。本文基于绩效技术理论和方法，从绩效技术角度出发，分析 Blackboard 平台应用现状和阻碍其应用的各项因素，从而构建出如图 1 所示的 Blackboard 平台应用绩效模型。

图 1 所示的 Blackboard 平台应用绩效模型是在实际情况探索的基础上得出的，每一个环节都是针对影响 Blackboard 平台应用绩效的特有状况而构建的。

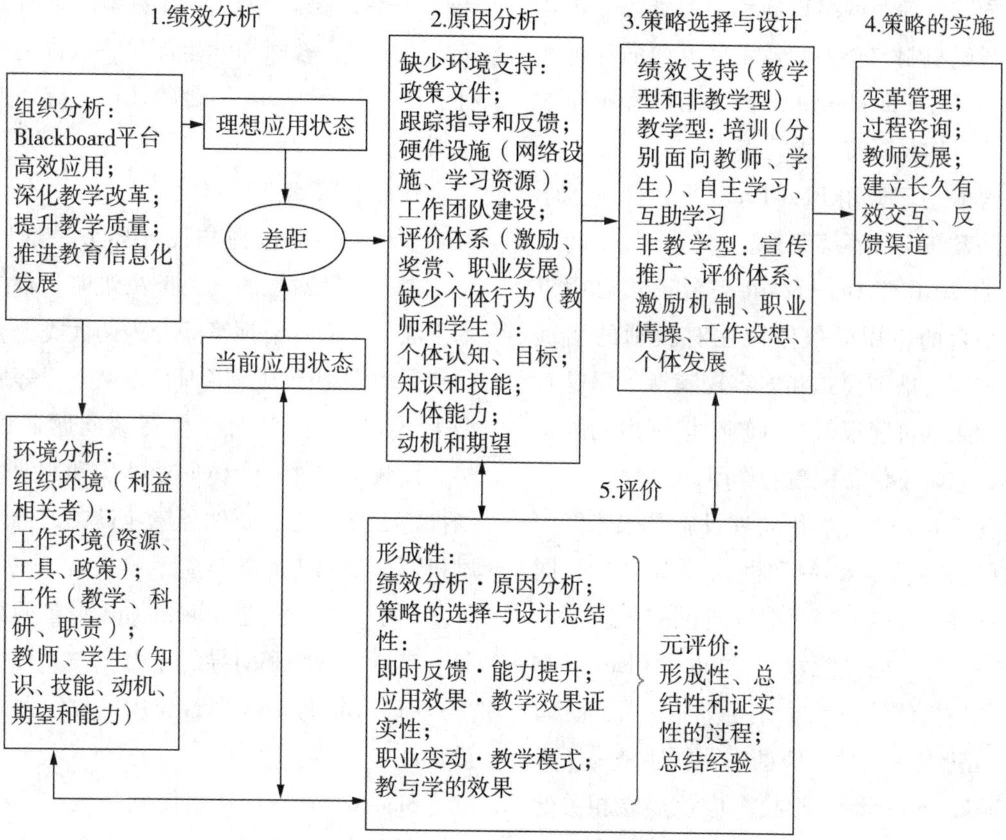

图 1　Blackboard 平台应用绩效模型

（二）绩效模型分析

1. 绩效分析。

绩效分析是绩效技术方法的第一个环节，Blackboard 平台应用的绩效问题归结于其应用价值的体现，即提高教育教学质量，改革教学，推进教育信息化发展的理想应用状态，通过分析 Blackboard 平台当前应用状态，得出绩效差距。

绩效分析环节需要明确组织发展方向、任务目标以及当前环境因素。组织发展方向和任务主要是通过高效应用 Blackboard 平台，深化教学改革、提升教学质量、推进教育信息化发展。环境因素包含了多个方面，其中有 Blackboard 平台应用对组织及其相关人员带来的利与弊；支持平台应用的资源、工具及相关政策；Blackboard 平台在工作过程中对教学、科研以及相关人员的职责影响；Blackboard 平台的直接应用者是教师和学生，因此他们应用 Blackboard 平台方面的知识、技能、动机、期望和能力是绩效分析不容忽视的因素。

2. 原因分析。

影响 Blackboard 平台应用的原因，也就是绩

效技术方法中绩效差距产生的原因。原因分析是绩效分析和策略选择与设计的纽带，通过原因分析环节，揭示影响 Blackboard 平台高效应用的根源。由绩效分析可知，环境因素和个体行为是 Blackboard 平台应用的直接相关条件。概括来说，在 Blackboard 平台应用推广的过程中缺少环境支持和个人行为。

首先，从环境支持方面来讲。环境因素主要包括相关政策文件、Blackboard 平台应用过程中的跟踪指导与反馈、网络设施和学习资源、工作团队以及激励机制和个人职业发展方面的评价体系。目前，我校 Blackboard 平台应用过程中缺乏环境支持，具体分析有以下几点。

（1）学校对于应用 Blackboard 平台实施教学改革方面的政策文件不够完善。

（2）自 2010 年 Blackboard 平台正式启用以来，对于平台的应用仅仅停留在对教师的培训上。虽然教师对培训模式和内容较满意，但是对于培训的效果认可度很低并且缺少培训后的跟踪指导工作，忽略了信息反馈的作用。

（3）平台应用至今，因硬件设施受限未能向师生提供良好的登录终端和网络服务支持。同样，缺乏硬件环境的支持就意味着网络平台学习资源受到一定程度的“拦截”，这也是 Blackboard 平台应用效果欠佳的一个方面。

（4）无论是为了教育信息化发展还是为了普及推广 Blackboard 平台，学校都应该成立相关的工作部门，组建一个专业化的工作团队。可是目前这方面还是一个空白。

（5）教育信息化提出以来，学校就开始竭尽所能进行教学改革研究，但是在前行之中却忽视了评价体系的建立。从 Blackboard 平台在我校的应用来看，虽然近两年一直以“网络教学经验交流会”的形式来提名优秀网络课程，微薄奖励给予具有代表性的教师，但实践证明，此举并未奏效。从绩效技术角度来看，需要学校建立正式的激励机制，建立与学校教育信息化发展目标、教师的个人职业发展相关的评价体系。

其次，从个人行为而言。相对于 Blackboard 平台的应用也是相当缺失的。Blackboard 平台应用过程中的相关因素中还有教师和学生。教师和学生的个体认知态度、发展目标、知识和技能、个人潜能以及动机和期望直接关系着 Blackboard 平台的应用效果。主要包括对网络教学及其教学设计思想认识不足，并未意识到 Blackboard 平台对于自身发展和教育事业发展带来的机遇。再加上教师和学生对于 Blackboard 平台这一新生事物的接受能力上存在问题，比如，个体对于 Blackboard 平台的操作使用不够熟练。更有甚者，对于新生事物，教师和学生面对一次次的打击，没有了使用 Blackboard 平台的动机，继而期望也随之消散。

3. 干预策略选择与设计。

干预策略的选择与设计环节是继原因分析后，提出有针对性的问题解决策略。根据绩效技术方法，我们将干预策略分为两大类：教学型干预和非教学型干预。培训和自主学习等属于教学型干预策略，是针对个体行为问题而设计的策略。而政策文件、个体职业情操和职业发展、策划推广工作设想、硬件环境建设、评价体系和激励机制都隶属于非教学型干预策略，也可以看作外部因素，对于促进 Blackboard 平台的高效应用起着支持、激励和引导的作用。

（1）Blackboard 平台应用的教学型干预策略设计。

Blackboard 平台从启用到高效应用必然要进行培训，培训是促进 Blackboard 平台应用的重要方法之一。以往的培训只是面向教师，主要是以平台知识和操作技能讲授为主，忽视了网络教学设计思想的培养，以至于没有从根本上解决 Blackboard 平台网络教学问题。从绩效技术方法角度看，为了提高 Blackboard 平台的应用效果，增强培训的实效性，Blackboard 平台培训应从教师和学生两方面入手，在注重各方知识和技能培训的同时，还要有网络课程教学相关理论的培训，将网络课程设计及应用的思想渗透在培训中，引导教师针对课程的特点，运用网络课程的设计思想精心设计课程，创新教学模式，以此来促进网络教学平台的有效应用，使培训真正成为提高 Blackboard 平台应用的一个有效方法和策略。

伴随着培训的进行，自主学习和互助学习是必要的补充。教师和学生在接受培训之余，应及时应用，巩固所学，遇到问题通过自主探究学习和互助学习方式去解决问题。《Blackboard 网络教学平台应用指南》是专为自学 Blackboard 平台而设计的一门课程，迄今未得到充分的使用，归其原因一方面是课程的宣传不到位，另一方面是个体不习惯于通过网络去学习，遇到问题就想最快找人解答，找不到人就放弃。而未来教与学的渠道是多种多样的，我们都要适应这种发展趋势。

（2）Blackboard 平台应用的非教学型干预策略设计。

绩效技术已被广泛应用于教学领域和非教学领域，然而用其解决教学领域中的非教学方面的问题更是行之有效的方法。从 Blackboard 平台应用的绩效模型中可以看出，影响 Blackboard 平台应用的非教学条件包括物质和精神两个方面。物质方面主要是政策要求、硬件设施、网络服务、工作策划、评价体系、激励机制等；精神方面主要是教师职业情操及职业发展、学生个体发展等。

物质方面干预策略的选择，应从以下几方面着手。

①深度策划推广工作。由学校的教务部门制订网络教学相关政策文件，将 Blackboard 平台网络教学工作进一步深化宣传。对于教师而言，要使其充分明白 Blackboard 平台是一种现代化教学手段，是传统课堂不可替代的工具，结合学校相关倡导性政策，提高教师对 Blackboard 平台应用的重视程度，力求达到教师采纳并积极使用；对于学生而言，宣传工作侧重大学新生，新生是 Blackboard 平台使用的潜在用户和后继力量。

②提高网络服务质量。网络服务的优劣直接影响对 Blackboard 平台应用认识和使用意愿。因此，在保证网络稳定可靠的前提下，提高网络访问速度，在学生宿舍和多媒体教室范围以内开放便捷的 Blackboard 平台登录端口，达到随时随地的教与学，继而提高网络教学平台的响应速度，提高服务效率。

③建设优质教学资源。平台上的教学资源建设是其应用是否有效的基础。学校提供完善的网络服务设施，便于平台的顺利通畅运行。教师在平台上建设优质教学资源、精品课程，将丰富的教学资源整合于平台之上，使学生轻松登录获得优质课程资源，保证 Blackboard 平台的有效应用。

④成立专业工作团队。因 Blackboard 平台推广应用工作复杂、烦琐、具有挑战性，交由个别人来承担会显得势单力薄，因此，有必要成立专业工作团队，将硬件设施和网络服务等与 Blackboard 平台管理和应用相关的事务交由专业化的工作人员负责，这样才能提高相关工作的针对性和有效性。

⑤建立评价体系和激励机制。Blackboard 平台课程的建设花费了教师大量的时间和精力，通常来说，如果这种付出得不到补偿的话，便会影响教师应用 Blackboard 平台的积极性。这种补偿一方面源自良好的教学效果，另一方面应对应用平台的教师进行一定的经济补贴，因此学校应出台相关的评价体系和激励机制，专业工作团队中有一部分人专门从事对 Blackboard 平台网络教学课程的评价，并及时将评价结果反馈给任课教师，使教师明确优缺点，为教师继续改进课程提供依据。学校按照评价进行物质奖励和与职称挂钩的计分，或者以实行“绩效工资”的方法来鼓励教师使用 Blackboard 平台，使 Blackboard 平台的应用具有制度和政策上的保障。

精神方面干预策略的选择，主要由师生对 Blackboard 平台使用的不满而引发，师生在教学变革的早期会存在某种程度的抵触心理。相反，如果让师生从 Blackboard 平台教学应用中获得益处，那样师生才有可能欣然采纳它。在以上干预策略的前提下，在 Blackboard 平台的深入推广过程中，要渗透现代化教学思想文化，可以树立“Blackboard 平台网络课程”教学榜样，发挥其辐射作用。榜样的课程符合网络课程建设要求；榜样的课堂能够使教师认识到，Blackboard 平台可以提供实时和非实时的教学交互，并对传统课堂教学起到积极的补充作用，上传的教学资源可供学生随时查阅学习，可实现全班师生的网上交流，培养良好的师生情感。榜样学生的学习不再受时空的限制，将学习变成一件“自由”且快乐的事情，使用 Blackboard 平台学习，有利于培养学生自主、合作、探究的学习思维习惯。

4. 策略的实施。

将绩效技术方法运用于改善 Blackboard 平台应用的过程，也就是学校变革管理的过程。变革管理主要是对策略实施过程中产生不必要的混乱进程管理，旨在关注和研究策略实施过程中领导者、管理者、师生等人的因素，从而提高干预策略实施的可能性和有效性。

策略实施过程中常见的现象有：策略实施没有引起足够的紧迫感和高度的重视；缺乏有力的领导力量支持；满足于阶段性的胜利。如果满足于阶段性的胜利，策略的实施压力将会锐减，这种压力一旦解除，所有的努力将会半途而废。因此，要让 Blackboard 平台应用在教育教学改革和教育信息化中根深蒂固，这样才算得上是将变革进行到底。

5. 评价。

绩效技术方法中的评价贯穿整个过程，评价的目的在于引导和完善决策。其中，形成性评价应用于 Blackboard 平台绩效分析、原因分析和干预策略的选择和设计等环节；总结性评价用于阶段性反馈信息和教学应用效果进行评价；证实性评价是对教师职业能力变动、教学模式改革和教与学效果提升的研究等；而元评价是指通过上述各种评价的过程和结果进行评价和反思，总结经验和教训。

四、干预策略的实施与成效

伴随着本课题的研究进展，Blackboard 平台应用绩效模型已有部分干预策略通过了实践的检验，比如培训内容、学习资源、激励机制、政策文件等。

（一）培训理念改进

针对 Blackboard 平台面向教师的培训，内容和形式已有所改进。内容上增加了网络课程教学设计和信息技术与课程整合方面的理论知识，一改先前单一的技术操作讲授，而是将课程教学设计思想贯穿其中，以具体案例引导和启发教师应用 Blackboard 平台。笔者亲身参与培训了解到，现在已有部分教师开始对 Blackboard 平台应用有了创新性的想法。在越来越了解 Blackboard 平台功能和懂得更多使用方法的同时，任课教师已经开动脑筋，创造性地应用 Blackboard 平台进行教学或者是辅助教学了。

（二）学习资源建设

自主学习资源主要是《Blackboard 网络教学平台应用指南》课程，通过研究，并在教务处有关领导的支持下，对本课程逐步改进和完善，从课程的宣传力度、呈现形式和内容调整上，都不同程度地进行修改，将理论知识作为专门章节进行介绍，更好地与面对面培训相结合，课程的访问量也急剧飙升。从某种程度上讲这也是 Blackboard 平台应用成功的一门代表性课程。

（三）激励机制推进

学校将基于 Blackboard 平台的网络课程纳入校级、省级网络课程评选行列，对获得相应奖项的任课教师给予经济奖励和荣誉奖励，并且将此项荣誉与精品课程相挂钩，即精品课程必须要以 Blackboard 平台为依托。2012 年网络教学大奖赛中，我校共参加 26 门课程，最终评出网络教学优秀课程 12 门，遴选了 10 门课程代表我校参加河北省第十六届多媒体教育软件大奖赛，所有课程均依托网络教学平台进行建设，取得了一等奖两名、二等奖八名的可喜成绩。

（四）政策文件制定

拟定了《河北师范大学网络教学资源管理办法》《河北师范大学网络辅助教学课程评审细则》等系列相关文件。这一举措，调动了教师参与 Blackboard 平台应用的积极性，越来越多的课程出现在 Blackboard 平台之上。

鉴于本课题研究所构建的绩效模型尚未全部

得到实践的检验，因此，以上由干预策略实施而产生的成效并不能代表本研究的终结，仍需要再接再厉。

五、总结

基于绩效技术理论方法，本课题研究在分析高校教育信息化发展走势的基础上，对我校Blackboard平台实际应用现状进行调研，通过调研及深度剖析，发现影响我校Blackboard平台应用的因素是多方面的，由此构建Blackboard平台应用的绩效模型。对Blackboard平台应用的绩效模型中的绩效分析、原因分析、干预策略选择和设计、策略实施和评价进行了较为详细的阐述，并加以有效实施。

总而言之，学校的政策、监管强度、硬件与软件环境、宣传力度和人的认知等多方面因素交织在一起，影响了Blackboard平台的应用。我们应该从本课题研究得出的Blackboard平台应用绩效模型出发，认真落实每一个环节的工作，使Blackboard平台的应用现状得到系统化、持续化的有效改善，实现网络课堂与传统课堂的有机结合，达到提高教育教学绩效，推动教育信息化发展的目标。

参考文献

[1] 梁林梅．教育技术学视野中的绩效技术研究[M]．武汉：华中师范大学出版社，2009.

[2] 顾正位，等．基于Blackboard的网络教学研究[J]．中国教育信息化，2007（13）.

[3] 秦艳姣．基于Blackboard的网络教学平台应用研究[J]．中国教育信息化，2008（16）.

[4] 朱德权．高校网络教学平台教学中的管理研究[D]．南京：南京师范大学，2008.

网络培训平台的交互功能设计
——以辽宁省教师教育远程培训平台为例

李　波　孙雪冬　颜士刚　王凯丽
（沈阳师范大学　教育技术学院，辽宁　沈阳　110034）

摘　要：教师教育远程培训平台是中小学教师进行教育技术能力培训和学习的平台。本文通过分析辽宁省教师教育远程培训平台的交互环境，了解到有些学习者对培训平台的媒体界面不熟悉，导致平台的操作交互失败，这直接影响学习者的学习效益。由于培训平台的交互功能不够完善，不能满足太多学习者的需求。因此本文从教学交互的本质出发，深入了解教学交互层次塔中各层次的作用，依据操作交互、信息交互和概念交互设计培训平台的交互功能，以此完善培训平台的交互功能。最终得出培训平台的交互功能结构图，网络教学设计者以及网络教学平台设计者可采用该结构设计网络平台，注重平台的交互性设计，提高网络教学效果。

关键词：培训平台　教学交互层次塔　交互功能

2004年教育部颁布的《中小学教师教育技术能力标准（试行）》指出，为了提高教师专业化能力水平，要求全国中小学教师接受教师教育技术能力培训。由于是针对在职教师的培训，并且涉及的教师人数众多、所处区域广阔，所以教育部要求对教师实施网络远程培训。

本研究基于辽宁省教师教育远程培训平台，本文从培训平台的人际交互和内容交互进行分析，了解到平台人际交互的功能模块主要有：学习讨论、聊天答疑、短信群发。这些模块实现了教师与学生的交流、学生与学生的交流。平台的内容交互功能模块主要有模块测试、作业提交、文本和视频教学资源。笔者通过对平台的使用了解到平台的交互功能不够完善。例如，平台上没有提供辅导教师之间的交流模块，辅导教师之间缺少沟通，导致每组学习者的学习进度各不相同；平台上提供的学习资源主要是文本形式，有些学习者感觉学习形式单一，无法获取学习者所需求的学习内容。为了促进培训平台更好地实现人际交互和内容交互，本文对教学交互层次塔进行了深入研究，依据各层次的交互性来完善培训平台的交互功能。使网络培训平台适应学习者的个性需求，从而更好地发挥网络学习优势，推进网络教育进一步发展。

一、教学交互的本质及内涵

在《教育大辞典》中，交互（Interaction）即“相互作用”，并将相互作用定义为一个因素各水平之间反应量的差异随其他因素的不同水平而发生变化的现象（顾明远，1997）。由此可见，交互主要强调的是两个实体之间在相互作用、相互影响的情况下，彼此的内在因素均发生改变。

有学者认为用“交互”来概括网络教育中的交互现象，其内涵过大，容易造成研究人员不能准确定位研究的问题。因此，有学者提出用“教学交互”代替“交互”，并且将其定义为“一种发生在学生和学习环境之间的事件，它包括学生和教师以及学生和学生之间的交流，也包括学生和各种物化资源之间的相互交流和相互作用。”所以我们可以把教学交互理解为在教学过程中发生的交互行为。网络教育的本质属性是学习者自主化学习，强调以学习者为主体。那么在网络教育中的教学交互同样以学习者为核心，其目的在于学习者在网络学习过程中，通过与其他学习者、教师和各种物化资源的相互交流和相互作用，改变学习者，从而实现教学目标。

二、远程教育中教学交互模型分析

我国教育技术学研究者南国农在2001年将网络教育定义为："网络教育是主要通过多媒体网络和以学习者为中心的非面授教育方式"。该定义强调了网络教育是教和学相分离的网络环境下的教育方式。而为了实现教与学的有效整合，必须要通过有效的教学交互改变学习者，并使这种改变逐渐接近教学目标。教学交互是网络教育的重要环节，国内外学者通过探究教学交互的种类、教学交互的过程，建立远程学习的教学交互模型，以便学习者有效运用网络平台，提升教学效果。

（一）学习过程的会话模型

学者Laurillard从教与学的互动角度出发，提出了学习过程中的会话模型（Conversational Framework），该模型表达了学习完成所必须发生的活动。

该模型包括两层交互，分别是会话交互和适应性交互。第一层适应性交互是教师建构的环境与学习者的行为之间交互，表现为教师建构学习环境为学习者提供任务和反馈，学习者根据任务和反馈采取某种反应并调节行为。第二层会话交互是学生概念与教师概念之间的交互。适应性交互和会话交互是同一学习过程中同时发生的两个层面的交互。适应性交互和会话交互两者互为条件、相互作用。

Laurillard提出的会话模型揭示了在学习过程中的教学交互，体现了学习者与学习环境之间的交互以及教师与学习者之间的交互。我国学者陈丽博士在会话模型基础上提出了教学交互层次塔。

（二）教学交互层次塔

陈丽博士提出教学交互层次塔具有三个层面的交互：学生与媒体界面的操作交互、学生与教学要素的信息交互、学生的旧概念与新概念的概念交互。

在教学交互层次塔中，操作交互针对学习者对媒体界面的熟悉程度；信息交互针对网络教学内容设计，主要是指依据学习者的学习风格进行网络课件的设计；概念交互是教学交互活动的起点和终点，概念交互的结果是学习者通过网络教育达到自己的学习目标。

三、网络培训平台的交互功能设计

通过以上对辽宁省教师教育远程培训平台和教学交互层次塔的分析，本文根据教学交互层次塔的每层交互性来设计辽宁省教师教育远程培训平台的交互功能。

（一）网络培训平台的操作交互

教学交互层次塔的第一层操作交互，是指学生与媒体界面的操作过程。陈丽博士认为操作交互能否实现在于学习者对操作媒体的熟悉程度。如果界面的交互功能设计过于复杂，学习者就无法掌握操作方法，那么会导致教学交互的失败，进而影响学习进程。由于辽宁省教师教育远程培训平台面向的对象是成人教师，通过访谈法了解到培训的中小学教师年龄大部分处于三十岁到五十岁之间，他们对信息技术的掌握程度并不是很熟悉。所以网络培训平台的媒体界面交互功能设计必须符合简易、清晰、易用的原则。

起初学习者操作培训平台的时候，产生的教学交互活动主要有注册、登录、模拟实验、上传下载、搜索、链接等。那么培训平台促进这些教学交互活动实现所具备的主要交互功能应该有：用户注册、用户登录、文件上传下载、搜索。除此之外，为了使学习者熟悉平台的操作，应设计平台帮助功能以方便学习者对平台的操作。

（二）网络培训平台的信息交互

网络培训平台的信息交互分为人际交互和内容交互。人际交互主要指教师与学生的交互、学生与学生的交互。内容交互主要是学生与学习资源的交互。

1. 人际交互。

辽宁省教师教育远程培训平台已经满足人际交互，但是在人际交互方面由于网络培训中每个辅导教师独立对学习者进行培训，辅导教师之间缺少沟通，导致每组学习者的学习进度各不相同。因此，本文在教学交互层次塔的信息交互基础之上提出教师与教师交互。教师与教师交互可以让教师之间交流教学经验，确保每组学习者的学习进度保持一致，促进学习者的学习效果提高。所以网络培训平台的人际交互除了包括教师与学生的交互、学生与学生的交互之外，还应该有教师与教师的交互。

人际交互产生的教学活动主要包括答疑、作业、测试、讨论、协同学习、评价、在线调查等。那么培训平台针对教师与学生交互功能的设计主要有：通知公告、作业提交、聊天答疑、在线调查、在线交流等。教师可以通过公告向学生通知上课流程；学生向教师提交作业，以便教师对其评价；教师通过聊天答疑解决学生在学习过程中遇到的难题；教师通过在线调查了解学生对每节课的访问次数和时间，掌握学生的学习情况。在线交流提供功能是学生与教师 QQ 交流、学生与系统小秘书交流，如果学习者对平台的操作功能不够熟悉可以通过向系统小秘书或者通过 QQ 向平台管理人员提问从而了解平台的使用方法。

培训平台针对学生与学生的交互功能设计有学习讨论、聊天答疑、邮件传递、QQ 交流、短信息等。学生与学生可以通过学习讨论或者邮件传递对一个专题进行异步的协作交流。通过聊天答疑或者 QQ 交流进行同步的自由交流。

培训平台针对教师与教师交互功能的设计有教师联盟。教师联盟包括视频会议和教师心得。教师与教师之间可以定时进行视频会议，共同讨论学生学习的状况以及了解教学过程中彼此的优缺点并且弥补其教学方法的不足之处以及共同商讨教学内容和制订教学计划。每位教师还可以在教师心得模块中写上每节课的教学思想，以便其他教师的借鉴。教师也可以在该模块进行教学方法的讨论，以便改正自己的不足，吸取优秀教师的教学经验。

2. 内容交互。

网络培训平台的内容交互主要指：学生与学习资源交互。教学交互层次塔提出，学生与学习资源交互是通过对学习者的学习风格分析提供适合学习者的学习资源。

辽宁省教师教育远程培训平台中学习资源呈现形式主要是视频与文本，但是根据教学交互层次塔的设计需要，应分析学习者的学习风格，提供相应的学习资源呈现方式。学习资源的呈现方式主要分为图像、文本、视频、动画等。教师教育远程培训平台针对的是成人教师，而 Fleming 学习风格量表从成人角度出发分析学习者的特点，将学习风格划分为视觉型、听觉型、写读型、动觉型四类。因此，以 Fleming 量表为测试条件，设计平台中学习资源的呈现方式如表 1 所示。

表 1　Fleming 量表与学习资源分类对应关系

资源形式	具体分类	对应学习资源类型
文本型	1. 电子教材	写读型
	2. 网络笔记	写读型
	3. 试卷、试题	写读型
	4. 平台帮助	写读型
	5. 优秀作品展示	写读型
	6. 交流平台	写读型
图像型	1. 图形	视觉型
	2. 图表	写读型
音频型	1. 音乐	听觉型
	2. 音效	听觉型
	3. 语音	听觉型
	4. 教学实录型视频	视觉型
	5. 讲解演示型视频	动觉型
	6. 视频动画	视觉型
动画型	1. 教育游戏	动觉型
	2. 虚拟实验	动觉型
	3. 教学动画课件	视觉型

通过对培训人员的学习风格进行分析，设计相应的学习资源呈现方式。这有助于实现学生与学习资源的交互，提高教学效果。因此，在平台设计中除了提供文本、视频形式的学习资源之外，

还可以为学习者提供图像形式、动画形式等，以满足更多学习者的需求。那么学生与学习资源的交互功能设计应该有文本学习、教学实录以及动画课件。

（三）网络培训平台的概念交互

网络培训平台的概念交互是指学习者的旧概念与新概念的交互，即自我交互。通过操作交互和信息交互的实现，概念交互也随之实现。在学习者的学习过程中，为了方便学习者对知识的记忆，平台设计交互功能为网络笔记。在学习过程中，学习者可以通过网络笔记记录重点、难点和标记学习进度，以便课后巩固复习。

四、基于教学交互层次塔的网络培训平台交互功能设计

通过以上分析，总结出基于教学交互层次塔每个层次的交互功能。将这些功能应用于培训平台中能够更好地实现人际交互和内容交互，促进学生熟练运用平台从而获得最高的学习效益。在辽宁省教师教育远程培训平台交互功能的基础之上，结合教学交互层次塔的内层交互功能，得出交互功能结构图（如图1所示）。

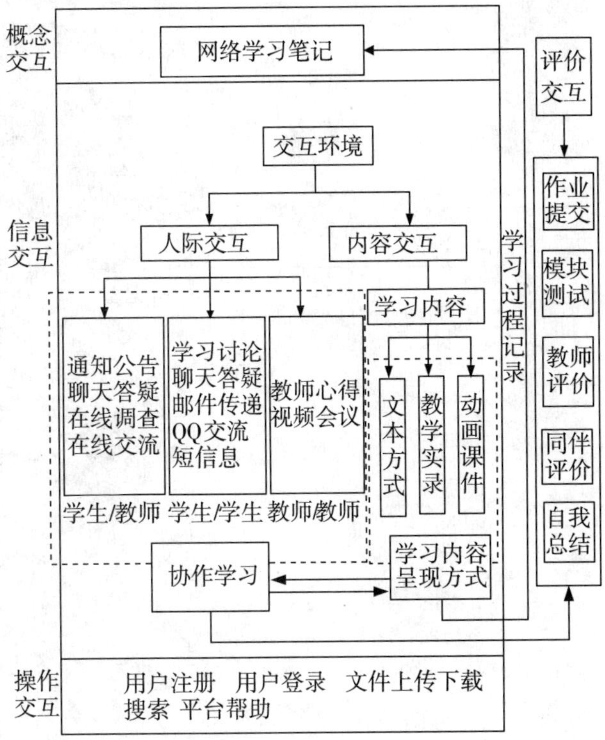

图1 平台交互功能结构

该结构图体现出教学交互层次塔的操作交互、信息交互以及概念交互。

1. 操作交互层次的交互功能。

学习者通过使用操作交互层次的交互功能，可以实现对平台的操作过程。例如，学习者使用平台的帮助功能，能够熟悉平台的操作。只有学习者熟悉了平台的操作过程，才能够进行下一层次信息交互的交互功能。

2. 信息交互层次的交互功能。

第二层次信息交互，平台的交互环境分为人际交互和内容交互。人际交互通过聊天答疑、学习讨论、教师心得等交互功能来实现。内容交互通过学习课件的呈现形式如文本、教学实录、动画课件来实现。学习者通过人际交互功能进行协作学习，根据自己的学习风格选择适应的学习资源，最后进行评价交互。

3. 概念交互层次的交互功能。

第三层次概念交互，学习者通过网络学习笔记交互功能记录学习过程中的重点、难点。在学习过程中，学习者获得新的概念，实现学习者概念与新概念的交互。

五、总结

本研究对教学交互层次塔进行了深入分析，将其理论应用于网络培训平台设计之中。基于教学交互构建出培训平台的交互功能结构图，该结构图体现平台的人际交互和内容交互的功能。通过一些功能模块可以实现学生与教师的交互、学生与学生的交互以及教师与教师的交互。同时，学习者能够根据自身的学习风格选用适应的学习资源。网络教学设计者和网络教学平台的设计者可采用该结构图注重平台的交互性，提高网络教学效果。

参考文献

［1］陈丽，张伟远，郝丹．中国远程学习者学习风格特征的三维模型［J］．开放教育研究，2005（2）．

［2］陈丽．远程教育学基础［M］．北京：高等教育出版社，2004．

［3］陈丽．远程学习的教学交互模型和教学交互层次塔［J］．中国远程教育，2004.

［4］陈丽．术语“教学交互”的本质及其相关概念的辨析［J］．中国远程教育，2004.

［5］南国农．信息技术教育与创新人才培养（上）［J］．电化教育研究，2001（8）.

［6］谭顶良．学习风格论［M］．南京：江苏教育出版社，1995.

［7］顾明远．教育大辞典［M］．上海：上海教育出版社，1990.

［8］刘文雅，李兆君，王凯丽．网络教师培训 KAFR 模型的工具设计［J］．中国电化教育，2013（2）.

信息技术与中小学科学教育整合研究述评*

成秀丽　李　艳

（浙江大学　教育技术研究所，浙江　杭州，310028）

摘　要：本研究通过对当前我国信息技术与中小学科学教育整合研究文献的梳理，对该领域研究现状进行了分析，指出当前我国对信息技术与中小学科学教育整合的研究主要集中在整合教学模式、整合利弊因素、国外整合案例以及整合的意义等四个领域。在此基础上，本研究提出了对信息技术与中小学科学教育整合研究的几点建议：（1）加强对新兴信息技术与中小学科学教育整合的研究；(2) 关注对小学阶段信息技术与科学教育整合的研究；(3) 增强整合的系统性、实证研究；(4) 注重对信息技术与中小学科学教育整合评价的研究。

关键词：信息技术　科学教育　整合　研究述评

一、前言

科学教育，尤其是针对青少年群体的中小学科学教育，一直以来都是影响一个国家科学技术发展和科技人才培养的重要因素。虽然我国教育领域对中小学科学教育的重视程度在不断提高，但当前该领域仍存在一些较为突出的问题，例如，科学课堂中学生动手实践的机会较少；传统科学课堂教师以讲授法居多，科学探究教学法运用较少等。随着信息技术的飞速发展，信息技术与科学教育整合成为解决这些问题的一个重要途径。现代信息技术与科学课程的整合能够形象地解释各种科学现象，有助于中小学生科学学习兴趣的提高和教师教学难点的突破。科学知识的综合性、探究性和复杂性等特点决定了通过信息技术手段来转变教学方式和学习方式，科学课程的内容才能得到更加全面的体现。

二、研究现状

通过对我国信息技术与中小学科学教育整合相关文献的梳理和分析，笔者发现当前我国对信息技术与科学教育整合领域的研究主要集中在四个方面。

（一）有关整合教学模式的研究

目前相对较为成熟的信息技术与中小学科学教育整合的教学模式主要包括过程演示型模式、模拟演示型模式、自主监控型模式、讨论型模式、网络探究模式、探索研究型模式、情境创设型模式、游戏竞争型模式等。通过选择性实证研究或实例研究发现，这些整合教学模式在科学教育教学中发挥着各自的作用。例如，恰当利用媒体模拟活动有助于解决教学重难点问题；基于信息技术的情境创设有助于激发学生的科学学习兴趣；探索型教学模式则有助于使学生在有限的时间里最大限度地获取有用的知识等。

信息技术与中小学科学教育整合的教学模式在实际教学中的重要作用不可忽视，但需要明确的是，整合的模式并不是万能的，都或多或少存在需要注意的问题。把握信息技术与科学教育整合的“度”则是取得预想教学效果的关键所在。在信息技术与科学课程整合中出现的“为使用技术而使用技术”、片面强调技术使用而忽略科学、

---

* 本文系2012—2013年度中央高校基本科研业务费专项资金资助项目“虚实融合的协作环境及其学习活动研究”（2050205—12）和2013年浙江省教育厅高等教育课堂教学改革项目（kg2013020）的阶段性成果之一。

系统的教学设计等现象，正是没有处理好信息技术与科学课程整合“度”的表现。此外，信息技术的融入对中小学科学教育教学的作用是显而易见的，但在整合过程中需要注意不能走向极端、全盘否定传统教学的作用。只有在整合过程中处理好传统教学和信息技术手段的关系，才有可能做到将传统教学和信息技术的作用发挥到最大限度。

（二）有关整合利弊因素的研究

信息技术与中小学科学教育的整合受诸多因素的影响，其中既有促进整合的有利因素，也存在一些障碍因素。研究发现，信息技术与中小学科学教育整合的有利因素主要包括以下几方面。首先，科学教师，尤其是青年教师，具备了一定的教学媒体应用能力。他们对信息技术的接受和学习能力较强，基本能够掌握教学所用信息技术和媒体的使用，这成为信息技术与科学教育进行整合的重要前提之一。其次，传统的教育观念正在发生变化。利用技术支持解决科学教学重难点问题，丰富学习者和课堂教学已成为共识。由此引发的教学方式和学习方式的变化，也对信息技术与科学教育的整合起到了较好的促进作用。再次，学生信息技术水平提高。作为当今“数字土著”，学生群体对信息技术的学习和掌握能力普遍比教师更强，这也为整合提供了重要前提。

信息技术与中小学科学教育的整合除了这些有利因素外，同样面临不少困难和障碍。现有研究发现，整体而言，信息技术与科学教育整合的障碍因素包括软件、硬件两个方面。信息技术与中小学科学教育整合在软件方面的障碍首先是教育、教学理论支撑力不足。教师在科学课堂融入信息技术多是凭借自己的教学经验，缺乏教学理论的指导，这导致整合的科学性、理论支持方面存在一定问题。其次，教师对整合了信息技术的科学探究教学应用不当。由于缺乏理论指导和相关技术支持，教师在基于信息技术的科学探究教学中易出现探究泛化或不足的问题。再次，信息技术与科学教育整合的评价体制相对滞后。整合了信息技术的科学课堂仍然采用陈旧的传统评价方式对师生的教学进行评价，这种教学与评价的不一致易导致打击教师整合积极性、难以较好测量整合教学效果等问题。最后，信息技术与科学教育整合过程中常见的问题是过分依赖信息技术与新的学习方式，忽略科学教学设计的重要性，从而导致整合目标难以全面落实等。信息技术与科学教育整合在硬件方面存在的问题则主要是整合的教学设备与资源匮乏等。

（三）有关国外整合案例的研究

对国外信息技术与中小学科学教育整合典型案例的研究也是该领域的重要研究方向。例如，对美国信息技术支持的科学课程学习项目典范——TELS（Technology Enhanced Learning in Science）项目的研究，对“寰宇学校计划”（利用信息技术丰富科学课堂，开发校本科学课程）的研究，对基于MUVE（多用户虚拟环境）的美国中学科学课程River City的研究以及对科学教育的可视化协作学习环境——CoVis项目的探究等。对这些整合案例的研究多从项目简介、平台搭建、教学活动设计、资源开发、教师培训、课程设计特点以及这些国外案例对我国信息技术与中小学科学教育整合的启示等方面进行分析。在对这些案例进行分析和借鉴的基础上，研究指出我国的信息技术与中小学科学教育整合应注重课程设计、教师培训以及教学评价的统一；对学习者提供个性化学习的技术支持；注重先进教育理念的支撑；深层次地挖掘技术支持科学教学的潜质等。

（四）有关整合意义的研究

还有一些研究关注信息技术与中小学科学教育整合的作用与意义。通过与传统教学方式对比，对信息技术与中小学科学教育整合的作用和意义的探讨结果证明，从传统的学业水平测试来看，整合了信息技术的教学效果整体而言优于传统教学方式。从学生科学学习兴趣方面来看，融合了信息技术的科学教学更有助于激发学生的科学探究兴趣。从学生信息技术素养方面来看，信息技术的运用在信息技术水平和素养的培养方面显著优于传统教学。

从与科学教育不同层面进行整合的角度来考量，信息技术的融入都表现出其优越性：信息技术与科学课程在内容上的整合有助于科学知识的再现和补充。科学教育内容包罗万象，内容广泛，其中不乏在传统课堂中难以对其进行直接观察和探究，如年代久远或相对抽象的科学知识。而信息技术的融入则能有效地解决该难题，生动形象地将抽象、复杂的知识简单化、形象化，促进学生的理解和掌握。信息技术与科学教育在教学方式上的整合有助于学生的自主学习与合作学习。融入了信息技术的科学课堂更加注重学习小组合作进行科学探究学习，这一过程有助于培养学生的合作意识与探究能力，激发其自主学习的兴趣。科学教育本身知识的复杂性、抽象性，注重动手探究的实践性等特点，使信息技术对知识呈现的直观性、形象性优势更为明显，从而易于学生对科学知识的理解和掌握。

三、总结与展望

通过对信息技术与中小学科学教育整合相关研究的梳理和分析，本研究发现当前该领域的研究存在一些不足。基于对这些不足的分析，本研究尝试提出一些改进的建议。

首先，现有文献中鲜有对新兴信息技术与中小学科学教育整合的研究。虽然当前新兴信息技术层出不穷，但与中小学科学教育进行整合的研究案例介绍仍相对较少。目前，多数整合研究都围绕着计算机和网络技术，比如采用基于网络的科学专题学习等，对日益流行的虚拟现实技术等新兴技术在科学教育中的应用探讨不足。究其原因，一方面是由于一项技术从产生到人们对其的熟悉和接受，再到将其运用到科学教育中来，这个过程本身需要一定的时间。而另一方面则关系研究人员自身信息技术能力和素养。只有研究人员自身的信息技术水平提高了，具备对信息技术发展的敏锐洞察力和熟练的应用水平，才能更好地推动对这些技术与科学教育的整合研究。拓展与科学教育进行整合的信息技术范围，选用可用性较强的新兴信息技术进行整合是将来该领域的研究方向。

其次，信息技术与中小学科学教育整合的研究多集中于中学阶段，对小学的相关研究关注较少。科学教育是一个持续、连贯的长久过程，因此，处于启蒙阶段的小学科学教育，对学习者科学素养提高、科技人才培养的作用都是不可忽视的。从小学阶段的科学教育做起，注重对学习者应用信息技术进行科学探究能力的培养；并将此与之后的中学、大学以及将来的生活中运用信息技术进行科学学习形成连贯的整体，这样有助于培养信息化时代基础扎实、具备应用信息技术进行科学探究能力的科技人才。

再次，对信息技术与中小学科学教育整合系统性的实证研究有待增强。当前，虽然文献中有对信息技术与科学教育整合的实证研究，但总体来看，对信息技术与中小学科学教育整合的系统性的实证研究仍较少。只有通过对信息技术与科学教育整合的教学设计、资源开发、教学实施、教学评价以及反思修改整个过程系统、完整的研究，才能真正了解信息技术与科学教育整合过程中存在的问题、整合的教学效果以及为之后的相关研究提供建议与对策，从而促进科学教育的发展。

最后，现有研究中对信息技术与中小学科学教育整合教学效果评价的研究较少。客观、全面地评价信息技术与科学教育整合的教学效果关乎对整合问题的发现与将来相关研究的改进。而目前对整合教学效果的评价仍多采用传统学业测试的评价方式，这阻碍了客观、真实地检验整合教学效果，难以对信息技术与科学教育的整合做出正确的评价与改进。因此，采用合适的评价方法，对整合的教学效果进行客观、全面的评判将是未来相关领域研究需要关注的方向。

参考文献

[1] 刘林，樊敏，彭蜀晋. 小学科学教育教学现状及对策[J]. 教育与教学研究，2011，25(5).

[2] 丁琪. 小学科学教育现状调研及对策探究——以泰州市海陵区为例[D]. 苏州：苏州大

学，2010.

［3］吴小艳. 新课程标准下小学科学课程与信息技术整合的研究［D］. 南昌：江西师范大学，2005.

［4］樊青凤. 信息技术与初中《科学》课程整合的实践探索［D］. 武汉：华中师范大学，2005.

［5］王轶群. 信息技术与中学地理课程整合的教学设计研究［D］. 上海：华东师范大学，2005.

［6］胡余斌. 科学课程与信息技术整合的探索［D］. 武汉：华中师范大学，2004.

［7］夏霜艳. 初中《科学》课程信息化教学设计研究——以华中科技大学附属中学为例［D］. 武汉：华中科技大学，2007.

［8］崔菊萍，张立玉. 对现代信息技术与小学科学课程整合的思考［J］. 考试周刊，2010（44）.

［9］蔡仙明，李国良. 信息技术与科学课程整合过程中的思考与对策［J］. 考试周刊，2008（23）.

［10］王艳艳，等. 浅析技术支持的科学课程学习［J］. 中国电化教育，2009（6）.

［11］郑美红，程绮琪. 寰宇学校计划：利用信息技术促进科学教学［J］. 中国电化教育，2004（2）.

［12］尹叶秀，梁林梅. 基于 MUVE 的中学科学课程：River City 分析［J］. 现代教育技术，2010（5）.

［13］李妍. 美国科学教育的可视化协作学习环境——CoVis 项目的理念、设计与评析［J］. 全球教育展望，2005（11）.

［14］何丽华. 信息技术与地理新课程整合下的有效教学理论和实践研究［D］. 福州：福建师范大学，2006.

［15］刘志松. 谈信息技术与小学科学课程的整合［J］. 现代教育科学，2008（2）.

［16］鞠成丽. 浅谈小学科学课程与信息技术整合［J］. 中国教育信息化，2008（16）.